PLATON ET L'UTOPIE

L'ÊTRE ET L'EXISTENCE

Est classique le livre qu'une nation ou un groupe de nations ou les siècles ont décidé de lire comme si tout dans ses pages était délibéré, fatal, profond comme le cosmos et susceptible d'interprétation sans fin.

N'est pas classique (je le répète) un livre qui nécessairement possède tel ou tel mérite, mais un livre que les générations humaines, pressées par des raisons différentes, lisent avec une ferveur préalable et une mystérieuse loyauté.

Jorge Luis Borges

TRADITION DE LA PENSÉE CLASSIQUE
Directeur : Monique DIXSAUT

PLATON ET L'UTOPIE
L'ÊTRE ET L'EXISTENCE

par
Jean-Yves LACROIX

PARIS
LIBRAIRIE PHILOSOPHIQUE J. VRIN
6, Place de la Sorbonne Ve

2014

La citation de Borges est extraite de
Enquêtes, trad. Paul et Sylvia Benichou, coll. Folio / Essais,
Gallimard, Paris, 1967, p. 251-252

ISSN 1251-4756
ISBN 978-2-7116-2554-3

www.vrin.fr

Pour ma mère

Merci, une fois encore,
à Corinne pour son soutien constant
et son aide multiforme.

INTRODUCTION

« Platon, Père de l'utopie » : la chose semble aller de soi. Dans son *Histoire de l'utopie*, Jean Servier voit ainsi que « la cité juste dont Platon a tracé le plan, prépare les utopies des siècles à venir »[1]. Et Raymond Trousson dans ses magistraux *Voyages aux pays de nulle part* souligne que « Platon est généralement considéré comme le véritable créateur du genre utopique », pour constater : « et c'est justice ... »[2]. Ou encore, « Platon, qui fut le premier à fournir un plan de montage pour la fabrication d'États, est resté l'inspirateur de toutes les utopies » selon Hannah Arendt[3]. On connait l'enjeu spécial que Karl Popper a tiré de cette paternité : « Du programme politique de Platon procède une certaine démarche politique que je crois extrêmement dangereuse; c'est ce que nous avons appelé la méthode *d'édification utopiste* (*utopian engineeering*), par opposition à la méthode, à mon avis, seule rationnelle, de l'édification au coup par coup ou par interventions limitées (*piecemeal engineeering*). »[4]

Comment en effet ne pas reconnaître dans la position de la cité de la *République*, pour en rester là, la source d'inspiration de toute pensée entendant dépasser les dures contraintes de la réalité par l'exposition immédiate de ce qui conviendrait bien aux hommes dans leurs relations

1. J. Servier, *Histoire de l'utopie*, Paris, Gallimard, 1967, p. 46.

2. R. Trousson, *Voyages aux pays de nulle part*, Éditions de l'université de Bruxelles, 1979, p.33.

3. H. Arendt, *Condition de l'homme moderne* (1958), trad. G. Fradier, préface de P. Ricoeur, Paris, Calmann-Lévy Pocket, 2007, p. 291. Voir aussi, par exemple, R. Ruyer, *L'Utopie et les utopies* (1950), Brionne, Gérard Monfort, 1988, p. 130 *sq*.

4. K. Popper, *La Société ouverte et ses ennemis*, I : *L'ascendant de Platon*, trad. J. Bernard et P. Monod, Paris, Seuil, 1979 [éd. fr. abrégée de *The Open Society and its ennemies*, I : *The Spell of Plato*, Londres, Routledge & Kegan Paul, 1945], p. 130.

sociales? *Le Dictionnaire de Trévoux*, en définissant pour la première fois le terme comme nom commun en 1704, indique que « le mot se dit quelquefois figurément d'un pays imaginaire, à l'exemple de la République de Platon » [1], comme en écho à ce passage bien connu du *Traité politique* (1677) dans lequel Spinoza constatait que les philosophes, « pour la plupart, au lieu d'une Éthique, (...) ont écrit une Satire et n'ont jamais conçu un système politique qui puisse être appliqué pratiquement; le système politique qu'ils conçoivent doit être tenu pour une chimère ou pour un système qu'on pourrait établir dans un pays d'Utopie ou dans l'âge d'or des poètes où l'on n'en a pas du tout besoin » [2].

Et, au-delà du registre social et politique, et même moral, comment ne pas identifier très généralement l'idéalisme platonicien et l'utopie, ou du moins voir en l'un la source de l'autre, en une commune attitude faite de projet chimérique, de nostalgie de l'âge d'or, avec pour fond une exigence absolue de perfection? L'utopie, comme idéal séduisant mais irréalisable serait d'essence platonicienne.

Ce qui suit entend pourtant examiner cela de plus près. Il convient d'abord de refuser tout anachronisme. Avant toute extension, déplacement, modification ou dilution de sens, l'utopie, en toute rigueur, est ce genre littéraire né en suite du *Libellus vere aureus nec minus salutaris quam festivus de optimo reipublicae statu, deque nova Insula Utopia* (1516) [3], ordinairement désigné comme l'*Utopie*, de Thomas More (1478-1535). A le prendre comme référence, il apparaît immédiatement que ni la *République*, ni les *Lois*, ne sont des « utopies » à proprement parler, c'est-à-dire des descriptions détaillées de populations supposées exister actuellement, découvertes au terme d'un voyage, et dont la vie est effectivement structurée par des institutions parfaites. La situation n'est certes pas la

1. *Dictionnaire universel françois et latin* (1704-1771), nouv. éd. P, Compagnie des libraires associés, 1752.

2. Spinoza, *Traité politique*, Paris, Vrin, 1968, chap. 1, p. 29.

3. Louvain, Théodore Martens, 1516. Nous utilisons ici l'édition D, Bâle, novembre 1518, *De optimo reipublicae statu deque nova Insula Utopia libellus vere aureus, nec minus salutaris quam festivus*, Jean Froben, dans *L'*Utopie *de Thomas More*, préface de M. Schumann, présentation, apparat critique, exégèse, traduction et notes A. Prévost, Paris, Mame, 1978. Nos références renvoient à la pagination continue en bas de page. [Nous notons *U.* ces références]. Nous y joignons l'édition de S. Goyard-Fabre, présentation, trad. et notes M. Delcourt (1966), édition C, Bâle, mars 1518, parfois revue par l'éd. de Louvain (1516) et Paris (1517), Paris, Garnier Flammarion, 1987 [notée GF-Flammarion]. On peut aussi particulièrement signaler la récente édition de G. Navaud, trad. J. Le Blond (1550), revue par B. Aneau (1559), révisée et modernisée par G. Navaud, Paris, Gallimard, 2012.

même avec les mythes du *Timée* et du *Critias*, ou encore avec celui de la « véritable Terre » du *Phédon*. Comme le dit Jean-François Pradeau,

> Autant la définition du genre « utopie » ne va pas toujours de soi aujourd'hui, chez les historiens des idées comme de la littérature, autant la plupart des études comparées ou des anthologies qui ont été consacrées à ce genre et à sa possible histoire s'accordent à reconnaître au *Critias* de Platon le statut inaugural et quelque fois archétypique de premier récit utopique. Que l'auteur de ce petit récit inachevé qu'est le *Critias* soit un philosophe complique sans doute d'emblée la tache des anthologistes ou des historiens. Il est en effet étonnant que l'origine d'une tradition fictive doive être imputée à un auteur qui faisait de la connaissance vraie de la réalité dans son ensemble la caractéristique même de ce qu'il avait entrepris d'instituer sous la dénomination de « philosophie ». (...) Le *Critias*, plutôt que premier spécimen du genre utopique, en fut à sa façon la condition de possibilité, le prétexte ou l'hypotexte [1].

Dans un précédent ouvrage[2], nous avons cherché à savoir ce que pouvait devoir aux *Dialogues*, et plus généralement à la tradition platonicienne, l'*Utopia* de More, ce qui pouvait justifier qu'elle présente sa cité parfaite, Utopie, comme l'« émule à présent de la platonicienne cité »[3]. Dans son prolongement, notre propos est ici d'identifier dans le corpus platonicien les moments relevant de la logique propre de la philosophie de

1. « L'Atlantide de Platon, l'utopie vraie », dans L. T. Sargent et R. Schaer (dir.), *Utopie. La quête de la société idéale en Occident*, Paris, Bibliothèque nationale de France-Fayard, 2000, p. 94 (article repris dans *La Communauté des affections. Études sur la pensée éthique et politique de Platon*, Paris, Vrin, 2008, chap. X, qui le présente comme une version revue et corrigée de « Platon : l'utopie vraie », publié dans *Elenchos*, 22, 2001, p. 75-98). Selon H. Joly, « si le terme [utopie] n'est ni grec ni platonicien, on peut se demander néanmoins, même en l'absence du mot, si le genre n'existait pas au temps de Platon ou chez Platon. Car chez lui, le procédé de la création littéraire tout à la fois se sépare du réel, mais s'en inspire ce qui, grâce à la double dimension du récit et de la fable, constitue la structure typique de l'utopie » (H. Joly, *Le Renversement platonicien. Logos, épistémè, polis*, [1974], Université de Paris XII-Vrin, 1994, p. 311 ; 326-327). Cela étant, M. Dixsaut remarque que, à le considérer pour lui-même, « de toutes ces distinctions – entre philosophie, philosophie politique, sciences politiques et utopie – un ouvrage comme la *République* semble ne tenir aucun compte. Est-ce que Platon n'avait pas, pas encore, une conscience claire de ces difficultés ? Ou appliquons-nous là des catégories que toute l'entreprise philosophique de Platon tend précisément à récuser ? » (*République, Livres VI et VII*, trad. et commentaires, Paris, Éditions Pédagogie Moderne, p. 46).

2. *L'*Utopia *de Thomas More et la tradition platonicienne*, Paris, Vrin, « De Pétrarque à Descartes », 2007.

3. « Nunc civitatis aemula Platonicae ». La formule figure dans le *Sizain* qui précède l'*Utopie* (p. 330).

Platon qui pourraient être réinsérés dans une autre logique, en l'occurrence utopique, et dont l'*Utopia* donne le modèle. Nous convenons de les appeler « utopismes ». Ce n'est donc qu'accessoirement que nous interrogerons pour ce faire d'autres utopies littéraires, ou encore des pratiques utopiques non littéraires. En quoi, alors même que pourrait être clairement refusé à la philosophie platonicienne le qualificatif d'utopique, les *Dialogues* présentent-ils, à partir donc de leurs propres problématiques et à la condition d'une réappropriation de sens, de quoi nourrir une certaine perspective utopique, des utopismes ?

Il est évidemment possible de dégager dans le récit utopique des thèses philosophiques, y compris d'allure platonicienne ou du moins pouvant se revendiquer telles, relatives à la perfection humaine (sur le bonheur, la justice, la raison, la bonne organisation institutionnelle...), et ce en écho ou reprise adaptée d'une démarche pleinement philosophique, elle, de justification critique et d'exposition méthodiquement ordonnée selon la seule exigence du concept. Mais la question centrale que nous examinerons est celle des principes qui les sous-tendent, et de leurs rapports aux principes platoniciens. Particulièrement, quels utopismes peut-on ainsi trouver dans l'articulation des formes platoniciennes de l'imaginaire avec les thèses strictement argumentées et rationnelles qui constituent le fond des *Dialogues* ?

Ici se trouve engagé le principal, ce qui en fait interdit de parler en toute rigueur d'« utopie » à propos de la philosophie de Platon, tout en autorisant d'y voir, comme le dit Jean-François Pradeau, « sa condition de possibilité » : la différence ontologique. L'entreprise utopique consiste en effet à exposer, de façon imaginaire, une réalité voulue à la fois immédiatement comme forme parfaitement intelligible et comme existence complètement empirique. L'élémentaire de l'ontologie platonicienne, qui distingue soigneusement ces trois moments, de la forme intelligible, de l'existence sensible et de l'image par le discours, se trouve donc complètement contredit. Le présent volume est consacré à cela. Il a pour enjeu d'ouvrir ce faisant à une étude à suivre ayant pour objet d'évaluer les différences politiques et morales pouvant s'en déduire, avec pour axes les problématiques du plaisir et de la loi, c'est-à-dire respectivement du principe et de la fin de *l'existence* heureuse utopique, et de sa structuration *essentielle*. Les *Dialogues* entendant, eux, penser l'essence de ce qui existe de façon séparée de cette existence, mais en s'efforçant de prendre cependant complètement en compte les nécessités qu'implique cette dernière, voient dans le plaisir et la loi non pas l'expression directe et simple de l'essence, mais ce qui impose essentiellement que l'essence ait à exister, autrement dit la part spéciale de l'existence humaine. La cité parfaite platonicienne, comme cité pensée des hommes existant sur terre et non cité de dieux dans un « monde intelligible », n'est « parfaite » qu'à la condition de tenir compte parfaitement de ces moments de l'imperfection que sont le plaisir et la loi. La perfection utopique tient en revanche à l'immédiate adéquation d'une existence et d'une essence en accord avec la nature humaine telle que la raison la conçoit.

Cela étant, dans ces différences, le fondement commun aux *Dialogues* et à l'utopie, et partant l'utopisme principal de la philosophie platonicienne, est dans le projet d'instituer parfaitement la vie humaine sur terre. C'est exclusivement, dans les deux cas, des affaires humaines dont il s'agit. Tous les utopismes platoniciens s'y articulent. Très généralement, nous constaterons qu'ils se distribuent entre deux pôles, celui de l'ouverture (dont relèvent les moments de la recherche, de l'ailleurs, le thème du « voyage », etc.), et celui de la clôture (la forme déterminée, le système, etc.).

Le statut de la transcendance est la clef de ce rapport ambivalent de la philosophie de Platon à l'utopie. Notre dernier chapitre en examinera spécialement les enjeux propres, de l'idéalisme qui en est l'expression immédiate, de sa possible fonction matérialiste utopique, et de ses sens religieux différents, voire opposés. Ce principe de la transcendance est donc notre point constant de référence pour ce qui suit. Il justifie que nous choisissions de commencer cette étude par l'examen de la valeur utopique de l'« atopie » socratique.

Pour ses interlocuteurs, Socrate n'est en effet jamais là, en tout cas jamais là où on pense qu'il est. Il est « déconcertant », « extravagant », selon les traductions d'ἄτοπος. Il est toujours « ailleurs ». Sa recherche de ce qui est vraiment le rend insituable, « a-local », en décalage permanent, tel le voyageur Hythlodée de l'*Utopie*, marin-philosophe par qui fut découverte et décrite Utopie, la cité parfaite terrestre, mais aussi telle cette cité elle-même, présence par excellence de l'ailleurs. Mais d'un utopisme à l'autre : Utopie, elle, ne voyage pas. Elle est pleinement ce qu'elle est, dans son essence parfaitement existante. L'atopie socratique pourrait-il alors être le contrepoint d'un autre utopisme, comme expression d'une perfection qui serait à penser en termes de systématicité, et que l'enfermement, la clôture de l'île d'Utopie figurerait au mieux ? Est ici en jeu l'ambivalence de ce que les *Dialogues* peuvent donner à entendre par « philosophie », et davantage encore l'interprétation ordinaire que la tradition platonicienne en a forgé : d'un côté une recherche libre et souple, mue par le seul désir du vrai, de l'autre une présentation systématique de thèses dont la rigueur se paierait d'une contrainte doctrinale. Et alors, très caricaturalement, faut-il faire de l'opposition présumée entre un Socrate insaisissable et un Platon dogmatique une représentation effective de ces deux moments contradictoires de l'utopie? Ou encore, que signifie finalement la philosophie platonicienne: recherche et amour du savoir, ou sagesse? Le statut de l'écrit devra alors naturellement être interrogé, et avec lui ce qu'il convient de penser d'un éventuel ésotérisme platonicien. Quelle recherche les *Dialogues* ont-ils vocation de susciter? Comment une parole libre et vivante peut-elle prendre la forme d'un écrit? Et dans ce cadre, quelles correspondances peut-on alors trouver avec l'humour, avec le style de l'*Utopia* de Thomas More, qui invitent à, surtout, ne pas en rester au dit évident mais à s'efforcer de penser par soi-même à partir de lui? Dans quelle mesure ce que donnent à lire les textes platoniciens peut-il évoquer « l'oblicité » de l'écriture utopique? Les sens socratique et platonicien de l'εἰρωνεία et de l'ἔλεγχος se trouvent ici directement sollicités par cet utopisme d'une vérité qui ne pourrait se donner ainsi dans les *Dialogues* qu'en se cherchant.

Si l'on peut, en conséquence, parler de l'utopisme d'un « ésotérisme rhétorique » platonicien, ce ne peut pourtant être qu'à la condition d'une claire prise en compte de la différence ontologique exposée plus haut, qui implique que les mots ont pour fonction la recherche des choses chez Platon, alors que l'utopie les fait complètement être. Si l'utopisme platonicien est ici que la vérité est toujours relative à ce qui vaut parfaitement pour les hommes, sur terre, et que la raison peut déterminer, l'ontologie n'est pas la même. Et, particulièrement, le mensonge n'a pas le même sens ni les mêmes enjeux pour Platon et pour l'utopie : modalité de la recherche pour l'utopie, et qui doit s'avouer telle, il est modalité de détour pour une venue à l'existence d'une vérité acquise, pour une pratique platonicienne correctement fondée philosophiquement.

Notre deuxième chapitre abordera le plus directement cette question ontologique. Sur la base du principe platonicien fondamental selon lequel ce qui est vraiment n'est pas sensible, et ce qui est sensible ne l'est vraiment que par sa participation à l'intelligible, un premier utopisme d'ampleur apparaît immédiatement: ni pour Platon, ni pour l'utopie, il n'est de « monde intelligible », si l'on entend par là un monde qui échapperait aux contraintes propres du monde sensible, en un agencement essentiel tout autre, et dont les habitants ne seraient en conséquence pas des hommes. Le fait est que l'expression est souvent utilisée, mais selon nous tout à fait à tort, pour désigner le νοητὸς τόπος : le dualisme n'est pas chez Platon entre deux mondes, mais entre ce qui demeure identique à lui-même et ce qui devient, entre ce qui est vraiment, l'essence, et l'existence, entre l'intelligible et le sensible. Et le fait est aussi qu'il est courant de comprendre l'utopie comme ne pouvant valoir qu'à la condition d'une transformation préalable de la nature humaine, qui ferait que le monde d'utopie ne serait pas en fait un monde à dimension ordinairement humaine. Mais tel n'est en tout cas pas ce que l'*Utopie* donne à penser, et pas non plus les *Dialogues* donc, dont tout l'objectif est la recherche de l'intelligibilité, par le savoir de ce qui est vraiment, du monde des hommes, d'un monde sensible pris en compte dans toute son épaisseur

Les notions centrales de la philosophie de Platon, Forme (εἶδος), essence (οὐσία) et Idée (ἰδέα), sont ici concernées. L'architecture complexe qu'elles dessinent n'est pas utopique, même si elle autorise des utopismes importants. D'une part en effet, il convient sans doute de distinguer entre les usages que fait Platon d'ἰδέα et d'εἶδος. D'autre part, il ne s'ensuit pas de ce qu'une essence (οὐσία) n'est déterminable que par sa Forme (εἶδος) ou son Idée (ἰδέα) que toute Forme soit automatiquement Forme d'une essence. Il en va ainsi particulièrement pour l'Illimité, cette Forme, qui ne peut renvoyer, par définition, à aucune essence déterminée, mais qui permet pourtant de penser de façon indirecte ce qui échappe à toute saisie directement intelligible, c'est-à-dire l'existence. Et cela vaut aussi pour les Formes de l'Autre ou du Non-être. À cette complexité platonicienne répond donc la simplicité utopique pour laquelle tout ce qui existe est, et peut être pensé directement de façon intelligible, Utopie étant postulée comme étant immédiatement et absolument à la fois sensible et intelligible.

La pensée de la limite constitue ainsi particulièrement un important utopisme platonicien, mais sur la base de cette différence ontologique qui veut que l'illimitation platonicienne de l'existence, en tant qu'existence, ne soit pas utopique. Pour l'utopie en effet, chaque existence est ce qu'elle est, a une essence qui lui est totalement adéquate, qu'il s'agisse des sociétés de l'Ancien monde ou d'Utopie, seule vraie « République ». L'illimité tient alors à l'écart entre ce qu'est réellement une « essence / existence » et ce qu'elle prétend être, dans ce qu'elle n'est pas (une vraie République) au regard de ce qu'elle devrait être. Les enjeux immédiats de ces pensées très différentes de la limite et de l'illimité méritent d'être examinés dans un ouvrage à venir à partir des problématiques du plaisir et de la loi. Dans le présent volume, cela conduira à reposer la question de l'utopisme du « système », et aussi à approfondir le rapport de l'Idéal à l'Idée et à l'utopie, ce qui enveloppe plus généralement celui de la raison et de l'imagination.

Un troisième chapitre aura pour objet les conditions de réalisation de l'essence, ce que la philosophie platonicienne distingue avec la plus grande fermeté de celles de l'effectivité de l'existence : les unes sont parfaitement intelligibles, et pas les autres. Autant dire qu'à prendre rigoureusement les notions, la philosophie de Platon ne mérite certainement pas ici le qualificatif d'utopique, si on en reste au sens trivial de ce qui n'est pas réaliste. Il en va même tout au contraire, puisque ce qui est vraiment, la réalité, est pour Platon l'essence, et dont il est donc naturellement parfaitement réaliste de chercher à assurer au mieux la solidité théorique. Platon tient ainsi dans l'égalité des hommes et des femmes, y compris dans la participation à la direction de la cité, et la communauté des femmes et des enfants chez les gardiens, de quoi bien assurer l'être de l'essence de la cité juste, mais sous la condition ultime du gouvernement des philosophes, c'est-à-dire de magistrats en connaissance suprême du Bien. Et cette dernière condition n'a, selon lui, rien d'« utopique », toujours en ce sens d'irréaliste : elle est parfaitement envisageable car susceptible de rencontrer l'acceptation populaire. Ces conditions sont internes à l'essence, en sont des modalités, ce qui provoque un effet de cercle. Cela apparaît particulièrement pour l'adhésion populaire à ce type de gouvernement qui, pour être effective, suppose que ce dernier soit déjà, en fait, en activité. Et il en va de même pour la seconde condition requise de cette condition ultime : l'expérience nécessaire des philosophes appelés à gouverner, dont la responsabilité institutionnelle incombe à l'éducation délivrée par la cité une fois réalisée, même si Platon n'exclut pas les autodidactes.

En revanche, quant à l'existence effective de cette essence, avec donc ses conditions internes de réalisation, c'est le règne de l'indétermination. Platon s'avoue incapable d'évoquer autre chose que la chance ou l'inspiration divine, cependant sur le fond d'une possibilité de principe puisqu'il existe des rois et qu'il existe des philosophes. La différence utopique est donc ici centrale, l'indétermination des conditions de l'existence effective d'Utopie enveloppant celle de son essence et de ses conditions de réalisation dans la mesure où l'utopie imagine en une même réalité ces trois moments ontologiques.

On comprend ainsi que l'utopie ne puisse pas relever d'une philosophie de la participation. Ce chapitre III s'attachera alors à évaluer, au regard de l'utopie, l'éventuelle différence d'un dialogue à l'autre, particulièrement de la *République* aux *Lois*. Un lieu commun veut en effet que Platon soit devenu « réaliste » en rédigeant son dernier ouvrage, en rectification forte donc de son œuvre la plus célèbre. Nous avons pour projet d'essayer d'établir qu'il n'en est en fait rien et que, de la *République* aux *Lois*, une même leçon se dégage : la philosophie se doit de penser l'excellence d'une cité pour les hommes, sur terre, et non pour les dieux. C'est dans cette perspective que la cité des *Lois* pourra être dite de « second rang » en matière d'unité : seconde relativement à la cité des dieux, mais non par rapport à la cité de la *République*. Première en revanche pour les hommes, elle l'est donc au même titre que la cité de la *République*. Il n'est ainsi pas question, selon nous, que le second dialogue condamne une utopie que manifesterait le premier. La question des conditions de réalisation de l'essence prime dans les deux, certes avec une attention plus soutenue, et un plus grand détail, dans les *Lois*. L'intérêt manifesté par Platon pour les modèles historiques témoigne de cela, avec en particulier les fortes références faites à la Perse de Darius et Cyrus et l'ancienne Athènes démocratique, mais toujours dans le cadre de sa philosophie de la participation. Le plan demeure celui de l'essence et de ses conditions de réalisation, puisqu'il ne s'agit pas de conclure à partir d'existences étudiées à un moyen terme entre démocratie et monarchie mais, certes en réfléchissant sur ces existences, de justifier la valeur intelligible d'une cité structurée par la libre soumission de ses citoyens à des lois fondées en raison. On peut remarquer que l'utopisme conséquent n'est pas ici très puissant, du moins au regard de l'*Utopie* qui entend bien davantage faire participer les Utopiens aux prises de décision.

La philosophie platonicienne de la participation enveloppe une pensée de la gradation, que Platon met particulièrement en œuvre avec la mise en place d'échelles hiérarchisant les sociétés existantes, depuis les πολιτείαι dignes de ce nom comme les régimes de Lacédémone ou de la Crète jusqu'aux formes démocratiques, méritant à peine la dénomination de « société ». Cela peut-il valoir pour déterminer la forme générale que cette philosophie permettrait d'envisager pour la mise en place de l'existence effective de la vraie cité, étant certes toujours entendu que l'effectivité de cette mise en place échappe nécessairement à l'intelligibilité ? Autrement dit, faut-il conclure de la philosophie de la participation à une réforme des cités existantes par participation accrue à la vraie cité ? Une tout autre voie est pourtant explicitement avancée par la *République*, VI, 501a qui, plutôt qu'une amélioration progressive de l'existant, envisage plus simplement de commencer par « nettoyer la tablette », de vider les cités de leurs habitants pour tout reprendre à zéro avec les enfants (VII, 540e-541a). Cela étant, il est facile de conclure assez immédiatement, en dépit d'une possibilité de droit (il existe des philosophes et il existe des rois), à une impossibilité de fait du succès de chacune de ces voies, qu'il s'agisse dans la première voie d'une participation croissante n'offrant qu'une perspective infinie ou qu'il s'agisse d'une complète « table rase » préalable. Et de toute façon, même supposée venue adéquatement à l'essence, l'existence enveloppe nécessairement un processus d'inadéquation croissante, puisque le devenir interdit, par définition, la permanence exigée par l'éternité de l'essence, ce que la *République* VIII et IX établit avec la plus grande fermeté. Dans cette impossibilité de faire exister ce qui vaut le mieux, ne retrouve-t-on pas finalement cette « utopie platonicienne » très ordinairement décrite voire dénoncée, et ce au prix d'une impasse sur la complexité des ontologies en œuvre? L'existence impossible, à ne pourtant pas identifier avec la réalisation impossible de l'essence : voilà donc en quoi consisterait l'origine platonicienne de l'utopie.

Nous pensons que les choses sont en fait un peu plus compliquées. Il est possible de constater en effet, par-delà le révolutionnarisme hautement revendiqué de l'*Utopie*, et dont on est en droit de penser que ses formes d'exposition interdisent effectivement l'existence ailleurs que dans un livre, la présence « oblique » d'un certain réformisme, solidaire particulièrement de l'engagement politique de haut niveau de More. Il sera intéressant de constater, dans ce cadre, qu'un des moments forts de l'introduction biaisée de ce réformisme, sous couvert donc d'un fort révolutionnarisme, est le recours à des références bien peu fidèles à la *République*.

Deux philosophies sont en tout cas à l'œuvre et, en dépit de formulations éventuellement très apparentées, il convient de bien distinguer entre participation platonicienne et évaluation utopique, cette dernière consistant en une comparaison d'essences distinctes, jaugeant à l'aune de ce qu'est vraiment une cité, une République, les sociétés existantes. Cela engage jusqu'au choix des termes de la traduction du titre de l'*Utopia*, « *de optimo (...) statu* » pouvant en conséquence, selon nous, être indifféremment compris par « *relatif à la meilleure forme* », ou par « *relatif à la forme parfaite* ». Le statut de la colonisation, de l'extension par participation à la réitération dans une reprise utopique de la notion de modèle, en est un autre enjeu.

En complète contradiction avec la philosophie de l'utopie, l'existence est donc impensable par l'intelligence chez Platon. Demeure pourtant l'exigence de son approche, et partant la recherche d'autres modalités pour ce faire que l'intelligence pure. Telle est la fonction du mythe. Et tel est ce par quoi la forme utopique peut sembler avoir le mieux une allure platonicienne.

Notre chapitre IV s'y consacrera, en prenant pour condition ontologique du contenu imaginé de la cité parfaite le statut platonicien de la χώρα. Le mythe permet donc à Platon de penser l'existence, particulièrement comme existence passée pouvant se donner comme existence intemporelle. La vraisemblance du propos est ici simplement exigée, en des présentations qui évoquent parfois très fortement la convention utopique qui donne pour vrai ce qui pourrait simplement l'être, mais dont on sait bien qu'il ne l'est pas. Quels échos, alors, peut-on trouver dans l'utopie de ces notions fortes que la participation platonicienne fait naître et qui sont indispensables à la bonne compréhension de l'usage que fait Platon du mythe: la copie, l'image (εἴδωλον), (ἀπεικασία), la représentation (ἀπεικασία), et très généralement l'imitation (μίμησις)? Plus précisément, quels rapports Platon envisage-t-il entre la rhétorique et la philosophie d'une part, la philosophie d'autre part? Et aussi : à quelle condition peut-on rêver le réel? Le strict contrôle philosophique est, de toute façon et très généralement, le principe de tout usage de l'imaginaire, ce qui ne signifie certes pas comme on le dit trop couramment que Platon exclut toute poésie de la vraie cité, mais bien qu'il la réglemente au plus près. Cela vaut ainsi pour la représentation des dieux, dont il n'est pas imaginable qu'ils ne puissent pas être, nécessairement, modèles de bonté. Dans le cadre de ce que permet, philosophiquement, le mythe, le statut du rire est plus précisément examiné, puisque le rire est complètement utopique. Et encore, l'utopisme du mensonge est repris et approfondi dans cette perspective où la valeur de l'image est tout entière relative à ce dont elle est l'image : mentir sur les apparences au nom de la vérité de l'être est platonicien, mais est utopique que ce soit sur le fond d'une connivence avec le lecteur, à l'intelligence duquel il est fait confiance.

Un utopisme platonicien moins généralement reconnu est celui de « la Terre qui véritablement est Terre » dans le mythe du *Phédon*, où l'existence est supposée parfaitement « persuadée ». Mais c'est naturellement dans le *Critias* et dans le *Timée* que Platon est le plus proche de l'utopie. Le mythe de l'existence y a le double contenu de la présentation de la χώρα et de l'Athènes ancienne, c'est-à-dire respectivement de ce par quoi il est possible de rendre compte de l'existence de toute chose et de l'image de ce qu'une existence parfaitement normée par ce qui est vraiment pourrait être.

L'enjeu utopique fondamental pourrait être ici dans l'articulation complexe du sens de la χώρα au lieu, et aussi à la matière.

Le chapitre V est en conséquence entièrement consacré au mythe de l'Athènes ancienne. L'Athènes d'il y a 9 000 ans, présentée comme une image vivante de la cité de la *République* ayant réellement existé, approche donc au mieux l'utopie. Cette image n'est certes pas très fidèle, mais sans que cela remette en question l'essentiel de la leçon de la *République*, particulièrement que son gouvernement est en charge d'affaires humaines et qu'il est humain, bien que « divinement persuadé ». Mais on ne peut pour autant pas y voir une utopie, toujours du fait de cette différence ontologique fondamentale : Platon ne présente pas cette cité d'il y a 9 000 ans comme le Forme même de la cité, alors que More fait revendiquer à Utopie, par son statut d'« émule », le dépassement de la « platonicienne cité » pour avoir, dans un même mouvement, fait exister effectivement et donné à penser ce qu'est vraiment la République.

Sur cette base, le « réalisme platonicien » mérite d'être à nouveau ici interrogé. D'une part, si le mythe emprunte largement à la mythologie grecque, il est d'abord nourri de l'histoire effective (l'Athènes du IVe siècle, la Perse, Sparte, voire la Crète...), puisque son objectif premier est de donner à penser une existence alternative par référence spéciale à ce que peut être l'existence. Et il emprunte aussi du coup aux récits et méthodes des historiens. Mais, d'autre part, bien qu'il puisse mériter ainsi, d'une certaine manière, le statut de « roman historique », sa fonction fondamentale est de faire apparaître de façon sensible ce que Platon entend, lui, par le réel. L'existence qui l'intéresse ayant à être normée par l'essence, c'est-à-dire par ce qui est vraiment, il convient sans doute mieux de le qualifier en conséquence de « roman philosophique ».

Le principal est en tout cas que l'imaginaire platonicien doit être clairement déterminé par sa vocation philosophique, en exclusion de ses effets induits très tôt sur une hypothétique localisation d'une Atlantide réelle qui aurait inspiré Platon. Ici, le mythe s'éloigne radicalement de l'utopie, pour nourrir des rêveries plus ou moins assumées, voire à prétention scientifique, et y compris à enjeux nationalistes et racistes. Ce chapitre s'efforce de classer les moments de ces réceptions imaginaires. Faut-il alors, plus rigoureusement, comprendre ce mythe comme une allégorie, ce qui conduit à interroger l'analyse que fait Platon de ce genre ?

Quant au contenu qu'il donne à penser, on doit plus particulièrement y voir une mise en œuvre de la philosophie de la limite et de l'illimité, dont nous avons dit combien elle importait pour la nature de la reconnaissance des utopismes platoniciens. La leçon générale du mythe est la victoire de la mesure, incarnée par l'Athènes ancienne, sur la démesure atlante. Sont ici concernés les chiffres servant aux descriptions, mais aussi le sens à accorder aux figures contradictoires de la terre et de la mer. Il faut rappeler en ce sens l'importance des mathématiques dans le schématisme utopique, et aussi que si l'Ile d'Utopie est une terre entourée d'eau, sa forme est telle que la mer y pénètre de façon apaisée.

Nous le disions pour commencer, le point général à partir duquel on peut évaluer complètement le caractère utopique de la philosophie de Platon est le rapport de la transcendance à l'immanence. Notre dernier chapitre insistera ainsi sur le fait que l'objet de l'*Utopie* comme des *Dialogues* étant la vie des hommes sur terre, le sens de la transcendance est d'abord dans les deux cas celui d'un appel à un ailleurs à situer dans le monde d'ici, et qui y cherche ses exigences et ses justifications. La différence, radicale, est que chez Platon, la valeur de cet ailleurs est fondée sur la transcendance des Formes, tout au contraire donc de l'immanence utopique d'une nature humaine identifiable dans la pure existence sensible. Mais les Formes platoniciennes ne sont pour autant pas des dieux. Cela implique d'interroger la pertinence de ce qu'on appelle le « platonisme chrétien », particulièrement du fait de la prégnance de cette réception des *Dialogues* à la Renaissance. La propre théologie de Platon sera en conséquence directement examinée, avec pour principal effet le renouvellement de l'affirmation forte d'une anthropologie confiant aux hommes seuls la charge de la conduite de leurs affaires, mais sous la condition d'une optimisation par l'imitation du divin, ce qui impose alors de nuancer l'utopisme platonicien : s'il n'y a pas non plus de théocratie dans l'utopie, l'imitation du divin n'y est pas, du moins dans l'*Utopie*, la condition de la perfection de la cité terrestre, les Utopiens concluant en effet la confirmation de la valeur de leur République du seul silence de Dieu.

L'utopisme principal des *Dialogues* au regard de la référence divine est, très généralement et y compris dans les diverses formes de piété décrites, la structuration nécessaire de la foi par la raison. Les approches du devenir de l'âme après la mort en relèvent, et ce dans la problématique commune aux *Dialogues* et à l'utopie de ce qui importe à une vie terrestre parfaite : est ainsi utopiste la logique platonicienne de rétribution qui finalise les espérances de la vie à venir dans l'au-delà par le vrai bonheur de la vie terrestre, c'est-à-dire fondé par ce qui vaut vraiment.

Pas d'utopisme platonicien, en revanche, en matière de tolérance religieuse, et même au prix de modifications d'intentions. Les *Lois* appellent clairement ainsi à la répression de toute dissidence religieuse, à l'encontre donc de l'exigence d'*Humanitas* de l'*Utopie*. Il faut pourtant souligner que l'objectif plus ou moins avoué de cette tolérance utopique est de rendre possible le triomphe final du christianisme, ce qui renvoie au très probable projet du chrétien More de faire de l'*Utopie* une stimulation voulue pour l'achèvement, cette fois pleinement transcendant, de la Cité de Dieu. Le « platonisme chrétien » peut alors trouver un éclairage particulièrement intéressant avec l'utopisme de la « Paix de la foi » du platonicien cardinal Nicolas de Cues (11401-1464) qui, sous couvert de tolérance mais en des références platoniciennes, entend clairement promouvoir le christianisme.

Comme points extrêmes du rapport du religieux à l'horizon terrestre des *Dialogues* et de l'*Utopie*, nous conclurons, d'une part sur l'impossibilité de voir dans le monachisme et sa clôture un effet dérivé de l'idéal politique platonicien, en même temps que le modèle par excellence des utopies; d'autre part, sur la différence des philosophies à l'œuvre dans le communisme d'inspiration chrétienne, le communisme des Gardiens chez Platon, moment second des conditions de réalisation de la cité parfaite, et le communisme utopique, modalité et expression par excellence en revanche de l'*Humanitas* essentielle. Ce dernier point sera une nouvelle occasion de souligner l'usage biaisé par l'utopie d'une référence platonicienne, en une reprise qui entend tirer, mais à sa manière, tous les fruits du principal à retenir de la philosophie platonicienne, à savoir la pensée d'une vraie cité sur terre, pour les hommes et gouvernée par eux.

CHAPITRE PREMIER

ATOPIE ET UTOPIE

La question de l'utopisme platonicien peut être ouverte par la figure de Socrate : dans les *Dialogues*, Socrate apparaît « ailleurs », comme « en voyage », lui qui n'a qu'exceptionnellement quitté Athènes[1], et l'utopie c'est d'abord le voyage. Mais l'utopie, c'est aussi la description de ce qui se découvre au terme du voyage. Et du coup, en ce deuxième utopisme, Platon s'oppose-t-il à Socrate ? Ce que Socrate cherchait, il l'aurait trouvé, et systématiquement exposé. Or, la cité d'Utopie exprime sa perfection dans son caractère systématique. Autrement dit, faut-il plutôt alors chercher ici le véritable utopisme de la philosophie de Platon ? Cela engage la question du statut de l'écrit et de l'oral, de cet utopisme qui fait, par le dialogue écrit, accéder à la vérité. Pour aller à l'essentiel, de Socrate à Platon, et de Platon à l'utopie, de quelle vérité s'agit-il alors ?

L'ATOPIE SOCRATIQUE

Quel ailleurs ?

Le « voyage »

Chacun l'a constaté : Socrate est « *atopos* », insaisissable, indéfinissable, vraiment étrange, et ce jusqu'à la difficulté de trouver les bons termes pour le dire en français : Socrate ἄτοπος, c'est Socrate

1. Cf. *Phèdre*, 230c-d.

« excentrique », « original » « extraordinaire » ou « déconcertant », « bizarre », « curieux » ou « étonnant », « extravagant », voire « absurde »[1]. C'est que l'« *atopos* », c'est l'« inclassable » pour Luc Brisson[2], « celui qui ne suit pas les sentiers battus et dont l'originalité ingénue (*atopia*) déconcerte » selon Léon Robin[3]. L'*atopia* est pour ce dernier « le caractère qui fait que l'on ne sait où *loger* un pareil être dans les catégories humaines de l'expérience commune »[4].

On ne sait où « loger » Socrate. L'« ἄτοπος », effectivement, c'est le « sans lieu », le « privé de lieu », éventuellement l'« a-local » ou l'« insituable »[5]. C'est pourquoi, physiquement, Socrate n'est jamais là où on l'attend, toujours ailleurs[6]. Il est ailleurs, mais d'un « ailleurs » qui n'est en fait « nulle part » : qui n'est ni en ce lieu physique, ni en un autre. Mais s'il n'est en aucun lieu physique, il n'est pas non plus pour cela en un « lieu intelligible » où il serait confortablement installé. Si Socrate est « *atopos* », c'est qu'il « voyage », ni ici ni là, ni dans son corps ni non plus dans un ciel des Idées. Son « atopie »[7] est « déliaison », effort pour n'être que dans son âme, qui « raisonne le plus parfaitement quand ne viennent la perturber ni audition, ni vision, ni douleur, ni plaisir aucun; quand au contraire elle se

1. « Excentrique », dans les traductions du *Banquet*, 215a que font L. Brisson (Paris, GF-Flammarion, 1998) ou L. Robin (*Œuvres complètes*, « Bibliothèque de la Pléiade », Paris, Gallimard, 1950). « Original » pour *Phèdre*, 229c, selon L. Brisson (Paris, GF-Flammarion, 1995), ou « déconcertant » selon L. Robin, (Pléiade). En 230c, L. Robin traduit « ἀτοπώτατος » par « le plus extraordinaire » dans Les Belles Lettres (Paris, 1933), et par « le plus déconcertant » dans Pléiade, ce qu'E. Chambry (Paris, GF-Flammarion, 1964) traduit par « grand original » et L. Brisson (GF-Flammarion, 1995) par « le plus déroutant ». « Extravagant » est retenu par M. Canto (Paris, GF-Flammarion, 1987) et L. Robin (dans Pléiade) pour *Gorgias*, 494d, alors qu'A. Croiset y voit de « l'absurdité » (Paris, Les Belles Lettres, 1923).

2. *Phèdre*, GF-Flammarion, n. 38, p. 195.

3. *Phèdre*, Les Belles Lettres, n. 4, p. 5-6.

4. Notice au *Banquet*, Paris, Les Belles Lettres, p. CII.

5. *Cf.* A. Castel-Bouchouchi « L'Espace platonicien : *topos* et *chora* », *Cahiers philosophiques de Strasbourg*, n° 1, mars 1994, p. 92.

6. Lorsqu'Agathon apprend par un serviteur que Socrate, attendu au banquet qu'il donne, s'est retiré sous le porche de la maison des voisins, il s'exclame : « Ἄτοπον γ', ἔφη, λέγεις; », « quelle absurdité me contes-tu ? » (*Banquet*, 175a). Nous reprenons ici la traduction de F. Makowski, « Où est Socrate ? L'aporie de l'atopicité chez Platon », *Revue de philosophie ancienne*, 1994, n° 2, p. 131. L. Brisson traduit : « Quel comportement étrange » (GF-Flammarion) et L. Robin : « Cela n'a pas le sens commun, ce que tu me chantes là ! » (Pléiade). Le fait est que Socrate se comporte comme un « étranger » (*Phèdre*, 230c).

7. Avec par exemple F. Makowski, dans « Où est Socrate ? L'aporie de l'atopicité chez Platon », nous traduisons donc simplement ἄτοπος par « atopique ».

concentre le plus possible en elle-même et envoie poliment promener le corps »[1].

C'est ainsi que l'« atopie » socratique est affirmation de la vie par la mort : « Mais c'est ce que tu disais à l'instant – que les philosophes accepteraient volontiers de mourir – c'est cela, Socrate, qui a l'air vraiment atopique »[2]. Mais cette « vie » n'est pas une « autre vie ». Elle est vie de l'esprit, vie présente et actuelle d'abord et fondamentalement, vie dont l'être est le voyage, vers cet autre « τόπος » où elle ne réside pas non plus, le τόπος νοητός, le « lieu des idées »[3]. Comme le dit François Makowski : « l'atopicité du philosophe est dans cette tension entre deux contraires, entre deux spatialités antithétiques »[4], ce qu'exprime tout à fait fortement le *Phèdre* lorsqu'il décrit l'état de tourment de l'âme qui « enrage de se trouver démunie devant cet état qui la déroute » (251d-e)[5]. Socrate est *dérouté*.

Et son « voyage » du coup est lui-même déroutant, en lui-même original et extraordinaire. Si Socrate est atopique, son mouvement l'est aussi, dans une étrangeté qui le distingue de ce qu'il vise comme de ce qu'il s'efforce de quitter[6]. Son imprévisibilité ne relève en effet ni du désordre caractérisant une existence humaine ballotée au gré des événements et des pulsions, ni non plus de l'immuabilité de ce qui étant vraiment n'est que ce qu'il est. Et il ne consiste pas plus en ce mouvement régulier que permettrait précisément le savoir de ce qui est vraiment. Ce mode d'être atopique

1. *Phédon*, 65c. Trad., introd. et notes M. Dixsaut, Paris, GF-Flammarion, 1991. « Et délier l'âme, ceux, disons-nous, qui ne cessent de s'y employer avec ardeur sont surtout, ou plutôt non, sont seulement ceux qui philosophent droitement, et l'exercice même qui est propre aux philosophes consiste en ceci : en une déliaison et une séparation de l'âme d'avec le corps » (67d). Socrate n'est pas Thalès. On le sait depuis l'*Apologie de Socrate*, 19b-d (voir aussi *Phédon*, 95e-97b), son propos ne concerne pas « ce qui est sous la terre », ni « la voûte qui domine le ciel ». Mais de Socrate aussi, et d'abord, comme philosophe, on peut dire que « seul son corps est en place dans la cité et y séjourne ; tandis que sa pensée (…) étend partout son vol » (*Théétète*, 173-174. Trad. L. Robin, (Pléiade).

2. *Phédon*, 62c-d. M. Dixsaut traduit « déconcertant » (GF-Flammarion) et L. Robin « d'une inconséquence » (Les Belles Lettres) ou « d'une absurdité » (Pléiade).

3. *République*, VI, 509d.

4. « Où est Socrate ? L'aporie de l'atopicité chez Platon », *op. cit.*, p. 151.

5. *Phèdre*, introd., trad. et notes L. Brisson, Paris, GF-Flammarion, 1995.

6. Comme l'est d'ailleurs la présence en lui de son démon. Voir J.-F. Mattéi, « Socrate et la philosophie de l'étranger », dans G. Romeyer Dherbey (dir.) et J.-B. Gourinat (éd.), *Socrate et les socratiques*, Paris, Vrin, 2001, p. 191-195. « Le Démon, intermédiaire entre les hommes et les dieux, portant à ceux-ci les prières de ceux-là et aux premiers les ordres des seconds, n'unifie jamais sa double nature en une nature mixte : le μεταξύ n'est pas un μίκτου » (p. 193).

peut, spécialement, être éclairé par le mythe cosmologique du *Timée*[1]. Alors que le mouvement régulier de l'univers tient à ce que son âme enveloppe son corps[2], pour les vivants mortels fabriqués eux par des divinités secondaires et à partir de matériaux inférieurs (41d), c'est l'inverse : le corps enveloppant l'âme, le désordre s'impose immédiatement[3]. La χώρα tend à dominer. Ce n'est plus l'âme qui est le « lieu » du corps, mais c'est le corps qui est le « lieu » de l'âme. On comprend alors que le mouvement de cette dernière, ayant pour visée de se séparer de l'emprise du corps, ne soit pas régulier, mais pas non plus erratique. L'atopie socratique finalement, comme voyage, peut apparaître tout entière contenue dans cet écart constitutif de l'ontologie platonicienne entre la χώρα et le τόπος νοητός.

De Socrate à Platon donc : pour Jean-François Mattéi ainsi « c'est grâce à la médiation symbolique du schème Topos / Atopia révélant l'étrange nature de Socrate que Platon va fonder la possibilité du philosophique comme instance déplacée »[4].

Mais de Socrate à Platon encore : si, en un premier utopisme, Socrate « voyage », ce que le voyage utopique atteint toujours, lui, c'est un monde dont la perfection tient particulièrement à la systématicité de son agencement. Or, en prenant ici « système » au sens très général d'un ensemble clos sur lui-même, intellectuellement isolable, d'éléments réagissant strictement les uns sur les autres[5], l'île d'Utopie peut apparaître comme une

1. *Cf.* F. Makowski, « Où est Socrate ? L'aporie de l'atopicité chez Platon », *op. cit.*, p. 137 *sq.*

2. « Une fois l'âme entièrement constituée conformément à l'idée de celui qui la constitua, ce dernier passa à l'assemblage de tout ce qu'il y a de matériel à l'intérieur de cette âme et, faisant coïncider le milieu de celui-ci avec le milieu de celle-là, il les ajusta. Alors, l'âme, étendue depuis le milieu jusqu'à la périphérie du ciel qu'elle enveloppait circulairement de l'extérieur, commença à la façon d'une divinité, en tournant en cercle sur elle-même, une vie inextinguible et raisonnable pour toute la durée des temps » (trad., introd. et notes L. Brisson, avec la collaboration de M. Patillon, Paris, GF-Flammarion, 1992, 36d-e).

3. « ... dans ce corps soumis à un flux et à un reflux perpétuel, ils enchaînaient les révolutions de l'âme immortelle » (43a).

4. « Socrate et la philosophie de l'étranger », *op. cit.*, p. 191.

5. Selon A. Lalande, un système est un « ensemble d'éléments, matériels ou non, qui dépendent réciproquement les uns des autres de manière à former un tout organisé » (*Vocabulaire technique et critique de la philosophie*, Paris, P.U.F., 1968, p. 1096). Quant au système philosophique, plus précisément, nous pouvons nous rapporter à la définition classique que donne Condillac : « Un système n'est autre chose que la disposition des différentes parties d'un art ou d'une science dans un ordre où elles se soutiennent toutes mutuellement, et où les dernières s'expliquent par les premières. Celles qui rendent raison des autres, s'appellent *principes* ; et le système est d'autant plus parfait, que les principes sont en plus petit nombre : il est même à souhaiter qu'on les réduise à un seul » (*Traité des systèmes*,

figure du système de Platon, que l'atopie socratique aurait donc seulement vocation à introduire. L'utopisme platonicien tiendrait-il plutôt ainsi à une systématicité doctrinale, se voulant aussi achevée en son mode d'être propre que l'articulation parfaitement réglée du lieu intelligible qu'elle ambitionne de donner à voir[1]? Faut-il alors distinguer utopismes platonicien et socratique?

D'un utopisme socratique aux utopismes platoniciens

On ne peut naturellement pas ne pas tenir compte de la différence d'intention que présentent les divers *Dialogues* : des premières œuvres aux *Lois*, il va de soi que le rapport de Platon à Socrate ne peut pas être pensé uniformément[2]. Mais cela ne conduit pour autant pas à ne devoir reconnaître dans ce qui revient en propre à Platon que « thèses, théories et méthodes, convertissant par exemple l'hypothèse des Formes en théorie des Idées et la *République* en système politique », ce que refuse à juste titre Monique Dixsaut[3].

S'il est bien vrai que les connaissances ne s'attrapent pas au vol, une à une, comme des opinions, pour Platon, selon la métaphore du colombier

dans *Œuvres complètes*, t. 2, Paris-Genève, Slatkine, 1970, p. 1). Voir, sur l'extension la plus générale de la notion, C. Godin, *La Totalité. Première section. De l'imaginaire au symbolique*, Seyssel, Champ Vallon, 1998, p. 627-665, et sur les systèmes philosophiques la *Troisième section. La Philosophie*, 2000, « La question du système philosophique », p. 29-93.

1. En cette réception de Platon comme philosophe par excellence du système, comme le dit M.-P. Edmond, « ainsi transporté dans le ciel de l'intelligible, le philosophe pourrait reconstruire intégralement par concepts – le même et l'autre, l'un et le multiple – l'ouvrage divin ou la totalité du réel. (...) Du même coup les *Dialogues* de Platon se réduiraient à un système (cher au vœu de Leibniz) et ce système philosophique s'identifierait avec les structures du réel » (*Le Philosophe-roi. Platon et la politique*, Paris, Payot, 1991, p. 36). Leibniz écrivait en effet que, « si quelqu'un réduisait Platon en système, il rendrait un grand service au genre humain » (*Lettre à Rémond*, 11 février 1715).

2. La nombreuse littérature que suscite évidemment ce point est particulièrement présentée de façon simple et systématique par C. Gill dans « Le Dialogue platonicien », trad. A. Macé et L. Brisson, dans L. Brisson et F. Fronterotta (dir.), *Lire Platon*, Paris, P.U.F., 2006, p. 53-75. Cet article est une version abrégée d'un chapitre, « The Platonic Dialogue », du *Companion to Ancient Philosophy*, M.L. Gill et P. Pellegrin (dir.), Blackwell Publishing Campany.

3. *Le Naturel philosophe. Essai sur les Dialogues de Platon* (1985), Paris, Université Paris XII-Les Belles Lettres-Vrin, 1994, p. 15. Le fait est, comme le dit encore Michel-Pierre Edmond, que « le "divin Platon" avoue son impuissance à reconstruire par concepts cette totalité. Il indique seulement comment les choses devraient se passer. (...) D'autre part, tout système philosophique qui prétend s'identifier avec ce processus ne ménage aucune fonction propre à l'âme humaine. (...) L'âme des hommes est intégrée immédiatement dans le système de l'Être. (...) Il n'en est pas ainsi pour Platon » (*op. cit.*, p. 36).

dans le *Théétète* (196a *sq.*), et que cela engage des moments décisifs de sa philosophie, comme particulièrement la réminiscence [1], cela ne signifie pas pour autant qu'il faille concevoir les *Dialogues* comme les parties d'un tout organique qui exposeraient, chacun à son tour, un moment déterminé d'une pensée régie par une unité de plan, comme le voulait par exemple F.D.E. Schleiermacher [2]. La recherche articulée des articulations de l'être n'est pas encore un « système de l'Être ».

Le fait est que Platon lui-même ne qualifie nulle part de « système » sa philosophie. Diogène Laërce invite pourtant à l'interpréter ainsi, et ce plus précisément comme l'a montré Jacques Follon par « 1° la présentation de plusieurs classements systématiques des *Dialogues*, 2° l'affirmation que Platon fut un philosophe "dogmatique", 3° le fait de lui attribuer l'invention de la division de la philosophie en physique, éthique et dialectique (ou logique), et 4° la question de l'ordre systématique dans lequel il faut lire les *Dialogues* » [3]. En réalité, ce sont les stoïciens qui, les premiers, ont ainsi explicitement pensé leur philosophie comme « système » [4]. La forme dialoguée de la pensée platonicienne semble d'ailleurs s'opposer tout à fait directement, par elle-même, à l'esprit de système, ce que souligne avec force Hegel :

1. M. Canto-Sperber, dans son introduction au *Ménon* (Paris, GF-Flammarion, 1993) souligne le fait que, dans ce dialogue, la thèse selon laquelle « les opinions vraies ne deviennent connaissances, ne deviennent stables et assurées, qu'à condition d'être comprises et appréhendées dans une totalité dont les relations internes seraient parfaitement maîtrisées et rapportées aux notions les plus sûrement connues » (p. 89) renvoie directement à la réminiscence (p. 87-94), comme l'indique tout à fait nettement la fin du dialogue : « Car les opinions vraies, aussi longtemps qu'elles demeurent en place, sont une belle chose et tous les ouvrages qu'elles produisent sont bons. Mais ces opinions ne consentent pas à rester longtemps en place, plutôt cherchent-elles à s'enfuir de l'âme humaine : elles ne valent donc pas grand chose tant qu'on ne les a pas reliées par un raisonnement qui en donne l'explication (*aitias logismos*). Voici ce qu'est la réminiscence (...). Dès que les opinions ont été ainsi reliées, (...) elles deviennent des connaissances » (97e-98a). P.-M. Morel remarque à juste titre que le lien causal dont il s'agit ici n'est pas encore rapporté à la cohérence qui caractérise les relations entre les formes, et que c'est dans le *Phédon*, 99d *sq.* que Platon montrera que ce sont les formes qui sont les causes véritables (*Platon et l'objet de la science*, P.-M. Morel (éd.), Presses Universitaires de Bordeaux, 1996, Présentation, p. 12).

2. F.D.E. Schleiermacher, *Discours sur la religion*, trad. I.-J. Rouge, Paris, Aubier, 1944.

3. « Le Platon de Diogène Laërce », dans A. Neschke-Hentschke (éd. avec la collaboration d'A. Etienne), *Images de Platon et lectures de ses œuvres. Les interprétations de Platon à travers les siècles*, Louvain-Paris, Éditions Peeters, 1997, p. 13. Voir p. 12-33.

4. Voir V. Goldschmidt, *Le Système stoïcien et l'idée de temps* [1953], 4e éd. revue et augmentée, Paris, Vrin, 1989, en particulier p. 60-67. Voir aussi C. Godin, *La Totalité. Troisième section. La Philosophie*, p. 31 *sq.*

> Nous ne pouvons pas trouver une exposition systématique de la philosophie faite de cette manière, qui n'est guère commode pour une vue d'ensemble (...). Il y a dans les *Dialogues* une unité d'esprit, une perspective philosophique déterminée; mais cet esprit ne se dégage pas sous la forme déterminée que nous exigeons. (...) L'idée [est] encore dans sa fraîcheur, dans sa nouveauté; c'est seulement chez Aristote qu'elle atteint le niveau d'une exposition scientifique systématique [1].

Cela étant, ce n'est pas pour autant qu'il faille voir dans cette philosophie simplement « une philosophie éclectique qui dériverait des précédentes ». Selon lui, « elle est plutôt le nœud où ces principes abstraits et unilatéraux sont à présent véritablement réunis de façon concrète », ce qui le conduit à la considérer « comme une totalité de l'idée; sa philosophie, en tant que résultat, comprend en elle les principes des autres philosophies » [2].

Et c'est ainsi que, si le système de Platon ne s'expose pas immédiatement dans les *Dialogues*, pour Hegel, en revanche, « une chose est certaine : nous sommes en mesure de connaître parfaitement le système de Platon à partir de ses *Dialogues* » [3]. Et même, selon Schelling, la vraie idée du système est apparue avec Platon [4]. Il y aurait donc bien, finalement, un « système de Platon ». Et par exemple, Victor Goldschmidt use encore de cette dénomination lorsqu'il entend déterminer, par une identité de forme, d'un dialogue à l'autre, « un système commun (...), où les mêmes exigences de méthode harmoniseront des dogmes en apparence incompatibles ». Il repose ainsi « le problème du "système de Platon" » : « Il y a (...) tout d'abord, un "système de Platon" dans toute enquête dialectique, inscrit

1. *Leçons sur l'histoire de la philosophie*, t. 3 : *La philosophie grecque*, trad. et notes P. Garniron, Paris, Vrin, 1972, p. 403. Rappelons que, pour Hegel, « c'est seulement comme science ou comme système que le savoir est effectivement réel, et c'est ainsi seulement qu'il peut être présenté » (*La Phénoménologie de l'Esprit*, t. 1, trad. J. Hyppolite, Paris, Montaigne, 1941).

2. *Leçons sur l'histoire de la philosophie*, *op. cit.*, p. 399-400.

3. *Ibid.*, p. 401. Ici est le regret de Hegel : « Il est dans la nature même des œuvres platoniciennes de nous offrir, par la multiplicité de leurs aspects, des formes diverses du philosopher. Si nous possédions encore l'œuvre purement philosophique (dogmatique) de Platon (...), qui est citée par Aristote sous le titre "De la Philosophie" ou "Des Idées", et qu'il semble avoir eue sous les yeux quand il décrit la philosophie platonicienne, quand il parle, nous disposerions de sa philosophie sous une forme plus simple. Mais nous n'avons que ses *Dialogues* ; en raison de cette forme, il nous est difficile de nous faire tout de suite une idée de sa philosophie, de nous la représenter de façon déterminée » (p. 397).

4. Schelling, *De la nature de la philosophie en tant que science. Essais*, trad. S. Jankélévitch, Paris, Aubier, 1946, p. 524.

dans la structure de chaque dialogue. C'est seulement après avoir trouvé chacun de ces systèmes qu'on pourra voir si un système commun les englobe, où les mêmes exigences de méthode harmoniseront des dogmes en apparence incompatibles »[1].

De l'atopie socratique au système platonicien, et de ce dernier aux dogmes, finalement quand même, donc ? Et en un pas supplémentaire faut-il aller des dogmes à une « sagesse » à laquelle écrits ou enseignement oral de Platon permettraient d'accéder, au mieux, ou qu'au moins son activité philosophique aurait pour vocation de viser ? La perfection utopique peut-elle alors être vue comme une présence particulièrement significative de cette sagesse ?

Socrate philosophos, Platon sophos ?

On sait que Socrate lui-même, celui que Platon nous donne à connaître, refuse quant à lui de se dire « *sophos* ». La chose ici est très claire, ses dénégations bien connues : « J'ai bien conscience, moi, de n'être savant ni peu ni prou »[2]; « Je ne suis précisément savant en rien »[3]. Serait-il donc plutôt « philosophe » ? Ainsi : Socrate « philosophe » et Platon « sage » ? L'utopie atopique serait-elle alors « philosophie » et l'utopie systématique « sagesse » ? La seconde serait-elle la vérité de la première, soit qu'elle l'accomplisse soit qu'il faille voir, d'une utopie socratique à une utopie platonicienne, la manifestation de cette contradiction interne à l'utopie entre l'ouverture et la clôture, ici comme recherche et savoir ?

Une certaine tradition platonicienne donne ainsi à penser en deux temps : premièrement la recherche de Platon lui-même, par la figure privilégiée de Socrate, dans une perspective où « philosophie » signifie amour de la « sagesse ». Deuxièmement l'atteinte, au moins relative, de ce que Socrate cherchait, et Platon donc à sa suite. Cette tradition inscrit en cela Platon dans une filiation sémantique pythagoricienne. Selon Diogène Laërce, en effet,

1. *Rivista critica di Storia della Filosofia*, juill.-sept., 1950. Article repris dans *Questions platoniciennes*, « Sur le problème du "système de Platon" », Paris, Vrin, 1970, p. 33. V. Goldschmidt a ainsi travaillé l'organisation formelle des *Dialogues* dans *Les Dialogues de Platon. Structure et méthode dialectique* [1947], Paris, P.U.F., 1971. Il y voit à l'œuvre une même exigence de connaissance qui fait passer par les niveaux de l'image, de la définition, de l'essence et de la science.

2. *Apologie de Socrate*, 21b, introd., trad. et notes L. Brisson, Paris, GF-Flammarion, 1997.

3. *Théétète*, 250d.

le premier à avoir utilisé le nom de philosophie et, pour lui-même, celui de philosophe, fut Pythagore (...) car (il considérait que) nul [homme] n'est sage, si ce n'est Dieu. La philosophie était trop facilement appelée « sagesse » et « sage » celui qui en fait profession – celui qui aurait atteint la perfection dans la pointe extrême de son âme –, alors qu'il n'est que « philosophe » celui qui chérit la sagesse [1].

Utopismes pythagoriciens ?

« *Sophos* » désigne généralement, au VIe siècle, la qualité de l'habileté de celui qui est maître en la tâche qui lui est propre [2]. Être *sophos*, c'est être apte, dominer son sujet et aussi, du coup, soi-même et les autres, dans les métiers, les productions artistiques, la politique ou la science [3], au point qu'il y a lieu d'y reconnaître comme la présence du divin en l'humain. Pythagore aurait donc été le premier à opérer une scission et, pour le divin dont elle témoigne, à réserver la *sophia* aux dieux, le philosophe, nécessairement « trop humain », étant dès lors appelé à prendre la place du (prétendu) *sophos*.

En réalité, Monique Dixsaut a montré [4] que, en admettant que Pythagore soit bien l'auteur du terme de « philosophie », il ne pouvait avoir, pour lui-même, ce sens d'un simple amour d'une sagesse en elle-même parfaitement hors de portée des hommes, car exclusivement divine. Pour le pythagorisme réel, pratiqué, la *sophia* n'est pas une fin transcendante qui aurait seulement à orienter une quête, philosophique, toujours nécessairement inassouvie. En fait le *sophos* pour Pythagore, c'est celui qui, homme initié, purifié, l'âme séparée du corps, devenue démonique, a accédé à l'ordre du divin, auquel il participe, ce à quoi il se plaît, qu'il aime par-dessus tout. Il est donc aussi, en ce sens, *philosophos* [5], en une

1. *Vies et doctrines des philosophes illustres*, trad. M.-O. Goulet-Cazé (dir.), Paris, Le Livre de poche, 1999, p. 72. Voir aussi VIII, 8.

2. Sur « philosophie » et « sagesse » avant l'époque de Platon, et chez Platon, voir L. Brisson, *Introduction à la philosophie du mythe. 1. Sauver les mythes*, Paris, Vrin, 1996, p. 21-25.

3. Comme le souligne M. Dixsaut, « l'Artisan, le Chantre, le Législateur, le Physicien, le Sophiste apparaissent tour à tour comme l'incarnation de la maîtrise la plus difficile et la plus accomplie. Ils sont les figures, successives et antagonistes, du *sophos* » (*Le Naturel philosophe*, p. 46). Sur le sage et la sagesse, voir particulièrement N. Loraux et C. Miralles (dir.), *Figures de l'intellectuel en Grèce ancienne*, Belin, 1998 ; P. Hadot, *Études de philosophie ancienne*, Paris, Les Belles Lettres, 1998.

4. M. Dixsaut, *Le Naturel philosophe*, *op. cit.*, p. 45-57.

5. M. Dixsaut rappelle que, « si dans l'*Iliade* les Troyens sont nommés *philoptolemoi*, ce n'est évidemment pas en tant qu'ils aspireraient au combat sans jamais le trouver ; c'est au

circularité sémantique qui fait du philosophe celui qui s'efforce à ce à quoi il se plaît, à la purification, à la délivrance du *daimôn*, et ce non pas donc comme à une tâche vaine et qui serait hors des limites de celui qui l'entreprend[1]. Tout au contraire, les sciences mathématiques et harmoniques (contenu de la *sophia*), en tant qu'elles sont aimées et pratiquées pour elles-mêmes (*philosophia*), sont dans le pythagorisme l'un des moyens d'effectuer la catharsis, de s'initier, en un effort tendu (*philosophia*) vers la sagesse achevée (*sophia*), à la fois mystique et spéculative, qui les comprend particulièrement, et qui est source d'amour (*philosophia*). Comme le dit Monique Dixsaut,

> conçue comme terme d'une règle de vie exigeante, d'un vaste programme de connaissances, la *sophia* en devient plus difficile. Elle requiert un apprentissage, une *philosophia*. Cependant le chemin peut être parcouru, le philosophe peut devenir sage, acquérir cet art souverain de vivre, d'agir, de connaître, de contempler. Le contenu se modifie, l'exigence s'accroît, mais la *sophia* ne change ni dans sa forme ni dans sa signification[2].

Le Pythagore auquel renvoie le « pythagorisme » de Platon ne peut alors être le Pythagore historique, mais un « Pythagore » produit d'une tradition platonicienne qui, pour mieux faire de la philosophie une aspiration à une *sophia* transcendante, attribue à Pythagore cette détermination par un effet de fondation rétrospective. Si en effet l'objet du désir platonicien n'est pas l'inaccessible *sophia* c'est que, la *République* le dit on ne peut plus clairement, les philosophes platoniciens sont « ceux qui ont de l'affection pour cela même qui en chaque chose est » (VI, 480a), et non donc la *sophia* pour elle-même, comme qualité qui ferait de l'homme un être divin. S'ils peuvent bien être dits « amis de la sagesse », c'est en ce sens exclusif « qu'ils ont, eux, de l'affection et de l'amour pour ces choses dont il y a connaissance » (479e-480a). Il faut bien les appeler « amis de la sagesse » pour les différencier des philodoxes mais ce qui les distingue

contraire parce qu'ils ont une disposition, un goût, et aussi une familiarité, une pratique. Comme préfixe *philos* signifie usuellement "ce qui se plaît à", "a la pratique de" ou même "qui a l'habitude". En se nommant *philosophos*, Pythagore a-t-il vraiment voulu dire l'élan qui le poussait vers une sophia définie d'emblée comme impossible à atteindre, ou a-t-il suivi l'usage sémantique commun ? » (*ibid.*, p. 47-48).

1. Voir M. Détienne, *De la pensée religieuse à la pensée philosophique. La notion de daimôn dans le pythagorisme ancien*, Paris, Les Belles Lettres, 1963, en particulier p. 116, 169.

2. M. Dixsaut, *Le Naturel philosophe*, *op. cit.*, p. 48.

alors, c'est que leur désir est tout à fait satisfait lorsqu'ils « regardent chacune de ces choses en elle-même, ces choses qui sont toujours identiques sous tous les aspects » (479e)[1]. Le philosophe de Platon, ni ne possède la *sophia*, ni non plus n'aspire à la posséder, pour elle-même. Ce qu'il aime, et ce qu'il ne désespère pas du tout d'atteindre, bien au contraire, c'est la vérité des étants. Ce qu'il cherche, c'est la détermination parfaitement intelligible de toute chose.

Le philosophe de Platon n'est ainsi certainement pas la dernière figure, paradoxalement achevée en ce qu'elle serait bien aux dimensions humaines, du *sophos*. Et elle n'est non plus, ni la négation ni l'achèvement de l'atopie socratique. L'enjeu est ici très clair : la tradition platonicienne, raccordée à une origine pythagoricienne supposée, et à l'encontre donc de l'effectivité de l'atopie socratique, nourrit immédiatement la représentation chrétienne d'une raison humaine acceptant d'être mesurée par ce qui la dépasse, à quoi elle aspire, reconnaissant ne jamais pouvoir l'atteindre par ses seules forces, tout en se sachant parfaitement légitimée à exercer sa fonction propre, en son lieu propre, seulement humain. L'atopie socratique, la philosophie platonicienne, n'est pas cela. Et son exigence tout le temps affirmée de déliaison ne peut pas non plus être identifiée au détachement pythagoricien, qui en est pourtant certainement une origine. Pour Platon, « mourir au corps » n'est pas s'en purifier de façon pythagoricienne, dans l'ascétisme, les drogues, les exercices corporels, au travers du respect de divers interdits alimentaires et sexuels. Le corps n'est pas un obstacle par lui-même. Ce qui l'est, c'est la soumission au corps, en ce qu'elle empêche la perception de ce qu'est chaque étant, véritablement. Le corps n'est en lui-même ni bon ni mauvais (*Lysis*, 217b) et, convenablement ordonnées, ses perceptions participent de la mise en œuvre de la recherche dialectique, dans la conscience des contradictions sensibles qu'il donne à penser[2]. L'atopie socratique ne nie pas le lieu du corps, où elle ne se situe pourtant pas, et elle ne se situe pas non plus au lieu des idées, auquel elle aspire. Les mathématiques, en ce sens, préparent seulement à la déliaison, comme préambule (*République*, 513d). Elles ne sont pas,

1. Trad., introd. et notes G. Leroux, Paris, GF-Flammarion, 2002. P. Pachet traduit ainsi 480a : « Ceux qui chérissent en chaque chose cela même qui est » (Paris, Gallimard, 1993), L. Robin : « Ceux qui recherchent chacune, isolément, des formes de la réalité » (Pléiade) et M. Dixsaut : « Celui qui aspire à ce que chaque étant est en lui-même » (*Le Naturel philosophe*, p. 57).

2. *Phédon*, 75e-76a ; *République*, VII, 524a-e ; *Timée*, 47a-d.

comme chez Pythagore, moment privilégié de la *sophia*. Et la dialectique du philosophe n'en fait pas plus un *sophos*.

La sophia comme le savoir de ce qu'il importe de savoir

La seule *sophia* vraiment reconnue par Socrate, en une dimension ironique qui entend détruire la prétention des *sophoi* humains à posséder un savoir, *le* savoir, c'est donc la conscience de cela, de la nécessaire recherche de ce qui est vraiment, en une « inscience », selon la formule de Monique Dixsaut[1]. La « *sophia* » socratique, c'est savoir qu'il importe de savoir en vérité. Et c'est par elle que Socrate / Platon déterminent le statut vrai du *philosophos* : « l'ami du savoir » sait qu'il ne sait pas, sans quoi il ne chercherait pas. Autrement dit, sa « *sophia* » n'est pas fin mais condition de sa « *philosophia* », par laquelle la « *sophia* » recherchée change de sens.

> Ceux qui sont en possession de la science ne sont plus amis du savoir, qu'ils soient dieux ou hommes ; et (...) d'autre part on ne peut être ami du savoir si on pousse l'ignorance au point d'en devenir mauvais, car on ne voit jamais les hommes tout à fait mauvais et illettrés aimer le savoir. Restent ceux qui, sans être exempts de ce mal d'ignorance, n'en sont pas atteints jusqu'à n'avoir plus ni intelligence ni connaissance d'aucune sorte, mais qui se rendent compte de leur propre ignorance. C'est ainsi que ceux-là sont amis du savoir qui ne sont encore ni bons ni mauvais ; quant aux mauvais ils ne philosophent pas plus que les bons, puisque, d'après nos discours du début, ni le contraire n'est l'ami du contraire, ni le semblable du semblable (*Lysis*, 218a-b)[2].

Il s'agit de bien comprendre ce que l'homme peut et doit comprendre, en un état de *sophia* qui, comme vie même de la recherche, n'est ni mort ni figé, dynamique ouverte et désirante qui ne peut donc se donner à voir dans l'exposition d'un système « philosophique » achevé, ni non plus dans le simple aveu de l'ignorance. C'est en ce sens que la *sophia* socratique s'ouvre sur une nouvelle dimension de la *sophia*. Cette *sophia* que recherche la *sophia* (comme savoir qu'il n'est de savoir qu'en vérité, comme savoir de son savoir), et qui est donc située à partir de la *sophia* de la juste position humaine au regard du savoir, est strictement *epistèmè*. Le *sophos* se sait ici *philosophos*, intermédiaire, *metaxu*, entre une *sophia – epistèmè*, comme savoir de ce que sont vraiment les choses, et l'*amathia*, comme

1. « L'inscience est condition négative, la sagesse humaine consiste à savoir qu'il faut philosopher » (*Le Naturel philosophe*, p. 56).

2. Texte établi et traduit par A. Croiset, introd., corrections de trad. et notes J.-F. Pradeau, Paris, Les Belles Lettres, 1999.

absence de désir d'apprendre (*Banquet*, 203e-204c). Le *Lysis* est, de ce point de vue, tout à fait éclairant : si l'ignorance est de l'ordre du mal, c'est par défaut du Bien. La différence entre la *sophia* socratique et celle des sophistes ou des physiciens est ici : savoir vraiment est savoir selon le Bien, savoir d'un savoir correctement éclairé par le Bien, par quoi *l'epistèmè* se distingue de la *technè* [1].

Philosopher est ainsi bien pour Platon, sous la figure de Socrate, cette occupation atopique, qui ne se situe pas dans le champ de la *sophia* des *sophoi*, en une différence constamment réitérée au nom d'une autre, d'une tout autre *sophia* pour laquelle l'objet du savoir, les Formes, ne peut se déduire d'aucune forme *a priori* du savoir.

Reste que Platon n'est pas Socrate, y compris le Socrate de Platon. Platon, ce sont les *Dialogues*, ce sont les écrits, alors que Socrate, décrit et mis en scène dans ces écrits, est la figure immédiate d'une atopie qui, puisque la liberté en est la forme nécessaire, ne peut avoir donc proprement d'expression, d'image en vérité [2]. Représenté dans les *Dialogues* de Platon, il est la représentation de ce qui échappe à toute représentation. Autrement dit, Socrate n'est « philosophe » que mythiquement, si

> déconcertant dans sa personne et dans ses discours [qu'] on ne trouverait rien, même en cherchant bien, qui tant soit peu en approche, ni pour le présent ni pour le passé, à moins bien sûr de le comparer à ceux que je dis : non pas à un être humain, mais aux silènes et aux satyres, qu'il s'agisse de sa personne ou de ses discours (*Banquet*, 221d).

En fait, Socrate n'est « rien », si *philosopher* c'est voyager, c'est se décaler, c'est n'être, en ce sens, d'aucun être. Et c'est pourquoi, de Socrate-philosophe, être complètement « déconcertant », il est impossible de tenir un discours plein, car, prévient-il lui-même Alcibiade : « Fais bien attention, de peur que tu n'ailles t'illusionner sur mon compte, car je ne suis rien » (*ibid.*, 219a).

1. En ce sens, J.-F. Balaudé montre à juste titre que, si la dimension épistémologique et métaphysique de l'éthique de Socrate n'est réellement thématisée que par ses disciples, qu'il s'agisse d'ailleurs d'Antisthène et d'Aristippe ou de Platon, l'exigence socratique propre de la vérité est sous-tendue par ce principe selon lequel « la seule vérité tient dans cette assurance, paradoxalement fondée par l'examen critique et le déni de savoir, d'aller dans le chemin du bien et de la vertu. En d'autres termes, l'universel n'est atteint que dans cette visée de l'universel, tant il est vrai que le *philosophein* selon Socrate *est* visée, à défaut d'être vision » (« Comment savoir avec Socrate ? Vérité et plaisir d'après le *Protagoras* », G. Romeyer Dherbey (dir.) et J.-B. Gourinat (éd.), *Socrate et les socratiques*, *op. cit.*, p. 127).

2. Voir J.-F. Mattéi, « Socrate et la philosophie de l'étranger », *op. cit.*, p. 192.

Le *philosopher* platonicien, lui, est pourtant bien quelque part, en tout cas très apparemment : dans les écrits. Et par là, c'est en lui, finalement, que l'utopie se manifesterait le plus directement, puisque l'utopie est fondamentalement de l'*Utopie*, qu'Utopie est tout entière par l'*Utopie* et qu'il n'est, plus généralement et d'abord, d'utopies que dans les romans utopiques. Que doit ici l'utopie à Platon et, pour ce faire, que vaut l'écrit pour Platon ?

ÉCRIT ATOPIQUE ET ÉCRIT UTOPIQUE

L'enjeu est ici double. Il est premièrement de savoir si, tout au contraire du fait que l'écrit platonicien contredise l'atopie socratique, on ne peut pas plutôt estimer que l'attitude de Platon à l'égard de l'écrit exprime très exactement l'exigence atopique, au plus près de sa problématique, lorsqu'elle doit s'éprouver dans l'acte effectif du philosopher, hors donc la figure mythique de Socrate-philosophe, mais par sa référence. Et il est deuxièmement de mesurer le rapport de l'écriture des *Dialogues* à celle de l'*Utopie* de Thomas More, étant entendu que toutes les utopies écrites n'ont certes pas le style de ce roman, mais que ce dernier demeure la référence fondamentale en la matière. Il est ici question de savoir si l'écrit dit tout, peut tout dire, et si ce qu'il dit incite à dépasser ce qu'il dit. Les *Dialogues* donnent-ils à penser autre chose que ce qui y est écrit ? L'*Utopie* donne-t-elle à espérer ou à vouloir autre chose que ce qu'elle décrit ?

Quelle critique platonicienne de l'écrit ?

« Convient-il d'écrire ? »

On connaît la question de Socrate dans le *Phèdre* : « Mais convient-il ou ne convient-il pas d'écrire ? Dans quelles conditions est-il séant de le faire et dans quelles autres cela ne l'est-il pas ? » (274b)[1]. Le contexte de la

1. Sur le statut général de l'écrit à l'époque de Platon, voir J.-M. Bertrand, *De l'Écriture à l'oralité. Lectures des* Lois *de Platon*, Paris, Publications de la Sorbonne, 1999, en particulier le chapitre « les ambiguïtés de la publication », p. 93-167. L'auteur remarque que « Platon vivait, ainsi, dans un monde où les modalités de la publication de l'écriture politique étaient maîtrisées, perfectionnées et riches de sens » (p. 129), et que « l'usage du livre était assez naturel, à l'époque de Platon, pour qu'il existât notamment des ouvrages de philosophie qui circulaient, au moins, dans le cadre des sociétés d'élèves et anciens disciples des écoles philosophiques » (p. 130). Plus généralement, sur l'intégration de l'écrit à la

critique de l'écriture dans le *Phèdre* est la critique de la « logographie », et la thèse platonicienne est que, en contradiction avec sa fonction affichée, l'art de l'écriture « produira l'oubli dans l'âme de ceux qui l'auront appris, parce qu'ils cesseront d'exercer leur mémoire » (275a). Plus généralement, Platon fait alors objecter à Theuth, inventeur mythique de l'écriture, par Thamous, le souverain d'Égypte, qu'avec l'écriture,

> quant à la science, c'en est la semblance que tu procures à tes disciples, non la réalité. Lors donc que, grâce à toi, ils auront entendu parler de beaucoup de choses, sans avoir reçu d'enseignement, ils sembleront avoir beaucoup de science, alors que dans la plupart des cas, ils n'auront aucune science; de plus, ils seront insupportables dans leur commerce, parce qu'ils seront devenus des semblants de savants, au lieu d'être des savants » (275a-b).

La critique de l'écrit se fait alors plus précise : il est comme une peinture muette, qui ne peut répondre; il n'est pas nécessairement adapté à celui qui le lit; il a toujours besoin du secours de son auteur. En fait, il n'est, au mieux, qu'une « image » du discours vivant de celui qui sait (275d-276a). Aussi, écrire ne peut-il être qu'un jeu, qu'un divertissement, qui peut d'ailleurs être très beau lorsqu'il s'agit, par exemple, d'écrire des mythes sur la justice (276a-277a). En réalité, l'écrit n'a aucune valeur par lui-même, et les meilleurs des écrits ne sont qu'un moyen de se remémorer pour ceux qui savent. On comprendra alors que doive toujours prévaloir le discours « écrit dans l'âme ».

Mais il apparaît alors que ce n'est pas vraiment l'écrit, dans sa matérialité même, qui est en cause, mais l'illusion de sa prévalence sur la liberté de la recherche : est vraiment empli de naïveté celui « qui croit que les discours écrits sont quelque chose de plus qu'un moyen de rappeler, à celui qui les connaît déjà, les choses traitées dans cet écrit » (275c-d). Il en est en fait de l'écrit comme de l'oral : tout dépend de l'usage [1]. Et, du coup, « non, il n'y a, en soi, rien de laid à écrire des discours. (...) Là où réside la laideur, c'est, j'imagine, dans le fait de parler et d'écrire d'une façon qui n'est pas belle, c'est-à-dire vilainement et mal » (258d). Et d'ailleurs le

civilisation grecque, voir la contribution de J.-P. Vernant dans J. Bottéro, Cl. Herrenschmidt et J.-P. Vernant, *L'Orient ancien et nous. L'Écriture, la raison, les dieux*, Paris, Albin Michel, 1996.

1. Voir L. Brisson, « Mythes, écriture, philosophie », J.-F. Mattéi (dir.), *La Naissance de la raison en Grèce ancienne*, Actes du Congrès de Nice [mai 1987], Paris, P.U.F., 1990, p. 49-58.

mythe des cigales, un peu plus haut (258e-259e)[1], avait clairement montré les dérives également possibles de la parole, les risques qu'il y a à céder à ses enchantements. La vraie question est donc bien : « qu'est-ce qui caractérise le fait de bien ou de mal parler, de bien ou de mal écrire ? » (259e). De ce point de vue, il est une approche rigoureusement philosophique de la rédaction des discours, des poésies ou des lois :

> Si c'est en sachant en quoi consiste le vrai [que l'écrivain] a composé cet ouvrage, s'il est en mesure de lui venir en aide en affrontant la réfutation à laquelle sera soumis ce sur quoi il a écrit, et s'il peut, en expliquant lui-même la chose, démontrer que ses écrits sont de peu d'importance, un tel homme, on doit le désigner non comme s'il avait une dénomination en rapport avec l'un de ses écrits, mais d'après ce qu'il a pris au sérieux. (...) L'appeler « sage », Phèdre, c'est, à mon avis du moins, quelque chose d'excessif et qui ne convient qu'à un dieu. Mais l'appeler « philosophe », ou lui donner un nom de ce genre, voilà qui lui conviendrait mieux et qui serait mieux dans le ton. (...) En revanche, celui qui n'a rien de plus précieux que ce qu'il a composé et qu'il a écrit, en passant du temps à le tourner dans tous les sens, à coller des morceaux les uns aux autres et à faire des coupures, c'est à juste titre, je suppose, que tu l'appelleras « poète », « rédacteur de discours » ou « rédacteur de lois » (278c-d).

Il semble difficile d'être plus clair : il ne s'agit manifestement pas de condamner l'écrit, en tant que tel, mais bien d'en souligner fortement les limites, et d'insister sur la nécessaire conscience de ces limites qu'ont à avoir tous ceux qui sont appelés à en user[2]. Pour l'essentiel, la *Lettre VII* ne dit rien d'autre[3] :

1. L. Brisson remarque que « jusqu'ici on n'a trouvé aucun parallèle à ce mythe dans la mythologie grecque » (n. 304 de son édition, *op. cit.*, p. 219).

2. Sur cette fin du *Phèdre*, voir particulièrement W. Kühn, *La Fin du* Phèdre *de Platon. Critique de la rhétorique et de l'écriture*, Accademia Toscana di Scienze et Lettere « La Colombaria », Studi CLXXXVI, Firenze, Leo S. Oschkied, 2000, et « Quelle critique et de quels écrits ? La fin du *Phèdre* de Platon interprétée d'une manière non ésotériste », trad. M.-D. Richard d'un article publié dans *Zeitschritz für philosophische Forschugent*, 52, 1998, 1, *Revue de Philosophie ancienne*, t. XVII, n° 2, 1999, p. 27-49. Le passage de la *Lettre VII* concernant l'écrit (341b-345c) est à comprendre en ce sens.

3. Platon, *Lettres*, trad., introd., notices et notes L. Brisson, Paris, GF-Flammarion, 1987. Voir le point que consacre L. Brisson à cette question dans sa notice, p. 145-158. Sur l'authenticité, débattue, de cette *Lettre* et des autres, voir l'introduction générale, et en particulier le tableau récapitulatif des diverses prises de position (p. 72). L. Brisson dit avoir tendance à considérer comme « seule authentique » la *Lettre VII* (p. 20). M. Dixsaut, quant à elle, considère n'avoir à y faire appel que « rarement et prudemment, lorsqu'elle recoupe des passages des *Dialogues* » (*Le Naturel philosophe*, *op. cit.*, p. 378), ce qui nous semble être précisément le cas ici, certainement en contradiction avec beaucoup (la plupart ?) des lectures.

> Il faut donc, en un mot, chaque fois que l'on voit des ouvrages écrits par quelqu'un, que ce soit par un législateur sur les lois ou par qui que ce soit d'autre sur n'importe quel sujet, considérer qu'il ne s'agit pas là de ce qu'il y a de plus sérieux pour lui, si toutefois il est lui-même un homme sérieux, mais (que ce qu'il y a de plus sérieux pour lui) se trouve, je suppose, dans la partie de lui-même qui est la plus belle (344c).

Ce qui est nécessairement premier, dans l'ordre de la connaissance, c'est donc la libre recherche de l'esprit et la compréhension de ce qu'est chaque chose en vérité[1]. Et du coup, c'est la « tradition platonicienne », le « platonisme », qui se trouvent concernés, et distingués par Platon lui-même du « philosopher » qu'il aime :

> Il y a au moins une chose que je puis affirmer avec force, concernant tous ceux qui ont écrit ou qui écriront, eux qui tous se déclarent compétents sur ce qui fait l'objet de mes préoccupations, soit qu'ils en aient entendu parler par moi ou par d'autres, soit qu'ils prétendent en avoir fait eux-mêmes la découverte ; ces gens, du moins c'est mon avis, ne peuvent rien comprendre en la matière (341b-c).

On comprend qu'il soit impossible, en conséquence, d'identifier le savoir en général, s'il s'agit bien d'une vrai savoir, à une chose, *a fortiori* à une chose qui pourrait être objet de vente et d'achat ainsi que l'entendent les sophistes. Le savoir n'est pas une marchandise, savoir n'est pas une chose, mais l'état de celui qui voit en vérité les choses. Quant à ce savoir spécial que vise la philosophie, et qui engage le savoir ultime du Bien selon la leçon de la *République*, il est encore moins un « savoir-chose » puisqu'il n'est de véritable savoir que par lui, en sorte que, ce savoir auquel Platon a voué sa vie,

> il s'agit là d'un savoir qui ne peut absolument pas être formulé de la même façon que les autres savoirs, mais qui, à la suite d'une longue familiarité avec l'activité en quoi il consiste, et lorsqu'on y a consacré sa vie, soudain, à la façon de la lumière qui jaillit d'une étincelle qui bondit, se produit dans l'âme et s'accroît désormais tout seul (341c-d).

L'écrit qui est rejeté par Platon, c'est donc l'écrit qui chosifie, ce qui est le cas plus généralement du langage, « instrument déficient » si on le

1. « Après beaucoup d'efforts, lorsque sont frottés les uns contre les autres ces facteurs pris un à un : noms et définitions, visions et sensations, lorsqu'ils sont mis à l'épreuve au cours de contrôles bienveillants et de discussions où ne s'immisce pas l'envie, vient tout à coup briller sur chaque chose la lumière de la sagesse et de l'intelligence, avec l'intensité que peuvent supporter les forces humaines » (344b).

considère dans son abstraction, comme simple enchaînement de définitions et de propositions. « Voilà pourquoi aucun homme sensé n'osera jamais affliger de cette déficience les choses qu'a contemplées son intellect, et cela en les frappant de paralysie, infirmité dont souffrent effectivement les caractères écrits » (342e-343a)[1]. Il n'est de vrai savoir que par soi, dans le mode d'être excellent du regard de l'esprit sur les choses. Les « formules », ici, ce que l'écrit transcrit de ce savoir, au mieux ne peuvent avoir qu'une fonction stimulante, qui invite à penser par soi-même ; au pire, elles peuvent faire naître l'illusion du savoir.

> Si je croyais qu'il fallait que la chose fût mise par écrit d'une façon qui convienne au grand nombre, et qu'elle pouvait être mise en formules, quelle œuvre plus belle que celle-là eussions-nous pu réaliser au cours de notre vie : confier à l'écrit ce qui représente une grande utilité pour l'humanité et amener la nature à la lumière pour que tous puissent la voir ? Mais l'entreprise dont je parle relativement à ces questions, n'est pas, à mon avis une bonne chose pour l'humanité, si ce n'est pour un petit nombre, tous ceux à qui une courte démonstration suffit pour trouver eux-mêmes ce qu'il en est ; quant aux autres hommes, assurément, on remplirait les uns, sans convenance aucune, d'un mépris injustifié, et les autres d'un espoir hautain et vain, en raison de la sainteté des enseignements qu'ils ont reçus » (341d-e).

De ce point de vue, l'écrit attribué à Denys II, et dont la mention est à l'origine de ce que l'on a coutume d'appeler « la digression philosophique » (342a-345c), peut être rejeté sans hésitation : d'une part, le test auquel Platon a soumis Denys II à son arrivée à Syracuse a fait apparaître que ce dernier n'avait rien d'un philosophe, d'autre part son texte ne peut pas vraiment avoir le statut d'« aide-mémoire », étant donné le caractère très bref de son objet (344d-345c).

Cela étant, il ne faut pas se tromper, et Henri Joly a raison de conclure ainsi *Le Renversement platonicien*, en ce qui concerne la « linguistique platonicienne » : « Contrairement à certaines interprétations mystiques, j'ai montré que, chez Platon, là où le langage fait défaut, la connaissance est également absente » (p. 379)[2]. Et d'autre part, les critiques adressées au

1. M. Dixsaut souligne ainsi que « ce n'est pas le logos qui est faible mais le logos dont la pensée se retire, et qui se fixe en définitions et propositions » (*Le Naturel philosophe*, *op. cit.*, p. 18, n. 12).

2. C'est en ce sens que, dans les *Lois*, « au sujet de tous les sujets sérieux », il convient de tenir ces propos : « A savoir que ceux qui doivent être de véritables gardiens des lois devront

langage ne peuvent pas avoir le sens simple d'un nécessaire dépassement de l'écrit au profit de l'oral, puisque ce dernier relève tout comme l'écrit du langage. Henri Joly rappelle en conséquence que « Platon ménage lui-même les droits d'une *bonne écriture*, seule capable d'expliquer tour à tour la possibilité du texte philosophique, de l'ordonnance médicale et de la loi écrite » (*ibid.*). La « bonne écriture », comme la « bonne oralité », sont cet exercice du *logos* qui se déploie sans se figer ou qui, lorsqu'il fixe, par exemple le texte d'une loi, permet, appelle sa compréhension sans en tenir lieu.

Platon, dans cette *Lettre* comme dans le *Phèdre*, est on ne peut plus clair : la déficience du langage au regard de la pensée vivante est celle de l'oral comme de l'écrit et c'est pourquoi, dit-il, s'il avait été possible de surmonter cette déficience, de faire du langage davantage qu'un facteur de connaissance nécessitant une conscience permanente de ses limites intrinsèques, s'il avait été donc possible que les mots, se substituant à la pensée et à son objet, dévoilent immédiatement et par eux-mêmes seuls ce dernier, « il y a au moins une chose que je sais bien, c'est que, *par écrit ou oralement*, c'est moi qui aurais le mieux exposé la chose » (341d). Premièrement, on ne peut donc certainement pas attribuer à Platon lui-même que la vérité ultime de sa doctrine ne puisse être trouvée que dans un enseignement *oral*, puisqu'il dit ici exactement le contraire en mettant l'écrit strictement sur le même plan que l'oral. Et deuxièmement, de toute façon, du moins si l'on en croit ce qu'il dit, il est vain de lui attribuer, *« par écrit ou oralement »*, l'exposition de cette vérité ultime, et ce particulièrement en un enseignement caché, secret, de la vérité.

Utopie et ésotérisme

Tel est pourtant ce que veut l'interprétation ésotériste du platonisme[1]. Son examen n'est pas sans importance puisque, à suivre cette lecture, c'est du coup à une autre figure de « l'utopie platonicienne » que nous pourrions être introduits : les *Dialogues* exprimant de façon ouverte au plus grand nombre ce qui, dans sa vérité, n'est accessible qu'au terme d'un processus d'élévation, de révélation, cela peut renvoyer assez immédiatement à une

en connaître réellement la véritable nature, être en mesure de l'expliquer de façon raisonnée » (XII, 966b, trad., introd. et notes L. Brisson et J.-F. Pradeau, Paris, GF-Flammarion, 2006).

1. Rappelons qu'« ésotérique » désigne d'abord, dans les écoles grecques, l'enseignement qui s'adresse aux disciples déjà instruits, par opposition à l'enseignement « exotérique », qui s'adresse aux profanes.

certaine réception de l'*Utopie* de More qui y voit un instrument de transcendance à décrypter, écrit n'ayant de sens que comme signe et appel pour autre chose, d'un autre ordre[1]. Jean-Luc Périllié, dans cette perspective, va ainsi jusqu'à comprendre l'exposition que fait le *Théétète* de la maïeutique socratique comme la reconnaissance d'un ésotérisme socratique, appelé à faire couple avec l'ésotérisme proprement platonicien[2]. L'utopie platonicienne tiendrait donc alors finalement à un ésotérisme commun à Socrate et à Platon.

On trouve à l'origine de cette interprétation ésotériste des textes platoniciens une tradition aristotélicienne évoquant des « doctrines non écrites »[3]. L'« École de Tübingen », particulièrement, comprend ainsi que

1. Telle est, par exemple, la lecture d'A. Prévost : « Bref, le dessein de More, en filigrane dans toutes les pages, c'est l'invitation au lecteur, non pas à adopter la figure de l'*Utopie* pour la reproduire, mais plutôt à reconstruire en lui-même une Utopie transcendante et plus vraie » (*U.*, p. 156). Voir particulièrement *U.*, p. 152 *sq.* Nous y reviendrons.

2. « Oralité et maïeutique socratique », dans J.-L. Périllié (dir.), *Oralité et écriture chez Platon*, Bruxelles, *Les Cahiers de philosophie ancienne* n° 22, Ousia, 2011, p. 117-166. Il s'agit pour lui de montrer que « dans un certain nombre de *dialogues* de jeunesse de Platon, la maïeutique, bien que non mentionnée comme telle, reste néanmoins présente en filigrane, apparaissant comme la pièce manquante, le non-dit de l'écriture ». Il se demande ainsi « s'il n'existait pas, antérieurement à l'ésotérisme platonicien, un ésotérisme socratique impliquant aussi une relation de pure oralité, s'inspirant en particulier du modèle de la tradition initiatique des Mystères. Ne s'agissait-il pas, finalement, de soumettre l'impétrant à toute une série de mises à l'épreuve, des plus sélectives qui soient, pour qu'il parvînt, guidé par un initié, Socrate en l'occurrence, à des phases émotionnelles de révélation, exprimées symboliquement par le thème de l'enfantement ? » (Introduction, *op. cit.*, p. 44-45). Pour une tout autre lecture de la présence de la maïeutique socratique dans le *Théétète*, *cf.* L. Brisson, « Socrates, The Midwife, a key indication for a general interpretation of Plato's *Theatetus* » *in* A. Havlicek, F. Karfik, Š. Špinka (eds), Plato's *Theatetus, Proceedings of the Sixth Symposium*, Praha, OIKOYMENH, 2008, p. 30 *sq.*

3. Cf. *Physique*, IV, 2, 209b11-17 ; *Métaphysique*, A, 6, 987b-988a. M.-D. Richard reproduit les textes de cette tradition aristotélicienne, avec leur traduction, dans *L'Enseignement oral de Platon. Une nouvelle interprétation du platonisme*, Préface de P. Hadot, Paris, Cerf, 1986, p. 247-355. L. Brisson examine plus spécialement deux passages d'Aristote souvent évoqués (*De anima*, I, 2, 404b 16-30 ; *Physique*, IV, 2) dans « Présupposés et conséquences d'une doctrine ésotériste de Platon », dans *Lectures de Platon*, Paris, Vrin, 2000, p. 90-110. L'ouvrage classique en la matière demeure celui de L. Robin, *La théorie platonicienne des idées et des nombres d'après Aristote* (1908), réimpression Hildesheim, Olms, 1963, qui étudie les témoignages d'Aristote pour eux-mêmes. Voir aussi B. Besnier, « Aristote et l'enseignement écrit et non-écrit de Platon », dans P.-M. Morel, *Platon et l'objet de la science*, *op. cit.*, p. 123-146. On peut signaler, à ce propos, l'édition de la *Métaphysique* d'Aristote par G. Reale, introd., texte grec et trad. en vis-à-vis, commentaire, Milan, Vita e Pensiero, 1993. Dans la grande bibliographie consacrée à la question, nous pouvons ici simplement retenir, d'abord, les textes réunis et présentés par L. Brisson dans *Les Études philosophiques*, « L'interprétation ésotériste de Platon », janvier-mars 1998. *Cf.* du même

la vérité enseignée oralement du Bien est l'Un, selon une relation d'identification que résume ainsi Marie-Dominique Richard dans *L'Enseignement oral de Platon* :

> Des deux termes, celui qui est le plus primitivement substantiel, ce n'est pas le Bien, c'est l'Un : l'Un n'est pas une détermination du Bien, c'est au contraire le Bien qui est un attribut de l'Un; l'Un est véritablement la substance dans laquelle le Bien se réalise et par laquelle il est lui-même Substance. Si donc le Bien est un principe premier, éternel, se suffisant à lui-même, ce n'est pas en tant qu'il est le Bien, c'est en tant qu'il est l'Un (p. 229-230).

Et de cela, cette interprétation ésotériste conclut à la transcendance absolue du Principe ultime, et partant à une dynamique plotinienne de dépassement de l'intelligible vers l'au-delà de l'être[1]. Tel serait alors l'utopisme fondamental de la philosophie de Platon : ouvrir à une réception de l'*Utopie* qui voit dans ce que le roman présente explicitement, dans ses formulations de raison et dans les expositions de ce qui fait l'être parfait d'une cité, une incitation à s'élever vers le principe transcendant de toute raison et de tout être, c'est-à-dire alors en l'occurrence Dieu. Le célèbre

auteur, « Présupposés et conséquences d'une doctrine ésotériste de Platon », dans *Lectures de Platon*, *op. cit.*, p. 43. Dans *L'Enseignement oral de Platon*, M.-D. Richard présente un état très complet des positions pour et contre cette interprétation et le contenu supposé de cet enseignement oral, avec les textes principaux concernés, et une importante bibliographie. H. Cherniss critique radicalement l'hypothèse d'une doctrine non-écrite dans *L'Énigme de l'ancienne Académie* (*The Riddle of the Early Academy* [1945]), introd. et trad. L. Boulakia, avant-propos L. Brisson, Paris, Vrin, 1993. Citons encore les articles suivants dans la *Revue de Philosophie ancienne* : F. Fronterotta, « Une énigme platonicienne. La question des doctrines non-écrites (t. XI, n° 2, 1993, p. 115-157) ; T. A. Szlezák, « Dialectique orale et “jeu” écrit : le *Phèdre* », trad. M.-D. Richard d'un article publié dans *Platon. Seine Dialoge in der Sicht neuer Forschungen*, Th. Kobusch, B. Mojsisch (eds), Darmstadt, 1996 et « La critique platonicienne de l'écrit vaut-elle aussi pour les *Dialogues* de Platon ? A propos d'une nouvelle interprétation de *Phèdre* 278b8-e4 », trad. M.-D. Richard d'un article publié dans *Zeitschrizt für philosophische Forschung*, 53, 1999, 2 (t. XVII, n° 2, 1999). T. A. Szlezák défend particulièrement une lecture ésotériste de Platon dans « La critique de l'écriture chez Platon. Contribution à la méthodologie de l'interprétation du *Phèdre* et de la *Lettre VII* », dans J.-L. Périllié (dir.), *Oralité et écriture chez Platon*, p. 63-84, s'opposant ainsi à L. Brisson qui, dans « Vingt ans après », *op. cit.*, p. 51-62, réaffirme quant à lui avec force que le lieu de l'enseignement platonicien, qui est de recherche, est bien les *Dialogues*, hors donc de toute dissimulation. Voir aussi Y. Lafrance, « La fin du *Phèdre* de Platon (274B-279C) : ésotérisme et anti-ésotérisme », dans *Philosophie antique*, n° 3, 2003, Septentrion, p. 81-119.

1. Selon Plotin, ainsi, « l'Un n'est donc aucun des êtres, et il est antérieur à tous les êtres » (*Ennéades*, III, 8, « De la contemplation », 9, (53), trad. E. Bréhier, Paris, Les Belles Lettres, 1963).

passage de la *République*, VI, 509b, où le Bien est caractérisé comme ce qui, « par delà l'essence, (...) la surpasse encore en dignité et en puissance » est ici une, sinon la, référence principale invoquée.

Le fait est pourtant que ce passage, comme tous ceux dans lesquels il est question du statut du Bien au regard de *l'essence* (οὐσία), ne permet pas de conclure à un au-delà de l'*être*[1], ni à un au-delà de l'intelligible. Platon fait constamment référence dans la *République* à « l'Idée du Bien » (ἀγαθοῦ ἰδέα) en 502a, 508e, 517b, 534b. Il la qualifie de « modèle » (παράδειγμα) en 540a. Le Bien est « ce qu'il y a de plus brillant dans l'être (τοῦ ὄντος) » en 518c. Il est « ce qui présente le plus de béatitude dans l'être (τοῦ ὄντος) » en 526e. Il est « ce qu'il y a de mieux parmi les êtres » en 532c. En tant que tel, il est le terme de la recherche dialectique, comme point intelligible ultime (510a, 477a, 479d, 517b, 532a-b...) Et c'est pourquoi, finalement, le Bien est un objet d'étude (504d, 505a, 519c), dont la réalité peut faire l'objet d'un discours le distinguant des autres formes (534b), et ce même si la difficulté de la chose en reporte le moment (506d-e)[2]. Comme le dit Monique Dixsaut, « la transcendance du Bien consiste à éclairer l'être de telle sorte qu'il soit manifeste que, pour connaître cet être, il faille faire appel au mode de connaissance propre à l'intellect »[3].

La vérité par les Dialogues : εἰρωνεία *et* ἔλεγχος

Ce serait donc bien dans les *Dialogues* eux-mêmes qu'il faudrait chercher la vérité de la philosophie de Platon, et l'utopisme de la forme dialoguée que peut prendre l'utopie, de façon paradigmatique dans

1. Voir M. Baltès, « Is the idea of the Good in Plato's *Republic* beyond being ? », *in* M. Joyal (ed.), *Studies in Plato and the Platonic Tradition*, Aldershot, Hampshire, 1997, p. 3-23.

2. A la demande pressante de Glaucon à Socrate de faire pour le Bien ce qu'il a fait pour la Justice, la Modération et les autres vertus, Socrate répond : « Pour moi aussi (...) ce serait un motif de plein contentement ; mais je crains de n'en être pas capable et, si je devais en prendre le risque, d'attirer sur moi la moquerie en raison de ma maladresse. (...) Laissons de côté pour l'instant la question du bien tel qu'il est en lui-même, car il me semble supérieur à ce que notre effort présent peut espérer atteindre ». G. Leroux remarque qu'aucun dialogue ultérieur ne présentera pourtant, en un exposé complet, la nature du Bien. Cette situation de fait ne peut naturellement pas remettre en cause l'intelligibilité de droit du Bien.

3. *Le Naturel philosophe*, *op. cit.*, p. 274.

l'*Utopie* de Thomas More, pourrait être alors rapporté à un héritage platonicien de façon tout à fait essentielle [1].

Friedrich Schlegel y voyait ainsi toute la philosophie de Platon présente, en contradiction totale donc avec l'hypothèse d'un système vrai qu'ils cacheraient. Mais selon lui, leur vérité tiendrait au fait qu'ils constitueraient une méthode d'envol vers un Absolu ineffable, Infini jamais présent en eux, toujours au-delà [2]. Il semble possible de lire les *Dialogues* de cette façon heuristique, mais en refusant de les inscrire dans la perspective d'un Absolu ineffable. En prenant donc comme base que les *Dialogues* sont la seule base légitime pour la compréhension de la philosophie de Platon, un « ésotérisme » d'une autre sorte pourrait alors apparaître. Léo Strauss récuse ainsi autant l'idée d'un système caché de Platon que celle d'un Ineffable voilé [3]. Il remarque en effet que,

> selon la *Septième Lettre*, rien n'aurait empêché Platon d'écrire sur les sujets les plus importants de façon à faire de subtiles allusions adressées à ceux pour qui elles seront suffisantes, et ainsi à ne rien communiquer du tout sur les choses les plus importantes à la grande majorité de ses lecteurs. Il y a suffisamment de preuves dans les *Dialogues* pour montrer que tel est précisément ce que Platon a fait, et ainsi que les *Dialogues* ont pour fonction, non pas de communiquer les vérités les plus importantes à “certains”, mais de les leur faire pressentir, tout en ayant en même temps la fonction beaucoup plus évidente de produire un effet salutaire (un effet civilisant, humanisant et cathartique) sur tous [4].

1. Sur le dialogue chez Platon, voir particulièrement F. Cossuta et M. Narcy (éd.), *La Forme dialogue chez Platon. Évolutions et réceptions*, Grenoble, Éditions Jérôme Million, 2001 ; J. Laborderie, *Le Dialogue platonicien de la maturité*, Paris, Les Belles Lettres, 1978.

2. Voir M.-D. Richard, « La critique d'A. Boeckh de l'*Introduction générale* de F. Schleiermacher aux *Dialogues* de Platon », *Les Études philosophiques*, janv.-mars 1998. Dans « L'arrière-plan historico-philosophique du débat autour des doctrines non écrites de Platon », dans J.-L. Périllié (dir.), *Oralité et écriture chez Platon*, *op. cit.*, p. 189-221, elle analyse la position de F. Schlegel et F. Schleiermacher comme une réaction s'inscrivant dans la tradition du romantisme allemand au kantisme de G.W. Tennemann.

3. « Je me trouve en plein accord avec la thèse de Cherniss selon laquelle les *Dialogues* sont la seule base ferme pour la compréhension de l'enseignement de Platon » (L. Strauss, *La Persécution et l'art d'écrire* [*Persecution and the Art of Writing* (1952)], trad. O. Berrichon-Seyden, Paris, Presses Pocket, 1989, Appendice, « Sur une nouvelle interprétation de la philosophie politique de Platon », n. 26, p. 322-323). Voir A. Petit, « Léo Strauss et l'ésotérisme platonicien », dans *Léo Strauss : art d'écrire, politique, philosophie. Texte de 1941 et études*, L. Jaffro (éd.), Paris, Vrin, 2001, p. 131-146.

4. *La Persécution et l'art d'écrire*, *op. cit.*, p. 301-302. L. Strauss recense en n. 29, p. 323, les passages dans lesquels il voit les « preuves » de son approche, soit divers extraits de la *République*, du *Sophiste*, du *Philèbe*, du *Politique* et du *Timée*.

Et effectivement, on ne peut pas identifier aussi simplement à une pratique pythagoricienne du « secret » l'exigence essentielle au « philosopher » platonicien d'un exercice strictement adapté à une aptitude reconnue et optimisée[1]. L'« enseignement profond » dont parle la *Lettre VII* ne serait rien d'autre qu'une invitation à la recherche personnelle, à l'effort de compréhension autonome, enseignement qui se donnerait « à lire entre les lignes »[2], en une « communication oblique ». Alain Petit y voit un « ésotérisme rhétorique », dont la visée ne serait pas de faire allusion à un enseignement secret, mais d'inciter à l'exercice autonome de l'esprit[3]. Particulièrement, ce serait en conséquence au lecteur lui-même de découvrir, « grâce cependant aux allusion subtiles de Platon », « l'argumentation exacte » qui établit « le caractère exact » du Bien[4]. L'utopisme platonicien serait alors fort puisque, à suivre cette interprétation, Thomas More en écrivant son œuvre comme une « imitation libre de *La République* », c'est-à-dire en prenant « la responsabilité d'un enseignement » et en ne cherchant pas « refuge derrière le bouclier de l'éblouissante autorité de Platon », aurait été ainsi profondément fidèle à « l'enseignement profond » de ce dernier (p. 287). En effet, il faut alors comprendre que

> Platon a composé ses écrits de manière à empêcher pour toujours de les utiliser comme des textes faisant autorité. Ses *Dialogues* ne nous donnent pas tellement une réponse à l'énigme de l'être qu'une « imitation » extrêmement claire de cette énigme. Son enseignement ne peut jamais devenir l'objet d'un endoctrinement. En dernière analyse, il est impossible d'utiliser ses écrits pour une fin autre que la pratique de la philosophie. En particulier, aucun ordre social et aucun parti, passé, présent ou futur ne peut légitimement prétendre avoir Platon pour patron (p. 303).

1. Dans la *République* (V, 471c-VII, 541b) ou dans les *Lois* (XII, 961a), l'activité philosophique est réservée à une élite, au terme d'une sélection tout à fait rigoureuse qui a à retenir les individus dignes du « philosopher » pour leurs qualités intellectuelles et morales (*Rép.*, VI, 484d-487a ; *Lois*, XII, 963a-964d). Un entraînement soutenu est nécessaire (*Rép.*, VI, 502c-541b ; *Lois*, XII, 968b-969d). Des tests sont pratiqués (*Rép.*, III, 412a-414e ; VII, 535a-540d ; *Lois*, XII, 968d-e). Dans une perspective assez proche, Th. A. Szlezák voit dans l'ésotérisme platonicien une pratique d'abord pédagogique, qui n'a donc pas pour but la préservation d'un secret, mais de permettre une approche, adaptée aux aptitudes des enseignés, de vérités particulièrement difficiles, ce dont témoigne particulièrement l'organisation et la progression des *Dialogues*.

2. Selon l'expression utilisée au chap. II de *La Persécution et l'art d'écrire*, p. 57.

3. « Léo Strauss et l'ésotérisme platonicien », *op. cit.*, p. 136.

4. *La Persécution et l'art d'écrire*, *op. cit.*, p. 303.

La forme du dialogue est en conséquence ici déterminante. C'est par elle que les « contenus » prennent tout leur sens, le principe herméneutique consistant à les inscrire dans le cadre d'actions, de personnages, de noms, de lieux, de temps, de situations (p. 303-304). Il s'agit ici du principal : la philosophie comme « recherche en commun » (συξήτησις)[1], où celui qui est interrogé s'interroge lui-même, en prenant plaisir à chercher ce qu'il sait, lui aussi, ignorer (cf. *Ménon*, 84b-c), autrement dit comme pratique dialectique visant la compréhension par chacun de ce qui est vraiment, à la façon d'un accouchement[2]. Chez Léo Strauss, toutefois, existe la conviction que Platon entend par ce procédé permettre à son lecteur de parvenir, certes par lui-même, à une conclusion en fait déjà déterminée. Et il étend ce principe à la réception moderne : ainsi, dans ce dernier cas, la *République* aurait pour nécessaire leçon induite que les philosophes d'aujourd'hui ne doivent pas s'engager en politique dans les sociétés actuelles et, particulièrement, que les programmes de réforme sociale des pays occidentaux sont erronés[3]. Il est naturellement possible de considérer que l'essentiel est bien plutôt dans l'ouverture, l'appel à prolonger par soi-même l'exploration des problématiques introduites par l'écrit du dialogue. Cette interprétation des *Dialogues*, dans ses deux formes, s'oppose en tout cas à une lecture simplement ésotérique comme celle que nous avons mentionnée, comme à une lecture qui n'y verrait qu'un énoncé directement explicite d'une doctrine achevée[4].

La forme dialoguée crée donc les conditions pour que l'écrit platonicien échappe aux limites qui frappent l'écrit en tant que tel. Par le dialogue écrit, il devient possible d'échapper à l'usage « écrit » de l'écrit, mais aussi à un éventuel usage « écrit » de l'oral, c'est-à-dire dogmatique, figé, mort, qu'offrirait, s'il existait, un enseignement secret « oral » systématique. Comme le dit Monique Dixsaut, « l'écrit, monologue ou mythe, poème ou texte de loi, n'a pas d'abord pour forme d'être écrit, tracé : il a pour forme l'égalité à soi, l'absence d'écart », et en retour le dialogue, écrit comme oral, a pour nature de permettre à l'exercice dialectique de se

1. Cf. *Charmide*, 166c-d ; *Gorgias*, 502e-506a ; *Protagoras*, 348c-e ; *Sophiste*, 218b-d ; *Philèbe*, 19a-c ; *Politique*, 258b-c, 285c-d ; *Théétète*, 150a-151e.

2. Cf. *Théétète*, 149-151.

3. *Cf.* G.R.F. Ferrari, « Strauss's Plato », *Arion*, 5/2, 1997, p. 36-65. Cité par C. Gill, « Le Dialogue platonicien », *op. cit.*, p. 59.

4. C. Gill propose un très utile recensement bibliographique de ces trois principales interprétations et de leurs courants internes éventuels, *ibid.*, p. 55-60. Voir en particulier son « Platonic dialectic and the truth-status of the unwritten doctrines », *Methexis*, 6, p. 55-72.

déployer au mieux, c'est-à-dire comme « l'exercice inspiré ou errant – et peut-être est-ce la même chose – de tous les écarts (…). Seule cette "divagation en tous sens permet la rencontre de la vérité et le surgissement de l'intelligence" (*Parm.* 136e) »[1]. Cette « rencontre de la vérité », Platon lui-même peut l'avoir certes faite : trouver, aussi, dans les *Dialogues* des thèses bien déterminées s'impose naturellement. Mais cela n'enlève rien à l'appel aux prolongements possibles du lecteur[2].

Penser est ainsi dialoguer, avec un interlocuteur ou avec soi-même : l'image que se fait Socrate de l'âme en train de penser, dans le *Théétète* « n'est rien d'autre que celle d'un entretien, dans lequel elle se pose à elle-même des questions et se fait à elle-même les réponses » (189e-190a). Monique Dixsaut souligne cependant que, dans le *Sophiste*, 263e-264b, l'Étranger d'Elée indique plus clairement le sens de cette « pensée » : « pensée (*dianoia*) et discours (*logos*) sont une même chose, sauf que "c'est au dialogue intérieur de l'âme avec elle-même qui se tient sans passer par la voix (*phônè*) que nous avons donné ce nom, pensée" »[3]. Autrement dit, le dialogue proféré, en direction d'un interlocuteur, n'est en réalité que l'expression d'un dialogue intérieur premier, ce qui en retour impose à l'interlocuteur de dialoguer lui aussi avec lui-même, si l'on veut que l'échange soit fructueux. Et même, en fait, l'existence de l'interlocuteur et l'oralité du dialogue en viennent à être contingentes[4]. Penser est toujours

1. *Le Naturel philosophe*, *op. cit.*, p. 23. C'est ainsi que, « de même qu'il y a des discours oraux qui ont les "terribles propriétés de l'écriture", qui sont des *écrits*, de même il y a des textes écrits qui permettent au logos de se donner (*doûnai*) et de se recevoir (*dexasthai*) et qui effectuent toute la puissance et toute la liberté du *dialegesthai* » (p. 20-21). M.-P. Edmond souligne que « la recherche de la justice par la voie de la dialectique ne serait pas réalisable si le *logos* que les hommes pratiquent n'était pas déjà porteur de l'idée de communauté qui implique l'entrelacement de l'unité et de la pluralité », ce que permet précisément le dialogue (*Le Philosophe-roi*, p. 76-78).

2. C. Gill remarque ainsi que, « même dans un dialogue comme le *Sophiste*, dont la partie centrale aboutit à des résultats fermes et efficaces (sur la nature du jugement faux), Platon souligne les limites du dialogue. Platon y parvient en faisant allusion à un dialogue à venir, le *Philosophe*, qui offrira de la connaissance philosophique une description plus positive et plus définitive que le *Sophiste*. Or ce dialogue ne fut jamais écrit. La conséquence en est qu'il nous revient, à nous, lecteurs actifs, de trouver par nous-mêmes ce que le *Philosophe* aurait dû contenir » (« Le Dialogue platonicien », *op. cit.*, p. 59-60).

3. *Platon. Le Désir de comprendre*, Paris, Vrin, 2003, p. 33.

4. Ainsi, dans le *Philèbe*, en supposant qu'un promeneur s'interroge, silencieusement, sur la nature de ce qu'il distingue mal de loin, « si quelqu'un est présent à côté de lui, il transposera oralement ce qu'il se disait à lui-même » (39c-e, trad. et introd. J.-F. Pradeau, Paris, GF-Flammarion, 2002). « La condition d'un vrai dialogue est donc bien, comme l'affirme le *Cratyle* (390c), que ce soit le même qui interroge et qui répond. Savoir interroger et savoir

dialoguer, avec soi-même, nécessairement, s'interroger et se répondre, et cela justifie que la forme écrite de la pensée ait généralement chez Platon cette forme dialoguée.

« *L'ironie* » qui dissout des dogmatismes en est la manifestation atopique, active et subtile, immédiate. L'εἰρωνεία, qui signifiait primitivement « dissimulation », et plus précisément « imposture », dissimulation de l'incompétence, se trouve chez Socrate retournée en son contraire, précisément comme instrument de mise à nu de cette incompétence par le questionnement. Et du coup, dans la perspective précédente, il ne peut s'agir par là d'un autre usage de la dissimulation qui porterait cette fois sur un savoir réel que possèderait en fait Socrate. Comme le dit Michel Gourinat, « supposer que l'ignorance de Socrate était feinte est une façon de rendre hommage à sa sagesse. Mais est-ce pour autant rendre justice à un philosophe, que de lui attribuer une raillerie et une feinte qui relèvent plus des procédés de la rhétorique et de la sophistique que de l'amitié pour les hommes et la vérité, et n'est-ce pas plutôt se ranger du côté des adversaires de Socrate ? »[1].

L'εἰρωνεία est ainsi sérieuse. L'ἔλεγχος, comme « mise à l'épreuve » ou « examen », en est le ressort. Conscience joyeuse et alerte, l'élan qu'elle suscite vise le réel, ce qui est vraiment, et du coup son but n'est certainement pas d'en rire, ni plus généralement le rire. L'εἰρωνεία socratique n'entend pas faire rire : elle est directement platonicienne en ce sens,

répondre sont deux savoirs indissociables et constituent un même savoir, celui du dialecticien » (*Platon. Le désir de comprendre*, *op. cit.*, p. 36).

1. « Socrate était-il un ironiste ? », *Revue de métaphysique et de morale*, n° 3, juillet-septembre 1986, p. 339-340. Dans ce cadre, M. Gourinat souligne que « la question que Socrate pose aux autres le met d'abord lui-même en question et, dans sa réfutation de la science, il n'abaisse pas seulement celle de ses adversaires sophistes, mais tout autant la sienne propre. Le gage de la sincérité de son aveu d'ignorance est qu'il concerne objectivement sa propre science, qu'il éprouve en mettant à l'épreuve la connaissance humaine en général » (p. 352). Dans la grande bibliographie consacrée à l'ironie socratique, on peut simplement extraire, pour l'approche sensiblement différente de celle qui est ici introduite qu'on y trouve, G. Vlastos, *Socrates. Ironist and moral philosopher* (1991), trad. C. Dalimier, *Socrate. Ironie et philosophie morale*, Paris, Aubier, 1994. M. Dixsaut revient sur cette approche, particulièrement pour le rapport établi par Vlastos entre l'ironie et la tromperie, dans un Appendice à « Thalès ou Socrate, qui commence ? ou : de l'ironie », dans *Platon et la question de la pensée. Études platoniciennes*, I, Paris, Vrin, 2000, p. 41-44 (version remaniée d'un article publié dans *Recherches sur la philosophie et le langage*, n° 12, 1990). Dans *La Forme dialogue chez Platon*, voir particulièrement les communications de D. Sedley, « L'ironie dans le dialogue platonicien selon les commentateurs anciens » et de S. Nonvel Pieri, « Le dialogue platonicien comme forme de pensée ironique ».

puisque le rire n'est pas sérieux dans la philosophie de Platon, et ce à l'encontre de l'*Utopie*, comme nous le verrons au chapitre IV. Faut-il malgré tout réserver au socratisme, voire à la période socratique de Platon l' ἔλεγχος ? Et même, faut-il y voir un point de rupture avec la pratique proprement platonicienne, les *Dialogues* de jeunesse, dits socratiques, étant seuls « élenctiques », alors que ceux de la maturité et de la vieillesse présentent d'autres formes de la dialectique, comme la méthode de la division et du rassemblement ? Faut-il aller jusqu'à dire, en conséquence, que Platon ne conserve dans ses dernières œuvres la forme du dialogue que par simple convention, puisqu'il s'agirait en fait de véritables monologues [1] ? Des *Dialogues* antérieurs au *Gorgias* ou au *Ménon*, aux *Lois*, l'*elenchos* change certes de forme. Il se fait plus constructif. Mais pour autant il ne disparaît pas, comme le montre Jean-François Balaudé, s'il est vrai qu'« il n'est pour Platon de philosophie que "vive", et [que] la philosophie vit de l'échange et de la mise en œuvre du savoir recherché » [2]. Et dans la mesure où « la virtualité que laissent entrevoir les *Lois* » est de « parvenir à gagner chacun au philosopher », Jean-François Balaudé en vient même à conclure que ce dernier dialogue peut sans doute passer, « par-delà la *République*, pour le texte le plus utopique de Platon, car il imagine de faire de l'*elenchos* la loi » [3]. C'est que la « recherche en commun » (συζήτησις) demeure le principe directeur, jusque dans son invitation explicite ou implicite faite au lecteur à poursuivre par lui-même. C'est pourquoi la forme dialoguée s'impose, en une perspective où, comme le dit Christopher Gill, « bien que les œuvres platoniciennes maintiennent en guise d'idéal une forme de connaissance achevée et

1. Les divers procédés de la dialectique sont exposés particulièrement dans les passages suivants : *Cratyle*, 390c ; *Phèdre*, 265c-266c ; 276e-277a ; *Politique*, 285c-287b ; *République*, VII, 531e-540c ; *Sophiste*, 253b-254a ; *Phédon*, 101c-102a ; *Banquet*, 210a-212c ; *Parménide*, 136a-c. Plus généralement, sur la dialectique, ses formes diverses dans les *Dialogues*, son évolution, voir en priorité M. Dixsaut, *Métamorphoses de la dialectique dans les Dialogues de Platon*, Paris, Vrin, 2001. *Cf.* aussi D. Montet, « Platon et les enjeux du διαλέγεσθαι », *Kairos*, 2002, n°19, p. 163-177.

2. « La philosophie comme mise à l'épreuve. Les mutations de l'*elenchos* de Socrate à Platon », dans P.-M. Morel (éd.), *Platon et l'objet de la science*, *op. cit.*, p. 18. La *Lettre VII* en témoigne ainsi pleinement, dans le passage suivant déjà cité : « Après beaucoup d'efforts, lorsque sont frottés les uns contre les autres ces facteurs pris un à un : noms et définitions, visions et sensations, lorsqu'ils sont mis à l'épreuve au cours de contrôles bienveillants et de discussions où ne s'immisce pas l'envie, vient tout à coup briller sur chaque chose la lumière de la sagesse et de l'intelligence, avec l'intensité que peuvent supporter les forces humaines » (344b).

3. *Ibid.*, p. 38.

systématique (…), les *Dialogues* eux-mêmes ne prétendent pas constituer un tel système, mais ils se présentent comme des efforts localisés et isolés vers un tel savoir »[1].

Les mots et les choses

De l'atopie à l'utopie alors, par cet acte du philosopher qu'est le dialogue socratique? L'écrit platonicien, dans les *Dialogues*, est un instrument de recherche et non une image exposant de façon nécessairement affaiblie et déformée, ou alors délibérément cryptée, une vérité contemplée à partir d'un lieu situé par-delà l'être et l'intelligible. Il n'est pas non plus ce qui aurait vocation à conduire à ce lieu, en en suscitant le désir : la vérité qu'il vise est le réel pensé en vérité, la pensée de « ce que chaque étant est en lui-même »[2], et non un ineffable Absolu seulement finalement accessible de façon mystique. La philosophie de Platon, sa vérité, est en conséquence à chercher dans ses écrits, directement, mais à la condition de bien suivre leur leçon en y voyant avant tout un appel permanent à la poursuite de la recherche, au dépassement positif de l'acquis, autrement dit au refus de toute interprétation qui entendrait les figer en un dogme définitif. Cela ne doit pourtant pas faire perdre de vue que cette recherche est bien une recherche des limites, du fini, une recherche des formes finies, de ce qui, par la juste limite qui en est déterminée, permet de reconnaître pour chaque étant ce qu'il est vraiment.

La recherche platonicienne de la bonne définition, que présentent particulièrement des dialogues comme le *Lachès* (sur le courage), l'*Euthyphron* (sur la piété) ou le *Ménon* (sur la vertu) en relève. Dans « Le problème de la définition », Charles H. Kahn considère ainsi le *Lachès* comme un essai d'introduction à une étude systématique de la logique de la définition, qui sera poursuivi dans l'*Euthyphron* et le *Ménon*, et qui a pour

1. « Le Dialogue platonicien », *op. cit.*, p. 69.

2. *République*, 479e. Trad. M. Dixsaut dans *Le Naturel philosophe*, *op. cit.*, p. 57. « Une âme qui pense ne m'apparaît (…) rien faire d'autre que dialoguer (*dialegesthai*), elle s'interroge elle-même et se répond, elle affirme et aussi elle nie » (*Théétète*, 189e-190a). « Pensée (*dianoia*) et discours (*logos*), c'est une même chose, sauf que c'est au dialogue (*dialogos*) intérieur de l'âme avec elle-même qui se tient sans passer par la voix (*phônè*) que nous avons donné ce nom, "pensée" (*dianoia*) » (*Sophiste*, 263e). M. Dixsaut, à qui nous empruntons ces traductions, dans « Qu'appelle-t-on penser ? Du dialogue intérieur de l'âme selon Platon », *Platon et la question de la pensée. Études platoniciennes*, I, *op. cit.*, p. 47-48 (version remaniée d'un article publié dans *Les Cahiers philosophiques de Strasbourg*, 2, déc. 1996), considère d'ailleurs qu'« en appelant "pensée" un dialogue de l'âme avec elle-même, Platon ouvre plus de questions qu'il n'en résout » (p. 70).

effet de conduire à l'existence d'essences transcendantes et à la participation du sensible à ces essences, les objets de la remémoration apparaissant dans ce cadre comme des concepts *a priori* rendus possibles par ces essences. Commentant l'*Euthyphron*, 11a-b[1], Charles H. Kahn souligne en ce sens que « ce passage introduit en philosophie la notion d'essence, d'*ousia*, comme contenu d'une définition qui fait plus que préciser les conditions nécessaires et suffisantes de l'application correcte d'un prédicat, et cela en disant *ce que la chose (vraiment, essentiellement) est* ». Il renvoie à l'exigence de véritable explication présentée plus haut dans le dialogue « lorsque Socrate demandait à Euthyphron de préciser "cette Forme (*eidos*) par laquelle toutes les choses pieuses sont pieuses" (*hoi panta ta hosia hosia estin*, 6d11) ». Ainsi, « en posant comme préalable l'exigence que l'énoncé d'une *ousia* soit explicatif, l'*Euthyphron* fait le pas décisif qui mène au-delà des considérations extensionnelles que l'on trouve dans le *Lachès* ». Et il constate que le *Ménon* aura assimilé toutes les innovations de l'*Euthyphron*, y compris les termes *eidos* ou *ousia* pour désigner l'objet de la définition (72b1, c7, d8, e5), tout comme l'exigence explicative (72c8)[2].

Bien penser les choses est ainsi chercher à les ordonner aux Formes, à leurs différences et à leurs articulations, comme à la mesure qu'exige l'intelligence. La Forme désirée ne peut pas être une « chose » en ce sens, mais ce par quoi les choses peuvent être bien pensées. Connaître n'est donc pas se *représenter* les choses, en physicien, c'est rendre présentes aux choses les Formes qui leur conviennent, comme elles leur conviennent. De là découle le statut du *nom* : il n'est pas la chose, il n'est pas la Forme ; il est ce par quoi il est possible de passer de la chose dans sa manifestation sensible la plus immédiate, à la Forme qui permet de la penser en vérité. Si la puissance propre du nom est de pouvoir servir d'instrument au *logos* dans sa recherche discriminante des essences, il faut comprendre qu'il n'est pas purement conventionnel, simple représentation[3], mais aussi qu'il

1. « J'ai bien peur, Euthyphron, alors que je t'avais demandé, au sujet du pieux, ce qu'il est au juste, que ce ne soit pas son essence (*ousia*), que tu acceptes de me révéler, mais que tu indiques seulement quelque chose qui peut lui arriver (*pathos*), quelque chose dont il arrive que soit affecté (*ho ti peponthe*) ce qui est pieux : être aimé de tous les dieux. En revanche, de son être même, tu n'as pas encore parlé » (trad. J.-Y. Château, *Philosophie et religion. Platon*, Euthyphron, Paris, Vrin, 2005).

2. « La priorité de la définition : du *Lachès* au *Ménon* », dans M. Dixsaut, A. Castel-Bouchouchi, G. Kévorkian (dir.), *Lectures de Platon*, Paris, Ellipses, 2012, p. 35-36.

3. Ce qui est la thèse d'Hermogène dans le *Cratyle* : « Tel nom qu'aura pu poser un tel pour telle chose, c'est celui-là qui est le nom correct ; que plus tard à la place il en pose un autre

n'est pas non plus nécessaire de postuler une langue naturelle, universelle, pour pouvoir penser les choses en vérité[1]. Ainsi, le nom correct se distingue de la chose qu'il dénomme, mais aussi de la Forme qu'il permet d'atteindre, en tant que « chose » lui-même[2]. Telle est la raison pour laquelle l'Étranger conseille ainsi Socrate dans le *Politique* : « Si tu persévères à ne pas être pointilleux à l'égard des mots, tu te montreras à mesure que tu avanceras en âge toujours plus riche en réflexion »[3].

Avec l'utopie, la perspective est tout autre : puisque l'être visé par les descriptions utopiques (les cités parfaites), comme produit avoué de l'imagination, n'a pas d'autre lieu que les mots qui le disent, il s'impose au contraire, d'être « pointilleux à l'égard des mots ». La « Forme » (imaginée) est nécessairement tout entière dans les mots qui la disent. Ainsi, comme More le fait dire lui-même à Utopie dans l'*Utopie* : « Eutopie, à bon droit, c'est le nom qu'on me doit »[4].

L'écriture utopique

La représentation de la représentation

L'écriture utopique fait tout, fait être : il n'est d'Utopie que par l'*Utopie* et c'est pourquoi, fondamentalement, le « lieu » d'Utopie n'est « nulle part ». Plus exactement, selon l'heureuse formule de Louis Marin, c'est un « lieu dit »[5]. La représentation littéraire en quoi consiste le roman de

et ne recourt plus, pour la chose dont il s'agit, à cette appellation, il n'y a pas du tout moindre rectitude dans le second cas que dans le premier. (...) Le fait est que, de nature et originellement, aucun nom n'appartient à rien en particulier, mais bien en vertu d'un décret et d'une habitude, à la fois de ceux qui ont pris cette habitude et de ceux qui ont décidé l'appellation » (384d). Trad. L. Robin (Pléiade).

1. Ce qui est la thèse de Cratyle.

2 « Cratyle dit vrai, quand il dit que c'est de nature que les noms appartiennent aux choses... » (390d-e). C'est pourquoi, « ce n'est pas des mots qu'il faut partir, mais (...) et pour apprendre, et pour chercher le réel, c'est du réel lui-même qu'il faut partir, bien plutôt que des noms » (439b).

3. 261e. Voir aussi 263c ; 265c...

4. Le *Sizain*, *U.*, p. 330.

5. L. Marin remarque ainsi à juste titre que le lieu d'Utopie n'est pas « lieu imaginaire, comme on le dit souvent, mais lieu indéterminé et plus précisément encore l'indétermination du lieu. Or le discours narratif-descriptif va décrire et réciter avec une extrême précision le lieu d'*Utopie*. Mais ce ne sera que du discours. C'est en ce sens qu'il y a distraction ou détournement de la question du lieu dans le discours où il est question du lieu : le discours dira le lieu, mais non pas où est le lieu – le lieu n'est qu'un lieu dit » (*Utopiques : jeux d'espaces*, Paris, Minuit, 1973, p. 152).

Thomas More a ainsi pour objet une autre représentation : la narration faite par Raphaël Hythlodée de ce qu'il a vu en Utopie, c'est-à-dire la représentation d'une première représentation, représentation qui, elle, a cette particularité de n'avoir aucun référent extérieur à elle-même : ce que Raphaël est dit avoir vu est tout entier dans ce que l'auteur lui fait dire. Tel est le principe de ce que l'on appelle la « convention utopique », et dont le ressort est fort bien présenté par Guillaume Budé, dans sa *Lettre-Préface* à la seconde édition de Paris, 1517 : « C'est donc à THOMAS MORE que nous devons la connaissance de cette île ; c'est lui qui, à notre époque, a proposé cet exemple de vie heureuse et cette invitation à la vivre, lui-même en attribue la découverte à Hythlodée auquel il fait référence en tout ce qu'il raconte ». Guillaume Budé précise le mode de fonctionnement de cette auto-référenciation à deux voix : même en admettant qu'Hythlodée soit bien « *l'architecte* de la Cité des Utopiens et l'initiateur de leurs usages et de leurs institutions, c'est-à-dire qu'il soit allé emprunter chez eux pour l'apporter chez nous la preuve que la vie heureuse existe, il est certain que MORE a donné à cette île et à ses saintes institutions le lustre de son style et de son éloquence ». Raphaël est un « architecte » : sa « découverte », inventée par More, est elle-même pensable comme une « invention », et une invention qui plus est que travaille à son tour More, appliquant à cette cité découverte / construite par Raphaël « la *règle* et *l'équerre* pour lui donner le fini [ajoutant] tous les éléments qui apportent à une œuvre grandiose la splendeur et la beauté sans oublier le prestige, même si, dans l'exécution, il n'a revendiqué pour lui-même que le rôle de *maçon* » [1].

Par le jeu de ces deux voix, celle de l'auteur-More, qui se met lui-même en scène comme personnage, et celle de Raphaël, marin imaginaire d'un très réel Vespucci, se trouve donc constitué un objet total, à la fois « découvert » et « inventé », sans aucune extériorité, y compris celle d'un sujet inventant et découvrant puisque ce sujet, More et Raphaël, fait lui-même le tout de l'objet. En cela, l'utopie se distingue clairement du mythe. En effet, si dans la tragédie grecque, théâtralisation du mythe, la représentation par laquelle existe le mythe est bien offerte, en tant que telle, en spectacle, par le chœur, c'est en une place distincte, qui n'a précisément de sens que par sa distinction. Comme le dit Louis Marin :

> Le chœur est la matérialisation de la représentation à l'intérieur même du représenté : il est la relation de visibilité constitutive de la représentation tragique du mythe, représentée sur scène ; c'est l'autre du récit mythique

1. *Lettre à Thomas Lupset*, 31 juillet 1517, *U.*, p. 326. Nous soulignons.

> par lequel ce récit est constitué en représentation, qui advient, à son tour, au regard comme représentation ; la représentation spectaculaire est elle-même un élément du spectacle (...). Par le chœur, la représentation accède à la conscience d'elle-même. Aussi, en un sens, la présence du chœur sur scène clôture-t-elle totalement la représentation sur elle-même puisque est inclus en elle, sous forme d'un de ses éléments, le représenter lui-même, et que rien n'excède plus désormais le spectacle qui comprend en soi-même ses spectateurs [1].

Avec l'*Utopie* en revanche, le « représenter » n'est plus un élément de la représentation mais son tout; tout n'est que représentation de la représentation, puisqu'il n'est de spectacle que directement et complètement par et dans le « représenter » de More, voulu lui-même comme expression saturée du « représenter » de Raphaël, objet total finalement ainsi de ce qui se donne en spectacle. Le lieu du chœur, absent en conséquence du spectacle utopique immédiat, se trouve alors reporté dans les annexes, comme dans la *Lettre-Préface à Pierre Gilles* où se trouve généralement présenté et commenté l'écrit de More par son propre auteur.

Pour faire vivre cette « réalité utopique », un mode littéraire déterminé identifiant le réel et sa représentation supposée s'impose : la description détaillée. « Description », du côté de la représentation; « détaillée », puisque le réel saisi dans la concrétude de l'existence est fait de détails. En ce « réalisme utopique », il faudra donc que la description de Raphaël détaille le plus possible, si elle entend « faire vrai ».

L'imagination détaillante

L'annonce en est faite à la fin du Livre I : « Mon cher Raphaël, je vous en prie, dit More, veuillez donc nous faire la description de cette île. De grâce, ne soyez pas trop concis, mais expliquez-nous successivement ce qui concerne la campagne, les cours d'eau, les villes, les habitants, les coutumes, les institutions, les lois, en un mot tout ce que, selon vous, nous désirons connaître ». Et Raphaël répond : « Rien ne pourrait m'être plus agréable, car tous ces détails sont bien présents à ma mémoire. Seulement, c'est un récit qui demande un certain temps » [2]. Et, de fait, Pierre Gilles écrit

1. *Utopiques : jeux d'espaces*, p. 95. Voir p. 92-101.

2. *U.*, p. 446 ; GF-Flammarion, p. 133. Ce loisir nécessaire à une exposition scrupuleuse des détails relatifs à l'existence de l'Athènes ancienne et d'Atlantide, le prêtre de Saïs dans le *Timée* l'associe à une référence aux textes : « Sur le détail de tout ce que je vais dire, nous reviendrons systématiquement une autre fois, quand nous en aurons le loisir, et cela en nous reportant aux textes eux-mêmes » (23e-24a).

à Jérôme Busleiden que, grâce à la transcription par More du récit de Raphaël, l'île d'Utopie est « présentée, dépeinte et offerte aux regards », en telle sorte qu'à chaque lecture, il lui semble mieux la voir, tellement est grande l'aptitude de Raphaël à rapporter des points « saisis sur le vif », à « exposer les détails d'une affaire » [1].

L'utopisme platonicien peut être interrogé de ce point de vue. Dans le *Critias*, Platon met en scène l'existence sensible d'une Athènes ancienne supposée présenter la forme intelligible de la vraie cité pensée dans la *République*, et ce dans son conflit avec une autre existence sensible supposée, celle de l'empire atlante. Puisqu'il est ici centralement question de l'existence, ce que donne à voir Critias doit être parfaitement plausible, tout en ne s'identifiant pourtant pas directement avec le monde ordinaire et familier [2]. Marcel Meulder a ainsi montré que « le *Critias* est (...) un pastiche du roman exotique. Car à la différence du roman exotique, le *Critias* ne donne que l'apparence d'évoquer un monde autre, lointain, étranger, dans son rapport avec un monde supposé connu, proche, familier » [3]. Dans ce cadre, Platon recourt à la description détaillée, mais spécialement de l'Atlantide [4], et de façon bien plus minutieuse qu'il ne le fait pour l'Athènes ancienne. C'est ainsi que le récit de Critias s'attarde sur

1. *Lettre à J. Busleiden*, 1er novembre 1516 (*U.*, p. 337). Voir aussi la *Lettre à Th. More* de J. Busleiden, 1516 : « Dans l'heureuse description de ces magnifiques institutions, rien ne manque... » (p. 634). S. Goyard-Fabre le relève : « More exprime avec minutie, précision et rigueur sa vision concrète, colorée et vivante de l'altérité. (...) Les multiples détails accumulés par More dans sa description ne laissent rien dans l'ombre » (dans son édition de l'*Utopie*, GF-Flammarion, p. 38-40). M. Bottigelli remarque également que « la vie quotidienne, le travail, les rapports mutuels, la famille, l'éducation, les mœurs, les institutions, la religion, la politique extérieure des Utopiens sont décrits avec une netteté et une minutie extraordinaire : nous sommes dans un autre monde c'est évident, (...) mais en même temps nous éprouvons un intense sentiment de réalité, nous participons de plus en plus à mesure que progresse le récit au bonheur des Utopiens, rien ne paraît sec et théorique ; c'est la grâce et l'invention du style de Thomas More d'avoir effacé la frontière entre l'imaginaire et la réalité » (*L'Utopie*, trad. V. Stouvenel [1842] revue par M. Bottigelli, introd. et notes M. Bottigelli, Paris, Messidor-Éditions Sociales [1966], 1982, p. 56-57).

2. « C'est ce qui explique, dit J.-F. Pradeau, que l'on retrouve dans le *Timée* et le *Critias* l'*Enquête* hérodotéenne, la périégèse classique ou certains thèmes des *Politeia*, disposés selon une configuration qui n'est plus celle de la description de la réalité. Les cités que décrit Critias n'existent donc pas, mais elles sont décrites comme l'on décrit d'ordinaire les cités existantes » (*Le Monde de la politique. Sur le récit atlante de Platon,* Timée *(17-27) et* Critias*)*, Sankt Augustin, Academia Verlag, « International Plato Studies 8 », 1997, p. 281).

3. « L'Atlantide ou Platon face à l'exotisme », *Revue de Philosophie ancienne*, t. XI, n° 2, 1993, p. 205.

4. *Critias*, 114e *sq*.

la géographie, la population, les institutions ou les mœurs d'Atlantide (114e *sq.*). Ce souci du détail démultiplié a pour fonction de bien faire apparaître la réalité même de l'existence sensible, sa concrétude, sa « vie ». Et en conséquence le récit prend une forme très directement utopiste puisque, comme Henri Joly le dit très bien,

> les descriptions « utopiques », par le luxe de leurs détails, doivent être considérées comme des modèles *animés* de la vie sociale, politique ou individuelle, dont la fonction est tout à la fois de « remplir » et de « mettre en marche » dans l'espace et dans le temps les *modèles encore inanimés, incolores et vides* de la théorie politique, mais aussi de proposer par tout un jeu de contrastes et d'oppositions et par un système concret et véridique une sorte de *machinerie socio-politique*, chargée de *réfuter-expliquer* visiblement le présent par le passé, la vie par la survie et l'ici par l'ailleurs [1].

En revanche, les descriptions de l'Athènes ancienne sont, elles, beaucoup moins nombreuses, ce qui peut se comprendre s'il fallait d'un côté, par la profusion, insister sur le caractère profondément et d'abord « existant », « vivant », de la première, pour pouvoir mieux mettre en lumière par contrecoup « l'être vrai » de l'existence, pourtant elle aussi tout à fait supposée, de la seconde. Le statut d'Atlantide au regard de l'utopie peut être éclairé en conséquence.

Le mode littéraire d'expression de son existence peut certes la faire apparaître immédiatement comme une première référence utopique. Et, de fait, on doit constater que nombre des traits essentiels de l'Atlantide, pris en eux-mêmes, fournissent une matrice aux récits utopiques à venir. Pour en rester aux principaux, l'empire maritime est une île et son organisation générale est profondément mathématisée [2]. Cela étant, il apparaît immédiatement que l'usage qu'en fait Platon n'est pas utopique : l'île d'Atlantide est ainsi un lieu ouvert de commerce, comme base impérialiste, et non une figure de l'unité, de la complétude et de l'autonomie bienheureuse. Dans le

1. *Le Renversement platonicien*, *op. cit.*, p. 328-329.

2. 5 paires de jumeaux sont nées des amours de Poséidon (le *Critias*, 113e) ; la plaine centrale a 6.000 stades carrés de surface (118a) ; le temple central est long d'1 stade, large de 3 plèthres et d'une hauteur proportionnée (116d) ; il y a 2 sources dans l'île (113e ; 117a) ; 5 enceintes circulaires (2 de terre et 3 de mer) protègent la montagne centrale, résidence du roi (115d-116a) ; le pays est divisé en 10 provinces, chacune gouvernée par un prince absolu (113e-114a) ; 30 canaux rectilignes et parallèles l'irriguent (117e) ; 60 000 districts fournissent 10 000 chars de combat, 240 000 chevaux, 1 200 000 soldats, 240 000 marins… (119e).

même ordre d'idées, son mathématisme, en tant qu'il est structuré par la dualité, peut être compris comme faisant signe vers *l'apeiron*. Au mieux, il exprime une rationalité abstraite, vide de la saisie de ce qui doit l'ordonner, de la présence de l'essence. C'est qu'Atlantide a pour fonction principale dans le mythe de manifester le poids de *l'existence* qui déforme, altère, et ce en contre-point de l'Athènes ancienne, voulue, elle, comme pleine présence sensible de la forme intelligible de la vraie cité. Et c'est pourquoi la description détaillée d'Atlantide renvoie à la multiplicité, à l'infini chatoiement du monde sensible, dans l'optique d'une figuration sensible de l'injustice et de la démesure sociales. Détailler, ici, c'est fournir une approche de la profusion du sensible, c'est s'efforcer d'atteindre la différence factuelle que la pensée doit ordonner par la Forme. Avec le détail, c'est l'indétermination de la multiplicité qui est mise en lumière, l'apparaître indéfini, dans la diversité de ses moments, l'autre de ce qui est par soi, toujours identique à soi, l'autre de la forme intelligible horizon de la réduction dialectique selon la leçon du *Philèbe* (16-17). Penser les détails chez Platon, c'est donc en faire les figures exclusives immédiates de *l'existence* sensible, par distinction de *l'essence*. Cela n'est pas utopique. Dans l'*Utopie* en effet, pour laquelle il n'est d'essence que par l'existence, les détails sont directement le mode d'être nécessaire de *l'essence* : en détaillant l'existence, l'imagination utopique entend ainsi présenter le mode d'être de l'essence elle-même.

Le style utopique : dialogue et mensonge

Ce « réalisme utopique » est garanti par les deux voix qui font connaître Utopie : Raphaël est supposé marin de Vespucci, voyageur très réel, et More dit l'avoir rencontré à Anvers, lors d'une mission diplomatique, tout à fait réelle elle aussi. Quant à ce dernier, sa personnalité, indiscutable, vaut garantie à elle seule : « A quoi bon s'astreindre à trouver des arguments pour rendre le récit plus crédible, alors que nous avons l'éminent More lui-même comme garant », dit Pierre Gilles, dans la *Lettre à J. Busleiden* du 1er novembre 1516[1].

1. *U.*, p. 341. Comme le dit L. Marin : « En s'indiquant comme un personnage de son livre et, mieux encore, comme un personnage *historiquement* existant, en se donnant dans le livre le statut d'une représentation réelle, More s'effaçait comme auteur du livre ; il devenait le témoin de son apparition et de son développement (...). Tout se passe comme si l'utopie venait à l'auteur de l'extérieur, comme si elle n'avait pas d'auteur ou comme si, cela revient au même, l'auteur était un autre » (*Utopiques : jeux d'espaces*, p. 107. Voir, en général, p. 102-108 sur les « deux voix de More et de Raphaël »).

Cette présence à deux voix d'Utopie prend la forme du dialogue, forme dès lors convenue du genre utopique[1]. Faut-il y voir une pure et simple reprise du dialogue platonicien ? En première approche, les finalités n'apparaissent en tout cas certainement pas identiques : le dialogue utopique ne se donne pas comme l'instrument d'une recherche mais comme un mode d'exposition. En fait, si référence platonicienne il doit y avoir, ce serait plutôt au discours de Critias que le dialogue de More et de Raphaël s'apparenterait, dans la différence fondamentale des visées ontologiques. Critias, lui aussi sujet englobant un autre sujet (ici le prêtre de Saïs à l'origine de son récit), lui aussi personnage historique[2], ne cherche pas mais expose, comme expose le dialogue de More et de Raphaël.

Et ce qu'expose ce dernier dialogue est purement imaginaire. Certes, à s'efforcer ainsi de produire un effet de réalité, l'*Utopie* peut en induire l'oubli : More n'a, naturellement, jamais donné à voir un modèle de cité *à réaliser* tel quel, réalisable donc dans les termes mêmes de sa description, par exemple immédiatement en 1516, en Angleterre ou en France. Cela étant, son texte n'est pas gratuit. La mise en avant du caractère historique de son contexte pourrait donner lieu à une tout autre lecture : dans la mesure où la « convention utopique » a pour appui des existences historiques effectives ou présentées comme telles (More-le personnage, Vespucci), et ce sur le fond de la découverte historique du Nouveau Monde par l'Ancien, son sens dernier pourrait bien être en fait d'utopiser la réalité historique elle-même. Selon Louis Marin, « dès lors, tout l'art de More serait de nous faire prendre l'*Utopie* pour de l'histoire, pour nous faire comprendre qu'en fin de compte, il se pourrait bien que le *centre*, ou le cœur de l'histoire ne soit qu'utopique, lieu à la fois vide et pluriel de l'absence et de la relation où les récits se disent les uns les autres »[3]. L'*Utopie* alors dirait bien le vrai, ou du moins en stimulerait l'approche à sa façon, c'est-à-dire par un certain genre de fiction, plus précisément par un certain usage du mensonge.

Dans cette dernière perspective, mais aussi plus largement, la clef de l'écriture utopique est ainsi le mensonge, mais un mensonge d'un genre très particulier, un mensonge qui vise la vérité ou plutôt la recherche de la vérité, et en cela le non-platonisme du dialogue de More et de Raphaël n'est

1. L. Marin a raison de le souligner : « On n'insistera jamais assez sur l'importance des *Dialogues* dans les utopies patentes ou implicites » (*Utopiques : jeux d'espaces*, *op. cit.*, p. 102).

2. Sur ce point et les questions qu'il soulève, voir l'introduction de L. Brisson à son édition du *Critias*, p. 327-334.

3. *Utopiques : jeux d'espaces*, p. 61-62.

plus si simple. Dans le moment même où More affirme la réalité d'Utopie, il fait en effet comprendre assez clairement que cette réalité est à penser sur le mode imaginaire : dans sa *Lettre-Préface à Pierre Gilles*, commentaire que l'auteur présente de son œuvre, il affirme à propos d'un détail dont il n'est pas certain (la longueur du pont d'Amaurote, la capitale d'Utopie) : « J'aimerais mieux dire un mensonge que commettre un mensonge (*potius mendacium dicam, quam mentiar*) »[1]. En l'occurrence ici, en cas de doute, More entend s'en tenir à ses propres souvenirs des propos de Raphaël en la matière, autrement dit à ce qu'il pense vraiment, quitte à se tromper, quitte à « dire un mensonge ». « Dire un mensonge » n'est pas alors nécessairement « commettre un mensonge ». Il y a « vérité » et « vérité », et celle qui prime implique l'accord avec soi-même. En fait, c'est bien l'*Utopie* tout entière qui est présentée comme un mensonge, puisque c'est d'un « expert (δάϊος) en balivernes (ὕθλος) », Hythlodée, que More entend restituer les paroles exactes pour faire apparaître Utopie[2]. Mais ce mensonge a cependant vocation à stimuler la vérité, ce qui peut encore être éclairé par le fait que, si l'*Utopie* est introduite par un sizain dont l'auteur s'appelle « Anémolius », nom construit sur ἄνεμος, « vent », ce qui conduit immédiatement à penser qu'Utopie n'est que « du vent », dans le corps du texte[3] More met en scène un peuple frivole, vaniteux, qui se plaît aux faux plaisirs des apparences illusoires, aux pierreries et vêtements luxueux, autrement dit aussi peu consistant, aussi léger que le vent : le peuple des Anémoliens, des « venteux ». Comment mieux dire que, si l'*Utopie* tout entière est pure fiction, son contenu, lui, n'est pas « venteux » en ce qu'il repose précisément, en une sorte de démonstration par l'absurde, sur la mise en évidence de l'écart qui lui donne sa consistance entre ce qui est vraiment et ce qui n'est qu'apparence, entre les principes de vie des Utopiens et ceux des Anémoliens ?

Que More « dise un mensonge » en écrivant l'*Utopie* est donc pour le moins indiqué, mais sur le fond de la ferme affirmation qu'il ne « commet »

1. *Lettre à P. Gilles*, octobre 1516 (?), *U.*, p. 349 ; GF-Flammarion, p. 75-76.

2. On peut aussi ajouter, par exemple, comme le souligne A. Prévost, que dans la première édition, celle de Louvain en 1516, on lit « *in senatu mentirano* », pour désigner le Sénat de la capitale d'Utopie (Amaurote dans toutes les éditions) : « *mentirano* adjectif formé sur le verbe *mentiri*, mentir, décevoir, imaginer (...) faisait d'*Amaurote* la "Ville-Mensonge" » (*U.*, p. 497, n. 2). Quant au terme « Amaurote » lui-même, A. Prévost montre que son étymologie grecque lui donne le sens d'une « ville difficilement discernable », d'une « Ville-Éclipse », bien que réelle (p. 132-134).

3. *U.*, p. 505-509 ; GF-Flammarion, p. 167-169.

pour autant pas de mensonge : le dit de l'*Utopie* est un mensonge, car telle est l'exigence du style utopique mais, par le procédé de l'exhibition de la cité parfaite sous forme d'image, sont introduits par More des principes auxquels il adhère, et qui sont de l'ordre de l'ontologie, et aussi naturellement de la politique, de la morale, de la religion, etc. [1].

Dans cette double dimension, le « mensonge » est donc la clef de l'écriture utopique. Et il est vertueux, comme peut l'être aussi le mensonge selon Platon, lorsque son fond est la vérité : si pour Platon la « fausseté involontaire » de l'ignorance ne vaut pas mieux que la « fausseté volontaire » [2], More échappe naturellement à cette critique en dépit des termes de sa *Lettre-Préface à Pierre Gilles*, puisque la « fausseté » générale de l'*Utopie* est évidemment « volontaire » et avouée comme telle par la référence centrale à « l'expert en balivernes » qui la fait être, et par sa volonté affirmée de savoir le vrai. Cela étant, la différence est fondamentale entre les deux types de mensonge : si le « mensonge platonicien » repose sur la connaissance de la vérité, le « mensonge utopique » est d'abord un instrument de sa recherche, certes dirigée par des principes (l'*humanitas*, la raison, le bonheur…). Selon Platon dans la *République*, si « c'est donc à ceux qui gouvernent la cité, si vraiment on doit l'accorder à certains, que revient la possibilité de mentir, que ce soit à l'égard des ennemis, ou à l'égard des citoyens quand il s'agit de l'intérêt de la cité » (389b), c'est parce qu'ils sont supposés savoir ce qui est vraiment, car sachant fondamentalement ce qui est vraiment bien. L'*Utopie* est en revanche un roman, dont l'écriture a pour fonction philosophique de faire penser, de faire chercher, d'éclairer sans résoudre. Pour cela, l'écriture utopique est une « écriture oblique », par quoi elle s'inscrit d'une certaine manière dans la perspective de l'atopie socratique mais aussi, plus généralement, dans celle de la recherche platonicienne de la vérité.

1. A. Prévost le souligne bien : « "Faire un mensonge", *mentiri*, relève de l'ordre moral. "Dire un mensonge", *mendacium dicere*, appartient au style, "l'art de dire" » (*U.*, p. 349, note 5).

2. « Par rapport à la vérité également, nous considèrerons également estropiée une âme qui hait le mensonge délibéré, le supporte difficilement pour elle-même et se scandalise du mensonge des autres, mais qui accepte par contre sereinement le mensonge involontaire et, lorsqu'elle est en quelque sorte convaincue d'ignorance, ne s'en scandalise pas, mais se vautre sans scrupule dans son ignorance, comme un porc » (*République*, VII, 535d-e).

Écriture oblique et enseignement platonicien

Le «*ductus obliquus*», la «voie détournée» ou, comme le traduit André Prévost, la «voie moins directe»: si la formule est introduite par More-le personnage[1] en vue de présenter une démarche réformiste en politique, cette formule convient parfaitement, plus généralement, pour caractériser le style essentiel de l'écriture utopique. More-le personnage le justifie ainsi :

> Il ne faut (...) pas chercher à faire pénétrer dans l'esprit de personnes imbues d'opinions toutes différentes, des idées inattendues et déconcertantes qui, on le sait, ne sauraient peser bien lourd. Mieux vaut prendre une *voie moins directe* : dans la mesure du possible, traiter de tout avec habileté et, si vos efforts ne peuvent transformer le mal en bien, qu'ils servent du moins à atténuer le mal[2].

Cela évoque assez immédiatement la prudence que conseille Platon dans la *Lettre VII*, lorsqu'il évoque ce que Denys pouvait entendre : «Nous ne lui tenions pas un langage aussi explicite – c'eût été imprudent en effet -, mais nous nous exprimions à mots couverts et nous nous acharnions, dans nos entretiens, à lui expliquer que c'est ainsi que tout homme assure son propre salut et le salut de ceux dont il est le chef» (332d)[3].

Il est vrai que Raphaël, par la description de qui Utopie vient à l'existence, refuse apparemment tout à fait fermement cette voie : «Qu'un philosophe puisse mentir, je l'ignore! En tous cas, pas moi!»[4]. Sa vive réaction concerne en fait, précisément, l'usage de cette voie en matière de pratique politique. More-le personnage l'avait proposée pour faire face aux difficultés prévisibles que Raphaël aurait à faire accepter ses propositions d'améliorations ponctuelles dans l'Ancien Monde à la lumière de ce qu'il a

1. *U.*, p. 433 ; 437. M. Delcourt traduit par «procéder de biais» ; «voie détournée» (GF-Flammarion, p. 126, 127, 128).

2. *U.*, p. 433 ; GF-Flammarion, p. 126. Nous soulignons.

3. *Cf.* L. Strauss pour l'analyse historique plus générale de cette attitude, dans «Un art d'écrire oublié», trad. N. Ruwet, *Poétique*, 1979, n° 38, p. 244. Voir aussi *La Persécution et l'art d'écrire*. L'excellente notice de M. Abensour, «More, *L'Utopie*», dans F. Châtelet, O. Duhamel, E. Pisier, dir., *Dictionnaire des œuvres politiques*, Paris, P.U.F., 1986 (texte repris dans *L'Utopie de Thomas More à Walter Benjamin*, Paris, Sens & Tonka, 2000, p. 29-105, sous le titre : «Thomas More ou la voie oblique»), prend appui sur cette référence à L. Strauss pour chercher en quoi «*L'Utopie* serait politique non par ce qu'elle *dit* – ses propositions, ses thèses ou ses thèmes – mais dans l'effectuation même de son *dire*» (p. 585).

4. *U.*, p. 434 ; GF-Flammarion, p. 126.

vu se pratiquer dans le Nouveau[1]. Ce qui motive le refus de Raphaël, c'est d'abord le fait que soit donnée par là l'occasion de faire le mal sous couvert du bien, et donc avec la conscience tranquille. Et c'est aussi, très radicalement, la vanité totale de l'entreprise[2].

Cela étant, en ce qui concerne l'application générale de cette voie à l'écriture même de l'*Utopie*, il ne peut qu'en aller autrement : sa mise en œuvre suppose nécessairement son apparent refus. La convention utopique exigeant le réalisme, il faut que Raphaël proclame qu'il ne ment pas. More-l'auteur, faisant dire à More-le-personnage que « mieux vaut prendre une *voie moins directe* », est celui qui, lui-même, « prend une voie moins directe » en faisant dire à Raphaël qu'il refuse de « prendre une voie moins directe ».

Ainsi établie, et de façon elle-même « oblique », en quoi consiste alors l'exercice de cette « voie » ? Son trait le plus général est l'ironie[3]. Un seul exemple peut ici suffire. Raphaël remarque ainsi que ce n'est pas en Europe que l'on violerait les traités, comme il l'a observé dans certaines des contrées qu'il a visitées.

> En Europe, de fait, surtout dans les pays où règnent la foi et la religion du Christ, la majesté des traités est considérée partout comme sainte et inviolable ; ce respect de la foi jurée est dû en partie à la justice et à la bonté

1. « La méthode que vous proposez (...) reviendrait à me faire délirer avec les fous au moment où je m'efforce d'apporter remède à leur folie. Car si je veux dire la vérité, ce sont les paroles mêmes que je viens de prononcer qu'il me faut répéter » (*U.*, p. 433-434 ; GF-Flammarion, p. 126).

2. « ... désormais, on peut faire le mal, la conscience plus tranquille » (*U.*, p. 437 ; GF-Flammarion, p. 127). « A la cour, il est impossible de cacher votre pensée, on ne vous permet pas d'acquiescer simplement : il faut approuver ouvertement les projets les plus iniques et souscrire à des décrets plus empoisonnés que la peste. Celui qui n'approuve pas suffisamment d'infâmes délibérations passe pour un espion, autant dire un traître. De plus, vous n'aurez jamais l'occasion d'exercer une heureuse influence, car une fois introduit dans ces hautes assemblées, fussiez-vous le meilleur des hommes, vous serez bien plus facilement contaminé par la corruption que vous n'arriverez à rendre vos collègues meilleurs » (*U.*, p. 437 ; GF-Flammarion, p. 127-128).

3. André Prévost le montre bien : « L'ironie, ton littéraire, consiste essentiellement à "dire" le contraire de ce que l'on pense afin de mieux faire apparaître la vérité profonde. L'ironie de More, présente à chaque page de l'*Utopie* avait bien besoin de cette distinction entre le *dicere mendacium* et le *mentiri*. C'est que l'ironie suppose une connivence entre l'écrivain et le lecteur, la convention ironique. (...) L'*Utopie* est un immense *mendacium* à la fois dans l'affabulation du récit d'aventure, dans l'ironie et l'humour des affirmations paradoxales et dans la nature même du mythe toujours attrayant et toujours impossible à réaliser concrètement. (...) Au lecteur avisé de faire face à toutes les feintes et à tous les pièges du jeu de l'écrivain » (*U.*, p. 349, n. 5).

> des princes, en partie à la crainte révérencielle qu'inspirent les Souverains Pontifes qui, les premiers, ne promettant rien qu'ils n'observent le plus scrupuleusement du monde, peuvent ordonner à tous les autres princes de tenir coûte que coûte les promesses qu'ils ont faites [1].

Ce n'est pas en Europe, insiste-t-il, que l'on verrait que, « plus les cérémonies qui ont entouré leur conclusion ont été nombreuses et saintes, plus vite ils sont rompus ». Ce n'est ni en Angleterre ni en France, mais de l'autre côté de l'Équateur qu'« il n'est pas difficile de chicaner sur les expressions employées car, de propos délibéré, au moment de la rédaction, elles ont été dictées avec tant d'habileté que, si serrés que soient les liens qui enchaînent les engagements, il est toujours possible d'échapper à certains d'entre eux, et d'éluder du même coup les obligations du traité et de la parole donnée » [2].

La négation est ici le ressort de l'ironie utopique. Mais son usage est plus général : le réalisme utopique repose sur un décalage, un « mensonge » qu'il se doit de signaler immédiatement, au moment même où il est émis. Le style utopique doit donc provoquer l'éveil, le soupçon, la mise en distance de ce qu'il affirme, et cela est encore obtenu principalement par la négation, en une forte cohérence formelle avec, d'une part, la critique négative de l'Ancien Monde qu'elle introduit, d'autre part, la modalité ironique de cette introduction. C'est ainsi que l'*Utopie* fait un usage massif des toponymies et anthroponymies négatives : l'« *Anydre* », fleuve sans eau ; l'« *Achorie* », pays sans contrée ; l'« *Alaopolécie* », cité sans peuple ; l'« *Adème* », roi sans peuple, etc. Tout cela incite au minimum à une lecture décalée qui empêche que l'on prenne au pied de la lettre ce qui est dit, plus fondamentalement stimule la recherche par la déstabilisation du lecteur qu'elle opère, jusqu'à faire même pressentir par le trouble de la lecture une certaine dynamique immanente au réel lui-même.

De ce point de vue, la litote, cette figure stylistique dans laquelle on affirme une chose en posant la négation de son opposé, est omniprésente dans l'*Utopie*, maniée de telle sorte que l'affirmation ne se conclut pas immédiatement et simplement de la double négation. Elizabeth Mc Cutcheon cite ainsi ce passage du Livre I où le caractère parfaitement inédit d'Utopie se trouve affirmé paradoxalement par le caractère en fait très ordinaire des monstres « sur lesquels rien n'est moins neuf ».

1. *U.*, p. 562 ; GF-Flammarion, p. 198-199.
2. *U.*, p. 565 ; GF-Flammarion, p. 199.

> Nam Scyllas & Celenos rapaces, & Lestrigonas populioros, atque eiuscemodi immania portenta, nusquam fere non invenias, at sane ac sapienter institutos cives haud reperias ubilibet[1].

Elizabeth Mc Cutcheon remarque que

> cette phrase, avec ses doubles négations de pensée, soigneusement balancées et suspendues, bien que de façon dissymétrique, est peut-être la meilleure preuve ponctuelle de l'effet de sophistication et d'extrême complexité que More parvient à réaliser avec la litote. Euphémisme, emphase, ironie, va-et-vient rapide de la pensée d'un pôle à l'autre, quelque chose comme une vision double : tous ces éléments sont réunis dans cette brillante juxtaposition de monstres terrifiants de toutes sortes, en réalité à la fois fallacieux et imaginaires, mais cependant tellement « réels » qu'ils ont même des noms, et de cette abstraction idéalisée de citoyens « bien et sagement formés », qui sont imaginaires pour des raisons sensiblement différentes (que l'*Utopie* nous révélera)[2].

Traduites mot à mot, les négations opposent les monstres, « que vous ne trouverez pas presque jamais », à Utopie « que vous ne pouvez trouver par aucun moyen nulle part »[3]. « Nulle part » : le lieu où est, et n'est pas, Utopie. Par l'euphémisme encore, la litote est un moyen très efficace d'augmenter éloges et blâmes pour mieux accentuer les réflexions induites, sa double négation, en insistant de fait sur ce qu'elle concerne, ayant pour effet de stimuler l'attention. Dans le *Ménexène*, Socrate avait ainsi introduit le discours paradigmatique des procédés rhétoriques d'Aspasie en présentant cette dernière comme « une femme qui, en matière d'art oratoire, n'était pas du tout sans valeur »[4]. L'*Utopie*, quant à elle, évoque les Polylérites en une multiplication de négations niées qui, se présentant comme une introduction faible du désirable, sont en réalité

1. « Des Scylles et des Célènes voraces et des Lestrigons mangeurs-d'hommes et d'autres prodiges énormes du même genre, il n'est guère d'endroits où l'on n'en découvre ; mais des citoyens qui obéissent à de saines et judicieuses institutions, on n'en trouve pas n'importe où ! » (*U.*, p. 370-371 ; GF-Flammarion, p. 89). Nous ne pouvons ici que renvoyer aux travaux importants d'E. Mc Cutcheon à ce sujet. *Cf.* « Denying the Contrary : More's Use of Litotes in the *Utopia* », *Moreana*, n° 31-32, nov. 1971, p. 107-121. Article repris dans *Utopia*, translated and edited by R. M. Adams, New York, A Norton Critical Edition, 1975, p. 224-230. Voir aussi *My Dear Peter. The Ars Poetica and Hermeneutics for More's* Utopia, Angers, Moreana, 1983.

2. « Denying the Contrary », *op. cit.*, p. 109.

3. « You almost never don't find » ; « whom by no means can you find wheresoever you please » (*ibid.*)

4. « … οὐ πάνυ φαύλη » 235e. Trad. L. Robin, (Pléiade).

autant d'entrées d'une négation tout à fait forte de l'indésirable : les Polylérites ne sont pas un petit pays; ils ne sont pas gouvernés peu sagement; ils ne sont pas désireux de plus de territoires, de plus de renommée, de plus de fortune, etc.[1]. Plus généralement, en même temps que la litote s'emploie par ses négations niées à dessiner les contours du Nouveau, son mouvement propre de plongée dans l'ambigüité rend de fait apte au voyage intellectuel qui peut y mener. L'écriture utopique stimule, incite à chercher[2]. Elle met ainsi hors de soi. Elle est comme une figure de la folie, d'une savante folie.

En ce sens, les deux livres de l'Utopie se répondent. Dans le Livre I, il est question d'un « parasite » qui n'est pas vraiment fou, mais qui prétend pourtant en jouer le rôle. Or, ce n'est pas n'importe quel « fou » qu'il entend jouer, mais un « bouffon », un « fou du roi ». Seulement ce parasite, en tenant « ce rôle d'une manière si ridicule, [devient] un authentique bouffon : les plaisanteries qu'il lançait étaient si plates qu'on riait plus souvent de lui que de ses propos »[3]. Et pourtant, il se trouve que « notre homme laissait échapper de temps en temps des mots (...) loin d'être absurdes »[4]. Et ainsi, par cette folie qui n'en est vraiment pas une, des vérités très dures sont dites à l'endroit du clergé. Certes, le lecteur a été averti au début du passage que tout cela n'était qu'une « plaisanterie ». Il n'empêche que cette « plaisanterie » a de fait un contenu bien sérieux, puisque, comme le souligne Marie Delcourt, l'épisode est supprimé dans les *Latina opera omnia* imprimées à Louvain en 1565[5]. Le rire est ainsi subversif. Mais il fait aussi partie des plaisirs de la vie, c'est-à-dire de ce qui finalise Utopie. C'est pourquoi, en contrepoint du Livre I, le Livre II fait aimer les bouffons aux Utopiens : « Les bouffons leur apportent

1. *U.*, p. 401 ; GF-Flammarion, p. 107.

2. E. Mc Cutcheon souligne ainsi la potentielle dissémination de sens que peuvent induire les ambiguïtés inhérentes à telle litote donnée, en comparant les diverses traductions auxquelles cette litote a pu donner lieu (*op. cit.*, p. 118-119). Elle demande, très logiquement, qu'en dépit des difficultés, les traducteurs s'efforcent toujours de conserver les constructions latines voulues par More, en ne les transformant pas, platement, en de simples affirmations positives qui, sous couvert de clarté, ôtent du sens (*ibid.*, p. 120)

3. *U.*, p. 409 ; GF-Flammarion, p. 112.

4. *Ibid.*

5. *U.*, GF-Flammarion, p. 112, note. Le texte publié de l'*Utopie* le fait d'ailleurs apparaître lui-même très explicitement : au Cardinal qui conseille au frère mendiant de ne pas se ridiculiser en débattant avec un « fou ridicule », ce dernier répond, comme en ultime argument : « Nous avons même une bulle du Pape qui excommunie tous ceux qui se moquent de nous » (*U.*, p. 413 ; GF-Flammarion, p. 115).

beaucoup de plaisir. Autant ils réprouvent les humiliations qu'on pourrait leur infliger, autant ils ne désapprouvent pas qu'on prenne plaisir à leur folie »[1]. Autrement dit, le rire est essentiel à Utopie en même temps qu'il est mode d'être de la folie dans l'*Utopie* : vérité de la folie, le rire est aussi, du même coup, vérité de l'utopie : destructeur, il est le vecteur d'un déplacement de perspective, d'une rupture de sens qui porte à la critique, et en même temps il exprime tout à fait immédiatement la finalité hédoniste du bonheur utopien.

Vérité de la folie, vérité de l'écriture utopique, le rire est la vérité de l'*Utopie* elle-même, sa vérité annoncée dans la *Lettre à Pierre Gilles*, ironiquement avancée sous forme de négation et de litote, sous forme oblique :

> À vrai dire, moi-même, je ne sais pas encore très bien jusqu'à présent si je vais entreprendre cette publication. Les hommes ont des goûts si divers, les humeurs de certains sont si chagrines, les esprits si malveillants, les jugements si faux, qu'il ne semblerait pas moins sage d'imiter ceux qui, tout en gardant leur bonne humeur et leur sourire, s'abandonnent à leur penchant naturel, plutôt que ceux qui se minent à vouloir publier quelque chose qui puisse être utile ou agréable à des êtres que rien ne saurait satisfaire ou à des ingrats. (...) Tel a le caractère si sombre qu'il n'admet pas les plaisanteries ; tel autre est tellement insipide qu'il ne peut supporter le moindre grain de sel[2].

Et c'est finalement à Hythlodée lui-même, « l'expert en balivernes », que More dit finalement s'en remettre quant à la décision de publier ou non l'*Utopie*[3].

Ainsi innervé, le mouvement induit par l'écriture utopique ne peut être réduit à la simple introduction de la description d'une cité parfaite supposée exister dans le Nouveau Monde. Il ne saurait donc suffire de lire en l'*Utopie* le simple exposé de deux mondes parallèles et opposés, l'Ancien et le Nouveau, le Négatif et le Positif, l'un critiqué dans le premier Livre et l'autre avancé dans le second. Particulièrement, l'*Utopie* ne peut pas ainsi être complètement comprise par la seule référence au « mode utopique », selon lequel Raymond Ruyer définit l'essence de l'utopie comme « *exercice mental sur les possibles latéraux* ». Selon cet auteur,

1. *U.*, p. 557 ; GF-Flammarion, p. 195.
2. *U.*, p. 353-354 ; GF-Flammarion, p. 77-78.
3. *U.*, p. 354-357 ; GF-Flammarion, p. 79.

le mode utopique appartient par nature à l'ordre de la théorie et de la spéculation. Mais, au lieu de chercher, comme la théorie proprement dite, la connaissance de ce qui est, il est exercice ou jeu sur les possibles latéraux à la réalité. L'intellect, dans le mode utopique, se fait « pouvoir d'exercice concret » ; il s'amuse à essayer mentalement les possibles qu'il voit déborder le réel [1].

Avec André Lalande, l'utopie peut alors être définie comme méthode hypothético-déductive, « procédé qui consiste à représenter un état de chose fictif comme réalisé de manière concrète, soit afin de juger des conséquences qu'il implique, soit, plus souvent, afin de montrer combien ces conséquences seraient avantageuses » [2]. Dans la même perspective, Jean-François Pradeau propose d'entendre par « utopie l'élaboration théorique, à des fins analytiques et épitactiques, de cités conçues et décrites à partir d'un nombre fini d'hypothèses restrictives » [3]. Pourtant, si l'écriture de l'*Utopie* permet effectivement ce moment de la description déductive hypothétique, ce n'est précisément que comme un « moment » dont le mode de venue et de présence enveloppe sa propre négation au profit d'une ouverture toujours renouvelée vers autre chose. S'il n'y a bien d'Utopie que par l'*Utopie*, l'*Utopie* ne se résout pour autant pas en Utopie.

Il est alors possible de rapporter la « voie oblique » à davantage que la prudence conseillée dans la *Lettre VII*, et rappeler l'analyse faite par Léo Strauss de « l'enseignement profond » dont parle cette *Lettre*. Si la fonction des *Dialogues* est bien, comme le pense cet auteur, « non pas de communiquer les vérités les plus importantes à "certains", mais de les leur faire pressentir, tout en ayant en même temps la fonction beaucoup plus évidente de produire un effet salutaire (un effet civilisant, humanisant et cathartique) sur tous » [4], « l'enseignement profond » platonicien est avant tout une invitation à l'effort personnel de recherche. C'est cela qui est « à lire entre les lignes » [5], dans les *Dialogues*, en une communication qui peut

1. *L'Utopie et les utopies*, p. 9. Voir p. 9-26.

2. *Le Vocabulaire technique et critique de la philosophie*, p. 1180.

3. *Le Monde de la politique*, p. 281. A. Prévost, aussi, voit d'abord dans l'*Utopie* la mise en œuvre d'un « *raisonnement hypothético-déductif* » : « dans ce processus, la majeure du syllogisme est constituée par une hypothèse qui pourrait n'avoir aucun lien avec le réel. La proposition mineure, en revanche, est empruntée à des situations concrètes et historiques » (*U.*, p. 148-149), mais c'est pour constater que cette majeure étant l'absence de monnaie, « More n'a pas supporté longtemps le carcan d'un développement déductif, fût-il fondé, au départ, sur une hypothèse peu vraisemblable » (p. 150).

4. *La Persécution et l'art d'écrire*, *op. cit.*, p. 301-302.

5. *Ibid.*, p. 57.

donc être dite « oblique ». Comme « imitation libre de *La République* », l'*Utopie* témoignerait ainsi d'une profonde fidélité platonicienne[1]. Et effectivement, si l'obliquité de l'écriture utopique interdit toute réception platement réaliste, ce n'est pas simplement au profit de vérités non immédiatement perceptibles, qui ne pourraient être atteintes qu'indirectement : plus fondamentalement, les artifices textuels mis en œuvre maintiennent l'esprit en état d'alerte, prévenant contre les dégradations toujours possibles des thèses philosophiques découvertes en assertions dogmatiques figées. La fonction essentielle de l'écriture utopique est de susciter un renouvellement continu de la recherche[2].

Utopie ne peut donc certainement pas être réduite à une simple copie de la cité de la *République*, et *a fortiori* à un simple « simulacre » ou à un « fantasme » au sens platonicien[3]. Dans la description de Raphaël, elle est une figure de la vérité, en tant que vérité recherchée et exprimée de façon oblique. Mais du coup, on ne peut pas non plus dire avec Nicole Morgan qu'il n'y a pas chez More de « thèse reconnue comme telle par son auteur au sujet du réel et de sa vérité », dans la mesure où, chez lui, « le sérieux de la thèse est sans arrêt dénié »[4] : ce qui est dénié, c'est le sérieux qu'il y a à prendre le support d'une réflexion ontologique et politique en nécessaire devenir pour un objet absolu et définitif. Ainsi, la vérité travaillée dans l'*Utopie*, sous le mode du refus de sa chosification par telle ou telle expression réaliste, est que la République est l'essence d'une société humaine, que sa fin est le bien commun et son ressort l'autogouvernement humain. On peut alors dire que, si les formes concrètes qu'il prend en Utopie sont un « mensonge », le *communisme*, compris comme mode d'être en commun le

1. *La Persécution et l'art d'écrire*, *op. cit.*, p. 287.

2. C'est dans ce cadre que Miguel Abensour souligne que le Livre I, postérieur à la rédaction du Livre II, permet par le dialogue de conseil qui le constitue de prévenir ce que « les effets de réel produits par le récit de Raphaël » à venir peuvent induire de dogmatique (« More, *L'Utopie* », *op. cit.*, p. 597).

3. Comme le fait par exemple J.-F. Mattéi pour qui l'île d'Utopia « tient moins du modèle platonicien, ce paradigme unique qui reste étranger à ses multiples copies, que de l'εἴδωλον, l'image indéfiniment redoublée de l'εἶδος, au plus bas degré de l'idée. L'*Utopie* de More ne présente donc pas le modèle d'une cité idéale inspirée de la *République* ou du *Critias*, sauf à travestir la signification philosophique des termes de modèle et d'idée, mais l'image obscure d'une cité qui relève en définitive du simulacre et du fantasme » (*Platon et le miroir du mythe. De l'âge d'or à l'Atlantide*, Paris, P.U.F., 1996, p. 272).

4. *Le Sixième Continent.* L'Utopie *de Thomas More. Nouvel Espace épistémologique*, Paris, Vrin, 1995, p. 148.

plus efficace, qui manifeste absolument l'*humanitas* et la raison, est, lui, *vrai*.

L'*humanitas* n'est certes pas platonicienne. Mais l'est complètement ce qui finalise plus largement l'écriture utopique : la recherche du bon chemin, fondé en raison, pour l'existence humaine. La vérité de la socialité humaine, dans la différence des problématiques, est l'objet commun de la recherche platonicienne et de la recherche utopique. L'humanisme de l'*Utopie*, quant à lui, s'exprime immédiatement dans le contexte de sa rédaction : écrite à l'intention d'un cercle privilégié d'amis, son style, comme le dit Nicole Morgan,

> est caractéristique de l'époque : Pétrarque, Valla, Pic de la Mirandole, Erasme, Machiavel, et plus tard Montaigne et La Boétie, entre autres, utilisaient, tour à tour ou simultanément, le dialogue à plusieurs voix, le narratif contextuel, les jeux de mots, les clins d'œil érudits, la diatribe passionnelle et l'humour, aux antipodes d'une écriture vidée de sens par dix siècles de scolastique [1].

Cette connivence humaniste, faite d'ouvertures vers la compréhension spéciale que l'on offre à l'autre, à l'ami, renvoie directement à la perspective centrale du texte : l'aspiration à une socialité fondée en vérité, par-delà les divers pièges de l'apparence, et ce sur le fondement certain de l'amitié [2]. Et cela n'est évidemment pas sans référence platonicienne. Si, dans le dialogue, l'écrit platonicien a donc pour vocation d'échapper aux limites de l'écrit, ce que l'*Utopie* entend également réaliser en faisant de l'écrit une méthode de recherche libre, c'est, dans un cas comme dans l'autre, aux fins d'une pensée vraie de l'existence humaine.

PENSER L'EXISTENCE HUMAINE DANS SA VÉRITÉ

Penser tout ce qui existe dans sa vérité

Le philosopher socratique atopique est « ailleurs » par son mouvement, un mouvement lui-même vécu comme visée d'un « ailleurs ». Cet « ailleurs » désiré, vers lequel il pense pour le penser en vérité, cet autre de

1. *Le Sixième Continent.* L'Utopie *de Thomas More*, *op. cit.*, p. 140.

2. Ainsi la litote, dont nous avons vu l'importance qu'elle revêt dans le texte utopique, en faisant vivre, par la négation niée, le désir de voir plus qu'un côté de la question, établit, comme le dit Elizabeth Mc Cutcheon, « un lien entre l'auteur et le lecteur, qui essaie de répéter, du mieux qu'il le peut, les processus mentaux et judiciaires que la figure contient, de façon si économique et souvent ambiguë » (« Denying the Contrary », *op. cit.*, p. 120).

l'immédiat sensible qu'est « ce que chaque étant est en lui-même », autrement dit le lieu intelligible, c'est en fait de tout ce qui existe en son immédiate indétermination qu'il s'agit de déterminer les formes intelligibles, par quoi il est vraiment.

Et effectivement, il n'est rien de ce qui existe qui ne puisse être pensé en vérité : Platon, dans la *Lettre VII*, faisant l'inventaire de ce dont il peut y avoir une forme intelligible, constate qu'il en va ainsi « pour la figure, aussi bien droite que circulaire, pour la couleur, pour le bien, le beau et le juste, pour tout corps, qu'il ait été fabriqué ou qu'il soit un produit de la nature, pour le feu, l'eau et tout ce qui est tel, pour tout ce qui vit sans exception et pour tout ce qui se rapporte à l'âme à titre de caractère, et pour absolument tout état d'activité et de passivité » (342d). Et c'est ainsi qu'il est question de la Forme de l'Abeille dans le *Ménon* (72b-c), de celle de la Neige et de celle du Feu dans le *Phédon* (103c-105d), ou encore des Formes de l'Eau, de l'Air, du Feu et de la Terre dans le *Timée* (51b)[1]. Le *Parménide* le dit aussi : les Formes recherchées sont bien sûr celles du Juste, du Beau, du Bien, ou de la Ressemblance, de l'Unité[2]. Mais ce sont aussi celles de l'Être humain en soi, du Feu ou de l'Eau, et même « de ces choses (...) qui peuvent sembler grotesques comme le cheveu, la boue, la crasse ou tout ce qui par ailleurs est sans aucune valeur ou sans importance »[3]. Il est vrai que, dans ce dialogue, la position de ces dernières Formes n'est pas sans poser de problème au jeune Socrate, ce qui renvoie aux difficultés à penser, par-delà *ce qui existe*, l'*existence* elle-même que ces choses évoquent particulièrement. L'essentiel ici est de retenir l'exigence d'une pensée de tout *ce qui* existe de façon sensible : ce ne peut être « en vain que nous affirmons chaque fois qu'il y a une forme intelligible de chaque chose » (*Timée*, 51c). Et c'est pourquoi le *Politique* affirme que la dialectique « ne porte pas plus d'attention à un sujet d'une noblesse supérieure qu'à un autre, (...) pas davantage elle ne fait moins de cas de ce qui est plus petit que de ce qui est plus grand, (...) et c'est toujours par elle-même qu'elle

1. *Cf.* aussi les Formes de ces choses artificielles que sont les Formes de la Table et du Lit (*République*, X, 596b) ou de la Navette (*Cratyle*, 389d). Dans le même registre, et en accord avec son analyse de l'idée du « non-être », que nous examinerons plus bas, Platon est conduit à accepter des idées négatives, comme celles de la Pluralité (*Parménide*, 130b), de la Dissemblance, du Mal, de la Laideur, de l'Injustice (*République*, V, 475e-476a, 479a-b). Ce point méritera d'être examiné de plus près dans un ouvrage ultérieur, et ce dans le cadre de la différence ontologique du statut du mal dans la cité utopique et chez Platon.

2. 130b. Cf. *Phédon*, 65d, 70d-71e, 76d, 100c-d ; *Banquet*, 210e-211d ; *Hippias Majeur*, 286d, 288d, 298d, 300a-b ; *République*, V, 479a-b.

3. 130c. Trad., introd. et notes L. Brisson, Paris, GF-Flammarion, 1994.

cherche à atteindre la vérité la plus haute» (266d)[1]. Ce qui importe seulement, c'est de comprendre en vérité, c'est-à-dire à la lumière du Bien, ce qui est, et ce aux fins de bien vivre. De ce point de vue, la mesure de la valeur est la pensée, et non les objets de la pensée. Dans le même ordre d'idée, Monique Dixsaut souligne avec force que «ce n'est pas la nature des objets qui commande le sectionnement de la Ligne dans le Livre VI de la *République*, mais bien les manières de penser»[2].

Penser le bon chemin humain

Si l'objet de la recherche philosophique est la vérité de ce qui existe, de tout ce qui existe, il est particulièrement la vérité de la vie humaine, considérée elle aussi dans son effective existence, c'est-à-dire l'intelligibilité des conditions du bien vivre d'une humanité mortelle, vivant sur terre et non en un autre monde[3]. C'est d'abord en ce sens que l'utopie peut se réclamer de Platon à bon droit, dans son projet de rendre heureuse la vie des hommes sur terre par l'intelligibilité des conditions terrestres effectives de cette vie.

Il est donc ici question, comme le dit le *Parménide* dans sa première partie, d'une « science de chez nous » : à quoi bon en effet une « Science en soi » qui, connaissant la «Vérité en soi», saurait ce qu'est «le Maître en soi», mais qui, totalement abstraite, dans l'hypothèse d'une complète séparation entre les Formes et les existants sensibles, serait sans aucun effet sur les maîtres d'ici, faits de chair et d'os? [4] Cette science ne serait pas humaine : « Si donc tu supposes qu'un autre être a part à la Science en soi,

1. Prés., trad. et notes L. Brisson et J.-F. Pradeau, Paris, GF-Flammarion, 2003.

2. *Le Naturel philosophe*, *op. cit.*, p. 312. Cf. *République, Livres VI et VII de Platon*, p. 86 *sq.*

3. Selon ses exigences propres, que nous essayons ici de cerner, et avec toutes les différences que cela enveloppe et qui ne sont pas minces, Platon est bien un philosophe de l'Antiquité en ce que son objet est le vivre humain, la justification de son aspiration noètique le bien-vivre. Voir J. Domanski, *La Philosophie, théorie ou manière de vivre ? Les controverses de l'Antiquité à la Renaissance*, Préf. de P. Hadot, Cerf et Éditions universitaires de Fribourg, 1996. Voir aussi P. Hadot, *Qu'est-ce que la philosophie antique ?*, Paris, Gallimard, 1995.

4. « Suppose par exemple, répondit Parménide, que l'un d'entre nous soit le maître ou l'esclave de quelqu'un. Il n'est assurément ni l'esclave de ce maître-là, le Maître en soi, "ce qu'est le maître", ni, à supposer qu'il soit le maître de cet esclave-ci, le Maître de l'esclave en soi, "ce qu'est l'Esclave". Mais, puisqu'il est un homme, c'est d'un autre homme qu'il est le maître ou l'esclave. La Maîtrise en soi, c'est par rapport à l'Esclavage en soi qu'elle est ce qu'elle est, et de même c'est par rapport à la Maîtrise en soi que l'Esclavage en soi est esclavage » (133d-e).

ne serais-tu pas prêt à admettre ceci : seule une divinité peut posséder la science qui présente le plus d'exactitude ? » (134c). En ce qui concerne les hommes, ce qui est en jeu, c'est que « l'aspiration au savoir », et avec elle la « possibilité de pratiquer la dialectique » (135c) ait pour sens une vie « de chez nous » qui soit une vie en vérité. Comme le dit le *Philèbe*, « c'est en effet indispensable, si du moins chacun de nous veut retrouver à toute occasion le chemin de chez lui » (62b)[1].

Or, pour Platon, ce « chemin » est fondamentalement politique[2] : « Le genre humain ne mettra pas fin à ses maux avant que la race de ceux qui, dans la rectitude et la vérité, s'adonnent à la philosophie n'ait accédé à l'autorité politique ou que ceux qui sont au pouvoir dans les cités ne s'adonnent véritablement à la philosophie » (*Lettre VII*, 326a-b). Il est déjà socratique, à en croire du moins le *Gorgias* où Socrate, qui y souligne plusieurs fois sa faible participation politique directe (473e-474a) pour les dangers qu'elle représente (486c-d)[3], dit pourtant être le seul à Athènes à se consacrer réellement aux affaires de la cité : « Je pense que je suis l'un des rares Athéniens, pour ne pas dire le seul, qui s'intéresse vraiment à ce qu'est l'art politique et que, de mes contemporains, je suis seul à faire de la politique » (521d). Et il est en tout cas pleinement platonicien, dans les tentatives siciliennes que rapporte la *Lettre VII*, et dans la thèse principielle de la *République*, selon laquelle l'intellection du Bien doit avoir pour sens un nécessaire engagement politique dans la cité des hommes, ce que figure le retour dans la caverne du prisonnier libéré et éclairé : savoir ce qui est vraiment bien, c'est savoir particulièrement qu'il est bien de diriger une cité, à la condition, précisément, d'un savoir fondé du bien en général, par connaissance de l'Idée de Bien. Cela ne va certes pas de soi. Et pour qui a le bonheur de la contemplation du vrai, il n'est pas facile de comprendre que ce bonheur suppose de manière ultime l'existence de ce qui est bien (519b-521b). Cela aussi est une vérité pourtant, puisqu'il est bien que les hommes soient gouvernés comme il convient. Et c'est pourquoi les véritables philosophes, qui sont justes, ne pourront que l'accepter. Comme le dit Henri Joly : « Ainsi les problèmes relatifs "à la façon dont il faut vivre" et à

1. En effet, « celui-ci aura-t-il assez de science s'il peut rendre compte du cercle ou de la sphère divine en elle-même sans savoir ce qu'est la sphère des hommes, ce que sont nos cercles à nous ? Et dans la construction d'une maison, pourra-t-il ne se servir également que des autres règles ou des autres cercles ? » (62a-b).

2. Il faut souligner que les trois traités directement politiques de Platon : la *République*, le *Politique* et les *Lois*, représentent matériellement la moitié de son œuvre écrite.

3. Voir aussi *Apologie de Socrate*, 31c.

“la façon dont il faut gouverner la cité” sont inséparables et réclament une même “science de la justice” et un même art politique »[1].

Telle est la perspective qui conduit à l'approfondissement de la définition donnée par l'*Euthydème* du savoir politique dans les *Dialogues* ultérieurs : « La science qui est utile et rend heureux » les hommes en les rendant « savants et bons »[2], et ce par une recherche portant sur le contenu de ce savoir et sur les modalités de son acquisition. La pensée de ce qui est vraiment peut-elle alors être qualifiée d'utopique ?

1. *Le Renversement platonicien*, *op. cit.*, p. 304-305.

2. 292c-d. La question de la compétence politique, posée dès l'*Euthydème*, le *Ménon* et le *Gorgias*, l'est en des termes conformes à l'analyse socratique de la vertu pour laquelle toute forme d'excellence, de vertu, doit être fondée sur un savoir. Ainsi pour le courage dans le *Lachès* (164d *sq.*). Voir J.-F. Pradeau, « Platon, l'institution de la science politique », dans P.-M. Morel, *Platon et l'objet de la science*, *op. cit.*, p. 53-68.

CHAPITRE II

L'UTOPIE DE CE QUI EST VRAIMENT ?

L'atopie socratique, *a fortiori* dans sa version platonicienne, ne peut donc signifier errements. Comme exigence de saisie par la pensée de ce qui est vraiment, elle est recherche de limites, de déterminations. Peut-on voir alors dans l'insularité utopique comme une image sensible de l'objet de cette recherche, sa clôture, figure emblématique de sa propre perfection, pouvant évoquer la limite essentielle de la Forme à quoi tend la philosophie de Platon? Et ainsi, si l'île d'Utopie devait être considérée comme un « idéal », le devrait-elle particulièrement à ce qui est exigé de l'« Idée » platonicienne?

On ne peut pourtant en rester là. Davantage que simple image sensible, la représentation utopique a vocation à faire apparaître, directement, l'essence intelligible dans l'existence sensible elle-même, là où l'utopisme platonicien de la recherche de ce qui est vraiment signifie le non-utopisme radical de la séparation de l'essence intelligible et de l'existence sensible. La distinction ontologique est donc fondamentale. Pour aller au principal, ce qui fonde la recherche des *Dialogues* n'est pas utopique en ce que pour Platon, ce qui est vraiment ne pouvant devenir, son intellection a nécessairement pour prix le départ du sensible. Il n'est ainsi pas utopique que *l'existence* des choses, sensibles dans leur devenir, soit posée comme l'autre de *l'essence*, intelligible dans sa permanence.

Cela étant, si l'existence en tant que telle n'est pas de l'ordre de l'intelligible chez Platon, il se trouve qu'elle peut pourtant, de fait, y être indirectement pensée par les Formes de l'Illimité, du Non-être ou de l'Autre, ce qui impose alors particulièrement d'essayer de préciser et d'articuler dans la perspective d'éventuels enjeux utopiques les sens d'οὐσία, d'εἶδος et d'ἰδέα (essence, forme intelligible ou Idée).

L'EXIGENCE PLATONICIENNE DE L'ÊTRE N'EST PAS UTOPIQUE

Être, essence, existence et devenir

De l'existence qui devient à l'essence qui demeure

L'exigence platonicienne de l'être étant celle de la connaissance de ce qui est vraiment, il est donc impossible

> qu'il existe une connaissance, si toutes choses se transforment et qu'aucune ne demeure ! (...) Mais, si c'est perpétuellement qu'existe le connaissant, qu'existe d'autre part le connu, qu'existe le Beau, qu'existe le Bon, qu'existe individuellement chacune des réalités, je ne vois pas que ce dont présentement nous parlons ressemble en rien, ni à un écoulement, ni à une translation ! (*Cratyle*, 440a-b).

Ce qui est en proie à un écoulement perpétuel, s'évadant à chaque instant de ce qu'il est, cessant de l'être au moment même où il l'est, *existe* certes bien, mais ne peut pas être dit *être vraiment*, n'être que ce qu'il est, en sorte « qu'il existe un Beau, un Bon en soi, et de même pour chacune des réalités individuellement » (*Cratyle*, 439c).

> Cette *essence* (αὐτὴ ἡ οὐσία [1], – c'est de sa manière d'être dont nous rendons un juste compte (ἧς λόγον δίδομεν εἶναι) et lorsque nous questionnons et lorsque nous répondons –, est-ce qu'elle se comporte toujours semblablement en restant même qu'elle-même, ou est-ce qu'elle est tantôt ainsi et tantôt autrement ? L'égal en soi (αὐτὸ τὸ ἴσον), le beau en soi (αὐτὸ τὸ καλόν), le « ce qu'est » chaque chose en soi-même (αὐτὸ ἕκαστον ὅ ἔστι), le véritable étant (τὸ ὄν)[2], est-ce que jamais cela peut accueillir en soi un changement, quel que soit d'ailleurs ce changement ? Ou bien comme ce qu'est chacun de ces êtres comporte en soi et par soi une unique forme (μονοειδές), est-ce que cela ne reste pas toujours semblablement même que soi, sans accueillir à aucun moment, sur aucun point, en aucune façon, aucune altération ? – Qu'ils restent semblables et

1. Nous soulignons. L. Robin traduit : « cette réalité en soi » (Pléiade). Nous reviendrons plus bas sur la traduction d'*ousia* par « essence ».

2. L. Robin traduit « « la réalité en soi de chaque chose, son être » (*ibid.*).

mêmes qu'eux-mêmes, c'est une nécessité, Socrate, répondit Cébès (*Phédon*, 78d)[1].

Ces « réalités en soi », ces « essences », demeurant identiques à elles-mêmes, gardant toujours les mêmes rapports, doivent ainsi être soigneusement distinguées des choses multiples qui portent leurs noms, les belles choses, les choses égales, hommes, chevaux, vêtements, etc., mais qui ne gardent pas, elles, les mêmes rapports ni avec elles-mêmes, ni avec les autres choses, en lesquelles coexistent donc des propriétés opposées[2]. Telle est l'exigence de non-contradiction du λόγος, par quoi seulement peuvent être comprises les réalités sensibles. Ce qui *est vraiment* est de l'ordre de l'Un, et c'est par lui que l'on peut comprendre qu'une multiplicité de choses présente des caractères identiques :

> Il y a plusieurs choses belles, dis-je, et plusieurs choses bonnes, et nous affirmons que chacune existe ainsi, et nous les distinguons par le langage. (...) Nous affirmons aussi l'existence du beau en soi et du bien en soi, et de même pour toutes ces choses que nous avons d'abord posées comme multiples, nous les posons maintenant, renversant notre approche, selon la forme unique de chacune, comme une essence unique, et nous appelons chacune « ce qui est » (ὅ ἔστιν)[3].

Tout ce qui *existe* n'*est* donc pas *vraiment*. Les choses sensibles *existent*, et possèdent par là une certaine sorte d'*être* (ὄν), mais pas à la manière d'être de l'*essence* (οὐσία). C'est ainsi que Socrate pose dans

1. *Phédon*, 78d ; 65d-e. « Dans la langue courante, *ousia* signifie "ce qui appartient en propre" à quelqu'un (sa "propriété" au sens le plus concret du mot, son "avoir"). Ce sens persiste dans l'usage philosophique, à ceci près que ce qui appartient en propre à une chose, c'est son être – sa manière d'être propre, qui la distingue de toutes les autres –, et sa consistance : le fait d'être toujours même qu'elle-même » (M. Dixsaut, *Phédon*, n. 80, p. 331). Ainsi, dans son sens platonicien, « l'essence, *ousia*, est l'un de ces noms bien institués, puisque l'être (*tò òn*) y transparaît » (*ibid.*, n. 229, p. 363). C'est ainsi que, comme le dit M. Dixsaut, l'*ousia* est « la manière d'être propre aux êtres dont Platon affirme "qu'ils existent au plus haut degré possible" ([*Phédon*,] 77a) », sous les deux conditions suivantes : premièrement, l'*ousia* n'est pas un genre, mais tout au contraire ce qui constitue la singularité de chaque être ; deuxièmement, on ne peut pas séparer l'*ousia* de la démarche qui la vise. « L'*ousia* est ce qu'exige toute question allant à la rencontre de ce qui est », et ainsi la relation de l'âme à l'*ousia* est « une relation d'agir et de pâtir réciproque » (« *Ousia*, *eidos* et *idea* dans le *Phédon* », *Revue philosophique*, 1991, n° 4, version remaniée dans *Platon et la question de la pensée. Études platoniciennes* I, p. 78-80).

2. Voir particulièrement *Phédon*, 78d-e 102b-103a ; *Parménide*, 128e-130a ; *République*, VII, 522e-525c.

3. *République*, VI, 507b.

le *Phédon*, 79a « deux espèces parmi les choses qui sont (δύο εἴδη τῶν ὄντων) l'une qu'on peut voir alors que l'autre est invisible ». Les premières ne *sont* en fait que par *l'être* qui est en elles et qui, séparé, *est* seul *vraiment*. Les choses existantes, et qui deviennent par là, ne *sont* donc, *vraiment*, que plus ou moins[1].

La traduction d'οὐσία par « essence », que nous adoptons, ne va certes pas, en conséquence, tout à fait de soi, puisque « essence », depuis le Moyen Âge, ne renvoie pas communément à la plénitude de l'être par sa vérité, mais à *ce qu'est* une chose, par distinction au moins de raison avec son *être* réel, posé quant à lui dans le fait de son « existence » éventuelle, *l'essence* désignant ainsi *ce en quoi* cette chose n'est pas autre chose[2]. Quant au terme d'« existence », si *existere* dans son sens classique signifie proprement « sortir de », d'où au figuré « paraître », « se manifester », Étienne Gilson remarque que « le passage au sens français d'"exister" est chose faite, semble-t-il, dès la traduction du *Timée* par Calcidius (IIIe-IVe siècles). Ainsi τῷ δὲ ὄντω ὄντι (*Timée*, 52c) s'y trouve rendu par *At enim vere existentium rerum*..., où *existentium* signifie, sinon "qui existent", du moins "qui sont" »[3]. Le terme français « existence » fait certes encore figure de néologisme au XVIIe siècle pour désigner l'*existentia*

1. Socrate conseille ainsi à Cébès de dire qu'il ne connaît « aucune autre façon pour chaque chose de devenir que celle qui consiste à se mettre à participer à la manière d'être propre (οὐσίας) de chaque réalité à laquelle elle se met à participer » (101c).

2. É. Gilson indique ainsi que, si Sénèque prend *essentia* comme équivalent possible d'*ousia*, en son sens plein d'« être », « au IIIe siècle, Arnobe (260-327) use au contraire d'*essentia* pour désigner, non le fait d'être, mais la nature de ce qui est » (*L'Être et l'essence* [1948], Paris, Vrin, 1987, p. 341. A. de Libéra et C. Michon soulignent que, dans les traductions d'Aristote et des auteurs arabes, « de fait, *essentia* traduit mieux la notion de substance seconde, prédicable de plusieurs individus, que la substance première, individu concret, rendu par *substantia*. Pour Thomas d'Aquin, l'essence est non seulement ce que définit la définition, mais un composant ontologique de la substance concrète, actualisé par l'être qu'elle limite, et à l'égard duquel elle est donc puissance » (dans Thomas d'Aquin, Diétrich de Freiberg, *L'Être et l'Essence*, trad. et commentaires A. de Libéra et C. Michon de deux traités *De ente et essentia*, augmenté d'un « vocabulaire médiéval de l'ontologie », Paris, Seuil, 1997, p. 248). Du *De ente et essentia* de Thomas d'Aquin, il faut aussi citer l'édition de C. Capelle, texte, trad.et notes, Paris, Vrin, 1991.

3. *Ibid.* Voir l'ensemble de l'ouvrage sur les articulations que s'efforce de déterminer la philosophie dans son histoire entre ces deux moments de l'être que sont l'essence et l'existence, et en particulier l'introduction qui expose « le vocabulaire de l'être », et les Appendices. A. de Libera insiste sur l'importance philosophique décisive de Fârâbî (870-950) en la matière. Selon lui, on lui doit « une formulation de la distinction de l'essence et de l'existence qui, à travers Avicenne, influencera tout le Moyen Âge – y compris Thomas d'Aquin » (*La Philosophie médiévale*, Paris, P.U.F., 1993, p. 108).

latin[1], mais Étienne Gilson souligne que le terme est pourtant tout à fait acquis dès 1637, comme en témoigne le *Discours de la méthode*[2].

Il en découle donc pour Platon, particulièrement, l'impossibilité que puissent jamais être totalement satisfaites les conditions pour que telle cité effectivement existante puisse être jamais, absolument et complètement, une vraie cité, que l'on puisse donc penser comme une « *vraie* cité *existante* ». *L'existence* étant le lieu de la corruption, du flux incessant et irrationnel des choses, de l'indéterminé, du devenir (γένεσις), *l'être* ne peut y être tout à fait en tant qu'être, ni ne peut pleinement exister la vraie cité, ou plutôt l'existence d'une cité être pleinement vraie. C'est ainsi que, « par nature (...) l'action concrète (πρᾶξιν) atteint moins la vérité que l'expression orale (λέξεως), même si ce n'est pas l'avis de tel ou tel »[3]. Et d'ailleurs, à supposer l'existence effective de la vraie cité, de la cité parfaite, elle tendra nécessairement à disparaître, comme le montrent avec force les livres VIII et IX de la *République*.

Le progrès inhérent à l'essence utopique

L'ontologie utopique est autre. Par l'identification de son essence à son existence, la temporalité d'Utopie, la cité parfaite de Thomas More, se trouve en effet directement inscrite dans la permanence de son être. D'une

1. *Cf.* la seconde édition de l'ouvrage classique de Scipion du Pleix, *La Métaphysique ou science surnaturelle* [1609], Paris, Gueffier, 1617 : « Il est donc certain qu'il y a notable différence entre l'existence et l'essence des choses. Mais pour le mieux entendre il faut observer qu'en notre langue française nous n'avons point de terme qui réponde énergiquement au latin *existentia*, qui signifie la nue entité, le simple et nu être des choses sans considérer aucun ordre ou rang qu'elles tiennent entre les autres » (Liv. II, chap. III, 8, p. 124).

2. « ... Je pris garde aussi qu'il n'y avait rien du tout en elles [ces démonstrations] qui m'assurât de l'existence de leur objet » (Texte et commentaire par É. Gilson, Paris, Vrin, 1987, p. 36). Cf. *L'Être et l'essence*, *op. cit.*, p. 348. On sait que c'est ainsi que Descartes, dans la Ve *Méditation*, part de ce qu'il est évident que l'existence d'une chose, d'un triangle par exemple, n'est en rien posée par son essence seule, pour souligner le caractère tout à fait exceptionnel de l'essence de l'être parfait, qui seul existe nécessairement par sa seule essence, s'il est vrai que l'existence doit alors être pensée comme une perfection qu'impose son essence même

3. *République*, 473a. A. Laks souligne en ce sens que, « loin que l'impossibilité de transposer telle quelle la cité paradigmatique dans la réalité empirique soit une objection contre sa possibilité, la cité paradigmatique n'est possible que parce qu'elle ne saurait s'inscrire identiquement dans le devenir : c'est qu'elle est de l'ordre de la *lexis* et du *logos*, non de la *praxis* et de l'*ergon* » (« Raison et plaisir : pour une caractérisation des *Lois* de Platon », dans J.-F. Mattéi (dir.), *La Naissance de la raison en Grèce ancienne*, Actes du Congrès de Nice [1987], Paris, P.U.F., 1990, p. 293).

part, Raphaël le dit pour conclure l'*Utopie*, « cette forme de communauté politique » est assurée par ses principes « et, autant qu'il est permis de le prévoir humainement, [d']une éternelle durée »[1]. Mais d'autre part, si le temps qui change perpétuellement tout ne change pas fondamentalement Utopie, il n'y est pas non plus arrêté : il rythme sa vie, dans un développement intégré qui conserve son identité, et qui s'oppose radicalement par là aux mouvements désordonnés et perpétuellement déstabilisateurs caractérisant les existences des autres sociétés.

Et même, ses annales en témoignent, il y a du progrès en Utopie. Trois épisodes en structurent particulièrement l'histoire : sa constitution, 1 760 ans avant le récit de Raphaël[2]; l'arrivée de Romains et d'Égyptiens, avec leur culture, au IVe siècle apr. J.-C.[3]; la découverte de son existence par Raphaël et ses compagnons au XVIe siècle. Du deuxième, « il faut noter quels avantages les Utopiens retirèrent, à force de travail (...). Il n'est aucun art pratiqué alors dans l'empire romain, et dont ils pouvaient tirer quelque avantage, qu'ils n'aient appris grâce aux explications de leurs visiteurs, ou qu'ils n'aient réinventé après en avoir reçu les premiers éléments »[4]. La perfection d'Utopie fonde la perfectibilité des Utopiens, et marque par là une distinction fondamentale avec le mode de devenir de l'Ancien Monde. Raphaël remarque ainsi que « si, dans le passé, quelque heureux hasard de cette sorte a poussé quelqu'un de là-bas jusqu'ici, nous avons totalement oublié l'événement tout autant que nos descendants oublieront, sans doute, qu'un jour je suis allé là-bas ! »[5]. Au troisième, les Utopiens doivent deux arts : l'imprimerie et la fabrication du papier, quoique, « à vrai dire, ils ne le doivent pas à [Raphaël et ses amis] seuls, car, pour une bonne part, le mérite leur en revient aussi »[6] : sur la seule base des sommaires indications de marins non-spécialistes en ces matières, et « à force de répéter l'expérience, ils arrivèrent vite à de bons résultats dans les deux arts ». Il en fut de même pour l'étude des écrits et de la pensée des Grecs que les Utopiens, très rapidement, approfondirent avec succès[7]. On peut remarquer que ce n'est naturellement pas par hasard que la découverte

1. *U.*, p. 629 ; GF-Flammarion, p. 233.
2. *U.*, p. 450, 462 ; GF-Flammarion, p. 138, 144.
3. *U.*, p. 445 ; GF-Flammarion, p. 132.
4. *Ibid.*
5. *Ibid.*
6. *U.*, p. 545 ; GF-Flammarion, p. 188.
7. *U.*, p. 538-541 ; GF-Flammarion, p. 186-188.

de l'imprimerie et du papier soit ainsi couplée avec une initiation aux lettres grecques qui fait signe vers l'origine de la civilisation : la voie privilégiée de l'historiographie est le texte, par lequel est en retour possible les accumulations constitutives d'un progrès historique.

Les institutions utopiques sont la clef de cette perfectibilité, qui fait que si tout peut s'améliorer sans cesse, c'est parce que rien ne change de substantiel. Le temps rencontre ici l'espace : Raphaël rapporte qu'Utopus, le fondateur, n'a fait que tracer le plan d'Amaurote, la ville-modèle, afin de laisser à ses successeurs « le soin de l'orner et de l'embellir »[1]. Et aussi, le temps améliore directement le temps lui-même, puisque les progrès techniques que l'organisation politique permet ont pour effet ce progrès social qu'est la diminution généralisée du temps de travail[2]. Finalement, tout évolue en Utopie, tout progresse, y compris les religions[3].

Le devenir, chaotique et incohérent dans l'Ancien Monde, est donc parfaitement déterminé en Utopie. Et il l'est de manière non-platonicienne car immédiatement essentielle, non par imposition d'une forme mais par son simple déploiement, mode d'être de ce dont le principe est précisément le progrès. Utopie, par essence, comme cité achevée, parfaite, totalement finie en ce sens, est en progrès continuel, car tel est le contenu de sa perfection. Le progrès est sa loi historique, là où le statut non eidétique du devenir chez Platon fait que le passé jouit en revanche d'un privilège ontologique indéniable : l'Athènes ancienne du *Timée* et du *Critias* est ainsi supposée avoir existé il y a 9 000 ans et, dans une autre perspective, Platon demande que l'on écoute toujours avec respect la parole des anciens[4].

C'est donc une lecture très abusivement platonicienne qui fait comprendre à de nombreux commentateurs, y compris parmi les plus

1. *U.*, p. 462 ; GF-Flammarion, p. 144.

2. *U.*, p. 478 ; GF-Flammarion, p. 154.

3. Si les religions sont diverses en Utopie, puisque la tolérance y règne, « un peu à la fois, tous abandonnent cette variété de croyances superstitieuses et se réunissent dans une seule religion, celle-là même qui paraît mieux fondée en raison que les autres » (*U.*, p.590 ; GF-Flammarion, p. 214).

4. *Cf.* par exemple *Phèdre*, 274c ; *Philèbe*, 16c. Le critère du progrès permet d'ailleurs, plus largement, d'évaluer le statut de telle ou telle production littéraire pouvant se réclamer du genre : ainsi, « l'utopie médiévale » de William Morris (1834-1896), *Nouvelles de Nulle-Part* [1890], Paris, Éditions Sociales, 1961 / Aubier-Montaigne, 1976 ne peut être pleinement dite « utopique ». Voir sur ce roman P. Meier, *La Pensée utopique de William Morris*, Paris, Éditions sociales, 1972.

attentifs, que l'utopie ne peut, par principe, admettre aucun progrès. Nous pensons ainsi à Pierre Mesnard qui considère « qu'Utopie suit un régime résolument conservateur. L'idée de progrès y est à peu près inconnue : le seul progrès consisterait à généraliser la méthode et à l'étendre à tous les étrangers »[1], ou à Raymond Trousson qui généralise : « l'utopie est dans un présent définitif qui ignore le passé et même l'avenir, puisque, étant parfaite, elle ne changera plus. Édifiée au nom du progrès absolu, l'utopie réalisée renie toute possibilité de progrès ultérieur : elle est résolument fixiste, définitive, à l'abri du temps »[2]. Et on ne peut pas conclure non plus, avec par exemple Raymond Ruyer, du géométrisme bien réel d'Utopie à son immobilité, à son anti-historicité. Il y a certes « perfection stable » en Utopie, mais elle ne signifie pas que « l'arrêt (...) [soit] inhérent à l'essence même de l'Utopie »[3]. Sa permanence substantielle n'a pas le sens d'une répétition monotone, dans une homogénéisation du temps qui en nierait la progression. On sait combien les contre-utopies exploiteront cette grille de lecture. En contrepoint, il faut cependant souligner qu'André Prévost met fortement en avant, et donc avec pleine raison, la « soif de progrès » des Utopiens[4].

L'ontologie platonicienne, dans son principe même, n'est pas utopique. Or, cette essence utopique, qui n'est que dans son existence, ne l'est d'abord qu'en tant qu'elle se donne à voir, à la fois aux yeux et à l'intelligence, en l'occurrence dans un premier temps, directement, à ceux du marin-philosophe Raphaël Hythlodée, puis du personnage-More par la médiation d'une représentation produite par les descriptions de ce dernier, et qui se trouve donnée à son tour à voir à chacun par le romancier-More, comme objet de lecture ouvrant encore aux images et aux concepts. Et cela constitue à nouveau un non-platonisme radical.

Sensible et intelligible

Une distinction non-utopique

L'exigence de ce qui est vraiment impose donc à Platon de le distinguer de ce qui devient : la possibilité de la vérité implique en effet que « les

1. *L'Essor de la philosophie politique au XVI*e *siècle*, Paris, Vrin, 1969, p. 175.
2. *Voyages aux pays de nulle part*, p. 21.
3. *L'Utopie et les utopies*, p. 70-75. *Cf.*, dans cette même perspective, l'article de J. Gabel, « Utopie et schizophrénie », *Encyclopaedia Universalis*, Paris, 1973, vol. 16.
4. *U.*, p. 113-116.

objets possèdent une certaine constance de leur réalité; qu'ils ne sont pas, par rapport à nous et par notre moyen, tirés en haut, en bas, avec l'image que nous nous en faisons; mais que, au contraire, par eux-mêmes et par rapport à eux-mêmes, ils possèdent l'exacte réalité originelle de leur nature »[1].

«*Avec l'image que nous nous en faisons*» : la distinction platonicienne fondamentale entre l'être et le devenir enveloppe immédiatement celle entre l'intelligible et le sensible, fondamentale du point de vue utopique. Et tel est l'enjeu ontologique de la critique des sophistes. On ne peut ainsi dire, avec Protagoras par exemple, que « la connaissance n'est pas autre chose que la sensation »[2] : la sensation, par nature individuelle, par laquelle les choses apparaissent à qui les perçoit[3], est toujours relative et mobile. Y voir le lieu de la connaissance signifie, selon la formule bien connue, que, « telles "m'apparaissent" à moi les choses en chaque cas, telles elles "existent" pour moi; telles elles "t'apparaissent à toi", telles pour toi elles "existent" » (*Théétète*, 152a) : le vent *est* froid pour celui qui frissonne et *ne l'est pas* pour celui qui ne frissonne pas. A ce compte, tout devient, seulement, et rien ne peut être, à proprement parler. Selon chacun et ses états divers, les sensations différant, ni les choses ne peuvent jamais être les mêmes, ni leur connaissance se prétendre véritable[4]. Le sensualisme est ainsi l'expression directe d'un mobilisme universel, qui veut que *tout* soit en perpétuel mouvement, devenir.

> Il n'y a rien qui soit individuellement lui-même et en lui-même; rien non plus que tu puisses désigner à bon droit, pas davantage qualifier d'aucune façon que ce soit; (...) au contraire, si tu attribues la qualité de grand à un objet, c'est, aussi bien, petit qu'il apparaîtra, et léger si tu le qualifies de lourd; et ainsi de tout sans exception, attendu qu'il n'y a pas d'existence individuelle, pas d'existence, ni d'un être, ni d'une qualification quelconque de cet être; mais c'est de la translation, du mouvement, du mélange réciproque, que résulte tout ce dont nous disons qu'il « est » : ce

1. *Cratyle*, 386e.
2. *Théétète*, 151e. Pléiade.
3. *Théétète*, 166c-167d ; 151d-154a.
4. « Soutiendrais-tu sans en démordre que telle t'apparaît à toi chaque couleur, telle aussi elle apparaît à un chien ou à n'importe quel animal ? (...) Mais quoi ? Est-ce qu'une couleur quelconque apparaîtra à un autre homme semblable à ce qu'elle t'apparaît à toi ? (...) Ou, bien plutôt, ne dirais-tu point qu'elle n'est pas davantage identique pour toi, du fait que toi-même tu n'es jamais disposé semblablement à l'égard de toi-même ? (*Théétète*, 154a).

> qui est une désignation incorrecte, car rien n'« est » jamais, mais tout « devient » toujours (*Théétète*, 152d-e).

Tout varie, toujours, et la sensation est le point de rencontre de la mobilité de la chose perçue et de celle du sujet percevant (*Théétète*, 153e-154a), avec pour horizon la pure et simple confusion du réel et de sa manifestation[1]. Les complexités et contradictions du *logos* signifient alors, directement, l'ambivalence de la réalité en elle-même. Dans cette perspective, le sujet percevant, avec ses intérêts et ses modalités propres de vie, est la seule « mesure » (μέτρον) possible[2], et la science en vient à être comprise comme l'art de produire les représentations jugées utiles. C'est en ce sens que Protagoras faisait du « discours fort », c'est-à-dire partagé, par lequel le concept d'homme atteint son moment universel, la voie par laquelle l'apparaître des choses, c'est-à-dire donc leur être, atteint sa valeur, selon son degré d'utilité reconnue :

> L'existence d'un savoir et d'un savant, tant s'en faut que je la nie; mais seulement celui que j'appelle un savant, c'est l'homme éventuellement capable d'opérer pour tel ou tel d'entre nous tel changement, qui lui fasse apparaître et être bonnes les choses qui actuellement lui apparaissent et lui sont mauvaises (*Théétète*, 166d)[3].

1. Gorgias disait que « l'être était invisible s'il n'était repris dans le paraître, et le paraître inconsistant s'il ne saisissait pas l'être » (Proclus, *Commentaire sur les Travaux et les Jours d'Hésiode*, v. 758, dans J.-P. Dumont (éd.), *Les Présocratiques*, Paris, Gallimard, 1988, Fr. B XXVI, p. 1049).

2. On connaît les propos prêtés à Protagoras : « Il fut le premier à dire que sur toute chose il y a deux arguments, qui s'opposent entre eux ; et il proposait ces arguments opposés, chose qu'il fut le premier à faire. En outre, il commença un livre de la façon suivante : "de toutes choses, la mesure est l'homme : de celles qui sont, qu'elles sont ; de celles qui ne sont pas, qu'elles ne sont pas" » (Diogène Laërce, *Vies et doctrines des philosophes illustres*, *op. cit.*, IX, p. 1088-1089).

3. Protagoras est supposé par Platon répondre ainsi aux objections précédentes de Socrate : si « l'homme est la mesure de toutes choses », pourquoi ne pas dire aussi que, « la mesure de toutes choses, c'est le pourceau » (*Théétète*, 161c) ? Et s'il est vrai que chacun est tout autant habilité que tout autre à être juge de ce qui est vrai et de ce qui est, d'où vient qu'il faille écouter, en payant fort cher, les leçons de Protagoras (161de) ? Et encore, à quoi peuvent bien servir maïeutique et dialectique, toute recherche par examen critique et mutuel examen d'une vérité que chacun est censé toujours déjà posséder (161e-162a) ? Il semble bien que, aussitôt formulé, ce relativisme doive se réfuter lui-même : si chacun, comme le prétend Protagoras, est juge de la vérité, alors, puisque tout le monde dit qu'il faut distinguer entre savants et non-savants, c'est que cela doit être vrai (170a-d). Protagoras doit considérer comme vraie la thèse de ceux qui le combattent, et qui considèrent que sa thèse est fausse (170d-171c). Cela étant, n'est-il pas possible de comprendre la formule de « l'homme-mesure

Ainsi est l'art du médecin, qui fait passer le malade d'un état à un autre, meilleur, ou celui de l'orateur dans la cité[1], ou encore celui du sophiste dans l'éducation. Il ne s'agit donc pas de transformer un jugement « faux » en jugement « vrai », puisque l'impression que chacun a est toujours vraie. Il s'agit de faire passer l'âme d'une certaine manière d'être à une autre qui vaut mieux (*Théétète*, 167).

Mais l'exigence platonicienne se constitue en ce point précis : la science ne peut pas être autre chose que le savoir de ce qui, *réellement*, *vaut le mieux*, en une conception générale de l'être qui veut que les façons d'agir et de pâtir des choses ne dépendent que de leurs natures, et non de l'opinion qu'on en a (*Cratyle*, 386e-387b).

> Est-ce en vain que nous affirmons chaque fois qu'il y a une forme intelligible de chaque chose ? Ne serait-ce là que des mots ? (...) Or, si l'intellect et l'opinion vraie sont deux genres, alors elles ont une existence absolument indépendante, ces Formes que nous pouvons percevoir non par nos sens, mais par notre intellect seul (*Timée*, 51c-d).

Telle est aussi la thèse utopique, qu'il convient de distinguer *ce qui est vraiment*, mais à cette différence près qui change tout qu'elle a, elle, pour ambition de le donner à voir, directement et immédiatement en une *existence empirique*. Pour Platon, parmi les réalités que l'on peut connaître, « les unes, tu peux les percevoir à la fois par le toucher, la vue et tous les autres sens ; mais les autres, celles qui restent mêmes qu'elles-

de toutes choses » autrement que selon la lecture platonicienne, qui ne lui voit pas d'autre sens qu'évidemment relativiste ? Hegel lui accorde ainsi une dimension universaliste qui en fait comme un premier moment vers une subjectivité transcendantale. Selon lui, Protagoras opère « cette conversion très remarquable que tout contenu, tout élément objectif n'est que relativement à la conscience, le penser étant énoncé alors comme moment essentiel pour tout vrai ; par là l'absolu prend la forme de la subjectivité pensante ». Aucun anachronisme cependant : « Chez [les sophistes], l'intérêt du sujet dans sa particularité n'est pas encore distingué de l'intérêt du sujet dans sa rationalité substantielle » (*Leçons sur l'histoire de la philosophie*, t. II, p. 262). M. Untersteiner considère, lui, que c'est tout à fait sciemment que le sophiste ne distingue pas les deux moments du concept : l'homme individuel et l'homme universel sont « deux moments d'un processus dialectique », où l'extension d' « homme » varie en proportion des accords d'opinions, avec pour horizon le « discours fort », où l'opinion singulière se fortifie de celle des autres qui y adhèrent (*Les Sophistes* (1967), seconde édition, remaniée et augmentée, accompagnée d'un Appendice sur « Les origines sociales de la sophistique », trad. et présentation A. Tordesillas, Paris, Vrin, 1993, 2 vol.). Voir G. Romeyer Dherbey *Les Sophistes*, Paris, P.U.F., 1985, p. 20-28).

1. « Les orateurs qui ont du savoir et du talent font que, pour les Cités, les bons principes soient substitués aux mauvais dans le renom d'être justes » (*Théétète*, 167c).

mêmes, absolument impossible de les saisir autrement que par l'acte de raisonnement propre à la réflexion; car elles sont invisibles, les réalités de ce genre, elles ne se donnent pas à voir» (*Phédon*, 79a). Pour l'utopie en revanche, le lieu de l'essence, intelligible par la Forme, n'est nulle part ailleurs que dans l'existence sensible, qu'il s'agisse particulièrement des sociétés de l'Ancien Monde qui, en l'occurrence, usurpent le nom de «République», ou qu'il s'agisse d'une éventuelle présence, ici imaginairement supposée, de la forme parfaite de la communauté politique. Dans le «Quatrain en langue vernaculaire des Utopiens» qui précède l'*Utopie* de Thomas More, Utopie s'annonce ainsi: «Moi seule de toutes les terres habitées, *sans philosophie*, j'ai présenté aux mortels la *philosophique cité*»[1]. Le titre complet de l'*Utopie* dit d'ailleurs cela très explicitement: «*Un vrai Livre d'Or, un petit ouvrage non moins salutaire qu'agréable, relatif à la forme parfaite (ou à la meilleure forme) de la communauté politique et à la nouvelle Ile d'Utopie...*»[2]. Essence, existence, mais aussi démonstration: dans ce roman, la description sensible d'Utopie, supposée effectivement existante, tient encore lieu d'argument philosophique justifiant «la forme parfaite de la communauté politique». Et elle clôt en conséquence, parfois très abruptement, l'indétermination de la discussion, ses arguties, ses reprises incessantes. Ainsi, dialoguant avec des humanistes, gens qui s'adonnent à la philosophie, Raphaël examine ce qu'il faut penser de la doctrine utopienne de la vertu et du plaisir: les Utopiens

> ont-ils raison ou non? Nous n'avons pas le temps d'en disputer et ce n'est pas nécessaire. J'ai entrepris de décrire leurs institutions et non d'en faire l'apologie. En tout cas, je suis intimement persuadé, quelle que soit la valeur de ses principes, qu'aucun peuple au monde ne l'emporte sur celui-là et qu'aucune république n'est plus heureuse[3].

La description vaut «raison», et meilleure raison que celle produite par la «dispute». Elle établit, mieux qu'elle, des «principes». De même, au premier Livre, Raphaël rompt la discussion sur les avantages de la

1. *U.*, p. 334. Le «Quatrain» est dû à P. Gilles, ami de More et éditeur de l'*Utopie*. Nous soulignons.

2. ... *de optimo reip. statu, deque nova Insula Utopia* (Éd. de Louvain, 1516 ; de Paris, 1517) ou *De optimo reip. statu, deque nova Insula Utopia, libellus vere aureus*... (Bâle, mars 1518 ; nov. 1518). Nous soulignons. La traduction forte est «à la forme *parfaite*», mais on peut aussi traduire «à la *meilleure* forme», dans une perspective d'évaluation des cités ou sociétés existant effectivement.

3. *U.*, p 537-538 ; GF-Flammarion, p. 185. Nous soulignons.

communauté des biens par l'annonce de la description à venir d'Utopie[1]. Et au terme de cette dernière, il peut conclure que, si ce n'est pas « sans raison » que, dans l'Ancien monde, certains défendent le bien privé comme moyen de sauvegarde du bien public, ce qu'il a vu montre que si « tout est à tous », chacun aura de quoi satisfaire tous ses besoins[2] : deux logiques s'affrontent, et c'est la seule description qui permet donc de trancher.

Et c'est pourquoi Raphaël, à la fin de sa description d'Utopie, peut conclure : « Je viens de vous *décrire*, avec le plus de vérité que j'aie pu, la *forme* de cette République que je considère, pour ma part et sans hésitation, *non seulement comme la meilleure, mais même la seule qui puisse revendiquer à bon droit le nom de République* »[3].

À s'en tenir à cette référence à l'*Utopie*, la *République* ne peut donc certainement pas être comprise comme une « utopie », en dépit des réceptions convenues : elle n'a pas pour objet la description littéraire d'une cité parfaite imaginairement supposée réalisée, qui aurait été découverte au terme d'un voyage, et qui détaillerait les activités concrètes de ses habitants. Ce que Platon y donne à penser, c'est la forme intelligible des cités empiriques, c'est-à-dire « une cité qui existe dans nos discours », par hypothèse philosophique qu'il « en existe peut-être un modèle (παράδειγμα) dans le ciel pour celui qui souhaite le contempler et, suivant cette contemplation, se donner à lui-même des fondations ». Ainsi, que Glaucon ne croie pas que cette cité « existe en quelque endroit sur terre » (IX, 592a-b) n'importe pas : l'actualité de l'existence sensible est ici délibérément mise de côté, à l'encontre donc des descriptions supposées reposer sur les expériences vécues de Raphaël. « Que cette cité existe quelque part, ou qu'elle soit encore à venir, cela ne fait d'ailleurs aucune différence » (529b).

Le principe de la *République*, son objet ultime et sa référence absolue, est le νοητὸς τόπος (509d), le « lieu de l'Intelligible ». Si la *République* étudie par raison les conditions de réalisation de la cité juste, comme question philosophique, son *existence* en tant que telle ne la concerne pas. Alors que, dans l'*Utopie*, Utopie *est* et *existe* tout à la fois, bien que de façon indéterminée par l'écriture oblique de son auteur, *l'existence* de la

1. *U.*, p. 442 ; GF-Flammarion, p. 131.

2. *U.*, p. 621 *sq.* ; GF-Flammarion, p 229 *sq.*

3. *Descripsi vobis quam potui verissime ejus formam Reip. quam ego certe non optimam tantum, sed solam etiam censeo, quae sibi suo jure possit Reip. vendicare vocabulum* (*U.*, p. 621 ; GF-Flammarion, p. 229). Nous soulignons.

cité de la *République* est, elle, indéterminée, bien que soit parfaitement déterminée son *essence*, qu'elle soit vraiment. Tel est le sens, parfaitement indépendant de la question de son *existence* réelle, de la recherche de la justice en soi comme « modèle » pouvant servir à déterminer ce que doit être l'homme ou la cité juste : « Ce n'était donc pas dans le but précis de démontrer comment ces choses-là peuvent en venir à exister » (472d).

« Monde sensible » et « monde intelligible »

Se pose dans ce cadre la question du « réalisme des idées », et plus généralement l'identification du platonisme à une « théorie des Idées ». Quelle réalité attribuer aux Idées ? Étienne Gilson formule assez clairement le problème :

> Attribuer aux Idées cette existence sensible que Platon considérait comme un quasi non-être, ce serait affirmer ce qu'il n'a cessé de nier. En revanche, leur refuser ce genre d'existence, c'est ne leur attribuer qu'un être dont aucune représentation ne nous est possible, à moins qu'on n'aille franchement, par une dissociation complète des notions de réalité et d'existence, jusqu'à dire que les Idées sont des êtres, mais que, pour cette raison même, elles ne sont pas [1].

En fait, la question ne peut pas se poser ainsi pour Platon : l'être des Idées est celui de l'intelligibilité qu'elles permettent de reconnaître à ce qui, précisément, parce qu'il est vraiment, est parfaitement intelligible en droit. Il n'y a donc pas à choisir entre un « réalisme des Idées » (les Idées sont) et un conceptualisme (elles sont de purs objets de la pensée) : elles *sont, vraiment et réellement*, en ce qu'elles permettent de *penser en réalité* ce qui est [2]. La seule vraie question est bien, décidément, de distinguer « ce qui est vraiment » de « ce qui n'est pas vraiment », en ordonnant « ce qui

1. *L'Être et l'essence*, *op. cit.*, p. 31.

2. Autrement dit, « si les Formes sont, leur manière d'être consiste à être intelligibles ; elles ne constituent des entités substantielles que pour une représentation qui transférerait au sein de l'intelligible l'opacité propre à la chose sensible » (M. Dixsaut, *Le Naturel philosophe*, *op. cit.*, p. 230). En ce sens, M. Dixsaut montre combien les déterminations de la Forme (éternelle, accessible à la pensée seule…) sont secondes, dans le *Phédon*, par rapport à l'affirmation réitérée qu'elle est *ousia*. « Les réalités en soi ne seront nommées Formes qu'à partir de 102b, une fois acquis leur statut de causes « éponymiques ». « Le *logos* pose comme ontologiquement réelle la condition lui permettant de se déployer et de s'effectuer, non seulement contre toutes les apparences du devenir sensible, mais aussi contre la prétention de ce devenir à être la totalité de ce qui est » (*Phédon*, p. 376, n. 280).

n'est pas vraiment » par ce que l'on peut, pourtant, en penser, vraiment [1]. La distinction de principe en la matière est entre l'intelligence et l'opinion :

> Lorsque [l'âme] se tourne vers ce que la vérité et l'être illuminent, alors elle le pense, elle le connaît et elle semble posséder l'intellect. Lorsqu'elle se tourne cependant vers ce qui est mêlé d'obscurité, sur ce qui devient et se corrompt, alors elle a des opinions dans lesquelles elle s'embrouille en les revirant en tout sens, et on dirait qu'elle est alors dépourvue d'intellect (*République*, VI, 508d) [2].

Prendre pour pivot du mouvement de la pensée platonicienne ce critère de la « théorie des Idées » semble alors bien peu opératoire. Monique Dixsaut refuse ainsi que l'on puisse établir l'inauthenticité de l'*Hippias majeur* sur le fait d'une contradiction supposée entre un style « socratique », posé comme antérieur à l'apparition de cette « théorie des Idées », qu'il faudrait situer autour du *Phédon* et de la *République*, et le contenu qui affirme cette théorie, et qui devrait alors être nécessairement inscrit dans un dialogue postérieur. Elle remarque que dans le *Protagoras*, 330d, la réalité de la Piété n'est ni plus ni moins affirmée que celle du Beau dans l'*Hippias majeur* [3].

Cette question du réalisme des idées importe au plus haut point à l'examen du rapport de Platon à l'utopie : elle prend en effet particulièrement pour figure ce que l'on a pris pour habitude d'appeler « le monde intelligible » (*kosmos noètos*) platonicien. Il y aurait ainsi pour Platon deux mondes, l'un sensible, imparfait, mortel, et l'autre fonctionnant en un tout autre registre, avec ses propres lois, et pourquoi pas d'autres habitants, vivant sous d'autres coutumes, etc., bref comme un « autre monde », en une certaine anticipation possible, donc, de l'utopie.

Le fait est pourtant que la formule « *kosmos noètos* » est absente des *Dialogues*. C'est que, comme l'écrit Jean-Paul Dumont avec la plus grande netteté, « contrairement à ce qu'on entend dire, il n'existe pas pour

1. Comme le dit É. Gilson, « dans les doctrines où "être un être" veut dire exister, tout intermédiaire entre l'être et le non-être est difficilement concevable. Il devient alors littéralement vrai de dire : "être ou ne pas être, voilà la question", car entre exister vraiment et ne pas exister du tout, il n'y a pas de moyen terme. Il en va tout autrement dans une doctrine où l'être se réduit à l'essentialité. On peut, et même on doit alors distinguer des "degrés d'être" proportionnels à ceux de la pureté de l'essence » (*L'Être et l'essence*, *op. cit.*, p. 33).

2. Cf. *République*, VI, 479d-e ; *Timée*, 28a ; *Théétète*, 189a-b.

3. *Le Naturel philosophe*, *op. cit.*, p. 373-376. Sur la « Théorie des Idées », voir particulièrement J. Moreau, *Réalisme et idéalisme chez Platon*, Paris, P.U.F., 1951 et A. Diès, *Autour de Platon* [1926], Paris, Les Belles Lettres, 1972, III, chap. IV.

Platon deux mondes, dont l'un serait intelligible et l'autre sensible. Il n'y a qu'un monde, proportionnellement, analogiquement et géométriquement découpé ou segmenté en lieux »[1]. Comment alors expliquer la présence insistante chez les commentateurs de ce « monde intelligible », dont l'expression apparaît pour la première fois avec Philon d'Alexandrie, avant d'être reprise dans toute la littérature du médio-platonisme ? [2] Selon Jérôme Laurent, on peut premièrement y voir simplement une facilité de langage, en une « logique d'entendement » qui aiderait à comprendre par le recours à des oppositions statiques cette « existence absolument indépendante [des] Formes que nous pouvons percevoir non par nos sens, mais par notre intellect seul » dont parle le *Timée* (51c-d)[3]. Le dualisme platonicien est de fait. Il est absolument indiscutable[4]. La question n'est donc pas de savoir si Platon « sépare » les formes intelligibles, mais de savoir, premièrement, de quoi, au juste, il les sépare, et deuxièmement quel est le mode

1. *Éléments d'histoire de la philosophie antique*, Paris, Nathan, 1993, p. 267. J.-P. Dumont ajoute « ...et placé sous l'empire du Bien (*République*), de l'Un (*Parménide*), de l'Un-Bien (enseignement non-écrit) qui est situé au-delà de l'*ousia*, de la réalité – même intelligible – et de l'existence », ce qui, en revanche, est parfaitement discutable.

2. Voir J. Laurent, « L'unicité du monde selon Platon », dans P.-M. Morel (éd.), *Platon et l'objet de la science*, p. 39-52 (article repris dans *La Mesure de l'humain selon Platon*, Paris, Vrin, 2002, chap. v, p. 57-70). Sans aucun souci d'exhaustivité, on peut ainsi relever le terme chez Y. Brès, *La Psychologie de Platon*, Paris, P.U.F., 1968, p. 202 ; H. Joly, *Le Renversement platonicien*, p. 53 ; Y. Lafrance, *La Théorie platonicienne de la doxa*, Paris, Les Belles Lettres, 1981, p. 196 ; J.-F. Mattéi, *L'Ordre du Monde, Platon, Nietzsche, Heidegger*, Paris, P.U.F., 1989, p. 25-26 ; B. Parain, *Essai sur le logos platonicien*, Paris, Gallimard, 1942, p. 53, 90 ; P.-M. Schuhl, *L'œuvre de Platon*, Paris, Hachette, 1954, p. 82. L. Brisson intitule « Le monde des formes intelligibles » le deuxième chapitre de son important ouvrage sur le *Timée*, *Le Même et l'autre dans la structure ontologique du* Timée *de Platon. Un commentaire systématique du* Timée *de Platon*, seconde édition revue, Sankt Augustin, Academia Verlag, 1994. Parmi de multiples autres exemples, on peut souligner en ce sens ce qu'a de complètement forcée la traduction que fait V. Cousin (trad. revue Y. Brès) de γένος par « monde », dans l'introduction de l'image de la ligne (*République*, VI, 509e, Hachette, 1996). G. Leroux traduit, très naturellement, par « genre », comme L. Robin, E. Chambry (Les Belles Lettres), R. Baccou (GF-Flammarion, 1966) ou P. Pachet (Gallimard, 1993). Cela étant, là où L. Robin et P. Pachet, tout aussi naturellement, traduisent τόπος par « lieu » (509d), E. Chambry, comme encore V. Cousin, lisent « monde » (R. Baccou traduit « domaine »).

3. J. Laurent a ici raison de faire remarquer, qu'en contradiction avec cette présentation chosifiante, « l'un des sens de la dialectique platonicienne est de refuser ce que la tradition nommera l'esprit de système » (*op. cit.*, p. 41).

4. S. Pétrement montre toutefois que si une interprétation dualiste de la réalité prévaut dans la tradition platonicienne jusqu'au IIIe siècle, ensuite, au moment où surgit le manichéisme, la « réalité véritable » tend à être comprise comme la seule réalité (*Le Dualisme chez Platon, les gnostiques et les manichéens*, Paris, P.U.F., 1947, p. 11).

d'être des Formes, ainsi « séparées ». Le *Timée* montrera que la séparation est fondamentalement entre la χώρα et les Formes, et non entre le sensible et l'Intelligible. Mais pour en rester ici au second point, on ne voit pas comment la vérité d'un monde, c'est-à-dire son achèvement, sa perfection, ce qui en est pensé de façon purement intelligible dans la pureté de son aspect (*eidos*), pourrait être un « autre monde ». Tout au contraire, ce que les formes intelligibles donnent à penser est bien, exclusivement, la vérité, c'est-à-dire la réalité, c'est-à-dire l'essence de notre monde. L'ordre, l'arrangement, auxquels la notion de « monde » (*kosmos*) renvoie ne sont certainement pas autres lorsqu'ils concernent les Formes, puisqu'il n'y a d'ordre et d'arrangement dans le monde que par elles. Il n'y a qu'un ordre, il n'y a qu'un monde, qu'il s'agit de penser en vérité, c'est-à-dire dans la séparation[1].

Il en irait naturellement tout autrement si les réalités en soi devaient être estimées inconnaissables en elles-mêmes. La distinction « monde intelligible / monde sensible » pourrait être alors structurante pour une philosophie du devoir-être, comme condition d'une possible conciliation entre les registres de la liberté et de la nécessité. C'est ainsi en ce sens que Kant la pensera : si toute connaissance par les sens ne nous fait accéder qu'à des *phénomènes* et non à ce que sont les *choses en soi*, « de là nécessairement une distinction établie en gros il est vrai entre un *monde sensible* et un *monde intelligible* », qui vaut particulièrement pour le sujet lui-même[2]. Le « monde intelligible » est alors un monde d'êtres raisonnables, instituant par leurs volontés une législation universelle, le « règne des fins »[3].

1. De ce point de vue, H.-G. Gadamer, dans son examen de la lecture aristotélicienne du *chôrismos* platonicien, souligne avec force que vouloir ainsi attribuer à Platon « la complète séparation entre un monde des Idées et un monde des phénomènes serait une grossière absurdité » (*L'Idée du Bien comme enjeu platonico-aristotélicien* [1974], trad. P. David et D. Saatdjian, Paris, Vrin, 1994, p. 25).

2. *Fondements de la métaphysique des mœurs*, trad. V. Delbos, Paris, Delagrave, 1987, 3e section, p. 188-189.

3. *Ibid.*, 2e section, p. 166. « Le concept d'un monde intelligible n'est donc qu'un *point de vue*, que la raison se voit obligée d'adopter en dehors des phénomènes, *afin de se concevoir elle-même comme pratique*, ce qui ne serait pas possible si les influences de la sensibilité étaient déterminantes pour l'homme, ce qui pourtant est nécessaire si on ne doit pas lui dénier la conscience de lui-même comme intelligence, par conséquent comme cause rationnelle, et agissant par raison, c'est-à-dire libre dans son opération » (3e section, p. 202). Le monde intelligible » est ainsi une « Idée », comme représentation d'un absolu auquel aucune expérience ne peut correspondre, en ce sens non-platonicien d'un usage exclusivement « régulateur » et non « constitutif ».

Il y a sans doute, dans l'introduction de la notion de « monde intelligible » pour désigner l'exigence platonicienne d'intelligibilité philosophique, autre chose que l'effet d'un effort de lecture, de compréhension, voire d'interprétation des textes en eux-mêmes : on peut y reconnaître une nette prise de position philosophique, en l'occurrence d'abord de nature aristotélicienne qui, entendant se donner les meilleurs moyens d'affirmer les droits de la réalité empirique, oppose cette dernière à son double purement idéel et donc illusoire, que serait ce « monde intelligible », « monde » dont Platon aurait forgé l'existence comme une invitation à fuir le seul vrai lieu réel. La lecture de Bergson peut ainsi être rapportée à cette stratégie :

> Le métaphysicien ne descend pas facilement des hauteurs où il aime se tenir. Platon l'invitait à se tourner vers le monde des Idées. C'est là qu'il s'installe volontiers fréquentant parmi les purs concepts, les amenant à des concessions réciproques, les conciliant tant bien que mal les uns aux autres, s'exerçant dans ce milieu distingué à une diplomatie savante. Il hésite à entrer en contact avec les faits [1].

Et pourtant, si Platon pose l'hypothèse philosophique de formes intelligibles, c'est bien pour rendre compte le mieux possible, c'est-à-dire en vérité, des « faits ». Peut-on cependant trouver, en l'absence de la notion explicite de « Monde des Idées », des équivalents lexicaux qui autoriseraient finalement quand même, soit une certaine vulgarisation du platonisme, bien qu'abusive, soit même une véritable reconstruction théorique, en une « tradition platonicienne » reçue comme délivrant alors le vrai sens, éventuellement implicite, de ce « platonisme » ? L'enjeu est ici toujours de comprendre la position de l'*Utopie* au regard, d'une part de la tradition platonicienne, d'autre part des *Dialogues* de Platon eux-mêmes, et ce à partir d'une mise en place des points précis d'où des écarts entre cette tradition et l'exigence de la réalité propre à Platon pourraient trouver une origine.

De ce point de vue, il est bien question dans la *République*, VI, d'un « νοητὸς τόπος » (509d). Mais ce « lieu » intelligible ne peut pas être pris au même sens que le « lieu » du « lieu visible » dont il est distingué. Il est la vérité de ce dernier, sa topologie consistant en l'entrelacement des Idées par lesquelles peut être connue la vérité des êtres sensibles, juxtaposés eux en un espace géométrique abstrait. Ce « lieu intelligible » n'est pas un

1. *L'Énergie spirituelle*, dans *Œuvres*, Paris, P.U.F., 1990, p. 24.

« monde distinct »[1]. Il en va naturellement de même, par exemple, pour la « Plaine de la Vérité », présentation mythique dans le *Phèdre* d'un « lieu supracéleste » (*ton huperouranion topon*, 247c), qui est à comprendre comme la dimension à laquelle l'esprit peut prétendre, en tant qu'elle dépasse la perfection du ciel lui-même, et non comme la présence d'un autre ciel, qui se situerait bien au-dessus spatialement. On peut encore vouloir trouver dans le « *kosmos* incorporel » dont parle le *Philèbe* (64b) un équivalent du « Monde intelligible ». Pourtant, comme le remarque bien Jérôme Laurent[2], un simple examen du contexte de l'expression l'interdit, ce dont d'ailleurs rend bien compte la traduction de Jean-François Pradeau : la question porte ici sur les différents genres de vie. Socrate note : « Pour ma part, je crois que notre raisonnement est achevé, comme une sorte d'ordre incorporel (*kosmos tis asômatos*) appelé à gouverner comme il convient à un corps animé »[3]. Il s'agit que l'intel-ligible serve de règle à la vie corporelle, en un ordre ici tout à fait immanent à la vie humaine.

Il faut donc en revenir à la distinction élémentaire entre *ce qui est vraiment*, qui est purement intelligible, et ce qui *existe* sans être vraiment, objet d'une autre attitude de pensée : il est ici question d'un « *entre-deux* », intermédiaire entre l'être et le non-être.

> Ce qui est complètement est complètement connaissable, alors que ce qui n'est aucunement est entièrement inconnaissable (...). Mais si une certaine chose est ainsi disposée qu'elle est et n'est pas à la fois, ne se trouve-t-elle pas au milieu, entre ce qui est purement et simplement (τοῦ εἰλικρινῶς ὄντος) et ce qui, au contraire, n'est aucunement (τοῦ μηδαμῇ ὄντος) ? (...) Par conséquent, comme nous avons convenu que la connaissance s'établit sur ce qui est et que, nécessairement la non-connaissance s'établit sur ce qui n'est pas, pour ce qui concerne cela qui se trouve au

1. Comme le dit F. Makowski, « le lieu des idées n'est pas un monde : l'expression "monde des idées" est un contresens sur les notions platoniciennes de monde et de lieu » (« Où est Socrate ? L'aporie de l'atopicité chez Platon », *op. cit.*, p. 146, n. 25).

2. J. Laurent, « L'unicité du monde selon Platon », *op. cit.*, p. 43.

3. Dans son commentaire, J.-F. Pradeau souligne que « Socrate ne dit pas seulement de la discussion qu'elle atteint cette perfection cosmique, mais il l'affirme surtout de la vie qui suivrait les leçons de cette discussion, et qui y trouverait le principe de son excellence et de sa bonté. La discussion, à cet égard, aura été le lien qui permet d'ordonner la vie humaine à la perfection du monde » (n. 311, p. 298). La traduction de L. Robin est également très claire : « En ce que j'énonce à présent [la vie selon la vérité, accompagnée de plaisirs purs], je vois clairement se réaliser une sorte d'arrangement incorporel (*kosmos tis asômatos*), destiné à avoir l'autorité sur un corps animé ».

milieu, il faut chercher quelque intermédiaire entre ignorance et savoir, s'il existe par hasard quelque chose de ce genre [1].

Mais quant à « ce qui n'est aucunement » et qui « est entièrement inconnaissable », ne peut-on pourtant rien en dire ? Voire en penser quelque chose, à défaut de le connaître ? Pourtant, qu'en dire et qu'en penser, s'il n'a d'« être » que d'être ce qui reste lorsque de l'existence sensible qui se donne à voir dans la multiplicité et la contradiction, on a abstrait ce qui lui confère quelque réalité, c'est-à-dire une fois ôté de l'existence sensible l'être réel de l'*ousia* ? Que dire, que penser de la simple « existence », nue de toute essence (*ousia*), par quoi il faut comprendre que l'objet sensible, existant, n'est pas vraiment ? Qu'y a-t-il à penser si le « plus correct » serait de désigner « ce qui n'est pas », « non pas comme une certaine chose (ἕν τι), mais comme rien (μηδέν) » [2] ? La réponse importe naturellement au plus haut point pour bien fixer le caractère non-utopique de la philosophie de Platon, puisque pour l'utopie l'existence n'est certainement pas « rien ». Tel est, spécialement, l'objet du *Sophiste*. Avant toutefois d'y venir, il convient de s'arrêter sur le sens des termes qui structurent la distinction ontologique fondamentale que la critique platonicienne du mobilisme sensualiste met en place, et que l'utopie annule mais pour mieux valoriser ce qui la fonde, c'est-à-dire l'exigence de ce qui est vraiment.

La Nature, les essences, les Formes et les Idées

Cette distinction implique une deuxième rupture, cette fois avec ceux que l'on a coutume de considérer comme les « penseurs de la Nature », les « Physiciens » [3], eux aussi à la recherche de l'être véritable en vue de rendre compte de l'origine et de la genèse de toutes choses, certes en des formes

1. *République*, V, 477a-b.

2. *Ibid.*, 478b-c.

3. J.-F. Balaudé souligne que, si « on présente souvent *phusis* comme le maître-concept des présocratiques, avec l'idée que la "nature" est paradigmatiquement substituée par eux aux "dieux", (...) le problème est que le terme n'apparaît guère en ce sens générique dans les fragments dont nous disposons, et en tout cas pas très tôt, au point que l'on est tenté de se demander si, tel que nous l'entendons, le vocable de *phusis* ne constitue pas une catégorie qui s'est trouvée appliquée de façon rétrospective » (*Le Vocabulaire des Présocratiques*, Paris, Ellipses, 2002, p. 38-39). Dans la mesure où la réflexion de ces auteurs porte plutôt sur le « tout » (voir p. 54-57), « l'écrit ultérieurement désigné comme portant *Sur la nature* est ainsi compris comme celui qui déploie une physique, articulée à une ontologie, et se déployant en une cosmologie, zoogonie et anthropogonie » (p. 40).

d'abord encore très empreintes de théogonies[1]. Pour ces derniers, c'est dans *l'existence naturelle* en ce qu'elle a de plus profond, de plus irréductible, qu'il faut chercher l'ἀρκή, le principe de ce qui est, en tant qu'il est *ce qui est* fondamentalement[2]. Avec eux, comme le dit Olivier Bloch,

> la philosophie pose le problème des origines : elle pose le problème de la φύσις – on a pu traduire (c'est cela aussi) la substance primordiale, le fond des choses qui se présentent dans notre monde, les ὄντα; elle pose les problèmes de la cohérence de cette φύσις et de ces ὄντα, ces êtres du monde sensible. C'est cela qui constitue le naturalisme ionien, qui est bien ce matérialisme spontané dont parle Engels, en ce sens que ce matérialisme, c'est la représentation de l'unité de la nature telle qu'elle se donne à la perception sensible, de l'unité d'une nature qui exclut toute transcendance créatrice ou organisatrice au profit d'un ordre immanent d'organisation intérieure, d'un ordre de compensation et d'équilibre spatial et temporel[3].

L'eau, comme forme originelle de la nature, était ainsi pour Thalès *l'existence naturelle* qui permet de rendre compte de manière très ultime de tout ce qui existe naturellement comme, en quelque sorte, la matière de toutes choses. Mais pour Platon, puisque le caractère changeant,

1. O. Bloch a montré que « les penseurs présocratiques, bien loin de se couler dans la figure schématique des premiers philosophes ou savants rationalistes à laquelle les réduisait la légende du "miracle grec", sont encore, aussi, des "théologiens" qui retiennent quelque chose du prophète ou du mage. Tout au plus doit-on dire qu'ils sont sur le chemin qui mène à la distinction entre mythe et science, religion et philosophie » (*Le Matérialisme*, Paris, P.U.F., 1985, p. 35). Voir aussi J.-P. Vernant, *Les Origines de la pensée grecque* (1962), P.U.F, 1992, p. 100-106 ; « Les origines de la philosophie », dans C. Delacampagne et R. Maggiori (dir.), *Philosopher*, Paris, Fayard, 1980 ou J.-P. Dumont, *Les Présocratiques*, *op. cit.*, p. XIII.

2. « *Archè* présente des difficultés assez proches de celles offertes par *phusis*, étant considéré comme emblématique de la nouvelle pensée présocratique. (...) Les présocratiques ont bien recherché *l'archè*-principe, quand bien même ils ne l'ont que tardivement nommé de cette façon (mais plutôt racine, puissance...) » (J.-F. Balaudé, *Le vocabulaire des présocratiques*, *op. cit.*, p. 46).

3. « Matérialisme et critique de la religion dans l'Antiquité », dans *Philosophie et religion*, Paris, Éditions Sociales, 1974, repris dans *Matière à histoires*, Paris, Vrin, 1997, p. 42. Demeure pourtant chez ces penseurs une « indistinction des concepts, et d'abord ceux de matière et d'esprit » (O. Bloch, *Le Matérialisme*, p. 36). Sur l'emploi du terme de « matérialisme » pour qualifier une certaine pensée antique, *cf.* l'Appendice I du livre de J. Bernhardt, *Platon et le matérialisme ancien. La théorie de l'âme-harmonie dans la philosophie de Platon*, Paris, Payot, 1971. Discutant particulièrement les réticences de J. Rolland de Renéville, il en affirme la légitimité si l'on définit la notion comme « une prise de position d'ordre radical, affirmant, selon une sorte de concept inévitablement privatif, le primat ontologique du désordre sur l'ordre et du hasard sur la finalité » (p. 205).

contradictoire et multiple des réalités sensibles leur interdit d'être objets véritables de connaissance, et que les véritables réalités, les réalités en soi, sont nécessairement purement intelligibles, il s'agit de substituer à l'étude de la Nature, y compris dans son principe encore naturel, l'étude de la nature des choses [1]. Cela signifie la recherche, selon les orientations envisagées, de l'οὐσία, de l'εἶδος, de l'ἰδέα ou encore de la φύσις de chaque chose [2].

Formes et Idées

Cherchant l'être véritable, la véritable pensée a donc pour objet le « ce qu'est chaque chose en soi-même » (αὐτὸ ἕκαστον ὃ ἔστιν), le « réellement réel » (ὄντως ὄν), le « ce que cela est » (ὃ ἔστιν), son οὐσία. L'exigence première est celle de l'intellection, que produit l'instruction et qui s'accompagne d'une explication vraie, et non la simple opinion vraie qui naît de la persuasion [3]. Et cela fait immédiatement apparaître l'hypothèse de formes intelligibles.

> Puisqu'il en est ainsi, il faut convenir qu'il y a une première espèce : la forme intelligible (εἶδος) qui reste la même, qui est inengendrée et indestructible, qui ne reçoit pas autre chose venant d'ailleurs en elle-même et qui elle-même n'entre en aucune autre chose où que ce soit, qui est invisible, et ne peut être perçue par un autre sens, voilà ce qui a été attribué comme objet de contemplation à l'intellection. Il y a une seconde espèce qui porte le même nom que la première et qui lui ressemble, qui est perceptible par les sens, qui est engendrée, qui est toujours en mouvement, qui vient à l'être en un lieu quelconque pour en disparaître ensuite, et qu'appréhende l'opinion jointe à la sensation (*Timée*, 51e-52a).

Ainsi, comme le dit Monique Dixsaut, « c'est la Vérité qui, étant naturellement désirée par ceux qui en sont capables, rend nécessaire l'hypothèse des Formes. Qu'une telle hypothèse soit tenable, c'est ce que

1. L. Brisson et A. Macé montrent ainsi, dans « Le Monde et les corps », dans L. Brisson et F. Fronterotta, dir., *Lire Platon*, p. 109-122, comment le *Timée* développe pleinement les solutions qu'implique la critique de « l'enquête sur la nature » (περὶ φύσεως ἱστορίαν) à laquelle procèdent le *Phédon* et le *Théétète*, puis les *Lois*.

2. « *Ousia*, *eidos* et *idea* sont des mots qui ne peuvent se comprendre que comme du *logos* « enroulé », comme autant de manières qu'a ce *logos* de se signifier » (M. Dixsaut, « *Ousia*, *eidos* et *idea* dans le *Phédon* », *op. cit.*, p. 73). Sur les enjeux des articulations sémantiques entre ces termes, particulièrement lorsqu'il s'agit du Bien, *cf.* M. Dixsaut, « De l'*Idea* du bien à sa lumière », dans M. Dixsaut, A. Castel-Bouchouchi, G. Kévorkian (dir.), *Lectures de Platon*, *op. cit.*, p. 67-86.

3. « Il faut encore dire qu'à l'une tout homme participe, tandis qu'à l'intellection seuls participent les dieux, et une toute petite catégorie d'êtres humains » (*Timée*, 51e).

démontre, et démontre seulement, sa fécondité »[1]. Et cette hypothèse est ainsi finalement celle de principes anhypothétiques, comme l'explique particulièrement la fin de la *République*, VI. Même si la séparation fondamentale n'est pas chez Platon entre l'intelligible et le sensible mais entre la χώρα et les Formes, comme le développe le *Timée*, le principal d'un point de vue épistémologique est en effet de pouvoir penser de façon séparée, purement intelligible, ce qui est vraiment. Socrate est ainsi très clair dans le *Parménide* en 128e-129a, lorsqu'il présenta à Zénon sa conviction qu'« il y a une Forme en elle-même et par elle-même de la ressemblance » (εἶναί αὐτὸ καθ' αὐτὸ εἶδος τι ὁμοιότητος) : non pas une « Forme de la ressemblance », ou « la Ressemblance en soi », mais bien « une Forme en elle-même et par elle-même de la ressemblance », en une affirmation très ferme donc de la séparation de l'εἶδος. Et c'est bien cela d'ailleurs qui conduit, comme on le sait, Parménide à constater : « Tu vois donc Socrate, (...) dans quelle grande difficulté on se trouve, si on définit les Formes comme des réalités en soi » (133a).

« Forme » ou « Idée » ? Le fait est que la pratique contemporaine tend à traduire indistinctement εἶδος et ἰδέα par « Forme » plutôt que par « Idée », naturellement pour éviter le contresens d'une compréhension subjectiviste du lieu de « ce qui est vraiment » chez Platon qui annulerait du coup ce principe fondamental de la séparation[2]. Au regard des enjeux utopiques, il est cependant utile de chercher à distinguer entre ces termes.

De l'οὐσία à l'εἶδος, d'abord : l'intelligibilité de l'essence tenant à la pureté de son aspect (εἶδος), à une « Forme » qu'aucune chose sensible ne peut jamais présenter complètement, l'*eidos* en son sens proprement platonicien perd son sens ordinaire de forme extérieure, d'apparence physique, tel qu'on le rencontre chez Hérodote ou dans les traités

1. *Le Naturel philosophe*, *op. cit.*, p. 257. « Lorsque l'âme qui "poursuit la vérité" atteint "ce que chaque nature est en elle-même", la Vérité est alors engendrée. La Vérité est engendrée dès lors que la connaissance ne manque plus de son objet. Elle fonctionne en ce sens comme indice ontologique, détermination de la pensée, non pas en tant que la pensée est vraie mais en tant qu'elle est une vraie pensée (une intelligence) et détermination de l'être en tant qu'il est vraiment étant » (*ibid.*). *Cf.* particulièrement, F. Fronterotta, « Qu'est-ce qu'une Forme pour Platon ? Raisons et fonction de la théorie des intelligibles », dans L. Brisson et F. Fronterotta (dir.), *Lire Platon*, p. 123-133.

2. J.-F. Pradeau souligne le caractère extrêmement récent de l'emploi habituel de « forme » pour « ἰδέα ». « En langue française, ce n'est guère qu'après la publication du commentaire du *Timée* par L. Brisson en 1974 (date de la première édition de *Le Même et l'Autre dans la structure ontologique du* Timée *de Platon*) que l'emploi de "forme" s'est imposé » (*Platon, l'imitation de la philosophie*, Paris, Aubier, 2009, n. 15, p. 344).

hippocratiques, où il désigne le genre ou l'espèce[1]. Nous choisissons en conséquence de mettre ici « Forme », avec une majuscule, pour désigner la « forme intelligible », par distinction de la forme sensible. Monique Canto-Sperber souligne cependant que l'usage d'*eidos* pour désigner « une réalité non sensible par rapport à laquelle est dénommée (le plus souvent selon un rapport d'imitation ou de participation) une classe d'êtres sensibles », n'exclut pas chez Platon son emploi comme « universel logique, une sorte de genre opposé à des espèces plus petites ou à des particuliers »[2]. Et elle ajoute que lorsque c'est la « réalité non sensible » qui est concernée, elle n'est pas nécessairement pensée dans une différence ontologique avec les êtres particuliers qui en tirent leur nature et leur nom : si une telle différence est bien affirmée dans le *Phédon* 102b, la *République* X 597a, le *Parménide* 129a-135c, « où l'*eidos* représente toute la réalité dont les êtres sensibles sont dépourvus », elle ne l'est pas dans l'*Euthyphron* 6d, l'*Hippias majeur* 289d, le *Gorgias* 503e, ni non plus dans le *Ménon*, où « la forme caractéristique identique chez toutes [les vertus] sans exception, qui fait d'elles des vertus (…) ce qu'il faut avoir bien en vue pour répondre à qui demande de montrer ce en quoi consiste la vertu » (72c), n'apparaît pas rapportée à une forme de réalité supérieure à celle de l'être sensible, ni à une existence séparée. Cela étant, il faut remarquer que dans l'*Hippias majeur*, c'est Hippias et non Socrate qui pense que n'*est* que ce qui est *commun*, par abstraction du non essentiel. Comme le dit Monique Dixsaut, « alors qu'Hippias pense la nature comme principe de liaison, et n'admet comme prédicat réel que celui qui signifie le caractère commun (…), Platon pense des natures, des essences qui sont principes de différenciations autant que principes de liaison »[3].

1. *Cf.* ainsi, C.M. Gillespie, « The Use of εἶδος and ἰδέα in Hippocrates », *Classical Quarterly*, 6 (1912), p. 179-203. Plus largement, voir A. Motte, C. Rutten et P. Somville (éd.), *Philosophie de la forme.* Eidos, Idea, Morphè *dans la philosophie grecque des origines à Aristote*, Louvain et Paris, Peeters, 2003. M. Canto-Sperber souligne que, chez Platon, « la question est controversée de savoir quelles sont les relations sémantiques entre *eîdos* et *idéa* (terme qui a aussi le double sens d'apparence physique et d'essence). Voir, par exemple, pour l'usage de ces deux termes, *Hippias Majeur* 289d et 297b, *Phédon* 103e, *République* X 596a-b, *Parménide* 132a, 135a, et *Phèdre* 249b. On ne trouve pas d'occurrence du terme *idéa* dans le *Ménon* » (*op. cit.*, p. 221).

2. *Ménon*, p. 220-221. Comme dans *Théétète*, 178a ; *Banquet*, 205b ; *République*, II, 357c ; *Politique*, 258e, 263b. Voir aussi L. Robin, Notice introductive à *Phèdre*, Paris, Les Belles Lettres, p. CLV.

3. *Le Naturel philosophe*, *op. cit.*, p. 111. Voir p. 108-114. C'est de la même façon qu'il convient de comprendre la déclaration de Théétète : dans le savoir, « ce qui m'apparaît (…),

En fait, c'est bien dans tous les sens que permet la langue qu'*eidos* est employé par Platon, comme le remarque encore Monique Dixsaut, particulièrement pour le *Phédon* et pour la *République*. Ainsi dans le premier de ces dialogues :

> Aspect sensible, image mentale, espèce « logiquement » constituée par un enchaînement de prédicats, unique espèce méritant sa dénomination puis Forme cause de toute droite éponymie : *eidos* s'inscrit dans des champs sémantiques multiples, que l'on peut distribuer en sensible, psychologique, logique, ontologique, à condition de voir que le terme permet justement d'opérer les passages d'un champ à l'autre et, en articulant leur diversité, d'articuler du même coup les différentes sortes de présence et les différentes manières de se présenter. Le sens « platonicien », l'*eidos* comme Forme ou Idée, n'est donc ni exclusif des autres usages, ni juxtaposé aux significations « courantes » du terme. Dans le *Phédon*, ce sens « technique » n'est indiscutable que pour quatre occurrences sur seize[1].

Convient-il alors de distinguer entre εἶδος et ἰδέα? Georges Leroux, par exemple, ne le pense pas lorsqu'il traduit dans son édition GF-Flammarion de la *République* ἀγαθοῦ ἰδέα, en 505a, par « la forme du bien », en expliquant qu'« on ne peut établir une différence quelconque entre *idea* et *eîdos* dans le vocabulaire métaphysique de Platon »[2]. Selon Jean-François Pradeau, il faut pourtant bien reconnaître une différence entre « ce qui est vraiment » en tant qu'il est perçu par lui-même et en lui-même, et en tant qu'il l'est, certes de façon toujours séparée, mais dans les choses sensibles. Et il conclut ainsi, particulièrement au terme d'une étude

c'est que l'âme elle-même, au seul moyen d'elle-même, examine, au sujet de toutes choses, les éléments communs (*ta koina*) » (*Théétète*, 185e. Trad. inédite, introd. et notes M. Narcy, Paris, GF-Flammarion, 1994). F.M. Cornford, dans *Plato's Theory of Knowledge*, London, Routledge & Kegan Paul, 1960, p. 105-106, assimile ces « communs » aux Formes. En fait, P.M. Morel, faisant référence à l'introduction de M. Narcy à sa traduction (*Théétète*, p. 20), remarque que « le jeune Théétète ne saisit pas encore que la science véritable est science des formes. Il admet simplement, à ce moment du dialogue, que l'affect sensoriel ne permet pas à lui seul de saisir ce qui est commun, comme l'existence, la ressemblance, la dissemblance, le même, l'autre ou encore le beau et le laid, le bon et le mauvais (186a) » (*Platon et l'objet de la science*, *op. cit.*, p. 11).

1. « *Ousia*, *eidos* et *idea* dans le *Phédon* », *op. cit.*, p. 78. *Cf.* pour la *République*, « Encore une fois le bien », dans M. Dixsaut (dir., avec la coll. de F. Teisserenc), *Études sur la* République *de Platon 2. De la science du bien et des mythes*, Paris, Vrin, 2005, p. 234-237.

2. Note 117, p. 667. En 479a, il avait pourtant traduit par « idée du beau lui-même » le grec « ἰδέαν τινα αὐτοῦ κάλλους », « tout en mettant en garde contre une interprétation en termes purement psychologiques de ce que sont les formes en-soi » (n. 132, p. 648).

serrée de l'*Hippias majeur* et du *Parménide*, que l'οὐσία est ἰδέα dans le premier cas, εἶδος dans le second[1]. L'εἶδος est selon lui ce qui se perçoit de ce qu'est une chose en elle-même, mais dans ce qu'elle donne à voir de façon sensible, alors que l'ἰδέα l'est directement, de façon donc complètement séparée. Finalement, on peut dire que l'οὐσία est l'objet propre de l'âme, qui en pense l'unité vraie dans les choses sensibles en en identifiant la Forme (εἶδος), laquelle a pour fondement l'*Idée* (ἰδέα) par quoi est constituée la « vérité des êtres » (τῶν ὄντων ἡ ἀλήθεια)[2] dans leurs déterminations. Dans cette perspective, Jean-François Pradeau choisit, dans son édition GF-Flammarion du *Philèbe*, de rendre toujours par « nature » le grec *idea*, pour bien mettre en valeur que Platon désigne par là la nature caractéristique de l'objet que l'on connaît[3].

Pourtant, pour en revenir spécialement au *Phédon*, Monique Dixsaut constate que lorsque εἶδος y acquiert son sens proprement platonicien de Forme à partir de 102b, dans la perspective d'une explication des réalités physiques qui ne soit pas seulement physique car faisant intervenir la participation de ces réalités dont tout l'être consiste à devenir à l'espèce des êtres qui sont vraiment[4], ἰδέα exprime alors particulièrement « la nature conquérante de la participation », de la mainmise de la Forme sur la chose : « l'*idea* est à la fois l'action et le résultat de l'action de l'*eidos* sur la chose, l'*eidos* survenant à la chose, à laquelle il donne moins son intelligibilité et sa détermination qu'il ne les lui impose »[5]. Avec l'εἶδος ou avec l'ἰδέα, il est ainsi question de « métaphysique », comme ce par quoi la connaissance du physique peut être fondée, et non plus de « philosophie », à comprendre comme recherche, pour lui-même, de ce qui est au plus haut degré possible,

1. « Il paraît nécessaire de distinguer la forme de la réalité intelligible dont elle est la forme. Du seul point de vue terminologique, la réalité (οὐσία) intelligible qui peut être conçue, comme une nature ou idée unique (ἰδέα), est distincte de sa forme (εἶδος) (…) La forme est sans doute quelque chose de la réalité, mais quelque chose qui se transmet à la faveur d'une relation causale qui met en rapport l'intelligible et le sensible » (« Les Formes et les réalités intelligibles. L'usage platonicien du terme εἶδος », dans J.-F. Pradeau (coord.), *Platon. Les Formes intelligibles*, Paris, P.U.F., 2001, p. 52-53). *Cf.* aussi *Platon, l'imitation de la philosophie*, particulièrement en III.

2. *Phédon*, 99e.

3. *Cf.* n. 21, p. 241 et n. 331, p. 302.

4. « … après avoir reconnu que chacune de ces Formes existe et est une chose déterminée, et que les autres choses reçoivent leur dénomination de leur participation à ces Formes… ».

5. « *Ousia*, *eidos* et *idea* dans le *Phédon* », *op. cit.*, p. 88.

c'est-à-dire cette même réalité mais cette fois entendue en conséquence comme οὐσία[1].

Il est vrai qu'un recensement de l'ensemble des occurrences des termes d'εἶδος et d'ἰδέα dans les *Dialogues* conduit très souvent à la synonymie. Monique Dixsaut y distingue cependant trois sens propres :

> Il apparaît que, dans les cas où il ne peut être tenu pour synonyme d'*eidos* au sens de Forme intelligible, le terme *idea* 1) est un caractère imposé par un *eidos* aux réalités, sensibles ou intelligibles, qui en participent, ou encore inscrit dans les choses qu'il fabrique par un ouvrier tourné vers un modèle (lequel peut être, lui, appelé *eidos* ou *idea*) ; 2) et réciproquement, que son unicité fait de l'*idea* la condition pour, rassemblant grâce à elle une multiplicité, remonter à l'unité d'une Forme intelligible (*eidos* ou *ousia*) ; 3) enfin, que ce trait unique peut également être saisi à propos de choses qui ne sont pas des Formes intelligibles, à partir d'une réflexion sur la puissance qu'elles exercent et le même type d'effets produits ; ces choses sont alors identifiées à leur *idea*[2].

Lorsqu'elle existe, cette distinction entre et l'ἰδέα et l'εἶδος n'est pas vaine : elle engage directement le sens de la « participation » du sensible à l'intelligible, clef de l'ontologie platonicienne en même temps que ce à quoi s'oppose radicalement l'utopie. Elle est enveloppée dans une distinction également possible, plus générale, entre Formes et essences, avec laquelle rompt également l'utopie.

Formes et essences

Si penser les essences, c'est-à-dire les poser dans leurs unités propres, est en penser les Formes par lesquelles elles se distinguent, il ne s'ensuit pas de ce qu'une essence n'est déterminable que par sa Forme que toute Forme soit automatiquement Forme d'une essence : il en va ainsi particulièrement pour l'Illimité, cette Forme, qui ne peut renvoyer, par définition, à aucune essence déterminée, et qui permet cependant de penser le statut de l'existence, et partant les rapports de l'ontologie platonicienne avec l'utopie. Et dans ce cadre le plaisir, qui relève du genre de l'Illimité (*Philèbe*, 28a), qui n'est pas une essence mais « un devenir en vue

1. « *Eidos* et *idea* apparaissent dans le *Phédon* lorsqu'il s'agit de poser des principes de détermination, donc d'intelligibilité (...). Mais le désir qui relie l'âme de certains à ce que se trouve être chacun des êtres n'a de conséquence que pour l'âme, en l'apparentant à l'*ousia* » (*Ousia, eidos et idea, op. cit.*, p. 90-91).

2. « Encore une fois le bien », *op. cit.*, p. 243. *Cf.* p. 237-243.

d'une certaine réalité » (53c-54c), est pourtant bien lui aussi l'objet d'une réflexion qui vise à le déterminer le mieux possible. Et il en est encore de même pour le laid, l'injuste et le mauvais, par exemple, qui, comme altérations, déficiences, ne peuvent prétendre à être vraiment en tant qu'essences, tout en étant pourtant. La *République*, V est de ce point de vue très claire :

> Puisque le beau est l'opposé du laid, il s'agit donc de deux choses différentes (δύο αὐτῶ εἶναι). (...). Or donc, puisqu'il s'agit de deux choses différentes, chacune d'elle est une. (...) Pour le juste et pour l'injuste aussi, et pour le bon et le mauvais, et ainsi pour toutes les formes (εἰδῶν), on peut tenir le même discours : chacune en elle-même est une, mais parce que chacune se manifeste partout en communauté avec les actions et avec les corps, et les unes en rapport avec les autres, chacune paraît alors être multiple (475e-476a) [1].

Il convient alors de distinguer en matière de connaissance. On ne connaît que ce qui est [2] : savoir que telle chose est laide ou injuste implique ainsi que soient le laid et l'injuste, non pas comme essences donc mais comme Formes, plus précisément en tant que l'être de ces Formes est tout entier déterminé par une parfaite mise en relation avec l'οὐσία correspondante, avec *ce qui est vraiment*, quant à lui directement accessible à l'intelligence par sa Forme propre. Ainsi, par exemple, le plaisir, venant et disparaissant, s'accroissant et diminuant, n'*est pas vraiment*, pas plus que la douleur, mais on peut pourtant le penser par référence à ce qui, comme état normal de stabilité, d'éternité, de plénitude, est vraiment. En cela, ce savoir en vérité de ce qui n'est pas vraiment se différencie clairement du savoir d'opinion qui ne sait, lui, qu'incomplètement ce qu'est le beau ou le laid, le juste ou l'injuste, et aussi le plaisant ou le déplaisant. Ce dernier savoir est à la fois « savoir » en tant qu'il sait bien quelque chose, tout en ne l'étant pas puisqu'il ne rapporte pas ce qu'il sait aux formes intelligibles, qu'elles correspondent ou non directement à des essences. Plus précisément, on peut comprendre que ce savoir d'opinion ne relève pas d'une

1. G. Leroux remarque que, « même si la réalité de la forme (...) est d'abord la réalité de classe ou de l'espèce qui permet de regrouper les prédicats, l'affirmation de l'unicité de chacune (...) permet de voir que Platon introduit ici le concept métaphysique de la forme, dont ce passage est le premier exposé dans la *République* » (n. 1118, p. 644 de son édition, GF-Flammarion).

2. « Comment en effet ce qui n'est pas pourrait-il être connu ? » (477a). Cf. *Parménide*, 132b-c.

capacité en tant qu'il n'est pas vraiment un savoir, qui exige lui la pleine réalité de son objet de référence, c'est-à-dire une forme intelligible (477b-e). Mais dans la mesure où il a quand même bien un objet, en l'occurrence ce mixte d'être et de non-être[1], par ces formes intelligibles qu'il ne fait qu'apercevoir, il relève encore, lui aussi, d'une certaine capacité (478a-d).

De la Nature à la nature d'une chose

A prendre maintenant en son sens très strict l'usage que fait Platon de la notion de φύσις, la « *nature* » de l'être véritable est alors son *eidos* en tant qu'il est considéré plus précisément dans la puissance par laquelle il s'impose aux choses sensibles et à l'intelligence, et de laquelle il pâtit, en retour, lorsqu'il est pensé par elle. La nature d'une chose φύσις, par exemple d'une navette, est ainsi la forme (εἶδος) qu'elle doit avoir pour remplir au mieux sa fonction (ἔργον)[2]. Comme le dit Monique Dixsaut, «*phusis* et *eidos* renvoient à la même chose, mais la première notion met l'accent sur la liaison à la fonction propre, la seconde sur le type d'existence – en soi, indépendante de sa réalisation dans telle ou telle matière. La *phusis* se définit dynamiquement, l'*eidos* se définit par séparation »[3]. C'est donc finalement en ce sens que Platon entend substituer à l'étude de la Nature l'étude de la « nature des choses ».

La conséquence en est alors que penser l'être véritable de ces choses, par la pensée de l'*eidos* et de la *phusis*, implique la compréhension de l'excellence qui leur est propre, puisqu'il y a, « pour toute chose à laquelle une fonction (ἔργον) particulière est associée, (...) une excellence (ἀρετή) »[4]. Et de là vient l'exigence de la science du Bien, par laquelle seule peut donc être assurée dans l'absolu une pensée vraie de la réalité. Si peuvent être dites scientifiques les pratiques discursives comme les mathématiques, pour leurs aptitudes à exprimer de manière intelligible les relations que le sensible donne à penser, le fait qu'elles démontrent à partir d'hypothèses dont elles ne rendent pas compte par raison leur interdit le

1 « On n'opine donc ni sur ce qui est ni sur ce qui n'est pas » (478c).

2. *Cratyle*, 389a-c. M. Dixsaut recense les interprétations qui discutent la question de savoir si *eidos* renvoie ici à la théorie des Formes transcendantes ou si le terme signifie seulement « espèce » (*Le Naturel philosophe*, *op. cit.*, p. 196, n. 11), pour conclure avec Friedländer que « the discussion as to wether the εἶδος refers to the "doctrine of Ideas" derives from the doctrinaire conception of the *Idea* which we are seeking everywhere to overcome » (*Plato*, 3 vol., Berlin (1928-1930), trad. angl., London, 1969, I, p. 342, n. 13).

3. *Ibid.*, p. 197.

4. *République*, I, 353b.

statut de science achevée, d'une science en mesure « de saisir au sujet de toute chose, concernant chacune en elle-même, ce que chacune est réellement », ce qui suppose de « saisir la raison de l'essence de chaque chose »[1]. A une telle science convient en revanche le raisonnement qui procède

> par la force du dialogue ; il a recours à la construction d'hypothèses sans les considérer comme des principes, mais pour ce qu'elles sont des hypothèses, c'est-à-dire des points d'appui et des tremplins pour s'élancer jusqu'à ce qui est anhypothétique, jusqu'au principe du tout. Quand il l'atteint, il s'attache à suivre les conséquences qui découlent de ce principe et il redescend ainsi jusqu'à la conclusion, sans avoir recours de quelque manière à quelque chose de sensible, mais uniquement à ces formes en soi (εἶδος), qui existent par elles-mêmes et pour elles-mêmes, et sa recherche s'achève sur ces formes[2].

Pas de vraie science, finalement, sans connaissance du Bien et ainsi, de façon ultime, « ce qui confère la vérité (ἀλήθεια) aux objets connaissables et accorde à celui qui connaît le pouvoir de connaître, tu peux déclarer que c'est la forme du bien (ἀγαθοῦ ἰδέα) »[3]. C'est pourquoi, « si nous ne la connaissons pas [l'ἰδέα, du Bien], dussions-nous connaître au suprême degré toutes les choses qui existent en dehors d'elle, tu sais que cette connaissance ne nous servirait à rien, de même que nous ne possédons rien sans la possession du bien »[4].

On peut remarquer que, dans la *République*, Platon n'utilise jamais que le terme *idea* pour le bien et jamais *eidos* ou *ousia*[5]. À suivre l'analyse

1. *République*, VII, 533b, 534b. Les mathématiciens « ont recours à des formes visibles et (...) ils construisent des raisonnements à leur sujet, sans se représenter ces figures particulières, mais les modèles auxquels elles ressemblent ; leurs raisonnements portent sur le carré en soi et sur la diagonale en soi, mais non pas sur cette diagonale dont ils font un tracé, et de même pour les autres figures » (VI, 510d). *Cf.* le prisonnier de l'allégorie de la caverne qui, sorti au jour, ne peut d'abord voir le réel qu'à partir des ombres et des reflets (VII, 516ab). Que ce dernier soit bien conscient, alors, qu'il ne s'agit que d'ombres et de reflets constitue certes un progrès par rapport à sa situation dans la caverne, où, forcé de voir les originaux des ombres défilant sur le mur, il ne les considérait pas d'abord comme étant, elles-mêmes, des images, en tant qu'objets fabriqués. Mais il ne voit pas pour autant, à ce stade, les choses en elles-mêmes et par elles-mêmes. Le *Timée*, 50c, formule le rapport ontologique des formes et des objets mathématiques comme un rapport d'imitation, ce que ne dit pas précisément la *République*.

2. *Ibid.*, VI, 511b-c. Voir aussi VII, 533-535.

3. *Ibid.*, VI, 508e.

4. *Ibid.*, VI, 505a. Voir aussi VII, 517 b-c ; 532ab ; 534-535.

5. Ainsi en 505a ; 508e ; 517b ; 526e ; 534c. *Cf.* le recensement de M. Dixsaut, « Encore une fois le bien », *op. cit.*, p. 232.

sémantique de Monique Dixsaut, on peut comprendre qu'il entend ainsi mettre en valeur la puissance du bien par laquelle il s'impose aux réalités, sensibles ou intelligibles, qui en participent. Connaître le bien, alors, c'est se donner les moyens de connaître toute réalité, et de les connaître en vérité[1].

Mais faut-il en déduire qu'il n'y a pas d'essence (*ousia*) du bien, à proprement parler? Le célèbre passage de la *République* VI, 509b semble bien y incliner:

> Pour les objets de connaissance, ce n'est pas seulement leur cognoscibilité que manifestement ils reçoivent du bien, mais c'est leur être (τὸ εἶναι) et aussi leur essence (τὴν οὐσίαν), même si le bien n'est pas l'essence, mais quelque chose qui est au-delà de l'essence, dans une surabondance de majesté et de puissance (οὐκ οὐσίας ὄντος τοῦ ἀγαθοῦ, ἀλλ' ἔτι ἐπέκεινα τῆς οὐσίας πρεσβείᾳ καὶ δυνάμει ὑπερέχοντος)[2].

Et effectivement, on peut comprendre que le Bien est cette Forme que la dialectique a vocation à saisir dans son unité et sa différence, comme tout autre Forme, mais que, dans la mesure où elle est ce qui confère la parfaite intelligibilité aux autres Formes, il ne peut s'agir, à proprement parler, d'une οὐσία, d'une «essence» puisque la connaissance d'une essence tient à sa détermination par une certaine Forme, laquelle est précisément due à la Forme du Bien. C'est en ce sens que la Forme du Bien serait transcendante, qu'elle serait «au-delà de l'essence». L'Idée du Bien,

1. J. Moreau souligne que, ainsi fondées, les Idées «cessent d'être des hypothèses, elles deviennent des vérités, des propositions dont on peut rendre raison; c'est alors que les essences idéales, de nominales deviennent réelles, que les Idées ne sont pas simplement posées, mais connues à la lumière du Bien. Elles changent de modalité sans changer d'essence» (*La Construction de l'idéalisme platonicien*, Paris, Boivin, 1939, p. 345). On peut alors comprendre, avec M. Dixsaut, qu'en 511b, «le bien est la cause de l'existence anhypothétique des Formes, il n'est pas le seul principe anhypothétique» («Encore une fois le bien», *op. cit.*, p. 250-251).

2. Trad. de G. Leroux dans son édition GF-Flammarion. Parmi les nombreuses traductions pour lesquelles Platon refuse dans ce passage le statut d'essence au Bien, on peut citer E. Chambry : «... quoique le bien ne soit point essence, mais quelque chose qui dépasse de loin l'essence en majesté et en puissance» (texte établi et traduit par É. Chambry avec introd. d'A. Diès, Paris, Les Belles Lettres, 1965) ; L. Robin : «... quoique le Bien ne soit pas essence, mais qu'il soit encore au-delà de l'essence...» (Pléiade) ; R. Baccou : «... quoique le bien ne soit point l'essence, mais fort au-dessus de cette dernière...» (GF-Flammarion, 1966) ; P. Pachet : «... alors que le bien n'est pas une essence, mais qu'il est encore au-delà de l'essence...» (Gallimard, 1993).

comme voie d'accès à la distinction de l'essence, par dépassement de la confusion et de la multiplicité de ses images, ne serait pas ainsi au-delà de l'*être* (εἶναι), mais bien de l'*essence* (οὐσία).

Le fait est cependant qu'il est bien question d'une *ousia* du bien dans le *Phédon* : « s'il existe, comme nous le rabâchons sans cesse, un beau, un bien (ἀγαθόν), et tout ce qui comporte cette même manière d'être (οὐσία)... » (76d. Cf. aussi 65d). Et, dans la *République*, la correcte détermination de l'*idea* du bien est dite nécessairement déterminée par référence à l'*ousia* :

> Est-ce que tu acceptes d'appeler dialecticien celui qui est capable de saisir la raison de l'essence de chaque chose (τὸν λόγον ἑκάστου λαμβάνοντα τῆς οὐσίας) ? (...) Or, au sujet du bien (ἀγαθοῦ) aussi, il en va de même. Celui qui n'est pas en mesure de distinguer par le discours la forme du bien (ἀγαθοῦ ἰδέαν), en la séparant de toutes les autres, et comme dans un combat, de passer à travers toutes les réfutations, en se déterminant énergiquement à les affronter, non pas sur la base de l'opinion, mais sur la base de l'essence (οὐσίαν) ; celui qui ne fraie pas son chemin à travers tous ces obstacles grâce à un discours infaillible, ne diras-tu pas que c'est sans connaître le bien lui-même, pas plus qu'aucun autre bien, qu'il se comporte de la sorte ? (VII, 534b-c).

Il y aurait donc bien, quand même, une essence du bien, de l'être absolu de laquelle tout ce qui est vraiment tiendrait sa propre essence, et ce par son *idea*, c'est-à-dire par sa puissance. Mais se pose alors naturellement un problème central de traduction : comment en effet concilier cela avec la traduction ordinaire de 509b, qui dit pour « οὐκ οὐσίας ὄντος τοῦ ἀγαθοῦ » « *même si le bien n'est pas l'essence...* » ?

En fait, il faudrait plutôt lire « *non parce que le bien est une essence..* », selon Monique Dixsaut. Ne se trouverait pas alors empêché qu'il y ait bien une essence du bien, tout en ouvrant à l'affirmation de son caractère supérieur qu'affirme la suite : « ἀλλ' ἔτι ἐπέκεινα τῆς οὐσίας πρεσβείᾳ καὶ δυνάμει ὑπερέχοντος » soit « mais, parce que, par delà l'essence, il la surpasse encore en ancienneté et en puissance »[1]. L'analogie avec le soleil permet de comprendre cela : ainsi, « tout comme le soleil *n'est pas seulement* un objet visible parce que sa puissance dépasse celle de toutes les autres choses qui tiennent de lui leur devenir, *le bien n'est pas seulement*

1. « Encore une fois le bien », *op. cit.*, p. 251. Pour le dire autrement, « le Bien n'est pas une essence *dans la mesure où* il est par delà l'essence » (*Métamorphoses de la dialectique dans les dialogues de Platon*, p. 98).

une réalité intelligible parce que sa puissance dépasse celle de toutes les autres essences qui tiennent de lui leur manière d'être. Sous cet aspect, en tant qu'il est la cause de toute existence essentielle, *il n'est pas seulement une essence* »[1].

L'exigence platonicienne de l'être est donc celle de l'essence, ce que la possibilité de la détermination de ce qui est vraiment par la Forme permet. La recherche y vise en conséquence ce qui ne devient pas, c'est-à-dire ce qui est purement intelligible, ce qu'aucune existence concrète, empirique, sensible, ne peut présenter complètement et directement. Cela n'est pas utopique. La cité supposée découverte par Raphaël Hythlodée dans l'*Utopie* de Thomas More, dite « la forme parfaite de la communauté politique », existe en effet, elle, bel et bien, de façon complètement sensible puisqu'elle n'est que par le regard de Raphaël, et ce en un devenir de progrès.

Il y a bien, pourtant, une pensée de l'existence chez Platon, mais en des termes qui précisément interdisent tout utopisme. Elle emprunte aux Formes du Non-être, de l'Autre, de l'Illimité. Et cette pensée n'est pas sans importance, en tant que lieu du « parricide », de la rupture avec l'ontologie de Parménide.

EXISTENCE, NON-ÊTRE ET ILLIMITÉ

Le Non-être, L'Autre, et l'existence

Platon retient d'abord de Parménide qu'un être n'est vraiment un être qu'en tant qu'il est ce qu'il est et qu'il n'est que ce qu'il est, puisque telle est l'exigence de non-contradiction du λόγος, par lequel est pensé en vérité ce qui est. C'est d'abord de cela dont il s'agit avec l'*ousia*. Être dans la plénitude de l'être, c'est être *le même*, comme l'affirme avec force, rappelons-le, le *Phédon* : « Comme ce qu'est chacun de ces êtres comporte en soi et par soi une unique forme (μονοειδές), est-ce que cela ne reste pas toujours semblablement même que soi, sans accueillir à aucun moment, sur aucun point, en aucune façon, aucune altération ? – Qu'ils restent semblables et mêmes qu'eux-mêmes, c'est une nécessité, Socrate, répondit Cébès »

1. « Encore une fois le bien », *op. cit.*, p. 249. Nous soulignons. « Il faut donc admettre qu'il y a du bien une *idea* unique correspondant à un *eidos* donc à une *ousia*, et que seule la puissance dialectique peut l'appréhender » (p. 246). *Cf.* p. 251-255.

(78d). L'être est ce qui est « toujours semblablement même que soi-même » (80b). Si « *être* », c'est être « *le même* », « *l'autre* » « *n'est pas* », ce qui implique que le sensible doive relever du non-être en proportion directe de ses altérations.

Il faut donc, pour préciser le statut de « l'existence » pure, non-être des choses sensibles par lesquelles elles sont, mais ne sont pas que ce qu'elles sont vraiment, approfondir un peu plus généralement celui du « non-être ». Que le non-être ne soit pas une chose (ἕν τι), qu'il ne soit rien (μηδέν), selon la leçon de la *République*, V, 478b, ne peut dispenser de se demander ce qu'il en est de ce « rien » par lequel particulièrement ce qui est vient à ne pas être tout à fait. Le *Sophiste* est conduit à examiner cela, dans la perspective spéciale de la compréhension de la possibilité du discours faux et des images. Ce faisant, il sait son entreprise en rupture avec l'ontologie parménidienne. Bien que toute pensée du non-être ne soit pas absente de cette dernière, il va s'agir maintenant d'autre chose : par delà une simple position pensée du non-être, « il sera nécessaire (...) d'éprouver la thèse de notre père Parménide, et d'obliger le non-être, sous certaines conditions, à être, et l'être, à son tour, selon quelques modalités, à ne pas être » (241d)[1]. Remise en cause de l'ontologie du *Poème*, on ne peut pas dire en revanche que ce projet conduise à un renversement fondamental d'une doctrine platonicienne antérieure, « normale », que le *Phédon* et la *République* exprimeraient idéalement, et dont il faudrait alors dire que le *Théétète* et le *Parménide* préparaient l'anéantissement. Il est question, dans le *Sophiste*, de poursuivre les analyses anciennes en essayant d'aller plus loin dans la pensée de ce qui est vraiment, par la pleine prise en compte de ce qui rend possible de penser ce qui n'est pas vraiment. C'est pourquoi, la doctrine ontologique du *Timée*, dont on admet communément qu'il est postérieur au *Parménide* et au *Sophiste*, reprend tout à fait celle qu'expose théoriquement la *République*[2].

1. Platon le redit fortement dans le *Politique* : il a été, dans le *Sophiste*, forcé d'admettre l'existence du non-être (284b).

2. Ainsi en 48e-49a ou en 51e-52a. L. Brisson, en accord avec l'interprétation traditionnelle, situe la composition du *Timée* et du *Critias* entre 360 et 350. Voir l'introduction de son édition de ces *Dialogues*, *op. cit.*, p. 72-75. On pourrait certes être tenté de conclure de cette parenté théorique entre le *Timée* et la *République* que, précisément, elle interdit de soutenir que le *Timée* ait été écrit dans la dernière période de Platon. G.E.L. Owen pense ainsi pouvoir conclure de la parfaite orthodoxie ontologique du *Timée* au regard de la *République* à une rédaction du premier antérieure à celle du *Parménide*, qu'il comprend bien rapidement comme une critique de la théorie des formes intelligibles, pensées dans la *République* comme

Il n'est pas d'être que comme Forme

Ce que le *Sophiste* met d'abord en évidence, c'est que penser généralement l'être ne peut certainement pas consister à l'identifier purement et simplement aux Formes, comme le veulent ceux que Platon appelle les « Amis des Formes », qui dénient en conséquence cet être à tout ce qui n'est pas Forme. Ces derniers présentent le sens que ne peut pas prendre l'exigence platonicienne de la réalité [1] : ils affirment que « la réalité existante réside dans certaines formes intelligibles et incorporelles » et non pas dans « un devenir en mouvement » (246b). Cette formule abrupte a certes des allures très platoniciennes. Cependant, avant même d'aller plus loin dans le texte, la perspective des *Dialogues* antérieurs, auxquels peut donc abstraitement renvoyer cette formule, interdit déjà qu'elle puisse signifier, chez Platon, un refus d'accorder aucune réalité au monde sensible en tant que tel : tout au contraire, si Platon a été conduit, avant le *Sophiste*, et avant le *Théétète* et le *Parménide*, à l'hypothèse de l'existence de ces Formes, c'était bien précisément pour pouvoir penser en vérité ce qui se donne comme sensible, c'est-à-dire pour pouvoir conférer une réalité vraie aux existences sensibles, et ce précisément en proportion de leur participation à ces Formes [2].

modèles (*paradeigmata*) des choses sensibles qui en participent (« The place of the *Timaeus* in Plato's *Dialogues* » (1953), *Studies in Plato's Metaphysics*, London, Routledge & Kegan Paul, 1965, p. 313-338). En ce qui concerne le fameux « argument du troisième homme » (*Parménide*, 132c-133a), sur lequel il s'appuie principalement, rien ne permet d'affirmer, au minimum que cet « argument » soit un argument reconnu par Platon lui-même (voir H. Cherniss, « The relation of the *Timaeus* to Plato's later *Dialogues* » (1957), *Studies in Plato's Metaphysics*, 1965, p. 339-378).

1. On a cherché à identifier ces « Amis des Formes » à des Pythagoriciens ou à des Mégariques. Voir, généralement, la notice d'A. Diès dans son édition du *Sophiste* (1925), Paris, Les Belles Lettres, 1985, p. 292, n. 1 ; H. Cherniss, *Aristotle's Criticism of Plato and the Academy*, Baltimore, 1944, repr. New York, 1962, p. 439, n. 376 ; Friedländer, *Platon*, III, p. 522. Voir aussi n. 242 de l'éd. de N.-L. Cordero du *Sophiste* (trad., introd. et notes, Paris, GF-Flammarion, 1993). Qu'il ne faille pas hésiter à reconnaître que ce qu'ils exposent n'est en fait que la propre position de Platon (*ibid.*) ne peut avoir de sens que si l'on comprend bien que la perspective de cette exposition serait alors seulement de permettre les nécessaires approfondissements de cette position, d'abord présentée de façon tout à fait caricaturale, aux fins d'un examen mieux déterminé par la question spéciale du non-être, et non pour une remise en cause pure et simple.

2. Ainsi, selon M. Dixsaut, dans sa critique des « Amis des Formes », « Platon ne saurait réfuter une théorie des Idées qu'il n'a d'ailleurs jamais énoncée, mais il critique une détermination *exclusive* de l'être comme intelligible qu'il n'a à coup sûr jamais opérée » (*Le Naturel philosophe*, *op. cit.*, p. 325, n. 32).

Mais le *Sophiste* dit davantage. Si la réalité est déniée aux corps par les « Amis des Formes », c'est au titre de leurs « mouvements », des altérations perpétuelles qui les caractérisent et qui les excluent ainsi de l'être. Les Formes seules, *sont*, parce que toujours identiques à elles-mêmes, toujours « en repos ». Or, il se trouve que cette position ne peut être tenue sans difficulté : il y a bien un mouvement propre aux Formes elles-mêmes, par lequel elles sont connues, mouvement actif de l'acte de les connaître, et passif par lequel elles deviennent connues (248b-249b), « *puissance* » de l'être hors de laquelle il ne pourrait pas être, s'il est vrai que son être est d'intelligibilité pure. Il faut alors aller plus loin encore, en ce sens : Luc Brisson remarque ainsi que, « pour Platon, c'est bien sa *dunamis*, sa "puissance" qui révèle la nature (*phusis*) d'une chose, son être (*ousia*) », comme principe d'activité et de passivité [1]. « Donc il faut admettre que ce qui est mû, ainsi que le mouvement, sont des êtres » (249b), et ainsi admettre la réalité de ce qui se trouve aussi caractériser fondamentalement les corps, sans qu'il faille, naturellement, du même coup, identifier ce mouvement du connaître avec le mouvement physique : la *mobilité* reconnue aux Formes ne remet certainement pas en cause leur *immuabilité*. L'intelligible ne *se* meut pas, mais il *est mû* par le mouvement autonome de l'intelligence. Les Formes sont *immuables*, mais elles ne sont pas *impassibles* [2].

Ce faisant, les « Amis des Formes » sont conduits à faire écho aux « Fils de la Terre », « gens terribles » en apparence, auxquels ils sont

1. Dans son édition du *Phèdre*, n. 400, p. 229. Dans ce dialogue, Socrate citait Hippocrate pour qui, « pour se faire une idée de la nature de quoi que ce soit », il faut se demander « quelle puissance il recèle : puissance d'agir par nature sur quoi, puissance d'être affecté par quoi » (270d). Sur la notion platonicienne de « *dunamis* », voir A. Diès, *Définition de l'être et nature des Idées dans le* Sophiste *de Platon*, Paris, 1909, chap. III ; J. Souilhé, *Études sur le terme* dunamis *dans les Dialogues de Platon*, Paris, 1919. Rappelons que, dans les *Dialogues* antérieurs, la « puissance » d'un être renvoie à sa *phusis*. Ainsi, c'est par sa *phusis* propre qu'une navette peut remplir sa fonction (*Cratyle*, 389a-b), et c'est en ce sens que la *République* indique que, lorsque l'ambiance n'est pas propice au « naturel » philosophe, ce dernier perd sa *dunamis* propre (497b).

2. Ainsi que le souligne M. Dixsaut, *Le Naturel philosophe*, *op. cit.*, p. 330. Voir aussi particulièrement H. Cherniss, *L'Énigme de l'Ancienne Académie*, p. 155-157. « Platon montre (...) que le mouvement physique du monde sensible peut bien être considéré comme le signe d'un manque de réalité, ainsi que le font les "amis des idées" dont il conteste ici la conclusion sur l'irréalité du mouvement, mais que si on admet l'existence de l'intelligence, on admet par là-même la réalité d'un mouvement qui est autre que le mouvement physique, l'automouvement de l'âme – qui, dans ces conditions, implique une idée du mouvement elle-même "immobile" comme toutes les autres idées » (p. 156).

d'abord opposés radicalement en une sorte de « Combat de Géants » (246a-b), et qui eux aussi avaient été contraints de reconnaître l'être comme « puissance ». La doctrine des « Fils de la Terre », dans l'expression immédiate que Platon lui attribue, consiste à tirer

> vers la terre tout ce qui se trouve dans le ciel et dans l'invisible, ne saisissant ainsi grossièrement avec leurs mains que des pierres et des arbres. Ils soutiennent qu'existe uniquement ce qui offre une certaine résistance et peut être touché, c'est-à-dire, ce qu'ils peuvent saisir. Ils définissent la réalité existante comme identique au corps, et si quelqu'un parmi les autres affirme qu'il y a des choses qui ne possèdent pas de corps, ils les méprisent et ne veulent plus rien entendre (246a-b) [1].

Or, pour peu que, « du moins en théorie », il soit possible de rendre ces derniers affables et prêts au dialogue philosophique, Platon avait supposé que, eux aussi, se devaient de reconnaître que leur principe ontologique ne pouvait pas être aussi simplement affirmé comme exclusif, et qu'à partir du moment où ils acceptaient de reconnaître que la sagesse ou la justice, par exemple, existaient aussi, bien qu'incorporelles, il leur faudrait adhérer également aux propos suivants de l'Étranger :

> Je dis que ce qui possède une certaine puissance, soit d'agir sur n'importe quelle autre chose naturelle, soit de pâtir – même dans un degré minime, par l'action de l'agent le plus faible, et même si cela n'arrive qu'une seule fois – tout cela, je dis, existe réellement (ὄντως εἶναι). Et, par conséquent, je pose comme définition qui définisse les êtres (τὰ ὄντα) que ceux-ci ne sont pas autre chose que puissance (247d-e) [2].

Cela étant, d'une part, la différence formelle de ces développements, apparemment parallèles, n'est pas mince du point de vue des préférences

1. Sous ce nom de « Fils de la Terre » sont visés, selon O. Bloch, « des penseurs matérialistes qu'on a du mal à identifier avec précision, mais les traits composites de leur figure doivent faire allusion à plusieurs courants rassemblés pour les besoins de la cause » (*Le Matérialisme*, *op. cit.*, p. 42). L'atomisme est ici certainement particulièrement concerné, comme le montre par exemple le fait que pour ces gens « l'âme, quant à elle, est pourvue d'un certain corps » (247b. *Cf.* par exemple, W.K.C. Guthrie, *A History of Greek Philosophy*, vol. V, 1978, p. 138, n. 2), mais sans qu'on puisse pour autant en faire la seule référence, ne serait-ce que par l'empirisme que Platon fait professer à ces « Fils de la Terre », du moins dans leur déclaration initiale et avant qu'il ne les suppose « rendus meilleurs, en théorie » : une existence exclusivement rapportée à ce qui peut être « touché », « saisi », ne peut naturellement pas renvoyer aux atomes.

2. « Peut-être, plus tard, cela apparaîtra différent (...). Pour le moment, que cela reste accordé... » (247e-248a).

propres de Platon. Dans ce « Combat de Géants », les uns (les « Amis des Formes ») ont seulement à bien orienter leur thèse pour qu'elle produise les effets auxquels elle semblait d'abord s'opposer, alors que les autres (« les Fils de la Terre »), se doivent d'abandonner radicalement leur position initiale (il n'y a que des corps) pour que soit atteinte la définition de l'être comme « puissance ». D'autre part, comme le souligne Luc Brisson, le *Sophiste* n'entend pas identifier purement et simplement l'être et la puissance. Il s'agit fondamentalement, dans ce dialogue, d'introduire au statut de « l'Autre » et, partant, du « Non-être ». En conséquence, la définition de l'être par la puissance

> permet de renvoyer dos à dos « matérialistes » et « amis des formes », pour en arriver à mettre en évidence l'irréductibilité de l'être (*ousia*), dont, en se servant de ces contraires que sont le repos et le mouvement, on montrera que pourtant il est indissociable de l'identité – le « même » – et de l'altérité – « l'autre ». Un être n'est ce qu'il est que parce qu'il est différent de tout ce qu'il n'est pas [1].

La conclusion du « Combat de Géants » conduit ainsi à reprendre, différemment, la question de l'être, et avec elle celle de cette « existence » pure, non-être au sens de la *République* et de Parménide. La perspective est donc maintenant celle de « l'être total », qui doit comprendre, non seulement ces êtres que sont les Formes, mais aussi le mouvement, la vie, l'âme et l'intelligence (248e-249a), et aussi naturellement le repos (249b-c). Avec le « Combat des Géants », se trouve achevé l'examen de tous les systèmes philosophiques qui, d'une manière ou d'une autre (242b-248e), ont envisagé la réalité existante comme une sorte de « chose », close sur elle-même et pouvant se définir par elle-même [2]. Ce qui apparaît maintenant, c'est que l'être étant une véritable *puissance*, les réalités *sont* en tant qu'elles *subissent* ou *agissent* les unes sur les autres, ce qui signifie très précisément que c'est dans ses *relations*, et seulement dans ses relations, que chaque réalité se trouve *déterminée* dans son être propre. Chaque chose est ce qu'elle est, en ce qu'elle n'est pas ce qu'elle n'est pas, chaque chose

1. *Phèdre*, note 400, p. 229.

2. C'est pourquoi M. Dixsaut peut dire que « l'examen des doctrines de l'Être sert en effet à récuser une possible distinction qui aurait pour effet de constituer l'Être comme objet de deux problématiques séparées, ontologique et logique. Car alors il faudrait admettre ce qu'il s'est précisément refusé à admettre, deux tautologies : l'Être est, l'existence est substance et jamais prédicat ; le langage n'est que du langage, phénomène séparé de l'Être ainsi entendu » (*Le Naturel philosophe*, *op. cit.*, p. 326).

est la même qu'elle-même par sa différence avec les autres. Cela vaut pour les Formes, qui ne peuvent donc pas être des réalités absolument séparées les unes des autres, comme cela vaut pour toutes les figures pensables de l'être.

L'être comme puissance de communication

Autrement dit, l'être est, très généralement, puissance de communication : « Ce qui est capable de s'ajouter à quelque chose, ou de l'abandonner, est quelque chose (τι) qui existe totalement (πάντως εἶναι) » (247a). Tel est le sens de l'Être lui-même, comme Forme : il est cette Forme qui communique sa puissance d'être, c'est-à-dire d'agir et de pâtir, à toutes les Formes. Il est ainsi, non seulement l'une de ces Formes « qui sont en communication avec toutes, pénétrant tout » (254c), mais, comme Être, la *Forme même de la Communication*, dont la « Participation » est un registre particulier qui, lorsqu'elle concerne les Formes, fait qu'on ne peut pas dire qu'elles « participent » *plus ou moins* à l'Être, puisqu'elles ne sont Formes qu'en tant qu'elles sont véritablement, pleinement, totalement[1]. Et c'est ainsi que tout ce qui est participe généralement de l'Être, y compris donc les objets du devenir, qui sont également. Les formes intelligibles n'ont pas l'exclusivité de l'être. Elles sont seulement *autrement*, ce qui n'est certes pas rien, en ce qu'elles *sont vraiment*, en ce que par leur intelligibilité elles sont *toujours* ce qu'elles sont. Si elles sont ainsi autrement, c'est par leur mode propre de participation au Bien, non pas leur participation commune à l'Être[2]. Autrement dit, l'Être est universellement participé, et c'est pourquoi aucune définition n'en est possible qui le réduirait à l'exclusivité d'une sorte d'être. Il n'est, comme Être, ni Corps, ni Forme, ni Un, ni Deux, etc.

1. Cette « communication » de l'Être aux autres Formes est bien une « participation », en l'occurrence absolue, comme en témoignent suffisamment les formulations suivantes : « [le mouvement] existe, du fait qu'il participe à l'être (μετέκειν τοῦ ὄντος) » (256a) ; « [le mouvement] est être, étant donné qu'il participe à l'être (τοῦ ὄντος μετέκειν) » (257d) ; « [les genres] existent et sont des êtres (εἶναί καὶ ὄντα) ; parce qu'ils participent à l'être (μετέχειν τοῦ ὄντος) » (256e) ; « le non-être s'est révélé tout à l'heure comme participant à l'être (μετέχον τοῦ ὄντος) » (260d) ; « l'autre participe à l'être (μετασχὸν τοῦ ὄντος) et (...) il existe grâce à cette participation » (259a). Voir N.-L. Cordero, introduction du *Sophiste*, *op. cit.*, p. 52.

2. « Ce n'est pas la participation à l'Être qui confère la suffisance et la plénitude de la détermination (*ousia*), c'est la participation au Bien. Encore faut-il ajouter que cette existence n'a d'autre modalité que celle de l'intelligible, et que les degrés d'"existence" ne sont jamais que des degrés d'intelligibilité » (*Le Naturel philosophe*, *op. cit.*, p. 328).

Vient alors la difficulté des difficultés : si l'Être est universellement participé, il faut aller jusqu'à dire, et tel est le « parricide », que le *non-être*, aussi, *est*. Mais l'analyse platonicienne permet de comprendre que, s'il *est*, c'est en ce que par lui sont communiquées des différences. Il est comme *différence*. Si toute chose est, dans une identité propre, le non-être désigne ce que cette chose n'est pas, ce par quoi elle est aussi objet de pensée puisqu'une chose ne peut être ce qu'elle est que par le réseau de différences qui la fait ne pas être ce qu'elle n'est pas. Et du coup, la possibilité ontologique du mensonge, et plus fondamentalement du faux, apparaît : le faux est du non-être comme différence impropre.

Le non-être comme négation et comme contraire

Ici s'impose une distinction conceptuelle forte, entre « négation » et « contraire ». L'Étranger prévient : « Que l'on ne dise pas que lorsque nous avons le courage d'affirmer que le non-être existe, nous pensons mettre en évidence le contraire de l'être » (258e). Comme « différence » le non-être est, et en cela il n'est pas le *contraire* de l'être, qui est lui, certes, parfaitement impensable, inexprimable, et que l'Éléate « envoie promener » (*ibid.*). Le non-être *est*, comme *négation* de l'être, non comme son *contraire*. Comme le dit Denis O'Brien,

> Ce « contraire » de l'être est à distinguer de l'être qui est « autre » que l'être, sans en être le contraire. Ce non-être « autre » que l'être est « réellement ce qui n'est pas » (ὄντως τὸ μὴ ὄν, 258e3), expression qu'emploie ici l'Étranger pour désigner sa propre conception du non-être. (...) En somme, Platon distingue le non-être qu'il approuve : la négation exprimant l'altérité, d'avec le non-être qu'il condamne : la négation exprimant la contrariété [1].

On peut alors revenir sur *République*, V, 477a-b. Socrate tenait que « ce qui est complètement est complètement connaissable, alors que ce qui n'est aucunement est entièrement inconnaissable ». « *Ce qui n'est aucunement* » : on peut penser qu'il s'agit là de ce que le *Sophiste* dira être le « contraire » de l'être, nécessairement impensable en conséquence, effectivement. Mais ce qui, en revanche, est « *complètement connaissable* » peut aussi être compris à la lumière du *Sophiste* comme ce qu'est, en soi, ce qui est, en tant que cela inclut nécessairement le jeu de ses

1. *Le Non-être. Deux études sur le Sophiste de Platon*, Sankt Augustin, Academia Verlag, 1995, p. 16-17.

différences, c'est-à-dire encore avec le non-être, mais cette fois considéré comme « négation ». Et alors, pour en revenir à la *République*, « si une certaine chose est ainsi disposée qu'elle est et n'est pas à la fois », l'usage combiné des deux sens du non-être (la négation et le contraire) pourrait permettre de bien la déterminer comme objet de l'opinion, d'une part en tant que ce n'est pas seulement de l'être (il est en lui du « contraire » de l'être, comme chose sensible), mais aussi d'autre part en tant qu'il ne peut être connu (mal connu) que spécialement par le jeu de différences qui le fait être (mal être). La *République* insiste sur le premier moment de cet « entre-deux », où la présence dans les choses sensibles de « ce qui n'est aucunement » altère l'être en elles de « ce qui est complètement », comme en témoignent les exemples de ces choses jamais vraiment belles, justes ou grandes (479a-c). De ces choses,

> il n'est guère possible de penser de manière stable qu'aucune d'elles ou bien est ou bien n'est pas, ni que ce soit les deux à la fois ni aucun des deux. (…) Où pourrais-tu leur assigner une meilleure position que la place intermédiaire entre l'être et le non-être ? Car, bien sûr, elles ne paraîtront pas plus obscures que ce qui n'est pas en raison d'un surcroît de non-être, pas plus qu'elles ne seront plus claires que ce qui est en vertu d'un surcroît d'être (479c-d).

Une Forme du Non-être

Avec le *Sophiste*, le non-être s'ouvre donc pleinement à sa dimension d'être comme « autre ». Vient alors naturellement la question de l'existence d'un « non-être *en soi* » comme *différence absolue*, un « non-être *en soi* » qui ne serait pas le *contraire* de l'être, qui devrait être compris comme *négation*, *différence*, mais qui ne serait pourtant référé à rien dont il serait la différence, et dont pourrait participer en conséquence tout ce qui est différent, d'une manière ou d'une autre. L'Étranger le dit :

> Voilà que nous avons démontré non seulement que le non-être existe, mais aussi nous avons mis en évidence *la forme* (εἶδος) *qui se trouve être celle du non-être*, car une fois démontré que la nature de l'autre existe, et qu'elle se trouve divisée en parties dans tous les êtres, lorsqu'ils ont des rapports mutuels, nous avons eu le courage de dire que le non-être est

réellement ceci : la partie de la nature de l'autre qui est opposée à l'être de chaque chose (258d-e)[1].

Nestor-Luis Cordero considère, qu'ici, « l'enthousiasme de Platon dépasse sa solution », et qu'on ne peut aucunement conclure d'une différence *relative*, à l'être d'une différence *en soi*, comme non-être *en soi*[2]. Et pourtant, avec ce « non-être [qui] existe solidement avec sa nature propre à lui… » (258b), il devient possible de penser ce lieu de « *l'existence* » pure que nous avons distingué plus haut de « l'essence », comme ce par quoi ce qui est sensible n'est pas que ce qu'il est, est toujours en même temps autre que ce qu'il est, en une indétermination qui fait couple avec la complète détermination des formes intelligibles. Le non-être absolu sera en effet alors à l'existence pure ce que le non-être relatif est, premièrement, à ce que la position de chaque Forme désigne comme ce qu'elle n'est pas, et deuxièmement à l'indétermination relative de chaque chose sensible, en ce qu'elle est pourtant relativement déterminée par sa participation contradictoire et instable aux formes intelligibles par lesquelles elle est ce qu'elle est. Autrement dit, « *l'existence* », qui n'est pas

1. Nous soulignons. N.-L. Cordero, examinant les rapports entre le Non-être et l'Autre, affirme que, « dans notre passage, il n'y a pas l'ombre d'un doute : la Forme de l'être, le non-être en soi, le non-être qui est réellement non-être, c'est l'autre » (*Sophiste*, n. 336, p. 269). M. Dixsaut, dans « La négation, le non-être et l'autre dans le *Sophiste* », *Platon et la question de la pensée. Études platoniciennes* I, 225-270 (version remaniée d'un article publié dans *Études sur le* Sophiste *de Platon*, publiées sous la direction de P. Aubenque, Naples, Bibliopolis, 1991), entend bien prendre en considération que « l'Étranger affirme que le Non-être est la *partie* de la nature de l'Autre opposée à l'Être » (p. 263) : « ce qui participe de lui, ce sont des êtres qui sont des relations d'opposition, à l'ἀντίθεσις participent des ἀντιθέσεις. Ces êtres participent du Non-être, non pas de l'Autre en général mais d'une partie de l'Autre, de cette opposition à l'être appelée "Non-être". 'Αντίθεσις d'une partie de l'Autre à l'Être, le Non-être suppose une mise à distance de l'être, un recul par rapport à ce qui est, lesquels n'existent pas moins que l'être lui-même » (p. 265). Ainsi, « participer au Non-être, c'est être une opposition, une négation. L'opposition est une espèce de relation, parce que le Non-être est une partie de la Nature de l'Autre. L'altérité de l'Autre confère à chaque être la propriété d'être autre relativement à un autre ; la relation de l'Autre à l'Être déclenche deux opérations, la partition de l'Autre, et la mise en opposition à l'Être qui constitue l'être du Non-être » (p. 266). Voir D. O'Brien, *Le Non-être. Deux études sur le Sophiste de Platon*, particulièrement p. 44-45, et les « Notes complémentaires », p. 91-130, qui discutent plusieurs thèses et traductions concernant les rapports de l'Autre et du Non-être. L'ouvrage comporte une importante bibliographie, complétée d'un « Supplément ». Voir aussi Y. Lafrance, « Sur une lecture analytique des arguments concernant le non-être (*Sophiste*, 237b10-239a12) », *Revue de Philosophie ancienne*, n° 2, 1984, sur le rapport « concept »/« Forme », et John Thorp, « Forms, concepts and TO MH ON », *ibid.*, qui y répond.

2. Introduction au *Sophiste*, GF-Flammarion, p. 57 *sq.*

vraiment, peut ainsi être cependant pensée par ce qui est vraiment, par *l'absolu de l'altérité*, comme la *différence en soi* que les Formes, en ce qu'elles sont parfaitement déterminées par le Bien, nient dans leur participation propre au non-être, qui pour elles n'est donc jamais que relatif, comme il n'est aussi jamais que relatif, en conséquence, pour les choses sensibles, et ce en proportion de leur propre participation aux formes intelligibles. Cela ne va certes pas sans difficultés : comme le relève fortement Francesco Fronterotta, la nature de « *l'Autre en soi* », c'est « le renvoi constant, incessant, à l'autre de soi ; et si l'on tentait de le saisir en soi, l'autre se révélerait toujours et de toute manière autre que lui-même. Sur cette base, il est évident que l'altérité, la différence, en soi, demeure complètement impensable, puisqu'au moment même où on la pense elle est déjà l'autre d'elle-même » [1].

Et pourtant, le *Sophiste* est très clair : « La nature de l'autre doit être ainsi énoncée comme cinquième parmi les formes (ἐν τοῖς εἴδεσιν) que nous avons choisies » (255d-e). Or, si avec cette cinquième forme est ainsi rendue particulièrement possible une approche de l'indétermination de l'existence pure, comme nous le pensons, il semble bien que soit alors ouverte une voie vers ce qui est encore plus radical en la matière : une détermination, c'est-à-dire une forme intelligible, de l'indétermination elle-même.

L'existence et l'illimité

L'*existence* pure relève de *l'illimité*, de *l'indéfini*, par quoi les choses existantes ne cessent de cesser d'être ce qu'elles sont, devenant toujours ce qu'elles ne sont pas, là où l'être n'est *être en vérité* qu'en proportion de sa détermination, de son caractère fini, le principal en matière de connaissance étant « de commencer par faire cette distinction : qu'est-ce qui est toujours sans jamais devenir, et qu'est-ce qui devient toujours sans être jamais ? » (*Timée*, 27e). Le paradoxe est donc ici qu'il est question de déterminer l'autre de l'unité, de l'identité et de l'éternité, par lesquelles s'affirme précisément l'exigence des formes intelligibles [2], c'est-à-dire la

1. « L'être et la participation de l'autre. Une nouvelle ontologie dans le *Sophiste* », *Les Études philosophiques*, n° 3, juillet-septembre 1995, p. 349.

2. Sur ces trois perspectives justifiant la théorie des formes intelligibles, voir particulièrement R. W. Jordan, *Plato's Arguments for Forms*, Proceedings of the Cambridge Philological Society, Supplementary volume 9, Cambridge, 1983.

multiplicité, les contradictions et le devenir de l'existence sensible. Le point d'appui est que ce qui devient n'est certes pas pur néant, puisque « devenir » est, pour une chose, passer de ce que l'on peut penser à ce que l'on peut penser. Mais l'on ne peut pas pourtant, à prendre les termes dans toute leur rigueur, dire qu'est *vraiment* ce qui devient.

L'être n'est pas l'illimité

Tel est le point où l'exigence platonicienne de la réalité opère une démarcation radicale avec les conceptions des sophistes et des « physiciens »[1]. Anaximandre, premier successeur de Thalès, avait ainsi conclu que seul l'*Illimité* (Ἄπειρον), comme matière indéterminée, autrement dit *existence* pure, pouvait être « principe » et « être » de toute chose, d'où tout vient et à quoi tout retourne[2]. La notion est certes difficile, à la fois abstraite puisque ne renvoyant immédiatement à rien de concret, et suffisamment riche de déterminations enveloppées pour pouvoir contenir tout le concret des choses[3]. Elle institue en tout cas une solidarité ontologique nette que refuse Platon, entre *l'être* d'une part, *l'existence* et *l'illimité* d'autre part : Olivier Bloch voit ainsi en elle, du point de vue du matérialisme spontané, la signification la plus avancée conceptuellement du naturalisme ionien[4].

L'identification de l'être et de l'apparaître conduisait aussi les sophistes les plus conséquents à une doctrine de *l'être* comme *existence* pure ne pouvant être pensée que comme *illimité*[5]. Ainsi Antiphon voyait la

1. Voir C. Huffman, « Limite et illimité chez les premiers philosophes grecs », dans M. Dixsaut (dir., avec la collaboration de F. Teisserenc), *La Fêlure du plaisir. Études sur le* Philèbe *de Platon. 2. Contextes*, Paris, Vrin, 1999, p. 16-31. Voir aussi, plus généralement, et dans la perspective de la structure des mythes platoniciens sur laquelle nous reviendrons, J.-F. Mattéi, *Platon et le miroir du mythe*, p. 33-55.

2. « Anaximandre (…) a dit que l'Illimité est le principe et l'élément des choses qui sont, étant du reste le premier à user du terme de principe » (Simplicius, *Commentaire sur la physique d'Aristote*, 24, 13, dans J.-P. Dumont, *Les Présocratiques*, *op. cit.*, A, IX, p. 26-27).

3. Si pour Anaximène, dernier représentant connu de l'École de Milet, *l'Illimité* est bien le principe, il refuse d'en faire un substrat indéfini. Le principe de toute chose est pour lui l'air qui, au contraire de l'eau qui retombe faute de support, se suffit à lui-même et semble posséder une diffusion illimitée, en une infinité de grandeur qui exclut l'indétermination qualitative de l'Infini d'Anaximandre. Voir en particulier Simplicius, *ibid.*, A, V, p. 42.

4. *Matière à histoire*, *op. cit.*, p. 42.

5. Et il ne peut en être autrement, comme le montre T. Buchheim, dans *Die Vorsokratiker. Ein philosophisches Porträt*, Munich, Beck, 1994, si la caractéristique fondamentale de la philosophie présocratique, en général, est de s'inscrire dans la perspective d'une « fusion » de la pensée et de l'être (p. 29). L'Ἄπειρον d'Anaximandre exprime en effet au plus haut point

nature des choses, leur essence, leur vraie réalité dans ce qu'il désignait par ἀρρύθμιστον, que l'on peut traduire par « le libre de structure »[1]. Selon Aristote, Antiphon est de ceux qui croient que « la nature et l'essence des êtres naturels, c'est le sujet immanent de chacun, en lui-même informe (…), si bien que la disposition conventionnelle obtenue par l'art n'est qu'un accident et que l'essence est ce qui demeure continûment sous ces modifications »[2]. « De ce fait, [le libre de structure] ne manque de rien, il ne reçoit rien en plus, mais il est illimité (ἄπειρον) et n'a besoin de rien »[3].

Tout autre est donc l'ontologie platonicienne, pour laquelle *l'être* doit être distingué de *l'existence* par la *Limite*. On sait ce que Platon doit ici à la philosophie pythagoricienne, en particulier par sa rencontre avec le mathématicien et homme politique Archytas de Tarente[4]. Selon Philolaos de Crotone[5], chaque chose est une harmonie de nombres, dans la perspective d'une opposition fondamentale entre la Limite et l'Illimité. En effet, « ce sont les illimités et les limitants qui ont, en s'harmonisant, constitué au sein du monde la nature, ainsi que la totalité du monde et tout ce qu'il contient »[6], sachant que « la nature du nombre (…), pas plus que ne le fait

l'homme livré au monde, « pris » et sans repères. Aristote avait ainsi bien raison de faire des sophistes et des physiciens des représentants de la même « position de pensée ». En revanche, Anaxagore ne peut pas être considéré comme un vrai présocratique, puisqu'il sépare totalement l'Intellect du monde.

1. Comme l'indique Benveniste, puisque le ῥυθμός a pour sens constant « forme distinctive, figure proportionnée, disposition » (*Problèmes de linguistique* générale, 2 vol. [1966 et 1974], Paris, Gallimard, 1976 et 1980, I, chap. XXVII.

2. *Physique*, II, 1, 193a, dans J.-P. Dumont, *Les Présocratiques*, B, XV, p. 1100. Voir G. Romeyer Dherbey, « Cosmologie et politique chez Antiphon », *Bulletin de la Société française de Philosophie*, oct.-déc. 1995.

3. *Ibid.*, B, X, p. 1098.

4 Les *Lettres* IX et XII sont adressées à Archytas. Platon évoque leur amitié et l'intervention d'Archytas en sa faveur dans la *Lettre* VII, 338c d ; 339d ; 350a-b. On peut se reporter en priorité à J. Barnes, « Les penseurs préplatoniciens », dans M. Canto-Sperber (dir.), *Philosophie grecque*, Paris, P.U.F., 1997, p. 57-60.

5. Il est peu vraisemblable que Platon ait personnellement rencontré Philolaos. Il l'est encore moins qu'il s'en soit procuré les écrits secrets, ainsi que ceux de Pythagore, comme le rapporte Diogène Laërce VIII, 84. Cela étant, C. Huffman considère que Platon s'y réfère certainement. « La référence à Philolaos dans le *Phédon* montre que Platon était bien au fait de son œuvre » (« Limite et illimité chez les premiers philosophes grecs », *op. cit.*, p. 16).

6. Diogène Laërce, *Vies*, VIII, 85, dans J.-P. Dumont, *Les Présocratiques*, B, I, p. 502. « Le pythagoricien Philolaos [déclare que les principes sont] la limite et l'illimité » (Aetius, *Opinions*, I, III, 10, *ibid.*, A, IX, p. 492). « Les choses divines exercent leur empire sur les choses inférieures, et le monde est le résultat un de l'accord des contraires, étant constitué de

l'harmonie, n'admet la fausseté » alors que la fausseté ressortit, elle, « à la nature de ce qui est illimité, inintelligible et irrationnel »[1]. Pour autant, on ne peut pas réduire purement et simplement la recherche platonicienne de ce qui est vraiment à un héritage pythagoricien, et pas non plus à une éventuelle réception plotinienne, comme l'entend particulièrement une interprétation ésotériste lorsqu'elle situe le vrai sens de la philosophie de Platon dans un prétendu enseignement oral qui aurait tout expliqué, réalités sensibles et réalités intelligibles, à partir des Principes de l'Un et de la Dyade indéfinie[2].

Les genres de ce qui existe

Selon le *Philèbe*[3], il y a dans tout ce qui existe de *l'illimité* (ἄπειρον) et de la *limite* (πέρας). Le troisième genre (γένος) est le *mélange* des deux premiers. Le quatrième est la *cause* du mélange des deux premiers. Et il y en a peut-être encore un *cinquième*, qui aurait pour rôle de *séparer* (23b-e)[4]. Ainsi, premièrement, en ce qui concerne l'illimité (ἄπειρον)[5],

limitants et d'illimités, d'après Philolaos » (Proclus, *Commentaire sur le Timée de Platon*, I, éd. Diehls, 176, 27, *ibid.*). Voir aussi B, I, II, III, p. 502-503.

1. Stobée, *Choix de textes*, I, préface, 3, *ibid.*, B, XI, p. 506. Selon J.-P. Dumont, ainsi, Platon aurait adopté des pythagoriciens « qui faisaient de tout être le mélange de la limite et de l'illimité (...) la conception selon laquelle le multiple ne peut exister sans participation à l'Un. De là naissent les premiers un-multiples que sont les idées-nombres, et ainsi de suite, chaque mixte ainsi constitué devant être lui-même la limite du mélange qui vient après et qu'il concourt à produire en introduisant justement en lui la limite : ainsi le point permet à la ligne d'exister, parce que la grandeur continue de la ligne doit être limitée par un point à chacune de ses extrémités ; la ligne délimite la surface et la surface le volume qui lui-même contient le corps sensible, etc. » (*Éléments d'histoire de la philosophie antique*, *op. cit.*, p. 7).

2. Selon Aristote, source principale en la matière, Platon aurait ainsi pensé que « comme matière, le grand et le petit sont des principes, mais que, comme substance, c'est l'un, car c'est à partir d'eux, par participation à l'un, que les nombres sont les formes. Pourtant, quand il disait que l'un est substance et que ce n'est sûrement pas en étant un être différent qu'il est dit un, il était très proche des Pythagoriciens, et il disait, de la même manière qu'eux, que les nombres sont causes de la substance des autres êtres. Mais substituer la dyade à l'infini, ‹qu'ils concevaient› comme un, et former l'infini à partir du grand et du petit, cela lui est propre » (*Métaphysique*, présentation et trad. M.-P. Duminil et A. Jaulin, Paris, GF-Flammarion, 2008, A, 6, 987b-988a).

3. Pour l'étude générale de ce dialogue, nous renvoyons prioritairement à M. Dixsaut, (dir.), avec la collaboration de F. Teisserenc, *La Fêlure du plaisir. Études sur le* Philèbe *de Platon*.

4. Sur ce « cinquième Genre », voir la note d'A. Diès dans son édition [1941], Paris, Les Belles Lettres, 1978, p. 20, n. 1.

5. M. Dixsaut traduit indifféremment *apeiron* par « illimité », « indéfini », « indéterminé », « selon le contexte, n'écartant que le terme "infini", non qu'il soit absolument inadé-

« tout ce qui peut nous sembler devenir plus ou moins, ou susceptible d'intensité, de douceur, d'excès comme de toutes les qualités semblables; tout cela, nous devons le ranger sous le genre (γένος) de l'illimité comme en son unité » (24e-25a)[1]. Deuxièmement, en ce qui concerne la limite (πέρας), « tout ce qui n'admet pas ces qualités et reçoit plutôt les qualités opposées, d'abord l'égal et l'égalité, puis, après l'égal, le double et tout ce qui est comme un nombre à l'égard d'un autre nombre, ou une mesure par rapport à une mesure, ne semblerions-nous pas bien faire en mettant tout cela au compte de la limite ? » (25a-b). C'est ainsi la limite qui, mettant fin à l'opposition mutuelle des contraires, les harmonise en les rendant commensurables[2]. Le mixte en résulte, troisièmement, comme « l'unité de ce qui provient des deux autres genres : la naissance en vue d'une réalité, produite par l'effet des mesures qui accompagnent la limite » (26d)[3], Platon donnant pour exemples la santé, les saisons « et toutes les belles choses de la sorte, lorsque les choses illimitées et celles qui ont une limite ont été mélangées » (24a-b). Ainsi, peut conclure Socrate, « en premier lieu, je pose donc l'illimité, en deuxième la limite, puis, en troisième, la

quat, mais parce qu'il est impossible de traduire *peras* par "fini" » (dans M. Dixsaut (dir.), *La Fêlure du plaisir*, *op. cit.*, t. 1, Introduction, p. XIII). C'est pourtant ce que fait L. Robin.

1. « Est une espèce d'*apeiron* ce qui se trouve toujours en excès ou en défaut par rapport à une limite, ce qui en est, si l'on peut dire, la transgression en acte. L'*apeiron* n'est donc pas une matière que la limite viendrait informer, c'est un devenir que la limite vient stabiliser, une perpétuelle inégalité à soi… » (*ibid.*, t. 1, p. XXI). Cf. *République*, II, 373d ; IX, 591d ; *Phèdre*, 267b ; *Lois*, X, 910b, sur quelques occurrences de l'illimitation.

2. A. Diès remarque que « nous retrouvons, avec le πέρας, le μέτριον ou la juste mesure du *Politique*. Car le ποσόν qui constitue ce πέρας n'est pas ici une quantité quelconque, c'est la quantité requise pour une production heureuse. (…) Aussi le *Philèbe* a-t-il accouplé, dès le premier instant, quantité précise et juste mesure, τὸ ποσόν, αὐτό τε καὶ τὸ μέτριον (24c) » (Introd. au *Philèbe*, XXVIII).

3. J. F. Pradeau, commentant sa traduction, souligne qu'il s'agit bien ici de choses sensibles, et que l'emploi d'οὐσία ne doit certainement pas faire conclure à un changement ontologique chez Platon, qui viendrait à attribuer au sensible l'être véritable. Il rappelle que « la distinction platonicienne du devenir et de la réalité, y compris dans la *République*, ne prend pourtant jamais la forme d'une séparation tranchée, ne serait-ce que parce que les objets sensibles, en devenir, possèdent les caractéristiques qui sont les leurs du fait de leur participation aux réalités intelligibles » (n. 74, p. 250-251). Ce que la chose sensible devient (belle, par exemple), elle le devient par le réel en elle (le Beau en elle, par exemple, par quoi advient ce qu'elle a de réel). Pour A. Diès, aussi, l'οὐσία dont il s'agit dans ce « γένεσιν εἰς οὐσίαν » n'est certainement pas l'être éternel, mais *l'existence*, provisoirement déterminée, intermédiaire entre la génération et la mort. Il n'y voit donc aucune promotion du devenir à une plus haute valeur ontologique, contrairement à des auteurs comme Robin ou Natorp (Introd. au *Philèbe*, XXVIII-XXX).

réalité mélangée et devenue; quant à la cause du mélange et du devenir, la dire quatrième serait-il déplacé ? » (27b-c)[1].

Quel est le statut de ces genres, et plus spécialement dans ce cadre, quel est le statut de l'*apeiron* chez Platon ? De la réponse à cette question dépend l'approfondissement de la position de *l'existence* au regard de la pensée, ce qui nous intéresse ici directement.

Les Formes de la Limite et de l'Illimité

Selon Léon Robin,

> tandis que les genres du *Sophiste* sont les essences les plus fondamentales de la constitution du réel ou les « Idées » premières, ceux du *Philèbe* me paraissent être les modalités dernières et irréductibles de ce « pouvoir d'agir et de pâtir » qui, dans le *Sophiste* (247d-e), a servi à définir l'existence vraie. On verra en effet que, parmi ces « fonctions » de l'être, deux sont actives (limite, cause), et deux passives (infini, mélange); le cinquième genre, n'étant pas explicitement défini, n'a pas lieu d'être qualifié sous ce rapport[2].

Auguste Diès refuse pourtant de ne voir en eux que de simples « fonctions de l'être ». Il s'agit bien, selon lui, d'« Idées », de « Formes » en tant que telles[3] : « Chacun de ces genres est une nature (φύσις), un type de

1. C'est ainsi par la « Cause », comme le dit A. Diès, « que le ποσόν, par lequel s'expliquait le πέρας, (16b-17b) se voit accoler le μέτριον (24d) auquel s'opposera, dans l'ἄπειρον (24e), le trop (λίαν) » (Introd. au *Philèbe*, XCVII). Voir *Banquet*, 205b ; *Sophiste*, 265b et surtout *Timée*, 28a : tout ce qui naît, naît nécessairement d'une cause. La position du genre de la cause est nécessaire, pour que la limite introduite dans l'illimitation soit la *limite heureuse*, parmi toutes les limites possibles. *Cf.* le *Politique* et la « juste mesure », condition de toute belle existence. L'enjeu est ici directement celui de l'artificialisme platonicien, sur lequel nous reviendrons plus bas. Sur l'application particulière de cet artificialisme appliqué au *Philèbe*, voir en priorité J. Moreau, *La Construction de l'idéalisme platonicien*, *op. cit.*, § 274, 362-363 et *L'Ame du Monde, de Platon aux Stoïciens*, Paris, Les Belles Lettres, 1939, p. 30-43.

2. Platon, *Œuvres complètes*, t. 2, n. 3 de la p. 567.

3. *Philèbe*, notice, *op. cit.*, p. XCII-XCIX. Selon lui, « le fait que chacun de ces genres, sauf naturellement celui de l'ἄπειρον a eu ses partisans tenaces, est déjà particulièrement édifiant » (p. XCII). Il en fait un recensement, principalement en référence à G. Rodier, « Remarques sur le "Philèbe" » (1900), dans *Études de philosophie grecque*, Paris, Vrin, 1926, p. 79-93, en citant toutefois à ce propos A.J. Festugière, qui rapporte cette multiplicité d'interprétations possibles à sa propre perspective, qui n'est pas la nôtre, selon laquelle l'Un étant le Principe ultime de toutes choses, « l'Idée déborde en quelque manière chacune des trois classes où on pourrait l'inclure » (*Contemplation et vie contemplative selon Platon* [1936], Paris, Vrin, 1975, p. 201 *sq.*).

structure (εἶδος ou ἰδέα) et, en même temps, une unité logique à laquelle on ramène le divers (25a) » (XCIII), que ce divers soit une pluralité sensible d'individus, ou une pluralité d'espèces. Cela va de soi pour le πέρας. Mais cela vaut aussi, selon lui, pour l'ἄπειρον et ce au même titre que « l'autre » du *Sophiste*. C'est que, comme le dit Monique Dixsaut,

> rien n'oblige (...) l'idée d'indétermination à être indéterminée. Elle est au contraire, comme ne cesse de le dire Socrate, parfaitement déterminée, et parfaitement définissable et définie. (...) Dire de quelque chose, et particulièrement du plaisir, qu'il entre dans le genre de l'*apeiron* ne revient donc pas simplement à lui dénier toute limite, mais le détermine positivement comme une espèce de réalité capable d'exclure toute détermination, toute limite, toute mesure [1].

Et ainsi, si l'Illimité ne peut donc être rapporté à l'ordre de l'*ousia*, de *ce qui est vraiment*, par cette « forme intelligible » de l'indétermination pourra pourtant être spécialement pensée l'existence. De cette forme intelligible on peut en conséquence admettre que participent non seulement l'existence pure, mais aussi les diverses formes intelligibles elles-mêmes, en tant que chacune est l'achèvement, la détermination, d'une certaine indétermination qu'elle n'est donc pas [2]. Le genre du *mixte* est alors l'Idée, la forme intelligible, qui permet finalement d'expliquer l'être des existences sensibles, mais aussi sans doute des Formes elles-mêmes, sans que cela doive remettre en cause, comme y insiste Auguste Diès, « l'immutabilité, l'intégrité et la pureté permanente de chaque réalité

1. *La Fêlure du plaisir*, t. 1, p. XXI-XXII. Pour une autre position sur cette question d'une Forme de l'*Apeiron*, voir J. Gosling, « Y a-t-il une forme de l'indéterminé ? », *op. cit.*, p. 43-59. Admettant que Platon adhère toujours à la théorie des Formes dans ce dialogue, l'auteur examine les évolutions qu'on peut cependant y trouver, pour savoir si Platon y pose ou non une Forme de l'indéterminé. Il relève que la majorité des commentateurs n'y croit pas, et que s'il se trouvait qu'il faille pourtant la reconnaître, cela serait au prix de grandes difficultés. Il rappelle ainsi les propos de Socrate à Protarque, en 17e : « L'indéterminé de chaque chose et la pluralité indéterminée en chaque chose ne te permettent qu'une prise indéterminée sur le sujet, et font de toi une personne sans réputation et sans autorité, vu que tu ne peux en rendre compte à personne » (cité p. 43). Il relève cependant que « récemment, un certain nombre de spécialistes (par ex. Striker, D. Frede, Hampton, Migliori) s'est efforcé de montrer que Platon en fait affirmait sans équivoque dans le *Philèbe* l'existence d'une Forme de l'Indéterminé, que cela nous plaise ou non » (p. 45) : et effectivement, il est ainsi bien question d'*eidos* en 23c-d, à propos de l'*apeiron*. Mais s'agit-il bien d'une « Forme », et non pas simplement d'une « forme » (p. 47 *sq.*) ? La question tourne autour du statut de la dialectique présentée dans le dialogue.

2. *Cf.* plus haut, chapitre I.

intelligible ». Il en va ici comme dans le *Sophiste*, où les mélanges entre formes intelligibles n'en laissent pas moins subsister leur identité : « Que les Idées participent du fini et de l'infini comme elles participent de l'être et du non-être, du même et de l'autre, qu'elles puissent avoir en elles, en participant à ces Idées et à beaucoup d'autres, une certaine multiplicité et même infinité, est-ce là un obstacle à ce qu'elles restent chacune elle-même et une (...) ? ». Le principal est la qualité du mélange [1].

Victor Brochard refusait pourtant qu'on puisse voir une telle perspective dans le *Philèbe*. Il considérait que, chez Platon, les mixtes « appartiennent uniquement au monde du devenir et par suite ne sauraient être les Idées » [2]. Georges Rodier avait déjà examiné cela en réponse à Zeller, tenant que « la seule objection que Zeller présente contre l'attribution des Idées au genre du mixte [n'est] pas insurmontable : l'appellation de γένεσις εἰς οὐσίαν, que Platon applique au μικτὸν, ne saurait, dit-il (...), convenir aux Idées qui sont soustraites au devenir » [3]. Nous avons dit plus haut, avec Jean-François Pradeau et Auguste Diès, qu'*ousia* signifiait ici une *chose sensible* pour l'être véritable qui est en elle. Georges Rodier insiste pourtant sur le fait que, puisque chez Platon, « οὐσία » désigne presque constamment l'être véritable ou l'Idée », « une génération qui a pour terme une οὐσία ne peut donc pas être une génération au sens physique et sensible du mot. La γένεσις dont il est question est, bien plutôt la génération métaphysique qui nous empêche de poser une Idée sans poser, en conséquence, celles qu'on suppose ou qu'elle exclut. Le *Sophiste* nous offre un exemple de cette sorte de génération quand il montre que, de la position de l'Un, résulte nécessairement la position du mouvement et du repos (248c *sq.*) ». En fait, selon lui, le *Philèbe* ouvre à *deux* sortes de « générations » : « Le sensible est un μικτὸν formé par la participation de l'ἄπειρον à l'Idée, tout comme l'Idée est un μικτὸν de l'ἄπειρον et du πέρας (...). Il y a donc au moins deux sortes de πέρας· c'est, dans le sensible, l'Idée ; dans l'Idée, la limite, ou l'unité, ou le Même

1. A. Diès, Introd. au *Philèbe*, XCV. « Nous demeurons très ouverts à toute interprétation qui, introduisant en chacune des formes intelligibles cette opposition et cette synthèse de l'ἄπειρον et du πέρας essaie de prolonger les indications du *Philèbe* » (XCIV). *Cf.* Aristote, *Métaphysique*, A, 6, 987b, pour qui chaque forme intelligible est composée d'indéterminé et de déterminé.

2. « La morale de Platon » [1906], dans *Études de philosophie ancienne et de philosophie moderne*, Paris, Vrin, 1954, p. 201.

3. *Études de philosophie grecque*, *op. cit.*, p. 87.

par rapport à l'Autre… »[1]. Alain Petit, qui estime qu'il est bien difficile de suivre Georges Rodier dans son hypothèse d'une « génération métaphysique », pose pourtant la question suivante, sur la base d'un examen des deux versions qu'offre en fait le *Philèbe* de *l'apeiron* (multiplicité pure, désordre) :

> Est-il absolument impensable de prolonger l'analyse de l'*ousia* en termes d'*apeiron* et de *peras* ? (…) Le premier *apeiron* se laisserait ramener sans trop de violence à la nature de l'Autre, alors que le second a une vocation plus affirmée à entrer dans la composition d'un mixte sensible. Si bien que la question de Rodier revient : n'y a-t-il pas analogie au sein des conceptions de l'*apeiron*, l'*apeiron* du sensible ayant des déterminations que l'autre n'aurait pas forcément ? Et ce qui vaut pour l'*apeiron* vaudrait aussi pour le composé…[2].

La limite, la mesure, la valeur

Dans tous les cas, ce qui demeure, c'est la qualité du mélange. Or, ce qui, en tout mélange, fait sa valeur est la mesure et la proportion : personne ne peut ignorer « qu'un mélange quelconque, s'il ne possède d'une manière ou d'une autre ni la mesure (μέτρον) ni la nature de ce qui est proportionné, corrompra nécessairement ses composants et se corrompra plus encore

1. Pour L. Robin, « la fin du dialogue semble montrer que cette notion d'une existence, terme d'un processus, ne s'applique pas seulement au monde de l'expérience, mais, universellement, à tout ce qui est, sauf au Bien, principe transcendant de toute existence » (Pleiade, p. 1515, n. 3 de la p. 572).

2. « *Peras* et *Apeiron* dans le Philèbe », dans P.-M. Morel (éd.), *Platon et l'objet de la science*, *op. cit.*, p. 121. Dans cette dernière perspective d'un double *apeiron*, on peut se rapprocher de l'étude de C.J. de Vogel, « La théorie de l'ἄπειρον chez Platon et dans la tradition platonicienne », dans *Revue philosophique de la France et de l'Étranger*, n° 1, janvier-mars 1959, tome 149. L'auteur y considère que, à s'interroger sur le rapport de l'*Apeiron* et de la Dyade, en particulier tel qu'il était compris dans la première génération qui suit Platon, et pour bien comprendre ce que dit Aristote dans *Métaphysique*, A, 6, 987b19-20 à propos des Principes qui, chez Platon, sont non seulement « les éléments des Idées », mais aussi les « éléments de toutes choses », le mieux est de « *doubler le principe illimité* » : « car c'est cela qui s'impose, une fois qu'on reconnaît le caractère intelligible de la dyade comme στοικεῖον des Idées : si Platon a admis sa dyade au niveau supérieur aux Idées pour en expliquer la multiplicité, c'était là, bien sûr, ce qu'on a nommé plus tard – sur la trace d'Aristote, mais dans un autre sens que lui – ὕλη νοητή. Dans ce cas, on ne saurait s'étonner que, à un niveau inférieur, voire au-dessous des choses sensibles, il y ait une ὕλη αἰσθητή, principe matériel pour le monde sensible qui a son archétype au niveau des νοητά » (p. 32). Il faut ajouter « c'est que, en interprétant Platon ainsi, on se trouve sur la même voie que le grand rénovateur du Platonisme au IIIe siècle : Plotin » chez, qui, effectivement, « on trouve une théorie claire et décidée de deux matières, l'une intelligible, l'autre sensible » (p. 33).

lui-même » (*Philèbe*, 64d). Il est alors ici question de la Forme du Bien, et avec elle de celles de la Beauté et de la Vérité.

> Nous voyons désormais que la puissance du bien s'est réfugiée auprès de la nature du beau, car je suppose que la mesure et la proportion accompagnent partout la beauté et l'excellence (...). Et nous avons dit que dans le mélange, c'est aussi la vérité qui leur est ajoutée (...). Ainsi, si nous ne pouvons nous servir d'une unique nature afin de capturer le bien, employons-en trois à la fois : la beauté, la proportion et la vérité. Et disons qu'il est on ne peut plus juste de reconnaître à cette sorte d'unité d'être la cause de ce qui se trouve dans le mélange, puisque c'est sa bonté qui est la cause de celle du mélange (64e-65a) [1].

Dans l'échelle des biens, il faut constater que le premier bien « revient d'une certaine manière à la mesure, à ce qui est mesuré, à ce qui est opportun et à tout ce qui leur ressemble. (...) Le second rang revient à ce qui est proportionné, à ce qui est beau, à ce qui est achevé, à ce qui est suffisant comme à tout ce qui appartient à cette même famille » (66a-b)[2]. Puis viennent l'intelligence et la science[3], puis les connaissances, les disciplines techniques et les opinions droites, et enfin « les plaisirs purs de l'âme toute seule, et qui viennent à la suite, les uns des connaissances, les autres, des sensations » (66c)[4].

1. M. Dixsaut insiste sur le fait qu'en dépit d'interprétations reposant sur la multiplicité de ses manifestations ou sur la conclusion du *Philèbe*, les trois *ideai* sous lesquelles on peut capturer le bien (beauté, proportion, vérité) n'en font en réalité qu'une : « Ce ne sont pas les espèces en lesquelles se divise l'*eidos* du bien, ce sont trois effets inséparables de la *puissance* du bien » (« Encore une fois le bien », *op. cit.*, p. 344). Le *Philèbe* n'affirme donc évidemment pas qu'il existe trois Formes ou essences du bien, mais parce qu'ici nous ne cherchons le bien que dans des choses mélangées, nous ne pouvons le capturer par une seule *idea*. « Dans le *Philèbe* aucune des *ideai* du bien ne suffit à elle seule à déterminer la bonté d'un mélange, or la suffisance, signe de l'achèvement, est comme dans la *République* le critère du bien (cf. *Phil.*, 22a-b et 60c), c'est pourquoi il faut les tenir ensemble » (p. 245).

2. Voir A. Diès, *Autour de Platon*, *op. cit.*, p. 385-399.

3. La sagesse est proche parente du bien suprême, par sa parenté avec la vérité (« l'intellect est soit identique à la vérité, soit ce qui lui ressemble le plus et qui est le plus vrai » 65d), avec la mesure (« il me semble en effet impossible qu'on puisse jamais trouver (...) quelque chose qui soit davantage mesuré que l'intellect et la science » 65d) et avec la beauté.

4. A. Diès remarque que, alors que jusqu'en 64d Platon réunissait « mesure », « proportion », « beauté » et « vertu », il distingue ici « mesure » et « beauté-proportion » dans son échelle des biens (LXXXIV-LXXXIX). La « beauté » relève bien de la « mesure-proportion », en étant accolée à ce dernier terme, mais elle s'en distingue, afin de spécifier le caractère laid du plaisir, lorsqu'il n'est pas, précisément, mesuré, proportionné, etc. Platon tient à conserver un schème quinaire pour éloigner le plus possible le plaisir. Et c'est ainsi que Platon « donne la première place au μέτρον et met, à côté de cette notion générale de mesure,

Le *Philèbe* présente ainsi avec le plus d'ampleur la leçon ontologique fondamentale des *Dialogues* : avec le *Timée*, pour qui « tout ce qui est bien est beau, et rien de ce qui est beau ne va sans mesure » (87c), et avec le *Gorgias* qui fait du Bien la fin parce qu'il est ordre et forme [1], il donne à voir le Bien dans tout ce qui est ordonné, harmonieux, proportionné, mesuré, sans pourtant en faire, à proprement parler l'Ordre, la Mesure ou l'Harmonie en soi. Mais si Platon affirme ainsi de manière principielle que son ontologie s'inscrit dans le registre de l'achevé, du déterminé, du Fini en ce sens, c'est pour en tirer la conséquence épistémologique d'une connaissance possible de ce qui n'est pas vraiment, c'est-à-dire des choses sensibles, et d'abord, plus radicalement, de l'existence elle-même par quoi sont ces choses sensibles, et ce par la pensée possible des Formes de l'Autre et de l'Illimité. C'est que la philosophie n'a pas pour objet un prétendu « monde intelligible », mais bien le monde qui existe, et dont il s'agit de comprendre l'intelligibilité de façon séparée. Ce lieu est, de façon complète, celui de la « possibilité de la possibilité », de la possibilité de rendre intelligible la réalisation sensible du réel c'est-à-dire l'existence de l'essence.

Cela doit concerner centralement la cité. L'horizon platonicien du bien penser étant l'existence humaine, autrement dit le bien vivre humainement, comme nous l'avons vu au chapitre I, la pensée droite de la cité, sa Forme et les conditions de sa réalisation sensible sont en effet par excellence l'objet d'application de cette philosophie de la Limite et de l'Illimité.

Système et limite

L'utopisme de la philosophie de Platon peut alors être précisé. Si l'atopie socratique en est une première figure par la présence vivante de l'ailleurs dont elle manifeste le désir, la recherche amoureuse du Bien qui l'oriente en offre une seconde en la distinguant d'une pure errance. Et une troisième en est la vocation politique du philosophe qui se donne pour

τὸ μέτριον ou la juste mesure, qui figurait (24c) comme synonyme du ποσόν ou quantité précise parmi les marques du πέρας, à côté de "l'égal" et de tout ce qui comporte relation de nombre à nombre, "de mesure à mesure". Une seule note nouvelle s'y ajoute, l'opportunité, τὸ καίρον que nous avons vue, dans le *Politique*, accompagnant la notion de juste mesure et de convenance. Il met au second rang la proportion, τὸ σύμμετρον, concordance de mesure entre deux objets ou entre les parties composantes d'un objet, et lui donne comme cortège la beauté, la perfection, la suffisance » (LXXXVIII).

1. Par ex. *Gorgias* 503-505 ; 508.

objet, dans la parfaite détermination et la parfaite intelligibilité, la Justice comprise comme arrangement selon le Bien, ce dont la *République* expose particulièrement les exigences. On pourrait alors être tenté de conclure à la systématicité de cet arrangement, et du coup voir dans la cité de la *République* le modèle des systèmes politiques achevés que les utopies à venir s'efforceront d'imiter. Nous avons dit plus haut combien une telle lecture serait réductrice. De toute façon, ce ne pourrait être que dans la constellation théorique tout entière dessinée par l'ensemble des *Dialogues*, en particulier politiques comme d'abord le *Politique*, les *Lois* ou le *Critias*, que l'on peut trouver, en toute rigueur, la philosophie politique de Platon, le sens de l'arrangement selon la Justice qu'elle exige, et avec cela son caractère éventuellement systématique.

Plus fondamentalement, une pensée de la limite dont l'objet, politique, peut se trouver si parfaitement déterminé qu'il en présente éventuellement une forme systématique n'implique pas nécessairement qu'elle prenne elle-même une forme systématique : toute pensée de la limite, y compris du système, n'est pas pour autant une pensée systématique [1].

Penser en vérité selon Platon est bien penser, ce qui requiert la détermination correcte de l'unité, de l'identité et de la permanence que seule permet la connaissance des formes intelligibles. Bien penser implique en conséquence penser selon le Bien, c'est-à-dire, très précisément, selon la Limite et la Mesure, dans l'articulation correcte de l'Un et du Multiple. Pour autant, penser n'est pas être, et c'est dans ce cadre que le *Philèbe* met en place deux occurrences des rapports du peras et de l'apeiron, exposant en la première la méthode, scientifique, qui convient à la recherche de la vérité (16b-20a), et en la seconde (23b-27c) les genres de l'être [2].

1. Tout anachronisme théorique doit de toute façon être banni. J.-F. Mattéi souligne ainsi que, si un philosophe comme Fichte peut comprendre sa *Wissenschaftslehre* comme « le système absolu du Savoir », concluant sa dernière conférence de la *Théorie de la science* (1804) par « la tâche que nous avons entreprise se trouve donc parfaitement résolue, et notre science est achevée » (trad. D. Julia, Paris, Aubier-Montaigne, 1965, conférence XXVIII, p. 268), « cette prétention ontologique à épuiser la philosophie ne présenterait à l'évidence aucun sens pour la pensée antique, laquelle, établie sur l'idée de limite, n'est jamais parvenue à la conception systématique d'une connaissance absolue » (*Platon et le miroir du mythe*, *op. cit.*, p. 10).

2. Voir sur cette distinction H.-G. Gadamer, *L'Éthique dialectique de Platon* [1931], trad. F. Vatan et V. Von Schenck, Arles, Actes Sud, 1994, p. 200. Voir aussi R. Hackforth, *Plato's* Philebus, Cambridge, 1972, p. 41 ; R. Waterfield, *Plato : Philebus*, New York, 1982, p. 47.

En ce qui concerne la première, qui engage donc directement l'acte du philosopher, c'est-à-dire la dialectique, le principe de la recherche consiste dans le fait que « tout ce qu'on peut dire exister est fait d'un et de multiple et comporte dans sa nature de la limite (πέρας) et de l'illimité (ἀπειρίαν) » (16c). En conséquence de cela, premièrement, il faut, en chaque cas, « supposer qu'il y a toujours et pour toute chose une nature unique, et la rechercher » (16d)[1]. Deuxièmement, « si nous devions poursuivre, nous chercherions si, après cette nature unique, il y en a deux, et, sinon deux seulement, trois ou quelque autre nombre (16d)[2]. Et ainsi de suite, « jusqu'à ce que soit établi non que l'unité de départ est une et multiple et illimitée (ἄπειρα), mais encore quelle est sa quantité » (16d). En conséquence,

> quant à la nature de l'illimité, il ne faut pas l'appliquer à la multiplicité avant d'avoir aperçu le nombre total de cette multiplicité qui se tient dans l'intervalle entre l'illimité et l'un. Alors seulement, on pourra laisser chacune de ces unités se disperser dans l'illimité et l'abandonner. (...) Mais de nos jours, les gens savants font « un » à l'aventure, et le font bien plus vite ou bien plus lentement qu'il ne le faudrait : après l'un, ils passent tout de suite aux choses illimitées, tandis que celles qui sont intermédiaires leur échappent. Ce sont pourtant ces intermédiaires qui font toute la différence, dans les discussions que nous avons les uns avec les autres, entre la manière dialectique et la manière éristique (16d-17a).

L'*apeiron* dont il est question dans cette démarche de connaissance est donc la multiplicité indéfinie, sans limite, qui se perd dans l'indétermination[3], alors que comme genre, il est ce *continuum*, lui aussi indéfini, qui caractérise toute réalité dont le devenir manifeste accroissement et diminution, tout ce qui passe par le plus et le moins. Ces deux significations renvoient à deux perspectives, l'une logique, dialectique, l'autre ontologique. Le problème se pose, naturellement, de leur articulation. Il peut

1. « Serait-il possible, pour qui que ce soit et à propos de quoi que ce soit, de trouver une méthode plus exacte de recherche et d'observation, que de savoir porter son regard, à partir de choses qui sont multiples et dissemblables vers une forme unique ? » (*Lois*, XII, 965b-c).

2. *Cf.* le *Politique*, 287c.

3. Dans le *Parménide*, la multiplicité est aussi comprise comme allant nécessairement vers l'autre de la forme : en tant que les pluralités n'ont point part à l'unité, toute partie qui en est prélevée est elle-même une pluralité et non pas une unité. « Or, si nous continuons de procéder ainsi, en examinant, en elle-même, la nature qui est différence de cette espèce (τὴν ἑτέραν φύσιν τοῦ εἴδους [c'est-à-dire de l'espèce de l'unité. Voir note 394]), tout ce que nous pourrons toujours en apercevoir sera illimité en pluralité » (158c).

suffire ici de dire que l'exigence du bien penser étant de déterminer, mesurer, c'est-à-dire d'ordonner ce qui se donne immédiatement de façon sensible, pour en trouver les espèces, elle conduit à inférer l'existence, par abstraction exclusivement, de l'autre de l'un comme multiple, non déterminable résiduel. Ayant à penser cette nature impensable, nécessaire pourtant pour que soit pensable la multiplicité déterminée, la recherche philosophique est alors conduite, par l'hypothèse des Formes qui en est l'horizon, à faire apparaître autrement l'indéterminé, à partir d'elles cette fois, c'est-à-dire comme un flux insaisissable en soi, que ces Formes limitent par leur être même[1].

Le statut de l'*être* étant ici en jeu dans sa double dimension d'*essence* et d'*existence*, que valent alors le contenu de la description utopique d'une réalité sensible et la forme langagière de cette description, au regard de ce qui est vraiment et qui est seulement intelligible pour Platon? La réponse utopique n'est pas une réponse platonicienne: en un nouveau mode imaginaire, une nouvelle ontologie s'expose dans l'*Utopie*, pour laquelle *est*, vraiment, seulement ce qui *existe*, qui peut être complètement décrit en une reprise critique de la raison qui veut que tout ce qui existe (c'est-à-dire est) n'existe pas pour autant seulement selon la raison, bien au contraire. Le Fini et l'Infini n'entretiennent plus alors les mêmes rapports. L'*Utopie*, comme écrit clos, achevé, fini, donnant à voir une cité parfaite, finie, ce que symbolise son insularité, se trouve être en même temps, dans son contenu déterminé même, et pas seulement dans sa simple position, une certaine présence de l'infini, invitation à la recherche, au décalage, à l'ailleurs: l'ailleurs de l'autre cité, bien sûr, mais encore plus généralement l'ailleurs de l'autre «existence-essence», où il peut certes être question de Dieu, mais toujours, d'abord, de l'*Humanitas*.

1. Selon M. Dixsaut, «le rassemblement de l'*apeiron* en un genre et sa définition servent ainsi de fondement à un procédé dialectique particulier consistant à imposer nombre et structure à une unité indéterminée» (*La Fêlure du plaisir*, *op. cit.*, t. 1, p. XXIII). Sur cette question des rapports entre les deux significations de l'*apeiron* dans le *Philèbe*, voir A. Petit, «*Peras* et *Apeiron* dans le Philèbe». Toujours dans le cadre de cette mise en relation des deux significations de l'*apeiron*, on peut adhérer à ce que dit M. Dixsaut de ces «Portes du Bien» que sont la Vérité, la Beauté et la Mesure (64c-65a): «La Vérité signifie l'impossibilité pour le désir de connaissance de s'arrêter à la multiplicité des opinions, tout comme la Beauté signifie l'impossibilité pour le désir de se satisfaire de la multiplicité sensible, ou comme la Mesure signifie l'impossibilité de se contenter de ces choses imparfaites, inachevées, que sont les choses en devenir. Vérité, Beauté et Mesure n'existent d'abord que comme élans, transports, métaphores. En tant qu'elles sont désirées, elles font passer d'une modalité ontologique à une autre» (*Le Naturel philosophe*, *op. cit.*, p. 256).

Comment situer alors, au regard d'Utopie, ce lieu que Platon ouvre dans le *Timée* et le *Critias* lorsque, par l'Athènes mythique, il image la cité juste de la *République* ? Par sa référence première à l'*Utopie* de More, le procédé nommé « utopique » ne peut simplement consister en cette opération de transformation d'un Fini en un autre Fini, soit l'« empiricisation » d'une Idée dont l'être tient à l'achèvement, à la perfection, au caractère fini, en une image sensible, elle aussi finie, mais autrement, et cela dans le but de persuader de l'existence possible de l'Idée. La cité de la *République*, valant dans ses structures philosophiquement établies par un travail de raison comme un modèle permettant de juger les cités empiriques, par l'Idée de Justice dont elle tient son être propre, appelle en effet naturellement une figuration sensible. Mais cela ne suffit pas à en faire une « utopie ».

UTOPIE, IDÉE ET IDÉAL

De l'Idée à l'Idéal

L'Idée platonicienne n'est pas, par elle-même, un « idéal ». L'Idée de la cité de la *République* n'est pas un « idéal » : il s'agit d'une *vraie* cité, d'une cité absolument et complètement *réelle* en ce *qu'elle est ce qu'est vraiment une cité*. Ce n'est pas un « idéal », si l'on entend par là ce qui ne relève pas de la réalité, ce qui n'existe que comme produit du désir par l'imagination ou par mobilisation de la raison humaine, avec tout ce que cela implique d'indétermination quant aux modalités de mise en œuvre (nécessairement partielle) effective[1]. Or, en son acception la plus commune, l'utopie est comprise comme ce mouvement de pensée ou d'imagination qui consiste à poser un idéal, certes séduisant, mais parfaitement irréalisable[2]. Dans la perspective de la recherche des utopismes platoniciens, deux questions viennent alors immédiatement : y a-t-il quand même une place pour l'idéal

1. H. Joly souligne que « les termes que Platon utilise pour désigner le caractère "idéal" de sa cité sont multiples et variés, mais aucun ne connote notre moderne notion. Ils se répartissent sur deux axes, souvent reliés, qui renvoient aux notions "d'achèvement", "d'exactitude", de "rectitude" ou aux déterminations de "beauté", de "bonté" ou "d'excellence" » (*Le Renversement platonicien*, *op. cit.*, p. 311).

2. Voir ainsi, pour en rester à une seule référence, R. Mucchielli, *Le Mythe de la cité idéale*, Brionne, Gérard Monfort, 1960.

dans l'idéalisme platonicien? Est-ce à bon droit que l'on identifie la cité utopique, et par référence prioritaire Utopie, à un idéal[1]?

L'analyse de Kant peut être ici utile. Il constate que ce qui, en toute rigueur, est « idée » chez Platon, en est venu à être désigné comme « idéal » : « Le *maximum de perfection* s'appelle, de notre temps, l'idéal, dans PLATON, l'idée (comme son idée de la république) et il est le principe de tout ce qui est contenu sous la notion générale de quelque perfection, en tant que les degrés moindres sont estimés ne pouvoir être déterminés que par limitation du maximum »[2]. On sait qu'il entendait par « Idée », lui, le concept d'une perfection, que la raison réclame, mais dont l'expérience ne fournit pas d'exemple, et par « Idéal » « l'idée non pas simplement *in concreto*, mais *in individuo*, c'est-à-dire considérée comme une chose singulière déterminable ou tout à fait déterminée par l'idée seule », pour constater que « ce qui est pour nous un idéal était pour Platon une idée de l'entendement divin, un objet particulier de l'intuition pure de cet entendement, la perfection de chaque espèce d'êtres possibles et le prototype de toutes les copies dans le phénomène »[3].

Utopie est-elle un idéal?

Il ne s'agit donc pas de cela avec Utopie, dont l'essence est supposée exister immédiatement, de manière *sensible*, *objective*: Raphaël l'a vue. C'est en cela que consiste son sens philosophique le plus fort: pas d'essence (de « vraie République ») séparée de l'existence (« l'île d'Utopie »). Et c'est pourquoi d'ailleurs nous ne suivons pas André Prévost lorsqu'il justifie par l'impossibilité de faire entrer les institutions utopiennes « dans les catégories du modèle idéal, incarnation d'une Idée platonicienne », sa traduction d'« *optimam* » dans le titre complet de

1. *Cf.* K. Corrigan, « The Function of the Ideal in Plato's *Republic* and St. Thomas More's *Utopia* », *Moreana* XXVII, n° 104, décembre 1990.

2. *Dissertation de 1770*, trad., introd.et notes P. Mouy, Paris, Vrin, 1967, section II, § 9, p. 47.

3. *Critique de la raison pure*, trad. avec notes A. Tremesaygues et B. Pacaud, Paris, P.U.F., 1968, p. 413-414. Ainsi, « le sage (du stoïcien) est un idéal, c'est-à-dire un homme qui n'existe que dans la pensée, mais qui correspond pleinement à l'idée de la sagesse ». Voir aussi « Des idées en général », *ibid.*, p. 262 et *Critique de la faculté de juger*, trad. A. Philonenko, Paris, Vrin, 1968, § 17. *Cf.* F. Châtelet, *La Naissance de l'histoire*, (1962), Paris, Seuil, 1996, t. 1, p. 401 *sq.*

l'*Utopie* par « la meilleure »[1] : c'est en fait à la comparaison avec les autres sociétés humaines, généralement bien qu'insuffisamment rigoureusement désignées comme « républiques », qu'il faut attribuer la relativité énoncée ici. Mais quant à Utopie, considérée en elle-même, elle est bien présentée par Hythlodée, d'une manière certes non-platonicienne, comme « l'Idée platonicienne », c'est-à-dire la vraie République, la République parfaite. Et c'est pourquoi, lorsqu'il s'agit du titre même de l'œuvre de More, communément désignée par l'*Utopie*, nous pensons qu'il est en fait possible de traduire « *de optimo (...) statu* », indifféremment par « *relatif à la meilleure forme* », ou par « *relatif à la forme parfaite* ».

Si Utopie doit être considérée comme un « Idéal », ce ne peut donc en tout cas pas l'être en un sens kantien. Il ne s'agit pas plus de ce que Kant entend par « modèle », c'est-à-dire une Idée de la raison, qui n'a pas d'existence empirique possible[2], pas plus que d'un « exemple », puisqu'un exemple, à l'inverse, ne peut jamais parvenir à réaliser de manière sensible l'idéal, même de façon imaginaire : « Quant à vouloir réaliser l'idéal dans un exemple, c'est-à-dire dans le phénomène, comme, en quelque sorte, le sage dans un *roman*, cela demeure impraticable... »[3]. A demeurer encore dans les références kantiennes, on pourrait alors voir en Utopie, à défaut d'un *idéal de la raison*, un *idéal de l'imagination*. Et le fait est qu'Utopie, comme « *Eutopia* », est la cité du bonheur, le bonheur étant pour Kant un « idéal, non de la raison, mais de l'imagination, fondé uniquement sur des principes empiriques »[4]. Seulement, en tant qu'« idéal », cette *idée* du bonheur exige une perfection qui, nourrie certes d'expériences, a pour contenu « un tout absolu (...). Or il est impossible qu'un être fini, si perspicace et en même temps si puissant qu'on le suppose, se fasse un concept déterminé de ce qu'il veut ici véritablement »[5]. Utopie, cité *déterminée*, *finie*, dont le contenu de l'existence concrète est tout à fait *détaillé*, n'est donc pas plus, en tout cas à suivre Kant, un idéal de l'imagination qu'un idéal de la raison.

1. « La traduction du titre de l'*Utopie* : *De Optimo Reipublicae*, se garde (...) de laisser entendre qu'il s'agit d'un type idéal d'une supériorité absolue ». « Ce serait une erreur de donner au superlatif latin un sens absolu » (*U.*, p. 720, n. 2 de la p. 156).

2. *Critique de la raison pure*, *op. cit.*, p. 263.

3. *Ibid.*, p. 414. Nous soulignons

4. *Fondements de la métaphysique des mœurs*, *op. cit.*, p. 132.

5. *Ibid.*, p. 131.

Cela étant, d'une part les principes d'Utopie comme la *vertu*, la *sagesse*, la *justice*, sont bien, au sens kantien cette fois, des principes régulateurs, des Idées, à partir desquels on peut constituer un idéal, c'est-à-dire la représentation d'un être singulier adéquat à cette idée, comme un étalon permettant d'évaluer sa conduite, qui certes ne peut alors avoir de réalité objective, d'existence sensible, même imaginairement. D'autre part, il est aussi possible de voir en Utopie un *exemple* au sens kantien encore d'une existence humaine ne se devant qu'à elle-même, en tant qu'elle est existence de raison. Il peut alors bien être question d'idéal utopique, en ce que la position d'Utopie introduit une modalité originale du rapport de la raison au réel, dont la dynamique est à la fois assise sur les exigences propres à cette raison, sur la liberté constitutive de l'imagination et sur le recours essentiel au réalisme sensible. Plus précisément, cet idéal utopique a alors pour sens une ouverture fondamentale sur l'avenir: la description de la présence, à la fois spatiale et temporelle, d'Utopie par Raphaël a en effet vocation à appeler sa reproduction à venir, voire son dépassement.

Le sens d'un idéal platonicien

Cet appel à l'action qu'enveloppe la notion d'idéal peut aussi être déduit directement de la nature de l'Idée de la cité juste, certes en une perspective qui n'est donc pas utopique: puisque la recherche platonicienne porte sur ce qui convient parfaitement à l'existence des sociétés humaines, il est alors possible de dériver de cette Idée un «idéal» mobilisateur, en vue de faire exister effectivement, même imparfaitement, ce dont est pensée en vérité l'existence sensible possible. L'«idéal» ici, en toute rigueur, ne serait donc pas la cité pensée en vérité, y compris donc avec ses conditions de réalisation aptes à *rendre effective* son existence, mais cette cité posée par la représentation humaine comme *existant effectivement*: l'idéal comme l'existence sensible supposée effective de la réalité, l'indétermination du contenu concret de cette existence sensible le confirmant dans son statut non-utopique, mais de façon plus nuancée.

L'Idée devient «Idéal» par l'appel à l'existence qu'elle enveloppe, mais aussi par référence à l'existence qu'elle permet d'évaluer. Ainsi, Georges Leroux, dans l'introduction à son édition de la *République*, situe comme «idéal» le *premier sens* qu'il voit de ce qu'il qualifie d'utopie platonicienne: «Modèle de toutes les cités, destinée à faire envie à toutes les autres et capable au plus haut point de leur résister comme de les dominer, la cité platonicienne serait en effet le paradigme de toute cité. (...)

Le modèle idéal qu'il dégage est (...) un modèle philosophique parfait, entièrement produit par le travail de la raison, quand elle s'exerce à saisir l'essence de la justice et du bien » (p. 48). Il considère en conséquence que c'est précisément dans la mesure où il s'agit, dans la *République*, de l'établissement d'un tel paradigme, et non d'un projet de fondation politique, que « les expressions qui qualifient l'élaboration de la cité idéale sont si imprécises. Platon parle tantôt d'un rêve [IV, 443b], d'une blague [VII, 536c], d'un paradigme, d'une possibilité [VI, 499c-d] » (p. 62).

Ce commentateur voit en revanche un *deuxième sens* de « l'utopie platonicienne » dans le *Timée*, le *Politique* et la *République*, VIII, comme inscription de la cité idéale, de « l'utopie », dans le devenir historique, en une « utopie historique ». Alors, « qu'on le prenne comme on pourra, l'idéalité ne contredit pas l'existence, elle est un moment de sa réalisation, elle est essentielle à la saisie du cycle éternel du déploiement de la justice » (p. 51). Finalement, « l'idéal est derrière nous ou devant nous » (p. 49)[1]. Et effectivement on peut même dire davantage que, parce qu'elle y voit l'expression même du devenir, la pensée platonicienne de l'existence implique qu'une essence puisse venir à l'existence à tout moment, et en particulier donc aussi dans l'avenir. Dans ce cadre, et s'il existe bien pourtant un privilège du passé chez Platon dû à ce caractère non eidétique du devenir, il apparaît pour le moins réducteur de comprendre avec Karl Popper que l'entreprise de Platon a simplement pour but de fonder « un État dont le *modèle* (ou *l'original*) préexistait dans un passé lointain, dans un âge d'or remontant à l'aube de l'histoire »[2], et il est faux d'asseoir cela sur le fait que, selon lui pour Platon, « l'essence d'une chose ne peut être que sa nature originelle, donc historique »[3].

Maintenant, si on entend par « idéal » ce qui n'a guère de prise sur la réalité bien qu'en soi désirable, le fait est que, comme le remarque Hegel, il est communément admis que l'idéalisme de Platon est « utopique ».

1. Il en va donc ici du statut de l'histoire dans les *Lois*. Mais également, à sa manière, la forme cyclique que la mythologie attribue au temps exprime cela, en particulier dans le *Politique*.

2. *La Société ouverte et ses ennemis*, I, *op. cit.*, p. 29.

3. *Ibid.*, p. 185. En conséquence, « l'État idéal décrit dans les livres II à IV de la *République* est bien une réminiscence historique, pour ne pas dire préhistorique. On peut d'ailleurs en dire autant de l'aperçu de la société primitive, dans le *Politique* et dans les *Lois* » (p. 48).

> Platon a ainsi donné dans *La République* ce qu'on appelle un Idéal de constitution politique qui est devenu proverbial dans le sens que c'est une chimère, dans le sens qu'elle peut bien être pensée dans la tête, qu'elle est même réalisable, mais sous la condition que les hommes soient excellents, comme peut-être dans la lune ; mais qu'elle n'est pas réalisable pour les hommes tels qu'ils sont et qu'un tel idéal est donc très oiseux [1].

Mais, selon Hegel, la pensée de Platon a tout au contraire le mérite de se distinguer clairement de l'utopie, ainsi ordinairement entendue. En effet, si elle l'est certes insuffisamment à ses yeux, il entend que l'on reconnaisse que l'entreprise platonicienne est bien philosophique, sachant que « la philosophie, précisément parce qu'elle est la découverte du rationnel, est aussi du même coup la compréhension du présent et du réel et non la construction d'un au-delà qui serait Dieu sait où, ou plutôt dont on peut dire où il se trouve, c'est-à-dire dans l'erreur d'une façon de raisonner partielle et vide »[2]. Or, dans son œuvre, premièrement, Platon « saisit essentiellement » « la nature de la moralité grecque », deuxièmement il « a eu conscience d'un principe plus profond qui faisait brèche dans cette moralité » (la liberté subjective), troisièmement il a cherché une ressource contre cela[3]. Ainsi, la *République* est, pour Hegel, un ouvrage authentiquement philosophique.

Il est vrai que « Platon aurait pu se passer de recommander aux nourrices de ne jamais rester tranquilles avec les enfants, de les balancer sans cesse sur leurs bras » : il n'y a, dans ce souci du détail, « plus aucune trace de philosophie ». Plus important est que cette révolte a été vaine : elle visait la conservation alors que la philosophie, qui pense rationnellement le réel, doit par là-même en penser le mouvement. La rationalité du réel implique la négativité. Platon est bien dans le rationnel pour Hegel, lorsqu'il représente le réel comme Idée. Mais « l'Idée platonicienne n'est pas autre chose que le général, ou plus exactement le concept de l'Idée ». Or, ce faisant, il manque le fait que « ce qui détermine la progression du concept, c'est le négatif qu'il contient ». C'est par la négation qu'il s'applique à lui-même que le concept devient « un nouveau concept, mais plus riche que le précédent, supérieur à lui. Il s'est en effet enrichi de la

1. *Leçons sur Platon*, trad. R. Favier, Paris, Aubier-Montaigne, 1976, p. 125.

2. *Principes de la philosophie du droit*, trad. A. Kaan, préface J. Hyppolite, Paris, Gallimard, 1966, p. 41.

3. *Ibid.*, p. 41-42.

négation de celui-ci, de son contraire »[1]. De cela découle un tout autre sens de l'idéal, proprement hégélien, que celui qui en fait une simple chimère : « Si un Idéal a en soi la vérité en général par l'Idée, par le concept, il n'est pas une chimère, il est véritable ; et un tel idéal n'a rien d'oiseux, rien d'impuissant ; mais il est le réel. Le véritable idéal ne doit pas être réel, mais il est réel »[2].

Utopismes platoniciens ?

La vérité de l'État grec classique ?

Dans *La Naissance de l'histoire*, François Châtelet lit ainsi la philosophie politique platonicienne à la lumière de l'histoire grecque, comme « l'effort désespéré pour mettre fin à une situation de fait dramatique, effort qui s'appuie sur une compréhension profonde des événements actuels et passés et veut dessiner les lignes de force d'un avenir »[3]. Pour François Châtelet, l'« utopie » platonicienne, ainsi, « ne manifeste aucun dédain de l'être historique de l'homme ». Son utopisme tient en revanche, sur cette base, à son intention d'exposer « la vérité de l'État grec classique », l'hypothèse étant que « c'est hors du devenir que l'idée de l'État grec peut maintenant retrouver sa cohérence, c'est en dépassant le devenir tel qu'il se donne qu'il est possible de découvrir un motif et un programme à l'action ». François Châtelet récuse en conséquence l'acception ordinaire de l'utopisme platonicien :

> Le plus souvent, lorsqu'on déclare que la politique platonicienne est « utopique », on sous-entend deux idées : on affirme, d'une part, qu'elle ne répond pas aux questions politiques telles qu'elles peuvent réellement être posées et, donc, qu'elle n'a pas su apporter de solution à la problématique concrète des Cités grecques dans la première moitié du IVe siècle ; on admet, d'autre part, et d'une façon plus confuse, que cette réflexion ne résout aucune question d'aucun temps ni d'aucun lieu et qu'elle possède ce caractère parce qu'elle est l'élément d'une réflexion philosophique détachée de tout contexte vrai et qui s'est appliquée à résoudre abstraitement des questions abstraites.

1. *Science de la logique* (1812-1816), trad. S. Jankélévitch, 4 vol., Paris, Aubier, t. 1, « Logique de l'être », 1969, introduction, p. 36 ; 40-41.

2. *Leçons sur Platon*, p. 125.

3. Chapitre 3, t. 1, p. 303. Il est ici directement question de la situation à l'issue de la Guerre du Péloponnèse.

Mais du coup, s'il est vrai que cet État est bien « l'État grec », c'est-à-dire une figure déterminée, particulière de ce qu'est l'État, ce ne peut être qu'au prix d'un constat d'échec du projet platonicien explicite de vérité absolue. Et aussi, on peut encore moins qualifier d'« utopie » la *République*, si l'on entend par là, comme dans l'*Utopie*, un texte ayant vocation à pouvoir convenir à tous les hommes, de tous les temps et de tous les lieux. Ainsi, pour Julia Annas, « l'État platonicien, il faut le souligner, n'est pas une utopie; c'est une cité grecque ordinaire, transformée pour en faire une cité juste, mais pour le reste sujette aux conditions habituelles dans les cités grecques : il est entendu qu'il y a des guerres avec d'autres États, des esclaves et des processus économiques normaux »[1].

Telle n'est pourtant pas la lecture de Pierre Lévêque et Pierre Vidal-Naquet, dans *Clisthène l'Athénien. Sur la représentation de l'espace et du temps en Grèce de la fin du VIe siècle à la mort de Platon* (1964)[2]. Selon eux, tout au contraire, « la *République* (...) présente l'utopie platonicienne sous sa forme la plus pure, c'est-à-dire sans référence, autre que théorique, au substrat matériel de la *polis* » (p. 134). De ce point de vue, la cité des *Lois* peut certes apparaître comme plus concrète, comme d'ailleurs les cités ennemies du *Timée* et du *Critias*[3]. Elles n'en demeurent pas moins « utopiques », comme purs produits de la fiction. Finalement, à considérer « la cité idéale du grand philosophe », le constat est pour ces auteurs tout à fait clair, et en parfaite contradiction avec la lecture de François Châtelet : « Loin de représenter l'essence de la cité classique, elle en est à certains égards la parfaite antithèse, malgré tous les éléments que Platon a empruntés aux cités de son temps, à Athènes en particulier. Et leur conclusion est radicale : « Il est long le chemin parcouru, en un siècle et demi, de Clisthène le géomètre au géomètre de l'Académie, *de la réalité à l'utopie* » (p. 146)[4].

La fiction pour la vérité de la cité des hommes sur terre

Cela étant, la question demeure de savoir ce qu'il faut, au juste, entendre par « réalité ». Et si la *République* ou les *Lois* peuvent encore être

1. « Platon », dans J. Brunschwig et G. Lloyd (dir.), *Le Savoir grec. Dictionnaire critique*, Paris, Flammarion, 1996, p. 749.

2. Paris, Macula, 1983.

3. « Imaginée par Platon sur le sol de Crète, la cité des Magnètes, cette Thourioi de l'utopie platonicienne, est présentée comme une construction qui peut effectivement être implantée en territoire grec » (p. 140).

4. Nous soulignons.

qualifiées d'« utopie », ce peut être aussi d'un point de vue précisément inverse de celui qui précède, comme l'expression d'un effort pour atteindre, dans la forme propre d'une certaine « fiction », une vérité que décevrait l'immédiateté sensible, en trahissant, déformant ce qu'est vraiment la « réalité ». Ainsi, la notion d'« utopie » peut alors en venir à désigner, assez largement, ce genre *philosophique* (et non *littéraire*) consistant à exposer un traité constitutionnel en le fondant sur l'hypothèse que « la fiction d'une constitution excellente est l'unique moyen de tenir un discours vrai sur la vie commune », comme l'écrit Jean-François Pradeau. Selon lui,

> la *République* de Platon introduit pour la première fois dans la réflexion politique grecque une hypothèse fictive, celle d'une cité excellente, dont elle entreprend de définir la constitution, certaines des magistratures, les institutions et les formes fonctionnelles de citoyenneté. Son souci n'est pas alors de décrire une cité existante, ni même d'imaginer, par exemple, ce que pourraient être les conditions de la réforme d'une telle cité, dans les faits, mais de concevoir, au moyen du discours et dans le discours (*en logô*), une constitution, une cité dépourvue d'existence terrestre [1].

Il faut sans doute alors préciser que, si cet usage philosophique de la fiction, trait utopiste évident, implique nécessairement l'inexistence effective de son objet, la Forme ainsi pensée est pourtant bien celle d'une cité pleinement terrestre, dont certes le *fait* de l'existence est indéterminé, mais non la parfaite adéquation aux *exigences* de cette existence.

Dans une perspective voisine, Henri Joly rapporte le projet platonicien de l'examen λόγῳ de la *polis* au système d'opposition, « dont l'origine remonte peut-être à l'un des usages homériques du langage, instrument de la ruse et de la dissimulation », en tout cas devenu classique à son époque, entre la parole et l'action, entre ce qui existe en principe, λόγῳ et ce qui existe en pratique, ἔργῳ [2].

> Il semble que ce soit à l'intérieur de ce système d'opposition que se déploie l'activité de la philosophie politique selon Platon, par contraste avec la pratique politique historique. Sans doute, le philosophe accomplit lui aussi tout ce que fait le politique : fonder une cité, créer des institutions, légiférer, ordonner et punir ; mais il le fait dans la dimension

1. « L'Atlantide de Platon, l'utopie vraie », dans L. T. Sargent et R. Schaer (dir.), *Utopie. La quête de la société idéale en Occident*, p. 98-99.

2. *Le Renversement platonicien*, *op. cit.*, p. 324.

> intraduisible du *logos*, “en parole et en pensée” seulement, non point en fait, c’est-à-dire sur le terrain ou dans le temps [1].

Selon Henri Joly, on ne peut toutefois en conclure immédiatement à « l’utopie » platonicienne, pour cette raison essentielle que la notion d’« utopie » appliquée à l’Antiquité ne peut relever que d’une reconstruction rétrospective, par laquelle « vraisemblablement c’est la Renaissance qui a prêté à l’Antiquité les modèles d’utopie qu’elle lui empruntait ». C’est ainsi que,

> à la limite, l’utopie est le résidu de la théorie politique ancienne, lorsque la lecture laisse échapper l’histoire des institutions et la philosophie des constitutions. Ce résidu, tout à la fois critique et prophétique, qui s’exprime schématiquement dans le triple idéal d’une cité unitaire, communautaire et égalitaire fait ainsi bon marché des principes fondamentaux des *politeiai* antiques, c’est-à-dire de ce mélange de réalité historique et de rationalité philosophique qui les caractérise » [2].

Chez Platon en tout cas, il s’agit bien de penser une réalité empirique (une cité faite d’hommes vivants), du point de vue de l’être, c’est-à-dire d’une part avec pour horizon de l’effort dialectique la contemplation de l’idée de Justice, que rend seule possible celle du Bien, d’autre part dans la pleine conscience des modalités concrètes de ce qu’exige la socialité humaine. Léon Robin a ainsi particulièrement montré le souci général qu’a Platon de cette réalité sociale empirique : « Le plan de Platon était-il entièrement irréalisable et utopique ? Il nous importe peu de le rechercher. Il semble du moins certain, et cela seul nous intéresse, que Platon a eu foi en la possibilité d’adapter sa constitution aux sociétés de fait telles qu’il les connaissait » [3].

1. H. Joly, *Le Renversement platonicien*, *op. cit.* J.-F. Pradeau remarque qu’ « autant il est peu probable que Platon soit le premier à concevoir une *politeia* excellente ou “idéale” (ce genre a des précurseurs au ve siècle), autant la manière dont sa *République*, son *Critias* ou ses *Lois* en défendent philosophiquement la nécessité politique paraît inaugurale » (« L’Atlantide de Platon, l’utopie vraie », *op. cit.*, p. 100, n. 25. J.-F. Pradeau renvoie en ce sens aux études de L. Bertelli, « L’Utopia greca », dans L. Firpo (dir.), *Storia delle Idee politiche, economiche et sociali*, vol. I, Turin, Unione Tipogrfico-Editrice, 1982, p. 463-581 et de D. Dawson, *Cities of the gods. Communist utopias in greek thought*, New York-Oxford, Oxford University Press, 1992).

2. *Le Renversement platonicien*, *op. cit.*, p. 326.

3. « Platon et la science sociale », *La Pensée hellénique des origines à Epicure*, Paris, P.U.F., 1942, p. 225. Voir aussi K. Popper, dont on sait la virulence de la critique qu’il fait de « l’édification utopique » (*utopian social engineering*) platonicienne, sur laquelle nous

Et c'est dans ce cadre qu'on ne peut trop mettre en valeur l'exhortation de Socrate au livre II de la *République* : « Eh bien allons, (...) construisons en paroles (λόγῳ) notre cité, en commençant par ses débuts et *ce sont nos besoins, semble-t-il, qui en constitueront le fondement* » (369c)[1]. Ce qu'a à penser la philosophie, c'est bien la vie sociale concrète, dont la racine est d'être une association constituée pour satisfaire les besoins. Abstraitement, on pourrait alors considérer qu'une cité ainsi fondée sera saine, sera une « véritable cité » (ἀληθινὴ πόλις), si l'association est bien équilibrée par un juste échange des biens et des services.

Mais ce serait manquer ce dont il s'agit ici, très précisément : rechercher l'essence par leur forme intelligible, des sociétés que les raffinements des besoins ont fait évoluer (371e-372e), c'est-à-dire des sociétés existant effectivement. Il s'impose donc à la raison de penser un nécessaire développement des désirs sur cette base, et avec cela l'introduction nécessaire d'une classe de guerriers. Telles sont les données que, λόγῳ, la philosophie peut déterminer, et qui dessinent le lieu de la réflexion sur la justice des cités existant concrètement : « Si nous considérions dans notre discours (λόγῳ) une cité en train de se former, ne verrions-nous pas aussi la justice s'y développer, tout autant que l'injustice ? » (369a). Ce sont les conditions propres de cette cité qui sont du coup l'objet de la *République*. La forme intelligible recherchée est celle d'une cité existant effectivement, d'une cité d'hommes concrets avec désirs et intelligence, vivant dans le mouvement du devenir sensible.

Λόγος *ou* μῦθος ?

Remarquons qu'Émile Chambry traduit ici λόγῳ par « en imagination » (Les Belles Lettres) : faut-il alors comprendre que la mise en œuvre de cette « fiction philosophique » platonicienne conduit à une indifférenciation des modes d'accès au réel, c'est-à-dire à ce qui est vraiment ? Le fait est que les *Dialogues* offrent des pratiques lexicales qui font se mêler le *logos* au rêve[2], au récit, à la légende et à la fable[3], au jeu ou au

reviendrons, mais qui est conduit à constater que, si « ce n'est pas dans [les] spéculations abstraites que réside la vraie grandeur de Platon », c'est « dans la richesse de ses observations, et dans l'étonnante pénétration de son intuition de sociologue » (*La Société ouverte et ses ennemis*, *op. cit.*, t. 1, « la sociologie de Platon », p. 42. *Cf.* p. 39-76). Et Popper cite sa théorie sur les structures primitives des sociétés, sur le patriarcat tribal, sa théorie économique, etc.

1. Nous soulignons.

2. *République*, 443b-c ; *Lois*, 746a.

3. *Lois*, 752a.

divertissement[1]. Ce qui conduit Henri Joly à poser la question : « Cela ne signifie-t-il pas (…) que la cité idéale est une cité fictive, que la recherche d'une *politeia* et que l'établissement des lois ressortissent au genre du *muthos*, bref que toutes ces inventions doivent être versées au registre de l'utopie ? »[2]. Pourtant, le fait que, comme le souligne Henri Joly, « pour Platon, penser ce n'est pas seulement penser, mais c'est aussi rêver, raconter et jouer »[3], n'implique pas de répondre par l'affirmative. Si, en toute rigueur, la *République* n'est pas une utopie, c'est bien fondamentalement parce qu'il ne s'agit pour elle que de fonder des *exigences rationnelles*, y compris par le recours circonstanciel à des procédés pouvant relever éventuellement de l'imagination. Spécialement, son objet n'est pas de *décrire* une cité parfaite supposée *existante*. Tel est bien, en revanche, ceux des mythes du *Critias* ou du *Phédon*, sans que pour autant on puisse davantage y voir, au sens strict, des « utopies », l'ontologie platonicienne empêchant toujours l'identification utopique de l'essence et de l'existence. Avec l'examen du sens général du *muthos* chez Platon, les chapitres IV et V y seront consacrés.

Pour en rester, ici, à la traduction par Émile Chambry de λόγῳ par « en imagination », le passage suivant du livre II permet de l'éclairer : au moment d'introduire à l'éducation des Gardiens, Socrate la présente ainsi : « Supposons que donnant carrière à notre imagination (ἐν μύθῳ) nous faisons un conte (μυθολογοῦντες) et que nous sommes de loisir, et formons en esprit (λόγῳ) ces gardiens » (376d, trad. Chambry). Léon Robin traduit par « roman ». Le fait est que ce qui suit, les exigences rationnelles de l'éducation des gardiens, et leurs justifications théoriques, n'a ni la forme d'un conte ni celle d'un roman. Mais il s'agit cependant bien du produit d'une pensée se dégageant de l'immédiateté sensible, pour donner « à voir » autre chose que ce que les yeux peuvent voir. C'est cela, qu'ici, Platon veut faire comprendre, alors même que le moment n'est pas encore venu, dans l'économie générale de la *République*, d'une distinction

1. *Lois*, 685a ; 769a. J.-F. Pradeau remarque toutefois que, « si la différence entre le *lógos* et le *mûthos* n'est pas toujours pertinente dans la langue de Platon, l'usage que ce dernier fait des verbes ("discourir" ou "raisonner", d'un côté, lorsqu'il emploie le verbe *logizesthai* ; puis "fabuler" ou "raconter", lorsqu'il emploie *muthologeîn*) l'est bien davantage. Elle permet au philosophe de distinguer le statut épistémologique des discours prononcés et la manière dont ils rendent ou non raison de leurs objets » (*Les Mythes de Platon*, textes choisis et présentés par J.-F. Pradeau, Paris, GF-Flammarion, 2004, p. 24).

2. *Le Renversement platonicien*, *op. cit.*, p. 324.

3. *Ibid.*, p. 339.

rigoureuse entre la pensée qui vise l'être véritable, à la lumière du Bien, pensée philosophique, et l'imagination. Cela étant, ce qui suit immédiatement, le statut des fables dans l'éducation des gardiens, expose une première approche de cette distinction, dans la perspective qui est celle des livres II-IV. Plus loin, lorsque Platon voudra exprimer le plus explicitement possible que, si ce qu'il « donne à voir » n'existe pas de manière sensible, c'est que son mode d'être est seulement intelligible, il n'utilisera plus ce langage à résonance utopique[1].

Il y reviendra en revanche, au moins partiellement, lorsqu'il s'agira, en un autre niveau de l'analyse philosophique, d'approfondir l'étude de l'*ousia* de la vraie cité, certes alors bien déterminée λόγῳ, mais qui demeure abstraite, et donc d'une certaine manière « imaginaire », tant qu'on ne l'articule pas à ses conditions de réalisation internes[2]. C'est cela qui doit donc être maintenant plus précisément examiné.

1. Voir, p. ex., V, 458a : ce que É. Chambry traduit, alors à tort selon nous, dans ce dernier passage, par « rêveries » renvoie au grec διάνοιαν … ἑαυτῶν.

2. Nous préférons en ce sens la traduction que fait É. Chambry (Les Belles Lettres) de VI, 501e : « … la constitution *que nous avons imaginée en esprit* », pour μυθολογοῦμεν λόγῳ, à celle de L. Robin (Pléiade) : « … du régime politique *qui, en paroles, est la matière de notre conte* ». G. Leroux traduit par « … la constitution politique *dont nous faisons le portrait par nos paroles* », en expliquant que « les aspects généalogiques de la cité, tout comme ses aspects programmatiques, relèvent en effet d'une forme de mythologie, qui ne sera mise à l'épreuve des faits qu'à l'avènement du gouvernement des philosophes » (n. 102, p. 606). Il va de soi, plus généralement, que la signification philosophique de ces termes ne peut être abstraite de la prise en considération des niveaux où se situe la réflexion, des contextes et des intentions de Platon. Ainsi, par exemple, lorsque l'Athénien dans les *Lois* (VIII, 817) identifie son projet législatif à un « poème tragique », il s'agit, de souligner combien les philosophes-fondateurs d'État se trouvent être en compétition avec les poètes tragiques, dans la mesure où les uns et les autres ont pour vocation d'« imiter », mais dans des perspectives complètement différentes et qui changent tout (imitation en vérité de la réalité ; imitation dans l'illusion des apparences).

CHAPITRE III

LA POSSIBILITÉ DE LA VRAIE CITÉ

La perspective platonicienne d'une pensée en vérité de la cité des hommes, sur terre, implique que cette pensée soit celle d'une essence tout à fait possiblement existante, c'est-à-dire tenant pleinement compte de ce qu'impose la nécessité de l'existence. Deux perspectives doivent en conséquence être clairement distinguées : premièrement celle de *l'essence* qui, considérée dans sa plénitude, intègre les conditions de sa *réalisation* à *ce qu'est*, en soi, une cité juste pour les hommes sur terre. Ces conditions de sa *réalisation*, pensées dans le cadre de ce qu'imposent les conditions générales de *l'existence*, sont encore abstraites. Deuxièmement la prise en compte du fait de *l'existence* qui, bien que rendue ainsi possible, demeure pourtant impensable dans son *effectivité*, ce qui implique l'impossibilité de penser une adéquation parfaite de l'essence à l'existence. Socrate doit ainsi conclure :

> Ne me force pas à te montrer que toutes ces choses que nous avons exposées en paroles doivent en tout point se réaliser aussi telles quelles dans les faits. Mais si nous nous rendons capables de découvrir comment une cité pourrait être fondée de la manière la plus proche possible de ce que nous avons dit, nous pourrons affirmer que nous avons découvert comment peuvent se réaliser ces choses que tu réclames (473a-b) [1].

1. « Si nous découvrons ce qu'est la justice, jugerons-nous que l'homme juste ne doit lui-même aucunement différer de la justice, mais lui être à tous égards conforme ? Ou alors nous satisferons-nous qu'il s'en rapproche le plus possible et qu'il en participe plus que les autres ? – Comme tu dis, dit-il, nous nous en satisferons » (472b-c).

Le travail sur l'essence en elle-même consiste donc en deux moments, le premier en appelant un second par l'exigence de ses conditions de réalisation qui, enveloppées par celles de la possibilité de l'existence, dessinent finalement l'essence complète de la cité humaine terrestre, mais sur le fond d'une existence elle-même impensable en soi. On ne peut ainsi pas en rester à une représentation de la cité de la *République* qui la figerait en un simple modèle indifférent aux aléas de l'existence, et dont l'éternité essentielle exclurait toute considération du mouvement du devenir. Tout au contraire, cette essence enveloppe, autant que faire se peut, les contraintes d'une existence qu'elle a vocation à faire être vraiment [1].

C'est en cela que la *République* n'est pas précisément utopique. D'une part, fondamentalement, elle constitue λόγῳ un « modèle » de bon État, exclusivement, dont la valeur n'est en rien relative à l'*existence* éventuelle de cet État (472e), là où le roman utopique, en tout cas le roman de More, tout au contraire détaille concrètement dans ses descriptions la cité parfaite qu'il suppose, par définition, exister. D'autre part, le mouvement qui anime la *République*, de l'essence à ses conditions de réalisation et à une pensée de la possibilité de son existence, s'oppose à l'immédiateté utopique de l'existence de l'essence : là où l'*Utopie* donne à penser l'existence (imaginaire) d'une essence existante par elle-même, Platon envisage ce que doivent être les conditions de réalisation pour qu'une éventuelle existence soit possible, dans l'écart réductible mais pourtant ineffaçable de l'essence à l'existence. L'essence que pense Platon enveloppe les nécessités de l'existence, mais en une impossible identification utopique des deux.

Conditions de réalisation de la vraie cité

L'essence de la vraie cité : l'unité par la justice

Pour le dire vite, l'essence dont il va s'agir d'examiner les conditions de réalisation internes tient son unité du fait que chacun y accomplit la tâche à

1. Nous ne partageons donc pas ici l'analyse de J.-F. Pradeau, pour qui la « véracité » de cette cité ne tient pas à sa vocation à exister : « Que la fiction représente une cité qui n'existe pas et qui, sous la forme dans laquelle elle se trouve décrite, n'a pas vocation à exister, n'enlève rien à la véracité de ce qu'elle représente, c'est-à-dire à l'exactitude des principes qui la commandent, à la pertinence de la législation qu'on lui donne ou à la nécessité des vertus qu'elle favorise » (*La Communauté des affections*, *op. cit.*, p. 171).

laquelle il est propre, avec la vertu qui convient, et ce sans empiéter sur les fonctions des autres : les gouvernants gouvernent avec sagesse, les gardiens gardent la cité avec courage et le peuple produit, témoignant par son obéissance de la tempérance commune à toutes les classes de la cité (IV, 427c-434c).

Et la vraie cité est en conséquence une cité juste. De la cité saine du début du dialogue à la cité juste ici concernée, qui prend complètement en considération les développements nécessaires d'une cité humaine effective, la principale différence tient à la création de gardiens au caractère philosophe et de gouvernants savants choisis parmi ces derniers.

La « sagesse » (σοφία) des gouvernants a d'abord le sens de la φρόνησις, comme excellence dans la délibération portant sur le bien de la communauté (433bc). L'exposition de la condition principielle de réalisation de la cité juste, le gouvernement des philosophes, conduira, en référant ce bien à l'Idée de Bien, à lui donner la valeur absolue qu'il n'a donc pas encore ici, à ce moment de l'exposé. Ce savoir, ayant pour objet l'ensemble, en tant que tel, des activités qui s'exercent dans l'État, on peut donc dire de ce dernier qu'il est « sage » par la sagesse du petit groupe qui commande (428c-429a). Il en va de même pour le courage : « Une cité est courageuse (ἀνδρεία) par une certaine partie d'elle-même, grâce à ce pouvoir qui réside en elle et qui assure la préservation, en toute circonstance, du jugement concernant les choses qu'il faut craindre, jugement qui affirme que ces choses demeurent les mêmes et du même type (ταὐτά τε αὐτά (...) καὶ τοιαῦτα) que celles que le législateur a désignées comme telles dans l'éducation que celles que le législateur a indiquées dans son plan d'éducation » (429b-c). En ce qui concerne la tempérance (σωφροσύνη) en revanche, comme accord (συμφωνία) et harmonie (ἁρμονία), elle doit être présente dans toutes les parties de la cité en sorte que se produise cette « concorde [qui] est la modération, un accord naturel de l'élément meilleur et de l'élément moins bon, ayant pour objet de déterminer celui qui doit commander dans la cité et dans chaque individu en particulier » (432a).

La *vraie* cité est donc une cité *juste*, par cette unification du multiple que sa structure ordonne, mesure, proportionne, dans la détermination de ses hiérarchies et l'adaptation avec justesse des aptitudes et des fonctions, et ce sur le fond général des besoins proprement humains des citoyens qui la composent et la font être. Ce modèle politique vaut d'ailleurs aussi pour l'âme individuelle, comme le dit très clairement la dernière page de la *République*, IX : « L'homme sensé (...) tournant son regard vers la constitution politique qui est à l'intérieur de lui, et veillant à ne rien y perturber par excès ou par manque de fortune, (...) procèdera aux acquisitions et aux dépenses en suivant cette direction, selon la mesure dont il est capable». Et ainsi, il s'occupera de «fonctions politiques (...) dans sa propre cité (ἔν γε τῇ ἑαυτοῦ πόλει) et sérieusement, mais sans doute pas dans sa propre patrie (ἔν γε τῇ πατρίδι) à moins qu'un destin divin ne lui en donne l'occasion» (IX, 591c-592b).

Mais pour que la cité juste soit vraiment, c'est-à-dire pour que son être soit parfaitement intelligible, il faut encore que soient pensées en vérité ses conditions de réalisation, rendant ainsi possible une effective existence éventuelle. Tel est l'objet des livres V-VII. Socrate le dit spécialement en introduction à son analyse sur la nécessité du gouvernement des philosophes, mais cela vaut plus largement: il convient de déterminer «la possibilité que cette constitution politique voie le jour, et aussi de quelle manière elle pourrait éventuellement y parvenir» (V, 471c).

Des conditions internes à l'essence

Premières conditions

L'égalité des hommes et des femmes, y compris dans la participation à la direction de la cité, est la première condition (V, 451c-457c), ce qui est exigé par la constatation que «les dons naturels (φύσεις) sont répartis de manière semblable dans les deux genres d'êtres vivants. La femme participe naturellement (κατὰ φύσιν) à toutes les occupations» (455d)[1]. La deuxième condition est la communauté des femmes et des enfants chez les gardiens, d'où sont issus les magistrats (457c-471c). L'expérience montre en effet que la discorde naît de la distinction du tien et du mien, l'enjeu que la raison peut tirer étant ici que, «comme (...) ils n'ont eux-mêmes aucune dissension entre eux, il n'y a aucun danger que jamais le reste de la cité ne devienne factieuse, ni envers eux, ni envers ses membres» (465b).

Ces conditions sont internes à la structure même de la vraie cité, en tant qu'elle est particulièrement considérée dans son aptitude à rendre compte

1. Certes, «dans toutes ces activités, la femme est un être plus faible que l'homme» (455e). Mais cela ne touche pas à l'essentiel. De même, «si le genre n'apparaît différer que sur ce seul point, à savoir que le genre féminin enfante, alors que le genre masculin féconde, alors nous affirmerons qu'il n'a aucunement été démontré pour autant que la femme diffère de l'homme quant à l'objet de notre discussion, mais nous serons encore d'avis que nos gardiens et leurs femmes doivent exercer les mêmes occupations» (454d-e).

de ce qu'implique le fait de l'existence effective. Elles constituent les modalités d'une existence sensible normée par l'être, en même temps que ce qui peut la rendre possible. La première est ainsi inscrite dans le prolongement d'une exigence générale qui veut que chacun occupe la fonction à laquelle sa nature propre lui donne droit. C'est le même principe qui déterminait le choix des gardiens par leurs qualités naturelles (III, 374e-376c), et qui justifiait le mensonge des trois races naturelles initiales (414b-415d)[1], qui fonde maintenant la nécessaire participation des femmes, en tant que femmes, à la direction de l'État, dans la seule mesure de leurs aptitudes individuelles. Et d'ailleurs, Socrate l'avait explicitement rappelé au début de l'examen de cette question : ce qui importe, à la fondation d'un État, c'est que chacun occupe la tâche qui convient à sa nature (φύσιν)[2]. C'est, dans la même perspective, l'éducation exposée en II, 374-III, 412, musicale et gymnastique, qui permettra aux femmes qui en sont dignes d'accéder à l'élite (456c-457a).

Quant à la communauté des femmes et des enfants, elle avait également déjà été évoquée en IV, 423e[3]. Il est vrai que cela n'avait pas, alors, été développé, et que c'est ce qui avait motivé sa reprise au début de V. Mais, précisément, par là est clairement indiqué que cette deuxième condition de réalisation de la cité juste n'est rien d'autre qu'un moment de son essence, davantage éclairé et situé dans la logique de l'ensemble. Et c'est ce qui fait dire à Socrate que le but de son développement sur la communauté des femmes et des enfants entre les gardiens de l'État est de montrer « qu'elle s'avère cohérente avec le reste de la constitution politique et tout à fait la meilleure [mesure] » (461e) :

> Et de la sorte, nous sommes aussi d'accord avec ce qui a été dit avant. Nous avions en effet affirmé[4], n'est-ce pas, qu'ils ne devaient posséder ni maisons privées, ni terre, ni bien, mais qu'ils devaient recevoir leur subsistance des autres, comme salaire de leur garde, et la dépenser tous en commun, s'ils voulaient être réellement des gardiens (464b-c).

Les deux premières *conditions* de réalisation de la cité juste humaine se trouvent donc bien n'être rien d'autre qu'un approfondissement de *ce qu'est* cette cité juste. Il ne peut, à vrai dire, en être autrement, puisque

1. Voir aussi, p. ex., IV, 423d.
2. 453b. Voir aussi 454b et *Timée*, 17cd.
3. « La possession des épouses, les mariages et la procréation (...), il faut en ces choses agir le plus possible en conformité avec le proverbe qui veut qu'entre amis, tout est commun ».
4. En III, 416-417.

l'hypothèse des Formes ne constitue certainement pas, comme nous l'avons vu plus haut, un « deuxième monde », qui nécessiterait du coup pour ces conditions un lieu spécial, intermédiaire entre ce monde et le « monde sensible ». Bien penser le seul monde qui soit, c'est en penser complètement la vérité, c'est-à-dire penser de façon parfaitement déterminée les relations entre les Formes qui permettent de le comprendre, les penser pour cela de façon *séparée*, à part donc du désordre attaché à son empiricité, ce qui est la même chose que de bien penser, en lui, ce qui permet qu'il soit, vraiment. L'entreprise philosophique consistant ici à éclairer en raison, par référence ultime à l'idée contemplée, une réalité empirique sociale générale, c'est nécessairement le même contenu qui apparaîtra, différemment accentué, dans l'exposition de *ce qu'est* la cité juste et dans celle de ses *conditions*[1].

Ce faisant nous assistons, sur ces questions, à un complet renversement des certitudes de l'opinion : non seulement l'égalité des hommes et des femmes ou la communauté des femmes et des enfants ne sont pas irréalisables, comme on aurait pu le penser en première approche, mais elles sont bien les moments de l'essence qui rendent possibles les autres. Socrate hésitait à aborder le deuxième point autrement que par allusion, lorsqu'il présentait la cité juste : « Une sorte de doute s'attache à ces questions : notre discours, mon cher camarade, ne serait-il pas qu'un vœu pieux (εὐχή) ? » (450d)[2]. Que cela puisse être la meilleure des choses pouvait, déjà, susciter un certain scepticisme[3], mais pas si fort pourtant que celui portant sur la simple possibilité de l'existence :

> Je ne pense pas (…) qu'on puisse contester, en ce qui concerne le caractère bénéfique, que ce soit un bien excellent que les femmes soient communes et que les enfants soient communs, si toutefois cela est possible. Je pense par ailleurs que sur la question du caractère réalisable ou non, il se produira une contestation très vive (457d).

1. Ainsi située, l'entreprise d'« ethnographie platonicienne » qu'H. Joly développe ne manque pas d'intérêt. Concernant particulièrement le communisme, elle le conduit à constater qu'il « ne saurait être ressaisi seulement dans sa déductivité théorique et [qu']il convient de le replacer également dans un contexte d'information et d'observation, pour comprendre la *logique du réel* qui l'anime aussi comme une "*logique*" *ethnographique* » (*Le Renversement platonicien*, *op. cit.*, p. 349).

2. E. Chambry traduit par « utopies » (Les Belles Lettres).

3. « En effet on pourrait mettre en doute que les choses dont on parle soient possibles, et même si elles devaient se réaliser dans d'excellentes conditions, on pourrait tout aussi bien douter qu'il s'agisse des choses les meilleures » (450c).

Cela explique que soit introduite préalablement la nécessité de la participation des femmes à la classe des gardiens, de même que l'égalité des hommes et des femmes, sur quoi elle s'appuie. Cela étant, cette dernière aussi, pouvait d'abord paraître choquante, ridicule « si on mettait en pratique ce qu'on avance en parole» (452a), avant que soit établi que « nous n'avons donc pas institué de législations impossibles, ni semblables à des vœux pieux, puisque nous avons institué la loi conformément à la nature (φύσιν). C'est au contraire ce qui se passe aujourd'hui dans ce domaine qui semble plutôt contre nature » (456c).

Le gouvernement des philosophes

La deuxième condition est donc subordonnée, pour une part, à la première. Mais en réalité toutes deux, et avec elles la structure entière de la cité idéale, tiennent à la réalisation d'une troisième condition, principielle : le gouvernement des philosophes (V, 473c-VII). Rappelons que c'est à son propos que Socrate a la formule que nous citions pour introduire à ce développement sur les conditions [1]. Et en conclusion de son examen des rois-philosophes, il pourra donc demander que l'on convienne

> que ce que nous avons élaboré au sujet de la cité et de la constitution politique n'est aucunement un ensemble de vœux pieux (...), que s'il s'agissait de choses difficiles, elles n'en sont pas moins réalisables d'une certaine manière, qui n'est pas différente de celle que nous avons proposée (...). Lorsque les vrais philosophes seront parvenus au pouvoir dans une cité – qu'il s'agisse de plusieurs ou d'un seul – et lorsqu'ils mépriseront les honneurs qu'on recherche aujourd'hui, jugeant ces honneurs contraires à la liberté et sans valeur, ils feront alors ce qui est droit (...) dans la mesure où ils estimeront que le juste est ce qui est le plus nécessaire (VII, 540d).

Socrate avait averti au moment d'aborder la communauté des femmes et des enfants que le discours concernant cette condition ne pouvait pas prétendre, par lui seul, à une totale certitude. Cette condition de réalisation avait donc été elle-même seulement supposée réalisée, pour permettre que soit comprise sa nécessité. Socrate avait ainsi voulu procéder comme ces paresseux qui,

> avant même de se mettre en quête du moyen de réaliser ce qu'ils souhaitent, s'en désintéressent, afin de n'avoir pas à s'épuiser en

1. Ici est en jeu, finalement, « la possibilité que cette constitution politique voie le jour, et aussi de quelle manière elle pourrait éventuellement y parvenir » (V, 471c).

> délibérations sur ce qui est réalisable et sur ce qui ne l'est pas. Ils présument que ce qu'ils désirent se trouve réellement à leur portée, et dès lors ils mettent en ordre le reste et se réjouissent à l'examen détaillé de ce qu'ils feront une fois la chose réalisée, rendant ainsi leur âme déjà paresseuse plus paresseuse (458a).

Cette méthode renvoie aux termes que Socrate avait utilisés au livre II pour présenter l'éducation des gardiens, et que nous avons brièvement examinés un peu plus haut : « Supposons que donnant carrière à notre imagination (μυθολογουντές) nous faisons un conte (μύθῳ) et que nous sommes de loisir, et formons en esprit (λόγῳ) ces gardiens » (376d, trad. Chambry, Les Belles Lettres). Mais la perspective formelle est ici bien plus précisément déterminée, ce qui permet d'éclairer rétrospectivement les enjeux de ce dernier passage : il s'agit maintenant de souligner très explicitement le caractère méthodologique de la mise entre parenthèses qui est faite des conditions de réalisation (ici, en l'occurrence, de la principale), pour mieux introduire à leur nécessaire examen ultérieur, lui-même porteur d'un approfondissement de l'analyse en direction des conditions de l'être véritable, c'est-à-dire de l'Idée du Bien. Cette attitude est ici qualifiée d'attitude « paresseuse », et elle impose en conséquence que l'on examine, plus tard, « cette question de la possibilité » (458b). Il faut donc maintenant comprendre que, pour la possibilité des premières conditions de réalisation de la cité juste, et avec elles celle de cette cité elle-même, il faut donc le gouvernement des philosophes.

> A moins que, dis-je, les philosophes n'arrivent à régner dans les cités, ou à moins que ceux qui à présent sont appelés rois et dynastes ne philosophent de manière authentique et satisfaisante et que viennent à coïncider l'un avec l'autre pouvoir politique et philosophie (...), il n'y aura pas (...) de terme aux maux des cités ni, il me semble, à ceux du genre humain. Et d'ici que cela se produise, cette constitution politique que nous avons exposée dans le dialogue que nous entretenons maintenant ne pourra jamais se développer pleinement, ni voir la lumière du soleil (V, 473c-e) [1].

Ce pouvoir des philosophes est instituant. Par lui la nouvelle cité est pensable en droit, et cela implique très particulièrement qu'elle soit en mesure d'assurer la formation à venir de « dialecticiens », philosophes

1. « Le genre humain ne mettra pas fin à ses maux avant que la race de ceux qui, dans la rectitude et la vérité, s'adonnent à la philosophie n'ait accédé à l'autorité politique ou que ceux qui sont au pouvoir dans les cités ne s'adonnent véritablement à la philosophie... » (*Lettre VII*, 326a-b). Voir aussi 335d-e et *Lois*, III, 689.

accomplis chargés d'en assurer la pérennité, autant que faire naturellement se peut dans les conditions de l'existence concrète. Telle est la condition de possibilité ultime de la cité parfaite, mais en même temps du coup l'exposition complète de son essence : si la vraie cité est le τέλος de la philosophie, cette dernière peut être pensée en retour comme son τέλος propre[1].

De l'utopie à l'utopie ? Nous avons dit qu'en toute rigueur on ne pouvait qualifier d'« utopie » la Forme de la vraie cité, son être véritable, y compris dans ses conditions de réalisation, puisque l'utopie implique nécessairement l'existence. A prendre cependant maintenant la notion dans son sens plus lâche et plus commun de ce qui n'est pas réalisable, on pourrait voir en revanche le gouvernement des philosophes comme ce point utopique par excellence, où se noue l'utopie générale de la *République* : avec les « philosophes-rois », Platon entend rendre « exécutable » un projet qui, du coup, pourrait à bon droit être qualifié par là de « projet utopique »[2].

L'utopie du gouvernement des philosophes ?

Pour Platon, les choses ne souffrent en tout cas pas d'hésitation : bien que les faits semblent d'abord s'opposer à l'efficacité d'un gouvernement des philosophes, une pensée droite impose la possibilité en même temps que la nécessité de cette condition ultime de la réalisation de la cité juste.

L'amour de la vérité pour le pouvoir légitime

À considérer la philosophie dans sa nature propre, la première donnée, fondamentale, est que l'amour des philosophes pour la vérité tout entière leur fait rechercher *ce qui est vraiment*[3], ici, une vraie cité dont l'unité soit

1. De ce point de vue, M. Vegetti remarque une « tension latente entre les deux versants (la finalité politique de la philosophie, la finalité philosophique de la cité). (…) Et la partie qui s'avérait ici relativement plus isolée, le livre VII, allait être appelée à dominer chez Platon dans le *Théétète* (173d-175b) et à triompher dans le livre X de l'*Éthique à Nicomaque* d'Aristote, qui revendique la supériorité du βίος philosophique » (« Royauté et philosophie chez Platon », trad. C. Aynès, dans L. Brisson et F. Fronterotta (dir.), *Lire Platon*, p. 217). De cet auteur, voir aussi « *Beltista eiper dynata.* Lo statuto dell'utopia nella *Repubblica* », *in* M. Vegetti (dir.), *Platon*, La Repubblica, Naples, Bibliopolis, vol. IV, 2000.

2. Nous reprenons ici les termes qui ouvrent l'article de M. Vegetti, « Royauté et philosophie chez Platon ».

3. « Celui qui est animé du véritable amour du savoir est naturellement disposé à lutter pour atteindre l'être, et (…) sans s'attarder sur chacun des nombreux objets particuliers qui n'existent qu'en apparence, il va de l'avant, il ne faiblit pas, et son amour n'a de cesse qu'il n'ait saisi l'être de chaque nature en elle-même, par cette partie de son âme qui est apte à entrer

celle de l'être dans son immuabilité et son identité (V, 474d-VI, 485a). Cela enveloppe le savoir de ce qui est bien pour une cité, et avec cela le savoir de ce qui est véritablement bien, soit finalement la contemplation de l'Idée de Bien (VI, 508e). Et c'est ainsi que sont en mesure de procéder les philosophes :

> Ils regarderont souvent des deux côtés, d'abord vers ce qui est juste par nature (φύσει), comme vers ce qui est beau et modéré, et vers tout ce qui est du même genre, et puis ensuite en direction de ce qu'ils voudraient incorporer chez les êtres humains. De cette façon, en mélangeant et en broyant les diverses occupations, ils produiraient la représentation humaine, en se fondant sur cela même qu'Homère a appelé forme divine et représentation divine, lorsqu'elle s'est produite dans l'humanité (VII, 501b)[1].

Particulièrement, la connaissance du Bien a alors pour condition d'application la considération des aléas de l'existence, tel un pilote de navire qui se soucie « du temps, des saisons, du ciel, des astres, des vents » (VI, 488d)[2] : l'objet paradigmatique de la science de *ce qui est vraiment*, qui n'est que ce qu'il est, éternellement, a en effet directement pour sens l'effectivité possible, et cela implique donc la prise en compte soigneuse des circonstances empiriques. Le *Politique* développera les enjeux de cette ἐπιστήμη du χαιρός.

La deuxième raison du nécessaire gouvernement des philosophes est que de cet amour de la vérité découlent des qualités humaines qui font de bons dirigeants, dans la pratique la plus concrète : la sincérité, la modération, la grandeur d'âme, le courage, la justice, la douceur, la facilité à apprendre, la mémoire, la mesure… (485b-487a). Comme le dit Socrate un peu plus loin à Adimante : « C'est ainsi que le philosophe, qui vit en présence de ce qui est divin et harmonieux, devient lui-même divin et

en contact avec cette réalité – et cette aptitude de l'âme lui vient de sa parenté avec cette réalité – ; et (…), s'étant approché de cette réalité, s'étant réellement uni à l'être, ayant engendré intellect et vérité, il connaît, il vit, et il se nourrit véritablement » (490a-b).

1. Cette citation fait écho à la remarque de Socrate du début du livre VI : « En quoi donc les aveugles te semblent-ils différer de ceux qui sont privés de la connaissance de chacun des êtres en tant qu'il est réellement, eux qui n'ont dans leur âme aucun modèle clair et qui sont incapables de contempler, comme le peintre le fait, la vérité la plus élevée, de s'y rapporter sans cesse et d'en tirer la vue la plus exacte possible, de manière à établir ensuite, ici-bas, les règles des choses belles, des choses justes et des choses bonnes, s'il y a encore lieu de le faire, et de protéger par leur garde les règles déjà établies ? « (484cd).

2. Rappelons que le marin-philosophe de l'*Utopie*, Raphaël Hythlodée, a certes navigué comme Ulysse, mais « mieux comme Platon » (*U.*, p. 365 ; GF-Flammarion, p. 85).

harmonieux, autant qu'il est possible à un être humain de l'être » (500c). La cité juste, c'est-à-dire la vraie cité, la cité selon *l'être* de la cité, dont on cherche les conditions de réalisation, n'est pas une cité céleste. Elle est, encore une fois, de la terre et des hommes. Ses dirigeants sont des hommes, mais dont la psychologie, humaine, autorise en son propre registre des excellences qu'explique seulement la fréquentation de la vérité et de l'être pur.

Le rapport au pouvoir s'en trouve en conséquence modifié : objet ordinaire du désir humain, il ne revient de droit aux philosophes que par une profonde mutation de la nature de ce désir. La contemplation de la vérité, condition de l'exigence d'un gouvernement philosophique, implique en effet ce paradoxe que les philosophes ne désirent pas gouverner, du moins en première approche. L'allégorie de la caverne du livre VII le donne à voir le plus clairement qui soit : « Ceux qui sont allés là-bas ne consentent pas à s'adonner aux affaires des hommes, mais (...) leurs âmes n'éprouvent toujours d'attirance que pour ce qui est en-haut » (517c). Et pourtant, il leur faut redescendre [1]. Alors même que, dans la pure lumière du savoir ils se sentent comme « établis de leur vivant dans les Iles des Bienheureux » (519c), les vrais philosophes, parce qu'ils auront été convaincus que ceci seul est « juste » « c'est avant tout comme vers un devoir que chacun d'eux se portera vers le pouvoir, contrairement à ceux qui dirigent maintenant dans chaque cité » (520e)[2].

Nourrie de la référence ultime au Bien, la perspective est donc ici toute différente de celle présentée au livre I pour expliquer que les gens de bien se doivent d'accepter de gouverner la cité. Il s'agissait alors d'une immédiate question d'intérêt personnel : c'est parce que « la punition la plus sévère est d'être commandé par quelqu'un de plus médiocre que soi, si on ne consent pas à se gouverner soi-même. C'est parce qu'ils redoutent

1. A. Diès a raison de le dire : « C'est dans notre monde à nous, dans le monde des hommes, que Platon entend réaliser le plus qu'il pourra de la cité parfaite, et, s'il veut que ses philosophes montent vers le Bien absolu et s'arrêtent à le contempler, il ne veut pas qu'ils y trouvent seulement la joie de leurs esprits, mais aussi "la règle de toute vie publique ou privée" (517c). Ignorer le Bien serait manquer de cette règle, s'attarder à la contempler serait la rendre inutile. Platon écarte du gouvernement aussi bien les purs méditatifs que les "charnels" inéclairés » (Introd. à la *République*, Les Belles Lettres, p. LXIX).

2. « Nous ne serons pas injustes à l'endroit de ceux qui chez nous deviennent philosophes, mais (...) nous leur tiendrons un discours juste en les contraignant, en plus du reste, à se soucier des autres et à les garder » (520a). Les philosophes ne pourront que « consentir » à « peiner comme les autres dans la cité, chacun à son tour, tout en résidant la majeure partie de leur temps entre eux dans la région pure » (520d-e).

cette punition, me semble-t-il, que les gens valeureux prennent le pouvoir quand ils le font » (347c). Maintenant, c'est véritablement par devoir, parce qu'ils sont justes et qu'ils ont compris que ceci seul était bien, que les amoureux du bien acceptent la direction des affaires, y compris contre leurs intérêts immédiats, donc. Le *Protagoras* avait déjà remarqué que la juste considération de la science interdit qu'on l'asservisse à autre chose qu'à elle-même, comme au plaisir, à la colère, à l'amour ou à la crainte : la vérité est que « la science est capable de commander à l'homme » et que, « si quelqu'un connaît ce qui est bon et ce qui est mauvais, (...) rien ne peut le dominer et lui faire faire des choses différentes de celles que la science lui prescrit » (352c)[1], c'est-à-dire, ici, s'employer à la direction des affaires humaines, quitte à en mourir.

Cela étant, les deux perspectives ne sont naturellement pas contradictoires, ni même simplement parallèles. La seconde en enveloppant la première, lui donne toute sa signification : le véritable intérêt ne peut s'évaluer qu'à la lumière du Bien. Cela apparaît clairement si l'on rapporte la remarque que fait Socrate au livre VII : « Si tu peux découvrir, pour ceux qui s'apprêtent à diriger, une vie meilleure que le pouvoir, tu peux alors faire advenir une cité bien administrée » (520e-521a)[2], à la suite du passage du livre I que nous citions. Le livre I avait en effet déjà introduit la possibilité d'une « vie meilleure » que celle du gouvernant, celle d'être gouverné par des gens de bien, puisque « le gouvernant véritable n'est pas disposé naturellement (πέφυκε) à rechercher son intérêt personnel, mais bien celui du sujet qu'il gouverne » (347d). Et ce n'était donc qu'à défaut de ces authentiques gouvernants que l'intérêt commandait alors d'exercer le pouvoir. La situation au livre VII est maintenant, pour une part, la même : il serait mieux d'être gouverné par des gens de bien que de gouverner soi-même, et pour une autre part différente : la « vie meilleure » est, étant gouverné par des gens de bien, d'en profiter pour s'adonner à la théorie pure. Ce qui était condition au livre I : « les gouvernants véritables », devient conditionné au livre VII, et ce qui était conditionné au livre I : la « vie meilleure », devient condition au livre VII. L'inversion tient à l'enrichissement des notions, dans la perspective du gouvernement des philosophes, à

1. Trad. inédite, introd. et notes F. Ildefonse, Paris, GF-Flammarion, 1997.

2. « La cité au sein de laquelle s'apprêtent à gouverner ceux qui sont le moins empressés à diriger, c'est celle-là qui est nécessairement administrée de ma meilleure façon et la plus exempte de dissension, tandis que celle que dirigent ceux qui sont dans l'état contraire se trouve dans la situation opposée » (520d).

la lumière du Bien: «le gouvernant véritable» ne l'est que par la contemplation du Bien qui, en tant que telle, lui procure la « vie meilleure », mais à la condition qu'il en tire bien tous les enseignements, et particulièrement qu'il lui revienne, aussi, de gouverner à son tour[1].

> De cette manière, la cité sera administrée en état de vigilance par vous et par nous, et non en rêve (ὄναρ) comme à présent, alors que la plupart sont administrées par des gens qui se combattent les uns les autres pour des ombres et qui deviennent factieux afin de prendre le pouvoir, comme s'il y avait là un bien de quelque importance (520c-d).

Les faits contre le droit?

La vérité oblige à dire que l'être de la cité doit avoir pour fondement le gouvernement des philosophes. Mais revient encore ici le principal: si cette cité pensée n'est pas un rêve, c'est en tant que convenant parfaitement aux hommes, sur terre. Or, l'objection faite à Socrate, écho de celles faites précédemment, au nom de l'opinion commune, à l'égalité des hommes et des femmes et à la communauté des femmes et des enfants, semble cette fois plus difficile à réfuter. Elle ne s'appuie en effet pas principalement sur la coutume ou sur une morale collective, mais directement sur les faits eux-mêmes : comment nier que les philosophes soient manifestement inaptes à gouverner? Il suffit de regarder autour de soi: il apparaît à l'évidence que de ceux qui s'adonnent à la philosophie trop longtemps, passé en tout cas la jeunesse où elle peut être utile pour compléter une éducation, « la plupart deviennent des personnes tout à fait étranges, pour ne pas dire de vrais pervers. Quant à ceux qui paraissent les plus doués, il en va pareillement: en raison même de cette occupation [philosophique] (...) ils souffrent de quelque affection qui les rend inutiles au service des cités » (VI, 487d).

Or, nous le disons depuis le début, il s'agit pour Socrate de bien reconnaître tous les faits pour rendre possible l'existence d'une cité selon l'être. Loin de lui opposer simplement un ordre abstrait de raisons, c'est donc, philosophiquement, qu'il examine ce qu'il en est de cette objection de fait. Tout d'abord il est incontestable qu'actuellement les véritables

1. M. Dixsaut comprend ainsi que « la République, l'instauration de l'État juste, est cet énorme détour faute duquel celui qui vraiment philosophe ne sera jamais nommé philosophe » (*Le Naturel philosophe*, *op. cit.*, p. 348). En effet, «le vrai philosophe (...) ne peut choisir qu'entre l'atopie et le pouvoir. De fait, il ne choisit pas : on lui impose l'atopie, on lui impose d'autres noms que le sien de telle sorte que, pour ne pas passer pour sophiste ou fou, pour avoir enfin droit au nom de philosophe, à son nom propre, pour apparaître comme il est, il doit se faire politique » (*ibid.*).

philosophes, contraints de vivre à l'écart, sont par la force des choses « inutiles » à l'État. Mais la responsabilité en incombe exclusivement à « ceux qui n'emploient pas les philosophes, et non [aux] sages eux-mêmes. Car il n'est pas naturel (οὐ γὰρ ἔχει φύσιν) que le pilote prie les matelots de se soumettre à son commandement » (489b). Ensuite, et cela justifie les attaques les plus importantes contre la philosophie, il est vrai également que ceux qui se présentent comme philosophes sont, dans la grande majorité des cas, totalement malfaisants. Mais il y a là erreur d'imputation, et discrédit tout à fait injustifié : c'est aux sophistes, contrefaçons des philosophes, que la critique devrait être adressée, à ces mercenaires qui font payer des leçons au contenu tout entier fondé sur ces doctrines mêmes « qu'adopte la population lorsqu'elle se réunit en assemblée. Et c'est à cela qu'ils donnent le nom de sagesse » (493a)[1]. C'est donc bien la réalité empirique de ce que sont les États actuels, le milieu social existant, qu'il faut analyser pour comprendre comment les meilleurs naturels, qui rendent aptes à la philosophie, peuvent être ainsi gâtés[2]. En tout cas, les choses étant ce qu'elles sont, on ne peut effectivement que conclure, dans les cités actuelles, à l'impossibilité « que la multitude soit philosophe » et à la « nécessité que ceux qui se consacrent à la philosophie fassent l'objet de critiques de la part du peuple » (494a). Et ce n'est pas l'invasion de la philosophie, ainsi délaissée par ceux qui auraient pu en être dignes, par des gens qui n'en ont pas la capacité naturelle qui peut modifier la situation, bien au contraire (495c-496a).

Voilà les faits, et ce qui les explique. Mais cette explication n'a de sens que dans la perspective d'une transformation de la réalité empirique à la lumière de l'Idée, précisément puisqu'elle a fait apparaître que le philosophe est tout le contraire du sophiste qui, lui, ne vise à connaître les désirs et coutumes de « la grande bête », de la multitude, que pour mieux s'y conformer servilement. Dans d'autres conditions sociales, il pourrait donc en aller tout autrement, et l'on pourrait imaginer pour les philosophes un bien meilleur sort. « Si [l'espèce philosophe] rencontre la constitution politique parfaite, d'une perfection égale à la sienne, alors elle montrera qu'elle est quelque chose de véritablement divin, tout le reste – les autres

1. Les sophistes se comportent à l'égard du peuple comme des éleveurs qui, à l'égard d'« un animal grand et fort », chercheraient à tout prix à lui plaire en s'efforçant de connaître, par expériences, ses désirs et ses mœurs. Ce « savoir » ferait juger beau, bien et juste ce qui semblerait tel à la grande bête (493b-c). Voir, plus généralement, 489d-497d.

2. « Il y a donc quelque raison de penser que le meilleur naturel (φύσιν), placé dans un milieu de croissance qui lui est hostile, deviendra pire qu'un naturel médiocre » (491d).

natures et les autres occupations – n'étant que choses humaines» (497b-c)[1]. Seulement, ce que disait Socrate de l'exposition d'une communauté des femmes et des enfants supposée réalisée (V, 458ab) vaut ici aussi : on ne peut en rester à une « attitude paresseuse » consistant à prendre simplement, théoriquement, ses désirs pour des réalités. Il faut, là encore, examiner « la possibilité que cette constitution politique voie le jour, et aussi de quelle manière elle pourrait éventuellement y parvenir » (471c).

Acceptation populaire, expérience et bon naturel

La condition principielle qu'est le gouvernement des philosophes doit donc avoir elle-même ses propres conditions de réalisation. Elles aussi sont internes à la structure de la cité juste. La première est l'acceptation populaire. Il faut que le peuple, jusqu'alors berné par les sophistes, accepte ce pouvoir des philosophes. Mais s'il est vrai qu'il n'est de véritable acceptation que fondée en raison, résultant d'un travail d'argumentation, cela suppose, là encore, des conditions. Michel-Pierre Edmond a ici raison d'insister sur le fait que, généralement, « Socrate se livre beaucoup moins à une critique sans appel de la foule qu'à celle des démagogues qui, par leur art, mettent la foule en furie ou l'apaisent en fonction de la fluctuation de ses désirs »[2]. Et il met à juste titre en avant comme condition de l'acceptation populaire, elle-même donc condition du gouvernement des philosophes, le bon usage du *thumos*, cette instance médiatrice entre le désir et la raison qui, éduqué, permet le contrôle de soi : « Le philosophe ne pourra désamorcer l'animosité de la foule à son encontre qu'en jouant sur son *thumos*, lequel peut réagir positivement aux effets dévastateurs pour elle de ses désirs et s'indigner d'être manipulé » (p. 64). Autrement dit,

> il ne s'agit pas de supprimer le désir (ce qui serait un non-sens), mais de parer à certains de ses effets destructeurs. La cité du philosophe-roi ne sera pas une cité purement rationnelle impliquant on ne sait quel ascétisme et qui ferait face alors, en son sein ou à sa périphérie, à une part

1. Que « l'espèce philosophe » soit ici qualifiée d'« espèce divine » ne signifie naturellement pas que l'objet de la *République* soit une cité ne convenant qu'à une population tout entière constituée de dieux, ni même que les philosophes soient des dieux. Il s'agit ici de dire avec la plus grande netteté ce qu'a de transcendant à l'existence empirique la référence des Formes intelligibles que les philosophes ont pour vocation de contempler. Rappelons simplement l'explication que donne Socrate un peu plus loin à Adimante : « C'est ainsi que le philosophe, qui vit en présence de ce qui est divin et harmonieux, devient lui-même divin et harmonieux, autant qu'il est possible à un être humain de l'être » (500c).

2. *Le Philosophe-roi*, *op. cit.*, p. 62.

> d'elle-même livrée à l'indétermination et au tumulte des désirs irraisonnés, abandonnée du coup aux démagogues. Thrasymaque fait son entrée dans la cité du philosophe-roi. Elle sera une cité « métaxique », ou de la médiation entre raison et désir, entre philosophe et foule (p. 64).

Cela étant, le fait est, qu'à l'heure actuelle, « ce n'est pourtant pas une surprise si le grand nombre n'est pas convaincu par les arguments que nous formulons, car ils n'ont jamais vu se réaliser ce dont nous parlons maintenant » (498d). Pour que le peuple accepte que les philosophes gouvernent, la condition semble donc, de façon apparemment parfaitement circulaire, l'existence d'un gouvernement des philosophes.

La seconde condition semble en revanche indépendante de ce qu'elle permet, puisqu'il est question de la nécessaire *expérience* acquise *préalablement* par ceux qui sont appelés à gouverner (484c-d). Mais, en fait, cette expérience fait pleinement partie du programme d'éducation qu'une vraie cité, c'est-à-dire une cité déjà dirigée par des philosophes, doit à ses futurs dirigeants[1]. Ici encore, cette condition de la condition ultime est déjà inscrite dans la structure de ce dont elle est la condition : ce qui est présenté dans le livre VII va certes bien au-delà de ce qui l'était dans les livres II-III, puisqu'il s'agit ici de rendre possible que les dirigeants soient dialecticiens, c'est-à-dire en mesure de connaître l'Idée de Bien et, partant, de rendre compte de toutes leurs connaissances (VII, 531-534). Mais il en va pourtant de même que pour les conditions précédentes : ce qui est maintenant développé était déjà en quelque sorte enveloppé[2]. Socrate d'ailleurs, en assimilant formellement son développement sur l'éducation des magistrats à celui sur la communauté des femmes et des enfants, le dit clairement : il s'agit maintenant d'expliciter ce à quoi il avait d'abord simplement été fait allusion (502d).

C'est dans ce cadre qu'arithmétique et géométrie sont rapportées à la fois à un usage militaire et au nécessaire passage de l'âme du monde sensible à la vérité et à l'essence (522-527). Le contenu de l'éducation des dirigeants a, comme toutes les autres conditions, à s'inscrire dans la double perspective, d'une part de l'existence empirique en général d'une cité terrestre et humaine, d'autre part de la nécessaire référence à l'être, à l'idée. C'est pourquoi la bonne éducation doit tenir compte des qualités physiques et psychiques de ceux à qui elle s'adresse, veiller à ce qu'ils soient, généralement, « des hommes aux membres et à l'esprit droit » (536b). Il

1. Ainsi 539e-540a.
2. Voir ainsi III, 412c-414b.

s'agit plus précisément, en ce qui concerne ce dernier point, que leur naturel participe de deux ordres de qualités que l'on trouve rarement rassemblées en un même être : d'une part, « la facilité à apprendre, une bonne mémoire, l'esprit fin et perspicace, et tout ce qui s'associe à ces qualités » ; d'autre part, toutes celles qui forment un caractère ferme. Les premières sans les secondes ne permettent pas « de vivre en harmonie, dans la tranquillité et la stabilité » Les secondes sans les premières, étant « difficiles à ébranler », « ont du mal à apprendre ». Il convient donc que le futur dirigeant participe, « de l'une et l'autre aptitude, de manière heureuse et louable » (503c-d). Il est particulièrement nécessaire pour la pratique finale de la dialectique, c'est-à-dire de l'« art de la mesure » par lequel sont saisis et déterminés dans leur vérité les êtres, que ne soient retenus que ceux pouvant se prévaloir de naturels « bien ordonnés et sereins (φύσεις κοσμίους) »[1]. Avec la *République*, il s'agit, de part en part, que le fini l'emporte sur l'infini, c'est-à-dire que l'être ordonne l'existence.

Cela implique donc l'élaboration philosophique d'un complexe de conditions internes, avec comme pivot le nécessaire gouvernement des philosophes. Ce principe est l'effet logique d'une pensée qui exige l'intelligibilité complète de son objet, et il se trouve du coup investi d'une prétention à exprimer au mieux ce qu'il en est de la réalité en la matière. Mais d'autre part, ce « gouvernement nécessaire des philosophes » valant, précisément, « λόγῳ », il demeure la question du rapport de ce qui est, en soi, ainsi possible à ce qui existe *effectivement*. Le point est naturellement décisif, puisqu'il est celui où se joue sans doute de la façon la plus extrême, la plus nue, avec le rapport de la philosophie de Platon à l'utopie, le sens même de l'idéalisme platonicien.

Les livres VIII et IX de la *République*, dont l'objectif, toujours purement théorique, est de penser la nécessaire dégradation ontologique d'une cité juste venue à exister dans ces conditions, marquent les limites de l'entreprise : « Il est difficile qu'une cité structurée comme la vôtre soit ébranlée. Mais, puisque, pour tout ce qui est, il y a corruption, cette structure non plus ne pourra se maintenir à jamais, mais elle se dissoudra » (VIII, 546a). De ce point de vue, Michel-Pierre Edmond a tout à fait raison, au qualificatif de « monde des idées » près, de souligner que, puisque

> la véritable opposition n'est pas entre le monde divin ou des idées et le monde terrestre, mais entre le premier et ce que Platon nomme le chaos,

1. Voir ainsi 539c-d. Voir le portrait du jeune Théétète dans le *Théétète*, 144ab. Voir aussi 194c *sq.* et le *Politique*, 306-310.

l'insensé, la « nécessité aveugle » (...) il n'existera pas de possibilité de cité utopique puisque la formation d'ordres politiques, fussent-ils les plus justes et les meilleurs, est confrontée à un chaos sans cesse renaissant[1].

DE L'ESSENCE À L'EXISTENCE

L'indétermination de l'existence effective

S'en remettre seulement à la chance ou à l'inspiration divine ?

Et c'est pourquoi, si les conditions générales relatives à l'existence peuvent être abstraitement déterminées, le fait que l'effectivité de cette existence demeure, elle, nécessairement indéterminée semble devoir impliquer que sa *venue à l'existence*, en tant que présence elle-même effective de l'existence, ne puisse pas être davantage déterminée. La leçon principale de la *République* est que la philosophie exige la philosophie : pour que la cité juste *existe*, la philosophie exige qu'elle soit gouvernée par des philosophes. De la philosophie à la philosophie : « Il devrait toujours y avoir au cœur de la cité quelque fonction dépositaire de la raison de la constitution politique, pareille à cette raison dont tu disposais, toi le nomothète, quand tu instituais les lois » (VI, 497c-d). Mais cela semble du coup d'abord exclure tout autre pensée philosophique, comme celles de *la prise du pouvoir* par les philosophes ou du *devenir* (philosophique) *du pouvoir*. Et la conséquence immédiate est que l'existence de la vraie cité ne peut être rapportée qu'à « *l'effet de la chance* » (ἐκ τύχης) ou à une « *inspiration divine* » :

> Aucune cité, aucune constitution politique, et de la même manière aucun homme, ne deviendra jamais parfait avant qu'une certaine nécessité ne vienne, *par l'effet de la chance* (ἐκ τύχης), confier à ces quelques philosophes, eux qui sont peu nombreux, qui ne sont pas corrompus, eux qu'on traite aujourd'hui d'inutiles, qu'ils le veuillent ou non, la charge d'une cité, et contraindre la cité de leur obéir, ou avant qu'un authentique amour

1. *Le Philosophe-roi*, *op. cit.*, p. 12-13. G. Leroux remarque ainsi que « ce qu'ajouterait l'existence dans l'histoire à la forme de la justice n'est jamais vraiment indiqué, bien que l'inverse soit toujours fortement accentué. C'est que le rapport de ce modèle à l'expérience est univoque : aucune expérience ne le corrige, aucune ne le modifie, mais toutes ne peuvent que contribuer à en préciser les contours, à le mieux révéler, de la même manière qu'aucune maladie ne modifie le concept de la santé, bien que toutes le rendent plus précis » (*République*, GF-Flammarion, Introduction, p. 63).

> pour la philosophie véritable, émanant d'une *inspiration divine*, ne s'empare des fils de ceux qui sont au pouvoir ou qui règnent dans les royaumes, ou encore de ces gouvernants eux-mêmes (499bc) [1].

Cette indétermination fondamentale de la venue à l'existence de la vraie cité ne suffit pourtant pas à la rendre utopique : lorsque Platon laisse indéterminées les conditions permettant la venue à l'existence de ce qu'il a déterminé comme conditions eidétiques de la réalisation de la cité juste (les rois-philosophes, pour le principal), évoquant simplement « l'effet de la chance » ou une « inspiration divine », il ne met pas en cause par là, bien au contraire, l'être de l'essence de cette cité juste. Elle est, de toute façon, par elle-même, en tant qu'Idée. Or qu'Utopie soit par elle-même, cela signifie tout au contraire qu'elle n'*est* que si elle *existe*, ce qui est supposé mais qui n'est pas effectivement, en telle sorte qu'on ne peut qu'*imaginer*, à la fois, *l'existence* présente et *l'essence* réalisée d'Utopie.

C'est pourquoi il ne nous semble pas possible de parler, en toute rigueur, d'« utopie platonicienne » pour désigner ce qu'a d'indéterminé la venue éventuelle à l'existence de la cité parfaite platonicienne, comme le fait par exemple François Châtelet dans *La Naissance de l'histoire*. Selon lui,

> toute l'utopie platonicienne – et à cet égard la nouvelle Magnésie se trouve à peine en meilleure posture que la Cité de la *République* – repose sur le fait que les modalités de réalisation dépendent finalement d'un hasard et de l'éventuelle réussite de l'action personnelle d'un individu lui-même miraculeux. En d'autres termes, le caractère utopique n'appartient à l'Idée de l'État que dans la mesure où le passage de l'Idée à l'État sensible n'est pas contenu dans la détermination de l'Idée elle-même (t. 1, p. 400).

Or le fait est qu'en Utopie, tout au contraire, non seulement « le passage de l'Idée à l'État sensible » est bel et bien « contenu dans la détermination de l'Idée elle même », mais Utopie est pensée comme étant, à la fois et par elle-même, cette Idée et cette existence sensible. Sur cette base, François Châtelet a en revanche tout à fait raison de souligner combien, chez Platon, « la médiation entre l'intelligible et le phénoménal ne possède aucune nécessité ; bien plus les deux mondes s'excluent réciproquement, le premier ne parvenant à trouver sa copie que par hasard, le second ne réussissant à maintenir ses couleurs divines que par un concours fort aléatoire de circonstances » (p. 400-401). Et il a encore raison de dire que si

1. Nous soulignons. Voir aussi 500d et *Lettre VII*, 326a-b.

la Cité de la *République* est « irréalisable », ce n'est pas parce que « les dispositions qu'elle implique sont contradictoires à la nature de la "communauté humaine" – au contraire même, elles constituent par excellence l'État –, mais parce que sa chance de réalisation effective dans le monde sensible est très faible » (p. 401).

« *L'effet de la chance* », « *l'inspiration divine* », en ce qui concerne la venue à l'existence de ce qui est bien pensé, jusque dans la moindre de ses conditions de réalisation : dans la spécificité de son approche, la leçon des *Lois* n'est pas différente de celle de la *République*. Du point de vue de l'établissement d'un État nouveau, l'Athénien constate « qu'aucun mortel n'est l'auteur d'aucune législation. Les vicissitudes et les calamités de toute sorte qui nous tombent dessus de mille façons, décident de toutes nos législations » (IV, 709a). Guerres, pénuries, épidémies sont ainsi, en général à l'origine des nouvelles lois. Le propos est ici tout à fait radical : « C'est un dieu, et de concert avec ce dieu le hasard et l'occasion qui gouvernent toutes les affaires humaines, sans exception » (709b), certes avec la collaboration de l'art humain, ce qui n'est pas rien[1], mais en étant bien conscient qu'en matière de législation, « dans le concours de *circonstances* qui doit favoriser un territoire, si jamais on veut y établir une communauté qui vive dans le bonheur, le législateur attaché à la vérité doit chaque fois *tomber inopinément* (παραπεσεῖν) pour une pareille cité »[2]. Particulièrement, il est sans doute possible de comprendre en ce sens l'une des raisons de la qualification de simple « jeu », certes sérieux, que Platon utilise pour désigner l'entreprise législative de ce dialogue[3].

Cela étant, les *Lois* ne veulent pas exclure qu'une telle venue soit possible, tout au contraire. Certes, pareil concours de circonstances heureuses « s'est rarement produit dans l'immensité de la durée, (...) mais lorsque cela se produit, cela entraîne une infinité de biens, et même leur totalité, dans la cité où cela survient » (711d). Et en retour, la *République* ne dit pas autre chose. Si elle ne présente pas une pensée de *l'existence*, elle

1. « En effet, qu'au milieu d'une tempête le pilote sache exercer sa technique en se pliant aux circonstances, je regarderais cela comme beaucoup plus avantageux que le contraire » (709c).

2. 709c. Nous traduisons et soulignons. Nous reviendrons plus bas sur le statut de l'art dans ce cadre. « Ce que nous disons, c'est que le meilleur se produit lorsque la nature fait surgir un vrai législateur et que ce législateur peut s'appuyer sur le pouvoir de ceux qui détiennent le plus d'autorité dans la cité (710e).

3. III, 685a ; VI, 769a. Voir sur ce point H. Joly, *Le Renversement platonicien*, *op. cit.*, p. 338-340. Sur le statut, central, du jeu dans les *Lois*, *cf.* E. Jouet-Pastré, *Le Jeu et le sérieux dans les* Lois *de Platon*, Academia Verlag, International Plato Studies n° 23, 2006.

insiste en revanche sur la *possibilité* de cette *existence* : « chance » ou « inspiration divine », « que l'une de ces situations se produise, ou même les deux, j'affirme ne disposer quant à moi d'aucun argument pour le déclarer impossible. Si tel était le cas, on se moquerait avec raison de nous, puisque nous ne ferions que répéter des propos qui ressemblent à des prières » (499c). En effet, si ces choses sont certainement difficiles, on peut pourtant parfaitement supposer que, « dans le temps infini qui s'est écoulé, il s'est présenté quelque nécessité pour ceux qui étaient éminents en philosophie de prendre la charge d'une cité, ou [qu'] il existe même maintenant pareille nécessité dans quelque région barbare, en un lieu qui soit vraiment éloigné de notre regard, ou encore [que] cela doit se produire dans l'avenir » (499c-d). Et cette possibilité stimule à l'évidence la pensée de l'essence de la vraie cité et de ses conditions de réalisation, et avec cela la possibilité d'entraîner la conviction de chacun (VI, 498d-502c).

Cela l'est d'autant plus que, si la condition principielle de la cité juste, les philosophes-rois, n'*existe* pas, et que ne sont pas pensées les conditions de sa *venue à l'existence*, les conditions matérielles pour que l'on puisse en *penser* la *possibilité* (et seulement cela, donc) existent : il existe des rois et il existe des philosophes, ces derniers ne devant en l'occurrence leur existence qu'à « leur propre initiative, sans l'agrément de la constitution politique » (520b). Il est naturellement possible de penser ici particulièrement au rôle de l'Académie. Cela ouvre en tout cas en conséquence à une possible pensée des *conditions de l'existence*, à distinguer à la fois de celles de la réalisation de l'essence, avec ses « trois vagues », et de l'impossibilité d'une pensée philosophique des conditions de *l'effectivité* de ces conditions de l'existence de cette « réalisation ».

Et du coup, l'acceptation populaire, première condition de réalisation d'un gouvernement des philosophes, va pouvoir être pensée en ce sens : puisqu'il existe, effectivement et actuellement, des philosophes et un peuple, il est possible d'envisager que les philosophes fassent changer d'avis la foule sur la *possibilité de l'existence* de la vraie cité, et ce faisant de leur propre gouvernement. Socrate le souligne à Adimante, si le grand nombre a d'abord immédiatement l'opinion que l'existence d'un tel État est parfaitement irréalisable, et ce fondamentalement « car ils n'ont jamais vu se réaliser ce dont nous parlons maintenant » (498d). On peut pourtant penser qu'« ils seront sûrement d'un autre avis si, au lieu de trouver plaisir à leur chercher querelle, tu les reprends doucement et si tu dissipes leur agressivité à l'égard du désir de connaissance en leur montrant ceux que tu nommes philosophes et en distinguant (…) leur véritable nature et leur occupation… » (499e-500a). Alors, « si pour la plupart les gens prennent conscience que nous disons la vérité au sujet du philosophe, demeureront-ils hostiles aux philosophes et se méfieront-ils de nous quand nous affirmons qu'une cité ne connaîtra jamais autrement le bonheur si l'esquisse n'en a été tracée par ces artistes peintres qui travaillent selon le modèle divin (θείῳ παραδείγματι) ? » (500d-e).

D'ailleurs, Platon constate que dans l'histoire passée des moments de vertus ont pu apparaître dans la vie des hommes et de leurs sociétés, ce qui nourrit ainsi encore en lui une pensée de la possibilité de l'existence de la cité parfaite. Jean-François Balaudé souligne avec force cette présence du « possible » dans les *Lois*, et en tire la présence d'une certaine pensée de l'histoire chez Platon. La triade que forment la *tuchè* (« qui exprime l'idée de la contrainte aléatoire et aveugle »), le *kairos* (comme « maîtrise ponctuelle des hasards du devenir ») et la *technè* (« moyen de la maîtrise »), « détermine ainsi une *structure ouverte* pour le devenir humain »[1]. Et le mythe n'est pas en conséquence, selon lui, la seule voie d'accès platonicienne au temps : « Ainsi, la pensée de l'histoire se désolidarise du mythe, le temps réel s'infinitise, tandis que le temps-modèle du mythe, cet "archi-temps", tend à se révéler dans sa nature propre, de norme politique transcendantale, nécessairement à l'œuvre dans toute fondation, et préalable à elle, en un sens logique »[2].

Finalement, le sens du passage de la pensée de *l'essence* à celle de ses *conditions de réalisation* enveloppe une pensée de la *possibilité de l'existence effective*, et cela concerne directement *l'essence* elle-même puisque, nous l'avons vu, ces *conditions de réalisation* lui sont internes. Mais demeure la question de *l'effectuation* elle-même de cette possible venue à l'existence.

1. « Le temps dans les *Lois* », *Revue philosophique de la France et de l'Étranger*, n° 1, janv.-mars 2000, p. 14.

2. « Désormais le mythe ne passe plus aux yeux de Platon pour le réceptacle de tout discours possible sur le temps humain, tout simplement parce qu'il repose sur un postulat, consistant à poser un point de vue divin, que le mythe ne fait que réfléchir » (*ibid.*, p. 14). Autrement dit : « Le temps sans dieu est le nôtre, et l'autre sert de modèle » (p. 18). « On peut alors dire qu'une authentique pensée du temps créateur, historique et proprement humain, se fait jour, qui dépend pour des raisons différentes (…) à la fois du temps naturel, rythmé par les catastrophes, et de l'archi-temps mythique, nous renvoyant la représentation d'une perfection » (p. 19).

Modalités envisageables d'effectuation

Elle peut être directement pensée à partir de l'essence, selon le modèle de la fondation d'un État nouveau. L'existence devra ici découler de l'essence, à l'écart près que la première impose nécessairement à la seconde. Cependant, Jacques Brunschwig souligne que, dans la *République*, Platon « renverse la question » : « Il ne se demande pas si et comment la cité idéale pourrait se réaliser, mais si et comment une cité réelle pourrait "s'idéaliser" (*cf.* 473a); il ne procède pas de haut en bas (sur le modèle, par exemple de la fondation d'une colonie nouvelle, bâtie de toutes pièces), mais de bas en haut, par métamorphose d'une cité existante »[1]. Dans le cadre général de la philosophie platonicienne, deux modalités sont bien pourtant envisageables : un passage entier et soudain à la direction philosophique, en une rupture de nature radicale, ou bien une transformation graduelle, progressive, des sociétés effectivement existantes en une société juste, une véritable cité. La deuxième semble certes plus immédiatement en accord avec le travail pédagogique mené en direction du peuple, que nous venons d'évoquer. Mais rappelons aussi, comme nous l'avons d'abord souligné, que c'est par la maîtrise du pouvoir que les philosophes sont dans la meilleure situation pour conduire le peuple à une juste appréciation de leurs qualités, ce qui légitime aussi le préalable de la prise du pouvoir, y compris donc de façon non consentie. Le fait est que la philosophie de Platon autorise les deux voies. Pour ce qui nous importe ici, il se trouve que chacune de ces voies peut être rapportée à l'utopie, à suivre en tout cas la leçon de l'*Utopie*, mais ce de façon tout à fait paradoxale : conséquences possibles l'une comme l'autre d'une philosophie platonicienne de la participation, bien que de façon contradictoire comme nous le verrons, cette perspective d'interprétation utopique est en revanche au prix d'une radicale rupture avec cette participation.

Avec la doctrine générale de la participation, nous touchons au nœud du rapport de l'essence et de l'existence, et par conséquent du rapport général de la philosophie de Platon à l'utopie. Avant d'examiner d'un peu plus près ces deux modalités générales d'effectuation de l'existence de la vraie cité, il convient donc de reprendre rapidement les principes de la participation.

1. « Platon. La *République* », dans F. Châtelet, O. Duhamel, E. Pisier, *Dictionnaire des œuvres politiques*, *op. cit.*, p. 644.

La participation

> Pour moi, déclare Socrate à Cébès dans le *Phédon*, il me semble que si, en dehors du beau en soi, il existe une chose belle, la seule raison pour laquelle cette chose est belle est qu'elle participe à ce beau en soi – et j'en dis autant de tout le reste. (...) C'est aussi par la grandeur que les choses grandes sont grandes, et plus grandes les plus grandes, et par la petitesse que les plus petites sont plus petites (100c-e).

Autrement dit, la participation[1] est ce par quoi l'existence sensible, par ce que l'on pourrait appeler son « aptitude à l'être », peut accéder à l'intelligibilité, d'une façon certes toute relative : « Non seulement la Forme (εἶδος) elle-même mérite son nom, pour le temps de toujours, mais il y a aussi quelque autre chose qui, tout en n'étant pas la Forme en question, possède cependant toujours, quand elle existe, le caractère propre à celle-ci » (103e). La *République* a pour objet, quant à elle, *ce qu'est*, vraiment, la cité des hommes, à laquelle participent donc les cités qui *existent* et qui sont, elles, ainsi, plus ou moins vraies[2].

La participation et la causalité

Il est ici centralement question du sens de la causalité : si l'on considère une belle chose, « rien d'autre ne rend cette chose belle, sinon le beau, qu'il y ait de sa part présence, ou communauté, ou encore qu'il survienne – peu importe par quelles voies et de quelles manières » dit encore le *Phédon* (100d). Trois possibilités sont ainsi avancées : la « présence », la « communauté » et une troisième voie, présentée comme indéterminée.

La « présence » (παρουσία), désigne le fait pour la réalité intelligible participée d'être « auprès de » (*para*) la chose participante, comme « essence » (*ousia*) dont l'être consiste à n'être saisissable que par la pensée seule. Elle relève donc du registre épistémologique, par lequel l'intelligibilité pure est cause de l'intelligibilité de la chose, dont elle sature en quelque sorte l'existence par sa position « auprès de ». La « communauté »

1. Ce qui est habituellement traduit par « participation » est « μῖξις », « κοινωνία », « παρουσία ». Le *Parménide*, dit « μέθεξις ». L. Brisson recense les principaux termes dans « Comment rendre compte de la participation du sensible à l'intelligible chez Platon ? », dans J.-F. Pradeau (coord.), *Platon. Les formes intelligibles*, *op. cit.*, n. 3, p. 56.

2. G. Vlastos utilise l'expression « degrés de réalité », mais en précisant bien qu'il ne faut pas comprendre cela selon une échelle ontologique continue, de l'οὐσία aux ombres sensibles : la chose sensible, en effet, n'est qu'en tant qu'elle est, en même temps que sensible, intelligible, ce par quoi précisément elle est ce qu'elle est (« Degrees of Reality in Plato » [1965], dans *Platonic Studies*, Princeton, Princeton University Press, 1981, p. 58-75).

(κοινωνία) renvoie à un rapport de modèle à image, comme rapport de dépendance ontologique cette fois, rapport de ressemblance faisant apparaître une certaine « communauté » d'être. « Communauté » ou « présence », la « séparation » des réalités intelligibles ne peut en tout cas pas avoir le sens de la constitution d'un « autre monde », au sens strict que nous avons examiné plus haut.

Il se trouve que, pour les difficultés qu'elles comportent, ces deux modalités seront particulièrement examinées dans la première partie du *Parménide*. Pour aller au principal, la modalité de la *présence* induit la difficulté qu'il y a à penser l'unité (de la Forme) dans la multiplicité (des choses), et celle de la *communauté* conduit à l'argument dit du « troisième homme », selon lequel la « communauté » entre la Forme et la chose qui en participe conduit à postuler une nouvelle Forme pour rendre compte de la propriété commune qui les réunit, et ainsi de suite à l'infini. Faut-il en déduire que Platon en introduise ici une troisième, à la formulation indéterminée, pour prévenir en quelque sorte des objections à venir ?

À suivre les analyses de Jean-François Pradeau, ces difficultés de la participation peuvent être fondamentalement rapportées à l'usage qui est fait dans le *Parménide* du terme εἶδος [1]. Nous avons en effet vu au chap. II que, selon lui, l'εἶδος devait y être compris comme la présence immédiate dans le sensible de l'ἰδέα. Ainsi :

> La ressemblance de certaines choses sensibles entre elles s'explique par leur commune participation à une même qualité intelligible, qui est leur cause, mais avant même que l'âme puisse intelliger cette cause, elle en perçoit la présence par l'intermédiaire des sens, en percevant la forme de cette qualité dans diverses choses sensibles dont la ressemblance est apparente : la forme est la manifestation, le phénomène de l'intelligible [2].

Cela renvoie naturellement à la question de la nature de l'être de ces choses sensibles, en tant qu'elles ne sont pas seulement intelligibles. C'est en ce point que, fondamentalement, l'ontologie platonicienne n'est pas proprement utopique. Alors que, comme le dit Jean-François Pradeau, il n'y a chez Platon que deux termes, « la réalité, une et immuable, éternellement identique, [qui] peut être vue en autre chose qu'elle-même » et « l'indétermination qui la reçoit » [3], la réalité en Utopie est, elle, directement une existence sensible parfaitement déterminée.

1. Cf. *Platon, l'imitation de la philosophie*, *op. cit.*, p. 246-256.
2. *Ibid.*, p. 219.
3. *Ibid.*, p. 221.

Les apories du *Parménide* pourraient alors être rapportées à un usage inapproprié de l'εἶδος, qui le poserait comme une réalité en soi. Dans ce dialogue, en effet, Jean-François Pradeau considère qu'il est difficile « de ne pas supposer que Platon fasse un usage délibérément fallacieux de ses propres concepts, en choisissant d'indiquer par l'exemple que l'hypothèse d'un εἶδος séparé est aporétique et de suggérer alors que l'εἶδος ne joue son rôle que s'il est distingué du multiple mais non pas séparé de lui » [1]. Ce serait donc seulement à la condition d'une différenciation ontologique et épistémologique de l'εἶδος et de l'ἰδέα que les deux exigences platoniciennes, sur lesquelles s'accordent dans le dialogue Socrate et Parménide, pourraient être maintenues ensemble, à savoir, premièrement, l'impossibilité que la Forme et le multiple qui y participe soient absolument séparés, deuxièmement que leur distinction soit pourtant également nécessaire, puisqu'il s'agit là de deux types de réalités distinctes. En fait, les difficultés tiennent à la présentation comme réalité absolument séparée de l'εἶδος.

Du coup, si la distinction εἶδος / ἰδέα enveloppe bien la résolution des apories du *Parménide*, la troisième modalité de la causalité présentée par le *Phédon*, celle qui ne relève ni de la « présence » ni de la « communauté », mais qui survient « peu importe par quelles voies et de quelles manières », pourrait ne pas être comprise comme une ouverture à une possible solution, à trouver encore. On peut penser que Platon évoque ici ce qui, impensable philosophiquement dans son contenu, relève pourtant toujours d'une exigence philosophique qui impose de devoir complètement rendre compte, autant que possible en tout cas, de ce qui est, en l'occurrence ici des modalités de la *venue à l'existence* de ce qui est vraiment. Sur cela, effectivement, la philosophie ne peut rien dire, sinon que cette *venue* est fondamentalement indéterminée [2].

Certes, la suite du *Phédon* envisagera bien ce que Socrate appelle « les causes raffinées », par lesquelles les physiciens s'efforcent d'expliquer la

1. *Platon, l'imitation de la philosophie*, *op. cit.*, p. 254.

2. Voir la note 283 de M. Dixsaut dans son édition du *Phédon*, p. 377-380. « Socrate jugerait inutile de s'occuper, à cette étape de son raisonnement, des voies et des manières dont une Forme peut survenir à une chose, venue qui expliquerait la génération, dans cette chose, de ses propriétés. Présence et communauté rendent compte de la possession des propriétés, la "survenue" de la Forme rend compte de leur acquisition. (...). La présence et la communauté spécifient la double manière qu'ont les Formes d'être causes : épistémologiquement et ontologiquement. (...) En revanche, il n'est pas nécessaire (...) de préciser les manières selon lesquelles sont engendrées les diverses propriétés des choses, les voies selon lesquelles les choses en "viennent à participer", "entrent en participation" avec une Forme : *deviennent* belles » (p. 379).

venue à l'existence de telle ou telle propriété en telle ou telle chose : c'est ainsi par le feu qu'une chose en vient à devenir chaude, c'est-à-dire à participer à la chaleur, ou par les fièvres qu'un corps devient malade, c'est-à-dire participe à la maladie (105b-c). Mais il en va ici comme dans la *République*, où nous avons vu que la pensée de l'existence, comme pensée de la simple possibilité de l'existence d'une vraie cité, demeure une pensée abstraite. Dire que la chaleur vient du feu, ce n'est pas penser *l'existence* elle-même des choses chaudes, c'est déduire, sur la base d'une relation purement intelligible entre la Forme du Feu et celle de la Chaleur, que la chaleur viendrait à exister s'il venait à exister du feu[1]. On ne peut ainsi guère dire que « l'explication » par le feu ou par les fièvres, de la chaleur ou des maladies, puisse valoir pour autre chose que pour un exemple, très simpliste et élémentaire, de la nécessité qu'il y a à subordonner toute pensée à vocation scientifique à une véritable pensée philosophique, en une détermination qui veut que le savoir de *ce qu'est* la chaleur ou de *ce qu'est* le feu doit toujours prévaloir sur le « savoir » que la chaleur *peut advenir* par le feu.

Il n'y a « aucune autre manière pour chaque chose de devenir quelque chose que d'en venir à participer à la manière d'être propre de chaque réalité dont elle vient à participer » (101c). Le principal est que, pour Platon, la vraie causalité est par les réalités intelligibles. Mais il ne s'agit pas d'une causalité efficiente : c'est par la Forme de la Santé que peut être vraiment *compris* ce qu'est la bonne santé, et donc qu'il y a bonne santé, de tel ou tel, mais ce n'est certainement pas cette « Santé en soi » qui guérit le malade[2]. Les Formes ne sont pas causes de la génération. Ce qui fait advenir en un corps malade la Santé, par laquelle il devient « quelque chose » qu'il n'était pas, c'est *l'existence* des médicaments adaptés, ce qui peut se *comprendre* à son tour en tant qu'ils sont eux-mêmes déterminés comme il convient par leur participation à leurs réalités intelligibles propres. Pas plus que ce n'est la « Chevalité » qui, dans le *Cratyle* (393b-c), engendre tel ou tel cheval existant, ce n'est pas le « Beau en soi » qui fait

1. De ce point de vue, L. Robin relève à juste titre que l'on trouve ici « une anticipation de cette doctrine de la "communion des genres", qui ne pourra qu'après les analyses critiques du *Parménide* recevoir dans le *Sophiste* son complet développement » (Notice à son édition du *Phédon*, Paris, Les Belles Lettres, 1960, p. LVII).

2. Contrairement à ce que veut comprendre Aristote (*De la Génération et de la corruption*, II, 335b ; *Métaphysique*, A, 991b).

qu'une chose qui n'était pas belle le devient[1]. C'est *l'existence* de ce qui existe qui fait advenir une autre existence, dont l'intelligibilité n'est ni celle de sa venue à l'existence, ni celle de son existence advenue mais de *ce que*, ainsi existante, *elle est*. Encore une fois, ce n'est que *ce qui* existe, ici en tant précisément qu'il existe, qui est intelligible, et non pas *l'existence* en elle-même.

Tout cela indique combien, en tout cas, il n'est pas possible de réduire l'effort philosophique, idéaliste, de Platon, à un plat dualisme : la causalité des réalités intelligibles a ce sens d'interdire qu'on les comprenne exclusivement comme des originaux, dont le sensible serait seulement le reflet nécessairement appauvri[2]. La séparation des Formes, qui renvoie à l'être par soi dont elles tiennent leur intelligibilité, et la non-pensée philosophique de l'existence en tant que telle qui en est le corrélat, ne peuvent pas être purement et simplement identifiés à la position de deux mondes, l'un intelligible, l'autre sensible, dans une perspective qui inviterait à fuir le second pour vivre dans le premier. Seul le second existe, et il n'est vraiment qu'en proportion de son intelligibilité, ce qui peut se dire aussi qu'en tant qu'il participe de façon plus ou moins déterminée aux réalités intelligibles, qui en sont ainsi les vraies causes[3]. Et cela concerne particulièrement le registre politique.

1. M. Dixsaut considère que si la causalité des Formes consiste à « rendre intelligible », le fait que certaines choses n'acquièrent cette intelligibilité qu'à la condition que l'on prenne en considération la finalité ne doit pas conduire à conclure que la causalité des Formes est, en tant que telle, téléologique. Les cas sont très précisément déterminés : « La seule activité qui doit être rapportée à ce qu'elle vise et qu'elle reconnaît être le meilleur pour être intelligible, c'est l'activité d'une âme (celle de Socrate dans l'exemple du *Phédon*, celle du monde dans le *Timée*) » (*Le Naturel philosophe*, *op. cit.*, p. 232). Cela étant, la grande leçon de la *République* est quand même que « ce qui procure la vérité (ἀλήθεια) aux objets de connaissance et qui confère au sujet connaissant sa puissance, (…) c'est l'Idée du Bien (ἀγαθοῦ ἰδέα) » (VI, 508e).

2. Selon B. Russell, « Platon s'élève jusqu'à un univers suprasensible, plus réel que le monde sensible ordinaire, le monde immuable des Idées, qui seul projette sur le monde sensible le pâle reflet de réalité qui peut lui appartenir. Le seul monde réel, pour Platon, est celui des Idées » (*Problèmes de philosophie*, trad. S.M. Guillemin, Paris, Payot, p. 107). Voir sur la critique de l'interprétation dualiste l'article, auquel nous avons déjà fait référence, de J. Laurent, « L'unicité du monde selon Platon », en particulier p. 45-46.

3. « L'hypothèse est que les phénomènes de la "nature" n'épuisent pas la totalité de ce qui est ; mais elle ne conduit aucunement à refuser toute réalité à ces phénomènes. En les subordonnant, elle garantit au contraire à la fois leur réalité et leur intelligibilité. Les discours réfléchis sont à la fois le lieu où se décèlent les choses qui sont "en vérité", le lieu à partir duquel on doit examiner les choses en devenir, et le lieu où il devient possible d'en rendre compte. L'hypothèse n'implique pas de coupure radicale entre deux ordres de réalité.

Degrés de participation

D'un dialogue à l'autre, c'est toujours d'évaluation de la vérité dont il est question : ici des sociétés humaines pensées dans leur communauté d'être avec la vraie cité qui convient aux hommes, essence déterminée en conséquence dans la séparation et la pureté de son identité noétique. Cela apparaît particulièrement dans le rapport de la *République* aux *Lois*, que l'on ne peut ainsi simplement comprendre par le passage d'une perspective « utopique » à une perspective « réaliste ». Michel-Pierre Edmond résume tout à fait bien dans l'alternative suivante les formes que peut prendre cette incompréhension radicale de la participation platonicienne, et plus généralement de l'intention philosophique de Platon quant à la politique, telle qu'elle se manifeste dans la réception comparée de ces deux *Dialogues* :

> Ou bien Platon change radicalement de terrain : il quitte celui de « l'utopie » pour celui des sociétés existantes. Mais, dans ce cas, on ne voit plus le lien qui unit la cité de la dialectique et les cités historiques. Ou bien Platon fait dériver les cités existantes de la cité « idéale ». Mais, dans ce cas, on ne comprend pas comment des cités existantes procèdent d'une cité qui n'existe pas ou qui n'a jamais existé [1].

Le fait est que ce qui est ainsi appelé par abus de langage « cité idéale » [2], « existe » : premièrement au sens où elle *est* vraiment, où elle n'est pas « idéale », mais à proprement parler « vraie », et deuxièmement en ce que, comme vérité des sociétés « existantes » au sens strict, elle « existe » partout où existe une société humaine, certes plus ou moins et non plus alors en tant qu'*ousia* séparée, objet pur de la pensée. Pour les sociétés humaines, Platon met ainsi en place au début du livre VIII de la *République* l'ordre suivant :

> La première est celle qui reçoit les éloges de tout le monde, c'est la constitution politique de Crète et de Lacédémone, la deuxième, qui vient également en second pour les éloges, est celle qu'on appelle oligarchie : il s'agit d'une constitution politique affligée de défauts considérables. Il y a ensuite une espèce qui est l'opposé de la précédente, la démocratie, et

L'accent est mis au contraire sur la participation, la communauté et la présence des êtres véritables aux choses sensibles. » (M. Dixsaut, introduction à son édition du *Phédon*, GF-Flammarion, p. 141-142).

1. *Le Philosophe roi*, *op. cit.*, p. 99-100.
2. *Cf.* chap. 2, « Utopie et idéal ».

> enfin il y a la noble tyrannie, qui se distingue de toutes les autres, elle qui représente la quatrième et ultime maladie de la cité (544c)[1].

Toutes les « sociétés humaines » ne méritent donc pas au même titre et de la même façon le nom de πολιτεία (*Lois*, III, 676 *sq.*). Si les régimes de Lacédémone et de la Crète apparaissent comme « des constitutions (πολιτεῖαι) dignes de ce nom », la démocratie, l'aristocratie, l'oligarchie ou la royauté, en revanche, ne sont pas au sens propre et strict « des constitutions mais des groupements où une partie des gens est dominée et asservie, en sorte que le nom désigne dans chaque cas le pouvoir qui possède l'autorité » (IV, 712e-713a). Une véritable constitution ne se définit pas par référence à l'individu ou au groupe qui détient le pouvoir, et ce en sa faveur. Dans une société qui mérite vraiment et complètement son nom de *cité* (πόλις), c'est le bien commun qui doit dominer, sous l'autorité proprement « politique » d'un gouvernement dont le principe est l'unité, ce qui l'apparente au divin : « Il faudrait, si on devait désigner la cité par un nom de ce genre, prononcer le nom du dieu qui détient l'autorité sur les êtres qui sont dotés d'intellect » (713a)[2].

Ce classement par degré de participation décroissante des sociétés humaines à l'essence de la vraie cité n'est pas purement descriptif, il est l'effet d'une dynamique inscrite dans cette essence même, en tant qu'elle est l'essence de la cité des hommes sur terre, et que cela enveloppe comme nous l'avons dit la prise en compte des nécessaires altérations de

1. La philosophie platonicienne de l'existant est donc une philosophie du classement, et H. Joly va même jusqu'à considérer que « ce paradigme de la compétition et de la performance montre que, contrairement aux affirmations souvent prêtées à l'idéalisme platonicien, les choses n'ont pas de prix en elles-mêmes et par elles-mêmes, mais ne peuvent s'estimer que par les rapports qu'elles entretiennent » (*Le Renversement platonicien*, p. 312). Plus généralement, V. Goldschmidt souligne qu'« on ne parlera pas d'utopie à propos des Anciens ou, en tout cas des Grecs. La question très précise qu'ils se sont posée était celle, non pas même de l'État idéal, mais de la meilleure constitution » (*Platonisme et pensée contemporaine* [1970], Paris, Vrin, 1990, p. 165-166).

2. Cf. *République*, 497b-c, cité plus haut (dans « la possibilité de l'acceptation populaire »), avec notre commentaire : « Si [l'espèce philosophe] rencontre la constitution politique parfaite, d'une perfection égale à la sienne, alors elle montrera qu'elle est quelque chose de véritablement divin, tout le reste – les autres natures et les autres occupations – n'étant que choses humaines ». Nous remarquions alors que le fait que « l'espèce philosophe » soit ici qualifiée d'« espèce divine » ne signifie naturellement pas que les philosophes soient des dieux, Socrate le précisant un peu plus bas : « C'est ainsi que le philosophe, qui vit en présence de ce qui est divin et harmonieux, devient lui-même divin et harmonieux, autant qu'il est possible à un être humain de l'être » (500c).

l'existence[1]. Le livre II a en effet montré que le besoin est à l'origine des cités humaines, la vraie cité étant celle qui unit en justice les hommes ainsi déterminés à vivre ensemble. Mais dans les conditions du devenir, et « puisque, pour tout ce qui est né, il y a corruption, cette structure non plus ne pourra se maintenir à jamais, mais elle se dissoudra » (*République*, VIII, 546a) : dans l'existence effective le besoin cesse d'être un moment ordonné de la cité juste, pour tendre à prévaloir comme facteur d'égoïsme aveugle, d'abord de classe (l'*oligarchie*), puis purement individuel (la *démocratie*), jusqu'à cet appel paradoxal à un nouvel ordre, cette fois à contresens car produit et producteur d'injustices : la tyrannie. Il avait fallu pour cela que le principe de la hiérarchie juste (le gouvernement des philosophes, selon le Bien), eut initialement disparu, avec l'absolutisation du fait du commandement par les guerriers (la *timocratie*), selon l'exigence d'un honneur aveugle n'excluant pourtant pas déjà le goût du gain.

La cité de la *République* est l'être en soi des sociétés humaines, qui en participent empiriquement plus ou moins, en un écart croissant qui mène à cette limite de l'empiricité totale que la démocratie présente, lorsque « les gouvernants (...) passent pour des gouvernés, et les gouvernés (...) passent pour des gouvernants » (VIII, 562d). Ne sont en effet plus du tout des « cités » à proprement parler ces « groupements sociaux » où règnent la confusion et l'indétermination, tout à l'inverse donc de l'unité du multiple exigée. La démocratie est ainsi « comme un manteau bigarré, orné de toutes les couleurs » (557c). Chacun y suit la seule pente de son désir immédiat, dans le plus total mépris d'une quelconque limitation des droits et des devoirs (558c-562a). Il s'agit si peu d'une véritable constitution que la liberté qui y règne en fait comme « un grand marché aux constitutions politiques » (557d), en une réception multiple de ce qui n'est que plus ou

1. M.-P. Edmond le souligne : « Il est possible de dériver – d'une manière purement interne – les régimes défectueux du régime juste, en se servant des critères qui définissent ce dernier, c'est-à-dire, qui définissent le régime politique dans son concept. Il n'y a, pour Platon, qu'un seul concept de régime politique, qui permet de tester la réalité et la validité de ceux qui en sont les images dissemblantes. Platon met le principe de sa dégradation dans le concept de régime lui-même » (*ibid.* p. 102). Toutefois, il constate que « Platon, cependant, ne nous dit pas pour quelle raison interne au concept celui-ci peut produire ces aberrations » (*ibid.*). Il n'y a effectivement pas de « raison interne » : c'est le simple fait de *l'existence*, externe donc à l'*ousia* en tant que telle, qui déclenche nécessairement cette dégradation, dont tous les termes sont bien, quant à eux, internes. Sur les sociétés politiques défectueuses, voir C. Despotopoulos, *La Philosophie politique de Platon*, Bruxelles, Ousia, « Cahiers de philosophie ancienne n° 14 », 1997, p. 95-123.

moins imparfaitement « constitution politique », ce qui l'éloigne radicalement donc de l'unité propre à la vraie constitution politique.

Le *Politique*, qui procède également à un classement des types de sociétés humaines, juge particulièrement que la démocratie « est débile en tout et sans grande puissance non plus ni pour le bien ni pour le mal, si on le compare aux autres, parce que dans ce gouvernement l'autorité est émiettée entre un grand nombre d'individus », en sorte que « si tous les gouvernements sont déréglés, c'est à la vie en démocratie que revient la victoire, tandis que si tous sont ordonnés, c'est le dernier gouvernement qu'il faut choisir pour y vivre » (303a-b). Et pour les *Lois* :

> Ce qui en l'âme éprouve de la peine et du plaisir est précisément ce qui dans la cité correspond au peuple, à la multitude. Lors donc que l'âme s'oppose au savoir, à l'opinion et à la raison, qui sont naturellement faites pour commander, j'appelle cela déraison. Déraison d'une cité, lorsque la multitude n'obéit pas aux magistrats et aux lois ; mais aussi déraison d'un individu dont l'âme recèle de beaux principes qui ne produisent rien de bon, mais qui au contraire sont nuisibles (III, 689a-b).

À cette démesure de la démocratie répond la démesure de la tyrannie, analyse la *République* puisque « de fait une action démesurée dans un sens a tendance à provoquer une transformation en sens contraire » (563e), avec cette conséquence qu'« une liberté excessive ne peut donc apparemment se muer qu'en une servitude excessive, et cela aussi bien pour l'individu que pour la cité » (564a). Et cela vaut particulièrement pour la tyrannie des plaisirs et des désirs déréglés (IX, 571a-572b ; 573c *sq.*).

Il n'est donc de cité humaine pensable que dans les conditions de l'existence. Et c'est pourquoi la « πολιτεία » humaine a pour sens une mortalité toujours menaçante : telle est sa différence avec la « cité des dieux ». Comme le dit le *Théétète*, « il n'est pas possible (...) ni que le mal s'abolisse car il est forcé qu'il y ait toujours quelque chose qui soit à l'encontre du bien, ni qu'il ait chez les dieux son siège ; mais c'est nécessairement à l'entour de la nature mortelle qu'il circule, ainsi que du monde d'ici-bas ».

Et Socrate en conclut qu'il faut, « le plus vite possible, s'enfuir d'ici là-bas ». L'assimilation au dieu est ainsi une référence principale de la participation. Mais, contrairement à ce qu'une lecture sotériologique de la formule de la « fuite » pourrait immédiatement donner à penser, il ne s'agit pas pour Socrate ici de prendre acte de la vanité de toute présence terrestre et mortelle pour la condamner mais, tout au contraire, de se donner par une référence divine le moyen de sa réforme, de son amélioration, ce qui signifie « se rendre, dans la mesure du possible, semblable à la Divinité ; et se rendre semblable à elle, c'est être devenu juste et pieux avec l'accompagnement de la pensée »[1].

En effet, « de la part de la Divinité, nulle injustice, d'aucune manière, mais elle est au contraire tout ce qui peut être le plus juste, et il n'est pas possible que rien lui ressemble davantage que celui d'entre nous qui, de son côté, sera devenu le plus juste qu'il le peut » (176b-c). La leçon, ici présentée pour le mode de vie philosophique, vaut naturellement aussi pour la constitution politique[2]. Le mythe cosmologique du *Timée* présentera, à sa manière, par la médiation de la divinité les conditions de possibilité de cette participation des cités existantes à la réalité intelligible, le mythe de l'Athènes ancienne du *Critias*, présence utopique fondamentale, pouvant en être compris comme l'achèvement. Nos deux prochains chapitres examineront cela. Il suffit ici de rappeler que l'assimilation possible des hommes à la divinité cosmique y a pour cadre l'imitation parfaite première, par cette dernière, du modèle intelligible. Alors, si l'art humain, ayant à s'exercer sur des corps terrestres déjà eux-mêmes effets d'une production, ne peut avoir généralement qu'une efficacité propre réduite[3], on peut toutefois penser, avec Jean-François Pradeau, à la possibilité d'un parcours susceptible de « conduire quelques rares hommes, qu'on nomme "philosophes", non pas seulement à la reconnaissance de la divinité du monde, mais à la connaissance de son modèle intelligible », ce qui « exige d'eux qu'ils passent outre le seul modèle divin, pour accéder ainsi, comme en amont, à l'intelligible. S'assimiler au dieu, alors, c'est concevoir ce à quoi les dieux eux-mêmes se conforment »[4].

Ainsi, aussi « divine » qu'elle puisse être en proportion de son gouvernement « divin », une cité humaine tient donc de sa nécessaire

1. 176a-b (trad. L. Robin, Pléiade). L'interprétation sotériologique de ce passage, fondamentalement chrétienne, reprend une lecture médioplatonicienne. *Cf.* J.-F. Pradeau, *Platon, l'imitation de la philosophie*, *op. cit.*, II, chap. 3.

2. J.-F. Pradeau comprend ainsi que, lorsque la *République* affirme qu'« une cité ne connaîtra jamais autrement le bonheur si l'esquisse n'en a été tracée par ces artistes peintres qui travaillent selon le modèle divin » (VI, 500e), ce « modèle divin », c'est-à-dire « ces êtres bien ordonnés et éternellement disposés selon cet ordre » (500c) ne sont pas les réalités intelligibles, mais sans doute les astres divins. Et c'est encore « ce même modèle astral que Socrate évoque à la fin du livre IX de la *République*, en soutenant que le philosophe trouvera dans le ciel le modèle de sa constitution (IX, 591c-592b) » (*Platon, l'imitation de la philosophie*, *op. cit.*, p. 120).

3. Cf. *Timée*, 68d ; *Sophiste*, 265b *sq.*

4. *Platon, l'imitation de la philosophie*, *op. cit.*, p. 328, n. 22.

existence sa nécessaire corruptibilité. L'accord avec la leçon des *Lois* nous semble ici total.

De la République *aux* Lois, *une même leçon*

Le principe des *Lois* est que, pour qui « y réfléchit et (...) en fait l'essai, il (...) apparaîtra que la cité ainsi fondée pourrait bien occuper le deuxième rang par rapport à ce qui est le mieux » (V, 739a). Il convient alors de ne pas se tromper sur le sens du rapport d'imitation établi entre « la constitution la meilleure » et celles qui suivent, en particulier celle que l'Athénien a entrepris de fonder et qui sera, « si elle se réalise en quelque façon, celle qui a le plus de chance d'atteindre à l'immortalité et la deuxième pour l'unité » (V, 739e) : la première est pour les dieux et la seconde, comme les suivantes, pour les hommes. Dans la première, « modèle de constitution, « que des dieux ou des enfants des dieux l'habitent à plusieurs, toujours est-il qu'ils passent leur vie dans la joie de s'y être établis » (739d). Dans cette cité, « les femmes sont communes, les enfants sont communs, les richesses sont communes » (739c). Très immédiatement, on ne peut donc voir dans ce « modèle » comme un écho de la forme intelligible déterminée dans la *République*, puisque cette dernière réserve le communisme, comme principe d'unité, aux seuls Gardiens, c'est-à-dire à ceux par qui, dans les conditions de l'existence humaine, l'unité de la cité est possible. Ici en revanche, si l'unité peut être pensée comme parfaite, ce que signifie donc le communisme total, c'est que les citoyens sont des dieux ou des enfants de dieux, et qu'ainsi leurs lois en conséquence sont susceptibles d'assurer « à la cité la plus grande unité possible » (739d). Modèle d'unité, mais à adapter aux contraintes humaines, « il ne faut pas regarder ailleurs pour trouver un modèle de constitution, mais il faut nous attacher à celle-là et chercher dans la mesure de nos possibilités celle qui lui ressemble le plus » (739d-e).

Si la cité humaine des *Lois* est donc de « deuxième rang » au regard de la cité des *Dieux*, au regard de la cité des *hommes* elle est bien en revanche de « premier rang ». L'unité qui est son principe est d'abord pensée de façon absolue, pure, dans la cité des Dieux. Cette pureté dans laquelle yeux, oreilles, mains de tous voient, entendent, font la même chose, et où il n'y a qu'une seule joie, la même pour tous, est alors à l'évidence tout à fait inhumaine. Mais, dans les conditions cette fois de l'humanité, sur terre, une autre unité qui y convienne peut, par référence à ce modèle et au prix d'une adaptation aux conditions de l'existence, être déterminée comme « unité » alors parfaite pour les hommes.

Ce n'est donc pas le paradigme de la *République* que la cité de second rang des *Lois* s'efforce d'imiter, du moins directement et en tant que tel. D'ailleurs, ce paradigme est lui aussi situé explicitement en référence à un modèle supérieur, non humain, dans la *République*: Socrate y décrit en termes tout à fait comparables à ceux utilisés dans les *Lois* ce qu'il pourrait en être d'une unité parfaite dans une communauté :

> La communauté du plaisir et de la peine lie ensemble, lorsque tous les citoyens se réjouissent ou s'affligent autant que possible de la même manière de leurs gains ou de leurs pertes (...). Est-ce que justement cela ne provient pas du fait que dans la cité on ne prononce pas en même temps des expressions comme « c'est à moi » et « ce n'est pas à moi » ? (...) De quelque cité que ce soit donc, si la majorité pour le même sujet et dans la même mesure dit d'une chose « c'est la mienne » et « ce n'est pas à moi », on dira de cette cité qu'elle est la mieux administrée (...). Et c'est bien cette cité qui se rapproche le plus d'une personne unique (...). Dès lors, je crois, lorsqu'un des citoyens éprouvera quoi que ce soit de bien ou de mal, une telle cité se trouvera tout à fait en position d'affirmer que l'élément qui est affecté lui appartient et elle se réjouira ou souffrira tout entière avec lui (V, 462b-e).

Mais cette communauté-là n'est pas pour les hommes, pensés dans leur existence réelle : Socrate est très clair lorsqu'il conclut cette description en prévenant que « le temps est venu (...) de revenir à notre cité (ἐπανιέναι ἡμῖν ἐπὶ τὴν ἡμετέραν πόλιν) et d'examiner en elle les traits sur lesquels nous sommes tombés d'accord dans notre discussion, pour savoir si c'est bien elle qui possède au plus haut degré ces traits » (V, 462e). Ce texte détermine ainsi nettement le statut de la cité de la *République*, comme présence à dimension humaine, mais « au plus haut degré », de l'unité parfaite en soi. Elle est donc aussi de « second rang », pour reprendre l'expression des *Lois*. C'est dans ce cadre qu'est réservée aux seuls Gardiens la communauté des biens, des femmes et des enfants, comme il est précisé dans ce qui précède (457c-461e) et ce qui suit immédiatement (463a-466d). Et si peut être ainsi dit « divin » ce mode de vie absolument communautaire, cela ne fait pas de tous les citoyens de la cité juste de la *République* des dieux ou des enfants de dieux [1].

1. On peut de plus remarquer que, dans le *Critias*, les habitants de l'Athènes antique, image désignée de la cité de la *République*, ne sont pas divins, mais « divinement persuadés », ce qui est tout autre chose, et ce contrairement aux rois d'Atlantide (113c *sq.*), « enfants des dieux », eux, (en l'occurrence de Poséidon). Nous y reviendrons.

Ces deux textes, celui de la *République* et celui des *Lois*, mettent ainsi également en place un *modèle* ne convenant pas directement aux hommes sur terre, mais qui permet de penser en vérité ce qui leur convient. Les *Lois* déterminent toutefois plus explicitement comme étant de type divin ce modèle, avec encore cette différence fondamentale qu'elles ne considèrent plus la communauté de vie des Gardiens comme étant ce qui permet, humainement, d'approcher au mieux l'unité plus qu'humaine. Pour être plus précis, par la vie en communauté de ses Gardiens la cité de la *République* apparaît plus proche du modèle que se donnent les *Lois* que ne le sera la cité que ces dernières constituent, mais cela n'en fait pas pour autant ce modèle lui-même.

On ne peut donc pas dire avec Léo Strauss que, puisque l'utopie ne concerne pas les hommes tels qu'ils sont, sur terre, la *République* est une utopie et ce, qui plus est, du fait d'une nature divine attribuée à ses citoyens et à ses gouvernants, ce par quoi elle ne pourrait en conséquence pas « guider l'action politique (sinon dans le sens vague d'une "inspiration") »[1].

En une autre approche de la notion d'utopie, le rapport de la cité des *Lois* à celle de la *République* ne peut pas non plus être compris, avec Doyne Dawson, comme celui d'une « utopie basse » à une « utopie haute »[2]. André Laks, qui rappelle que l'on « considère généralement que les *Lois* tracent la constitution et élaborent les lois de la seconde meilleure cité, après celle que décrit la *République* », a raison d'affirmer que « ce n'est pas seulement par rapport à l'utopie de la *République* que la cité des *Lois* doit être située, mais aussi, et surtout, par rapport à ce qu'elles sécrètent elles-mêmes, en vertu d'une problématique qui leur est propre »[3]. Selon lui les *Lois*, tout en complétant les ébauches politiques de la *République* et du *Politique*, en révisent également les thèses, en progressant enfin dans la voie de la

1. *La Persécution et l'art d'écrire*, Appendice : « Sur une nouvelle interprétation de la philosophie politique de Platon », *op. cit.*, n. 49, p. 326. Léo Strauss considère en revanche que cette « utopie politique peut et doit guider l'"action" philosophique. En d'autres termes, tandis qu'il n'y a aucun exemple d'un "ordre politique" véritable (comparer avec *Politique*, 293c5-7), il y a nombre d'exemples de véritables philosophes ».

2. *Cities of the gods. Communist utopias in greek thoughts*, p. 77-91.

3. « L'utopie législative de Platon », *Revue philosophique de la France et de l'Étranger*, n° 4, oct.-déc.1991, p. 417-418. Pour cette qualification d' « utopie » à propos de la *République*, il fait référence à son article « Legislation and Demiurgy. On the relationship between Plato's *Republic* and *Laws* », *Classical Antiquity*, 9, 1990, p. 209-229). *Cf.* sa thèse de Doctorat d'État, *Loi et persuasion. Recherche sur la structure de la pensée politique platonicienne*, Université Paris IV, 1988, n° 87PA040443.

réalisation[1] : si, en un sens, « dans la mesure où elles fournissent la seconde meilleure constitution possible, les *Nomoi* élaborent un modèle destiné à remplacer celui de la *Politeia* », « en un autre sens, toutefois, les *Lois* ne sont pas un substitut de la *Politeia*, mais en constituent un véritable prolongement »[2].

Nous entendons ici privilégier effectivement cet « autre sens »[3]. André Laks considère quant à lui, dans la perspective du « premier sens », que l'écart entre les deux *Dialogues* « tient à ce que la *République* fait abstraction d'un élément que les *Lois* prennent en compte. On peut conclure du livre V des *Lois* qu'il s'agit de l'homme »[4]. Et en ce point, selon lui, « il est en effet indéniable que les *Lois* se présentent moins comme la réalisation d'un modèle que comme un modèle d'un autre type »[5]. Nous ne le suivrons donc pas ici, et cela est fondamental : il n'y a pas, nous semble-t-il, que dans les *Lois* que « possible signifie (…) *anthropologiquement* possible »[6]. Et nous ne voyons pas du coup non plus avec la *République* l'influence d'une « utopie globale, et pour tout dire

1. « Les *Lois* accomplissent d'un même geste trois choses : elles complètent un programme simplement ébauché dans les œuvres antérieures, elles révisent le modèle que celles-ci avaient esquissé, et finalement elles se situent sur la voie de sa réalisation pratique. Bien que chacune de ces trois déterminations permette d'appréhender un aspect essentiel des *Lois*, elles entretiennent aussi entre elles une certaine tension, que l'on peut aisément durcir en incompatibilité » (« Prodige et médiation : esquisse d'une lecture des *Lois* », dans J. F. Balaudé (dir.), *D'une cité possible. Sur les* Lois *de Platon*, Nanterre, Université Paris X-Nanterre, « Le temps philosophique, n° 1 », 1995, p. 14). Cet article consiste en la traduction d'une partie d'un chapitre originellement rédigé pour C. Rowe et M. Schofield (ed.)., *The Cambridge History of Greek and Roman Political Thought*, Cambridge, Cambridge U.P., 2000, p. 258-292. Version traduite et révisée de ce chapitre dans la première partie de *Médiation et coercition. Pour une lecture des* Lois *de Platon*, Villeneuve d'Ascq, Presses universitaires du Septentrion, 2005.

2. « L'utopie législative de Platon », *op. cit.*, p. 419.

3. A. Laks le met en situation historique, en particulier à l'aide d'Aristote, en faisant apparaître que « *Politeia* et *nomoi* sont, pour la pensée politique grecque, deux notions complémentaires », l'une portant essentiellement sur la forme du gouvernement, l'autre énonçant les principes qui doivent régler la conduite des citoyens (*ibid.*) Il rappelle que, « dans un passage du *De legibus*, Cicéron présente les *Lois* de Platon comme fournissant les lois de la cité construite dans la *République*. Et Aristote, dans le second livre de la *Politique*, va dans le même sens » (p. 420).

4. « Raison et plaisir : pour une caractérisation des *Lois* de Platon », dans J.-F. Mattéi (dir.), *La Naissance de la raison en Grèce ancienne*, *op. cit.*, p. 292.

5. « Prodige et médiation : esquisse d'une lecture des *Lois* », *op. cit.*, p. 23.

6. « Raison et plaisir : pour une caractérisation des *Lois* de Platon », *op. cit.*, p. 294.

fantasque »[1]. Il suffit de rappeler que l'examen de la cité juste de la *République* a sa pleine origine, au livre II, dans la « cité des besoins »[2]. Il faut en revanche dire que c'est cela que les *Lois* prolongent, travaillent, approfondissent. Peut-on aller plus loin? Nous serions alors tout à fait d'accord pour constater avec André Laks que, « du point de vue d'une philosophie politique, la *République* et le *Politique* font figure d'ébauche : ce sont des programmes, qui en restent à un niveau de généralité relativement grand, et n'entrent pas dans le détail des mécanismes politiques », et même que, « sur la base des *Lois*, on pourrait écrire une “vie quotidienne dans la cité platonicienne” – ce que ni la *République* ni le *Politique* ne permettent évidemment de faire »[3].

« Autre modèle » ou « véritable prolongement », on peut dire en tout cas que les *Lois* consacrent bien l'essentiel de leurs propos à ce qui est, aussi, déterminant dans la *République* : la question des *conditions de réalisation.* Si nous sommes en conséquence encore d'accord avec André Laks pour dire que « les *Lois* prétendent être, sinon la réalisation (pratique) d'un modèle, du moins la première étape (de nature encore théorique) d'une telle réalisation »[4], c'est à la condition de bien souligner que la position du « modèle » dans la *République* enveloppe déjà, également, les « conditions de sa réalisation », mais certes à un niveau beaucoup plus général et abstrait. André Laks le dit d'ailleurs : dans la mesure où le centre d'intérêt des *Lois* se déplace vers les *conditions* de réalisation, « ceci rapproche formellement les *Lois* de la *République*, où le philosophe-roi n'est d'abord rien d'autre que la principale condition de possibilité de réalisation de la cité juste (473a-b)[5]. Dans les deux cas effectivement, de la *République* aux *Lois*, il s'agit bien des « conditions de réalisation », mais de réalisation de *l'essence*, examinées en conséquence exclusivement au plan *théorique*, et non de la question de *l'existence effective* de cette *essence*, ainsi rendue, théoriquement, possible. Or cette essence, toujours, est celle d'une cité terrestre et *humaine*, et c'est pourquoi, si l'on doit bien dire que les *Lois*

1. « Platon », dans A. Renaut (éd.), *Histoire de la philosophie politique*, t. 1 : *La liberté des anciens*, Paris, Calmann-Lévy, 1999, p. 95.

2. « Eh bien allons, (...) construisons en paroles (λόγῳ) notre cité, en commençant par ses débuts et ce sont nos besoins, semble-t-il, qui en constitueront le fondement » (369c). F.L. Lisi conteste l'analyse que propose A. Laks de la relation entre les *Lois* et la *République* dans « Héros, dieux et philosophes, *Revue des études anciennes*, 106, 2004, p. 5-22.

3. « Prodige et médiation : esquisse d'une lecture des *Lois* », *op. cit.*, p. 14 ; 16-17.

4. *Ibid.*, p. 22.

5. *Ibid.*, p. 23.

donnent « toute leur attention à l'ensemble des facteurs "humains" », nous ne dirions pas que ces derniers avaient été « délibérément négligés » dans la *République* »[1] : à vrai dire, ce n'est que d'eux dont il s'agissait. Mais il est vrai que ce qui importait avant tout dans ce dialogue, c'était la principale des conditions de réalisation de cette cité humaine, parfaite en son lieu propre. Et de ce point de vue, le fait est, comme le dit Jean-François Balaudé, que « ce qui intéressait Platon dans la *République* était essentiellement les gardiens, et plus précisément les gouvernants-philosophes »[2].

La principale différence, finalement, de la *République* aux *Lois*, tient au fait que, dans les *Lois*, l'Athénien souligne davantage, par un nouveau rapport de participation, à la fois ce que la cité des hommes doit à l'idée d'unité et combien l'unité humaine, même parfaite, ne peut pas être parfaitement « unité ». Jean-François Pradeau a en conséquence raison de souli gner que, « comme la *République* et le *Politique*, les *Lois* constatent que l'unité ne peut être réalisée dans une cité », mais que pour autant « Platon ne demande pas que l'on renonce à la perfection, mais au contraire que l'on imite toujours cette perfection de la communauté divine, que l'on aspire à cette excellence. C'est dans cette fidélité à l'unité (divine) de la cité que doivent se tenir les lois »[3].

Demeure que, d'un dialogue à l'autre, se rencontre toujours l'obstacle de *l'existence*, cet impensable philosophique qui s'impose pourtant, à la fois comme l'horizon et comme la limite d'une pensée vraie. Sur le fond, la leçon des *Lois* n'est pas différente de celle de la *République* : l'existence n'est pas l'essence, même absolument pensée dans la totalité de ses conditions théoriques de réalisation. Mais, dans ce cadre, l'apport propre des *Lois* tient à l'accent plus fortement mis sur la nécessaire adaptation de l'essence aux effets, par eux-mêmes imprévisibles, de l'effectivité de l'existence. Nous le savons, la *République* entendait aussi, explicitement, en tenir compte[4]. Mais les *Lois*, bien que toujours sous le registre exclusif de la pensée, de la cohérence qu'elle exige, vont bien plus loin dans la direction d'une adaptation nécessaire concrète de l'essence au contact de l'existence.

1. « Prodige et médiation : esquisse d'une lecture des *Lois* », *op. cit.*, p. 23.

2. « Le triptyque *République*, *Politique*, *Lois* : perspectives », dans J.-F. Balaudé (dir.), *D'une cité possible. Sur les* Lois *de Platon*, *op. cit.*, p. 32.

3. *Platon et la cité*, Paris, P.U.F., 1997, p. 106.

4. « Ne me force pas à te montrer que toutes ces choses que nous avons exposées en paroles doivent en tout point se réaliser aussi telles quelles dans les faits » (473a-b).

> Il faut par tous les moyens nous mettre dans l'esprit ce genre de choses : tout ce que nous venons de dire ne pourra jamais rencontrer des conditions telles que tout se trouve ainsi réuni conformément à notre discours. (...) Voici donc qu'à nouveau celui qui légifère s'adresse à nous pour nous dire : « Dans le projet que vous développez, mes amis, ne pensez pas qu'il m'échappe à moi aussi que le propos tenu à l'instant n'expose pas en un certain sens la vérité. Mais, pour chacune des choses qui doivent exister à l'avenir, voici ce qui est, je pense, on ne peut plus légitime : c'est, pour celui qui présente le modèle de ce dont il projette la réalisation, de dire quels caractères doit avoir ce modèle et de n'omettre aucun de ceux qui sont les plus beaux et les plus vrais. Mais si quelqu'un se trouve dans l'impossibilité de réaliser l'un de ces caractères, il le laissera de côté sans essayer de le réaliser, tandis que celui qui parmi les caractères restants sera le plus proche et le plus étroitement apparenté à ceux dont il convient d'assurer la réalisation, ce caractère-là il s'arrangera pour le réaliser». (...) Ce qui est cohérent, voilà en effet, j'imagine, ce que doit réaliser de toutes les manières jusqu'à l'artisan du plus insignifiant ouvrage, s'il veut mériter quelque considération (V, 745e-746d).

Que le modèle de la cité juste ne puisse être ainsi aussi directement et simplement incarné, conduit Léo Strauss à conclure que la philosophie de Platon s'apparente à un pur « idéalisme politique » [1]. On pourrait, semble-t-il, plutôt conclure ici au contraire, par le souci affiché dans cet extrait d'avoir à tenir compte, au mieux possible, de ce que sont les hommes, et ce dans la complexité de leur existence effective. Dans un autre registre, on ne peut pas suivre non plus Jacques D'Hondt, pour qui les idées politiques de Platon, dont « on ne saurait (...) pas garantir absolument que Platon les tenait lui-même pour intégralement réalisables, (...) représentent donc, à proprement parler, une utopie » [2]. Serait « utopique », plutôt, la parfaite identification, supposée, de l'essence et de l'existence, là où Platon mesure en revanche leur écart infranchissable.

Modèles historiques contre νοητὸς τόπος *?*

Cela étant, l'étude des pratiques politiques des anciens Perses et des anciens Athéniens permet à la pensée de déterminer des modèles historiques de la réalisation optimale, respectivement, de l'amitié et de la liberté, en établissant que ce qui, à chaque fois y conduit, c'est précisément que, dans chacun de ces États, l'un des principes entre en conciliation avec

1. L. Strauss, *La Cité et l'homme*, Paris, Presse-Pocket, 1991, p. 163.

2. « Le destin de l'antiplatonisme », dans M. Dixsaut (éd.), *Contre Platon*, t. II : *Le platonisme renversé*, Paris, Vrin, 1995, p. 203.

l'autre, selon la « juste mesure », et par la prudence (φρόνησις). La Perse de Cyrus ou de Darius montre ainsi que l'amitié existe de la plus belle manière dans un peuple lorsque l'unité et la concorde, que permet le « gouvernement d'un seul », sont nourries de la liberté (694a-698a). De même, le « gouvernement du peuple » des anciens Athéniens sut jouir le mieux de sa liberté en la limitant par une mutuelle amitié (698a-701d)[1]. Ces deux références historiques ne sont pas indifférentes : la monarchie est à son « sommet » chez les Perses, comme l'est la démocratie chez les Athéniens. Or, il se trouve que les autres régimes politiques sont à peu près tous des variétés de la monarchie et de la démocratie, ces deux « espèces mères » (μητέρες δύο τινές) dont ils sont nés (γεγονέναι). Par conséquent, « il faut évidemment, c'est là une nécessité (ἀναγκαῖον), qu'une constitution comporte ces deux éléments, si l'on souhaite qu'on y retrouve liberté et accord accompagné de réflexion » (693d)[2].

« C'est une nécessité » : cela se comprend d'abord dans la perspective générale des *Lois*, celle d'une prise en compte centrale des données de l'existence, que l'histoire permet ici de reconnaître. Dans ce cadre, cependant, l'analyse menée maintenant, qui porte sur le savoir, la liberté, l'amitié, a acquis une dimension pleinement philosophique. Et cela impose que l'on s'arrête sur le sens de cette « participation » (μεταλαβεῖν) de la cité à réaliser aux « espèces mères » (μητέρες τινές) existantes. Dans son contenu principal, la doctrine de la participation veut que les cités existantes, qu'elles soient du présent ou du passé, « participent » de la Forme de la cité, plus ou moins bien, en tant qu'elles peuvent être, plus ou moins, pensées comme des cités. Tel est toujours, pensons-nous, l'horizon des *Lois*. Cela étant, ce n'est pas, au moins directement, de cela dont il semble s'agir dans ce passage avec la nouvelle « participation » mise en place, celle des cités réellement existantes, et en particulier de celle qu'il faudrait réaliser, aux « espèces mères ». Il y a là l'expression de la reconnaissance d'un *fait* : toutes les cités réelles que l'on peut observer

1. « Lorsque nous avons pris en considération une certaine mesure en chacune d'elles, pour les Perses dans le domaine de l'autoritarisme et pour les Athéniens dans le domaine de la liberté, nous nous sommes rendu compte que c'était alors une réussite ; en revanche, quand chacune d'elles poussait les choses à son paroxysme, les uns, de la servitude, les autres, de son contraire, ce n'était un succès ni pour les uns ni pour les autre » (701e-702a).

2. « Δεῖ δὴ οὖν καὶ ἀναγκαῖον μεταλαβεῖν ἀμφοῖν τούτοιν, εἴπερ ἐλευθερία τ' ἔσται καὶ φιλία μετὰ φρονήσεως ». E. des Places traduit ainsi : « Or, il faut nécessairement que ces deux éléments soient représentés, si l'on veut qu'il y ait liberté et union dans la sagesse » (Les Belles Lettres).

dans l'histoire sont «des variétés issues de ces deux-là», et plus précisément d'un *fait historique* : elles en sont nées (γεγονέναι). Mais en quel sens faut-il alors entendre qu'elles en «participent»? Les «espèces mères» sont certes des cités pour la pensée, qui n'existent pas réellement, en tant que telles. Mais aucune d'elles n'est pour autant la vraie cité, la Forme de la cité. Elles résultent d'une classification empirique et historique. Leur valeur philosophique tient à ce que, ainsi pensées, elles offrent un cadre possible à la réalisation d'une vraie cité, ou plus précisément d'une cité, la cité intelligible des *Lois*. Ces cités de l'histoire sont des références réelles qui, évaluées, donnent à penser la possibilité de la réalisation d'une essence intelligible.

Ce qui établit cela plus précisément, c'est l'analyse philosophique des relations entre « la liberté » et « l'amitié » dans la Perse de Cyrus et Darius, et dans l'ancienne Athènes, ces deux cités qui, chacune pour ce qui la concerne, réalisent le sommet d'une «espèce mère». Or, que ces relations y soient déterminées en «juste mesure» a pour sens une participation mutuelle de ces principes : ainsi, la cause de la décadence du gouvernement des Perses, c'est que, «à force de réduire à l'excès la liberté du peuple et d'augmenter en revanche plus que de raison le caractère autoritaire du pouvoir, ils ont ruiné dans l'état le sens de l'accord et le sens de la communauté» (697c). De même, la liberté chez les Athéniens permit leur grandeur tant qu'elle fut pratiquée dans le cadre d'un «accord particulièrement fort» (698c; 699c). Tel est donc le vrai sens de la «participation» présentée dans ce passage. La leçon philosophiquement tirée de l'histoire est que «le législateur doit, en légiférant, viser trois buts: la cité qu'il pourvoit de lois sera libre, en accord avec elle-même et intelligente» (701d).

Ce n'est donc pas, bien évidemment, à la Perse de Cyrus et de Darius, ou à l'ancienne Athènes démocratique, que la cité des *Lois* est appelée à participer, mais pas non plus, à proprement parler, aux «espèces mères» elles-mêmes. La «participation» aux «espèces mères» est en fait une participation à la «liberté et à «l'amitié», comprises avec rectitude dans leurs participations mutuelles, et telles que peuvent les donner à voir historiquement, de manière optimale, la Perse de Cyrus et Darius, et l'Athènes historique. Plus généralement, on ne peut donc voir dans cette référence à des modèles historiques un changement fondamental d'attitude qui, d'un dogmatisme abstrait et simpliste dans la *République*, ferait passer Platon à une approche pragmatique et réaliste, prenant appui pour ce faire sur l'histoire, dans les *Lois*. L'enjeu de cette évolution, voire de cette remise en cause, en serait la reconnaissance par ce dernier dialogue d'une nécessaire « démocratisation » de la cité parfaite, en une « constitution mixte » qui romprait ainsi avec le principe exclusivement monarchique de la *République*[1]. En réalité, comme le dit Jean-François Pradeau, avec ces références historiques

> Platon se donne les moyens de défendre l'hypothèse selon laquelle toutes les constitutions ne sont finalement que des combinaisons de ces tendances constitutives. La juste mesure, en la matière, ne saurait donc aucunement consister en un mélange de démocratie ou de monarchie, puisque ce sont là deux formes excessives et pathologiques d'organisation de la cité, qui ne parviennent précisément pas à conjoindre les tendances qu'il faut accorder pour que les cités soient excellentes[2].

En ce sens, « le traitement des exemples historiques recoupe les leçons de l'analyse constitutionnelle du livre VIII de la *République* ou de la fin du *Politique* (301c-303b) »[3]. Et la « juste mesure » législative que vise l'Athénien dans les *Lois* n'est donc pas entre la démocratie et la monarchie[4]. Elle consiste en une libre soumission des citoyens à des lois fondées en raison. La référence peut être ici l'Athènes d'avant la démocratie,

1. G.R. Morrow titre ainsi le chapitre x de son *Plato's Cretan City. A Historical Interpretation of the « Laws »*, Princeton, Princeton U.P. [1960], rééd. 1993: "The mixed Constitution". C. Bobonich voit plus précisément que, dans les *Lois*, Platon adopte, au moins partiellement, une « democratic decisionmaking » (*Plato's Utopia Recast. His Later Ethics and Politics*, Oxford, Clarendon Press, 2002, p. 444).

2. *La Communauté des affections*, *op. cit.*, p. 131, n. 1.

3. *Ibid.* Particulièrement, si la timocratie est bien une « constitution mixte » dans la *République*, VIII, comme intermédiaire entre le gouvernement des philosophes et l'oligarchie, qui emprunte aux deux, il s'agit d'une forme inscrite dans un processus de décadence, de corruption, et non d'un modèle.

4. Comme le remarque J.-F. Pradeau, « se tenir à distance de ces deux excès n'implique nullement, comme G.R. Morrow l'affirme, qu'on doive les mélanger, mais tout au contraire qu'on les refuse tous deux » (*ibid.*, p. 137). A. Laks entend garder en revanche la référence aux « espèces mères » de la monarchie et de la démocratie pour situer le projet des *Lois*, mais au prix d'une modification notionnelle: il considère qu'au regard de la Perse et d'Athènes la constitution des *Lois* réalise « une forme de médiation plus accomplie encore entre la démocratie et la monarchie, où aucun des deux extrêmes ne serait plus du tout représenté comme tel – quelque chose comme une médiation de ces médiations historiquement attestées. A ce point paradigmatique, les termes de "démocratie" et de "monarchie" revêtent un sens nouveau. Véritablement "démocratique" est une institution qui assure la *participation* de tous les citoyens à la vie politique ou du moins leur *représentation* ; véritablement monarchique, celle qui garantit l'exercice de la *compétence* (l'écart par rapport à l'usage ordinaire des termes est évident et délibéré). Pour potentiellement opposées que demeurent ces exigences, elles ne tendent pas moins à se recouvrir – c'est la marque même d'une médiation réussie » (*Médiation et coercition*, *op. cit.*, p. 61-62).

lorsque, « du temps des anciennes lois, le peuple n'était maître de rien, mais il était en quelque sorte assujetti de plein gré aux lois » (III, 700a), ce qui vaut d'ailleurs aussi pour les dirigeants :

> Si dans une cité la loi est soumise à une autre autorité et qu'elle n'est pas son propre maître, je vois pour une telle cité sa perte toute proche. En revanche, là où la loi est le maître de ceux qui détiennent l'autorité, là où ceux qui détiennent l'autorité sont les esclaves de la loi, c'est le salut que j'entrevois et avec lui tous les biens que les dieux accordent aux cités (IV, 715d).

La question de la valeur utopique de la loi sera l'objet d'une étude ultérieure. Pour ce qui concerne le point actuel, on ne peut en tout cas pas conclure simplement des références historiques des *Lois* que Platon aurait compris dans ce dialogue la doctrine de la participation d'une façon toute différente de celle qui est à l'œuvre dans la *République*, particulièrement pour faire de la démocratie une modalité d'insertion de la Forme dans l'empiricité[1]. En réalité, en des modalités différentes et avec des objectifs qui leur sont propres, il s'agit toujours, dans les *Lois* comme dans la *République*, de penser philosophiquement le rapport de l'essence à l'existence en tant que participation inégale de ce qui existe à ce qui est vraiment. S'ouvre alors, sinon la possibilité d'une pensée de l'existence dans son effectivité, du moins celle de la possibilité générale de cette existence effective.

Pour l'existence effective de la vraie cité : réformer ou « nettoyer la tablette » ?

Nous l'avons dit, la possibilité de la venue à l'existence de la cité juste peut être pensée, soit à partir de l'essence, soit à partir de l'existence. Deux options se présentent alors : une venue progressive, graduelle, par

1. Un argument mis en avant par les tenants de la « démocratisation » des *Lois* est les procédures électorales de VI, 756-758. Nous y reviendrons dans un prochain ouvrage. Il suffit ici de rappeler que le pouvoir suprême appartient dans les *Lois* à une instance qui n'est pas élue, mais dont les membres sont cooptés : le Collège de veille : « Si nous souhaitons mener à son terme la fondation de notre cité sur ce territoire, il faut, semble-t-il bien, qu'on trouve en son sein une instance qui d'abord connaisse ce dont nous sommes en train de parler, c'est-à-dire son but, qui ensuite sache quel que soit l'homme politique en cause de quelle manière il pourra poursuivre ce but, et qui détermine enfin qui, des lois d'abord, des hommes ensuite, donne ou non des conseils qui le servent bien. Mais si la cité est dépourvue d'une telle instance, qu'elle est ainsi dépourvue d'intellect et de sensation, il ne faudra pas s'étonner qu'elle agisse à l'aventure, en chaque occasion et dans chaque affaire » (XII, 962b-c).

évolution interne du régime existant; une transformation radicale, entière, changeant d'un coup les fondements, ce que résume en une formule abrupte la *République*, VI: les philosophes «prendraient la cité et les caractères des êtres humains comme une tablette à esquisser (πίνακα) (...) et en premier lieu ils la nettoieraient (καθαρὰν), ce qui déjà n'est pas facile» (501a). La situation ainsi créée, par son indétermination ouverte à une formation directement intelligible, peut alors, d'une certaine manière, être formellement rapportée à celle permettant la fondation d'une colonie nouvelle. En recourant à une qualification moderne, l'une pourrait être dite réformiste et l'autre relever d'une révolution, violente ou pacifique, d'un «coup d'État»[1]. Tenir compte de l'existant pour le réformer, ou l'éliminer pour en construire un nouveau, telles sont donc finalement les deux perspectives radicales que l'ontologie de Platon offre pour penser le rapport de l'essence à l'existence.

La construction d'un État nouveau à partir d'une déstructuration originaire, dans le deuxième cas, ne peut pour autant faire naître simplement un nouvel existant à partir de l'essence. Il en va fondamentalement de même que dans la perspective «réformiste»: le poids de l'existence est en effet tel qu'il est de bonne raison philosophique, à la fois de penser ce qui convient à la réalisation de la cité juste, et d'être conscient que son existence effective ne pourra jamais cependant être totalement adéquate à son essence. Rappelons le propos de la *République*: «Ne me force pas à te montrer que toutes ces choses que nous avons exposées en paroles doivent en tout point se réaliser aussi telles quelles dans les faits. Mais si nous nous rendons capables de découvrir comment une cité pourrait être fondée de la manière la plus proche possible de ce que nous avons dit, nous pourrons affirmer que nous avons découvert comment peuvent se réaliser ces choses que tu réclames» (V, 473a-b)[2].

1. *Cf.* J.-F. Pradeau, *La Communauté des affections*, *op. cit.*, chap. IX «Comment renverser un régime démocratique? La conception platonicienne du coup d'État», p. 181-188. «Au plus général, en effet, Platon ne paraît guère retenir que deux manières de transformer une constitution en une autre: celle de la μεταβολή, c'est-à-dire celle de la transformation du régime existant, et celle de sa subversion entière et violente, qui serait celle de la στάσις. (...) Voilà deux formes de transformation politique clairement distinguées, dont on pourrait dire que la distinction contemporaine de la "réforme" et de la "révolution" la recoupe d'une certaine manière» (p. 182).

2. *Cf.* aussi: «Si nous découvrons ce qu'est la justice, jugerons-nous que l'homme juste ne doit lui-même aucunement différer de la justice, mais lui être à tous égards conforme? Ou alors nous satisferons-nous qu'il s'en rapproche le plus possible et qu'il en participe plus que les autres? – Comme tu dis, dit-il, nous nous en satisferons» (472b-c).

La possibilité réformiste

La philosophie platonicienne de la participation permet d'abord de conclure à une possibilité réformiste : si ce qui existe a comme principe de distinction sa participation inégale à ce qui est vraiment, de ces degrés d'être on peut conclure en retour à des modifications partielles possibles en vue d'une amélioration par rapprochement de l'essence. Pour ce qui existe, l'alternative n'est pas la cité juste ou pas de cité du tout. A défaut de l'existence effective accomplie de ce qui est vraiment, il est possible de concevoir une réalisation partielle et donc, à partir de ce qui *existe*, un accroissement d'*être vrai*.

Mais il y a davantage. Le fait même de ce qui existe déjà, ailleurs, ou a déjà existé, peut instruire et permettre l'amélioration de l'existant présent. Cette prise en compte générale du pôle de l'existence, sur le fond de la doctrine de la participation qui veut que, de la Forme aux réalités existant de façon sensible, il y ait communauté d'essence et perfection plus ou moins grande, dans une perspective gradualiste qui ouvre donc au réformisme, est particulièrement théorisée dans les *Lois* par le recours à l'expérience historique et aux voyages. En effet si, dans ce dialogue comme dans l'*Utopie*, ce qui importe essentiellement est de conserver l'identité structurelle de la cité[1], le fonctionnement optimal de cette dernière peut gagner à l'ouverture aux autres que les voyages permettent, comme d'ailleurs à l'accueil circonstancié des étrangers[2].

> Aucune cité, si elle est privée de toute expérience des hommes, bons et mauvais, ne pourrait jamais, ainsi privée de toute relation sociale, parvenir à un niveau convenable de civilisation et atteindre la perfection, pas plus qu'elle ne saurait sauvegarder durablement ses lois si, au lieu d'en rendre compte par la raison, elle s'en remettait à l'habitude[3].

Essence et existence : tels sont les deux moments que le philosophe de la cité humaine véritable doit prendre en compte, par la raison et par l'expérience, et ce sur fond de la doctrine de la participation. Pierre-Marie Morel met ainsi en évidence le rapport du « modèle » à « l'exemple » que manifeste cette ouverture platonicienne réglée à l'étranger[4] : « Bien que la

1. *Cf.* III, 693a ; IV, 705a.

2. C'est ainsi que les étrangers sont sollicités pour les arts dont s'abstiendront les citoyens (VIII, 846d-847b).

3. XII, 951a-b. *Cf.*, plus largement, 949e-953e.

4. « Le regard étranger sur la cité des *Lois* », dans J.-F. Balaudé (dir.), *D'une cité possible. Sur les* Lois *de Platon*, *op. cit.*, p. 95-113. P.-M. Morel y étudie de façon croisée ce qui peut

cité des *Lois* soit inspirée par un modèle divin au sens où la loi, le *nomos*, est le produit de l'intellect, du *nous*, qui lui-même imite le règne divin du temps de Cronos, elle doit aussi chercher dans l'histoire et sur la terre habitée des exemples ou des contre-exemples, qui la renforcent ou la perfectionnent »[1]. De ces voyages à l'étranger, Platon attend ainsi que, « lorsque l'on habite dans une cité pourvue de bonnes lois », on se mette en mesure, « à condition de se garder de toute corruption, de raffermir chez soi ce que les usages établis y ont de bon, et [de] corriger ce qu'ils ont de défectueux » (951b-c)[2].

Les Utopiens, aussi, aiment s'instruire de tout ce qui est étranger, et c'est pourquoi « l'étranger qui arrive en Utopie pour visiter le pays, s'il se recommande par les dons de l'esprit ou si de longs voyages lui ont fait connaître les mœurs de nombreux pays (...) est le bienvenu. Les habitants prennent grand plaisir à entendre raconter ce qui se passe dans le monde ». Dans le même ordre d'idées, les Utopiens préfèrent assurer eux-mêmes le transport des marchandises qu'ils exportent : « Ils cherchent ainsi à mieux découvrir les mœurs des nations qui les entourent »[3]. Il ne s'agit pourtant pas ici du rapport platonicien de modélisation que souligne à juste titre Pierre-Marie Morel : Utopie étant elle-même le *modèle*, ce ne peut pas être des *exemples* de ce qu'elle est elle-même qu'elle recherche dans ses rencontres avec les étrangers. Dans la différence ontologique, il demeure cependant la perspective commune de tirer le meilleur usage d'une essence existante par sa mise en relation avec ce qui lui ressemble, que ce soit ou pas dans la participation.

être retiré, d'une part du regard que les étrangers peuvent porter sur la cité des *Lois*, d'autre part de celui que certains de ses citoyens portent en retour sur les cités étrangères. Voir plus généralement sur l'approche platonicienne des étrangers H. Joly, « Platon et la question des étrangers. Classer. Prescrire. Analyser », dans J.-F. Mattéi (dir.), *La Naissance de la raison en Grèce*, p. 333-357, et dans le recueil posthume *Études platoniciennes. La question des étrangers*, Paris, Vrin, 1992.

1. P. 96. P.-M. Morel use ici de la détermination classique kantienne, qu'il rappelle p. 97, n. 7, selon laquelle le *modèle*, qui seul doit dicter le comportement, ne doit pas être confondu avec *l'exemple*, qui n'appelle certainement pas l'imitation, mais qui prouve la possibilité de l'action selon le modèle. Cela ne change rien au fait de l'impossibilité d'identifier la « cité des dieux » que les *Lois* présentent comme « l'organisation politique du premier ordre » (739b-d) avec la Forme de la vraie cité humaine que détermine la *République*.

2. *Cf.* 957a-b. P.-M. Morel constate qu'il faut donc nuancer, pour le moins, la thèse « ethnographique » d'H. Joly : « La fin poursuivie n'est pas en soi de connaître le caractère des peuples mais, au mieux, de considérer leurs institutions ou leurs mœurs dans ce qu'ils peuvent avoir d'utile pour nous » (*op. cit.*, p. 105).

3. *U.*, p. 545-546 ; GF-Flammarion, p. 189.

L'entreprise historique générale des *Lois*, III relève de cette perspective pleinement philosophique : il s'agit de *comprendre* ce qui justifie les grandeurs et les décadences de sociétés ayant réellement existé afin d'optimiser la cité à constituer. La référence historique nourrit ici l'analyse proprement philosophique que, particulièrement, la *République*, VIII-IX, autre moment de la mise en œuvre de la participation, avait pu présenter. La visée était alors d'articuler une logique de la dégénérescence nécessaire de la cité parfaite, étant noètiquement acquis qu'aussi parfaitement réalisée que puisse être une existence, « puisque, pour tout ce qui est né, il y a corruption, cette structure non plus ne pourra se maintenir à jamais, mais elle se dissoudra » (VIII, 546a). La *République* avait en conséquence rationnellement exposé les quatre formes d'États imparfaits que l'on peut déduire d'une corruption croissante, jusqu'au terme de la cité tyrannique, expression même de l'injustice, règne des passions débridées. Dans les *Lois*, III, en revanche, le but est plus général. Il est d'observer « le cheminement progressif des cités vers la vertu en même temps que vers le vice » (676a), et donc non pas seulement en termes de corruption [1].

Selon Jean-François Balaudé, le fait que les analyses des *Lois* s'attachent ainsi à penser la politique dans le « flux historique », à s'appuyer sur « une diversité de modèles ou de références », à chercher en conséquence dans les institutions existantes des références, positives ou négatives, pour « l'établissement (*seulement théorique*) de [la] colonie », a pour corrélat que, « en dépit de ce qui est dit au livre V, elles ne partent pas d'un modèle » [2]. Cette différence n'est pas nulle : elle a pour lui le sens d'une « autonomisation du politique ». Ainsi, « l'on ne peut considérer la deuxième constitution comme la réalisation atténuée de la première. Elle n'est en effet pas moins utopique que la première. (…) Les *Lois*, plus que la correction tardive, dans le sens de la modération, de la politique de la *République*, présentent la seule vraie et intégrale politique platonicienne » [3].

1. Cela étant, il s'agit aussi de cela, et pour ce faire la lecture est pleinement philosophique : l'Athénien cherche à comprendre les raisons de la corruption, en l'occurrence ici de ces cités-références que sont la Perse de Cyrus et Darius, et l'Athènes ancienne, et ce selon les mêmes modalités que celles de la *République*, VIII-IX : ce qui est en question, à chaque fois, c'est un manque croissant d'unité et de justice Pour en rendre compte, l'Athénien analyse particulièrement, respectivement pour la Perse les défauts de l'éducation (694c-695c ; 695d-698a), pour Athènes « les infractions aux lois de la musique » (699d-701d).

2. « Le triptyque *République*, *Politique*, *Lois* : perspectives », *op. cit.*, p. 29 ; 48-49. Nous soulignons.

3. *Ibid.*, p. 32.

Cette « vraie politique platonicienne » consisterait donc, sur la base de la prise en compte de la différence ontologique essence / existence qu'expose *République*, V, 473a-b, à en déduire une pratique d'adaptation à l'existant, et ce donc par le recours aux références historiques. La *République* avait pourtant déjà elle-même problématisé, à sa manière et dans sa perspective propre, la possibilité de l'existence effective, et ce en suite immédiate de l'affirmation de cette différence :

> Dès lors, l'étape suivante sera apparemment que nous essayions de chercher, et aussi de mettre en évidence, ce qui en ce moment va mal concrètement dans les cités et qui les empêche d'être établies de cette façon-là, et sur la base de quel changement minuscule une cité pourrait en venir à ce mode de constitution politique – autant que possible un seul et sinon deux, et sinon, alors, les changements les moins nombreux et les plus petits quant à leur portée (473b).

Pourtant, il se trouve que le « changement minuscule en question » est l'instauration de philosophes-rois, comme Socrate l'indique aussitôt : « Nous sommes en mesure de montrer, je pense, qu'en changeant une seule chose, une cité pourrait se transformer, une chose qui n'est certes ni négligeable ni aisée, mais qui est du moins possible » (473c). Jean-François Pradeau en conclut ici au réformisme de Platon, la cité se transformant de l'intérieur en modifiant elle-même sa direction[1]. Pourtant, le propos ouvre naturellement aussi au coup d'État susceptible de faire advenir ce « changement » qui, bien que « minuscule », est pensé et voulu comme décisif et radical[2]. Nous l'avons souligné plus haut, pour que les philosophes gouvernent avec le consentement populaire, le réalisme politique impose à

1. « À la différence de ce qu'a pu être l'entière fondation de la cité à laquelle les interlocuteurs se sont livrés "dans le discours" dans une première partie de leur entretien, le livre V nous apprend donc que la réalisation plausible de la cité juste, sa "naissance", ne consistera pas en une genèse *ex nihilo* ou *ex elementibus* de la cité ; elle consistera bien plutôt en la réforme d'une cité existante. Le schéma politique platonicien est le suivant : pour que la cité juste soit réalisée, il faut qu'une cité existante soit réformée à l'aune du modèle qu'on vient de concevoir. C'est bien ce que Socrate indique ici. Le changement minuscule qu'il évoque est bien celui qui portera au pouvoir de la cité des dirigeants philosophes ou des philosophes dirigeants. Il ne s'agit donc pas de donner corps ou de faire advenir dans le sensible un modèle théorique, mais bien de permettre, à travers l'avènement de gouvernants savants, à cette forme de vie et de pensée qu'est la cité de concevoir la perfection dont elle est capable, avant de se transformer » (*La Communauté des affections*, *op. cit.*, p. 185-186).

2. G. Leroux insiste très justement sur le fait que ce « changement minuscule » est en réalité la « transformation majeure », en tant que « l'unique condition nécessaire de la révolution politique qui doit mener à la cité idéale » (n. 99 du livre V de son édition de la *République*, GF-Flammarion, p. 639).

Platon de considérer, de façon apparemment parfaitement circulaire, que ce consentement ne pourra être acquis qu'à la condition que le peuple soit en situation de les voir effectivement exercer leur gouvernement. Comment échapper alors au coup de force initial, à la venue au pouvoir d'abord non consentie ?

« Nettoyer la tablette »

Du fait des obstacles que l'existence impose, le plus simple semble bien être en effet une brutale mise en place directe de l'essence, ou pour le moins de ce qui s'en rapproche d'emblée le plus possible. La *République*, VI, 501a l'illustre en conséquence on ne peut plus fortement, nous le disions, en indiquant que les artisans de la venue à l'existence de l'essence se doivent de considérer la cité et les caractères des êtres humains comme une tablette à nettoyer préalablement à toute action effective : « Tu vois dès lors, souligne Socrate, qu'ils seraient, ce faisant, très différents des autres, du simple fait de refuser de s'engager à rédiger des lois pour une cité – ou pour un particulier – avant de l'avoir reçue propre, ou d'avoir opéré ce nettoyage eux-mêmes ». Et le livre VII précise ainsi la méthode :

> Ceux qui dans la cité (...) auront de fait dépassé l'âge de dix ans, ils les enverront tous à la campagne, et ils protègeront leurs propres enfants des mœurs de l'époque actuelle, qui sont justement les mœurs de leurs parents, et ils les élèveront selon leurs propres conceptions et selon leurs lois, celles-là mêmes que nous avons exposées à l'instant. De cette manière la cité s'établira elle-même très rapidement et très aisément selon la constitution politique que nous avons élaborée, et elle atteindra au bonheur, et le peuple qui l'accueillera en tirera le plus grand profit (541a)[1].

En *Lois*, V Platon compare le fondateur de cité à un gardien de troupeau qui se doit de le purifier avant d'en accepter la charge.

> Parmi les nombreux moyens de réaliser ces purifications, il y en a de plus doux et de plus sévères. Les plus sévères, qui sont aussi les meilleurs, c'est un législateur qui serait en même temps un tyran qui pourrait les appliquer. Au contraire, un législateur qui établirait une constitution nouvelle et instituerait des lois sans être un tyran, s'il procédait à la purification la plus douce, devrait se réjouir de seulement y parvenir. Or la

1. La mort ou l'exil sont envisagés pour la « purification sévère », la participation à la fondation de colonies pour « la plus douce ». *Cf.* aussi *Politique*, 293d.

> purification la meilleure est douloureuse, tout comme le sont les remèdes efficaces (735d).

Il n'est donc plus ici question d'une application réformiste du modèle de la participation. Pour comprendre l'articulation possible entre cette dernière perspective et la précédente, entre un changement progressif de régime et une mise en place par rupture, il faut revenir aux données élémentaires du rapport de l'essence à l'existence, et particulièrement à l'étude différenciée que le livre VIII de la *République* consacre à la perversion que l'existence fait inéluctablement subir à l'essence existante d'une vraie cité. Spécialement, le recours que le passage précédemment cité des *Lois* fait à un « tyran-législateur » pourra se comprendre par là. La *République* montre ainsi que, de la vraie cité existant par la direction des philosophes-rois à la timocratie, puis à l'oligarchie et enfin à la démocratie, la logique est celle d'une dilution des fondamentaux de l'essence sous la pression corruptrice de l'existence effective mais, qu'avec la démocratie, s'achève d'une certaine manière le processus, le moment suivant ne pouvant alors résulter que d'une rupture. Comme le dit Jean-François Pradeau, « le coup d'État paraît finalement inéluctable dans la perspective qu'adopte Platon, compte tenu de la manière dont il conçoit les modifications susceptibles d'affecter le régime démocratique »[1]. C'est qu'avec la démocratie l'*existence* est devenue le principal et qu'en conséquence la mutation qui en fait sortir ne peut être que radicale et entière et c'est ainsi spécialement de la démocratie que la tyrannie serait l'horizon.

Si l'on peut encore dire, sur le modèle des transformations précédentes, que « le régime tyrannique (…) résulte en gros d'une transformation de la démocratie » (VIII, 562a), la différence est cependant radicale dans la mesure où en démocratie, contrairement aux régimes précédents, désormais « les gouvernants (…) passent pour des gouvernés, et les gouvernés (…) passent pour des gouvernants » (562d). La transformation a ici la forme d'une rupture, du fait que la participation de cet existant à la forme intelligible de la communauté politique tend à disparaître. Avec la démocratie c'est maintenant de l'illimité dont il s'agit, c'est-à-dire socialement le règne de la liberté tout à fait débridée. En conséquence puisque « de fait une action démesurée dans un sens a tendance à provoquer une transformation en sens contraire, que ce soit dans les saisons, dans la végétation ou dans les organismes, (…) cela ne vaut pas moins pour les

1. *La Communauté des affections*, *op. cit.*, p. 183.

constitutions politiques ». C'est ainsi qu'« une liberté excessive ne peut donc apparemment se muer qu'en une servitude excessive, et cela aussi bien pour l'individu que pour la cité » (563e-564a)[1].

L'enjeu philosophique est alors que cette tyrannie puisse elle-même ouvrir, de façon certes paradoxale, au gouvernement des philosophes et partant, de façon cyclique, au retour de la vraie cité existante. Comme le dit Mario Vegetti, certes « la voie "normale" de la réalisation de la nouvelle cité (…) serait qu'une cité, convaincue de la nécessité et de la légitimité du pouvoir des philosophes (501d-502a), accepte spontanément de s'y soumettre (κατήκοος, 499b) ». Mais la prise en compte rigoureuse des contraintes de l'existence rend cette voie très improbable aux yeux de Platon, comme l'est encore une prise de pouvoir par des philosophes. « C'est dès lors la troisième voie qui semble à Platon la plus praticable politiquement : la conversion à la philosophie, ou la soumission aux philosophes, de ceux qui disposent déjà de la ressource fondamentale de la force »[2].

Telle est la perspective du livre IV des *Lois* : « Donnez-moi une cité soumise à un tyran, demande l'Étranger d'Athènes. Que ce tyran soit jeune, qu'il ait une bonne mémoire, de la facilité à apprendre, du courage et de la grandeur d'âme » (709e). C'est qu'en effet, « il n'y a pas une manière plus rapide ni meilleure d'établir une constitution » (710b). Monique Dixsaut souligne toutefois qu'il ne faut pour autant pas confondre ce bon tyran des *Lois* avec le philosophe-roi de la *République* : « Qu'est-ce qui lui manque pour être un philosophe-roi ? L'élan vers le savoir, la parenté avec l'être et

1. Comme le dit J.-F. Pradeau, « il est patent que Platon paraît ne pas envisager d'autre fin à la démocratie que sa subversion tyrannique violente », même si « une transformation progressive et pour ainsi dire continue du régime » en rend également compte (*La Communauté des affections*, *op. cit.*, p. 186).

2. « Royauté et philosophie chez Platon », *op. cit.*, p. 223. *Cf.* plus généralement p. 221-227. Les références renvoient à la *République*. M. Vegetti souligne ce que doit la voie platonicienne de la tyrannie à la pensée politique générale de son temps : « La tyrannie pouvait certes être considérée – comme le fait d'ailleurs Platon dans les livres VIII et IX de la *République*, puis dans le *Politique* – comme la forme de pouvoir la plus dégénérée tant sur le plan politique (en tant que domination qui requiert l'asservissement total du corps civique) que sur le plan moral, s'avérant parfaitement injuste et par là même parfaitement malheureuse. Mais son attractivité résidait, aux yeux des réformateurs radicaux du IVe siècle, dans son *efficacité* : face à *l'impasse* décisionnelle et à la rigidité institutionnelle qui accompagnaient l'usure des formes politiques traditionnellement hégémoniques de la démocratie et de l'oligarchie, le pouvoir absolu concentré dans les mains du tyran semblait pouvoir constituer le principe de force nécessaire à la réalisation la plus rapide et la plus efficace possible de tout projet de transformation éthico-politique de la cité » (p. 225).

avec la vérité, la haine de la fausseté, et l'élégance, "la facilité à se laisser conduire vers ce qui est l'essence de chaque étant" (*Rép.* 486d) »[1]. Elle conclut ainsi à la disparition dans les *Lois* de la *philosophia* de la *République*. On peut pourtant penser que le lieu de la *philosophia* est alors en fait occupé par celui du bon législateur, que la familiarité avec ce qui est vraiment légitime à conseiller le tyran, en une codirection de l'institution et de la gestion de la cité : « Il y aura de la chance, pour nulle autre raison que le fait qu'il y aura sous son règne un législateur digne d'éloges et qu'un heureux hasard le lui fera rencontrer. Si en effet cela se réalisait, le dieu aurait fait presque tout ce qu'il doit faire lorsqu'il souhaite assurer à une cité une réussite exceptionnelle » (710c-d)[2]. Et c'est en ce sens qu'il faut rappeler qu'en V, 735d, il sera fait plus directement l'hypothèse d'un « législateur qui serait en même temps un tyran ».

A Syracuse, toutefois, c'est bien d'abord la fonction de « conseil du tyran » que la philosophie se voit confier, par et pour Platon lui-même. Sollicité par son ami Dion de venir instruire Denys II, il justifie ainsi son engagement :

> Comme cela me donnait à réfléchir et que je me demandais s'il fallait me mettre en route et répondre à cette invitation ou prendre un autre parti, ce qui pourtant fit pencher la balance, c'est que, si jamais on devait entreprendre de réaliser mes conceptions en matière de loi et de régime politique, c'était le moment d'essayer. En effet, je n'avais qu'un seul homme à convaincre et cela suffirait pour assurer en tout l'avènement du bien[3].

« Un seul homme à convaincre et cela suffirait pour assurer en tout l'avènement du bien » : nous retrouvons ici l'équivalent du « changement minuscule » mis en avant par la *République*, 473b-c. Que la figure du « roi-philosophe » soit alors incarnée en une ou plusieurs personnes, c'est par elle que pourra être mise en place l'institution neuve, en tout cas par rapport à ses immédiats précédents, susceptible de former en son sein par la voie de l'éducation ses dirigeants. Et c'est ainsi que peut être pensé le passage, par transformation de statut, du « tyran-législateur » des *Lois* aux « dialecticiens » de la *République* ou au « Collège de veille » des *Lois* : le statut du

1. *Le Naturel philosophe*, *op. cit.*, p. 359.

2. Comme le disent L. Brisson et J.-F. Pradeau dans leur édition des *Lois*, GF-Flammarion, 2006, « le tyran reste (...) un instrument et, s'il s'agit bien d'un pouvoir absolu (qui ne rend aucun compte), ce pouvoir n'est pas arbitraire puisque le législateur dicte les fins de son action au tyran » (n. 26 du livre IV, p. 383).

3. *Lettre VII*, 328b-c.

« philosophe-roi » passant de celui de fondateur à celui de dirigeant normal d'une vraie cité [1].

On sait pourtant l'échec de la tentative sicilienne, comme l'échec ultérieur de la prise de pouvoir directe par Dion, figure possible cette fois de la réunion en une seule personne du bon tyran et du bon législateur. Telle est sans doute la preuve par le fait de l'irrépressible résistance de *l'existence* à une formation intelligible par la voie tyrannique, et quelles qu'en soient donc les modalités. Faut-il voir du coup le sens originel de la notion d'« utopie » dans ce constat de l'échec nécessaire de l'imposition forcée de l'Idée à l'existence ? Le réformisme pourrait alors offrir une alternative plus satisfaisante au lecteur des *Dialogues* : bien que décevant nécessairement fondamentalement, lui aussi, du moins laisse-t-il en effet ouverte la possibilité de quelques résultats partiels effectifs.

La réforme contre l'utopie ?

Selon Hans-Georg Gadamer, les *Dialogues* appellent en ce sens une « lecture dialectique ». Faisant écho à Léo Strauss et Allan Bloom, il insiste fortement sur le fait que la « cité idéale [de Platon] ne peut être réalisée. (...) Car un aveugle est à même de voir qu'une pareille cité n'est pas possible, ce qui est précisément souligné par la démonstration détaillée de sa possibilité » [2]. Cela n'impose pour autant pas, selon lui, de ne lire « cette utopie que de façon négative, en sorte de se convaincre, à sa lecture, de l'incompatibilité entre la vie théorique et la vie pratique ». Tout au contraire, « lire de façon dialectique signifie en l'occurrence qu'il faut rapporter ces exigences utopiques, cas par cas, à leurs contraires, afin de dégager, quelque part dans l'entre-deux, ce qui est proprement "visé" à travers elles, c'est-à-dire afin de reconnaître ce qui est et comment ce pourrait être meilleur ».

La note terminale de la deuxième section du *Conflit des facultés* (1798) est éclairante de ce point de vue :

1. *Cf.* sur ce point M. Vegetti, « Royauté et philosophie chez Platon », *op. cit.*, p. 214-215. « Dans la perspective de la *République*, nous pouvons dire qu'il fallait une dernière tyrannie pour mettre un terme définitif au danger des tyrannies et le conjurer par l'instauration du régime "normal" d'un groupe d'ἄρκοντες placé sous l'autorité des philosophes "dialecticiens" » (p. 226). Voir la bibliographie proposée en références de cet article, p. 226-227. *Cf.*, en particulier « *Beltista eiper dynata*. Lo statuto dell'utopia nella *Repubblica* », dans M. Vegetti (dir.), *Platon*, La Repubblica, Napoli, Bibliopolis, vol. IV (2000), p. 104-147 ; « Il regno filosofico », *ibid.*, vol. IV, p. 335-364 ; « Il tempo, la storia, l'utopia », *ibid.*, vol. VI (2005), p. 137-168.

2. *L'Idée du Bien comme enjeu platonico-aristotélicien*, *op. cit.*, p. 66-67.

> Il est *doux* (...) d'imaginer des constitutions répondant aux exigences de la raison (notamment au point de vue du droit), mais il est *téméraire* de les proposer et *coupable* de soulever le peuple pour abolir ce qui présentement existe. L'*Atlantica* de Platon, l'*Utopie* de Morus, l'*Oceana* d'Harrington et la *Severambia* d'Allais ont été successivement mises à la scène, mais on n'en a jamais seulement fait l'essai (mis à part le monstre manqué de la république despotique de Cromwell). – Il en a été de ces créations politiques comme de la création de l'univers, aucun homme n'y fut présent et ne pouvait s'y trouver parce qu'il aurait dû être son propre créateur. Espérer un jour, si tard que ce soit, l'achèvement d'une création politique comme on l'envisage ici est un doux rêve; on peut toutefois non seulement *penser* qu'il est possible de s'en rapprocher toujours davantage, mais dans la mesure où elle peut s'accorder avec la loi morale, c'est le *devoir* non des citoyens, mais du chef de l'État [1].

Plus précisément, que doit alors à Platon, en ce point, l'*Utopie* de Thomas More? On ne peut naturellement pas ranger la « vraie communauté politique » des Utopiens dans le registre tyrannique. Mais le fait est que son existence est supposée en rupture radicale, non évolutive avec les sociétés historiquement existantes. Est-il légitime d'y voir le principal de la notion d'« utopie », plus précisément dans la perspective de ne jamais pouvoir faire coïncider l'existence imaginée (comme essence existante) et les existences empiriques? Que vaut ici l'héritage platonicien revendiqué?

Correspondances utopiques : révolution, réformisme et colonisation

Révolutionnarisme ou réformisme utopique?

L'utopie révolutionnaire? On pourrait y voir le principal de sa rupture, sinon avec les *Dialogues* à proprement parler, du moins avec une certaine tradition platonicienne, particulièrement présente dans les *Miroirs des Princes*. Ainsi, selon Roland Schaer,

> l'une des caractéristiques essentielles des utopies tient dans la critique qu'elles développent à l'égard de la forme canonique de la philosophie politique à la fin du Moyen Âge et au début de la Renaissance, celle du *Miroir des princes*; or, celui-ci a bien une racine platonicienne, puisqu'il s'agit de mettre en œuvre la condition première qui fait une cité juste selon Platon, la conversion du prince à la philosophie. Avec l'utopie, il ne s'agit plus de cela (...). L'utopie s'inscrit en général dans une perspective de

1. *Le Conflit des facultés en trois sections* [1798], trad., introd. et notes J. Gibelin, Paris, Vrin, 1955, p. 110, n. 1.

refondation de l'ordre politique et social, et non plus dans celle de la moralisation du pouvoir[1].

L'objet utopique est effectivement bien l'État, sa constitution, son ordre social, politique et économique. Et ce n'est pas le prince. Cela étant, l'objet essentiel de Platon *lui-même*, et spécialement dans ce dialogue traduit par « la *République* », est la ΠΟΛΙΤΕΙΑ, et ce donc par-delà la *réception* spéciale qui pouvait en être faite dans les *Miroirs des Princes*.

Cela étant, il ne va pas du tout de soi en fait que, spécialement, l'*Utopie* porte une condamnation absolue du réformisme au profit du seul révolutionnarisme, à l'échec nécessaire duquel se trouverait en conséquence réduite la qualification d'« utopie ». A y regarder de plus près, on peut voir aussi et peut-être d'abord que ce texte tend à l'affirmation d'améliorations partielles possibles d'un régime social mal fondé, de façon certes « oblique » par un jeu de renvois entre Raphaël, le Marin-Philosophe par qui est découverte et décrite Utopie, More-le-Personnage, partie prenante du roman, et More-l'auteur[2].

Du livre I au livre II, de l'Ancien Monde à Utopie, il y a évidemment rupture, et donc pour le moins une problématique révolutionnaire appelée. Et de fait, toutes les réformes partielles, comme décréter un maximum de possession individuelle, se prémunir par des lois fortes contre le despotisme et l'anarchie, ne pas vendre les magistratures, sont explicitement présentées comme de simples calmants, qui adoucissent seulement les souffrances. La thèse utopique manifeste est qu'il convient plutôt de changer de système : tant qu'existe la propriété privée, tant que l'argent est la mesure de toute chose, il est illusoire de vouloir instaurer une véritable justice et une véritable prospérité. Hors de la propriété collective, ni la cupidité, ni la volonté de domination, ni les châtiments inhumains ne peuvent vraiment disparaître[3].

1. « L'utopie. L'espace, le temps, l'histoire », dans *Utopie. La quête de la société idéale en Occident*, *op. cit.*, p. 17.

2. Pour une exposition un peu plus développée de ce qui suit, *cf.* mon *L'*Utopia *de Thomas More et la tradition platonicienne*, p. 283-296 et mon article « L'*Utopie* de Thomas More et l'idée de révolution », dans O. Bloch (dir.), *L'Idée de révolution. Quelle place lui faire au* XXI*e siècle ?*, Paris, Publications de la Sorbonne, 2009, p. 27-41.

3. « Il n'y a aucun espoir de guérir définitivement ces maux ni de remettre les choses en bon état tant que les biens de chacun resteront propriété privée » (*U.*, p. 441 ; GF-Flammarion, p. 130). On peut comprendre ainsi immédiatement avec J. H. Hexter que « le génie de More ne réside pas en ce qu'il a découvert des maux [sociaux] spécifiques, mais en ce qu'il les a traités comme un système où tout est interrelié ; on n'a pas affaire à des plantes individuelles mais à des excroissances qui, tout en apparaissant séparées à la surface, ont une racine cachée qui leur

L'affaire semble donc d'abord entendue : l'*Utopie* serait révolutionnaire. On peut comprendre en ce sens que la transition des sociétés de l'Ancien Monde à Utopie ne soit évoquée qu'en quelques lignes au début du livre II, et simplement pour dire qu'elle consista en un acte de brutalité guerrière. Pourtant, à défaut d'une philosophie élaborée du processus révolutionnaire, de ses conditions concrètes, il se trouve que l'*Utopie* présente et justifie d'une certaine manière, assez longuement, plusieurs types de réformisme, trois plus précisément, dont les raisons différenciées du rejet méritent d'être précisées.

Un premier réformisme est défendu vaillamment par Raphaël lui-même dans le livre I. Il entend « corriger les abus » de l'Ancien Monde en s'appuyant sur la pratique de peuples visités par le narrateur, et qui par plusieurs de leurs traits ressemblent à Utopie sans pour autant être eux-mêmes utopiques à proprement parler dans la mesure où ils conservent les structures essentielles de l'Ancien Monde (et d'abord la propriété privée)[1]. On peut l'appeler « utopiste » pour cela, et non rigoureusement « utopique ». Ainsi, par exemple, Raphaël conseille : « Mettez un frein aux achats massifs des riches et restreignez la liberté de tout ce qui ressemble à un monopole »[2]. Généralement, ces propositions proprement politiques ne remettent en rien en cause l'économie de marché, mais elles supposent un pouvoir décidé, agissant pour l'intérêt général, et qui ne soit pas le simple relais d'une économie souveraine.

Pour autant, Raphaël ne se fait aucune illusion. En Europe du moins, il n'a aucune chance d'être écouté et que ses propositions puissent se réaliser : « À quoi bon ? Comment un langage aussi insolite pourrait-il émouvoir des personnes dont l'esprit est plein de préjugés et de convictions toutes contraires ? »[3]. Cela ouvre à un deuxième type de réformisme, bien

est commune » (*More's "Utopia". The Biography of an Idea* [1952], New York, Harper Torchbooks, 1965, p. 66).

1. Il s'agit ainsi des Macariens et des Achoriens, habitants du Nouveau Monde, ou des Polylérites de Perse.

2. *U.*, p. 393 ; GF-Flammarion, p. 103. Ou encore, afin d'empêcher la ruine de l'agriculture Raphaël, tout en n'exigeant aucune mesure de collectivisation agricole, propose de décréter que ceux qui ont détruit fermes et villages les reconstruisent ou les cèdent à ceux qui accepteraient de le faire. C'est ainsi de volontarisme dont il s'agit, avec la politique de l'emploi que prône Raphaël : « Qu'on nourrisse moins de fainéants ! (...) Que l'on crée des emplois honnêtes pour occuper la foule des gens oisifs, soit ceux que jusqu'à présent la misère a rendus voleurs, soit ceux qui aujourd'hui sont vagabonds ou serviteurs oisifs et qui seront certainement et les uns et les autres les voleurs de demain ! » (*ibid.*).

3. *U.*, p. 430 ; GF-Flammarion, p. 125.

moins ambitieux et qui saurait se contenter d'améliorations très partielles et ponctuelles. Ce réformisme est revendiqué par More-le-personnage, qui considère que l'échec prévisible du réformisme utopiste tient au fait que la présentation des réformes que propose Raphaël est trop abstraite et que, de forme universelle, elle ne vaut, en somme, qu'en soi :

> Discutée entre amis, au cours de conversations familières, cette « philosophie scolastique » ne manque pas de charme. Mais, dans les conseils des princes, il n'y a pas de place pour cette scolastique qui prétendrait que n'importe quelle solution est applicable n'importe où. Mais il existe une autre philosophie, mieux instruite de la vie en société : elle connaît son théâtre et s'y accommode [1].

Autrement dit, si les termes de ce premier réformisme peuvent effectivement avoir un sens dans les cités du Nouveau Monde par la proximité que ces dernières ont avec Utopie, la vraie « communauté politique », voire encore dans ces régions exotiques qui s'en rapprochent d'une certaine manière, comme la Perse où résident les Polylérites, en revanche il est bien clair que, dans les conditions de l'Europe, ils seront effectivement certainement impuissants. Et c'est pourquoi, pour More-le-personnage, l'échec du réformisme utopiste doit ouvrir la voie à un véritable réformisme. « Si vous ne pouvez supprimer radicalement les idées fausses, ni porter remède aux abus consacrés par l'usage, (...) mieux vaut prendre une *voie moins directe* : dans la mesure du possible, traiter de tout avec habileté et, si vos efforts ne peuvent transformer le mal en bien, qu'ils servent du moins à atténuer le mal » [2].

Ici, Raphaël est très net : « la méthode que vous proposez (...) reviendrait à me faire délirer avec les fous au moment où je m'efforce d'apporter remède à leur folie » [3]. Ses justifications ont déjà été rapportées au chapitre I : l'efficacité de ce réformisme est parfaitement contestable [4], et

1. *U.*, p. 430-433 ; GF-Flammarion, p. 125. On peut souligner que ce n'est pas en conséquence le projet utopique dans sa pleine positivité qui est ici considéré comme « scolastique », abstrait, et pour cela inapplicable, mais bien les propositions de *réforme* de Raphaël.

2. *U.*, p. 433 ; GF-Flammarion, p. 125-126. Nous soulignons.

3 : *U.*, p. 433 ; GF-Flammarion, p. 126.

4. « A la cour, il est impossible de cacher votre pensée, on ne vous permet pas d'acquiescer simplement : il faut approuver ouvertement les projets les plus iniques et souscrire à des décrets plus empoisonnés que la peste. Celui qui n'approuve pas suffisamment d'infâmes délibérations passe pour un espion, autant dire un traître. De plus, vous n'aurez jamais l'occasion d'exercer une heureuse influence, car une fois introduit dans ces hautes assemblées, fussiez-vous le meilleur des hommes, vous serez bien plus facilement contaminé

il est de plus condamnable du point de vue moral en ce qu'il autorise de fait le mal[1]. Cela étant, rappelons que c'est en ce point d'exposition du réformisme proprement morien que *l'oblicité utopique* dont nous avons dit qu'elle donne son sens à l'écriture utopique, trouve sa référence. Et du coup il est possible de lire la critique de la « voie moins directe » en matière de réformisme comme relevant elle-même d'une « voie moins directe ». Et cela peut inciter à penser que le refus de ce réformisme-là, où la prise en compte complète du fait finit par absorber complètement celle du droit, n'implique pas absolument la condamnation de toute entreprise réformiste[2].

C'est qu'en effet une autre pratique réformiste, la troisième donc, serait pourtant encore possible, qui améliorerait le réformisme utopiste initial de Raphaël en se donnant les moyens d'emporter l'adhésion des responsables, mais sans rien retrancher de ses propositions. Et ce serait elle qui, du coup, serait peut-être la vérité de l'*Utopie*: pourquoi ne pas expérimenter les mesures proposées par Raphaël avant de les adopter complètement ? Ainsi à propos de la substitution du travail forcé à la peine de mort, le Cardinal Morton, Archevêque de Canterbury et Chancelier d'Angleterre, avait auparavant émis l'hypothèse que l'on pourrait en faire l'essai, y compris en les appliquant au cas des vagabonds, et au vu des résultats décider ensuite, soit d'une application généralisée, soit du retour à l'ancienne sanction[3]. Le Cardinal est parmi les gens qui comptent en Angleterre. Autrement dit, à condition de trouver de hauts appuis, le réformisme utopiste pourrait ne pas être aussi immédiatement voué à l'échec. Raphaël le constate : « Dès que le Cardinal eut émis cette idée, tous les convives qui n'avaient eu pour elle que du mépris, quand c'était moi qui l'avais développée, rivalisèrent d'éloges pour l'applaudir : cependant, ils relevaient tout particulièrement la référence aux vagabonds qui était la propre adjonction du prélat. »[4]

par la corruption que vous n'arriverez à rendre vos collègues meilleurs » (*U.*, p. 437 ; GF-Flammarion, p. 127-128).

1. *U.*, p. 437 ; GF-Flammarion, p. 127.

2. On peut comprendre en ce sens que V. Dupont titre le chapitre qu'il consacre à l'*Utopie* : « La double utopie de Thomas More » (*L'Utopie et le roman utopique dans la littérature anglaise*, Lyon, Université de Lyon, 1941, p. 84-123). « C'est donc bien deux modèles que More nous présente, deux Utopies successives et nettement distinctes. L'une correspond à une "philosophie d'action" qui se contente du Bien relatif et d'améliorations partielles. L'autre correspond à la philosophie d'école et à l'absolu » (p. 88).

3. *U.*, p. 406-409 ; GF-Flammarion, p. 110-111.

4. *U.*, p. 409 ; GF-Flammarion, p. 111.

La vérité de l'*Utopie* pourrait bien être en effet de chercher à promouvoir une méthode d'expérimentation qui, fondée sur des propositions ayant une valeur en soi, ce que l'image d'Utopie aurait donc pour fonction de présenter, agirait de façon prudente mais décidée dans les conditions de l'Ancien Monde. L'efficacité avérée des mesures réformistes d'abord présentées par Raphaël tenait à la proximité avec Utopie des cités qui sont données en référence, grande proximité par exemple avec Macarie ou Achorie, proximité mesurée en proportion de son éloignement de l'Europe avec la cité des Polylérites, habitants de la Perse, qui présente de plus l'intérêt particulier de montrer les possibilités offertes y compris dans l'Ancien Monde. L'hypothèse est ici que, lorsque More-l'auteur écrit l'*Utopie*, c'est pour que le livre lui-même puisse servir de justification et de stimulation aux pratiques réformistes effectives de gens comme le Cardinal Morton, ou comme lui-même. Alors, c'est l'*Utopie* elle-même, sa proximité intellectuelle avec un lecteur qui ne la réduirait pas à l'exposition détaillée d'Utopie qui, comme objet pur de pensée, pourrait être en mesure d'instruire un réformisme efficace. Et cela vaudrait donc très directement et très spécialement dans le cas, bien réel, du Cardinal Morton, et aussi dans celui de l'auteur Thomas More, également acteur de la vie politique anglaise, et qu'il conviendrait du coup de distinguer soigneusement du Personnage-More.

Utopie comme référence pour l'action, donc. Mais Utopie aussi alors comme modèle de l'action elle-même, plus précisément d'une véritable action, d'une action libre pouvant être comprise comme raison pratique par elle-même.

« L'espérance » blochienne peut être ici sollicitée pour prolonger cela, en un utopisme non-utopique qui entend insister sur ce qui rend cela possible, ce qui rend possible l'auto-détermination pratique de la raison comme action, intégrant ainsi ce qui justifie un réformisme utopique à la mise en place de possibilités révolutionnaires effectives. Cet utopisme n'est pas utopique : l'indétermination des conditions d'existence d'Utopie fait qu'Utopie, comme action, non seulement n'est que par elle-même, mais encore et en même temps que la venue de cette action est indéterminable, la raison se révélant impuissante à rendre compte de ce qui permet qu'une telle action soit. Que la raison pratique (Utopie) soit par elle même (comme action) ne se comprend pas. Il n'est pourtant pas contradictoire avec l'essence de l'action de la rapporter à ce qui la rend possible en tant que telle. Tel est l'utopisme de l'ontologie du non-encore-être d'Ernst Bloch : l'espérance ou l'intention ne sont pas ainsi seulement pour lui de simples états subjectifs de la conscience, « mais aussi, à condition d'être rectifiées et saisies dans leur aspect concret, une détermination fondamentale au sein même de la réalité objective tout entière »[1].

Et tel est le principe de l'évaluation de l'utopie par la philosophie marxienne. On sait que Marx et Engels ont pour projet central de faire passer le socialisme de l'utopie à la science, et ce particulièrement par une reprise critique de la critique utopiste[2]. En général parfaitement justifiée pour le contenu de ses plans, comme la suppression de l'opposition ville-campagne ou la fin du travail salarié[3], la critique utopiste de leur temps est en effet en revanche critiquée pour son abstraction, pour son indifférence aux conditions pouvant la rendre efficace. Pour elle, si jusqu'ici la raison et la justice n'avaient pas encore régné dans le monde, c'est qu'on ne les avait pas exactement reconnues : il manquait « l'individu génial qui est venu maintenant et qui a reconnu la vérité », et dont c'est « une simple chance » qu'il soit venu, précisément, maintenant. Et ainsi, « comme la vérité absolue est indépendante du temps, de l'espace et du développement de l'histoire humaine, la date et le lieu de sa découverte sont un pur hasard »[4]. Une conception idéaliste de la raison est ici à l'œuvre, dont la paternité platonicienne est évidente. En réalité, si les conditions socio-économiques ont permis la formulation de ces aspirations révolutionnaires, elles n'ont pu faire encore qu'elles prennent une forme directement pratique, c'est-à-dire qu'elles puissent être critique matérielle, comme mouvement de la société se révolutionnant par elle-même. Et ainsi Marx et Engels constatent que la critique utopiste est nécessairement imaginaire en ce que, plus

1. *Le Principe espérance*, I-III (1938-1947, revu en 1953 et 1959), trad. F. Wuilmart, Paris, Gallimard, 1976, 1982, 1991, tome I, p. 14. *Cf.* E. Braun, « Possibilité et non-encore-être : l'ontologie traditionnelle et l'ontologie du non-encore-être », dans G. Raulet (dir.), *Utopie, marxisme selon Ernst Bloch*, Paris, Payot, 1976, p. 155-169.

2. Cela concerne principalement les systèmes de Fourier (1722-1837), de Saint-Simon (1760-1825) et d'Owen (1771-1858). Voir les textes de F. Engels et K. Marx recueillis par R. Dangeville dans *Utopisme et communauté de l'avenir* et *Les Utopistes*, Paris, Maspero, 1976. Marx et Engels eurent, un temps, le projet de publier et de traduire les utopistes, depuis Th. More. Voir F. Engels, *Lettre à Marx*, 17 mars 1845, *Correspondance*, G. Badia et de J. Mortier (éd.), t. I, Paris, Éditions sociales, 1977, p. 364-370. Généralement, voir M. Abensour, « Marx : quelle critique de l'utopie ? », *Lignes*, n° 17, oct. 1992. *Cf.* mon *Utopie et philosophie. Un autre monde possible ?*, Paris, Bordas, 2004, p. 160-165.

3. *Le Manifeste du Parti communiste* [1848], introd. J. Bruhat, trad. M. Tailleur, Paris, Messidor, 1983, p. 75-76.

4. *Socialisme utopique et socialisme scientifique* [1880], Paris, Éditions sociales, 1973, p. 63 ; 76.

précisément, la raison s'y présente sous la forme de tableaux décrivant dans le détail des cités rationnellement parfaites[1].

Ils reconnaissent certes que la pensée des grands utopistes du XIXe siècle joua un rôle important dans le mouvement de la prise de conscience de soi du prolétariat, et ainsi Engels rend particulièrement hommage à Owen et à ses colonies modèles, et en priorité à celle de New Lanark en Ecosse[2]. Et même, dans son texte *Description de colonies communistes surgies ces derniers temps et encore existantes*, il avance, en un utopisme très radical, que concernant les problèmes rencontrés par les colonies d'Amérique et d'Angleterre, « l'essentiel est que les difficultés ne naissent pas de la communauté, mais du fait que la communauté n'est pas encore entièrement réalisée »[3]. Cela étant, lorsque le mouvement propre du réel commence à permettre que vienne par soi ce qui ne pouvait d'abord qu'être rêvé, s'obstiner à vouloir réaliser mécaniquement les tableaux utopistes, par pur décalque de plans posés *a priori*, devient, au mieux, contre-productif[4].

« Socialisme scientifique » contre « socialisme utopique », finalement : « Pour faire du socialisme une science, il fallait d'abord le placer sur un terrain réel »[5]. Et c'est pourquoi, « si, dans la société telle qu'elle est, nous ne trouvions pas masquées les conditions matérielles de production d'une société sans classe et les rapports d'échanges qui leur correspondent, toutes

1. « Cette peinture imaginaire de la société future, à une époque où le prolétariat encore très peu développé n'envisage donc sa propre situation qu'en imagination, correspond aux premières aspirations intuitives de ce prolétariat à une transformation complète de la société » (*Socialisme utopique et socialisme scientifique*, *op. cit.*, p. 75). « A l'activité sociale doit se substituer leur propre ingéniosité; aux conditions historiques de l'émancipation, des conditions imaginaires ; à l'organisation progressive du prolétariat en classe, une organisation de la société qu'ils ont eux-mêmes fabriquée de toutes pièces » (p. 74).

2. *Ibid.*, p. 73. Voir p. 71-77. En 1845, il va jusqu'à penser que pour instaurer le communisme « les Anglais commenceront vraisemblablement en édifiant quelques colonies » (*Discours d'Elberfeld*, dans *Utopisme et communauté de l'avenir*, *op. cit.*, p. 42).

3. Dans *Utopisme et communauté de l'avenir*, *op. cit.*, p. 73. Voir aussi p. 76-77.

4. « C'est pourquoi, si, à beaucoup d'égards, les auteurs de ces systèmes étaient des révolutionnaires, les sectes que forment leurs disciples sont toujours réactionnaires » (*Manifeste du Parti communiste*, *op. cit.*, p. 76).

5. *Socialisme utopique et socialisme scientifique*, *op. cit.*, p. 77. Cf. *Notes critiques à « Étatisme et Anarchie » de Bakounine* : « "Socialisme scientifique" – employé seulement en opposition au socialisme utopique qui veut inculquer au peuple de nouvelles billevesées au lieu de borner sa science à la connaissance du mouvement social fait par le peuple lui-même » (Dans Marx / Bakounine, *Socialisme autoritaire ou libertaire*, G. Ribeill (éd.), 2 t., Paris, U.G.E., 1975, t. 2, p. 380).

les tentatives de la faire exploser ne seraient que donquichottisme »[1]. En un mot, selon la célèbre formule : « Nous ne nous présentons pas au monde en doctrinaires avec un principe nouveau : voici la vérité, à genoux devant elle ! Nous apportons au monde les principes que le monde a lui-même développés dans son sein. »[2]

Quel utopisme, finalement, retenir pour une philosophie de l'action ? En matière d'action efficace, l'*Utopie* se réclame quant à elle de Platon. Sur la base de ce qui précède, et spécialement du rapport utopique complexe au réformisme et au révolutionnarisme et de son correspondant dans les *Dialogues*, que vaut cette référence ?

Références platoniciennes de l'utopie

C'est au nom de Platon que Raphaël est exhorté par More-le-personnage à faire des propositions aux rois : « Si votre cher Platon dit vrai lorsqu'il estime que les États connaîtront le bonheur le jour où les philosophes seront rois, ou quand les rois s'adonneront à la philosophie, combien ce bonheur est encore bien éloigné, puisque les philosophes ne daignent même pas communiquer leur avis aux rois ! »[3] Immédiatement, la figure du Cardinal Morton, qui n'est certes pas roi mais dont le pouvoir n'est pour autant pas nul, peut être ici rappelée : on a vu le rôle que More-l'auteur lui attribue dans le cadre d'un réformisme utopique possible.

Cela étant, Raphaël n'a pas oublié la leçon de Syracuse, qui effectivement relativise bien la confiance des *Lois* en l'heureux effet que pourrait avoir la conjonction d'un tyran et d'un bon législateur. Le fait est que la vraie clef de la réussite politique est que les rois soient *eux-mêmes* philosophes, autrement dit que ce soit philosophiquement qu'ils suivent les conseils. « Platon ne s'est assurément pas trompé lorsqu'il prévoyait que, si les rois ne se livraient pas eux-mêmes à la philosophie, comme ils sont dès l'enfance imbus de principes pervers et infectés par eux, ils n'approuveraient jamais pleinement les conseils de ceux qui s'adonnent à

1. *Manuscrits de 1857-1858. « Grundrisse »*, J.-P. Lefebvre (éd.), 2 t., Paris, Éditions Sociales, 1980, t. 1, p. 95.

2. *Lettre à A. Ruge*, septembre 1843, *Correspondance*, I, 1977, p. 299. « Nous n'anticipons pas sur le monde de demain par la pensée dogmatique, mais (…) au contraire nous ne voulons trouver le monde nouveau qu'au terme de la critique de l'ancien. (…) dresser des plans définitifs pour l'éternité n'est pas notre affaire » (p. 297-298).

3. *U.*, p. 414 ; GF-Flammarion, p. 116.

la philosophie. Il en fit lui-même l'expérience chez Denys le Tyran. »[1] Le *Ménon* (81d-82a), par le motif de la réminiscence, montre effectivement très clairement qu'il n'y a de vrai savoir possible que dans une dynamique personnelle de recherche, faite de travail, de courage, d'amour pour la vérité[2]. Et Raphaël entend d'abord retenir en conséquence de Platon que livres et conseils ne peuvent valoir par eux-mêmes, même si les philosophes « consentent volontiers à donner des conseils. Beaucoup même en ont publié dans des livres »[3].

La question centrale est donc celle des conditions permettant que ceux qui sont appelés à bénéficier des conseils puissent véritablement les intégrer, les faire vraiment leurs. La *République* avait établi qu'une cité instituée en vérité assurait précisément la condition de la condition principielle des philosophes-rois, c'est-à-dire une éducation permettant que les rois ne soient pas « dès l'enfance imbus de principes pervers et infectés par eux ». L'éducation comme condition, donc. Or, on sait que Rousseau voyait dans la *République* elle-même un ouvrage pédagogique général, plus précisément à vocation d'« éducation publique »[4]. Du coup, l'*Utopie*

1. *U.*, p. 414 ; GF-Flammarion, p. 116. H. Neumann remarque que Raphaël ne reprend que le second volet de l'alternative rappelée par More-le personnage : « que les rois deviennent philosophes ». Il comprend que « evidently the possibility of philosophers becoming political does not occur to him, as it did to Plato. Devoted to philosophy, but wholly inept at prudential considerations, he cannot find a place in politics for the philosopher » (« On the platonism of More's *Utopia* », *Social Research. An international Quaterly of Political and Social Science*, vol. 33, n° 4, Winter 1966, p. 504). Si la référence de More-le personnage est alors bien la *République*, celle de Raphaël serait en fait plutôt le *Théétète*, 173-174 : les philosophes y sont décrits comme étrangers aux affaires publiques, ce que la chute dans le puits d'un Thalès tout occupé à observer les étoiles symboliserait. H. Neumann en conclut que se noue ici la critique de More à l'endroit de Raphaël et d'Utopie qu'il personnifie : « In the *Theaetetus* Interlude, Socrates demonstrates the impossibility of what he demands in the *Republic* (473c), where impolitical philosophers and unphilosophic politicians are suppressed or excluded. (...) Whatever he may have felt, Raphael is able to derive solace from passages such as the Interlude, while More favors those along the lines of his citation from the *Republic* » (p. 505). Le platonisme de More s'opposerait donc ici à celui de Raphaël : pour le premier, la vocation de la philosophie est bien d'être pratique.

2. *Cf.* à propos de la reprise caricaturale par Cébès de ce motif de la réminiscence, dans le *Phédon*, la note de M. Dixsaut dans son édition : « Extérieur, superficiel, l'exposé de Cébès manque l'orientation même de la réminiscence, mouvement vers l'intérieur et en profondeur, "reprise" de soi par soi qui fait retourner en soi, bref le *ana* de l'*anamnêsis* » (n. 128, p. 344).

3. *U.*, p. 417 ; GF-Flammarion, p. 116.

4. « Voulez-vous prendre une idée de l'éducation publique ? Lisez la *République* de Platon. Ce n'est point un ouvrage de politique, comme le pensent ceux qui ne jugent des livres que par leurs titres. C'est le plus beau traité d'éducation qu'on ait jamais fait » (*Émile*, I, dans *Œuvres complètes*, Paris, Gallimard, IV, 1969, p. 250).

peut en être pensée comme, très directement, l'équivalent, et ainsi constituer, elle aussi, cette condition ultime des conditions.

Tel est effectivement le pari, humaniste, de More-l'auteur, et ce encore donc par une inspiration platonicienne. En ce qui concerne les livres, tout dépend en effet du type de rapport que le texte entend instituer avec son lecteur : rappelons avec Monique Dixsaut que l'écriture des *Dialogues* a pour légitimité qu'« il y a des textes écrits qui permettent au logos de se donner (*doûnai*) et de se recevoir (*dexasthai*) et qui effectuent toute la puissance et toute la liberté du *dialegesthai*. Bien que matériellement écrit, ces textes n'ont aucune des caractéristiques de *l'écrit* »[1]. L'engagement de More-l'auteur s'inscrit dans cette ambition que les livres peuvent, sinon rendre philosophes, du moins aider à en stimuler le désir. Et, parce que l'écrit doit alors avoir la puissance de vie de la parole, cet engagement a particulièrement pour contenu, au sein même de l'*Utopie*, dans le livre I, la fonction de conseiller oral qu'il attribue, provisoirement, à Raphaël.

Mais si Raphaël peut signifier l'*Utopie*, c'est en tant qu'il signifie Utopie. Sa présence dans le livre I est à la fois celle du conseiller et du porte-parole de ce qui peut donner aux conseils une vraie valeur, c'est-à-dire la description d'Utopie. Cela impose évidemment qu'il disparaisse pour qu'elle apparaisse de manière centrale, très radicalement et très nettement. Il faut que le personnage Raphaël sorte de sa fonction de conseiller, et s'efface devant Utopie en faisant désormais de sa description le contenu exclusif de sa parole, pour que, en un effet retour, sa parole de conseiller prenne bien le sens qu'elle doit avoir. Or, c'est au nom d'un platonisme très fondamental que cette articulation essentielle à l'*Utopie* est présentée, en deux références fortes, l'une négative, l'autre positive. La référence négative est celle de l'écart, du déplacement, dans la forme d'une mise en retrait. La référence positive est celle au contraire d'une présentation productive. En ce qui concerne la première,

> Platon, dit-il, emploie à ce sujet une bien jolie comparaison pour montrer que les sages ont raison de se tenir à l'écart des affaires publiques. Lorsqu'ils voient la foule se répandre dans les rues pour s'y faire arroser

1. *Le Naturel philosophe*, *op. cit.*, p. 20. « L'écrit » que condamne Platon est en effet à comprendre dans un sens étroit et très technique : « Tout discours qui fait de celui qui l'écoute un spectateur (cf. *Phèdre* 258a-c) libre seulement d'approuver ou de rejeter, de louer ou de blâmer, tout discours qui fait de celui qui le tient un "auteur digne d'éloges" est *écrit*, c'est-à-dire rhétorique » (p. 21). Et en ce sens, il y a « des discours oraux qui ont les "terribles propriétés de l'écriture", qui sont des écrits » (p. 19-20). *Cf.* notre chap. I, « Quelle critique platonicienne de l'écrit ? ».

> par d'incessantes ondées, les sages, qui ne parviennent pas à la convaincre de se mettre à l'abri, restent chez eux : ils savent que, s'ils sortent à leur tour, ils n'arriveront qu'à se faire mouiller avec les autres. S'ils n'ont pu remédier à la sottise d'autrui, ils n'en ont pas moins une satisfaction, celle d'être eux-mêmes à l'abri [1].

Raphaël fait ici allusion à un passage de la *République* (VI, 496c-e). Sa lecture n'est pourtant pas très fidèle, et incite même au contresens, s'il fallait en rester là. Socrate venait en effet de comparer « la folie de la multitude » à une « horde en furie » à laquelle le philosophe ne peut, seul, résister. Et il en avait conclu à la nécessité pour ce dernier de se mettre à l'abri, comme le ferait « un voyageur surpris par la tempête et qui s'abrite derrière un mur pour se protéger des tourbillons de poussière et des rafales de pluie ». La foule est donc la tempête, c'est d'elle dont le philosophe a ici à se protéger, et il ne peut naturellement pas être question, en conséquence, d'un conseil préalable du philosophe à cette foule pour l'inviter à se protéger, en l'occurrence d'elle-même. En revanche, la situation qui motive le retrait du philosophe est clairement présentée comme étant sa solitude [2]. La question est donc de la briser, et cela ouvre au passage qui suit, hors duquel le présent ne peut être compris : à Adimante qui désespère que le philosophe puisse jamais avoir l'adhésion de la foule, Socrate répond un peu plus loin qu'il est parfaitement possible de faire changer d'opinion cette dernière, en lui expliquant ce que sont vraiment les philosophes :

> Mon bienheureux, dis-je, n'accuse pas si sévèrement le grand nombre. Ils seront sûrement d'un autre avis si, au lieu de trouver plaisir à leur chercher querelle, tu les reprends doucement et si tu dissipes leur agressivité à l'égard du désir de connaissance en leur montrant ceux que tu nommes philosophes et en distinguant, comme on vient de le faire, leur véritable nature et leur occupation, afin qu'ils ne croient pas que tu parles de ceux qu'eux-mêmes pensent être les philosophes (VI, 499e-500a).

Nous avons déjà vu qu'il s'agissait là d'une des conditions essentielles à la réalisation de la cité juste :

1. *U.*, p. 437 ; GF-Flammarion, p. 128.

2. « Or, ceux qui font partie de ce petit nombre [de ceux qui sont susceptibles d'être associés à la philosophie] (...) ont pleinement pris conscience de la folie de la multitude et ils ont vu que personne, pour ainsi dire, ne mène d'action politique saine, et qu'il n'est point de compagnon de bataille avec qui, en marchant, on puisse porter secours à la justice et assurer son salut » (496c-d). Le philosophe est ainsi « impuissant à résister seul à la horde en furie » (496d).

> Si pour la plupart les gens prennent conscience que nous disons la vérité au sujet du philosophe, demeureront-ils hostiles aux philosophes et se méfieront-ils de nous quand nous affirmons qu'une cité ne connaîtra jamais le bonheur si l'esquisse n'en a été tracée par ces artistes peintres qui travaillent selon le modèle divin ? (...) Seront-ils encore irrités quand nous dirons que tant que la classe des philosophes ne sera pas au pouvoir dans une cité, il n'y aura, ni pour la cité, ni pour les citoyens, aucun répit à leurs maux, et que la constitution politique dont nous faisons le portrait par nos paroles ne trouvera pas sa réalisation dans les faits ? (500d-501e).

Cette condition, cependant, exige elle-même, de façon parfaitement circulaire, pour être bien effective, ce que précisément elle a pour fonction de permettre : le gouvernement des philosophes [1]. Mais c'est cette apparente aporie qui, du coup, ouvre à la nécessaire présentation orale / écrite de la cité parfaite et de son gouvernement.

L'image éclaire certes donc ce que le philosophe peut perdre en entrant sans précaution dans la mêlée humaine. Mais l'horizon affirmé est bien « d'établir un régime politique convenable, car dans ce régime convenable, on se grandira soi-même davantage et, avec ses propres intérêts, on assurera le salut de l'intérêt commun » [2], et cette première référence à Platon ne doit pas être prise à contresens, même si on comprend bien l'intention fondamentale de Raphaël en la citant, qui est d'indiquer le nécessaire écart constitutif d'une pensée politique en vérité. Dans cette perspective, la seconde référence, positive elle, est en revanche directement inscrite dans une vraie problématique platonicienne, qui entend que ce qui est vraiment peut se donner à voir, et susciter par là le désir de l'effectuation dans l'existence de ce qui est ainsi vu. Elle ouvre ainsi au livre II de l'*Utopie*, certes au prix d'un inévitable trouble initial. Raphaël le constate :

> Même si ma conversation a pu avoir quelque chose de désagréable et de blessant pour les courtisans, je ne vois pas en quoi elle pourrait leur paraître étrange jusqu'à l'absurde. Certes, si j'avais raconté ce que Platon dépeint dans sa *République*, ou ce que font les Utopiens dans la leur, de tels usages, même s'ils étaient supérieurs – et ils le sont certainement – auraient pu leur paraître étranges, puisqu'ici les possessions de chacun sont privées et que là-bas tout est commun à tous [3].

Nous aurons à revenir sur la clef de cette deuxième référence platonicienne, la nature du communisme présenté comme généralisé dans

1. *Cf.* chap. 3, « Conditions de réalisation de la vraie cité ».
2. *République*, VI, 497a.
3. *U.*, p. 434 ; GF-Flammarion, p. 126.

la *République* comme il l'est en Utopie, puisque le dialogue platonicien ne l'avance en réalité que pour les Gardiens. Pour ce qui importe ici, le principal est que l'utopie de la cité parfaite qui convient aux hommes sur terre est affirmée tenir sa nature platonicienne d'une structuration sociale adossée au communisme. Et c'est pourquoi Raphaël peut apparaître comme la figure même d'Utopie, en une filiation platonicienne. Le grand *savoir* et la grande *expérience* qu'on lui reconnaît, sa liberté et son bonheur[1] tiennent à ce qu'il a depuis longtemps distribué tous ses biens à ses proches.

De l'*Utopie* à Platon : un double utopisme en matière de réformisme et de révolutionnarisme peut finalement être déduit de la doctrine de la participation, mais peut-être en un sens différent de celui de l'*Utopie*. Alors que la participation platonicienne semble d'abord inciter à une perspective réformiste justifiée par le principe ontologique d'une essence commune inégalement présente dans les existences, le poids de l'existence, précisément, conduit plutôt en fait à l'hypothèse d'une nécessaire rupture brutale fondatrice. Utopisme non directement utopique cependant, puisque c'est plutôt à un mouvement inverse que l'*Utopie* nous invite : ce qu'elle présente immédiatement, elle, à savoir l'opposition radicale de la vraie cité aux sociétés qui en usurpent le nom, et ce exposé en un livre séparé, en une perspective révolutionnaire donc, n'est sans doute pas ce qu'une lecture plus attentive, « oblique », doit retenir, c'est-à-dire en fait la force d'un certain réformisme articulé dans le premier livre, comme nous l'avons vu.

Mais le principal est que, par delà cette inversion, très fondamentalement la doctrine de la participation empêche les utopismes platoniciens d'être proprement utopiques. Une autre philosophie anime en fait l'utopie, celle de la représentation.

De la participation platonicienne à la représentation utopique

L'ontologie utopique identifie l'essence et l'existence. Il faut repartir de là. Il n'est donc pas pour elle une essence unique qui serait plus ou moins parfaitement réalisée en des existences diverses, selon un modèle participatif. Utopie transforme ainsi le contenu de l'*eidos* platonicien pour, n'en conservant formellement qu'une dimension, en subvertir complètement le sens. Rappelons avec Luc Brisson le double statut de la Forme chez Platon au regard de la prédication :

1. Cf. *U.*, p. 370-374 ; GF-Flammarion, p. 90-91.

> Chaque Forme peut être considérée sous deux points de vue : 1) Comme une classe dont les membres sont les choses particulières qui en participent (en vertu de la Prédication ordinaire) ou qui peut soit être incluse dans une autre classe, soit inclure cette autre classe (en vertu de la Prédication paulinienne) ; 2) Comme une RÉALITÉ individuelle qui est membre de la classe Forme (en vertu de la Prédication ordinaire) [1].

Selon ces termes, comme essence parmi d'autres et, plus précisément parmi les sociétés humaines comme « *la seule qui puisse revendiquer à bon droit le nom de République* » [2], Utopie n'est que « membre de la classe Forme », en tant que « réalité individuelle » dont rien ne participe. Dans cette ontologie utopique, il est une essence, son essence propre, pour chacune des sociétés existant réellement, et Utopie n'en est donc pas l'achèvement, la vérité, l'être-en-soi. Les sociétés humaines de l'Ancien Monde, relevant d'autres essences-existences, ne *participent* pas de la seule société qui puisse, « à bon droit », être appelée « république » [3]. Entre les diverses sociétés des rapprochements et des comparaisons sont certes possibles, par lesquelles Utopie peut apparaître comme « la meilleure », fondamentalement pour le bonheur de ses habitants. Mais l'évaluation des sociétés dont elle détermine ainsi la norme ne repose pas sur une participation différentielle à son être mais sur un classement des effets induits par des essences différentes. Le rapport n'est alors que de *ressemblance*, plus

1 : « Participation et prédication chez Platon », *Revue philosophique de la France et de l'Étranger*, n° 4, oct.-déc. 1991, p. 569. L'expression « Prédication paulinienne » est empruntée à G. Vlastos, par référence à l'hymne à la charité écrit par saint Paul dans son *Épître aux Corinthiens*, I, 13, où saint Paul explique que les êtres humains qui appartiennent à la classe des charitables appartiennent aussi à la classe des longanimes, à celle de ceux qui ne sont pas envieux, et à celle de ceux qui ne sont pas fanfarons.

2. *U.*, p. 621 ; GF-Flammarion, p. 229. Nous soulignons.

3. Raphaël est très clair : « C'est pourquoi, quand je considère en esprit et que j'examine toutes ces Républiques qui prospèrent sous nos yeux, je n'y vois, Dieu m'en est témoin, rien d'autre qu'une sorte de conspiration des riches traitant de leurs intérêts sous couvert du nom et du titre de République » (« *Itaque omnes has, quae hodie usquam florent Respub. animo intuenti ac versanti mihi, nihil, sic me amet deus, occurrit aliud quam quaedam conspiratio divitum, de suis commodis Reip. nomine tituloque tractantium* » (*U.*, p. 624 ; GF-Flammarion, p. 231). Nous traduisons). A. Prévost traduit : « … qui *usurpent* le nom et l'autorité de *l'État* ». Il ne s'agit pas ici de « l'État », terme vraiment trop général, et qui fait manquer ici l'essentiel, mais bien de « République », définie explicitement plus haut par la prise en considération du « bien public ». Autrement dit, il faut à l'évidence comprendre que, seule parmi les *États* existants, Utopie est une *République*. Mais en conséquence, c'est cette fois dans le bon sens qu'A. Prévost durcit la formulation de More, lorsqu'il qualifie « d'usurpation » le fait d'agir de manière privée au nom et par le titre de la République (*Reip. nomine tituloque*).

ou moins grande, il n'est pas de *participation*, l'essence d'Utopie n'étant « *présente* » qu'en Utopie[1].

Ni les sociétés de l'Ancien Monde ne sont ainsi des images imparfaites d'Utopie, ni les cités du Nouveau Monde n'en sont des images plus parfaites. Il ne peut donc être question de s'efforcer d'amener les premières au niveau des secondes, par perfectionnement d'essence : les essences sont distinctes, tout autres les unes par rapport aux autres, et la perspective est simplement de transformer une essence en une autre, si possible plus semblable à Utopie, mais dont on ne peut pas dire pour autant qu'elle en « participe » davantage, et ce grâce à la présence stimulante d'Utopie elle-même[2]. Et c'est pourquoi, les réformes qui visent à rapprocher le mode d'être de ces sociétés de celui d'Utopie, comme décréter un maximum de possession individuelle, ne peuvent être en fait que des calmants qui adoucissent seulement les souffrances[3]. Elles ne réalisent pas mieux Utopie.

Cela étant, si la pensée d'Utopie n'est pas celle de la vérité des sociétés de l'Ancien Monde, elle permet cependant de bien expliquer leur état de fait, sauvage et inhumain, en en dévoilant les racines : la propriété privée, l'argent mesure de toute chose. Les essences sont différentes, mais celle d'Utopie permet de rendre compte des autres sans que ces dernières en participent pour autant. Cela relativise naturellement le sens du réformisme utopique présenté plus haut, et le distingue complètement d'un éventuel réformisme platonicien : de simples améliorations possibles des effets sont envisageables à partir d'Utopie, hors de toute véritable solution aux maux de l'Ancien Monde, puisque cela supposerait la mise en place d'autres racines.

La doctrine de la participation interdit donc que l'on puisse parler en toute rigueur d'utopie platonicienne, du moins si l'on accepte de prendre pour référence l'*Utopie* de Thomas More. Le sort que cet ouvrage attribue aux colonies permet d'aller plus loin. Leur statut permet en effet de

1. Et c'est pourquoi, encore une fois, on ne peut pas dire avec A. Prévost que « le platonisme de *L'Utopie* (…) repose sur une présence, en filigrane, de la doctrine de la participation » (*U.*, p. 169).

2. Dans la perspective de la différence qui vient d'être dite, on peut ici rapporter à Utopie l'intérêt que J.-F. Pradeau montre que l'on peut tirer particulièrement du mythe de l'Athènes antique : « Qu'il n'y ait pas de réalisation directe à attendre de la fiction rationnelle ne suppose pourtant aucunement qu'elle soit une fiction inutile : il en existe un usage possible (*l'usage en vue de l'action*, "épitactique". Un usage destiné à celui qui doit diriger la cité, et connaître à cet effet ce qui convient le mieux) » (*Le Monde de la politique*, *op. cit.*, p. 283).

3. *U.*, p. 441 ; GF-Flammarion, p. 130.

comprendre l'originalité de l'ontologie utopique, pour qui l'unité *réelle* de l'essence et l'existence d'un être donné a pour condition la claire distinction *de raison* de chacun de ces moments. Et c'est ainsi que les colonies d'Utopie ont une existence propre, mais en une essence qui est pourtant parfaitement celle d'Utopie. Il n'y a pas ici de rapport de participation, puisque l'essence utopique est tout entière en chacune des colonies d'Utopie, et ce malgré la pluralité des existences. Autrement dit, bien que l'essence doive être distinguée de l'existence, il n'y a d'essence que dans une existence et cette essence est toujours celle d'Utopie [1].

Le genre utopique présente cette «essence / existence» en une description littéraire, qui est donc en réalité son seul vrai lieu. Il n'est ainsi, dans l'*Utopie*, d'Utopie que par l'image qu'en donne la description de Raphaël : son essence / existence est tout entière dans sa représentation. Ce rapport de représentation innerve en fait la totalité du champ utopique. Très généralement, le contenu des descriptions qu'il rend possible relève à son tour de sa structuration : c'est en tant que représentation d'elle-même qu'Utopie, modèle d'elle-même par là, est modèle de ses colonies, lesquelles sont du coup signifiées par une représentation (Utopie), qu'elles représentent à leur tour comme le sens ultime de leur être. Utopie permet de penser ses colonies en tant qu'elle en est le modèle, mais comme existant singulier et non comme idée ou concept. Et cela est naturellement contraire à tout réalisme idéaliste qui voudrait se réclamer de la tradition platonicienne.

Il faut enfin souligner que ce rapport de représentation constitue en fait la structure interne même d'Utopie, confédération de cités identiques. C'est pourquoi Raphaël, pour décrire les cinquante quatre cités (*civitas*) qui composent Utopie, peut se contenter d'en décrire une seule : c'est que «langues, mœurs, institutions, lois, sont partout identiques; toutes ont même configuration et partout, dans la mesure où le site le permet, même apparence» [2]. Et il en va de même pour chaque ville (*Urbs*), centre institutionnel de la cité : «Qui ne connaîtrait qu'une ville d'Utopie les connaîtrait toutes, car, dans la mesure où la configuration du terrain ne s'y

1. *U.*, p. 482 ; GF-Flammarion, p. 155. Pour une exposition un peu plus détaillée de ce qui suit, *cf.* mon *L'*Utopia *de Thomas More et la tradition platonicienne*, p. 162-166.

2. *U.*, p. 450-453 ; GF-Flammarion, p. 139.

oppose pas, elles se ressemblent toutes et à tout point de vue. Je n'en décrirai donc qu'une seule, au hasard, peu importe laquelle. [1]... »

Demeurent donc, dans ces rapports de reproduction à l'identique des villes et des cités, des différences géographiques [2], qui ont pour fonction de bien marquer que, si son essence n'est que par et dans son existence, l'existence d'Utopie n'est pas, directement et en elle-même, son essence. Utopie est « forme parfaite de la communauté politique » *et* île vue et décrite par Raphaël. Ce dernier n'a pas seulement vu une essence, mais bien une essence *en* une existence. Que l'une ne puisse être sans l'autre ne doit donc pas faire oublier qu'il y a là *deux* moments distincts, que les différences de sites et de configurations ont ainsi pour fonction d'indiquer. La réitération d'Utopie, de chacune de ses cités, de chacune de ses villes, est réitération d'une essence en des existences qui la font apparaître. Sans que pour autant une essence séparée, οὐσία platonicienne, puisse être supposée comme leur origine commune, ces apparences peuvent donc, et même doivent, ne pas se ressembler strictement.

Le rapport qui lie les diverses villes d'Utopie à Amaurote, ou ses colonies à Utopie, est donc celui d'une duplication sans différence essentielle avec l'original. Et avec cela, c'est la structure même de la participation platonicienne qui se trouve immédiatement détruite. Et, à défaut de s'appuyer sur une philosophie de la participation, l'utopie fait ainsi vivre de manière originale une philosophie de la représentation.

Pourtant, le rapport utopique est complexe, et son non-platonisme n'est pas si unilatéral : c'est bien d'Utopie que naissent ses colonies, et il se trouve qu'Amaurote, qui est certes une ville tout à fait semblable aux autres, est aussi la capitale, le lieu du pouvoir, c'est-à-dire de ce par quoi Utopie (= toutes ses cités) est : « Aucune n'a plus de prestige, puisque les autres lui reconnaissent le privilège d'être le siège du Sénat. » [3] Simple exemplaire, comme représentation parmi d'autres de la ville parfaite, elle est aussi le sens et le modèle de toutes les autres villes.

1. *U.*, p. 457 ; GF-Flammarion, p. 141. C'est ainsi qu'Amaurote est choisie par Raphaël, pas tout à fait au hasard certes, mais, du moins en première approche, pour des raisons qui ne concernent pas son être même, et qui ne tiennent qu'aux circonstances contingentes : « Aucune (...) n'est mieux connue de moi, qui ai vécu dans ses murs cinq années de suite ».

2. « Dans la mesure où le site le permet... » ; « dans la mesure où la configuration du terrain ne s'y oppose pas... ».

3. « Cette ville, située pour ainsi dire au nombril de la terre, est la plus accessible aux délégués de toutes les régions et, pour cette raison, est considérée comme la première et comme la capitale » (*U.*, p. 453 ; GF-Flammarion, p. 139).

On pourrait alors avancer que la résolution des apories du *Parménide* sur les rapports de l'un et du multiple pourrait tenir à une transformation utopique de la philosophie platonicienne : s'il n'y a pas à craindre que l'essence d'Utopie se perde dans la multiplication de ses colonies, parce qu'elle devrait être en chacune, soit totalement soit en partie, c'est que d'Utopie à elles le rapport est de réitération. L'essence qu'elles ont en commun est donc totalement en chacune, tout en étant, à chaque fois, la même essence, et une essence présente dans l'unité d'une cité distincte. Ce n'est pas l'*essence* d'Utopie, comme être séparé, qui est modèle, mais *Utopie elle-même*, certes par son essence. Dans la mesure où l'identité d'essence d'Utopie et de ses colonies n'est pas pensée dans la séparation de ce par quoi il y a identité (l'essence), il n'y a pas à chercher, encore de manière séparée, un « troisième » être qui serait ce qu'il y a de commun entre Utopie et telle ou telle de ses colonies. Le « commun » (l'essence commune d'Utopie et de chacune de ses colonies) n'ayant jamais été considéré comme pouvant être par lui-même, il n'y a donc pas à envisager que puisse être posé à part le « commun » de ce « commun » et d'un autre existant exprimant, lui aussi, ce « commun ». Utopie modèle, c'est l'origine d'une réitération sans privilège ontologique : comme ses colonies, elle est à la fois essence et existence, essence par l'existence. Au prix de cette nouvelle ontologie, non-platonicienne, les difficultés inhérentes à l'eidos platonicien, à la fois classe, espèce et Forme singulière, comme nous l'avons vu, pourraient donc être résolues.

Mais elles ne le sont pas, chez Platon, du fait de la séparation principielle des Formes et du lieu sensible de l'existence. Cela étant, la cité que Platon donne à penser dans sa vérité est une cité qui, sur terre, convient aux hommes, dans les conditions mêmes de leur effective existence. Autrement dit, bien que la pensée de l'existence soit l'autre de la philosophie, pour que le propos généralement tenu vise bien la vérité il s'impose donc d'y intégrer la considération de l'existence, du moins du rapport nécessaire à l'existence. Peut-on dépasser en la matière le simple avertissement de devoir à en tenir compte ? Et pour ce faire, peut-on, quoique d'une manière qui ne peut donc pas être directement et purement philosophique, envisager quand même une certaine « pensée » de cette existence, en elle-même ?

Penser l'existence en elle-même, malgré tout ?

Penser l'existence et ses difficultés passe nécessairement par la considération des existants. Et, de ce point de vue, certains existants sont particulièrement intéressants pour la mise en évidence extrême de ces difficultés qu'ils autorisent. Ainsi, ce qui, dans le *Parménide*, retient le jeune Socrate de consacrer sa réflexion à certains objets comme l'être humain, le feu ou l'eau, et *a fortiori* à ces choses « qui peuvent sembler grotesques comme le cheveu, la boue, la crasse ou tout ce qui par ailleurs est sans aucune valeur ou sans importance » (130c), c'est que certains d'entre eux sont tels que leur existence même rend opaques les Formes dont ils participent : faut-il, « oui ou non, poser pour chacune d'elles aussi une Forme séparée, séparée des choses que touchent nos mains ? » (130c-d). Les choses grandes, semblables, belles ou justes, malgré les variations, contradictions et multiplicités qui tiennent à leur matérialité, peuvent pourtant être rapportées assez immédiatement aux Formes dont elles participent, plus ou moins parfaitement : la chose juste participe du Juste, la chose belle du Beau, etc. Mais comment peut-il y avoir, par exemple en ce qui concerne les éléments, une Forme du feu, de l'air, de l'eau ou de la terre ? L'*eidos* requiert, en effet, une identité stable, alors que le *Timée*, particulièrement, montre que les éléments ne cessent de passer l'un dans l'autre : « Quand [l'eau] nous semble se condenser, nous [la] voyons devenir pierres et terre, mais quand inversement il s'évapore et se disperse, ce même élément devient souffle et air. » Et il en va de même pour l'air devenant feu ou eau. « C'est ainsi que (...) [ces éléments] se donnent naissance les uns aux autres, en cercle » (49c). Alors que, par exemple, *ce qui* est beau peut bien cesser d'être beau sans que la beauté elle-même devienne laide, ce sont les éléments *eux-mêmes* qui cessent d'être ce qu'ils sont : c'est l'eau elle-même qui devient terre, l'air qui devient feu, etc. C'est pourquoi il semble pour le moins difficile de trouver *l'être* même du feu, de l'eau, de la terre ou de l'air :

> Dire de chacun de ces éléments, quelle propriété il doit présenter pour qu'on déclare que c'est réellement de l'eau plutôt que du feu, quelle qualité il doit présenter pour qu'on le désigne comme n'importe lequel d'entre eux plutôt que les autres pris ensemble et un à un, et cela en tenant un discours qui soit accessible et stable, voilà qui n'est pas facile (49b).

Et pourtant, il faut bien les penser, ces éléments, comme tout ce qui existe, en les rapportant à des Formes. A la question : « Y a-t-il quelque chose comme le feu qui est absolument en soi ? » (51b), Platon répond que ce ne peut être en effet « en vain que nous affirmons chaque fois qu'il y a une forme intelligible de chaque chose » (51c). Il lui suffit, pour l'assurer encore une fois, de rappeler que la nécessaire distinction entre « l'intellect » et « l'opinion vraie » renvoie à la distinction entre « la forme intelligible qui reste la même, qui est inengendrée et indestructible, qui ne reçoit pas autre chose venant d'ailleurs en elle-même et qui elle-même n'entre en aucune autre chose où que ce soit, qui est invisible et ne peut être perçue par un autre sens » et l'espèce « qui porte le même nom (…) et qui lui ressemble, qui est perceptible par les sens, qui est engendrée, qui est toujours en mouvement, qui vient à l'être en un lieu quelconque pour en disparaître ensuite, et qu'appréhende l'opinion jointe à la sensation » (52a)[1].

Du feu, de la terre, de l'eau et de l'air, c'est-à-dire des corps, on peut donc aussi avoir l'intelligence et, en les rapportant à des Formes, en saisir l'essence : ce qu'il faut comprendre, à propos de ces éléments, c'est que « tout ce qui appartient à l'espèce des corps possède aussi la profondeur » (53c), ce qui enveloppe une détermination par combinaison de surfaces et donc, de ce point de vue, une connaissance eidétique. « Voilà bien ce que nous supposons être le principe du feu et de tous les autres corps » (53d). Il demeure que cette connaissance ne peut être purement eidétique : ce qui rend difficile la compréhension de l'être des éléments, c'est la nature de leur rapport à l'existence. Une belle chose est ainsi une chose existante, qui se trouve participer de la beauté : la beauté qui la qualifie peut donc être sans elle, et on peut, en droit, la connaître par elle-même. Mais le feu, par exemple, a par lui-même, en tant que feu, tous les traits de l'existence. Et pourtant il n'est pas pure existence, puisqu'il est du feu, et pas de l'air ou de l'eau, et c'est pourquoi on peut, malgré tout, le comprendre. Mais cela exige une opération qui ne peut être purement eidétique, qui ne peut donc s'effectuer, puisque de l'existence elle-même, il n'est pas de Forme, que par une « explication qui combine vraisemblance et nécessité » (53d). Et ainsi, finalement, *l'existence* en elle-même, impensable strictement noétiquement, ne l'est pourtant pas absolument.

Le *Timée*, comme les *Lois*, permet donc une approche mieux déterminée de cette question de l'existence, que la *République* avait simplement posée. Et on peut même dire que tel est son objet principal : par l'introduction de la χώρα, Platon s'y donne les moyens de penser l'existence en elle-même de façon originale. Jean-François Balaudé, souligne bien, de ce point de vue, la différence d'approche entre la *République* et le *Timée* :

1. Cf. *République*, V, 478a-b.

> La *chôra* est la nouveauté métaphysique du *Timée*, dont on n'a pas l'équivalent dans la *République*. De fait, Platon n'y élabore pas de physique, mais cherche à cerner notre rapport possible à la Justice. La physique a pour charge de penser *ce qui est devenu* à partir d'un modèle qui rend pensable le devenir, tandis que la réflexion éthico-politique pense *ce qui pourrait advenir* à partir d'un modèle. C'est pourquoi la *République* n'est évidemment pas en mesure de surmonter l'opposition entre *genesis* et *ousia*. Bien que tout soit pensé pour rendre viable Callipolis, de fait elle ne se réalisera pas [1].

Et pour cette pensée du devenir, le *Timée* recourt précisément au mythe.

1. « Le triptyque *République*, *Politique*, *Lois* : perspectives », dans J.-F. Balaudé (dir.), *D'une cité possible. Sur les* Lois *de Platon*, *op. cit.*, p. 43.

CHAPITRE IV

UTOPISMES DE L'EXISTENCE

LE MYTHE PHILOSOPHIQUE

Le mythe et la réalité

Penser l'existence : de la vérité à la vraisemblance

Le μῦθος est cette « pensée » (λόγος) prise au sens large de « discours en général », de « pensée qui s'exprime »[1], par quoi peut être présenté ce qui n'est pas de l'ordre, au moins immédiatement, de l'intelligible, tout en n'étant pas directement perceptible par les sens. L'existence obsédante du mythe dans les *Dialogues* sanctionne donc une impuissance relative de la raison, dont la puissance, comme le dit Luc Brisson, « réside paradoxalement dans la capacité qu'elle a de reconnaître ses propres limites, limites dont la transgression mène en revanche tout droit à l'irrationalisme »[2]. Timée le dit à Socrate :

1. Voir L. Brisson, *Platon, les mots et les mythes*, Paris, Maspéro, 1982, p. 110-113.

2. *Introduction à la philosophie du mythe*. 1. *Sauver les mythes*, *op. cit.*, p. 11. Voir à ce propos L. Brisson et F. W. Meyerstein, *Puissance et limites de la raison. Le problème des valeurs*, Paris, Les Belles Lettres, 1995. Pour une introduction aux mythes platoniciens, voir J.-F. Pradeau, *Les Mythes de Platon*, *op. cit.*, p. 9-32 (reprise partielle dans L. Brisson et F. Fronterotta, *Lire Platon*, « Le bon usage du discours faux »). *Cf.* aussi G. Droz, *Les mythes platoniciens*, Paris, Seuil, 1992. Après en avoir recensé les caractères principaux, et à défaut de pouvoir en offrir une définition univoque préalable, elle conclut que « le genre est indéfinissable » (p. 13). Parmi l'immense bibliographie consacrée au mythe chez Platon, voir aussi J.-F. Mattéi, *Platon et le miroir du mythe* ; A. Kremer-Marietti, « Platon et le mythe », *Revue de l'enseignement philosophique*, fév.-mars 1981 ; J.-P. Vernant, particulièrement « Raisons du mythe », dans *Mythe et société en Grèce ancienne*, Paris, Maspéro, 1974 ;

> Si donc, Socrate, en bien des points et sur bien des questions – les dieux et la génération de l'univers –, nous nous trouvons dans l'impossibilité de proposer des explications qui en tous points soient totalement cohérentes avec elles-mêmes et parfaitement exactes, n'en sois pas étonné. Mais, si nous proposons des explications qui ne sont pas des images plus infidèles qu'une autre, il faut nous en contenter, en nous souvenant que moi qui parle et vous qui êtes mes juges sommes d'humaine nature, de sorte que, si, en ces matières, on nous propose un mythe vraisemblable, il ne sied pas de chercher plus loin (29c-d).

« Il ne sied pas de chercher plus loin » en ces matières : le mythe est une pensée propre, avec son objet propre, qui peut donc être les dieux ou la génération de l'univers ou encore l'immortalité de l'âme [1], avec la perspective générale de situer la pensée au plan de la totalité de l'être [2]. Il s'agit pour Platon de faire voir ce que ni l'intelligence ni les yeux ne peuvent voir, mais dans une perspective dynamique qui vise à une requalification du regard immédiat. Le *Phédon* imagine ainsi comment on verrait la Terre en la regardant de haut (110b), le *Timée* demande que l'on regarde notre monde comme une image du modèle que regarde le démiurge, le sens de la libération du prisonnier de la caverne de la *République* est que le vrai regard implique un changement d'orientation, et le *Phèdre* montre que la vision de ce qui est vraiment nourrit seule pleinement l'âme. Mais en contrepoint, Monique Dixsaut souligne que

P.-M. Schuhl, *La fabulation platonicienne*, Paris, Vrin, 1968 ; P. Frutiger, *Les mythes de Platon*, Paris, Alcan, 1933 ; V. Brochard, « les mythes dans la philosophie de Platon », *Études de philosophie ancienne et de philosophie moderne* ; P. Vidal-Naquet, *Le Chasseur noir. Formes de pensées et formes de société dans le monde grec*, Paris, La Découverte, 1991 ; M. Détienne, *L'Invention de la mythologie*, Paris, Gallimard, 1981, chap. V. Pour une recension plus complète, *cf.* J.-F. Pradeau, *Les Mythes de Platon*, *op. cit.*, p. 257-274.

1. Par référence aux livres II et III de la *République*, L. Brisson relève que, selon l'inventaire qu'en donne lui-même Platon, « les noms des sujets de ce type de discours qu'est le mythe sont ceux de dieux, de démons, de héros, d'habitants de l'Hadès et d'hommes » (*Platon, les mots et les mythes*, p. 121). Voir aussi « Mythe, écriture, philosophie », dans J.-F. Mattéi (éd.), *La Naissance de la raison en Grèce*, *op. cit.*, p. 50.

2. Dans « l'unicité de monde selon Platon » (*Platon et l'objet de la science*, *op. cit.*, p. 48) J. Laurent cite à ce propos W. F. Otto, pour qui tout mythe a effectivement en vue, essentiellement, la totalité : « Chaque mythe authentique vise la réalité du monde en son *tout* (c'est précisément la raison pour laquelle on ne peut le comparer à rien de rationnel, mais seulement le comprendre comme vue synoptique ou révélation archi-phénoménale). Du fait que le mythe saisit toujours la réalité du monde en son tout (et par conséquent l'être par opposition aux choses qui sont), il interpelle du même coup l'être humain lui aussi en son tout, l'être même de l'homme » (*Essais sur le mythe*, trad. P. David, T.E.R., 1987, p. 30). J.-F. Mattéi souligne en ce sens que « la référence ontologique à laquelle [le mythe platonicien] renvoie, comme en miroir, est la totalité du monde, et non la réalité singulière de la "chose" à laquelle le *logos* est naturellement articulé » (*Platon et le miroir du mythe*, *op. cit.*, p. 4).

> le fantastique du récit sert à introduire la distance permettant de comprendre que rien n'est plus fantastique que ce que les hommes font de leur âme et de leur vie, que la façon dont ils s'emprisonnent eux-mêmes par ignorance, que les tortures que leur folie inflige aux autres et à eux-mêmes. (...) Ce ne sont pas ces fables qui sont fantastiques, c'est le fait que l'homme s'accommode avec tant d'insouciance du manque de sens de sa propre existence, de la cité et du Monde dans lequel il vit. Si pour Platon les mythes supposent une connaissance de soi et y contribuent, c'est parce qu'eux seuls peuvent mettre en images et faire voir le fond de chaos et de non-sens qui subsiste et persiste [1].

L'utopie peut se trouver ici très directement concernée, puisque ce dont il s'agit alors est ce qui caractérise *l'existence* elle-même, telle que Platon la conçoit, « existence » que l'utopie entend précisément faire voir dans ses descriptions. On pourrait alors conclure immédiatement au non-utopisme des mythes platoniciens, l'utopie entendant, elle, décrire une existence parfaitement identifiée à ce qu'est vraiment, dans sa perfection essentielle, une cité humaine. Mais il y a le *Critias* et le mythe d'une Athènes supposée avoir existé, il y a 9 000 ans, conformément aux exigences établies dans la *République*. C'est une pensée optimale de l'existence que vise alors l'élévation du regard que suscite le mythe. Que par ce biais, Platon se donne ainsi les moyens d'une certaine approche de ce que la pensée proprement philosophique est incapable, selon lui, de déterminer, cela peut être rapporté à la caractérisation générale du mythe que Luc Brisson a mise en évidence, comme « discours par lequel est communiqué tout ce qu'une collectivité donnée conserve en mémoire de son passé et transmet oralement d'une génération à l'autre, que ce discours ait été élaboré par un technicien de la communication comme le poète, ou non » [2]. Si une existence présente se constate simplement dans la sensation, le mythe peut permettre de penser l'existence située dans un passé trop éloigné pour qu'on puisse en garder un souvenir personnel. Telle est la perspective dans laquelle est donnée à voir une existence parfaite, supposée ici dans le passé mais partant, plus généralement, pouvant aussi exister dans le présent ou

1. *Platon et la question de l'âme. Études platoniciennes II*, Paris, Vrin, 2013, p. 259-260.
2. *Platon, les mots et les mythes*, *op. cit.*, p. 12. Voir aussi p. 35-59 et *Introduction à la philosophie du mythe*. 1. *Sauver les mythes*, *op. cit.*, p. 28-33.

dans l'avenir[1]. Et plus radicalement, la position de cette existence déterminée appelant la condition de toute existence, le mythe cosmogonique du *Timée* va ancrer la description du *Critias* dans un récit tenant son sens de l'évocation du lieu originaire de *toute existence*, la χώρα.

En tant que discours ni vérifiable ni argumentatif, le fait est que le mythe convient bien à cet objet. Ni vrai ni faux, le mythe se doit pourtant d'être vraisemblable[2], et telle est la première condition de son efficacité[3]. En ce point, la différence générale avec l'*Utopie* apparaît immédiate, puisque la voie empruntée par le style utopique, rappelons-le, entend garantir la vraisemblance d'Utopie par l'existence effective de More et par celle parfaitement possible d'un marin de l'également très réel Vespucci, et ce sur le fond d'une rencontre elle aussi possible car supposée à l'occasion de l'événement encore réel d'une mission de More dans les Flandres. Le propos de Platon ne s'inscrit pas, lui, dans ce registre : soit qu'il adapte, transforme des mythes traditionnels, soit qu'il les crée directement comme le mythe de l'Athènes ancienne[4], il le fait toujours sur un fond référencé aux dieux ou aux destins des âmes, et donc à partir ou dans des lieux qui ne doivent rien à une attestation empirique directe. En quoi, dans ces diverses modalités, ses mythes visent-ils en conséquence l'efficacité, ce qui enveloppe de déterminer un peu plus précisément le statut de leur vraisemblance ?

En ce qui concerne d'abord son efficacité, on peut facilement admettre qu'elle est d'ordre moral et civique[5]. Si, en tout cas dans une perspective utopique, le mythe de l'Athènes ancienne s'impose naturellement prioritairement quant aux enjeux civiques, il suffit de prendre ici comme

1. « De même que le mythe historique est donné comme la reconstruction d'une vérité archaïque qui n'a pas laissé de traces historiques, symétriquement le mythe politique apparaît comme la construction d'une vérité d'anticipation dont il propose des sortes de modèles » (H. Joly, *Le Renversement platonicien*, *op. cit.*, p. 336).

2. « Le mythe se prononce de manière vraisemblable sur le monde, le divin et l'âme » (J.-F. Pradeau, *Les Mythes de Platon*, *op. cit.*, p. 32).

3. *Platon, les mots et les mythes*, *op. cit.*, p. 114-138. Voir aussi *Introduction à la philosophie du mythe*. 1.*Sauver les mythes*, *op. cit.*, p. 33-42.

4. Ou comme le mythe des « moitiés » qui se cherchent dans le *Banquet*, ou celui des marionnettes dans les *Lois*.

5. Avec le mythe platonicien, « nous avons là un discours qui prend pour objet ce qui ne peut être objet d'une connaissance rationnelle, et encore moins sensible ou expérimentale, mais qui est déclaré indispensable à la cité, puisqu'on lui demande de se prononcer sur ces réalités extraordinaires ou inaccessibles que sont les dieux, les âmes ou encore le monde dans son ensemble, et de le faire de telle sorte que les citoyens destinataires du récit s'en trouvent édifiés moralement et civiquement » (J.-F. Pradeau, *Les Mythes de Platon*, *op. cit.*, p. 24).

exemple des enjeux moraux le mythe du jugement des âmes à la fin du *Gorgias*. Socrate y est très clair : l'effet de ce récit, dit-il, est que « je ne cesse de m'examiner, afin de faire paraître devant le juge l'âme la plus saine qui soit » (526d). Dans ces deux dimensions, le fait est que Platon suit une pratique grecque ordinaire, pour laquelle le mythe est un instrument privilégié d'éducation morale et civique, qu'il soit présenté sous la forme dramatique de la tragédie ou plus simplement par des récitations. L'unification de la cité, particulièrement par son ancrage dans une histoire commune, est donc son horizon[1]. Ici, un utopisme platonicien peut être facilement reconnu, mais au prix d'une extrême indétermination puisqu'il est bien évident que l'utopie n'a pas l'exclusivité de l'éducation morale et politique.

La vraisemblance garantit donc l'efficacité du mythe platonicien, comme en un tout autre sens ontologique celle de l'utopie. Ni vrai ni faux, à proprement parler, il peut être ainsi souvent présenté comme vrai, et ce au prix d'un jeu rhétorique subtil que l'on trouve par exemple dans la façon qu'a Socrate dans le *Gorgias* de présenter la véracité de la description du jugement des âmes après la mort, du moins une certaine véracité : « Ecoute donc, comme on dit, une fort belle histoire, dont tu penseras, je crois, que c'est un mythe, mais dont je pense que c'est une histoire vraie. Ainsi, je te raconterai tout ce qui va suivre comme s'il s'agissait de choses vraies » (523a)[2]. Le mythe philosophique, dans sa simple vraisemblance, a ainsi vocation à contenir ou à renvoyer à quelques vérités, mais sous la réserve d'une pleine conscience du caractère très relatif de ces vérités. Après avoir raconté ce mythe, Socrate précise en effet : « Mais, tout ce qu'on vient de raconter te paraît sans doute être un mythe, une histoire de bonne femme, et tu n'as que mépris pour cela. Bien sûr, il n'y aurait rien d'étonnant à mépriser ce genre d'histoire, si, en cherchant par-ci, par-là, nous pouvions trouver quelque chose de mieux que cette histoire et de plus vrai » (527a)[3]. C'est dans ce cadre que les interlocuteurs des *Lois* répondent sans difficulté

1. Voir J.-P. Vernant et P. Vidal-Naquet, *Mythe et tragédie en Grèce ancienne* [1972], Paris, La Découverte, 1986. *Cf.* J.-F. Pradeau, *Les Mythes de Platon*, *op. cit.*, p. 25-27.

2. *Cf.* aussi : « Voilà ce que j'ai entendu dire, Calliclès, et je crois que c'est vrai » (524a) ; « Eh bien moi, Calliclès, j'ai été convaincu par cette histoire « (526d).

3. Dans le *Phédon* Socrate introduit ainsi le mythe terminal « … en supposant par conséquent que le récit d'un mythe présente quelque valeur… » (110b), pour conclure : « certes, prétendre à toute force qu'il en va exactement comme je viens de le dire, cela ne convient pas à un homme qui a quelque intelligence. Mais qu'il en aille ainsi, ou à peu près ainsi, (…) voilà au contraire, me semble-t-il, ce qu'il convient de soutenir, voilà le risque que doit courir celui qui croit qu'il en est ainsi » (114d).

affirmativement à la question de l'Étranger d'Athènes : « Ne croyez-vous pas que les antiques traditions comportent quelque vérité ? » (III, 677a-b).

De quelle « vérité », au juste, s'agit-il alors ? Une première réponse, assez immédiate, est que le mythe redouble la pertinence de fins morales et politiques, à la vérité proprement garantie par la connaissance purement intellective des Formes, en offrant un accès spécifique à ce qui est en revanche inintelligible (les dieux, le sort des âmes après la mort, le monde dans sa totalité ...). Le mythe fonctionne en somme ici comme complément. Mais il peut aussi, plus directement, tenir lieu d'une démonstration en bonne et due forme, comme lorsque l'Étranger d'Athènes dans les *Lois*, pour justifier la nécessité que dans une cité ordonnée par la vertu les anciens soient respectés, recourt seulement à d'antiques traditions qui font intervenir la vengeance des dieux sur les enfants indignes à l'appel d'Œdipe, d'Amyntor, de Thésée et de bien d'autres pères (XI, 931b-c).

En complément ou comme substitut, les deux grandes catégories de mythes platoniciens que sont les récits du devenir des âmes après la mort et ceux de fondation civique renvoient d'abord à ces vérités principielles, premièrement que ce qui est vraiment n'est accessible qu'aux âmes purifiées du corps, deuxièmement que c'est divinement que les cités peuvent et doivent être gouvernées, à défaut de pouvoir l'être directement par les dieux. L'exigence rationnelle prime donc toujours, qu'il s'agisse d'appuyer telle ou telle grande conclusion philosophique par des mythes concrets et particuliers, ou que se manifeste très généralement par le simple fait de ces mythes, dans la diversité donc de leurs contenus, le sens tout entier de la philosophie platonicienne. Il demeure que, dans ces deux perspectives, le mythe occupe le lieu que la raison ne peut occuper elle-même directement. Faut-il aller plus loin et considérer que cela ne vaut, en fait, que dans le cadre des limites qu'impose une commune « *humaine nature* » ? On pourrait comprendre que, dans l'hypothèse d'une « nature divine », ce que donne à simplement pressentir le mythe pourrait faire l'objet d'une connaissance directement en vérité. Telle est la conclusion de Jean-François Pradeau à l'introduction de son anthologie des mythes platoniciens :

> Le mythe se prononce de manière vraisemblable sur le monde, le divin et l'âme. Si ces réalités sont inaccessibles de fait à la plupart des hommes, elles ne le sont pas à ceux d'entre eux, le petit nombre de ces hommes que Platon juge « divins », qui parviennent à connaître la réalité au moyen de leur intellect, et à connaître notamment le monde, le divin et l'âme. On ne doit pas s'empresser d'opposer le mythe et le discours vrai qui serait celui de la philosophie, puisque ces deux discours ont le même objet, et que le

> bon poète et le bon pédagogue font apercevoir à leur public des réalités semblables. Le mythe, vraisemblable, aspire à la vérité, il relève du même effort que celui qui anime ce désir de savoir ce qu'est la philosophie. Cela pourrait faire du mythe platonicien le vestibule de la philosophie, ou plutôt, puisqu'il fait apercevoir de manière vraisemblable ce qu'il s'agit de connaître en vérité, une promesse de philosophie [1].

Pourtant, il est bien un objet qui, nécessairement, échappe à toute intellection, et qui du coup ne peut relever que du domaine réservé à d'éventuels mythes : *l'existence* en tant que telle, qu'elle soit passée ou anticipée. Non pas donc *ce qui* existe, mais *le fait même de l'existence*. Ici, c'est de la contradiction, de la fugacité sans fin, de ce qui altère incessamment l'être par le non-être, de ce qui est donc impensable en vérité, du moins par définition platonicienne, dont il s'agit. Et tel est l'objet du *Timée* et du *Critias*, avec la χώρα et avec l'Athènes ancienne. On peut comprendre en ce sens les propos du *Timée* : « Ce type de récit qu'est le mythe vraisemblable (…) donne à tout homme qui, par manière de relâche, *laissant de côté les discours relatifs aux réalités qui toujours sont et considérant le vraisemblable qui s'attache au devenir*, goûte un plaisir sans remords, la possibilité de mettre dans sa vie un moment de récréation modérée et raisonnable » [2].

Si le mythe permet ainsi de rendre présent à l'esprit ce qui ne relève ni du perceptible ni de l'intelligible, du moins ordinairement, s'il donne à voir ce qui ne peut être directement vu, comment qualifier un peu plus précisément ses « images » parmi celles que le discours offre (εἴδωλον, εἰκών, φάντασμα …), et ce sachant que tout discours est, généralement, imitatif ?

L'être de l'image

« Une imitation (μίμησις), une copie (ἀπεικασία), voilà en fait ce qu'est nécessairement, je pense, ce que nous tous disons » (*Critias*, 107b) [3].

1. *Les Mythes de Platon*, *op. cit.*, p. 32.

2. 59c-d. Nous soulignons.

3. J.-F. Pradeau remarque que « Ἀπεικασία signifie à la fois comparaison et représentation, et souligne un rapport de représentation entre le terme de comparaison et la chose évoquée. Il s'agit donc de *donner une image* de la chose représentée. Parmi les emplois platoniciens les plus suggestifs, *Cratyle*, 402a9 et 431c4, *Phèdre*, 270e1, et *Politique*, 297e8. Le trait caractéristique des différents emplois de ce terme est leur appartenance à l'ordre du discours, de la dénomination » (*Le Monde de la politique*, *op. cit.*, p. 84, n. 159). Dans *Platon, l'imitation de la philosophie*, il insiste sur le fait que c'est « une théorie de la ressemblance qui donne à la μίμησις sa syntaxe, et ce sont les différentes formules de cette théorie qui donnent à la μίμησις sa signification et ses usages » (p. 11). Critias, pour se faire

Or, l'imitation consiste à fabriquer des images, d'après la définition tout à fait explicite du *Sophiste* : « L'imitation (μίμησις) est une sorte de production (ποίησις), même si au lieu de produire chaque chose en elle-même, elle ne produit que des images (εἴδωλον) » (265b). Quel est en conséquence le statut de l'« imitation » (μίμησις) ici concernée ? Autrement dit, quelle forme particulière de la « représentation » (ἀπεικασία) y est à l'œuvre, et ce au regard de la distinction introduite au chapitre précédent entre le sens utopique de la représentation et le sens platonicien de la « participation » du sensible existant effectivement au réel intelligible ?

Le cadre général est que, la notion de *mimèsis* devant donc en toute rigueur être strictement réservée à l'activité de *production*, on ne peut dire que les choses sensibles *imitent* les Idées, et qu'elles en sont des *images* en ce sens. Précisément, la *mimèsis* caractérise le mode d'activité propre aux âmes[1]. Et c'est pourquoi passer de la ressemblance affirmée des choses sensibles aux Formes (p. ex. *Phédon*, 100d) à partir d'une *mimèsis* appelle une activité démiurgique, en l'occurrence nécessairement divine[2]. Dans le *Timée*, la « vraisemblance » porte ainsi sur l'opération par laquelle le démiurge produit la participation du sensible à l'intelligible.

Revenant sur le célèbre passage de *République*, X, 596a-597e, Luc Brisson précise que cette opération divine peut en fait être considérée en deux moments, si l'on prend bien garde à la distinction des termes

comprendre, recourt à l'analogie entre peinture et langage, selon la leçon de la *République*. Or, cette analogie étant soumise à un examen approfondi dans le *Cratyle*, G.E.L. Owen en tire argument pour avancer une date de rédaction du *Critias* antérieure à celle généralement admise, soit entre 370 et 347 (« Plato on the undepictable », *Exegesis and Argument. Studies in Greek Philosophy presented to G. Vlastos*, Assen, van Gorcun, 1973, p. 349-361. Article repris dans ses *Collected Papers in Greek Philosophy*, ed. by Martha Nussbaum, Ithaca [NY], Cornell Univ. Press, 1986, p. 138-147). C. Gill fait pourtant remarquer, à juste titre, que la reprise de l'analogie dans le *Critias* ne joue qu'un rôle accessoire, et que cela ne peut donc permettre de conclure, comme le fait Owen, à une rédaction antérieure à celle du *Politique* (« Plato and the politics : the *Critias* and the *Politicus* », *Phronèsis* 24, 1979, p. 148-167).

1. *Cf.* M.-P. Edmond, *Le Philosophe-roi*, *op. cit.*, p. 27. Voir aussi spécialement p. 44-46. Plus généralement, concernant l'ontologie de l'image et les apories de l'imitation, F. Teisserenc, « Remarques sur l'imitation et le statut ontologique de l'image chez Platon », *Les Cahiers philosophiques de Strasbourg*, n° 3, décembre 1995, p. 149-164 et, plus largement, *Langage et image dans l'œuvre de Platon*, Paris, Vrin, 2010.

2. *Cf.* le *Sophiste* : « Ce que nous appelons "choses faites par nature" sont faites "par une technique divine", et (...) ce que les hommes combinent à partir d'elles relève d'une technique humaine, et, conformément à cet argument, il y a deux sortes de production : l'une, humaine, l'autre, divine » (265d).

φυτουργός et δημιουργός qui y sont utilisés[1]. Il est question dans ce passage, on le sait, de la Forme du Lit qui sert de modèle au lit du menuisier, ce dernier étant lui-même l'objet d'une imitation par le peintre : Platon rapporte cette Forme à une « mise en œuvre » du dieu[2]. Or, très immédiatement, il est impossible de comprendre cela comme une production qui ferait venir à l'être ce qui n'est pas. L'élémentaire de l'ontologie platonicienne veut en effet que les Formes ne viennent pas à l'être. Elles sont. Et elles sont la réalité absolue que, ni logiquement ni chronologiquement, aucune autre réalité, même divine et même fictivement, ne peut surpasser. Ce serait non seulement inintelligible mais aussi totalement invraisemblable[3]. Tenter alors de sortir de cette difficulté en rabattant la pensée propre de Platon sur celle des médio-platoniciens qui faisaient des Formes les pensées du dieu, ou sur celle des néo-platoniciens qui mettaient sur le même plan le dieu comme Intelligence et les Formes comme Intelligible, serait manquer l'originalité des *Dialogues*, comme l'a établi Harold Cherniss[4]. Ces deux héritages de la tradition platonicienne ouvrent en revanche à une certaine filiation utopiste : que la production divine de la Forme soit rendue possible par l'identification ontologique du sujet et de l'objet peut en effet évoquer l'origine d'Utopie, puisque la cité parfaite de Thomas More doit son être à Utopus, du moins pour son moment essentiel.

A en rester au texte de la *République*, X, Luc Brisson propose plutôt de bien prendre en compte le sens du terme *phutourgós* employé par Platon pour qualifier l'auteur divin de la « mise en œuvre » ici concernée. S'impose alors

1. *Cf.* « Le divin planteur (*phutourgós*) », *Kairos*, 2002, n° 19, p. 31-48. *Cf.* aussi « Comment rendre compte de la participation du sensible à l'intelligible chez Platon ? », dans J.-F. Pradeau (coord.)., *Platon. Les Formes intelligibles*, *op. cit.*, p. 55-85.

2. « Eh bien, cela fait trois lits. Il y en a un, celui qui est dans la nature, dont, je crois, dont nous pouvons dire qu'un dieu l'a mis en œuvre (Θεὸν ἐργάσασθαι), autrement qui serait-ce ? » (597b. Trad. L. Brisson).

3. L. Brisson le dit bien : « La Forme se situe au sommet de la réalité. Elle se caractérise par son unité et son identité ; cette dernière caractéristique impliquant qu'elle n'est pas soumise au changement, et qu'elle échappe de ce fait elle à la génération et à la corruption. Or, en 597b-d, Platon semble dire qu'un dieu produit la Forme. D'où un double paradoxe. Comment expliquer la production d'une réalité qui par définition échappe entièrement au changement ? Comment par ailleurs expliquer qu'un dieu, dont le statut ontologique est inférieur à celui des Formes, produit la Forme ? » (« Le divin planteur (*phutourgós*) », p. 32-33).

4. *Cf.* « On Plato's *Republic* X 597b » [1932], *Selected papers*, L. Tarán (ed.), Leiden (Brill), 1977, p. 271-279.

> la nécessité de distinguer, en la personne du dieu qui fabrique l'univers, le *dēmiourgós* du *phutourgós*. Le *dēmiourgós* produit au sens où il fabrique les réalités sensibles, alors que le *phutourgós* produit au sens où il implante une Forme dans la matière, favorisant ainsi la reproduction de l'Intelligible dans le sensible. Il s'agit de la même activité, mais considérée sous deux points de vue différents, un peu comme dans le cas du revers et de l'avers d'une même pièce de monnaie [1].

L'activité productrice du dieu ne consiste donc jamais à faire venir à l'être une Forme mais, dans ce passage de la *République*, à « l'implanter » dans le devenir : « le dieu qui souhaitait être celui qui produit réellement le lit qui est réellement, et non un producteur de lit particulier qui aurait produit un lit particulier, a planté (ἔφυσεν) ce lit qui est par nature unique » (597c-d. Trad. L. Brisson).

Platon ne présente certes pas cette production divine sous une forme explicitement mythique, mais le recours au dieu signifie pourtant l'inaccessibilité de l'intelligence à une modalité imitative de la participation. L'hypothèse platonicienne de l'ontologie des Formes permet bien de comprendre *l'être* de *ce qui existe*, que ce qui existe est ainsi plus ou moins, et ce en une ressemblance qui renvoie au processus de l'imitation. Mais l'effectuation de cette ressemblance, la nature de l'imitation qui peut éventuellement en rendre compte, excède l'intelligibilité et appelle le recours, seulement « vraisemblable », à un auteur divin.

Cela étant, Henri Joly souligne qu'il est difficile de ne pas voir dans la pratique réelle des arts d'imitation de l'époque le sol du rapport philosophiquement originaire de l'Idée à l'existant sensible, et que c'est par référence à cette pratique que ce dernier peut être en fait bien compris, et ses structures déterminées. Selon lui,

> il convient donc d'inverser la relation de dépendance entre l'art et la philosophie : bien loin que l'art soit simplement et dans ses formes philosophiquement corrigées et expurgées l'imitation de l'Idée, c'est au surplus l'imitation de l'art et l'art d'imitation qui permettent de comprendre, dans ses structures profondes, la théorie de l'Idée et de saisir le sens

1. « Le divin planteur (*phutourgós*) », *op. cit.*, p. 47. *Cf.* notre chap. 2, « La Nature, les essences et les Formes », où nous voyions avec J.-F. Pradeau qu'il convenait de distinguer entre ce qui est perçu dans le sensible comme ce qu'est vraiment la chose, la Forme (εἶδος), et ce même être vrai, cette fois perçu comme réalité en soi, existant de façon séparée (ἰδέα).

de la fonction eidétique dans sa double relation paradigmatique et mimétique[1].

Aristote voyait ainsi l'origine de la « participation » platonicienne dans l'imitation et plus précisément l'imitation poétique : « Quant à dire que les Idées sont des paradigmes et que les autres choses participent d'elles, c'est se payer de mots vides de sens et faire des métaphores poétiques »[2]. Mais, si le mouvement réel de constitution de la philosophie de Platon peut ainsi être considéré comme allant de l'art imitatif à l'hypothèse d'une participation des choses sensibles aux Formes, il reste que c'est dans le cadre de sa philosophie constituée, où le fondamental est donc le rapport entre l'être véritable et sa copie sensible, qu'il convient d'examiner le caractère, à son tour « imitatif », du discours, et ce toujours ici dans la perspective de situer le statut particulier du mythe au regard du récit utopique. Pour ce faire l'avertissement d'Henri Joly, qui demande que l'on n'oublie pas que toutes les imitations, toutes les images, ne se valent pas pour Platon, peut servir d'introduction.

> Platon fait souvent le procès de la *μίμησις*. Or, en distinguant entre le « phytourgos » qui fait être l'essence, le démiurge qui produit la chose d'après l'essence et l'imitateur qui reproduit non l'essence mais l'apparence de la chose, Platon utilise encore le concept d'imitation pour structurer les trois instances de la hiérarchie ; ce faisant, il ménage, à côté de la représentation du *phainomenon* et du *phantasma*, la possibilité d'une imitation de la « vérité » et de la réalité[3].

Il faut donc en revenir aux notions fondamentales concernées, εἴδωλον, εἰκών, φάντασμα ... On sait qu'εἴδωλον provient d'εἶδος[4]. Tous deux renvoient d'abord au sens de la vue[5], l'εἴδωλον présentant l'« aspect » de la chose, son εἶδος de façon affaiblie, dévaluée, substitutive.

1. H. Joly, *Le Renversement platonicien*, *op. cit.*, p. 48. Selon H. Joly, ainsi chez Platon « une "esthétique" de la reproduction et de l'imitation organise et commande toute une "*métaphysique*" de la présentation. En effet celle-ci apparaît moins comme un idéalisme, ou comme une philosophie de l'idée, séparée ou non de la réalité, que comme une eidétique, entendons d'abord par là une philosophie de la relation entre l'*eidos* et l'*eidolon* » (*ibid.*). Ainsi, l'art du portrait joue de ce point de vue un rôle particulièrement important chez Platon. Cf. *ibid.*, IIe partie, chap. 3, « Le mot portrait ». Plus généralement, voir Ire partie, chap. 2, « "Métaphysique" et "esthétique" platoniciennes », p. 45-51.

2. *Métaphysique*, A, 9, 991a, trad. J. Tricot, Paris, Vrin, 1966.

3. *Le Renversement platonicien*, *op. cit.*, p. 49-50.

4. *Cf.* P. Chantraine, *Dictionnaire étymologique de la langue grecque*, Paris, 1968 *sq.*, p. 317.

5. Cf. *Banquet*, 212a ; *Alcibiade* I, 133a.

Mais avec Platon le sens de la notion change: l'εἴδωλον se trouve déréalisé, perd le statut d'apparition qu'il a dans son usage archaïque lorsqu'il offre encore une certaine présence effective, certes sur le fond d'une absence en même temps ainsi manifestée: ainsi, dans l'image du rêve, l'apparition suscitée par un dieu ou le fantôme d'un défunt[1]. L'εἴδωλον platonicien est en revanche ce qui apparaît en tant que simple « apparence », en une théorie de la « représentation » dans laquelle ce qui apparaît, l'image, tient tout son être de la seule réitération pour une pensée de ce qui est par ailleurs, et ce par un processus dans lequel la ressemblance ne vaut présence que simulée[2]. La différence est donc radicale avec la représentation utopique qui, elle, crée, fait être, ce qu'elle représente en le représentant.

Le *Sophiste* est la grande référence de ce rapport entre l'être et le non-être, pour lequel l'image n'*est* par elle-même *rien*, n'étant que dans et par l'imitation.

> THÉÉTÈTE: Que pourrions-nous dire, Étranger, qu'est une image (εἴδωλον), sinon une autre chose pareille, faite à la ressemblance de celle qui est vraie. L'ÉTRANGER : Affirmes-tu que cette autre chose pareille est elle aussi vraie, ou par rapport à quoi l'affirmes-tu pareille ? THÉÉTÈTE : Elle n'est pas du tout vraie, mais semblable (ἐοικός). L'ÉTRANGER: Affirmes-tu que le vrai est ce qui existe réellement? THÉÉTÈTE : C'est ainsi. L'ÉTRANGER: Et alors? Ce qui n'est pas vrai, n'est-il pas le contraire du vrai ? THÉÉTÈTE : Bien sûr. L'ÉTRANGER : Tu dis donc que ce qui est semblable n'existe pas, si tu affirmes qu'il n'est pas vrai. Mais il existe. THÉÉTÈTE: De quelle façon? L'ÉTRANGER: Eh bien, donc, tu diras qu'il existe véritablement ... THÉÉTÈTE : Certes, non. Excepté qu'il est réellement une copie (εἰκών ὄντως). L'ÉTRANGER: Ainsi donc, ce

1. *Cf.* l'apparition de Patrocle à Achille : « Et voici que vient à lui l'âme du malheureux Patrocle, en tout pareille au héros pour la taille, les beaux yeux, la voix, et son corps est vêtu des mêmes vêtements » (*Iliade*, XXIII, 65-69, texte établi et traduit par P. Mazon, Paris, Les Belles Lettres, 1967). Voir N.-L. Cordero, Annexe II de son édition du Sophiste, p. 285 *sq.* Sur le nouveau statut que prend l'image chez Platon, par abandon de son sens archaïque dans la perspective d'une nouvelle relation entre l'être et le paraître, voir J.-P. Vernant, « Naissance d'images », *Religions, histoires, raisons*, Paris, Maspéro, 1979, p. 105-137 (reprise de « Image et Apparence dans la théorie platonicienne de la "Mimêsis" », étude parue dans le *Journal de psychologie*, n° 2, avril-juin, 1975). Voir particulièrement E.R. Dodds, *Les Grecs et l'irrationnel* [1959], trad. M. Gibson, Paris, Flammarion, 1977, chap. IV, « Structure onirique et structure culturelle ».

2. Rappelons que le *Phédon*, 100d, rend particulièrement compte de la participation par la « présence » (παρουσία). *Cf.* chap. 3. Cette « présence » relève donc de la ressemblance, en tant que « présence simulée ».

> que nous disons être réellement une copie (εἰκόνα), n'existe pas réellement ! (240a-b).

Les produits des « arts d'imitation », comme la peinture, la musique, et aussi comme la poésie[1], s'apparentent donc aux reflets dans l'eau ou dans les miroirs, aux ombres et aux visions des rêves. Ils ne *sont* pas réellement, en n'étant pas ce qu'ils *semblent* seulement être, par leur *ressemblance*. Le rapport de ressemblance, central dans l'image, du coup induit naturellement un effet d'illusion qui peut faire prendre cette image pour son original, qui seul est vraiment en réalité. Et cet effet d'illusion se retrouve dans le rapport du sensible à l'intelligible, à la différence fondamentale près que le rapport n'y est plus ici de simple « représentation », mais de « participation ».

Platon distingue alors dans la fabrication d'images (εἴδωλα) deux sortes de mimétiques, l'une produisant des icônes (εἰκόνες), ressemblant à leurs modèles, dont elles reproduisent les proportions réelles, l'autre produisant des simulacres (φαντάσματα), dont le seul but est de faire illusion (235e-236c).

> Je crois distinguer maintenant deux formes d'imitation, (...) d'une part une technique qui consiste à faire des copies (εἰκαστικὴν τέχνην). Celle-ci est surtout évidente lorsque quelqu'un, tenant compte des proportions du modèle en longueur, largeur et profondeur, produit une imitation qui respecte, en outre, les couleurs appropriées à chaque chose. (...) Ce qui a l'apparence de ressembler à ce qui est beau, tout simplement parce qu'il est contemplé selon une mauvaise perspective, mais qui, s'il était regardé par quelqu'un ayant la capacité de le voir nettement, perdrait cette apparence, cette image, (...) si elle a l'apparence d'une copie, sans y être semblable, n'est-elle pas une illusion (φάντασμα) ? (...) Voilà donc les deux formes de la technique de production d'images dont je parlais : celle

1. « ... les imitateurs, c'est-à-dire le grand nombre de ceux qui s'appliquent aux dessins et aux couleurs, et aussi la foule de ceux qui s'occupent de musique, les poètes et ceux qui les entourent, les rhapsodes, les acteurs, les choreutes, les entrepreneurs, les fabricants d'accessoires de toutes sortes, et notamment de ce qui concerne la toilette des femmes » (*République*, II, 373b-c). « Or, du domaine des Muses dans son ensemble, disons-nous qu'il ressortit à la représentation et à l'imitation ? – Et comment ! (...) La chose est sûre, quand on évoque le domaine des Muses, tout le monde sera d'accord là-dessus : en ce domaine, toute œuvre est imitation et représentation » (*Lois*, II, 668a-c). Voir aussi *Phèdre*, 248e ; *Sophiste*, 299d ; *Timée*, 19d.

de la copie et celle de l'illusion (εἰκαστικὴν καὶ φανταστικήν) (235d-236c)[1].

Dans *Platon et la question des images*[2], Makoto Sekimura analyse comment cette distinction notionnelle fondamentale s'articule à une autre distinction plus générale d'une façon qui n'est pourtant pas simple et invariable, ce qui naturellement implique quelques difficultés de traduction et plus généralement d'interprétation. En effet, à la distinction du *Sophiste* entre ces deux moments de l'*eidôlon* que sont le *phantasma* et l'*eikôn*, il faut superposer la distinction pratiquée par Platon entre l'*eidôlon* et l'*eikôn*. Pour simplifier, on peut dire que, d'une part, l'*eidôlon* peut avoir à la fois le sens de copie sensible du sensible, alors à la différence de l'*eikôn* comprise comme copie sensible de l'intelligible[3], et celui, générique, d'image comprenant alors aussi bien l'*eikôn* que le *phantasma*[4]. Cela étant, Jean-François Pradeau note que « Platon accorde au terme εἰκών, qui nomme « la ressemblance » (ou également « l'image » (...), une valeur

1. Voir J.-P. Vernant, « Naissance d'images », *op. cit.*, en particulier p. 112-114. G. Deleuze souligne qu'en conséquence « la distinction platonicienne se déplace et change de nature : (...) elle n'est pas entre le modèle et la copie, mais entre deux sortes d'images (idoles), dont les copies (icônes) ne sont que la première sorte, l'autre étant constituée par les simulacres (phantasmes). La distinction modèle-copie n'est là que pour fonder et appliquer la distinction copie-simulacre ; car les copies sont justifiées, sauvées, sélectionnées au nom de l'identité du modèle, et grâce à leur ressemblance intérieure avec ce modèle idéel. La notion de modèle n'intervient pas pour s'opposer au monde des images dans son ensemble, mais pour sélectionner les bonnes images, celles qui ressemblent de l'intérieur, les icônes, et éliminer les mauvaises, les simulacres » (*Différence et Répétition*, Paris, P.U.F., 1972, p. 126). *Cf.* « Platon et le simulacre », dans *Logique du sens*, Paris, Minuit, 1968.

2. Bruxelles, Ousia, 2009.

3. Cet usage est classique, comme le souligne S. Saïd : très généralement, il existe « entre l'*eidolon* et son modèle une identité de surface et de signifiant, tandis que la relation entre l'*eikon* et ce qu'elle représente se situe au niveau de la structure profonde et du signifié » (« Deux noms de l'image en grec ancien : idole et icône », *Comptes rendus de l'Académie des inscriptions et Belles Lettres*, 1987, p. 310). On sait que la querelle des images opposant dans l'empire byzantin du VIIe au IXe siècle les « iconoclastes » aux « idolâtres » relève de cette distinction notionnelle antique, les défenseurs des images considérées par eux comme « icônes » (terme positif), se voyant accusés d'adorer des « idoles » (terme négatif). *Cf.* aussi J.-L. Marion : « Tandis que l'idole résulte du regard qui la vise, l'icône convoque la vue en laissant le visible peu à peu se saturer d'invisible ». Ainsi, l'icône « tente de *rendre visible l'invisible comme tel*, c'est-à-dire de faire que le visible ne cesse de renvoyer à un autre que lui-même, sans que cet autre ne soit pourtant jamais reproduit » (« Fragments sur l'idole et l'icône », *Revue de métaphysique et de morale*, 4, 1979, p. 435).

4. *Cf.* M. Sekimura, *Platon et la question des images*, Bruxelles, Ousia, 2009, p. 28-54. « Ainsi, l'apparence (εἴδωλον) se divise en deux : image (εἰκών) et simulacre (φάντασμα) » (p. 30).

générique étendue. Il s'agit bien du genre qui embrasse tout ce qui est susceptible d'être défini comme ressemblant à un objet, qu'il s'agisse d'une image à proprement parler, ou, aussi bien, d'un discours, d'un objet ou même d'une conduite, et pour finir d'un « simulacre »[1].

Pour en revenir aux déterminations de Makoto Sekimura, le *phantasma* peut du coup être synonyme de l'*eidôlon* dans son premier sens de copie sensible du sensible, mais il peut aussi être compris comme copie sensible de l'intelligible, à ceci près que, dans les deux cas, il ressort toujours de l'illusion, de ce qui se fait passer pour le modèle alors qu'il n'est qu'image, de ce qui ne reproduit pas fidèlement ce dont il est l'image et ce aux fins de tromperie[2]. Ainsi, comme le dit Makoto Sekimura, si le *Sophiste* « oppose à l'*eikôn* le *phantasma*, plutôt que l'*eidôlon* dans l'argument qui porte sur la technique de la production d'apparences », c'est que « l'*eidôlon* est (…) une apparence qui dépend seulement de l'acte de voir du spectateur »[3], alors que le *phantasma* relève de la volonté de tromper d'un fabricant, en l'occurrence du sophiste dans ce dialogue[4].

Certes, pour le spectateur il s'agit toujours d'une simple apparence qui, comme visible sensible, le trompe donc, de fait, sur la réalité, et ce malgré donc cette différence de la présence ou de l'absence d'une intention. L'exigence philosophique fondamentale de Platon est alors de passer de ce visible, volontairement ou seulement de fait trompeur, à un autre « visible », autrement dit de l'*eidôlon* à l'*eidos*[5].

1. *Platon, l'imitation de la philosophie*, *Le Renversement platonicien*, *op. cit.*, p. 332. Il précise que, pour rendre « εἰκών », il emploie aussi bien « copie » ou « ce qui ressemble ». *Cf.* aussi : « La catégorie générique appropriée est bien celle de l'εἰκών, que caractérisent à la fois une parenté et une altérité. Une parenté avec un modèle qui définit cette copie comme n'ayant d'existence que par rapport à autre chose ; une altérité qui accorde à cette copie, parce qu'elle n'est pas identique à son modèle, un mode d'existence propre » (p. 145).

2. J.-P. Vernant remarque ainsi que l'opposition faite par Platon dans le *Sophiste* entre l'εἰκών et le φάντασμα « n'empêche nullement ce philosophe de proposer un peu plus loin, dans le même dialogue, en 240a-b, de l'*eidôlon* en général la définition "négative" (…). En 264c-d, *eikôn, eidôlon, phantasma* se trouvent de nouveau associés les uns aux autres comme des aspects de non-être et de fausseté » (*Religions, histoires, raisons*, p. 113).

3. *Platon et la question des images*, *op. cit.*, p. 33.

4. *Cf.* J.-L. Marion : « Le moment décisif de l'érection d'une idole ne tient donc pas à sa fabrication, mais à son investissement comme le regardable, comme ce qui comblera un regard. Ce qui qualifie l'idole, c'est le regard. Elle n'éblouit de visibilité qu'autant que le regard la regarde. Elle n'attire le regard qu'autant que le regard l'a attirée entière dans le regardable, et l'y épuise. *Le regard seul fait l'idole*, comme ultime fonction du regardable » (*op. cit.*, p. 435).

5. Comme le dit E. Cassirer : « Dans un cas, voir porte le caractère passif de la sensation sensible, qui ne cherche qu'à recueillir en soi et à reproduire un objet sensible extérieur – dans

Comment comprendre alors le statut général du discours, et ce très précisément dans le cadre de ces distinctions notionnelles? Le *Timée* présente de façon très simple les divisions qui suivent la nature du rapport de signification du discours, d'une part relativement à son objet propre, d'autre part relativement aux autres discours.

> Voici donc, concernant une image (εἰκών) et son modèle, la distinction qu'il faut établir, étant admis que tout discours porte sur quelque chose et que ce sur quoi porte ce discours lui est apparenté. D'un côté donc, tout discours qui porte sur ce qui demeure, sur ce qui est stable et translucide pour l'intellect, cela ne doit en rien manquer d'être stable et inébranlable, pour autant qu'il convient à un discours d'être irréfutable et invincible; d'un autre côté, tout discours qui porte sur ce qui est la copie (ἀπεικασθέντος) de ce dont on vient de parler, parce qu'il s'agit d'une copie, entretient avec la première espèce de discours un rapport d'image à modèle. Ce que l'être est au devenir, la vérité l'est à la croyance (29b-c) [1].

Quel est ici le statut du mythe? Il ne peut certes être un discours portant sur ce qui est «translucide pour l'intellect», nous l'avons vu pour commencer, mais pas non plus pourtant sur «ce qui est la copie de ce dont on vient de parler». Il reste qu'il ne peut être qu'une copie du discours qui porte sur ce qui est vraiment. Mais cela demeure bien problématique, dans la mesure où ce avec quoi il est en rapport de signification n'est pas accessible, du moins simplement. Dans le cas des choses sensibles, copies de ce qui est vraiment, l'imitation du discours est en effet immédiate représentation, mais elle ne peut être qu'*évocation* lorsque la réalité visée

l'autre, il devient libre contemplation en vue de la saisie d'une figure objective, mais qui ne peut elle-même être accomplie autrement que comme *acte* intellectuel de configuration» («Eidos et eidolon», *Écrits sur l'art* [1923], trad. Ch. Berner, Paris, Cerf, 1995, p. 30-31).

1. «Accepterais-tu (...) de dire (...) que la division a été effectuée sous le rapport de la vérité et de la non-vérité, de telle sorte que l'opinable est au connaissable ce que l'objet ressemblant est à ce à quoi il ressemble?» (*République*, VI, 510a). «Que dire de celui qui emploie des syllabes, aussi bien que des lettres, à produire une imitation de la réalité des choses? Est-ce que (...), dans le cas où il aura donné à son œuvre la totalité de ce qui lui revient, celle-ci ne sera pas une belle image, ce qu'est précisément un nom?» (*Cratyle*, 431d. Voir aussi 423d-e). Selon C. Sini, «l'essence profonde du platonisme (puis de toute la métaphysique, de toute l'ἐπιστήμη occidentale) est la constitution de l'image, c'est-à-dire d'un sujet psychique dont les signes "logiques" sont des images. Celles-ci constituent une espèce intermédiaire entre les formes ou essences elles-mêmes et les choses matérielles multiples considérées à leur tour en elles-mêmes. La possibilité de la philosophie et de la science dépend exclusivement de cette espèce intermédiaire» («Platon et l'origine de la métaphysique», dans M. Dixsaut (éd.), *Contre Platon*. II, p. 296. Voir aussi P. Vuilleumier, «Platon et le schème du miroir», *Revue de Philosophie ancienne*, t. XVI, n° 2, 1998, p. 3-47.

est, comme c'est le cas, inaccessible aux sens sans être pour autant forme intelligible. Comment penser alors plus précisément le mythe, et ce spécialement à partir des termes d'εἰκών ou de φαντάσμα?

Valeur du mythe, valeur de la poésie

Il faut d'abord, en toute rigueur, distinguer entre « mythe » et « poésie », comme le fait Luc Brisson : « C'est à une fabrication qui s'exerce au seul niveau du contenu du discours que renvoie μυθολόγος. Aussi peut-on relier ποιητής à μυθολόγος sans redondance. Car un μυθολόγος, c'est quelqu'un qui raconte un (ou des) mythes(s), qu'il fabrique ou non : cette fabrication éventuelle portant exclusivement sur le contenu et non sur la forme du discours en question, comme dans le cas du ποιητής. »[1]

Le statut du mythe et son rapport à la poésie que présentent le *Timée* et le *Critias* peuvent être ainsi particulièrement compris. Le prêtre de Saïs, à qui Solon doit le récit de l'Athènes ancienne dans ces *Dialogues*, y explique en effet que, du fait de la configuration géographique de la Grèce, les catastrophes naturelles interdisent que soit conservée la mémoire des événements les plus anciens, et ce à la différence de la situation égyptienne : lors des déluges périodiques, seuls survivent en Grèce les habitants des montagnes, bouviers et pâtres, gens « illettrés et étrangers aux Muses » (23b), alors qu'en Égypte, « pas plus à ce moment-là qu'à aucun autre, ce n'est d'en haut que sur nos sillons ruisselle l'eau » (*Timée*, 22e). C'est ainsi, conclut ce prêtre, que les Grecs ne peuvent, à chaque fois, que « repartir du début », comme s'ils étaient « redevenus jeunes »[2], pendant que les Égyptiens, eux, conservent par écrit, dans leurs temples, la mémoire du passé (23a). Et c'est pourquoi, en matière de mythe, les premiers en sont

1. *Platon, les mots et les mythes*, *op. cit.*, p. 187. « Ceux qui racontent des mythes, qu'il s'agisse de professionnels, comme les rhapsodes, les acteurs et les choreutes, ou de non-professionnels, prennent modèle sur le poète qui a fabriqué les mythes qu'ils racontent » (p. 87). *Cf.* p. 50-59. Sur les rapports existant entre le mythe grec et son utilisation par les poètes tragiques, voir E. Moutsopoulos, « la Transstructuration du mythe dans la tragédie » [1982] dans L. Couloubaritsis (éd.), *L'Héritage du monde grec*, Bruxelles, Ousia, « Cahiers de philosophie ancienne n° 7 », 1989, p. 31-44. L'auteur y indique que la reprise d'un mythe par le poète consiste en une désarticulation, réduction, condensation « en une seule vision qui devient le noyau de toute une structure auparavant impensable, et qui vibre au rythme imposé d'une "expression imitative" (*cf.* H. Koller, *Die Mimesis in der Antike :Nachahmung, Darstellung, Ausdruck*, Bern, Franck, 1954, p. 85 *sq.*) de "mœurs, passions et actes" (*cf.* Aristote, *Poétique*, I, 1447a26) » (p. 42).

2. 23b. Voir aussi 22b.

réduits aux « mythes pour enfants », par exemple pour ce qui concerne les généalogies (23b).

Dans ce cadre, le poète est alors ce professionnel, qu'un certain degré de civilisation rend pourtant possible [1], dont la technique permet d'assurer la transmission réglée d'une tradition orale hors de tout souvenir direct : le poète *fabrique* le mythe en confectionnant sur le mode du récit un ou plusieurs éléments d'une tradition donnée [2]. Lorsqu'il s'agit d'*évoquer* ce qui ne peut être directement représenté, des procédés spécifiques sont en effet nécessaires, qui font intervenir l'imitation au niveau de la λέξις (« la façon d'exprimer le contenu d'un discours ») en même temps qu'au niveau du λόγος (« ce qui est exprimé dans le discours ») [3]. Luc Brisson les présente ainsi : « Par son travail sur la forme, le poète complète son travail sur le contenu. En plus de réorganiser une tradition orale, pour en fabriquer un récit qui s'adapte au contexte de son énonciation, ce spécialiste de la communication collective du mémorable peut faire intervenir, au niveau de la forme de ce récit, ces procédés mnémotechniques que sont la métrique, la récurrence formulaire, etc. [4]. »

Il est bien clair que le mythe qui en résulte est alors très largement à lui-même sa propre référence, et ce d'autant plus qu'est grande l'ignorance sur ce qu'il rapporte. Le *Critias* le souligne ainsi par l'exemple de la peinture : plus existe une référenciation évidente, moins le discours peut donc être à lui-même sa propre référence, et plus il est malaisé à l'auteur du discours de dire n'importe quoi « car l'inexpérience et l'ignorance complètes des auditeurs sur les choses au sujet desquelles ils se trouvent dans cet état procurent une grande commodité à celui qui va dire quelque chose à leur sujet » (107b). Ainsi, « il faut que nous le sachions : les choses célestes et divines, nous sommes satisfaits, même si ce qu'on en dit n'en donne qu'une pâle copie, tandis que les choses mortelles et humaines, nous les soumettons à un examen précis » (107de).

1. « C'est en même temps que le loisir que le fait de raconter des mythes et la recherche des choses du passé font leur entrée dans les cités (...), mais pas avant » (*Critias*, 110a). Voir aussi *Critias*, 109d-110b.

2. L. Brisson, *Platon, les mots et les mythes*, *op. cit.*, p. 56. Sur la nécessité de la formalisation poétique pour éviter la dégradation de l'information transmise exclusivement oralement, voir p. 32-49.

3. *Ibid.*, p. 81-92. Le *Phèdre* distingue ainsi les « prosateurs » des « poètes » qui, dans l'écriture, recourent au « mètre » pour donner forme à leur discours (258d).

4. *Ibid.*, p. 59.

C'est dans ce cadre que la transmission par Solon du récit qu'il reçut du prêtre de Saïs est présentée comme relevant de la poésie, et ce en des termes qui lui accordent une valeur toute spéciale : « Si Solon n'avait pas fait de la poésie un passe-temps, mais s'il y avait appliqué tous ses soins comme d'autres, s'il avait donné forme à ce récit qu'il avait rapporté d'Égypte en Grèce, et (…) si les séditions et les autres maux qu'il trouva ici à son retour ne l'avaient pas forcé à négliger la poésie, ni Hésiode ni Homère ni aucun autre poète n'eût, à mon avis, jamais été plus célèbre que lui » (*Timée*, 21c-d).

Cela étant, demeure le principal pour Platon que, fondamentalement, mythologie et poésie valent ce que valent les apparences. Pour lui, comme le dit Jean-Pierre Vernant,

> il y a une entière homologie entre les modes d'expressions du peintre, avec son bariolage de couleurs, ceux du poètes ou du rhéteur, avec leurs bariolages de mots et de rythmes, et la bigarrure, la polymorphie du devenir sensible, aux apparences toujours changeantes. (…) Loin de nous inciter à rompre avec les apparences, de nous arracher aux ombres et aux reflets, l'art du poète, même lorsqu'il lui arrive d'évoquer l'être simple et permanent, le projette, en le traduisant dans sa langue d'imitation, sur l'écran multiple et bariolé du paraître [1].

Par principe, le vrai chemin de la vérité ne peut donc pas être celui du mythe. La vérité n'est pas de l'ordre du mythe, même interprété, mais de la philosophie, comme discours vérifiable et argumentatif [2]. Platon va donc ici tout à fait nettement à l'encontre de la sophistique lorsque cette dernière en vient à se revendiquer très explicitement comme « poésie de l'illusion » : de l'identification affirmée entre le réel et la manifestation, Gorgias, par exemple, tirait en effet une conception tragique du monde dans laquelle les contradictions apparentes ne peuvent se trouver réduites, par manque de référenciation possible à un être distinct et existant par lui-même. Le discours, maître des apparences, se trouvait alors parfaitement fondé, selon lui, à faire prédominer telle ou telle de ces apparences, en vue d'une pacification. Et la *persuasion* (πειθώ) du langage, dans la perspective poétique de la valorisation de *l'illusion* (ἀπάτη), était pour lui en conséquence justifiée, de la même manière que, dans la tragédie, « celui qui faisait illusion était plus juste que celui qui n'y réussissait pas, et celui qui

1. « Naissance d'images », *op. cit.*, p. 125-127.
2. Voir L. Brisson, *Platon, les mots et les mythes*, *op. cit.*, p. 152-159.

acceptait l'illusion plus sage que celui qui ne l'acceptait pas »[1]. La persuasion, l'illusion, sont ainsi des remèdes de l'âme pour Gorgias : « Il existe une analogie entre la puissance du discours à l'égard de l'ordonnance de l'âme et l'ordonnance des drogues à l'égard de la nature des corps »[2].

La dénonciation platonicienne de la poésie se doit alors d'être proportionnée au degré d'illusion que cette dernière manifeste, et c'est pourquoi le dernier livre de la *République* (X, 595-608) condamne avec force la poésie lorsqu'elle se comporte comme ces peintres dont le but n'est pas « de représenter imitativement, pour chaque être, ce qu'il est » mais « pour chaque apparence, de représenter comment elle apparaît » (598b)[3]. En fait, le passage d'une imitation qui va de l'être à l'apparence, à une imitation qui va de l'apparaître de l'être à l'apparaître de cet apparaître est davantage alors qu'un simple éloignement ontologique, déterminable en termes de degrés. De la première mimétique, dont le fabricant de lit donne un exemple, à la seconde qui peut être celle du peintre reproduisant le lit du menuisier (596a-598d), il y a une véritable rupture : nous passons d'une problématique strictement objective (*qu'est-ce* qu'un lit ?) à une problématique subjective (qu'est-ce qui *m'apparaît* être un lit ?)[4]. Cette distinction n'a naturellement pas de sens utopique puisque, dans l'*Utopie*, l'être de la cité parfaite est tout entier enveloppé dans ce qui apparaît successivement à Raphaël, à More et au lecteur.

Dans la poésie d'illusion, donc, « le poète qui fabrique le simulacre, l'imitateur, n'entend rien (…) à ce qui existe réellement, il ne connaît que ce qui relève de l'apparence » (601b)[5]. Mais le fait est que, cela, il le connaît bien, d'une certaine manière. Il ne sait pas « ce qui fait que chaque chose est médiocre ou utile. Mais, apparemment, ce qui semble beau au grand nombre et à ceux qui ne savent pas, c'est cela qu'il imitera » (602b). Ainsi, comme spécialiste des apparences, il sait qu'il est des apparences

1. J.-P. Dumont, *Les Présocratiques*, *op. cit.*, B, XI, p. 1048.

2. *Éloge d'Hélène*, § 14, dans J.-P. Dumont, *Les Présocratiques*, *op. cit.*, p. 1034.

3. J.-P. Vernant souligne fortement cette distinction entre « l'activité démiurgique » et cette « activité mimétique » (« Naissance d'images », *op. cit.*, p. 114 *sq.*).

4. *Cf.* J.-F. Pradeau, *Platon, l'imitation de la philosophie*, *op. cit.*, III, chap. IV, « Tous les lits de la *République* ».

5. « Par conséquent, posons que tous les experts en poésie, à commencer par Homère, sont des imitateurs des simulacres de la vertu et de tous les autres simulacres qui inspirent leurs compositions poétiques, et qu'ils n'atteignent pas la vérité » (600e). Socrate se résout à cette conclusion en dépit de l'affection et du respect dont il se dit possédé envers Homère depuis son enfance (595b).

plus fortes que d'autres, qui impressionnent davantage la sensibilité, comme le spectacle de la colère ou du chagrin (603c-605c), et il n'hésite pas à en faire étalage[1], en s'adressant à la partie de l'âme « qui porte jugement sans tenir compte de la mesure (παρὰ τὰ μέτρα) » (603a). Et il sait comment procéder pour faire prendre l'apparence pour la réalité. Il ne peut certes tromper ainsi que les enfants et les ignorants[2]. Mais, comme le peintre, en tant que faiseur d'illusions il peut bien être compté parmi les techniciens « producteurs », bien que d'une manière toute particulière. D'une part, ce que « produit » le sophiste n'est pas en toute rigueur une « réalité » (οὐσία)[3]. D'autre part le « savoir » du sophiste ou du poète n'est naturellement pas un vrai savoir puisque ne portant précisément pas sur ce qui est vraiment[4].

Aux fondateurs de la cité juste il revient donc de « distinguer ce en quoi consistent la science, l'ignorance et l'imitation » (598d), et en conséquence de « ne pas l'accueillir [ce poète imitatif] dans une cité qui doit être gouvernée par de bonnes lois » (605b)[5]. Cela étant, aucun contresens n'est ici possible : c'est bien cette partie imitative de la poésie qui est ici concernée, et elle seule. Socrate est très clair au début du livre X : « De quoi s'agit-il ? (...). Du rejet absolu de cette partie de la poésie qui est imitative » (595a), c'est-à-dire qui imite dans l'illusion les apparences[6]. En

1. « Il y a d'une part l'élément qui est disposé à une imitation multiple et bariolée, c'est l'élément excitable, et d'autre part le caractère réfléchi et serein, toujours égal à lui même. Celui-ci ne peut être imité facilement, et si on le représente, il n'est pas aisé de le reconnaître, surtout s'il s'agit d'une foule assemblée pour la fête ou de toutes sortes de gens réunis au théâtre, car cette imitation leur présente un état d'esprit qui leur est étranger » (604d-e).

2. Voir aussi, p. ex., *Sophiste*, 234b.

3. Ce que la définition stricte que donne le *Sophiste* de la production exige : « Lorsque quelqu'un a amené à la réalité (εἰς οὐσίαν ἄγῃ) quelque chose qui n'existait pas avant, nous disons de celui-ci qu'il "a produit", et de ce qui a été amené, qu'il "a été produit" » (219b).

4. C'est dans ces limites fortes, que souligne J.-F. Pradeau par exemple dans *Platon, l'imitation de la philosophie*, p. 137 *sq.* et 33-54, que l'on doit pourtant reconnaître avec cet auteur que, « si le sophiste doit être compté parmi les techniciens "producteurs", parmi les poètes, c'est dans la mesure où il produit effectivement une illusion, nommément le simulacre qu'est le φάντασμα » (p. 137).

5. Voir aussi 606e-608b.

6. G. Leroux a en ce sens tout à fait raison de souligner que « l'hommage à Homère (b9-c2) est sincère et [que] ce n'est pas toute la poésie qui est rejetée, comme déjà l'exposé antérieur l'avait montré (III, 394b-398b), mais seulement cette poésie qui ne se conforme pas aux modèles d'une théologie exemplaire » (n. 1, p. 715). E. Panofsky souligne ce que doit cette lecture de Platon à la réception néoplatonicienne et aristotélicienne des *Dialogues*, particulièrement à la Renaissance. Cf. *Idea*, Paris, Gallimard, 1989, p. 17-23. Il rappelle

contrepoint, il est alors possible d'envisager un usage philosophique de l'image, la condition principielle en étant naturellement la pleine conscience de l'écart qui sépare l'image de la chose, c'est-à-dire le savoir maîtrisé de la nature d'une image, de ce par quoi elle est proprement « image » en tant qu'elle n'est pas ce dont elle est image, et qui apparaît, seulement, par elle sous certains aspects [1].

Premièrement et fondamentalement, l'image concernée peut être immédiatement l'image-copie (εἰκών). Les *Lois*, II en exposent les conditions très générales :

> N'est-il pas vrai que pour chacune des images (περί ἑκάστην εἰκόνα), que ce soit en peinture, dans le domaine des Muses ou dans tout autre domaine, pour être un juge sensé il faut satisfaire à ces trois critères : d'abord savoir en quoi consiste l'image, puis comment on la réalise correctement, puis, en troisième lieu, comment on la fait de bonne qualité par le moyen de la parole, du chant et du rythme (669a-b).

Particulièrement, si la peinture peut servir de paradigme à la poésie imitative, elle peut également donner à penser l'œuvre des fondateurs de la cité juste visant la réalisation d'une copie sensible de la réalité intelligible : nous savons que la *République* ne voit aucun bonheur possible dans un État, « si l'esquisse n'en a été tracée par ces artistes peintres qui travaillent selon le modèle divin » (VI, 500e).

Mais l'image philosophiquement utile peut être aussi formée, paradoxalement, en tant que φάντασμα, cette image à vocation illusoire, mais à l'exclusive condition cependant qu'il n'y ait pas alors de méconnaissance de ce caractère illusoire, que l'illusion qu'elle génère soit sue comme illusion, autrement dit qu'il n'y ait pas vraiment en fait d'illusion à son propos. Construire un mythe n'est pas, réellement, fabriquer une vraie cité. Alors, l'objet du mythe philosophique n'est pas seulement ce qui n'est pas directement intelligible (comme les dieux, le sort des âmes après la

pourtant que l'érection en valeur universelle de la beauté par Platon n'est pas pour rien dans la promotion des arts plastiques.

1. « Pour tout ce qui généralement est image (…) on ne doit même pas tout rendre de ce qu'est qualitativement l'objet dont on fait une image, et si ce doit être une image. (…) N'as-tu pas le sentiment de tout ce qui manque aux images pour être les choses mêmes dont elles sont les images ? (…) Il y aurait à coup sûr de quoi rire dans la situation où les noms mettraient les choses dont ces noms sont les noms, s'ils devaient en tout et de tout point leur être semblables : elles deviendraient toutes en effet, je pense, des doubles, et d'aucune d'elles il n'y aurait moyen de dire lequel de ces doubles est la chose elle-même et lequel est son nom » (*Cratyle*, 432b-d). Voir sur ce point M. Dixsaut, *Le Naturel philosophe*, *op. cit.*, p. 332-342.

mort ou la totalité du monde). Ce peut être aussi ce qui est parfaitement intelligible, comme l'essence de la vraie cité. Mais c'est du coup en portant sur son existence, inaccessible elle à l'intelligence, que le mythe va trouver sa fonction propre : tel est le statut du mythe de l'Athènes ancienne du *Critias*, mythe à la fois éthique, politique et ontologique en conséquence, qui présente de façon sensible la Forme de la vraie cité pensée philosophiquement dans la *République*.

L'utopisme est patent dans cette dernière fabrication : une essence donnée existante, en un processus certes illusoire mais qui n'a pourtant pas vocation à tromper sur ce qui est vraiment. La différence platonicienne demeurant que ce qui est vraiment ne peut jamais être vraiment sensible, ce que l'utopie admet, elle, d'emblée.

Pour un mythe philosophique

Rêver le réel ?

La référence platonicienne au rêve est de ce point de vue tout à fait éclairante. Nous l'avons dit, alors que le rêve avait généralement pour les Grecs le statut d'*apparition*, avec Platon il devient image. Les différents moments de la science que les *Dialogues* s'emploient à constituer s'articulent parfaitement en cela : l'explication physiologique donnée dans le *Timée* (71b) prolonge en effet l'analyse philosophique de la *République*, pour laquelle « rêver, n'est-ce pas la chose suivante : que ce soit dans l'état de sommeil ou éveillé, croire que ce qui est semblable à quelque chose ne lui est pas semblable, mais constitue la chose même à quoi cela ressemble ? »[1]. C'est en ce sens que Socrate apostrophe les philosophes-rois supposés, dans ce dernier dialogue :

> Quand vous y serez habitués, en effet, vous verrez dix mille fois mieux que ceux de là-bas, et vous saurez identifier chacune des figures : ce qu'elles sont, de quoi elles sont les figures, parce que vous aurez vu le vrai concernant les choses belles, justes et bonnes. De cette manière, la cité sera administrée en état de vigilance par vous et par nous, et non en rêve (ὄναρ), comme à présent, alors que la plupart sont administrées par des

1. « Mais alors, pour prendre le cas contraire, celui qui pense que le beau en soi est quelque chose ‹ de réel › et qui est capable d'apercevoir aussi bien le beau lui-même que les êtres qui en participent, sans croire que les êtres qui en participent soient le beau lui-même, ni que le beau lui-même soit les choses qui participent de lui, à ton avis, celui-là vit-il aussi à l'état de veille ou vit-il en songe ? – A l'état de veille, dit il, bien sûr » (*République*, V, 476c-d).

> gens qui se combattent les uns les autres pour des ombres et qui deviennent factieux afin de prendre le pouvoir, comme s'il y avait là un bien de quelque importance (VII, 520c).

Le rêve prend les ombres pour la réalité, et donc la politique ordinaire rêve. Celle qui convient en revanche, la pratique politique effective en vérité, suppose la connaissance de ce qui est vraiment, et avec cela la claire conscience de la distance ontologique entre le réel et sa copie sensible. Autrement dit, la politique qui convient n'est pas utopique. Ignorant cette double exigence, les politiques actuels, non seulement n'agissent pas droitement, mais encore leur tendance à absolutiser la valeur de leurs réalisations les conduit, en une étape ultime, à prendre le moyen pour la fin, c'est-à-dire le *pouvoir* de faire être dans l'existence sensible ce qui est vraiment, en soi, pour un *bien* par lui-même.

Cela étant, c'est aussi comme « rêve » (τὸ ἐνύπνιον) que Platon désigne son projet de fondation politique, toujours dans la *République* (IV, 443b). Mais la notion est alors utilisée pour désigner la possibilité de donner une *image* (εἴδωλον) de la justice recherchée au début du dialogue. Le « rêve » est ici que l'intelligible (ce qu'est la justice) s'offre de façon visible. La première cité a été présentée en ce sens : « Ainsi donc, notre rêve a été parfaitement accompli, ce rêve qui, comme nous le disions, nous laissait entrevoir, dès les premières esquisses de la construction de notre cité, que nous serions peut-être amenés, grâce à un dieu, à tomber sur un principe et un certain modèle de la justice. »[1] Le « rêve » appelle *l'image*, se nourrit d'images, en ce paradoxe platonicien qu'avec ce projet initial de donner à penser la justice de l'âme, réalité dont on cherche la Forme, « l'image » en vient à être finalement la Forme même de la cité. Il y a en tout cas manifestement place chez Platon pour un « rêve philosophique », dont la fonction méthodologique, comme le dit Henri Joly, « loin d'être "utopique" et de faire seulement voir et rêver, est de permettre d'accéder aux paradigmes »[2].

1. IV, 443b-c. « Il s'agissait donc là, Glaucon, d'une image de la justice, une image qui nous a soutenus, à la pensée que celui qui est par nature cordonnier a raison d'exercer sa tâche de cordonnier et nulle autre, et le charpentier de construire des charpentes, et ainsi des autres tâches » (IV, 443c).

2. H. Joly, *Le Renversement platonicien*, *op. cit.*, p. 334. Voir aussi M. Dixsaut, n. 42 à son édition du *Phédon*, p. 324. Dans le *Philèbe*, à propos de l'hypothèse d'une troisième vie, Socrate évoque le souvenir de « certains discours, que j'ai entendus il y a longtemps et comme en rêve – ou peut-être éveillé » (20b). Voir aussi *Charmide*, 173a ; *Théétète*, 201c-d ; *Lois*, 800a, 960b.

Du rêve philosophique au mythe philosophique: c'est ainsi que l'imitation de la pratique artistique, effective, de l'imitation conduit Platon à l'exigence théorique d'un usage des mythes qui soit réglé par une conception philosophiquement correcte de l'imitation, c'est-à-dire qui ordonne l'apparence à l'être véritable. Il ne s'agit ainsi plus d'imiter, dans l'illusion, ce qui, inscrit dans le devenir sensible, est déjà une copie de ce qui est vraiment, mais de présenter en substitut de cette copie une image qui soit, elle, et autant que faire se peut, immédiatement représentative, dans une adéquation à l'être qui en légitime l'apparence d'existence. C'est pourquoi, comme le dit Jean-François Mattéi, « en dépit des apparences, le miroir du mythe ne se confond pas avec les jeux d'illusion auxquels se complaît le langage des sophistes. Le récit platonicien, du fait de sa nature *iconique*, échappe à la deuxième forme de la *mimesis*, l'art *fantastique* des idoles et des fantasmes, que Platon met en question de façon constante de la *République* au *Sophiste* »[1].

Au regard des deux discours de référence du *Timée*, 29b-c[2], le « mythe philosophique » est ainsi comme un troisième discours, exposant le sensible au plus près de la vérité des essences[3].

1. *Platon et le miroir du mythe*, *op. cit.*, p. 6-7. Cela étant, selon cet auteur, « il est bien difficile, dans l'œuvre platonicienne, de trouver une limite franche entre le terrain philosophique et le terrain mythique. (...) Tendue entre le mythe et la raison, le récit et l'argumentation, la persuasion et la certitude, la philosophie platonicienne naît ainsi comme *mythologie*, entrelaçant de manière indissociable les deux voies par lesquelles le monde accède à la parole. Si certains contextes opposent radicalement le *logos*, comme discours vrai, au *muthos*, comme discours illusoire (*Phédon*, 61b4), d'autres rapprochent le *muthos* du *logos* (*Timée*, 29d2, 68d2, 69b1) au point même de les confondre (*Phédon*, 114d7 ; *Gorgias*, 523a2), les deux termes étant pris indifféremment l'un pour l'autre (*Phédon*, 67c5 ; *Rép.*, 365e3) » (p. 3-4). Il demeure pour lui que, si l'on passe des termes à « la chose même », à ce dont il s'agit dans tel ou tel discours, l'opposition est tout à fait nette entre la parole mythique et la parole dialogique. Voir aussi *L'Ordre du monde*, *op. cit.*, p. 50-52.

2. « D'un côté donc, tout discours qui porte sur ce qui demeure, sur ce qui est stable et translucide pour l'intellect, cela ne doit en rien manquer d'être stable et inébranlable, pour autant qu'il convient à un discours d'être irréfutable et invincible ; d'un autre côté, tout discours qui porte sur ce qui est la copie de ce dont on vient de parler, parce qu'il s'agit d'une copie, entretient avec la première espèce de discours un rapport d'image à modèle. Ce que l'être est au devenir, la vérité l'est à la croyance » (29b-c).

3. Ainsi, ce « miroir [du mythe] présente la particularité de mettre en mouvement ce qui est immobile, d'engendrer ce qui est inengendrable, ou, pour mieux dire, d'animer la structure intelligible pour en faire une genèse qui soit adaptée à des êtres apparus *dans le temps* » (J.-F. Mattéi, *Platon et le miroir du mythe*, *op. cit.*, p. 16).

Le nécessaire contrôle philosophique

Cela ne va certes pas sans difficultés. Le *Timée* en prévient : « Ceux qui sont des imitateurs arrivent à imiter avec la plus grande facilité et la plus grande perfection ce qui est familier au monde dans lequel ils ont été élevés ; en revanche, on a beaucoup de difficultés à bien imiter en acte et plus encore en paroles un monde dans lequel on n'a pas été élevé » (19d-e). Ce n'est pas qu'il ne soit pas plus facile pour un poète, nous le disions plus haut, d'*évoquer* ce dont personne n'a de connaissance directe, comme les dieux, plutôt que les affaires humaines où chacun peut plus aisément juger de la correction de l'imitation (*Critias*, 107a-e). Mais ce dont il s'agit maintenant, ce n'est pas de la difficulté à être cru, mais de la vérité : il est certes facile pour un poète de dire n'importe quoi sur ce qui est invérifiable, mais le plus difficile, au regard de la vérité, c'est d'imiter avec rigueur *ce qui est*, lorsque cela se trouve ne pas être ce dont on est familier. Dans la différence des perspectives, la thèse est donc bien la même dans le *Timée* et dans le *Critias* : le plus difficile est de parler des affaires humaines *en vérité* (c'est-à-dire d'un point de vue dont la plupart ne sont pas familiers), et le plus facile est de parler de choses célestes ou divines *selon les simples apparence* (c'est-à-dire du simple point de vue de la vraisemblance), dans un cadre général où peut être *bien* imité seulement ce que l'on connaît bien[1]. Cela ne peut donc se faire que sous la responsabilité philosophique, soit que les philosophes usent eux-mêmes du mythe, soit que, lorsqu'ils ont à assumer la charge du gouvernement de l'État, ils règlent la production poétique selon leurs fins. Autrement dit : « Aux fondateurs il revient de connaître les modèles (τύπους) suivant lesquels les poètes doivent composer leurs récits. »[2]

Cela étant, Platon prend soin d'ajouter : « Il n'appartient pas aux fondateurs de composer eux-mêmes les récits. » C'est que la tentation en est forte : par son statut propre de « discours imitatif », la philosophie dans la pureté de sa visée noétique se trouve en effet être en compétition formelle très directe avec la poésie, dont l'objet est pourtant tout autre. La

1. Nous ne partageons donc pas ici la présentation de L. Brisson qui souligne dans ces deux passages « les termes radicalement différents », en estimant le développement du *Critias* « un peu confus » (éd. du *Critias*, p. 380-381, n. 17 et 21). L. Brisson renvoie aux p. 81-83 de son *Platon, les mots et les mythes*.

2. *République*, II, 379a. Cf. *Lois*, II, 656d *sq*. Voir particulièrement V. Goldschmidt, *Questions platoniciennes*, chap. VII. Voir aussi M. Sekimura, « Le statut du *Tupos* dans la *République* de Platon », *Revue de Philosophie ancienne*, n° 2, 1999.

distinction des objets est ici fondamentale. Mais alors en retour, et à la condition clairement exprimée de cette distinction, des rapprochements comme celui qu'offrent les *Lois* deviennent cependant possibles. Ce dialogue va en effet jusqu'à identifier, dans la perspective qui est la sienne, le discours de l'Athénien à un véritable poème tragique. Aux poètes qui demanderaient droit de cité aux fondateurs, il est en effet répondu :

> Auteurs de tragédie nous le sommes nous-mêmes, et, dans la mesure de nos forces, de la plus belle et de la meilleure ; en tout cas, la constitution politique en son ensemble que nous proposons se veut une imitation de la vie la plus belle et la meilleure, et c'est vraiment là, à notre avis du moins, la tragédie la plus authentique. Cela dit, si vous êtes des poètes, nous le sommes aussi et pratiquant le même genre, nous sommes vos rivaux dans la fabrication et la représentation du drame le plus beau, celui que seule est naturellement apte à mener à son terme la loi véritable. Telle est notre espérance (VII, 817b).

Il n'y a pas ici de remise en cause de la thèse de la *République*. D'abord, très immédiatement, on peut dire que si le philosophe-fondateur d'État exprime effectivement l'essence de la tragédie, c'est-à-dire l'imitation, c'est à cette différence près qui n'est pas rien qu'il s'agit pour lui d'imiter « la vie la plus belle et la meilleure », celle que la loi structure lorsqu'elle est « véritable », c'est-à-dire conforme à la vérité. Plus précisément, Létitia Mouze a raison de remettre en cause les interprétations ordinaires qui voient dans ce passage un simple témoignage de plus de la rivalité entre philosophie et tragédie en considérant que l'on doit pleinement accepter le statut de « tragédie » de la πολιτεία des *Lois* dans la mesure où,

> tout d'abord, la cité mise en place ne l'est pas dans les faits (ἔργῳ), mais seulement en parole (λόγῳ), de la même façon qu'une tragédie n'est pas une action réelle, mais fait être une histoire au moyen du λόγος. En outre, contrairement aux autres *Dialogues* de Platon, les *Lois* ne sont pas uniquement un dialogue cherchant à définir des concepts (le juste, le beau, la cité idéale, etc.), mais la création d'une organisation politique qui naît et se développe sous les yeux du lecteur, et dont la législation, à partir du livre VII, suit les phases chronologiques de l'existence humaine [1].

1. « La dernière tragédie de Platon », *Revue de Philosophie ancienne*, t. XVI, n° 2, 1998, p. 98. Sur ce passage des *Lois*, VII, voir aussi particulièrement V. Goldschmidt, *Questions platoniciennes*, chap. VIII.

En ce qui concerne ce dernier point, dans *Le Législateur et le poète. Une interprétation des* Lois *de Platon*[1], cet auteur insiste en conséquence sur l'importance générale de la poésie dans le processus éducatif des *Lois*. Alors que la *République* voyait d'abord, dans une perspective de détermination de la Forme, l'éducation comme devant permettre le commandement de la raison par les philosophes-rois, dans les *Lois* c'est de l'éducation des affects dont il s'agit principalement, puisque l'objet est ici de préciser les modalités de l'existence effective de ce pouvoir de la raison, et que cela impose de maîtriser (et non de faire disparaître) ce qui meut immédiatement le peuple[2]. Il se trouve que cela confère paradoxalement à la poésie, certes sous le contrôle philosophique de principe affirmé dans la *République*, II, III, un statut constitutif fondamental. Et c'est dans ce cadre que le législateur se trouve redéfini comme poète, et plus précisément comme tragédien :

> Régie par la loi, [la cité des Magnètes] l'est en effet du même coup par une nécessité comparable à celle qui prévaut dans les tragédies grecques. Le règne de la loi signifie qu'au mal commis correspond nécessairement un mal subi, qui n'est autre que la punition par la loi. Dès lors, si la cité des *Lois* est pour cette raison une tragédie, elle est aussi « la tragédie *la plus vraie* » dans la mesure où elle incarne le principe fondamental de la philosophie platonicienne : l'homme juste est heureux (récompensé par la loi) et l'homme injuste malheureux (puni par la loi) (p. 415).

Et en retour, la fin du livre III fait de « la transgression des lois sur la musique par les poètes le premier moment de la décadence en ce qu'elle ouvre la voie au non respect des lois en général » (*ibid.*).

Le commandement doit donc toujours demeurer à la raison, et exclut que les fondateurs de l'État puissent laisser les poètes s'exprimer sur les mêmes questions que les philosophes s'ils disent le contraire de ces derniers. En revanche, s'il arrive que les chants des poètes « s'avèrent être identiques aux nôtres, ou mêmes meilleurs », ils seront acceptés (817d). Cette position de principe valait déjà en priorité pour l'éducation des gardiens présentée aux livres II et III de la *République*. « Il nous faut donc commencer, semble-t-il, par contrôler les fabricateurs d'histoire.

1. Villeneuve d'Ascq, Presses universitaires du septentrion, 2005. *Cf.* aussi, sur cette question, « Le conflit entre le poète tragique et le philosophe dans la *République* de Platon », Rationalité tragique, S. Alexandre et O. Renaut (éd.), Zetesis – Actes des colloques de l'association, n°1, 2010, [En ligne] http://www.zetesis.fr/actes/spip.php?article15.

2. Dans le *Gorgias*, la tragédie était analysée comme une rhétorique à l'usage des foules, une flatterie visant avant tout le plaisir (502ab). C'est cela qu'il s'agit d'ordonner.

Lorsqu'ils en fabriquent de bonnes, il faut les retenir, et celles qui ne le sont pas, il faut les rejeter» (II, 377b-c)[1]. Plus précisément, en ce qui concerne les poèmes homériques que Platon, on le sait, ne cesse de citer[2], il convient de distinguer entre les faits ou les figures qui les peuplent et la façon qu'a Homère de les présenter, comme par exemple dans sa relation des actes et de la personnalité d'Achille ou d'Ulysse, qui ont bien existé et dont la tradition orale à laquelle Homère donne forme a permis de conserver la mémoire. Autrement dit, il convient ici de reprendre philosophiquement le récit pour en assurer la bonne valeur pédagogique.

Ce «contrôle» concerne particulièrement les mythes qui donnent à penser les dieux. Le fait est que les rectifications induites ne pouvaient *a priori* choquer, dans la mesure où, comme le soulignent Louise Bruit Zaidman et Pauline Schmitt Pantel, à l'âge classique «c'est l'observation des rites et non la fidélité à un dogme ou à une croyance qui assure d'abord la permanence de la tradition et la cohésion de la communauté»[3]. Et ce d'autant plus que Platon n'était pas le premier à critiquer les récits des poètes lorsqu'ils dépeignent les dieux comme des êtres immoraux[4].

Ainsi selon Platon, principalement, la divinité, ne peut être en rien, par sa nature, la cause du mal :

> Le dieu, puisqu'il est bon, ne serait pas non plus – comme la plupart des gens le disent – la cause de tout, mais il n'est la cause que d'un petit nombre de choses qui adviennent aux être humains, et de la plus grande part, il n'en est pas la cause. Car pour nous, les biens sont en nombre beaucoup plus restreint que les maux : pour les biens il ne faut chercher aucune autre cause que lui, mais pour les maux, il faut en chercher d'autres causes et ne pas en rendre le dieu responsable[5].

Homère ne peut en conséquence être enseigné lorsque, par exemple, dans l'apologue des deux jarres dans l'*Iliade*, XXIV, 527-529, il fait de Zeus un «dispensateur qui alloue les sorts heureux ou malheureux» ou lorsqu'il le fait vouloir, assisté d'Athéna, la violation des serments et des trêves dans ce passage du chant IV de l'*Iliade* (64-104) où l'archer troyen Pandare décoche traitreusement une flèche à Ménélas, ou encore lorsqu'au

1. Voir aussi X, 607b-608b.
2. *Cf.* J. Labarbe, *L'Homère de Platon* [1949], Paris, Les Belles Lettres, 1987.
3. *La Religion grecque dans les cités à l'âge classique*, Paris, Armand Colin, 2007, p. 19.
4. *Cf.* Héraclite, fragment B XLII et B LVII DK ; Xénophane, fragment B I, XI, XII DK ; Pindare, *Néméennes*, VII, 23, *Olympiques*, I, 35-37, IX, 35-42.
5. *République*, II, 379c.

début de l'*Iliade*, II, il fait envoyer par Zeus à Agamemnon un songe trompeur qui lui fait croire en une victoire proche [1].

Le poète « doit en revanche affirmer, d'une part, que le dieu est l'auteur d'œuvres justes et bonnes et, d'autre part, que ceux qui ont été châtiés en ont tiré un bienfait » (II, 380b). L'enjeu est ici de ne pas inciter à voir le mal, en le présentant sous une figure transcendante, comme pouvant relever de la vérité, de l'être [2], tout en amenant pourtant à une perception immédiate d'un nécessaire dépassement intelligible du contenu des actions humaines, en une certaine approche de la perfection. Cela implique du même coup que soient exclus les récits qui décrivent les métamorphoses des dieux (380d-383c) : ce qui change de forme, en effet, n'est évidemment pas parfait. Le poète, qui doit être porteur d'une image de la vérité de l'être, de son immutabilité essentielle, doit l'évoquer en faisant que tous comprennent bien que chaque dieu, « parce qu'il est le plus beau et le meilleur possible, demeure dans sa forme propre éternellement et absolument » (381c). Dans l'éducation à valeur philosophique des gardiens, la fonction générale des mythes, est ainsi tout à fait simple : susciter la vénération envers les dieux, afin que les gardiens puissent devenir « divins eux-mêmes, pour autant qu'il soit possible à un homme de le devenir » (383c). Devenir « divin » pour un homme, pour un gardien, enveloppe en conséquence un rapport à la guerre qui ne peut prendre pour modèle ces récits où

> les dieux font la guerre aux dieux, (…) se tendent des pièges, (…) se battent (…) si nous voulons que les futurs gardiens de la cité considèrent comme le déshonneur le plus grand de se traiter mutuellement d'ennemis à la légère. Ces histoires de combats de géants, et toutes ces querelles de toutes sortes, qui conduisent des dieux et des héros à affronter leurs proches et ceux de leur entourage, qu'on évite de les raconter et de les représenter en peinture [3].

1. *République*, II, 379c-e.

2. Dans la cité juste, « il ne convient [pas] de dire à un jeune auditeur qu'en commettant les crimes les plus graves, il ne fait rien qui puisse scandaliser, et qu'en malmenant de toutes les façons un père lui-même injuste, il ne fait que se conformer à l'exemple des premiers et des plus grands dieux » (378b).

3. *République*, II, 378c.

C'est ainsi que, dans les mythes platoniciens, les luttes pour la souveraineté qui opposent Kronos et Zeus sont remplacées par de pacifiques relations de succession et de continuité[1].

Mais « devenir divin », cela signifie aussi ne pas craindre la mort, et il faut encore contrôler en ce sens les propos des poètes (III, 386a-389b), et refuser qu'ils représentent leurs héros se plaignant et gémissant. Plus généralement, la mesure est divine et les diverses sortes d'intempérance dont les mythes ne cessent d'offrir les tableaux[2] ne sont pas en conséquence acceptables.

Utopisme du rire ?

Cela concerne en particulier le rire qui porte en lui l'excès : « Il ne faut pas non plus [que les gardiens] soient portés à rire. Car, il faut insister là-dessus, lorsque l'on s'abandonne à un rire violent, la modification que ce rire provoque sera elle aussi violente. (…) Il sera donc inacceptable de représenter des hommes de grande valeur incapables de résister au rire, et encore moins s'il s'agit de dieux » (388e-389a).

Le rire est pourtant intégré, d'une certaine manière, dans le projet pédagogique des *Lois*. L'éducation à la vertu y implique en effet la connaissance de ce qu'il ne faut pas imiter, en même temps que l'imitation de ce qui est bien. La comédie, « le divertissement par le rire que nous appelons tous "comédie" » (816e), y est justifiée et établie en conséquence par la loi.

> Il faut maintenant observer et juger les corps laids, les pensées laides et ceux qui se sont consacrés à la dérision qui se réalise dans la parole, le chant, la danse et les imitations comiques de tout cela. Car il n'est pas possible de connaître ce qui est sérieux sans connaître le ridicule, ni d'ailleurs de connaître quoi que ce soit sans connaître son contraire, si l'on cherche à devenir un homme de réflexion ; il n'est pas possible non plus de pratiquer l'un et l'autre, si l'on cherche à avoir part si peu que ce soit à la vertu. Une autre raison d'acquérir cette connaissance est d'éviter de faire ou de dire par ignorance quoi que ce soit de ridicule, alors que rien ne l'impose. C'est aux esclaves et aux étrangers qui reçoivent un salaire qu'il faut prescrire d'imiter ce genre de choses, mais elles ne doivent

1. Cf. *Gorgias*, 523a, où Socrate fait partager à Kronos son empire entre Zeus, Poséidon et Pluton ou le *Politique*, 272d, qui fait s'achever le règne de Kronos et commencer celui de Zeus lorsque « fut arrivée l'heure d'un changement ».

2. Ainsi les passages de l'*Odyssée*, IX, 8-10, qui célèbrent la vie de plaisirs des Phéaciens, ou les épisodes mettant en scène le libertinage des dieux (*Iliade*, XIV, 294-296 ; *Odyssée*, VIII, 266-360).

> jamais à aucun degré être l'objet d'une attention sérieuse, et l'on ne doit jamais voir aucune personne libre, homme ou femme, les apprendre; et ces imitations-là doivent toujours apparaître comme quelque chose d'incongru (816d-e)[1].

Alors que la *République* condamnait assez simplement la comédie[2], la mise en perspective qui leur est propre de la tragédie permet aux *Lois* d'autoriser en revanche la présence de la première, voire l'impose. En effet, le modèle que l'œuvre législatrice elle-même offre de la vraie poésie tragique rend possible de distinguer entre ce qui est « sérieux » (σπουδαῖα) et ce qui ne l'est pas, soit d'une part les productions des mauvais poètes tragiques, usurpateurs de sérieux, d'autre part la comédie qui, elle, ne vise clairement que le «risible» (γελοῖον) et pas le sérieux[3]. Et c'est ainsi qu'elle peut être intégrée, pour ne pas avoir, elle, les prétentions éthiques et politiques de la mauvaise tragédie, prétendument sérieuse, et donc à exclure en revanche.

Reste, naturellement, à déterminer les conditions de cette pratique imitative pour qu'elle ne devienne pas elle-même objet d'imitation, mais demeure au contraire représentation de ce qu'il ne faut pas imiter. Comme pour la *République*, il s'agit de connaître ce qui est laid pour savoir ce qu'il ne faut pas imiter[4], mais à cette différence près qui n'est pas rien que les *Lois* envisagent, elles, d'offrir en spectacle avec la comédie ce qu'il ne faut pas imiter. L'exigence est alors fondamentalement double. Premièrement que le spectateur ne soit pas tenté de s'identifier aux acteurs : ces derniers seront en conséquence des étrangers ou des esclaves. Deuxièmement qu'il ne soit pas non plus tenté de se reconnaître dans les personnages : ce ne

1. *Cf.* E. Jouët-Pastré, «Les Imitations comiques dans les *Lois*», *Kairos*, 2002, n° 19, p. 97-109, qui estime que ces imitations comiques ne semblent pas devoir être réservées aux seuls législateurs, mais ont vocation à s'adresser à l'ensemble des citoyens (p. 99).

2. « Si tu écoutes dans une représentation de théâtre ou dans une conversation privée une pitrerie que tu aurais honte de faire pour provoquer le rire, et que tu y prends par ailleurs un réel plaisir au lieu d'en mépriser la médiocrité, ne produis-tu pas le même effet que dans les sentiments de pitié ? Ce désir de provoquer le rire que tu contenais en toi-même par ta raison, de crainte de passer pour un pitre, tu lui donnes alors libre cours, et lui ayant donné en cette occasion la fougue de la jeunesse, souvent tu perds conscience du fait que tu t'es excité dans la compagnie de tes proches au point de devenir un fabricant de farces » (X, 606c).

3. E. Jouët-Pastré, dans *Le Jeu et le sérieux dans les* Lois *de Platon*, voit dans cette distinction du « sérieux » et du « risible » de quoi éclairer de façon centrale le sens et les enjeux des *Lois*.

4. « Il convient certes de connaître les fous, comme les hommes et les femmes méchants, mais il ne faut aucunement agir à leur manière ni les imiter » (396a).

seront pas les citoyens qui seront mis en scène[1]. Et du coup aussi, les représentations comiques devront varier pour que le spectateur ne risque pas de prendre l'habitude d'imiter ce qui se répète. Là encore, la *République* l'avait déjà dit, « les imitations, si dès la jeunesse on ne cesse de les développer, se transforment en habitudes et deviennent une autre nature, tant pour le corps et la voix que pour l'esprit » (395c-d). Et avec tout cela, il convient que le comique s'exerce dans la mesure et la légèreté[2], ce qui induit d'ailleurs ce paradoxe que relève Emmanuelle Jouët-Pastré, que « *les imitations comiques imitent d'une certaine façon ce qu'il faut faire* »[3].

Le rire est utopique, nous le soulignions au chapitre I. On ne peut pourtant pas reconnaître un utopisme dans ce statut de la comédie que les *Lois* mettent en place. Le rire innerve en effet l'*Utopie*, comme mode d'être de ce qui n'est que par la représentation décalée, oblique, qu'elle en donne. Le « sérieux » utopique est ainsi tout entier porté par le « risible ». A l'origine des ruptures de sens qui permettent la critique, il témoigne immédiatement par sa présence méthodologique de sa fin, de ce qu'il fait ainsi être, c'est-à-dire le bonheur essentiel de la vraie cité. Utopie est fondamentalement hédoniste et le rire, certes mesuré et adapté, est un vrai plaisir. On peut d'ailleurs ici prolonger l'écart utopique au regard de l'ontologie platonicienne en faisant référence à Démocrite. Erasme constate ainsi que, « si « l'amusement de l'esprit » peut gagner l'approbation de More, c'est parce que, « dans le train ordinaire de la vie », il tient de Démocrite[4]. Le « rire de Démocrite »[5] : le thème est un lieu commun de la littérature renaissante. Symbole d'une conscience critique, démystificatrice, qui s'en prend aux croyances et aux illusions, et avec elles, au moins de manière enveloppée, à leur arrière-plan idéaliste, ce rire ainsi attribué évoque alors sans conteste une approche matérialiste. Selon Olivier Bloch en effet, s'il

1. Cf. *Lois*, XI, 935e-936a.

2. Cf. *Lois*, XI, 935-936.

3. « Les Imitations comiques dans les *Lois* », *op. cit.*, p. 107.

4. *Éloge de la folie*, dans *Éloge de la folie. Adages. Colloques. Réflexions sur l'art, l'éducation, la religion, la guerre, la philosophie. Correspondance*, C. Blum, A. Godin, J.-C.Margolin et D. Ménager (éd.), préface de J.-C. Margolin, Paris, Robert Laffont, 1992, p. 7.

5. Voir Hippocrate, *Sur le rire et la folie*, trad. Y. Hersant, Paris, Rivages-poche, 1979. Il convient d'attribuer les *Lettres* qui y sont présentées, non à Hippocrate lui-même, mais « à un imposteur, aidé peut-être de complices » (Y. Hersant, *op. cit.*, p. 7). Venu soigner Démocrite, Hippocrate finira par comprendre que ce n'est pas Démocrite qui est fou, mais ses compatriotes les Abdéritains, et que ce sont eux qui ont besoin de remèdes.

est une attitude caractéristique qui permet aux matérialistes de tous les temps de se reconnaître et de se retrouver, ce

> pourrait bien être le *rire* matérialiste, depuis l'image conventionnelle dans laquelle l'Antiquité opposait Démocrite qui rit à Héraclite qui pleure, jusqu'aux « Ah ! Ah ! » que Lénine, dans ses *Cahiers*, se contentait d'inscrire en face des formules les plus idéalistes de Hegel, en passant par le sarcasme du philosophe épicurien Métrodore devant les graves figures des législateurs que la tradition bien-pensante enjoint de respecter, l'ironie légère de Spinoza dans sa réponse à un correspondant convaincu de l'existence des spectres, celle, plus cinglante, des matérialistes du XVIIIe siècle envers la religion, et la verve polémique de Marx et Engels contre les lubies des jeunes hégéliens et autres [1].

Le matérialisme n'a certes pas le monopole du rire et de la critique, pas plus naturellement que l'utopie. Et, comme le dit Dominic Baker-Smith, si le fait de railler et de se moquer démontre « la conscience constante de More que les formes officielles de l'ordre social ne [peuvent] jamais contenir la réalité, pas plus que la signification littérale des mots ne [peut] contenir les possibilités d'invention du langage », on peut considérer que « son but est, en un sens véritablement socratique, de libérer l'imagination morale » [2]. Le principal demeure pourtant que l'écriture utopique est signifiante par elle-même : comme image de l'être, sa négativité exprime les possibilités de l'être même, ce qui n'est certainement pas compatible avec l'ontologie platonicienne.

Reste que le caractère pédagogique de la représentation, en l'occurrence ici comique, relève d'un important utopisme. Avec le statut qu'elles réservent à la comédie les *Lois* seraient donc davantage utopiques que la *République*, naturellement dans ce renversement d'une présentation de ce qui ne doit pas être à une stimulation à faire être ce qui est imaginé, pour ce faire, comme être vrai. Mais alors du coup, si est utopique que la représentation fait être ce qui est, ce serait en fait la « tragédie constitutionnelle » que les *Lois* dessinent qui mériterait le mieux de l'être.

Demeure pourtant le principal que, dans l'ontologie platonicienne le vecteur va de l'être à ce qui est imité, au risque d'une perte d'intelligibilité de l'être. Et c'est pourquoi, dans la *République*, il ne faut pas d'abord que les gardiens soient des imitateurs (394e-395b). Mais, de même qu'une

1. *Le Matérialisme*, *op. cit.*, p. 11-12.

2. *More's* Utopia (1991), Toronto-Buffalo-London, University of Toronto Press, 2000, p. 39 ; 45.

doctrine philosophique correcte des mythes doit articuler une condamnation de principe à un usage philosophique rendu nécessaire par le caractère non-divin des hommes auxquels il faut pourtant faire entendre le langage de l'être, de même puisque les gardiens, aussi, sont des hommes, on ne peut exclure qu'il leur arrive, à eux aussi, de se plaire à imiter, et ce faisant de « mentir » en imitant ce qu'ils ne sont pas, ou pas encore. Alors, impérativement, « s'ils doivent imiter quelque chose, qu'ils imitent ce qu'il leur convient d'imiter dès l'enfance, des hommes courageux, modérés, pieux, libres et tout ce qui s'en rapproche » (395c). Dans cette même perspective, parce que c'est un homme, « un homme mesuré, lorsque dans son récit il tombe sur quelque expression ou action d'un homme de bien, consentira à prendre la parole comme s'il était cet homme-là, et il n'aura pas honte de cette imitation, surtout s'il imite cet homme bon dans une action ferme et sensée » (396c).

De la *République* aux *Lois* : si dans les *Lois*, nous le disions, il est d'abord question de l'éducation de chacun, et non essentiellement de ceux qui sont appelés à diriger la cité, ce qui vaut dans la *République* pour cette dernière perspective vaut cependant encore dans les *Lois* : à côté du spectacle de l'imitation comique de ce qui n'est pas bien, qui est donc propre à ce dernier dialogue, les citoyens y sont également invités à imiter directement, par eux-mêmes, ce qui est bien. C'est que, très généralement, l'éducation du semblable par le semblable va aisément de soi, en tout cas davantage qu'une éducation par différenciation comme celle par la comédie que les *Lois* introduisent, de façon certes très contrôlée.

Imitation de ce qu'il ne faut pas imiter ou imitation de ce qu'il faut imiter, dans les deux cas la condition en est la pleine conscience que ce n'est pas de l'être dont il s'agit. Cela ouvre à l'analyse du mensonge, élément stratégique de la politique platonicienne qui repose, en revanche, sur l'ignorance de celui à qui l'on ment. L'*Utopie*, on le sait, étant revendiquée comme mensonge par son auteur, mais mensonge pourtant avoué comme tel[1], dans quelle mesure peut-on alors voir un utopisme dans la pratique platonicienne du mensonge ?

Utopisme du mensonge ?

L'objet du mythe platonicien est le vraisemblable. C'est dans ce cadre fondamental que la *République* souligne particulièrement l'éventuel usage du mensonge : « Pour la composition de ces histoires dont nous parlions

1. *Cf.* chap. 1, « L'écriture utopique ».

tout à l'heure, quand du fait de notre ignorance des circonstances véridiques entourant les choses du passé, nous assimilons le plus possible le mensonge au réel, ne rendons-nous pas de cette manière le mensonge utile ? » (II, 382c-d).

Le mensonge repose ici sur la double ignorance du narrateur et de l'auditeur ou du lecteur. Ce qui importe est l'utilité. Et cela n'enveloppe pas nécessairement un désir de tromper. Pour aller à une théorie générale du mensonge chez Platon, incluant les mythes sans s'y limiter, il faut donc préciser à la fois la nature de l'écart possible entre l'objet visé par le mensonge et ce qui en est dit, et la nature de l'intention du menteur.

L'*Utopie* distingue le fait de *dire* un mensonge : dire qu'Utopie existe, que Raphaël l'a vue, que More lui-même a rencontré Raphaël, etc., du fait de *commettre* un mensonge : obliquement, l'*Utopie* est tout entière avouée comme mensonge, More y reproduisant les paroles d'un expert (δάϊος) en balivernes (ὕθλος), Hythlodée. La perspective générale du mensonge utopique étant que la présentation d'Utopie stimulait le désir de vérité. Nous remarquions alors, dans le chapitre I, que, si le mensonge pouvait aussi avoir pour fond chez Platon la vérité, il ne pouvait cependant être dit proprement utopique dans la mesure où c'est la connaissance de la vérité qui le légitime dans ce cas, et non sa recherche comme dans l'*Utopie*.

Pour aller ici un peu plus loin[1], il faut préciser que, si le mensonge relève toujours pour Platon du non-être, en ce qu'il exprime ce qui n'est pas, avec la prétention de dire ce qui est, il convient de distinguer deux sortes de mensonges. En ce qui concerne ceux où l'on ment « d'une manière qui ne convient pas », deux moments peuvent encore être distingués. Il y a d'abord, très immédiatement, le fait de la contrefaçon de ce qui est vraiment, de l'être véritable, et ce particulièrement « lorsqu'on représente mal dans [le] discours ce que sont les dieux et les héros » (*République*, II, 377d-e). C'est que, la représentation de la divinité introduisant au plan de l'être véritable lui-même, il ne peut être question ici ni de tromper ni de se tromper, et *a fortiori* de représenter les dieux comme des personnages menteurs, qui eux-mêmes se plaisent à tromper les hommes par leurs métamorphoses réelles ou apparentes. Mais aussi, le mensonge étant généralement cette forme particulière d'imitation qui

1. *Cf.* S. Margel, « De l'ordre du monde à l'ordre du discours. Platon et la question du mensonge », *Kairos*, 2002, n°19, p. 145-161. Voir particulièrement, en ce qui concerne la relation du mensonge à la loi, J.-M. Bertrand, *De l'Écriture à l'oralité*, « le mensonge et la loi », p. 386-396.

trompe en faisant croire par des paroles à l'être de ce qui, en fait, n'est pas, et ce indépendamment de la nature de son contenu et de son éventuel droit philosophique à l'existence, ce premier moment se trouvera conforté dans sa laideur par un deuxième, lorsque le discours qui fait croire ce qui n'est pas le fera en faisant croire en même temps qu'il n'est pas lui-même un discours qui rapporte, mais, directement, la réalité même. L'usurpation d'être se trouve alors redoublée puisque, même lorsque ce qui est imité, non seulement *existe* bien, mais même *est* véritablement, c'est-à-dire est une Forme (comme le Beau) dont est donnée à voir une apparence sensible (un bel objet), qui l'imite, il demeure que l'image, en tant qu'image, n'*est* pas par elle-même, puisqu'elle n'est, comme nous l'avons vu (*Timée*, 52c), que par ce qui apparaît en elle de l'être.

Le mensonge le plus radical est donc celui qui donne à croire non seulement dans son contenu mais aussi et d'abord par la manière même d'imiter que c'est à la réalité qui est imitée que l'on a directement affaire, et non à sa reproduction, à son imitation. Et lorsque cette réalité imitée, de plus, ni n'*existe* ni n'*est vraiment*, le mensonge est alors complètement critiquable. Or, la poésie peut pratiquer l'imitation en ce sens, lorsqu'elle n'emprunte pas, par exemple, les formes du « dithyrambe » ou de « l'épopée », mais qu'elle se fait « tragédie » ou « comédie » [1]. Platon prend ainsi dans la *République* l'exemple des premiers vers de l'*Iliade*, où le poète dit la prière de Chrysès à Agamemnon pour que sa fille lui soit rendue, et sa réaction après son échec : au début, il est bien clair que « le poète parle en son nom propre et n'entreprend pas d'orienter notre pensée dans un autre sens, comme si c'était un autre que lui-même qui parlait ». Mais ensuite, « il parle comme s'il était lui-même Chrysès, et il s'efforce le plus possible de nous donner l'illusion que ce n'est pas Homère qui s'exprime, mais le prêtre, c'est-à-dire un vieillard » (393a-b). Il s'agit alors d'« imitation » pure, c'est-à-dire complète, dans le contenu et dans la forme, où l'apparence a remplacé la réalité. Quoi qu'il en soit de ce qui est rapporté par le poète, la manière qu'il a de le rapporter le condamne donc, comme sont condamnées la tragédie et la comédie dans lesquelles « on

1. « Il existe une forme qui recourt entièrement à l'imitation, tant pour l'art de la composition poétique que pour l'art de raconter les histoires : (...) c'est la tragédie et la comédie. Il y a ensuite la narration racontée ; quand elle est l'œuvre du poète lui-même : tu la trouveras surtout dans les dithyrambes. Et enfin, il y a celle qui procède en recourant aux deux premières : on la trouve dans la poésie épique et aussi dans plusieurs autres compositions » (*République*, III, 394b-c). *Cf.* J.-F. Pradeau, *Platon, l'imitation de la philosophie*, *op. cit.*, p. 65-82.

retranche ce que dit le poète entre les paroles rapportées, pour ne laisser que les interventions alternées » (394b).

Tout devient possible dans ces conditions, et la poésie imitative se révèle capable de contaminer même les plus sages. Par l'« effet de réalité » qu'elle produit, elle fait participer le spectateur aux émotions et sentiments qu'elle met en scène, en une logique de l'apparence dont nous avons vu plus haut le caractère immédiatement déraisonnable (X, 605c-606d)[1]. Les alimentant, « elle les installe de façon à nous diriger, alors qu'il faudrait les soumettre, pour que nous devenions meilleurs et plus heureux, et non pires et misérables » (606d). C'est en ce sens qu'au début du livre X, Socrate rappelle son « rejet absolu de cette partie de la poésie qui est imitative » (595a).

Pour en revenir à la définition générale du mensonge, dire ce qui n'est pas en prétendant dire ce qui est, l'originalité de la position platonicienne est que la « fausseté involontaire » de l'ignorance ne vaut pas mieux que la « fausseté volontaire » : « Par rapport à la vérité également, nous considérerons également estropiée une âme qui hait le mensonge délibéré, le supporte difficilement pour elle-même et se scandalise du mensonge des autres, mais qui accepte par contre sereinement le mensonge involontaire et, lorsqu'elle est en quelque sorte convaincue d'ignorance, ne s'en scandalise pas, mais se vautre sans scrupule dans son ignorance, comme un porc »[2].

Mais alors, s'ouvre la perspective d'un autre type de mensonge, « mensonge volontaire » qui, bien que relevant généralement en tant que « mensonge » du non-être, n'aura pourtant pas pour fin la contrefaçon de l'être véritable mais de ce qui apparaît, et qui prendra même pour ce faire, tout au contraire donc du premier type de mensonge, référence et motivation dans le savoir de ce qui est vraiment. Il y a là un indéniable utopisme, puisque l'*Utopie* prend bien elle aussi pour horizon la vérité dans sa présentation mensongère. Ce « mensonge » vaudra alors certainement mieux que le « mensonge involontaire » de l'ignorant. Et c'est ainsi qu'il est des mensonges pouvant avoir une valeur philosophique : des mensonges

1. « Quand les meilleurs d'entre nous entendent Homère ou quelque autre poète tragique imitant un de ces héros accablés par le malheur qui déclame une longue complainte mêlée de gémissements, ou quand on voit ces héros qui chantent en se frappant la poitrine, tu sais bien que nous éprouvons du plaisir et que nous nous laissons prendre à les suivre et à partager leur souffrance, et que nous mettons tout notre sérieux à faire l'éloge du bon poète, c'est-à-dire de celui qui a le mieux réussi à nous mettre dans cet état » (605cd).

2. *République*, VII, 535d-e.

proférés au nom de l'être, en conformité chez Platon avec ce que l'on sait de l'être, tout en étant pourtant de vrais mensonges, c'est-à-dire des discours cachant ou déformant sciemment quelque chose, voire inventant autre chose à sa place avec pour intention d'être cru.

Le monde des hommes, dans son empiricité et son devenir, ne peut en effet jamais totalement échapper au non-être, et il est donc de bonne philosophie d'en tenir toujours compte, de s'y mouvoir et d'en jouer si nécessaire. Encore une fois, la cité juste de la *République* est pour les hommes, sur terre. Il s'y impose en conséquence que l'être ait parfois à être présenté sous la forme du non-être, c'est-à-dire dans le mensonge, pour qu'il puisse ordonner la vie des hommes. C'est ainsi que, « réellement le mensonge n'est d'aucune utilité pour les dieux et qu'il est par contre utile aux hommes à la manière d'une espèce de drogue », étant entendu « que le recours à cette drogue doit être confié aux médecins, et que les profanes ne doivent pas y toucher (…). C'est donc à ceux qui gouvernent la cité, si vraiment on doit l'accorder à certains, que revient la possibilité de mentir, que ce soit à l'égard des ennemis, ou à l'égard des citoyens quand il s'agit de l'intérêt de la cité » (389b)[1]. Et même, « c'est à une quantité considérable de mensonges et de tromperies que nos dirigeants risquent de devoir recourir dans l'intérêt de ceux qui sont dirigés » (459cd). C'est ainsi que le mensonge philosophique préside, particulièrement, à l'organisation des mariages et à la procréation des enfants[2].

En *République*, II, 379a, Socrate avait bien donné comme position de principe que, s'il appartient aux fondateurs de cité de contrôler les productions poétiques, en revanche il ne leur appartenait pas « de composer eux-mêmes les récits ». Mais le fait est que la situation humaine exige bien, aussi, ce dernier type de mensonge : et du coup, c'est un « noble mensonge » pour les fondateurs de l'État que de faire croire aux magistrats

1. Autorisé à ceux qui savent et qui sont en charge des intérêts supérieurs de l'État, le mensonge expose en revanche aux plus lourdes peines les gens du peuple (389c-d).

2. « Il faut (…) que les hommes les meilleurs s'unissent aux femmes les meilleures le plus souvent possible, et le plus rarement possible pour les plus médiocres s'unissant aux femmes les plus médiocres ; il faut aussi nourrir la progéniture des premiers, et non celle des autres, si on veut que le troupeau soit de qualité tout à fait supérieure ; et il faut enfin que tout cela se produise hors de la connaissance de tous, sauf des dirigeants eux-mêmes, si justement la troupe des gardiens doit être le plus possible exempte de dissension interne ». En conséquence, « il faudra faire des tirages au sort sophistiqués, de manière que l'homme médiocre, après chaque union, en rende le sort responsable, et non les dirigeants » (V, 459d-460a). Voir aussi *Timée*, 18de.

eux-mêmes[1], comme aux deux autres groupes sociaux, à la naturalité de la division en trois classes de la cité. La solidarité de fait entre les classes est à ce prix, comme l'est l'ardeur que doivent posséder les chefs à défendre leur terre et les autres citoyens : il faut qu'ils en viennent à regarder la terre où ils vivent comme leur « mère et nourrice » et leurs concitoyens comme leurs « frères, sortis eux aussi du sein de la terre… » (414e).

La pratique usuelle du mensonge est donc tout à fait cohérente avec l'une des qualités principales qu'il faut reconnaître au philosophe : l'amour de la vérité et la haine du mensonge (485cd). C'est bien uniquement par amour de la vérité que le philosophe peut être amené parfois (souvent) à mentir. Et c'est la même motivation qui lui fait reconnaître le rôle nécessaire des poètes, voire primordial d'une certaine manière[2], tout en lui imposant d'en régler la production au plus près de l'être. Et plus encore : c'est aussi par là que les *Lois*, VII, 817b, pourront être fondées à rapprocher le philosophe-fondateur d'État du tragédien, lorsque le récit du premier est tel qu'il fait apparaître comme directement existant ce qu'il énonce, par effacement rhétorique donc du récitant, et ce encore une fois dans la différence fondamentale des objets (ici la vérité; chez le vrai tragédien la simple apparence).

Le mensonge est utopique. Et les *Dialogues* en justifient un certain usage. Mais la différence ontologique implique des visées et des modalités tout autres. Pour en rester au principal : la valeur du mensonge utopique tient à sa nécessaire reconnaissance par la subtilité et l'intelligence du lecteur, alors que le mensonge du législateur platonicien a tout au contraire pour fonction de pallier la déficience intellectuelle de ceux auxquels il s'adresse. Le statut platonicien du mythe relève du cadre général du mensonge, à cette différence près cependant d'une relativité affirmée par la vraisemblance.

C'est donc dans ces perspectives que le *Timée* présente le statut particulier d'un « mythe vraisemblable » (159c-d), dont le propos est de présenter « des explications qui ne sont pas des images plus infidèles qu'une autre » (29c-d). Ces « images » sont donc avouées pour telles[3], et singulièrement celles qui donnent à penser la « χώρα ». Images certes

1. « … et si ce n'est pas possible, [au] reste de la cité » seulement (III, 414b).

2. Ce sont d'abord les « discours faux » qu'il convient de faire entrer dans l'éducation des gardiens (II, 376e-377a).

3. « Nous rêvons les yeux ouverts (…). L'illusion dans laquelle nous maintient le rêve ne nous permet pas de nous éveiller et [de] parler [de la réalité] en faisant les distinctions qu'impose la vérité » (52b-c).

reconnues comme telles, mais à la valeur pourtant revendiquée : « Me conformant à ce que j'ai dit au commencement, m'en tenant à ce que peuvent apporter des explications vraisemblables, je vais m'efforcer de tenir sur chaque point et sur l'ensemble de la question des propos qui auront non pas moins de vraisemblance, mais davantage que ceux que j'ai tenus jusqu'ici » annonce Timée (48d). Et avec cette « χώρα », c'est la présentation dans *l'existence* de la vraie cité, de la cité juste de la *République* qui va être rendue finalement possible, mais une *existence* qui sera pourtant, elle, affirmée en revanche comme effective, vraie : « Ce n'est pas une fiction mythique, mais un discours vrai » (26e)[1]. Le sens de cette insertion d'une vérité revendiquée dans un discours à la simple, bien que forte, vraisemblance proclamée devra naturellement être approfondi. Mais pour ce faire, il faut d'abord s'arrêter sur son cadre, et singulièrement sur ce qui peut être considéré comme l'objet principal du mythe général, la χώρα[2].

MYTHES DE L'EXISTENCE

La Χώρα

Le « troisième genre d'être »

La χώρα est donc l'objet d'une fiction[3]. Et il ne peut en être autrement, puisqu'il ne s'agit ni de ce qui est vraiment, des réalités intelligibles, ni des choses sensibles. Perceptible ni par l'intelligence ni par la sensibilité en conséquence, sa position est pourtant requise pour rendre compte de l'existence des secondes, et ce dans leur dissemblance avec ce à quoi pourtant elles ressemblent. Et elle est du coup solidaire d'un autre objet fictionnel nécessaire, un démiurge par qui cette ressemblance peut advenir[4].

1. « L'exploit » que Critias raconte est dit avoir « été réellement accompli » par l'Athènes antique (21a).

2. Nous suivons donc ici particulièrement F. Makowski, pour qui « le dialogue a pour "objet" la *chôra* » (« L'absent du *Timée* », *Revue de philosophie ancienne*, 1997, n° 2, p. 145).

3. *Cf.*, L. Brisson, *Le Même et l'autre dans la structure ontologique du* Timée *de Platon*, *op. cit.*, chap. 1 et 3 ; « Comment rendre compte de la participation du sensible à l'intelligible chez Platon », dans J.-F. Pradeau (coord.), *Platon : les formes intelligibles*, Paris, P.U.F., 2001, p. 55-85 (en particulier, p. 77-85). *Cf.* aussi J. Derrida, « Chôra », dans *Études offertes à Jean-Pierre Vernant*, Éditions de l'École pratique des Hautes Études en Sciences sociales, 1987.

4. On peut ainsi dire, avec L. Brisson et A. Macé, que le *Timée* donne la solution aux difficultés que la critique de « l'enquête sur la nature » à laquelle procèdent le *Phédon*, le

Avec la χώρα, dont l'altérité, le non-être, l'*apeiron* sont les Formes qui permettent de l'approcher philosophiquement mais sans jamais pouvoir la déterminer[1], il est donc question d'un « troisième genre d'être », et qui a pour sens l'*existence* pure. « L'un, nous avons supposé que c'était l'espèce du modèle, espèce intelligible et demeurant toujours identique, et le second, nous avons supposé que c'était la copie du modèle, sujette à la génération et visible » (48e-49a). Ce troisième genre est une « espèce difficile et obscure » (48e-49a), qui est la « mère de ce qui est venu à l'être, de ce qui est visible ou du moins perceptible par un sens » (51a). La « χώρα », « lieu » ou « place », « matériau », « terrain », est « une espèce invisible et dépourvue de forme, qui reçoit tout[2], qui participe de l'intelligible d'une façon particulièrement déconcertante et qui se laisse très difficilement saisir » (*ibid.*). « Toujours en effet elle reçoit toutes les choses, et jamais en aucune manière sous aucun rapport elle ne prend une forme qui ressemble à rien de ce qui peut entrer en elle » (50b-c).

Et ce qui entre en elle par l'action du démiurge, ce ne sont naturellement pas les réalités intelligibles elles-mêmes, qui ne sont ce qu'elles sont que par elles-mêmes, mais leurs images, des « empreintes »[3]. Dans ce cadre, et en articulation avec une lecture plotinienne qui identifie la χώρα à un miroir, Jean-François Pradeau demande que l'on distingue bien de l'action démiurgique une première participation, par laquelle les « réalités véritables et intelligibles (...) sont les modèles qui engendrent des corps à

Théétète et les *Lois*, met en évidence. *Cf.* « Le monde et les corps », dans L. Brisson, F. Fronterotta (dir.), *Lire Platon*, *op. cit.*, p. 109-122.

1. C.J. de Vogel souligne ainsi que, « d'une part, certes, le τρίτον γένος du *Timée* doit être comparé au principe illimité du *Philèbe*. Tout comme celui-ci il est "indéfini" dans le sens de non qualifié. D'autre part, il faut faire attention à la différence : l'ἄπειρον du *Philèbe* est un principe constituteur qui entre dans les choses qui deviennent ; la χώρα du *Timée* reste un principe extérieur. Elle ne livre que le cadre dans lequel les choses se forment » (« La théorie de l'ἄπειρον chez Platon et dans la tradition platonicienne », *op. cit.*, p. 22).

2. « De tout ce qui est soumis à la génération elle est le réceptacle, et, pour employer une image, la nourrice » (49a). Sur l'assimilation de la χώρα à une nourrice et à une mère, voir L. Brisson *Le Même et l'autre dans la structure ontologique du* Timée *de Platon*, p. 214-215. Un important développement est consacré dans cet ouvrage à la χώρα comme « milieu spatial » (p. 174-266), auquel nous renvoyons tout à fait prioritairement. Voir en particulier le paragraphe consacré à la « nature ontologique du milieu spatial » (p. 208-220), où L. Brisson articule les présentations de la χώρα comme réceptacle, *topos*, mère et nourrice. Voir aussi C. Joubaud, *Le Corps humain dans la philosophie platonicienne. Étude à partir du* Timée, Paris, Vrin, 1991, p. 24-37.

3. « Les choses qui entrent en elles et qui en sortent sont des imitations de réalités éternelles, des empreintes qui proviennent de ces réalités éternelles d'une manière qu'il n'est pas facile de décrire et qui suscite l'étonnement » (50c).

la surface d'un réceptacle qui reçoit des imitations de ce qu'elles sont ». De cette participation, le démiurge n'est donc pour rien. Mais « ces corps sont ensuite arithmétiquement et géométriquement ordonnés par le démiurge, à l'imitation toujours des réalités intelligibles ». Ainsi, le rôle du démiurge « consiste à ordonner et à configurer ce qui lui préexiste. C'est dire que le sensible n'est pas le produit de l'intervention démiurgique : le dieu réalise le κόσμος, il ordonne le tout »[1]. Tel serait le premier sens du fait que le réceptacle « participe de l'intelligible d'une façon particulièrement déconcertante ».

Cette « participation déconcertante » se marque alors par le fait qu'on est conduit à désigner la χώρα par les mêmes termes, « ceci » ou « cela », que l'on utilise à bon droit pour les formes intelligibles, en tant qu'elles sont immuables et universelles[2]. En effet, les « choses » sensibles, images soumises au devenir de réalités intelligibles reflétées sur le « matériau », et échappant par là à toute dénomination possible par elles-mêmes, doivent pour être connues être certes rapportées aux formes intelligibles, dont elles tiennent leurs propriétés et caractères, mais aussi à la χώρα ; ainsi, en disant par exemple « ceci est du feu », « ce que, à chaque fois, on observe comme étant du feu, c'est la portion du réceptacle qui est enflammée ; de l'eau, la portion liquéfiée, de la terre et de l'air, toute portion qui a reçu des images de terre et d'air » (51b).

Mais alors, il faut bien reconnaître que ces « choses » sensibles ne sont en fait pas des « choses ». Il s'agit plutôt de manifestations sensibles, de « phénomènes » de la χώρα. Et c'est pourquoi cette participation déconcertante à l'intelligible se manifeste encore particulièrement dans le fait qu'elle est dite à la fois « espèce invisible » en 51a et « visible » en 30a (le démiurge « prit en main tout ce qu'il y avait de visible – cela n'était point en repos, mais se mouvait sans concert et sans ordre ») : la χώρα est par elle-même invisible, mais ses manifestations sensibles sont visibles, et déjà dans ce que le démiurge a à ordonner. Si dualisme il y a bien chez Platon, il n'est donc pas fondamentalement constitué par le sensible et l'intelligible, *a fortiori* dans la perspective de la distinction entre un « monde

1. *Platon, l'imitation de la philosophie*, *op. cit.*, p. 269-270.

2. « Ce en quoi chacune de ces caractéristiques apparaît toujours, parce que c'est en cela qu'elle apparaît et que c'est de cela seul qu'elle disparaît, c'est au contraire cela seul qu'on peut désigner par un recours aux termes "ceci" et "cela" » (49e-50a). *Cf.* L. Brisson, Introd. au *Timée*, *op. cit.*, p. 31.

intelligible » et un « monde sensible, mais par la χώρα et les réalités intelligibles[1].

L'exigence principale de *l'existence* de *ce qui est vraiment* est donc qu'« il faut bien que tout ce qui est se trouve en un lieu et occupe une place, et (...) il n'y a rien qui ne se trouve ou sur terre, ou quelque part dans le ciel » (52b). Mais, pour saisir cette réalité « qui fournit un emplacement à tout ce qui naît », ce *en quoi* se manifeste le devenir, en même temps que ce *de quoi* sont faites les « choses » sensibles, ni la science ne convient, ni on ne peut en rester à l'immédiate constatation sensible de *ce qui* existe. Seul un « raisonnement bâtard », comme dit le *Timée*, peut donc en fournir une approche en accord avec cette « façon particulièrement déconcertante » qu'a la χώρα de participer de l'intelligible. Ce raisonnement peut emprunter une voie négative : « Le réceptacle n'est ni terre, ni air, ni feu, ni eau, ni rien de tout ce qui vient de ces éléments et de tout ce dont ils dérivent » (51a). Il peut aussi être métaphorique : ce réceptacle est tel le parfum, la cire, etc. (50e). Plus directement, le *Parménide* avait aussi proposé comme figures de l'illimité, de l'informe, le poil, la boue ou la crasse. Ici, la difficulté à penser ces choses du fait de leur matérialité très évidente avait été paradoxalement transformée en moyen d'approcher cette matérialité : mieux que l'eau ou le feu qui, pourtant, comme éléments, entrent dans leur composition et donc sont en réalité moins structurés, moins formés qu'eux, ils font en effet bien apparaître le caractère non eidétique de l'existence pure, indéfinie, indéterminée, dont il s'agit ici.

Ce par quoi il y a des existences déterminées, par « empreinte » des réalités éternelles (50c), est donc, d'abord, fondamentalement et nécessairement, indéterminé : « Si l'empreinte doit être diverse et présenter à l'œil cette diversité sous tous ses aspects, l'entité en quoi vient se déposer cette empreinte ne saurait être convenablement disposée que si elle est absolument dépourvue des formes de toutes les espèces des choses qu'elle est susceptible de recevoir par ailleurs » (50d-e)[2]. Cette indétermination a

1. Contrairement à ce que soutient, par exemple, S. Pétrement, *Le Dualisme chez Platon*, Ire partie. Voir F. Makowski, « Le corps de l'âme chez Platon », *Les Cahiers philosophiques de Strasbourg*, n° 3, décembre 1995, p. 177-209. J.-F. Mattéi a ainsi cette heureuse formule : « Dans le dualisme platonicien, c'est la *chôra* qui garde éternellement le seuil du *chorismos* » (*Platon et le miroir du mythe*, *op. cit.*, chap. VII, Chaos : le mythe de la *chôra*, p. 216). *Cf.* R. Ferber, « Perché Platone nel *Timeo* torna a sostenere la dottrina delle idee », *Elenchos*, 18, 1997, p. 6-27.

2. « L'entité qui doit sur toute son étendue recevoir maintes fois et dans de bonnes conditions les représentations de tous les êtres éternels (...) il convient qu'elle soit par nature dépourvue de toute forme » (51a).

le sens particulier d'un devenir chaotique, qui fait de la χώρα la « nourrice du devenir » (59d). Dans la perspective mythologique qui met en récit, selon une trame chronologique, ce qui permet de rendre compte de la réalité dans toutes ses dimensions, sensible comme intelligible, il faut dire que « l'être, le milieu spatial et le devenir, voilà trois choses distinctes et qui existaient avant la naissance du ciel » (52d), c'est-à-dire avant une mise en ordre rationnelle. Ce qui naît et meurt, s'agite, se contredit, ce qui est instable et en rupture permanente d'équilibre, comme sont les éléments, le feu, l'eau, l'air et la terre, est ainsi supposé porté par la χώρα, avant l'intervention du démiurge, en telle sorte qu'avec eux,

> la nourrice du devenir, qui offrait à la vue une apparence infiniment diversifiée, ne se trouvait en équilibre sous aucun rapport étant donné qu'elle était remplie de propriétés qui n'étaient ni semblables ni équilibrées, et que, soumise de partout à un balancement irrégulier, elle se trouvait elle-même secouée par les éléments, que secouait à son tour la nourrice du devenir, en leur transmettant le mouvement qui l'animait (52d-e).

La χώρα est, comme « réceptacle » et comme « mère », « ce en quoi » « ce qui devient » devient[1], en même temps qu'origine de ce devenir. Dans toute sa pureté, elle relève ainsi de l'ἀνάγκη, la « nécessité », comprise comme « cause errante » (48a) qui fait face à l'action rationalisante du démiurge : « Cela n'était point en repos, mais se mouvait sans concert et sans ordre » (30a), jusqu'à la « persuasion » démiurgique qui ordonne, mesure, équilibre et harmonise les mouvements épars[2].

Ce support mythique de l'utopisme de l'Athènes antique à suivre, dans la forme temporelle du récit qui est la sienne, introduit ainsi dans l'ontologie platonicienne un contenu de temporalité impensable de façon purement intelligible. Ce qui est atemporel, la réalité intelligible, pensé comme modèle devient la référence d'une dimension temporelle dont la source fondamentale excède l'intelligibilité ou, du moins, « participe de

1. « Il faut se mettre dans la tête qu'il y a trois choses : ce qui devient, ce en quoi cela devient, et ce à la ressemblance de quoi naît ce qui devient. Et tout naturellement il convient de comparer le réceptacle à une mère, le modèle à un père, et la nature qui tient le milieu entre les deux à un enfant » (50d). Voir aussi 52a-b et L. Brisson, *Le Même et l'autre*, *op. cit.*, p. 208-211.

2. L. Brisson souligne ici que « la nécessité n'a rien de positif : elle est toute négative. Et cette négativité n'est pas positive par ailleurs, en ce que, par exemple, on pourrait la considérer comme source de l'irrationnel : elle demeure négative, car elle est ce dont la raison est absente. Ce n'est pas l'irrationnel, mais le non-rationnel » (*Le Même et l'autre*, *op. cit.*, p. 477. Voir, plus généralement, p. 467-513).

l'intelligible d'une façon particulièrement déconcertante». La fiction permet ainsi une pensée du temps, pris au sens large, en quatre modalités : par la position principielle de son autre absolu, l'éternité de ce qui est vraiment et de ses empreintes, de l'ἰδέα et de l'εἶδος; par le geste fabricateur du démiurge, aux moments successifs et ordonnés par la mesure; par le devenir des choses sensibles qui en sont le produit; et donc par le mode d'être directement insaisissable par l'intelligence comme par la sensibilité de la χώρα qui permet que de l'atemporel puisse naître ce devenir sensible. La difficulté conceptuelle est ici naturellement que ce «lieu», «nourrice du devenir», doit être lui-même éternel par lui-même, comme ce de quoi tout naît et disparaît, sans fin[1].

Ainsi radicalement «indéterminée», expression même de la «nécessité», origine du devenir de ce qui devient, peut-on identifier cette χώρα, en tant que «réceptacle» qui fournit un «lieu» à tout ce qui est, et avec elle l'*existence*, à la *matière*?

Matière, χώρα *et existence*

Le fait est que le *terme* «matière» (ὕλη) est pour ainsi dire absent du *Timée*[2]. Est-on alors en droit de comprendre la présence effective de la *notion* sous le terme χώρα? Selon Aristote, dans la *Physique*, IV, 209b,

> Platon également affirme dans le *Timée* l'identité de la matière et de l'étendue (τὴν ὕλην καὶ τὴν χώραν). Car le réceptacle et l'étendue sont une seule et même chose; certes sa terminologie n'est pas la même pour le participant dans cet ouvrage et dans ce qu'on appelle les enseignements non-écrits; reste qu'il a identifié le lieu et l'étendue (τὸν τόπον καὶ τὴν χώραν). (Il faut citer Platon car, si pour tous le lieu est quelque chose, lui seul a essayé de dire ce qu'il est)[3].

1. «Par ailleurs, il y a une troisième espèce, celle du genre [...] qui est toujours, celui du "matériau" qui est éternel, qui n'admet pas la destruction, qui fournit un emplacement à tout ce qui naît» (52a-b).

2. Le seul endroit dans le *Timée* où Platon emploie le terme ὕλη est en 69a, que A. Rivaud traduit ainsi : «... comme des constructeurs, nous avons, prêts à ouvrer, nos matériaux» [1925], Paris, Les Belles Lettres, 1985. L. Brisson traduit : «...tel le bois, devant nous...», dans son édition GF-Flammarion. Il n'y a pas de doute qu'ὕλη revêt ici un sens métaphorique.

3. Texte établi et traduit par H. Carteron [1926], Paris, Les Belles Lettres, 1973. Concernant ce que l'on peut retirer pour notre propos des «enseignements non-écrits» de Platon, L. Brisson considère que l'on ne peut en tout cas pas comprendre le passage 51a-b du *Timée* (où Platon qualifie la χώρα comme «participant d'une façon embarrassante à de l'intelligible») dans la perspective d'une génération systématique des Nombres Intelligibles, comme le comprend Aristote (*Le Même et l'autre*, *op. cit.*, p. 223-231) : «Alors que (...) il est

Mais si Aristote relève cette identification, c'est pour la critiquer: Platon a tort, selon lui, de confondre *lieu* du changement (χώρα) et *sujet* du changement (ὕλη). Selon Luc Brisson, cependant, cette critique et l'interprétation qui la sous-tend reposent sur une assimilation erronée des problématiques[1]. Aristote voit dans l'hypothèse platonicienne du milieu spatial une annonce de ce qui l'a amené, lui, à faire l'hypothèse de la matière première: au changement qualitatif, il faut un substrat, mais substrat qu'il n'aurait pas fallu, comme Platon est supposé l'avoir fait, identifier au lieu, puisque « la matière (...) n'est pas séparable de la chose ni ne l'enveloppe, deux caractères du lieu »[2]. Or, Luc Brisson souligne que,

> pour Platon, tout phénomène étant une image, et l'image, puisqu'elle est toujours image de quelque chose d'autre, devant être en quelque chose d'autre, il faut faire l'hypothèse d'un troisième terme absolument distinct des formes intelligibles et où apparaissent, pour en disparaître ensuite, les reflets de ces formes intelligibles. C'est donc dire que l'hypothèse de la matière première et celle du milieu spatial résultent de préoccupations tout à fait différentes et que n'en pas tenir compte mène à considérer le milieu spatial comme une matière première manquée[3].

L'identification platonicienne de la χώρα à la ὕλη qu'affirme Aristote enveloppe une autre identification que le *Timée* ne permet en réalité pas davantage, celle de « l'étendue » (χώρα) au « lieu » (τόπος). Premièrement, Luc Brisson remarque encore que dans ce dialogue, « habituellement, χώρα signifie l'extension totale, et τόπος, toute section dimensionnelle de cette extension totale définie par l'apparition d'un phénomène particulier dans le milieu spatial, ou, en d'autres termes, le découpage de la χώρα par des qualités sensibles en des lieux qui se distinguent

possible d'identifier le milieu spatial à l'illimité qui se caractérise par l'oscillation des extrêmes et dont le monde intelligible, qui est le monde de l'unité, fournit la limite, il est absolument interdit de faire l'hypothèse d'un illimité intelligible dont participerait le milieu spatial et qui, limité par l'un, constituerait la série des nombres intelligibles, principes de tout » (p. 231).

1. Cf. *Le Même et l'autre*, *op. cit.*, p. 221-232.
2. *Physique*, IV, 212a.
3. *Le Même et l'autre*, *op. cit.*, p. 225-226.

quantitativement les uns des autres »[1]. Ensuite, plus précisément, Jean-François Pradeau constate quant à lui[2] que, si, dans le *Timée*,

> τόπος désigne toujours le lieu où se trouve, où est situé un corps, [et que] le lieu est indissociable de la constitution de ce corps, c'est-à-dire aussi de son mouvement (...), quand Platon explique que chaque réalité sensible possède par définition une place, une place propre quand elle y exerce sa fonction et y conserve sa nature, alors il utilise le terme χώρα. De τόπος à χώρα, on passe ainsi de l'explication et de la description physiques au postulat et à la définition de la réalité sensible[3].

« Χώρα » peut alors se traduire par « territoire », place propre qu'une chose occupe, que ce soit une cité ou un corps physique, quand elle y exerce sa fonction selon sa nature. C'est ainsi que,

> si chaque chose sensible occupe par définition une place, il va de soi qu'afin d'exprimer ce trait commun à toutes les réalités sensibles, Platon emploie le terme générique de χώρα pour désigner le genre qui justement « fournit un emplacement à tout ce qui est » (52b1, puis 52d3). La réalité sensible dans son ensemble possède bien, ce qui la distingue notamment de la réalité intelligible, un « territoire » (p. 396).

Qu'en est-il alors, plus précisément, de *l'existence*? Aristote, identifiant la « χώρα » à la « matière », critique que les Platoniciens en fassent un « non-être absolu », la matière n'étant pour lui que « non-être par accident » et non pas « privation ».

> Pour nous, en effet, nous disons que la matière et la privation sont à distinguer et que, de ces deux choses, l'une est un non-être par accident, à savoir la matière; l'autre, à savoir la privation, est un non-être par soi; l'une est près d'être, elle est en quelque manière substance, c'est la

1. L. Brisson, *Le Même et l'autre*, *op. cit.*, p. 222. Pour Aristote, en revanche, τόπος signifie « la limite immédiate immobile de l'enveloppe » (*Physique*, IV, 212a), ce qui lui fait refuser qu'on puisse l'identifier à la « matière » (comme d'ailleurs à la forme) de la chose ainsi localisée (209b).

2. « Être quelque part, occuper une place. Τόπος et Χώρα dans le *Timée* », *Les Études Philosophiques*, juillet-sept. 1995, p. 375-399. Voir aussi *Le Monde de la politique*, *op. cit.*, p. 291-298.

3. « Être quelque part, occuper une place. Τόπος et Χώρα dans le *Timée* », *op. cit.*, p. 396. Dans le *Timée*, il relève ainsi dix-huit occurrences où τόπος désigne « *le lieu où se trouve une chose en fonction du mouvement qui est le sien*. Mieux encore, où se trouve un corps, car, parmi les choses, seuls les corps se trouvent désormais en un lieu (et les réalités intelligibles sont strictement atopiques) » (p. 388). Dans cet article, J.-F. Pradeau, classe soigneusement les occurrences de ces termes dans les *Dialogues* de Platon, ce qui est pour lui « l'occasion d'apercevoir combien ce sont des termes parents » (p. 376).

matière ; la privation, elle, n'est substance à aucun degré. Or pour eux, le non-être c'est le Grand et le Petit, indistinctement [1].

Pourtant, là encore, il convient de revenir aux distinctions notionnelles que les *Dialogues* eux-mêmes mettent en œuvre, en-deçà donc de toute tradition platonicienne. Nous avons vu ainsi ce qu'il en était, dans le *Sophiste*, de la position d'un « non-être en soi » [2] : comme Différence absolue, ce qui n'est absolument rien de déterminé, en ce qu'il n'est l'autre de rien de déterminé, ni de « ceci », ni de « cela », comme « l'Autre absolu » donc, *est* bien pour Platon, en ce qu'il permet de penser, avec *l'existence* pure, la possibilité d'existences concrètes. Mais cela impose alors que soit faite une distinction tout à fait nette, du point de vue de la « négation de l'être », entre « l'autre de l'être », ici concerné, et le « contraire de l'être » [3].

Pour résumer : la χώρα, comme *ce en quo*i vient à *exister* ce qui existe en tant qu'il participe de *l'être*, qu'elle n'est pas, elle, participe elle-même de l'intelligible « d'une façon particulièrement déconcertante », en ce qu'elle est *l'autre de l'être*, sans en être le *contraire*. Et cela, du coup, n'en fait certainement pas une « matière » au sens aristotélicien.

Cela étant, en un tout autre sens que celui qu'elle a chez Aristote, le *Timée* renvoie bien à une certaine acception, cette fois proprement matérialiste, de la matière. D'une part, en la χώρα, il est indiscutable, comme le souligne Olivier Bloch, que l'on trouve « des échos du Vide de Démocrite », ce qui fait dire, « affirmation matérialiste s'il en est, que "tout être est forcément quelque part, en quelque lieu, occupe une certaine place, et que ce qui n'est ni sur terre ni quelque part au ciel n'est rien du tout" » [4]. D'autre part, la genèse mythique des quatre éléments à partir des figures

1. *Physique*, I, 192a.

2. Chap. 2, « L'Autre, le non-être et l'existence ».

3. Il est utile de rappeler ici l'analyse de D. O'Brien : « Ce "contraire" de l'être est à distinguer de l'être qui est "autre" que l'être, sans en être le contraire. Ce non-être "autre" que l'être est "réellement ce qui n'est pas" (ὄντως τὸ μὴ ὄν, 258e3), expression qu'emploie ici l'Étranger pour désigner sa propre conception du non-être. (...) En somme, Platon distingue le non-être qu'il approuve : la négation exprimant l'altérité, d'avec le non-être qu'il condamne : la négation exprimant la contrariété » (*Le Non-être. Deux études sur le* Sophiste *de Platon*, *op. cit.*, p. 16-17). C'est en ce sens que l'on peut dire avec J. Moreau que la χώρα est « un non-être sous sa représentation-limite : un être qui a pour essence de n'en avoir pas » (*L'Ame du monde de Platon aux Stoïciens* [1939], Hildesheim, Georg Olms Verlagsbuchhandlung, 1965, p. 30). Pour les identifications apparentées qui découlent de cette identification par Aristote du substrat matériel au non-être absolu chez Platon, en particulier de la matière au faux et au mal, voir L. Brisson, *Le Même et l'autre*, *op. cit.*, p. 228-231.

4. *Le Matérialisme*, *op. cit.*, p. 42.

géométriques (53b-61c)[1] dessine une certaine représentation d'une « matière », qui n'est donc pas aristotélicienne, et à partir de laquelle Platon va pouvoir proposer des explications des phénomènes physiques, y compris des rêves, et ce d'un point de vue que l'on peut dire alors encore matérialiste. Mais, précisément, tout cela ne se dit qu'en rêve : « Nous rêvons les yeux ouverts (...). L'illusion dans laquelle nous maintient le rêve ne nous permet pas de nous éveiller et [de] parler [de la réalité] en faisant les distinctions qu'impose la vérité » (52b-c). Le matérialisme ici introduit, et qui de fait emprunte très largement à l'atomisme de Leucippe et de Démocrite[2], l'est sur le mode d'une dénégation tout à fait explicite.

Existence et degrés de persuasion

Par la χώρα le *Timée* introduit donc, de façon non-noétique, à l'existence. Cette existence y est rêvée, d'abord dans sa pureté la plus radicale qui impose des images d'indétermination, mais aussi dans les effets d'une « persuasion » par l'intelligence démiurgique que cette existence doit subir, pour que puissent naître des *réalités* existantes :

> En effet, je l'affirme, la venue à l'être de notre monde résulta d'un mélange qui réunissait la nécessité (ἀνάγκη) et l'intellect (νοῦς). Mais comme l'intellect dominait la nécessité, en la persuadant (πείθειν) de réaliser dans les meilleures conditions possibles la plupart des choses qui sont soumises à la génération, c'est de cette manière et dans ces conditions que notre univers fut, dès le principe, constitué par le truchement d'une nécessité ainsi dominée par une sage persuasion (48a).

Peut-on imaginer alors une existence si totalement « persuadée » que toute « nécessité » s'en trouve exclue ?

Le *Timée* présente une échelle de l'efficacité de la persuasion. La plus parfaite est celle du démiurge imitant directement le modèle intelligible dans sa fabrication du monde (31b-36d). Celle de l'âme du monde, ainsi fabriquée et qui ordonne sa vie, encore dans l'imitation de l'intelligible, est également divine, mais à un moindre degré. Vient ensuite le travail des

1. Voir L. Brisson et F. W. Meyerstein, *Inventer l'univers. Le problème de la connaissance et les modèles cosmologiques*, Paris, Les Belles Lettres, 1991, « La théorie de la matière chez Platon », p. 49-67.

2. Cet emprunt vaut jusque dans les allusions : ainsi, lorsque Platon demande que l'on ne considère pas les quatre éléments « comme les lettres de l'univers, alors que la vraisemblance demande qu'on ne les assimile même pas seulement à des syllabes, si peu raisonnable soit-on » (48b-c), on ne peut pas ne pas évoquer Leucippe et Démocrite pour qui les atomes sont comme les lettres dont sont constitués les mots.

aides divins du démiurge, constituant les vivants terrestres à l'imitation, cette fois, de l'acte du démiurge et donc non plus directement des réalités intelligibles (40d-47e). L'imitation change donc ici de registre. La dernière imitation, celle des vivants terrestres eux-mêmes, qui prennent ordinairement le monde comme modèle autant que faire se peut, est encore dans un autre registre. Parmi eux cependant, demeure la possibilité que des philosophes puissent vivre et agir « divinement », par référence immédiate avec ce qui est vraiment, le modèle intelligible premier.

Cela étant on peut rêver, rêver davantage encore que par le mythe cosmogonique du *Timée*, bien que dans son prolongement, rêver d'une « persuasion » plus parfaite que celle du démiurge, d'une persuasion absolument parfaite, au terme de laquelle *ce qui* existe se trouverait *exister* en parfaite adéquation avec son ἰδέα, situation naturellement seulement imaginable. C'est ainsi qu'on peut lire le mythe terminal (108e-115a) du *Phédon*, qui met en scène un univers où ce qui existe a bien les caractères de l'existence, mais pas dans les termes de l'existence ordinaire.

Et du coup, dans ce mythe, l'atopie socratique semble rejoindre assez immédiatement l'utopie. Socrate, dans sa vie corporelle, vit d'abord ailleurs. Il voyage. Telle est son atopie. Or sa mort physique prend dans le *Phédon* le sens d'une ultime étape, d'une étape le conduisant en un lieu où se trouvent parfaitement identifiées essence et existence, autrement dit en un lieu parfaitement utopique.

Le Phédon *et la véritable Terre*

Le *Phédon* décrit ainsi une « Terre qui véritablement est Terre », qui, bien que « terre », n'est pas celle où Socrate a vécu, cette dernière n'étant qu'une petite parcelle de la première, l'un des multiples creux qui existent à sa surface[1]. À la considérer dans sa totalité, cette « Terre, en elle-même, est

1. Selon M. Dixsaut, « il est fort possible (à condition toutefois que les fragments de Philolaos soient authentiques, et qu'ils n'aient pas été fabriqués à l'aide, entre autres, du *Phédon*) que, dans son mythe terminal, Platon s'inspire de Philolaos » (p. 63 de son édition du *Phédon*). Sur ce mythe, voir particulièrement J.-F. Pradeau, « Le monde terrestre. Le modèle cosmologique du mythe final du *Phédon* », *Revue philosophique de la France et de l'étranger*, « D'Homère à Platon », n° 1, janv.-mars 1996, p. 75-105. Son importance y est mise en lumière par le fait que « toutes les descriptions spatiales, locales, régionales des *Dialogues* postérieurs au *Phédon* appartiennent au domaine politique » (p. 92), mais avec « pour fondement à ces descriptions politiques (…) une explication cosmologique. (…) La politique, et la géographie qui n'est que son inscription ou sa figuration spatiale, sont ainsi subordonnées à une explication globale de l'univers. Pour pouvoir ordonner les affaires

pure et située dans la partie pure du ciel, celle même où sont les astres et que nomment éther la plupart de ceux qui traitent habituellement de ces questions » (109b-c).

« Terre, en elle-même » : s'il ne s'agit donc certainement pas d'un « monde intelligible », dont nous avons dit au chap. II que Platon ne faisait pas proprement l'hypothèse, il ne s'agit pas non plus de la forme purement intelligible de la terre, à contempler dans le « νοητὸς τόπος » de la *République*, 509d, puisque notre terre, celle où Socrate a vécu et où chacun d'entre nous vit, en est une partie. La terre est dans la Terre, et la surface de cette dernière est donc « terre », comme notre terre, à cette différence près qu'elle l'est parfaitement, comme si la « nécessité » y avait été parfaitement « dominée par une sage persuasion », selon les termes du *Timée*, 48a. Le mouvement ascensionnel qui permettrait de l'atteindre est certes comparable à la sortie de la caverne de la *République*, VII : « Si l'un de nous parvenait jusqu'aux cimes de l'air, ou si, pourvu subitement d'ailes, il s'envolait, alors, de même que les poissons d'ici voient les choses d'ici-bas en levant la tête hors de la mer, il pourrait voir, en levant la tête, les choses de là-bas. Et si sa nature était propre à soutenir cette vision, il saurait que c'est là le ciel véritable, la lumière véritable, et la Terre qui véritablement est Terre » (109e-110a). Mais le mythe ne donne pas cette ascension comme allégorie, comme dans la *République*. Ce n'est pas à une perception purement intelligible que le lecteur est invité analogiquement, mais à une perception toujours directement sensible : cette « Terre qui véritablement est Terre » est encore pleinement sensible, si bien « persuadée » d'intelligible cependant que toutes ses formes en acquièrent les caractères. Alors que « la terre que voici, les roches et le lieu d'ici-bas tout entier – tout est corrompu, rongé de part en part comme l'est par le sel ce que contient la mer » (110a), que l'existence y a les traits de l'indétermination et de la corruption, « en supposant (…) que le récit d'un mythe présente quelque valeur (…), [voici] ce que sont les réalités qui se trouvent à la surface de la Terre, sous le ciel » (110b) : elle est bariolée, ses couleurs sont telles que les couleurs d'ici en sont comme une imitation. Tout entière faite de couleurs éclatantes et pures[1], « tout ce qui pousse pousse en proportion : arbres,

humaines à une explication de l'univers, Platon doit s'appuyer sur une cosmologie suffisamment développée » (p. 93). Il en offre ici « une compression, un modèle plus simple (ou plus grossier) » (p. 94).

1. « Là elle est pourpre et d'une beauté extraordinaire, là, elle est dorée ; ailleurs, elle est d'une blancheur plus blanche que craie ou que neige, et, de même, quand elle comporte

fleurs, fruits aussi » (110d). Cette Terre est vraiment de la terre, comme lieu du sensible, de la visibilité, des couleurs, et comme lieu du devenir dans la génération. Mais lieu de la génération, elle ne l'est pas de la corruption : « Toujours selon la même proportion », les roches sont lisses et transparentes, et toutes les pierres qui en proviennent sont « précieuses », « ni rongées ni corrompues comme celles d'ici par la putréfaction et le sel » (110e). En un mot :

> Cette Terre de là-bas (...) est parée de la beauté de toutes ces pierreries, et, en plus, d'or, d'argent, et autres splendeurs du même genre. Et tout cela se déploie au grand jour dans l'évidence de sa nature, avec luxuriance et magnificence en tous endroits de cette Terre-là, si bien que la regarder est un spectacle fait pour des spectateurs bienheureux (110e-111a)[1].

Cette *Terre* est donc rêvée complètement « Terre » par intégration complète des deux lieux du dualisme platonicien que le *Timée* déploiera comme étant ceux de la χώρα et des réalités intelligibles, et ce en cohérence avec la doctrine de la participation dont le *Phédon* fait l'hypothèse, mais selon une participation ici supposée parfaite, et encore toujours sur le fond de l'exigence socratique d'une « déliaison » possible de la pensée (64c-66a). En réalité, c'est bien tout ce contenu qui apparaît dans ce mythe, en fin de dialogue et alors que Socrate va bientôt mourir, sous le mode figuré d'une inintelligible domination parfaite du sensible par l'intelligible.

Plus précisément, ce qui est inintelligible, et qui ne peut donc se donner que par un mythe, c'est que la sensibilité des vivants qui y demeurent ne masque pas l'intelligible mais y est parfaitement ordonnée : « Pour ce qui est de la vue, de l'ouïe, de la pensée (φρονήσει) et de toutes les facultés de cet ordre, ils sont par rapport à nous à une distance exactement aussi grande que celle qui sépare l'air de l'eau et l'éther de l'air sous le rapport de la pureté » (111b), ce qui permet que « le soleil, la lune, les astres se donnent à voir à eux tels qu'ils sont réellement » (111c)[2]. Cette sensibilité est à vrai dire bien difficilement compréhensible pour nous, humains dont les sens tiennent à un corps (ce que le *Timée* s'emploie d'ailleurs particulièrement à expliquer) lorsqu'elle se trouve être le fait de « ceux qui ont réussi à se

d'autres couleurs, celles-ci sont plus variées et plus belles que toutes celles qu'il nous a été donné de voir » (110c).

1. Dans la même perspective, « les vivants y sont exempts de maladie et vivent beaucoup plus longtemps que ceux d'ici » (111b). Il est normal qu'ils ne soient cependant pas immortels : c'est bien, toujours, de la Terre dont il s'agit, même ainsi rêvée parfaite.

2. Comme le dit M. Dixsaut, « leurs sens sont à notre intelligence ce que notre intelligence est à nos sens » (n. 350, p. 404, de son édition du *Phédon*).

purifier autant qu'il faut grâce à la philosophie [et en conséquence] vivent, pour tout le temps à venir, absolument sans corps » (114c)[1].

Seul un mythe peut donc introduire à cela. Encore faut-il cependant, en toute rigueur philosophique, qu'il soit avoué tel. Au début du *Phédon*, Socrate avait certes dit qu'il n'était pas un μυθολογικός, un « diseur de mythe » (61b), alors même qu'il venait pourtant de composer une fable à la manière d'Ésope, mais ce qui était alors concerné était le mythe compris comme « fiction trompeuse ». Maintenant il s'agit d'autre chose, d'un « mythe philosophique ». Et, précisément, le caractère philosophique du mythe dépend ici, comme nous l'avons vu dans le *Timée* à propos de la venue à l'existence de notre monde, de ce qu'il est reconnu par celui qui le raconte comme étant seulement « vraisemblable » : « Certes, prétendre à toute force qu'il en va exactement comme je viens de le dire, cela ne convient pas à un homme qui a quelque intelligence. Mais qu'il en aille ainsi, ou à peu près ainsi (...) voilà au contraire, me semble-t-il, ce qu'il convient de soutenir, voilà le risque que doit courir celui qui croit qu'il en est ainsi » (114d)[2].

L'existence ne peut donc se dire que dans un mythe (*Timée*), et cela vaut particulièrement pour cette existence globale qui est celle de la Terre comprise dans sa totalité (*Phédon*), avec alors pour enjeu la possibilité de distinguer entre des « persuasions par l'intellect » selon leur degré de perfection. L'intérêt spécial du point de vue de l'utopie est que cette persuasion par un intellect divin de l'existence en général ouvre à la persuasion par l'intellect humain de ce qui concerne précisément les hommes, la « matière » humaine.

1. On peut approcher cette possibilité à la lumière du *Phèdre*, lorsque ce dialogue présente ainsi la situation divine : « sans en avoir une vision ou une connaissance suffisante, nous nous forgeons une représentation du divin : c'est un vivant immortel, qui a une âme, qui a un corps, tous deux naturellement unis pour toujours » (246c-d). Les dieux peuvent alors penser directement la corporéité, et d'abord leur propre corps, en un rapport de totale intériorité, autrement dit en négation de l'altérité corporelle qui est la vie ordinaire des vivants sur la terre ordinaire, et à laquelle seuls les philosophes peuvent échapper en se rendant divins.

2. L. Brisson et F. W. Meyerstein, dans *Puissance et limites de la raison. Le problème des valeurs*, considèrent que, dans le *Phédon*, « partant d'un mythe, Socrate, après avoir tenté de remplacer le récit par la preuve, le vraisemblable par la certitude, la persuasion par la conviction, n'a pu mieux faire que de revenir à un autre mythe, un mythe plus rigoureux que celui transmis par Homère ou par les religions à Mystères dont il s'inspire directement, mais un mythe tout de même » (p. 71). Faut-il dire qu'il n'a pas pu « mieux faire », ou plutôt que, après avoir exploré, en raison, les enjeux de ce qu'est vivre et de ce qu'est penser, il a « fait autrement », en donnant, en se donnant, des images d'espérances non complètement invraisemblables, philosophiquement ?

Le Critias *et la véritable cité*

Que le *Timée* débute par l'annonce d'un mythe politique à suivre, qui doit lui donner son sens, à savoir dans le *Critias* le récit de l'Athènes ancienne, est donc à l'évidence un utopisme fondamental, et sans doute ce qui rapproche le plus la philosophie de Platon de l'utopie véritable. Critias présente ainsi à Socrate « le programme du festin que nous allons offrir en ton honneur » : Timée devra parler en premier et,

> partant avec la mise en ordre du monde, terminer avec la nature de l'homme. Et moi, après lui, me trouvant nanti par lui des hommes auxquels son exposé a donné naissance, et par toi d'un certain nombre d'entre eux que distingue leur éducation, une fois que, conformément au récit et à la loi de Solon, je les aurai fait comparaître devant nous comme devant des juges, j'en ferai les citoyens de notre cité, attendu que ce sont les Athéniens d'autrefois, que nous a révélés, alors qu'on en avait oublié le souvenir, la tradition des écrits sacrés; et, à partir de là, j'en parlerai comme s'il s'agissait de fait de concitoyens et d'Athéniens (27a-b).

D'une « persuasion » à l'autre, du cosmologique au politique, le mode d'exposition change pourtant radicalement. Contrairement au mythe général du *Timée* et à celui du *Phédon*, le mythe de l'Athènes ancienne, du *Timée* (17-27) et du *Critias*[1], n'est pas donné, lui, ni pour simplement « vraisemblable », ni pour un « mythe » : « Ce n'est pas une fiction mythique, mais un discours vrai » (*Timée*, 26e)[2]. Ainsi inscrit dans le prolongement d'un « mythe » explicitement reconnu comme tel, lui, ce récit apparaît d'emblée « atopique ». Socrate en est d'ailleurs averti par Critias : « Prête donc l'oreille, Socrate, à un récit qui, même s'il est tout à fait étrange (λόγου μάλα μὲν ἀτόπου), reste absolument vrai » (20d). Tenu pour « vrai », ce discours est donc « étrange » ou « singulier »[3].

1. Pour ce mythe, nous renvoyons ici prioritairement aux bibliographies établies par L. Brisson, dans son édition du *Timée* et du *Critias* (GF-Flammarion), p. 344-349 et par J.-F. Pradeau, *Le Monde de la politique*, *op. cit.*, p. 330-358. Voir en particulier, en plus de ce dernier ouvrage, P. Vidal-Naquet, « Athènes et l'Atlantide. Structure et signification d'un mythe platonicien », *Le Chasseur noir*, p. 335-360 (version remaniée d'un texte publié dans la *Revue des études grecques*, 77 [1964]) ; L. Brisson, « De la philosophie politique à l'épopée : le *Critias* de Platon », *Revue de métaphysique et de morale*, n° 75, 1970 ; C. Gill, *Plato : the Atlantis Story.* Timaeus *17-27.* Critias, with introduction, notes and vocabulary, Bristol, Bristol Classical Press, 1980.

2. « L'exploit » que Critias raconte est dit avoir « été réellement accompli » par l'Athènes antique (21a).

3. Comme le traduit A. Rivaud (Les Belles Lettres, p. 130).

Vérités ontologiques et vérité historique

Quel est le sens de cette « atopie » qui, selon la formule de Jean-François Mattéi, « nous conduit à la lisière du *mythe* traditionnel et de l'*utopie* moderne »[1] ? On peut déjà constater, très simplement et très directement, que si l'existence politique de l'Athènes ancienne qui y est décrite n'est pas celle de l'Athènes de Platon, en revanche les hommes qui y vivent, comme d'ailleurs les Atlantes, ont des corps et des sensibilités très ordinaires, identiques à ceux du narrateur Critias ou de chacun d'entre nous. C'est que la cité ici concernée est une cité pour les hommes tels qu'ils sont effectivement, avec leurs désirs et leurs besoins, selon la leçon de la *République*. Tel est le principe de la vérité revendiquée du mythe de l'Athènes ancienne : son matériau n'est pas une existence abstraitement imaginée parfaite comme dans le *Phédon*, mais bien la véritable existence de véritables hommes. Deux moments sont alors articulés pour justifier la vérité du récit. Premièrement, le discours est dit de type *historique*, exposant des *existences passées* comme ayant effectivement été. Deuxièmement, il a pour ambition explicite de rendre sensible *l'être véritable* de la cité philosophiquement pensée dans la *République*, en une représentation (ἀπεικασία)[2] telle qu'une *existence* puisse s'y trouver ordonnée par cet *être véritable*[3]. Vérité historique et double vérité ontologique (de

1. *Platon et le miroir du mythe*, *op. cit.*, p. 253.

2. *Critias*, 107b ; 107d. Il n'y a pas lieu de voir une contradiction entre ce qualificatif de « représentation » (ἀπεικασία) et la « véracité » affirmée du récit, en *Timée*, 26e. H. Cherniss considère, quant à lui, que l'usage du terme « ἀπεικασία » est un moyen pour Platon de suggérer que le discours de Critias doit en fait être tenu pour simplement vraisemblable, comme l'est celui de Timée (« Some War-Time Publications Concerning Plato, I », *American Journal of Philology*, 68, 1947, n. 97 [texte repris dans les *Selected Papers*, L. Taràn (ed.), Leiden, E. Brill, 1977]). C. Gill défend en revanche la parfaite cohérence des formulations, en montrant que la « représentation » que donne Critias a bien vocation à être « vraie », bien qu'elle ne puisse prétendre à une parfaite « ressemblance » avec son objet (les affaires humaines et mortelles), du fait de la difficulté qu'il y a à représenter ces choses, comme le souligne Socrate dans le *Critias* (107d-e), du moins à les représenter de la façon dont chacun attend qu'elles soient représentées. Voir « The Genre of the Atlantis Story », *Classical Philology*, 72, 1977, p. 287-304. Voir aussi J.-F. Pradeau, *Le Monde de la politique*, p. 84-88.

3. Comme le dit L. Brisson : « Cité sans histoire tout en étant insérée dans le devenir des choses sensibles, cité intégrant à la limite du possible les éléments de la forme normative de la cité intelligible sans être elle-même une forme intelligible, l'Athènes primitive est l'exemple-type de la conformité d'une cité au modèle normatif déjà décrit dans la *République* » (« De la philosophie politique à l'épopée : le *Critias* de Platon », *Revue de métaphysique et de morale*, n° 75, 1970, p. 419).

véritables existences supposées, présentant ce qui est vraiment) : le « mythe » du *Timée* et du *Critias* peut donc ne pas être annoncé comme tel.

En ce qui concerne la vérité historique, nous savons que l'un des statuts du mythe est d'*évoquer*, comme discours *imitatif*, un passé qui n'est pas présent actuellement aux sens. Or, le récit de l'Athènes ancienne prétend à bien plus qu'une simple *évocation* : il est donné comme reproduisant ce qui fut réellement, et ce au nom d'un contrôle permis par l'écriture. Si la mémoire collective, fragile du fait des dégradations toujours possibles dans la transmission d'un message d'une mémoire individuelle à une autre, peut en effet être assurée d'une certaine manière par le mythe, c'est au prix, nous l'avons vu, d'une manipulation toujours possible. Comme le dit Luc Brisson : « Pour celui qui fabrique et / ou raconte un mythe, le passé n'est pas un objet, comme pour l'historien, mais un projet, qui doit s'adapter aux circonstances de sa réalisation. En objectivant le passé, l'écriture rend impossible cette adaptation constante du passé au présent et tue le mythe, dont le rapport avec le passé est alors dénoncé comme invérifiable »[1]. Or, l'origine du récit de la guerre victorieuse de l'Athènes ancienne contre l'Atlantide est attribuée à un prêtre égyptien de Saïs qui assure ses dires par les écrits consignés et conservés dans les temples[2]. En conséquence, lui seul peut dater avec précision les événements qu'il rapporte : ils concernent l'Athènes d'il y a très précisément 9 000 ans, et non une cité « mythique » des origines, qui se situerait dans un passé indéterminé. L'existence pensée peut alors pleinement apparaître comme une existence réelle, et cette pensée de l'existence, lestée de ses références philosophiques, se nier comme simple « pensée », au profit d'un apparaître de l'existence elle-même.

Cela étant, il importe à Platon, tout en faisant en sorte que l'Athènes ancienne ainsi imaginée ne soit pas reçue comme la simple production

1. *Platon, les mots et les mythes*, *op. cit.*, p. 31. Thucydide est le premier à avoir ainsi ditingué le mythe, compris comme fable, récit sans objet vérace, du discours à vocation scientifique de l'historien. *Cf.* M. Détienne, *L'Invention de la mythologie*, *op. cit.*, particulièrement p. 87-122. Cela étant, les *Lois*, III, 680-682, présentent une « vérité historique vraisemblable » par l'intermédiaire de la « gent poétique » (682a), et singulièrement d'Homère.

2. *Timée*, 20d-27b. Telle est la supériorité de la civilisation égyptienne, comme le montre le prêtre de Saïs à Solon : « Tout ce qui est arrivé chez vous, ici ou en quelque autre lieu, et dont nous avons été informés pour en avoir entendu parler, si, pour une raison ou pour une autre, c'est quelque chose de beau, de grand ou de remarquable à quelque autre titre, tout cela a, depuis l'antiquité, été consigné par écrit dans nos temples et conservé » (23a). Ce recours à l'écriture est jugé particulièrement indispensable lorsqu'il s'agit d'en venir aux détails : il n'y a alors pas d'autres solutions que de s'en rapporter « aux textes eux-mêmes » (24a).

arbitraire de l'esprit d'un poète, que lui soit pourtant reconnu son statut d'« image ». L'enjeu est que l'existence décrite apparaisse bien, en tant que réalité sensible, vivante, certes comme présence de la cité philosophiquement déterminée de la *République*, mais pourtant pas comme cette cité elle-même. Le principal demeure donc la nécessaire distinction ontologique entre *l'être véritable* et *l'existence*. De ce point de vue, il n'est sans doute pas indifférent que Critias prenne soin d'indiquer que la version *écrite* du prêtre dépend d'une tradition *orale* vieille de 1 000 ans et que le récit donne lieu en Grèce à une version *orale* transmise, de Solon aux auditeurs du *Timée* et du *Critias*, pendant près de 270 ans [1]. Cette insertion ainsi fondamentale de l'oralité, dans une mécanique dont il nous est dit que c'est la garantie de l'écrit qui lui permet de produire un effet de vérité, peut d'abord surprendre. Elle a, à l'évidence, pour premier sens de bien marquer l'ancrage mythique du récit « historique ». Mais, rapportée à la leçon du *Phèdre*, la modalité de sa présentation peut permettre d'approcher, d'une autre manière, la nécessaire distinction principielle des moments ontologiques, l'essence et l'existence ici articulées.

On sait en effet que le mythe de l'invention de l'écriture par Teuth (274c-275b) avait particulièrement déterminé l'écrit comme un instrument de *contrôle*, s'il est vrai que la mémoire et le savoir eux-mêmes sont dans l'âme, et qu'en conséquence se rapporter totalement et passivement à l'écrit induit la disparition de la science et de la mémoire, la copie (l'écriture) se substituant alors à l'original. On peut immédiatement comprendre que ce serait donc simplement par souci de validation que Critias dit qu'il n'entend entreprendre son récit qu'après se « l'être d'abord suffisamment remis tout entier en mémoire » (26a), afin d'être en mesure de le rapporter « comme [il] l'a entendu, point par point » (26c). Dans la

1. *Timée*, 20e-24a. Les écrits auxquels se réfère le prêtre datent de la fondation de Saïs, advenue 1 000 ans après les faits qu'ils rapportent (23d-e). Et il n'en fait pas lecture (23e-24a). *Cf.* L. Brisson, *Platon, les mots et les mythes*, *op. cit.*, p. 38-45. Pour une description détaillée des étapes de la double transmission, orale en Grèce et écrite en Égypte, voir l'introduction de L. Brisson à son édition du *Critias*, p. 327-334. Le voyage de Solon en Égypte pourrait être situé vers 600 av. J.-C. Solon aurait transmis ce qu'il avait entendu de la bouche du prêtre de Saïs à un premier Critias, dit l'Ancien, entre 600 et 538 av. J.-C. Qui est le second Critias, dit le Jeune ? S'agit-il du Tyran (460-403), l'oncle de Platon, comme on le pensait communément jusqu'à J. Burnet (*Greek Philosophy : from Thales to Plato* [1914], London, MacMillan, 1928, p. 338, n. 1), à la suite de Proclus ? Ou bien s'agit-il d'un autre Critias, né vers 520, qu'il faudrait donc situer entre l'Ancien et le Tyran, comme l'affirment A.E. Taylor, F.M. Cornford ou W. Welliver ? La dernière étape de la transmission du récit, celle à laquelle font assister le *Timée* et le *Critias*, se situerait entre 430 et 425 av. J.-C.

perspective d'une transmission orale, la véracité « historique » serait ainsi à ce prix. Mais il n'est peut-être pas interdit de voir davantage dans cette fidélité revendiquée : si cette parole a ce statut particulier de pouvoir, en tant que parole philosophiquement fondée, évoquer à la fois une *existence* passée et cet *être* dont l'Athènes ancienne est l'image supposée, c'est bien directement une *existence* passée et non *l'être* véritable que la parole, du prêtre de Saïs à Critias, donne à imaginer. Cela implique que la mise en œuvre de cette parole soit présentée en sorte que l'on puisse facilement comprendre que l'objet décrit, comme *existence* passée, n'est bien qu'une image. Et tel est le cas s'il est donné à la parole tous les caractères d'un écrit, puisque l'être de l'écrit est de n'être qu'une image, aussi fidèle que possible. C'est ainsi que Critias s'efforce de rapporter le récit, originellement écrit, « *comme [il] l'a entendu, point par point* ». Ici, la parole n'est donc pas vraie parole, libre recherche dialectique du philosopher de *ce qui est vraiment*, que d'ailleurs en retour un certain écrit, comme celui des *Dialogues*, peut approcher voire restituer. Sous couvert d'une fidélité historienne, elle inscrit l'auditeur dans le registre de l'image. Autrement dit, ce récit « ontologico-historique » marie la parole et l'écrit pour faire comprendre à sa façon qu'il dit *vrai*, tout en n'étant pas le *vrai* mode d'accès à *l'être véritable*.

Il s'y articule pourtant de façon très étroite, jusqu'à constituer ce que Georges Leroux voit comme le deuxième sens de ce qu'il appelle « l'utopie platonicienne ». Dans l'introduction de son édition de la *République*, prenant appui sur le livre VIII de la *République*, le *Timée* et le *Politique*, il souligne l'importance qu'a dans ces *Dialogues* le fait que Platon y montre que, sous la forme du mythe ou de l'exposé argumenté, la cité idéale appartient à l'histoire, et que cette appartenance est une nécessité. L'idéal y est posé, temporellement, derrière ou devant nous. C'est ainsi que « l'utopie platonicienne » doit selon lui, être comprise en deux sens.

> À l[une] idéalité d'emblée spéculative, toujours déjà mise en suspens par le philosophe, Platon a joint un autre sens utopique : il n'a pas fait de cette cité idéale un non-lieu, ou encore un lieu purement transcendant, mais au contraire, de manière mystérieuse, il a eu l'audace d'associer cette idéalité au déroulement de l'histoire. Qu'on le prenne comme on pourra, l'idéalité ne contredit pas l'existence, elle est un moment de sa réalisation, elle est essentielle à la saisie du cycle éternel du déploiement de la justice (p. 51).

Au regard de cette subtile articulation de l'être et du temps, de la parole et de l'écrit, du philosophique et du mythologique, on peut remarquer le statut particulier qui est ici donné à la référence égyptienne. On sait l'importance générale qu'a l'Égypte pour les Grecs, et spécialement pour Platon[1]. Or, il est ici d'abord précisément question de profondeur temporelle, et il est alors assez évident que l'ancienneté de l'origine du récit et sa fidèle conservation égyptienne, dont la transmission n'est que très finalement relayée par les Grecs, Solon et les deux Critias, évoquent l'immuabilité de l'être. Les conditions de cette « immuabilité temporelle », image de la véritable immuabilité, sont clairement identifiées : elles tiennent au climat sec de l'Égypte, dont le territoire n'a pas à souffrir des destructions qu'occasionnent en Grèce inondations et éruptions volcaniques, ce qui implique pour ses habitants un perpétuel recommencement et la perte conséquente de la mémoire[2]. L'Être stable et le Devenir destructeur : le mythe dit l'exigence de la vérité par sa structure même, en même temps qu'il indique, à la fois, le sens de la vérité de son contenu et l'écart de principe qui demeure avec cette dernière. La conservation sensible par la mémoire n'est pas l'identité par soi seul de l'être. Dans un cas il s'agit encore de *l'existence*, dans l'autre de *l'essence*.

Cela étant, il est possible d'aller plus loin : Jean-François Pradeau fait ainsi remarquer que la description que donne Critias de son effort pour se souvenir du récit de son aïeul, dans le prologue du *Timée* (25d-26c), l'inscrit dans le schéma même de la réminiscence platonicienne : « L'expérience de remémoration ici décrite, par son caractère à la fois réfléchi et merveilleux, renvoie manifestement au thème que développent, notamment et de manière différente, le *Phédon*, le *Ménon* et le *Phèdre* »[3]. Autrement dit, si on ne peut simplement identifier le récit de Critias à l'exposition de *ce qui est vraiment*, il faut pourtant admettre qu'il n'y est pas non plus complètement étranger, au moins par la nature du ressort psychique qui le permet. Plus précisément, comme le dit encore Jean-François Pradeau :

1. *Cf.* J. Bidez, *Eos, ou Platon et l'orient*, Bruxelles, Académie royale de Belgique, 1945 ; J. Kerschensteiner, *Platon und der Orient*, Stuttgart, 1945 ; A.-J. Festugière, « Platon et l'orient », *Revue de philologie*, 1947, 21, p. 5-45 ; H. Joly, « Platon égyptologue », *Silex*, 1979, 13, p. 34-42 ; L. Brisson, « L'Égypte de Platon » (version remaniée d'un article paru dans *Les Études philosophiques*, 1987), *Lectures de Platon*, p. 151-167.

2. *Timée*, 22b-23b.

3. *Le Monde de la politique*, *op. cit.*, p. 29. Voir p. 22-54. Cet effort pourrait être rapproché de celui de More cherchant à déterminer la longueur exacte du pont d'Amaurote (*cf.* chapitre I, « Dialogue et mensonge »). Mais celui de Critias, en s'inscrivant dans le schéma de la réminiscence, a pour fonction spéciale d'attester la valeur ontologique de ce récit, à l'encontre donc de ce qui est en question dans l'*Utopie*, c'est-à-dire de l'aveu enveloppé d'un mensonge.

On doit se poser la question du rapport qu'entretient avec l'idéalité (objet ultime de toute réminiscence comme de toute dialectique) ce que Critias a jadis entendu et dont il se souvient aujourd'hui. Que le récit de sa propre remémoration s'accorde si bien au processus de la réminiscence est un indice de ce que l'objet de son ressouvenir relève d'une manière ou d'une autre de l'intelligible. Ou plutôt, puisque c'est en quoi consiste précisément la doctrine de la réminiscence, qu'il relève d'une mise en rapport du sensible à l'intelligible auquel ce dernier participe [1].

Le désir de la vie

Or, un moment fondamental de la réminiscence est le désir qui la porte : de ce point de vue, la « vérité » du récit de l'exploit de l'Athènes ancienne peut être particulièrement rapportée à sa dimension subjective, en ce qu'il a d'abord pour fonction de satisfaire correctement les désirs de ses auditeurs, et singulièrement de Socrate lui-même. Ainsi, après qu'au début du *Timée* il eut rappelé les principes de la cité idéale, Socrate fait part à ses interlocuteurs du désir qu'il ressent de la voir exister, bouger : « Le *sentiment* que j'éprouve (…) s'apparente, me semble-t-il, à celui qu'on *éprouve* quand, contemplant de beaux animaux qui sont figurés en peinture ou qui, même s'ils sont vraiment vivants, se tiennent au repos, on ressent *l'envie* de voir ces animaux bouger » (19bc) [2]. Deux remarques peuvent ici être faites.

Premièrement, le « désir » de Socrate doit être bien compris à la lumière de la position de fond de Platon sur les relations entre l'être et la peinture, qu'expose par exemple comme nous l'avons vu la *République*, X, 595-608. Son désir « *s'apparente* » ici, seulement, à celui de voir s'animer les personnages d'une peinture. Il n'est donc certainement pas question que le Socrate du *Timée* et du *Critias* considère maintenant l'analyse noètique de la vraie cité comme étant elle-même une « peinture ». De ce point de vue, il est possible de rapprocher ce texte du *Timée* de celui du *Politique* qui conclut ainsi l'exposition du mythe qui avait permis de rectifier une première définition fautive du roi :

> Notre discours fait l'effet d'un portrait dont les contours extérieurs ont l'air de bien se présenter, mais qui n'a pas encore reçu ce relief que donnent les couleurs préparées et l'harmonie de leur ton. Or, c'est à l'exposé, c'est au discours plutôt qu'à la peinture ou à toute activité manuelle, qu'il convient de donner à quiconque est capable de suivre

1. *Le Monde de la politique*, *op. cit.*, p. 35.
2. Nous soulignons.

> l'image d'un être vivant; pour les autres au contraire, on le fera au moyen d'activités manuelles (277c).

Mais si, du *Politique* au *Timée*, c'est toujours de « discours » dont il est question, la différence est que dans le dernier dialogue, par la *République* et par le bref résumé qui en est fait, *l'essence* est déjà déterminée au moment où le désir de Socrate annonce la représentation à venir de son *existence*, à l'inverse donc de ce qu'il en était dans le *Politique* où le mythe, jugé insuffisant au regard de *l'essence*, était en revanche appelé à être dépassé par une analyse proprement philosophique. Avec cette différence, il est cependant question dans les deux cas d'aller plus loin pour voir s'animer ce qui est figuré en peinture[1].

Deuxième remarque : le procédé ressemble alors *formellement* à celui mis en œuvre dans la *République* lorsque Socrate, au moment d'aborder la délicate question de la communauté des femmes et des enfants, avait, provisoirement mais délibérément, adopté une attitude dite alors « paresseuse », qui consistait à laisser de côté pour un temps l'examen des conditions de réalisation, afin de pouvoir supposer l'existence réelle de la chose souhaitée[2], et ainsi observer ce que cela donnerait. Mais le *contenu* n'est pas le même : il s'agissait alors d'une exposition *théorique* portant sur *l'essence*, sur *ce qu'est* la cité juste (dans l'un de ses aspects), et il s'agit maintenant de son *existence*, de sa réalité empirique et sensible, de sa « vie ».

Ce n'est donc qu'à la condition d'une correcte détermination de la nature de la vérité ici concernée, que le récit de cette existence peut être tenu pour « vrai », et que la subjectivité du désir qui le porte, tout au contraire d'en impliquer la nullité ontologique, lui donne son sens. Si le récit de l'existence de l'Athènes ancienne peut être « vrai », en sa modalité propre et selon le désir socratique, c'est que, contrairement à ce qu'il en est pour la Terre du *Phédon*, la *République* qui avait pensé l'essence de cette cité, en avait pensé philosophiquement dans le même mouvement par

1. Sur la question générale de la peinture et du mouvement, voir particulièrement H. Joly, *Le Renversement platonicien*, *op. cit.*, p. 328, n. 171, avec les références.

2. Il n'est peut-être pas inutile de reprendre ici la totalité de la citation, à si forte connotation utopiste : Socrate avait fait comme ces gens qui, « avant même de se mettre en quête du moyen de réaliser ce qu'ils souhaitent, s'en désintéressent, afin de n'avoir pas à s'épuiser en délibérations sur ce qui est réalisable et sur ce qui ne l'est pas. Ils présument que ce qu'ils désirent se trouve réellement à leur portée, et dès lors ils mettent en ordre le reste et se réjouissent à l'examen détaillé de ce qu'ils feront une fois la chose réalisée, rendant ainsi leur âme déjà paresseuse plus paresseuse » (458a).

lequel elle pensait son être et ses conditions de possibilité la possibilité de sa venue à l'existence, spécialement la possibilité non-nulle que viennent à exister des philosophes-rois, et ce alors même que se trouvait affirmée comme philosophiquement impossible, en revanche, une pensée des conditions déterminées de l'effectivité de cette venue, c'est-à-dire de l'existence elle-même[1]. Davantage encore: *l'être* de la cité dans la *République* avait été pensé comme précisément celui d'une cité *existante*, et existant complètement dans les conditions de l'existence effectivement vécue par Socrate et ses interlocuteurs, et non, comme dans le *Phédon*, dans celles d'une existence qui pourrait être tout autre, « existence » rêvée débarrassée des pesanteurs de fait de notre existence, et pour laquelle, pour parler avec le *Timée*, la χώρα ne serait plus vraiment originairement « cause errante ». Tel est donc le fondement du droit que se donne le philosophe de soutenir qu'Athènes a *vraiment existé* il y a 9000 ans comme Critias le raconte, existence qu'il présente en conséquence comme tout autre chose qu'un simple jeu de l'esprit visant à « mettre dans [la] vie un moment de récréation modérée et raisonnable » comme l'est ordinairement tout mythe[2].

Si, comme le dit Christopher Gill, ce «récit est un mythe philosophique, spécialement conçu afin de montrer en action l'ἀρίστη πολίτεια de la *République* »[3], affirmer ainsi la vérité d'une existence qui n'est pas relève certes d'un mensonge, mais qui, en tant qu'il est pensé en accord avec les exigences de l'être, est un « noble » et « beau » mensonge. Et le récit de Critias est alors à nouveau tout à fait en accord avec la *République* lorsqu'elle autorisait l'imitation « utile pour les constitutions politiques et pour la vie humaine» (X, 607d), en la qualifiant même

1. J.-F. Balaudé souligne ainsi combien, par l'introduction de cette « nouveauté métaphysique » qu'est la χώρα, le *Timée* et le *Critias* peuvent prolonger la *République*, en se donnant avec elle les moyens de surmonter l'opposition entre genesis et ousia, à laquelle se heurtait ce dernier dialogue. « De fait, la *République* ne pose pas une cité d'hommes-dieux, mais elle déploie une cité tripartite (et stratifiée), qu'elle prétend possible à défaut d'être réalisable ; de ce fait, Platon ne manque pas de faire jouer un certain nombre de contraintes, nécessaires à intégrer pour qu'une harmonie, produisant la justice véritable, s'instaure. Qu'est-ce qui alors fait échec au projet, qu'est-ce qui le rend possible et seulement possible ? On peut avancer que les limites de la théorisation – et Platon en est conscient – sont constitutives : partant du logos, on ne peut sans doute pas intégrer la totalité des contraintes imposées par la nécessité » (« Le triptyque *République*, *Politique*, *Lois* : perspectives », dans J.-F. Balaudé (dir.), *D'une cité possible. Sur les* Lois *de Platon*, *op. cit.*, p. 45).

2. *Timée*, 59cd. Sur le rapport entre mythe et jeu, voir L. Brisson, *Platon, les mots et les mythes*, *op. cit.*, p. 94-96 ; 103-105.

3. « The Genre of the Atlantis Story », *op. cit.*, p. 293.

d'« excellente et tout à fait véridique » (608a). Ce « mythe » est donc si « vrai », qu'en fait il peut même apparaître comme plus vrai que ce qu'il a pour fonction d'imager, de façon alors pour le moins assez paradoxale : « Les citoyens et la cité qu'hier tu [Socrate] nous décrivais comme dans un *mythe* (μύθῳ), aujourd'hui nous les transférerons ici dans la réalité » (26c-d)[1]. Du « mythe » à la « réalité » : en fait, la « réalité » ici introduite est celle qui est supposée intégrer *l'être* à *l'existence*, ce qui, alors, lui donne un contenu ontologique plus grand (certes imaginairement) qu'un simple discours qui ne pourrait justifier que par lui-même l'être de son objet, comme pourrait apparaître à un lecteur non philosophe celui de la *République* et, plus encore, le simple résumé de la cité parfaite du début du *Timée*, donné alors en une exposition séparée de ce qui lui conférait une valeur d'être dans la *République*. Comme le dit Henri Joly, « ainsi faut-il dire, en bonne méthode, que le problème de l'“utopie” n'est pas seulement celui de la transposition supposée du réel en imaginaire mais que, sur une trajectoire inverse et différente, il se présente comme la réalisation du rationnel et la vérification du théorique »[2].

1. Nous soulignons.
2. *Le Renversement platonicien*, *op. cit.*, p. 330.

CHAPITRE V

ATHÈNES, ATLANTIDE ET UTOPIE

ATHÈNES IL Y A 9 000 ANS

Il y a 9 000 ans donc, raconte Critias, Athènes « était la meilleure pour la guerre et, à tous égards, celle qui avait les meilleures lois, et cela à un point remarquable. Cette cité a accompli les exploits les plus beaux, et ses institutions politiques surpassèrent en beauté toutes celles dont sous le ciel nous avons recueilli l'écho » (*Timée*, 23c)[1]. Rien d'étonnant à cela, puisqu'elle est présentée comme la présence sensible et vivante de la cité juste de la *République*. Et pourtant, du modèle à l'image, le fait est qu'il y a des différences.

Une image infidèle ?

Le résumé de la *République*, au début du *Timée* (17b-19b), qui a pour fonction de servir de relais entre ce dernier et le récit à venir de Critias, n'apparaît en effet, pour le moins, pas très fidèle[2]. On peut particulièrement se référer au résumé que la *République* donne elle-même au début du livre VIII (543-b) des conditions de réalisation de la vraie cité. Le principal

1. L. Brisson remarque, de ce point de vue, que le récit, qui commence par un éloge de l'Égypte, se termine comme un éloge d'Athènes. Voir « L'Égypte de Platon », *Lectures de Platon*, *op. cit.*, p. 151-167.

2. Sur les correspondances précises entre ce que Socrate retient dans son résumé et le texte de la *République*, voir la n. 2 de J.-F. Pradeau dans son édition du *Critias*, Paris, Les Belles Lettres, 1997, p. 8.

écart porte sur l'absence dans le *Timée* des rois-philosophes. Plus largement, la spécificité fonctionnelle des dirigeants n'y est pas marquée. Dans ce dialogue, « la constitution la meilleure », comprend ainsi le « groupe de ceux qui ont pour mission de la défendre » et, à part, « le groupe que forment les paysans et tous ceux qui pratiquent d'autres techniques » (17c). Rien donc pour distinguer du premier groupe des gardiens celui des magistrats, qui en est certes issu, mais dont la *République* avait pris soin de souligner le statut privilégié et essentiel pour la justice de la communauté politique, et ce particulièrement par une éducation supplémentaire spéciale (III, 412c-415d). Et pas plus de reprise de l'exigence essentielle de la *République* : « Ses rois seront ceux de ses citoyens qui seront parvenus à l'excellence dans la philosophie aussi bien que dans l'art de la guerre » (543a)[1].

En première approche on pourrait en rester au fait que, le discours à venir ayant pour fonction de faire *exister* « la constitution la meilleure », son excellent gouvernement irait de soi, et le propos n'aurait donc qu'à concerner l'effectivité des réalisations de cette cité. C'est en ce sens que le *Critias* opposerait « la *cité* dans laquelle nous vivons » aux « *rois* de l'île Atlantide » (108e)[2]. Mais, dans la mesure où le résumé du *Timée* n'en reste pas à un rappel si général mais où, tout au contraire, il détaille les *conditions de réalisation* de l'essence de la cité juste, il semble qu'on serait pourtant en droit d'y trouver avant tout la principale, c'est-à-dire le nécessaire gouvernement des philosophes. Or, si sont bien présentés ce que *doivent être* l'âme des gardiens, leur éducation, la communauté des biens qui doit les concerner, le statut des femmes, les mariages, etc. (17c-19a), pour que cette cité soit pensable en vérité, c'est-à-dire possible, rien n'est donc dit sur le gouvernement des philosophes ni même sur l'élection de certains gardiens au rang de magistrats. Reste alors l'hypothèse que la façon dont Platon entend mettre en évidence le lieu précis de son présent propos, celui de *l'existence*, implique à la fois le rappel que la position de cette dernière doit être articulée de très près à ses conditions *essentielles*, c'est-à-dire *aux conditions de la réalisation de l'essence* (moments constitutifs de cette dernière, comme nous l'avons vu au chap. III), et

1. Le *Critias* fera référence, sans plus de distinction, à un « groupe des combattants » (112b), « gardiens de leurs propres concitoyens et chefs acceptés de leur plein gré par les autres Grecs » (112d) et qui, « toujours de la même manière (...), conformément à la justice, (...) administraient leur propre cité et la Grèce » (112e).

2. Nous soulignons.

l'indication par cette omission, principielle en la matière, que son objet n'est pourtant pas ici, fondamentalement, *l'essence* elle-même. Il s'agit, autrement dit, de situer d'emblée la finalité du *Timée* et du *Critias* dans une autre logique que celle de la *République*, de même que le *Politique* qui s'efforce, lui, en revanche, de distinguer, cette fois et pour elle-même, l'essence du dirigeant n'a pas non plus la visée constitutionnelle de la *République*.

Auguste Diès a en ce sens raison de dire qu'on ne peut en rien arguer de ces « différences » pour affirmer que le *Timée* renvoie à un dialogue que nous ne possédons plus. Il faut plutôt comprendre selon lui que, « si Platon prend la peine d'attester que le résumé est fidèle, c'est précisément parce qu'il le sait infidèle pour qui le regarderait comme "le résumé d'un livre", et afin que, le sentant infidèle, on oublie le livre assez pour croire à la conversation qui se continue et y prêter sa curiosité, tout en s'en souvenant assez pour jouir des allusions qui y sont faites »[1]. Parmi ces différences, il souligne que Platon a « habillé à l'égyptienne ses propres idées »[2], affirmant par là la ressemblance de l'Athènes ancienne avec les lois égyptiennes.

Et le fait est que, lorsque le prêtre de Saïs présente à Solon l'Athènes ancienne (*Timée*, 23-24), il y indique en priorité l'existence séparée d'un groupe de prêtres, comme en Égypte. Mais alors, cet « habillage »-là ne change-t-il pas quand même tout, s'il fallait comprendre que le *Timée* substitue en conséquence au gouvernement des rois-philosophes celui des prêtres ? On peut immédiatement objecter à cela que c'est le prêtre de Saïs qui parle, c'est-à-dire un personnage du mythe, et non le Socrate du tout début rappelant *ce qu'est* « la meilleure constitution », et que de toutes façons il n'est aucunement dit que les prêtres gouvernent. Cela étant, d'une part il n'est pas non plus dit que ce sont les guerriers, et *a fortiori* les meilleurs d'entre eux, qui en avaient la charge, « la loi prescrivant à ses membres de ne s'occuper de rien d'autre que de ce qui concerne la guerre » (24b). D'autre part, à partir du moment où il est fait recours à la forme du mythe pour présenter *l'existence* de la vraie cité, une intervention du divin se trouve naturellement rendue possible, et avec elle en conséquence la légitimation d'une différence de direction encore plus radicale[3]. Et de fait

1. Introduction à son édition de la *République*, p. CXXVII.

2. *Ibid.*, p. CXXXIII.

3. Présentant son « mythe vraisemblable », Timée rappelle que ce type de discours peut concerner des questions comme « les dieux et la génération de l'univers » (*Timée*, 29c).

le *Critias* (109b-d) met généralement des « bergers divins » au commandement des cités d'il y a 9 000 ans.

Et pourtant, la forme même du mythe ne fait pas perdre la perspective d'un véritable gouvernement humain. D'abord, c'est par la « persuasion » que les dieux sont dits exercer universellement leur commandement[1], ce qui peut se prendre comme le fait que les hommes se dirigeaient (eux-mêmes), mais « divinement persuadés ». Ensuite et fondamentalement, le statut de l'Athènes ancienne est clairement distingué de celui des autres cités, et très particulièrement de celui d'Atlantide, et ce en deux moments. D'abord, il se trouve que les dieux qui lui conviennent le mieux sont Athéna et Héphaïstos, qu'unit un intérêt commun pour la science et l'art (109c-d), ce qui a pour effet le peuplement de son territoire par des « hommes de bien » : « Après y avoir fabriqué (ἐμποιήσαντες) des autochtones qui étaient hommes de bien [Athéna et Héphaïstos] établirent le type de constitution politique qui répondait à leurs vues » (109d)[2]. Les Athéniens ont donc une « constitution » et on comprend que, « fabriqués » par les divinités de la science et de l'art, divinités qui leur conviennent le mieux et qui les « persuadent », ils soient eux-mêmes en mesure de pratiquer « l'art » politique. C'est dans ce cadre que le *Critias*, à la différence donc du *Timée* comme nous le soulignions plus haut, précise la nature du rôle dirigeant du « groupe des combattants », « gardiens de leurs propres concitoyens » : « Toujours de la même manière (...), conformément à la justice, ils administraient leur propre cité et la Grèce » (112d-e)[3].

Tout autre est la situation d'Atlantide. Ses habitants ne sont pas, eux, supposés « fabriqués » par les dieux de la science et de l'art. Et du coup, si leurs rois les gouvernent divinement, c'est en un sens biologique. Telle est

1. Les dieux « gouvernaient [les hommes] en se tenant là d'où il est le plus facile de gouverner un vivant. Tel le pilote qui du haut de la poupe gouverne son navire, les dieux s'attachèrent à conduire l'âme par la persuasion comme avec un gouvernail selon le dessein qui était le leur. C'est ainsi qu'ils dirigeaient et gouvernaient toute l'engeance mortelle » (109c).

2. Les divinités tutélaires de l'Athènes ancienne sont donc de la terre, le couple Héphaïstos-Athéna renvoyant à l'union des producteurs et des gardiens. Le récit voit, dans le *Timée*, qu'Athènes « a reçu de Gê et d'Héphaïstos la semence » dont proviennent les Athéniens (23d-e), Athéna ayant choisi le site de la cité comme étant « le lieu qui était susceptible de porter les êtres humains présentant avec elle la ressemblance la plus étroite » (24d-e)

3. On ne peut donc pas identifier l'Athènes ancienne à la situation imaginée sous le règne de Kronos, dans le mythe du *Politique* où, sans arts et sans lois, les hommes étaient supposés alors directement dirigés par la divinité.

la deuxième différence radicale avec le lot d'Athènes. Nés des amours de Poséidon et d'une femme mortelle (113c *sq.*), les dirigeants atlantes doivent en conséquence à leur ascendance divine de s'être comportés pendant de nombreuses générations « avec une mansuétude accompagnée de modération aussi bien à l'égard des constantes vicissitudes de l'existence que les uns à l'égard des autres ». Sobres, maîtres d'eux-mêmes « tant que la nature du dieu domina en eux » (120d-e), ils étaient alors en mesure d'user comme il le convient de leurs immenses richesses, dans l'amitié et la vertu. Mais en retour,

> quand l'élément divin vint à s'étioler en eux, parce que cet élément avait été abondamment mélangé et souvent avec l'élément mortel, et quand le caractère humain vint à prédominer, alors, désormais impuissants à supporter le poids de la prospérité qui était la leur, ils tombèrent dans l'inconvenance, et, aux yeux de celui qui fait preuve de discernement, ils apparurent moralement laids, parce qu'ils avaient laissé se corrompre les biens les plus beaux qui viennent de ce qu'il y a de plus noble, tandis qu'aux yeux qui n'arrivent pas à discerner quel genre de vie correspond véritablement au bonheur, ils parurent à ce moment là être parfaitement beaux et heureux, alors qu'ils étaient remplis d'injuste cupidité et d'excès (121a-b)[1].

Un gouvernement humain des « affaires humaines ».

Ainsi, jusque dans son expression mythologique, il s'agit bien toujours de la meilleure façon dont les hommes peuvent se gouverner eux-mêmes, comme principe de ce que cherche précisément à déterminer Platon, c'est-à-dire l'être véritable des « affaires humaines » (ἀνθρώπινα ; ἀνθρώπεια). « Affaires humaines » et non « affaires divines » : Critias le rappelle on ne peut plus clairement dans le prologue du *Critias* en indiquant que son récit a vocation à être une représentation des « choses mortelles et humaines » (107d). Jean-François Pradeau a montré comment cette perspective anthropologique des « affaires humaines » en est venue, chez Platon, à

1. La situation naturellement ambiguë des dirigeants atlantes, mi-divins, mi-humains, est symbolisée par le fait que le temple au milieu de leur acropole est consacré à Clitô et à Poséidon, soit à une femme et à un dieu (116c), contrairement au sanctuaire que les anciens Athéniens consacrent exclusivement, eux, aux divinités Athéna et Héphaïstos (112b). Dans une perspective voisine, où la diversité de la multiplicité l'emporte sur la simplicité de l'unité, les Atlantes ont « plusieurs temples pour un grand nombre de dieux » (117c).

structurer le champ politique à partir du *Gorgias*[1], et comment leur identification aux affaires politiques, en faisant appartenir complètement ces dernières au domaine des choses sensibles, les distingue nettement des affaires divines auxquelles pourtant elles sont vouées. Tel est le sens de la formule à venir des *Lois*, VII : « Même si, en vérité, les affaires humaines ne méritent guère qu'on s'en occupe, il est toutefois nécessaire de s'en occuper » (803b). Ce que veut dire l'Étranger par là c'est que, certes, « il faut s'appliquer sérieusement à ce qui est sérieux, et non à ce qui ne l'est pas ; que par nature la divinité mérite un attachement total dont le sérieux fasse notre bonheur » (803c), et qu'il est vrai que les hommes « ne sont pour l'essentiel que des marionnettes », mais qu'il n'en reste pas moins que « le genre qui est le nôtre n'est pas sans valeur, et qu'il mérite quelque peu d'être pris au sérieux » (804b-c), ce à quoi s'emploie donc en son lieu propre le *Critias*, sur la base de la cosmologie et de l'anthropologie du *Timée*, et de la pédagogie politique de la *République*[2].

C'est ainsi que le récit de Critias a pour objet déterminé l'excellence du politique, mais tout en ne pouvant en donner, comme pensée non philosophique de l'existence, qu'une approche. Ce faisant, le *Timée* et le *Critias* approfondissent donc la recherche de la *République* dans le mouvement même par lequel ils matérialisent en quelque sorte les limites de cette recherche : si de *ce qui* existe, et au premier chef des affaires humaines, une pensée philosophique est possible, de *l'existence* de ce qui

1. *Le Monde de la politique*, *op. cit.*, p. 111-120. Voir plus généralement p. 110-149. J.-F. Pradeau a ainsi tout à fait raison de dire que « le *Critias*, avant les *Lois* qui le poursuivront en partie, ne rompt aucunement avec la démarche spéculative définie dans la *République*. L'hypothèse biographique très répandue selon laquelle les derniers *Dialogues* trahiraient un retour de Platon vers un souci plus pragmatique ou plus concret apparaîtra d'autant plus impropre que ces textes, loin de réduire le champ d'investigation de la politique à des objets "réels", s'efforcent au contraire de produire une intelligibilité totale de la réalité en étendant le domaine de la réflexion politique à l'ensemble des objets susceptibles d'être considérés comme des affaires humaines communes » (p. 13). Rappelons que J.-F. Pradeau comprend que, pour Platon, très généralement, et en ses formes variées, « la fiction d'une constitution excellente est l'unique moyen de tenir un discours vrai sur la vie commune » (« L'Atlantide de Platon, l'utopie vraie », *op. cit.*, p. 99).

2. « Le cadre constitutionnel de la cité et l'éducation qu'y reçoivent les citoyens seront l'objet d'une représentation qui doit montrer comment les deux cités archaïques embrassent un certain nombre d'activités ou d'objets propres à l'homme, et comment, ce faisant, elles disposent l'équilibre dynamique du vivant humain. C'est là la conséquence de la rencontre des deux perspectives, anthropologique et pédagogique : afin de maîtriser le mouvement humain, il convient d'instituer une certaine constitution politique » (*Le Monde de la politique*, *op. cit.*, p. 142).

existe, et donc là encore des affaires humaines d'abord, dans leur empiricité la plus immédiate, il n'est pas de pensée philosophique possible directe, et le mythe doit s'y substituer. De ce point de vue, la place importante accordée à la géographie dans les descriptions est tout à fait symptomatique. Jean-François Pradeau remarque que, « de la vie des Athéniens et des Atlantes, de leur langue, de leurs activités, des arts qu'ils exercent ou des savoirs qu'ils possèdent, il n'est pas dit grand chose, sinon allusivement »[1]. En revanche, y est détaillée la situation des villes et des régions, des reliefs, des ressources ou de l'hydrographie, en somme tout ce qui peut évoquer le plus directement, avec les lieux, la χώρα, l'existence. Et il s'impose alors très évidemment que ces descriptions doivent concerner davantage Atlantide, présence par excellence de l'indéterminé attaché à l'existence. Mais la perspective est cependant toujours que le politique, philosophiquement pensé, puisse s'y trouver directement investi. Et de fait, comme le dit encore Jean-François Pradeau, « il saute (...) aux yeux que les éléments des deux ordres, géographique et politique, sont ici liés de manière indissociable, tant l'exercice des fonctions et des métiers correspond toujours à une certaine disposition du territoire, ou sur le territoire »[2].

Pour bien comprendre cela, il faut rappeler la différence soigneusement relevée par ce commentateur entre les statuts spécifiques de la χώρα et du τόπος dans le *Timée* et le *Critias*[3]. « Τόπος » signifie la *région* géographique, qualifiée par un trait caractéristique (morphologique ou climatique), occupée par une cité et, au sens restreint et strict, « χώρα le *territoire* ou la région de cette cité, d'un peuple (une réalité géographique, mais précisée et circonscrite par son appartenance à une unité politique) »[4]. Le *territoire* (χώρα) constitue les *limites* en même temps que les *ressources* de la cité. Alors, l'opposition entre l'Athènes ancienne et Atlantide au regard du rapport à l'existence peut apparaître très clairement. En ce qui concerne le premier point, « la puissance atlante ne semble pas trouver son lieu propre; elle occupe au contraire différents lieux, à mesure que son état est modifié. A l'opposé, la situation locale d'Athènes est conservée, puisque

1. *Le Monde de la politique*, *op. cit.*, p. 55.

2. *Ibid.*, p. 56. Voir p. 55-66 ; 247-277. « Dans le *Critias*, la manière dont la communauté politique habite, aménage et exploite le territoire qui est le sien semble suffire, bien davantage que des informations éthiques ou constitutionnelles, à caractériser la nature et la valeur de son régime politique » (« L'Atlantide de Platon, l'utopie vraie », *op. cit.*, p. 98).

3. *Cf.* chap. 4, « matière, χώρα et existence ».

4. *Le Monde de la politique*, *op. cit.*, p. 291. Voir p. 291-298.

les limites de son territoire demeurent identiques, tout comme la localisation relative de ce territoire et de la ville »[1]. En ce qui concerne le second, des ressources parfaitement comparables[2] sont pour l'une, Atlantide, invitation à la recherche indéfinie de l'accroissement de richesses, alors que pour l'autre, Athènes, c'est dans la mesure qu'elles sont exploitées, et même dans la beauté : dans la région d'Athènes, la terre était « cultivée par de véritables agriculteurs, c'est-à-dire par des agriculteurs qui ne faisaient rien d'autre, des agriculteurs qui aspiraient à produire quelque chose de beau, qui étaient naturellement doués pour cette tâche » (*Critias*, 111e)[3].

Tout cela est donc dit en un mythe, mais se trouve être pourtant explicitement dénié comme tel, et ce particulièrement pour le caractère supposé strictement historique du récit.

DU MYTHE AU ROMAN HISTORIQUE ?

Le fait est pourtant, d'abord, qu'il emprunte bel et bien à plusieurs mythes connus, particulièrement à ceux transmis par Homère ou par Hésiode : ainsi, la fertilité de la terre dans l'Athènes ancienne ou dans l'Atlantide renvoie aux descriptions de l'âge d'or, faites par Hésiode dans *Les Travaux et les jours* (109-126), ou à celles de l'île de Phéacie, dans l'*Odyssée* (VII, 100-132) ; ou encore, « Atlas » et « Atlantide » évoquent la *Théogonie* (215-216 ; 507-735 ; 746 *sq.*) ou l'*Odyssée* (I, 53-54). On peut reconnaître dans l'Atlantide comme un écho de l'île d'Ogygie (*Odyssée*, VII, 244, entre autres).

Plus généralement, dans *L'Atlantide et la mythologie grecque*, Bernard Sergent propose une importante recension des éléments de la tradition mythologique grecque connue à l'époque de Platon, susceptibles d'avoir

1. *Le Monde de la politique*, *op. cit.*, p. 293.

2. « La terre de notre contrée dépassait en fertilité toutes les autres » (*Critias*, 110e *sq.*). Dans l'île d'Atlantide, « il y avait une plaine, qui, raconte-t-on, était la plus belle de toutes les plaines et qui avait toute la fertilité désirable » (113c).

3. On peut remarquer ici la différence radicale entre l'existence seulement imaginaire de « la Terre qui véritablement est Terre » du *Phédon*, qui produit d'abondance sans travail, et la Terre du *Critias*, présence « vraie » de l'existence, en ce qu'elle supporte, certes au mieux, le travail humain, et ce dans une ambivalence qui permet les figures opposées de l'Athènes ancienne et d'Atlantide.

nourri son propre récit[1]. Quatre lieux peuvent être ainsi identifiés. Premièrement, Platon connaissait bien les nombreuses descriptions de pays imaginés situés en Occident, au-delà du fleuve Ôkéanos supposé entourer les terres habitées, en une région liée au géant Atlas (partie II). Particulièrement, une relation spéciale entre l'Atlantide et le pays des morts, ici localisé par les Grecs, s'y trouve du coup impliquée (II, chap. IV). Deuxièmement, ces pays étant sous la domination du maître des mers, Poséidon, le mythe platonicien se trouve nourri de détails issus du cycle attique poséidonien, en matière de rites, de dates de rituels, voire de pratiques agraires (III), et renvoie aussi spécialement au thème de la guerre entre Poséidon et Athèna (III, chap. VI). Troisièmement, Platon puise encore dans les guerres imaginaires, cette fois entre protégés d'Athéna et protégés de Poséidon, que relatent les mythes thébains, thessaliens ou péloponnésiens (IV). Quatrièmement, les mythes des cités englouties, d'un déluge universel, sont abondants et ne peuvent naturellement pas avoir été ignorés de Platon (I, chap. I). On peut y ajouter le récit d'engloutissement de Tantalos, personnage mythologiquement proche d'Atlas (I, chap. III). Bernard Sergent remarque enfin que Platon accorde une grande importance aux couleurs dans ses descriptions, en une tripartition (blanc, noir, rouge), qui certes relève d'un fonds universel, mais qui est particulièrement présente dans plusieurs mythes grecs (V, chap. I).

En cette veine mythologique générale, et en retour, Plutarque (46/49-125) ou Lucien (125-192), par exemple, pourront prolonger l'inspiration platonicienne, en faisant de l'Atlantide la destination de périples merveilleux[2]. Diodore (env. 90-env. 20 av. J.-C.), avant eux, avait également décrit, au terme d'un voyage fantastique, celui du supposé Iambule, la découverte d'une île à la civilisation excellente, peuplée de grands humains aux grandes oreilles, vivant dans l'abondance et la communauté des femmes et des enfants. C'est encore le caractère fictif du récit de Critias qui

1. Préface de L. Brisson, Paris, L'Harmattan, 2006. « Tous les éléments du double récit de Platon renvoient certes à un matériel connu par ailleurs, un matériel mythique, mais celui-ci est grec, purement et exclusivement grec » (p. 28-29).

2. Plutarque, *Le Visage qui apparaît à la surface de la lune* (*Concerning the Face which appeears in the Orb of the Moon*, éd. et trad. H. Cherniss, volume XII des *Moralia*, Cambridge-Londres, Loeb Classical Library, 1957) ; Lucien, *Histoire véritable*, trad. P. Grimal, dans le recueil *Romans grecs et latins*, Paris, Gallimard, 1958. Plutarque, dans sa *Vie de Solon* (26,1 ; 31, 6-32-2), fait reprendre par Platon le récit de l'Atlantide que Solon aurait entrepris sur la foi, non seulement d'un prêtre de Saïs mais aussi d'un prêtre d'Héliopolis, mais qu'il aurait abandonné à cause de la vieillesse. La mort aurait empêché Platon d'achever cette reprise.

apparaît dans le pastiche qu'en fait Théopompe de Chio (né en 378), contemporain de Platon, dans deux fragments de ses *Philippiques*[1], cette fois aux fins plus précises d'en moquer la fonction politique, qui se trouve ainsi du même coup aussi reconnue.

Le récit de Critias est bien un mythe. Mais son objet spécial étant l'existence, présentée dans le devenir qui la manifeste, et ce plus précisément par l'exposition du mouvement supposé effectif d'un certain passé politique, il est logique de chercher à ce mythe des références dans un devenir historique avéré. Et de fait, Strabon (58 ? -21/25 av. J.-C.) ou Pline (23-79) lisaient déjà le récit atlante comme une composition qui, bien qu'imaginaire, devait avoir été élaborée à partir d'éléments réels, phénomènes sismiques et déluges archaïques en particulier[2]. Cela conduit plusieurs commentateurs à le qualifier de « roman historique »[3]. Il est vrai que, quitte à parler de « roman », le *Critias* pourrait tout aussi bien, et sans doute même davantage, mériter le nom de « roman philosophique »[4], pour l'ambition qui est la sienne d'y faire vivre l'être véritable. Il demeure que, précisément pour des exigences proprement philosophiques, son récit se devait d'être nourri de la véritable histoire, c'est-à-dire de celle que les historiens donnent à connaître.

1. Dans Elien, *Histoires variées*, III, 18. Théopompe imagine un continent, peuplé de géants, qui atteignent tous un âge très avancé. Eusébie-la pieuse, dont les habitants sont des justes, libérés des soucis matériels, comme durant l'âge d'or, s'y trouve opposée à Machimos-la guerrière, dont la population compte plus de dix millions d'habitants, soldats qui « travaillent sans cesse à étendre leurs limites ». De Méropie, confédération sur le modèle de l'État universel pensé par Zénon, rien ne subsiste.

2. La *Géographie* de Strabon, introd. par G. Aujac et F. Lasserre, texte établi et traduit par G. Aujac, Paris, Les Belles Lettres, 1969-1981, II, 3, 6 et XIII, 1, 3 ; *Histoire naturelle* de Pline, édition et traduction du livre II par J. Beaujeu, du livre V par J. Desanges, Paris, Les Belles Lettres, 1950 et 1980, en particulier début de V ; VII, 2.

3. Voir C. Gill, « The Genre of the Atlantis Story », *op. cit.*, p. 287-304 ; « Plato's Atlantis Story and the Birth of Fiction », *Philosophy and Literature*, 3, 1979, p. 64-78. L. Brisson reprend le terme dans son introduction au *Critias*, p. 32, alors qu'il utilisait celui d'« épopée » dans « De la philosophie politique à l'épopée. Le *Critias* de Platon ».

4. P. Lévêque et P. Vidal-Naquet parlent de « roman d'aventure philosophique » dans *Clisthène l'Athénien*, *op. cit.*, p. 139. Voir aussi P. Vidal-Naquet, « Hérodote et l'Atlantide entre les Grecs et les Juifs. Réflexion sur l'historiographie du siècle des Lumières », *Quaderni di Storia*, 8, 1982, n° 16, p. 7.

De l'histoire à l'imaginaire

Références historiques

En ce sens, Jean-François Pradeau, qui récuse quant à lui ce terme de « roman historique »[1], s'emploie à montrer, dans le plus grand détail, que « l'examen du *Critias*, de ses descriptions, (…) conduit à lui reconnaître plusieurs fois comme source ou modèle le discours des historiens »[2], singulièrement ceux d'Hérodote et de Thucydide. Il procède pour ce faire, particulièrement, d'une part à une comparaison textuelle systématique entre le *Critias* et l'*Enquête* d'Hérodote, qu'il fait d'abord porter sur le vocabulaire comparé des deux œuvres, d'autre part à une analyse de ce que doit l'Athènes archaïque à l'*Histoire de la guerre du Péloponnèse* de Thucydide. Luc Brisson remarque également que Platon recourt largement aux méthodes et au vocabulaire des historiens, comme lorsqu'il fait état d'*indices* (ἔνδειγμα en 110b, τεκμήριον en 110e) ou de preuves (σημεῖα en 111d)[3]. Avec la plupart des commentateurs, il voit dans le récit platonicien un « pastiche »[4]. Platon emprunte donc aux historiens, et jusqu'au nom même de l'Atlantide qu'il devrait à Hérodote[5].

1. *Cf.*, p. ex., *Le Monde de la politique*, *op. cit.*, p. 88 ; 277.

2. *Ibid.*, p. 157. Voir p. 156-233. R. Weil relève que, « jusque dans les mythes à couleur historique, [Platon] montre une connaissance parfaite des méthodes nécessaires à l'historien » (*L'Archéologie de Platon*, Paris, Klincksieck, 1959, p. 18). *Cf.* aussi M.-L Desclos, « Platon l'historien », dans L. Brisson et F. Fronterotta, *Lire Platon*, *op. cit.*, p. 3-11.

3. Voir la n. 55 de son édition du *Critias*, *Plato : the Atlantis Story*. Timaeus *17-27*. Critias, p. 382-383.

4. Le titre du chap. 21 de l'édition du récit par C. Gill est ainsi « Un pastiche de l'histoire ».

5. *Cf.* P. Vidal-Naquet « Athènes et l'Atlantide », *Le Chasseur noir*, *op. cit.*, p. 343 et *L'Atlantide. Petite histoire d'un mythe platonicien*, Paris, Les Belles Lettres, 2005, p. 35, et ce bien que les Atlantes d'Hérodote n'habitent pas au milieu de l'océan mais sur le continent africain, certes pourtant au-delà des Colonnes d'Héraclès. Plus généralement, P. Vidal-Naquet remarque avec force : « Est-il besoin encore aujourd'hui de parler du "silence d'Hérodote et de Thucydide sur l'Atlantide", alors qu'il est établi depuis des siècles que ce continent a été fabriqué par Platon ? En revanche, raisonner comme si Platon n'avait lu ni Hérodote ni Thucydide est parfaitement absurde. Il les a incontestablement lus, mais les a fait passer dans sa moulinette à idées qui n'était pas spécialement favorable à l'histoire positive telle que, tout de même, à leur façon, Hérodote et Thucydide ont contribué à l'inventer » (p. 36). Ce « silence d'Hérodote et de Thucydide » est celui que remarque J. R. Fears dans un livre dont le titre même scandalise, à juste titre, P. Vidal-Naquet : *Atlantis : Fact or Fiction ?*, E.S. Ramage, Indiana University Press, Bloomington and London, Bobbs-Merrill, 1978. *Cf.* aussi « Hérodote et l'Atlantide, entre les Grecs et les Juifs. Réflexions sur l'historiographie du siècle des Lumières », *Quaderni di Storia*, *op. cit.*, p. 3-76.

Le cadre général de la référenciation historique est assez clair : l'Athènes ancienne renvoie à l'Athènes antérieure aux réformes de Clisthène et dont Platon a une représentation magnifiée, mais aussi à une Sparte également modélisée. Quant à Atlantide, sa figure évoque l'Athènes du milieu du IVe siècle que critique si fortement Platon[1], mais aussi la Perse. Ainsi, en décrivant les enceintes de la capitale de l'Atlantide, Platon peut s'inspirer des tableaux qu'Hérodote fait d'Ecbatane ou de Babylone[2]. Et Luc Brisson fait remarquer à juste titre la ressemblance entre le contenu des descriptions du déclin de l'Atlantide qui est fait dans le *Critias* et celui de la Perse après les règnes de Cyrus et de Darius qui est fait dans les *Lois*, III, 694a-b ; 695b ; 697c-698a[3]. On peut ainsi conclure avec Jean-François Pradeau :

> Les interprètes, quand ils exposent la portée et la leçon historique du *Critias*, indiquent tous que l'Atlantide ne peut être tenue seulement pour une image d'Athènes dont Platon aurait grossi les traits, les travers, afin de mieux l'accuser. La description de l'Atlantide recèle des traits barbares, « orientaux » ou perses, qui permettent à Platon de réunir sous la figure d'un même échec les deux « mères » de toutes les constitutions qu'opposent les *Lois* : la monarchie perse et la démocratie athénienne (III, 693d). De sorte que Critias, à la différence des historiens qu'il imite ou « pastiche », peut entreprendre dans son récit et à l'aide d'un unique épisode archaïque, de tirer la leçon politique de l'opposition de deux types de constitution, comme de plusieurs événements historiques[4].

Le récit de Critias est donc indiscutablement largement nourri d'histoire. Il fut encore ainsi question plus récemment de la Crète, dont Platon aurait conservé le souvenir de la destruction à la suite de l'éruption

1. « Il ne nous paraît pas douteux que, racontant d'après des documents fictifs l'histoire de l'Atlantide, cette glorieuse puissance destinée à connaître la décadence et la défaite, avant de s'abîmer dans un cataclysme, Platon ait principalement pensé à l'Athènes classique » (P. Vidal-Naquet et P. Lévêque, *Clisthène l'Athénien*, *op. cit.*, p. 138).

2. Voir J. Bidez, *Eos ou Platon et l'Orient*, Appendice II, *op. cit.*, p. 34 *sq.*

3. Voir la n. 193 de son édition du *Critias*, p. 392. Sur l'ensemble de ces références, voir particulièrement son introduction au *Critias*, p. 321-325 ; P. Vidal-Naquet, « Athènes et l'Atlantide », *op. cit.*, p. 342 *sq.* ; 357 *sq.* et *L'Atlantide. Petite histoire d'un mythe platonicien*, p. 34 ; 40-41.

4. *Le Monde de la politique*, *op. cit.*, p. 107-108. *Cf.*, plus largement p. 102-108, et aussi p. 182 et 283, n. 636. M. Meulder, dans son étude de « l'exotisme de l'Atlantide », en reste pourtant, lui, à Athènes. Il considère que « cet exotisme barbare, oriental, perse, (…) n'est qu'une façade pour décrire et dénoncer des réalités et des rêves contemporains et athéniens, à savoir un renouveau de l'impérialisme maritime athénien, qui s'effondre dans les années où Platon écrit le *Critias* » (« L'Atlantide ou Platon face à l'exotisme », *op. cit.*, p. 201).

volcanique qui ravagea Théra (Santorin), située à 75 km au nord. Dans le cadre de cette hypothèse, l'archéologue grec Spyridon Marinatos alla jusqu'à faire de Théra elle-même le site de l'Atlantide[1].

Nous entrons alors ici dans le registre d'une littérature considérable et toujours renouvelée qui, au-delà d'une simple recherche d'éventuels repères historiques[2], s'efforce de localiser précisément Atlantide. Comme le voulait déjà par exemple Crantor, le récit du *Critias* est du coup considéré comme « purement et simplement de l'histoire ».[3] Dans cette perspective, vient naturellement qu'en situant l'île d'Atlantide, « plus grande que la Libye et l'Asie réunies », au-delà des colonnes d'Héraclès, le *Timée* 24e peut être lu à la lumière de la découverte du Nouveau Monde : dès 1527, Bartolomé de Las Casas estima en ce sens qu'il pouvait s'agir d'une partie du continent décrit par Platon et qui avait pu échapper au désastre[4].

1. Voir S. Marinatos, *Some Words about the Legend of Atlantis*, Athènes, 1971. Pour une présentation rapide mais rigoureuse, *cf.* H. Duchêne, « L'éruption de Santorin », *L'Histoire*, n° 178, p. 8-14. R. Ellis consacre un chapitre d'*Imagining Atlantis*, New York, Vintage Books, 1998, à l'hypothèse minoenne et deux autres à Santorin. *Cf.* P. Vidal-Naquet, *L'Atlantide*, p. 19-21 et l'annexe p. 187 *sq.*, où est reproduite la lettre publiée par le *Times* du 19 février 1909 dans laquelle K. T. Frost émit pour la première fois l'hypothèse minoenne. Cela étant, les datations par des méthodes archéométriques situant aujourd'hui l'éruption du volcan de Santorin en 1 620 av. J.-C., soit bien des années avant la destruction dans la première moitié du XVe de la majeure partie des centres et villages.de la Crète, ouvrent à d'autres explications possibles de cette destruction, comme tremblements de terre ou guerres civiles.

2. On peut encore citer ici, en ce sens, l'article de J. Collina-Girard, « Atlantide réelle et imaginaire dans le détroit de Gilbraltar », dans C. Foucrier et L. Guillaud (dir.), *Atlantides imaginaires. Réécritures d'un mythe*, Avant-propos par C. Foucrier et L Guillaud, Préface par P. Vidal-Naquet, Paris, Éditions Michel Houdiard, 2004, I, chap. III, qui met en rapport le récit du *Timée* et du *Critias* avec une très réelle catastrophe climatique mise en évidence par la géologie : l'engloutissement d'une grande île et de son archipel situés devant les colonnes d'Hercule, 9 000 ans av. J.-C., du fait d'un réchauffement. *Cf.* aussi R. Treuil, « L'Atlantide et l'archéologie ».

3. Dans Proclus, *Commentaire sur le* Timée *de Platon*, cité par L. Brisson, dans son édition du *Critias*, p. 314. Sans être lui-même scholarque, Crantor joua un rôle important à la tête de l'Académie de la deuxième moitié du IVe siècle.

4. *Historia de las Indias*, Madrid, Biblioteca de autores españoles, 1957, p. 36-39. En 1552, Francisco Lopez de Gomara cite le *Timée* et le *Critias* dans son *Historia general de las Indias* pour constater que les terres nouvellement découvertes correspondent parfaitement à l'Atlantide platonicienne, et ce alors même que Platon avait pourtant fait engloutir cette île-continent. Pour Montaigne, en revanche, « il n'y a pas grande apparence que cette Isle soit ce monde nouveau que nous venons de descouvrir : car elle touchoit quasi l'Espaigne » (*Essais*, Paris, P.U.F., 1965, I, chap. XXXI, « Des cannibales », p. 204). *Cf.* J.-P. Sanchez, « L'Atlantide et le Nouveau Monde », dans C. Foucrier et L. Guillaud, dir., *Atlantides imaginaire*, I, chap. II.

L'imaginaire joue ici en fait un rôle généralement déterminant, et qui n'est pas pour le moins toujours bien assumé. Ce qui suit entend indiquer quelques-unes de ces réceptions imaginaires du mythe, dans la diversité d'intentions que l'on ne peut donc réduire à la seule dimension géographique. Pour davantage, nous renvoyons spécialement à *L'Atlantide. Petite histoire d'un mythe platonicien* de Pierre Vidal-Naquet et aux actes du colloque de Cerisy tenu en juillet 2002: *Atlantides imaginaires. Réécritures d'un mythe*, ouvrages déjà cités[1]. Chantal Foucrier dégage particulièrement dans le second les traits les plus caractéristiques des réécritures mi-scientifiques, mi-romanesques du mythe atlante, de la Renaissance à nos jours[2], le premier chapitre étant plus spécialement consacré à « L'Atlantide des philosophes »[3].

1. Voir, généralement, la « Bibliographie atlante » que présente J.-F. Pradeau dans *Le Monde de la politique*, Annexe III, *op. cit.*, p. 331-334 ; L. Brisson, « De la philosophie politique à l'épopée : le *Critias* de Platon », *op. cit.*, p. 314-319 et P. Vidal-Naquet, « Athènes et l'Atlantide », *op. cit.*, p. 338 *sq.* O. Boura, dans *Les Atlantides. Généalogie d'un mythe*, Arléa, 1993, présente un choix d'une quarantaine de textes illustratifs des principales théories ou rêveries qu'a suscitées l'Atlantide. Ce recueil est très tributaire d'une anthologie antérieure, constituée pour critiquer l'orientation des textes qu'elle réunit, par A. Bessmertny, *L'Atlantide. Exposé des hypothèses relatives à l'énigme de l'Atlantide*, trad. F. Gidon, Paris, Payot, 1935. Voir aussi L. Guillaud, *Atlantides. Les îles englouties*, Paris, Presses de la Cité, 2001, également recueil de textes atlantes, dont la préface analyse l'évolution du traitement romanesque du mythe et son impact sur les érudits et romanciers. On peut encore citer L. Guillaud et J.-P. Deloux, *Atlantide et autres civilisations perdues*, Paris, E-dite, 2001 ; C. Foucrier, *Le Mythe littéraire de l'Atlantide (1800-1939). L'origine et la fin*, Grenoble, ELLUG, 2004 (version abrégée d'une thèse soutenue à Paris IV). Voir aussi R. Ellis, *Imagining Atlantis* ; P. Couissin, *L'Atlantide de Platon et les origines de la civilisation*, Aix-en-Provence, Éditions du Feu, 1928. T.-H. Martin, dans la « Dissertation sur l'Atlantide » contenue dans ses *Études sur le* Timée *de Platon* [1841], réimpression, Paris, Vrin, 1981, avait fait le tour des diverses hypothèses accumulées pour localiser la grande île disparue, pour conclure que le seul lieu de l'Atlantide était celui de la pensée. P. Vidal-Naquet a spécialement montré les enjeux idéologiques de plusieurs de ces constructions intellectuelles dans « L'Atlantide et les Nations », *Représentations de l'origine. Littérature, histoire, civilisation*, Cahiers CRLH-CIRAOI, 4, 1987, Université de la Réunion, article repris dans *La Démocratie grecque vue d'ailleurs*, Paris, Flammarion, 1990, p. 139-159. De cet auteur, on peut encore citer « De l'Atlantide à Masada. Réflexions sur querelle, mythe, histoire et politique », *Sigila* n° 10, automne-hiver 2002, p. 61-83.

2. « Les restes de l'Atlantide investis par l'imaginaire : de l'espace géographique à l'espace textuel », II, chap. III.

3. A. Castel-Bouchouchi y examine les relations entre "Trois lieux mythiques dans les *Dialogues* de Platon: Kallipolis, la cite des Magnètes et l'Atlantide"; M. de Gandillac y étudie les différences « De Platon à Francis Bacon », en passant par More, et M.-A. Manry y insiste sur le fait que *La Nouvelle Atlantide* mérite d'être d'abord reconnue pour faire entrer la

Réceptions imaginaires

Ces intentions peuvent être rangées, certes un peu abstraitement, sous quatre catégories principales : un désir romanesque et poétique ; une aspiration religieuse, à fortes connotations occultistes ; une volonté nationaliste ; en contrepoint, une ambition universaliste.

En ce qui concerne la première, le roman emblématique de Pierre Benoit, *L'Atlantide* (1919), qui donne à voir en un antimonde une gynécocratie, s'impose d'abord. Il faut remarquer que sa localisation au Sahara peut être rapportée à des recherches à vocations scientifiques et universitaires françaises de la fin du XIXe siècle. Avec *Les 500 Millions de la Bégum* (1879) de Jules Verne, l'esprit du récit platonicien peut être encore retrouvé dans les figures de France-Ville et de Stahlstadt, en ce qu'elles renvoient assez immédiatement à l'opposition entre l'Athènes ancienne pacifique et la guerrière Atlantide. En référence plus enveloppée, Pierre Vidal-Naquet voit aussi dans *W ou le souvenir d'enfance* (1975) de Georges Perec une nouvelle adaptation du mythe de l'Atlantide[1]. Novalis utilise dans *Henri d'Ofterdingen* les formes de la légende d'Atlantide pour donner vie au romantisme de Schelling et de Schubert[2]. Et l'opéra peut encore être sollicité[3]. Enfin, on ne peut naturellement pas ne pas citer la bande dessinée, avec en premier lieu celle d'Edgar P. Jacobs, *L'Énigme de l'Atlantide* (1977)[4].

Une deuxième réception est loin d'assumer toujours, en revanche, cette dimension imaginaire. *Le Gouffre Maracot* (1927) d'Arthur Conan Doyle, roman d'inspiration occultiste peut, certes être rangé encore dans la

communication scientifique dans l'ère de la modernité (« *La Nouvelle Atlantide* Francis Bacon : de la nature de la science et de la communication scientifique »).

1. *Cf.* P. Vidal-Naquet, *L'Atlantide*, *op. cit.*, p. 122-124 ; 118-120 ; 135-139. En ce qui concerne l'ouvrage de G. Perec, *cf.* R. Kahn, « La trace du mythe, le mythe de la trace : *W ou le souvenir d'enfance* et l'Atlantide », dans C. Foucrier et L. Guillaud (dir.), *Atlantides imaginaires. Réécritures d'un mythe*, *op. cit.*, II, chap. II.

2. *Cf.* N. Fernandez-Bravo, « Le mythe de l'Atlantide dans le romantisme allemand », *op. cit.*, II, chap. II. *Cf.* aussi *Le Vase d'or* d'Hoffmann.

3. *Cf.* T. Picard, « Atlantide et Auschwitz face-à-face : l'opéra *Der Kaiser von Atlantis* de Viktor Ulmann (1943) », *op. cit.*, II, chap. IV.

4. *Cf.* J.-P. Picot, « Edgar-P Jacobs : L'Énigme de l'Atlantide ou de la fosse aux étoiles », *op. cit.*, II, chap. IV. *Cf.* aussi O. Boura, « Une faillite romanesque : le roman français et l'Atlantide dans la seconde moitié du vingtième siècle », *op. cit.*, II, chap. II, qui s'interroge sur les raisons du déclin du thème après la seconde guerre mondiale ; J. Marigny, « Les atlantides de Clark Ashton Smith », *op. cit.*, II, chap. III ; G. Menegaldo, « Les cités perdues de Lovecraft et le mythe de l'Atlantide : fantastique et utopie », *ibid.*

première catégorie[1]. Tel n'est pas le cas, en revanche, du « théosophe » Fabre d'Olivet (1767-1825), considéré comme le fondateur en France de la religion occultiste, lorsqu'il inscrit Atlantide dans son gigantesque récit gnostique de « l'Histoire du genre humain ». Dans *Les Lettres à Sophie sur l'histoire* (1805), les Atlantes y sont présentés comme les inventeurs de l'agriculture et les Hébreux leurs héritiers. Dans l'*Histoire du genre humain* (1824), il situe Atlantide et sa race noire au Sud et lui attribue l'origine du monothéisme[2]. On peut rapprocher cette histoire, à contenu partiellement biblique mais aussi néo-païen, des multiples tentatives de voir en l'Atlantide une illustration des textes sacrés ou, du moins, une possible confirmation. En ce sens, plusieurs auteurs du XVIIIe siècle verront en Atlantide le masque de la Palestine[3], et ce dans une certaine postérité de Pierre-Daniel Huet, évêque d'Avranches qui affirmait dans la *Demonstration Evangelica* (1680) que le message biblique n'avait pas été révélé qu'à Abraham, Moïse ou Jésus, mais aussi aux dieux antiques de manière détournée.

Le récit de Timée avait déjà été repris à la lumière de la Bible par le nestorien Cosmas Indicopleustès au VIe siècle : « Ce Timée aussi, que Platon et Aristote approuvent et que Proclus commente, énonce des idées semblables aux nôtres, transformant le *logos* [de Moïse] et mettant l'Occident à la place de l'Orient »[4]. Le fait est que la découverte européenne du Nouveau Monde avait considérablement amplifié le phénomène. Comme nous le soulignions plus haut, le XVIe siècle avait en effet été très directement tenté de la lire en intégrant à son héritage biblique ses connaissances grecques et romaines, dont l'Atlantide fait spécialement partie. Marsile Ficin commentait ainsi sa traduction du *Critias* en déclarant que, si le récit était vrai, ce ne l'était qu'au sens platonicien et qu'il fallait plutôt recourir à la Bible pour y trouver sa véritable signification[5].

1. *Cf.* L. Guillaud, « Les Atlantides occultistes, un cas d'école : *The Maracot Deep* de Conan Doyle », dans C. Foucrier et L. Guillaud, *op. cit.*, II, chap. III.

2. *Cf.* P. Vidal-Naquet, *L'Atlantide*, *op. cit.*, p. 103-110. A la fin du XIXe siècle, William Scott-Elliot, alors porte-parole de la théosophie, reprit l'entreprise de localisation de l'Atlantide à la lumière de la « clairvoyance astrale » (*ibid.*, p. 142-144).

3. Ainsi, pour C. Olivier, en 1726, s'il y a dix parties dans l'île d'Atlantide, c'est que les tribus d'Israël en deçà du Jourdain sont au nombre de dix. *Cf.* P. Vidal-Naquet, *L'Atlantide*, p. 83-85. *Cf.* aussi Jean de Serres, éditeur de Platon chez Estienne à Paris en 1578 (vol. III, p. 105).

4. Cité par P. Vidal-Naquet, *L'Atlantide*, *op. cit.*, p. 61.

5. *Cf.* R. Marcel, *Marsile Ficin, 1433-1499*, Belles Lettres, 1958, p. 630-631. Rappelons que l'ensemble de l'œuvre platonicienne est révélé pour la première fois au monde occidental

Gerolamo Fracastor attribuant quant à lui en 1530, dans *Syphilis, sive morbus Gallicus*, l'engloutissement de l'Atlantide à la colère divine, y avait rapporté la diffusion parmi les survivants américains de la syphilis. Dans un registre cette fois romanesque, on sait que l'île de Bensalem de *La Nouvelle Atlantide* (1627) de Francis Bacon, société de savants qui hérite pour une part de la cité inventée par Platon, est supposée avoir été évangélisée par saint Barthélémy. Et on y trouve de nombreux Juifs que le respect qu'ils ont pour Jésus peut d'ailleurs rapprocher des musulmans.

Au XVIIIe siècle, Nicolas Boulanger, élargissant encore la perspective biblique dans une perspective syncrétique, verra plus précisément dans les ravages de l'eau que le *Critias* met au terme de son récit le point commun à l'origine des religions les plus diverses. Tel est selon lui le « grand secret ». Les législateurs religieux, comme Moïse, doivent ainsi leur existence à ces catastrophes : « Les hommes ayant devant les yeux le grand spectacle de l'Univers détruit et rétabli (...) établirent une Religion dont les principaux motifs furent une reconnaissance infinie envers l'Être suprême qui les avait sauvés. »[1] On peut remarquer que ces reprises du mythe se font au prix d'une mise en cause du statut absolu de la Révélation biblique : Platon faisant dater par Solon le combat de l'Athènes ancienne et de l'empire atlante de 9 000 ans avant sa visite en Égypte avec Atlantide, est en effet posée l'hypothèse d'un temps d'avant Adam[2]. En fait, plus généralement, il n'est pas une lecture du récit platonicien qui n'enveloppe ainsi, de façon plus ou moins explicite, des prises de position philosophiques ou idéologiques. Et ces dernières sont, en réalité, bien étrangères au sens que Platon entendait lui donner. Cela apparaît en particulier parfaitement clairement lorsque la localisation de l'Atlantide est le moment principal et extravagant d'expressions nationalistes allant parfois jusqu'au délire.

par sa traduction latine en 1483-1484. *Cf.*, particulièrement, P. Magnard (dir.), *Marsile Ficin. Les Platonismes à la Renaissance*, Paris, Vrin, 2001 et J.-C. Margolin (éd.), *Platon et Aristote à la Renaissance*, XVIe colloque international de Tours [1973], Paris, Vrin, 1976. Le Moyen Âge occidental avait eu accès au *Timée* par un commentaire du néoplatonicien du IVe siècle, Chalcidius, accompagné d'une traduction latine d'une partie du texte grec. Sur la réception générale du *Timée*, *cf.* A. Neschke-Hentschke (éd.), *Le* Timée *de Platon. Contribution à l'histoire de sa réception*, Louvain-Paris, Peeters, 2000.

1. *Recherches sur l'origine du despotisme oriental* (1761), section 6, p. 60. Cf. *L'Antiquité dévoilée par ses usages ou examen critique des principales opinions, cérémonies et institutions religieuses et politiques des différents peuples de la terre* [1765], publié en 1766. P. Vidal-Naquet souligne la connaissance qu'avait N. Boulanger du récit du *Critias* (*L'Atlantide*, p. 93-95).

2. *Cf.* ainsi Isaac La Peyrère, *Les Préadamites* (1655).

C'est ainsi que Pedro Sarmiento de Gamboa signalait en 1572 à Philippe II d'Espagne que l'Amérique, étant cette Atlantide que Platon avait située au voisinage de son royaume, lui appartenait du coup très naturellement[1]. Plus récemment, le mythe atlantidien a pu servir de support à des revendications nationales identitaires dans cette même péninsule ibérique, avec par exemple les œuvres poétiques du catalan Jacint Verdaguer (*La Atlantida*, 1887), de l'Andalou Rafael Alberti (*Ora maritima*), 1953) ou du Galicien Rafael Lema (*Atlantida, poemario en cuatro viaxes*, 2001)[2]. Davantage dans ce cadre : toute une littérature à prétention scientifique entend attester de la supériorité de tel ou tel peuple en faisant d'Atlantide son berceau. Le contresens avec la perspective platonicienne, pour qui Atlantide est tout au contraire la figure même de l'injustice à repousser, est donc ici total. La grande référence en la matière est indiscutablement l'*Atlantica, sive Manheim, vero Japheti posterorum sedes ac patria*, d'Olof Rudbeck (1630-1702), publié entre 1679 et 1702[3]. Thomas-Henri Martin, dans sa « Dissertation sur l'Atlantide », que nous donnions plus haut en référence, en résume ainsi la thèse :

> Dans la Suède, il reconnut l'Atlantide ; il prétendit même retrouver près d'Upsal la place de la capitale des Atlantes, décrite dans le *Critias*, et pour mieux appuyer ce système tout patriotique, il essaya de prouver dans son grand ouvrage mythologique, historique et géographique, en quatre volumes in-folio, qu'il fallait chercher en Scandinavie toutes les origines premières des peuples de l'Europe et de l'Asie et la source de toutes leurs traditions primitives[4].

Il s'agissait donc pour lui de montrer que l'actuelle Suède était, dans son antique forme atlante, le siège et la patrie de la postérité de Japhet, le fils de Noë, et du coup de l'Humanité (*Manheim*). Le fait est que l'ouvrage eut un réel écho scientifique. C'est que son auteur était un authentique savant, médecin ayant découvert la circulation lymphatique, copernicien et

1. *Cf.* P. Vidal-Naquet, *L'Atlantide*, *op. cit.*, p. 69.

2. L'épopée catalane de Jacint Verdaguer fait ainsi peupler la péninsule ibérique par les enfants d'Hercule et de la nymphe Hespéris, qui avait auparavant eu douze enfants avec Atlas, premier roi d'Atlantide. En 1929, Victor Bérard crut pouvoir localiser l'Atlantide dans le sud de l'Espagne, du fait des corridas…

3. 5 vol., Axel Nelson, Uppsala, 1937-1950. *Cf.* P. Vidal-Naquet, *L'Atlantide*, *op. cit.*, p. 75-78, avec la bibliographie sélective p. 162, n. 27. *Cf.* particulièrement R. Boyer, « L'Atlantide, c'est-à-dire la Suède selon Olof Rudbeck (1630-1702) », dans C. Foucrier et L. Guillaud (dir.), *Atlantides imaginaires. Réécritures d'un mythe*, *op. cit.*, I, chap. IV.

4. *Études sur le* Timée *de Platon*, *op. cit.*, p. 272-273.

un des introducteurs de Descartes en Suède, professeur puis recteur de l'université d'Uppsala où il créa un jardin botanique et un amphithéâtre d'anatomie. Mais, comme le souligne Pierre Vidal-Naquet, on ne peut pas non plus faire abstraction pour expliquer ce succès de la prégnance d'un nationalisme « gothique » dont les origines remontent au VIe siècle, et qui s'était particulièrement manifesté au concile de Bâle de 1434 lorsque l'évêque Nicolas Ragvaldi y avait affirmé avec force la plus grande ancienneté et noblesse du royaume de Suède auquel même Rome était dit devoir beaucoup, ce que le règne de Gustave-Adolphe avait érigé en mythe national.

Il faut encore inscrire dans cette galerie nationaliste les exploitations du mythe qui visent à faire de l'Italie, des Iles britanniques ou de l'Allemagne des nations privilégiées. C'est ainsi que Gian Ricardo Carli (1720-1795) vit en l'Italie l'héritière de l'Atlantide : selon lui, l'île-continent unifiait jadis l'Amérique à l'Europe méditerranéenne, et c'est d'elle que vint à cette dernière la civilisation, ce dont les Hébreux eux-mêmes ont bénéficié par la suite[1]. Pour William Blake (1757-1827), c'est plutôt l'Angleterre qui, avec l'Amérique, est héritière de l'Atlantide. Et elle est d'ailleurs aussi du coup le pays des douze tribus d'Israël[2]. Mais dans ce registre des nationalismes atlantes, il s'impose de s'arrêter particulièrement sur la réception des nazis[3]. L'Atlantide a ainsi été un objet de recherches au sein de leur institut en charge de l'idéologie, l'*Ahnenerbe Institut* (« Institut de l'héritage ancestral »), et intéressa particulièrement Himmler[4]. L'identification de la capitale de l'Atlantide avec l'île d'Heligoland, dans le Schleswig-Holstein, y fut proposée, hypothèse reprise avec force après la guerre par le pasteur nazi Jurgen Spanuth, lui-même largement inspiré en l'occurrence par le livre d'Albert Hermann, *Unsere Ahnen und Atlantis* (*Nos aïeux et l'Atlantide* – 1934) pour lequel l'Atlantide était très directement germanique. On peut encore citer dans cette veine l'ouvrage antérieur de Karl Georg Zschaetzsch, *L'Atlantide patrie primitive des Aryens*

1. *Cf.* P. Vidal-Naquet, *L'Atlantide*, p. 86-88, qui mentionne aussi parmi les ouvrages nationalistes italiens de la première moitié du XIXe siècle ceux de Vincenzo Cuoco et d'Angelo Mazzoldi (p. 110-111). Bien plus récemment (2002), pour Sergio Frau, l'Atlantide, c'est la Sardaigne (p. 128-129).

2. Contemporain de W. Blake, l'indianiste F. Wilford associa également l'Atlantide à la Grande-Bretagne, comme ces « îles blanches » évoquées dans les *Puranas*. *Cf.* P. Vidal-Naquet, *L'Atlantide*, *op. cit.*, p. 111-113.

3. *Cf. ibid.*, p. 124-128.

4. *Cf.* M. H. Kater, *Das Ahnenerbe der S.S. 1933-1945. Ein Beitrag zur Kulturpolitik der Dritten Reiches*, Stuttgart, 1974, p. 51-71; 372; 378.

(1922), dont la thèse selon laquelle « sans la présence d'une souche aryenne, aucun État ne peut subsister »[1] l'avait conduit à faire de l'Atlantide, cette fois située au large des côtes de l'Espagne et du Maroc, le pays d'origine des Goths, et aussi des Francs et des Saxons.

Les tentatives de récupération nationaliste sont assurément spectaculaires, surtout d'ailleurs pour le contresens absolu qu'elles manifestent au regard de leur référence platonicienne. Mais un autre contresens, en quelque sorte symétrique, participe aussi de l'héritage littéraire atlante. Il ne s'agit plus cette fois de faire de l'Atlantide le lieu ou le creuset d'un peuple ou d'une race privilégié mais, tout au contraire, la matrice de l'ensemble du genre humain.

Selon Jean-Sylvain Bailly, astronome et premier maire de Paris en 1789, Atlantide est ainsi la patrie commune de l'humanité. Les Atlantes ne sont ni des Juifs masqués, ni des Allemands, ni des Suédois (il les situe au nord-est de la Suède). Et si la Grèce doit certainement à l'Inde, il faut admettre que cette dernière doit d'abord à Atlantide sa civilisation, comme d'ailleurs la Chine ou la Chaldée, ou encore les Gaulois dont on peut donc remarquer qu'ils ne bénéficient pas du coup d'une quelconque supériorité[2]. A la même époque, Delisle de Sales, de son vrai nom Jean-Baptiste Isoard, place les Atlantes au cœur de l'histoire universelle dans son *Histoire nouvelle de tous les peuples du monde ou Histoire des hommes* (1779), ouvrage prévu en 52 volumes dont 41 furent effectivement rédigés. L'enjeu en est cette fois de rompre avec la mythologie et surtout avec l'Histoire sainte qui fait du peuple hébreu la seule référence des temps primitifs. En fait, le « peuple primitif » n'est pas le « peuple de Dieu », mais est à situer dans le Caucase. Et le récit de Platon ne concerne que l'une de ses colonies.

Cela étant, Pierre Vidal Naquet remarque que, « parmi les auteurs qui ont traité de l'Atlantide, aucun n'a eu l'impact et le succès prolongé du livre d'Ignatius Loyola Donnely »[3], en apparence également adepte d'une histoire universelle d'origine atlante mais pour qui finalement les Aryens sont destinés à être les maîtres du monde. « L'Atlantide fut le siège primitif de la famille des nations, aryennes ou indo-européennes, aussi bien que des

1. Cité par P. Vidal-Naquet, *L'Atlantide*, *op. cit.*, p. 125.

2. « Nos bons Gaulois sont descendus comme les autres peuples de la patrie commune » (*Lettres sur l'Atlantide de Platon et sur l'ancienne histoire de l'Asie*, Londres et Paris, 1779, p. 59). *Cf.* P. Vidal-Naquet, *L'Atlantide*, *op. cit.*, p. 165, n. 18 pour d'autres références.

3. *Ibid.*, p. 144. *Cf.* Atlantis : *The Antidiluvian World*, Virginie, MacLean, 1958.

peuples sémitiques, peut-être aussi des races touraniennes [turques] » (point 11). C'est par elle que la civilisation vint à l'humanité. Selon lui, l'Égypte est ainsi une colonie de l'Atlantide, comme l'Irlande, la péninsule ibérique ou la vallée du Mississipi. Les treize points qui résument sa thèse selon laquelle il n'y a qu'une seule civilisation, atlantique, dont relèvent donc aussi bien les Incas du Pérou que les Bretons, sont effectivement impressionnants[1]. Atlantide y est donnée comme la matrice de tous les récits décrivant des lieux paradisiaques (point 5), et ce alors que, le point 2 l'affirme, « la description de cette île donnée par Platon n'est pas, comme on l'a longtemps supposé, une fable, mais une histoire véritable ». Ainsi, « les dieux et les déesses des Grecs de l'Antiquité, des Phéniciens, des Hindous et des Scandinaves furent simplement les rois, les reines et les héros de l'Atlantide, et les actions qui leur sont attribuées [par exemple les douze travaux d'Hercule] sont un souvenir confus d'événements historiques réels » (point 6).

Imaginaire, histoire et philosophie

Par delà le contresens fondamental qui fait d'Atlantide une référence positive, il importe naturellement de revenir à l'essentiel, c'est-à-dire comme le souligne Jean-François Mattéi, que le mythe atlante

> oppose (…) moins deux cités historiques, qu'il serait vain d'essayer de localiser dans l'espace et dans le temps, que *deux images* de la cité en conflit mimétique l'une avec l'autre. Le double récit du *Timée* et du *Critias* reproduit la lutte permanente de deux formes de la *mimesis*, présente dans les textes de Platon, avec le lit de l'artisan et le lit du peintre de la *République* ou la forme *eikastique* et la forme *fantastique* du *Sophiste*[2].

Plus largement, on peut penser que Platon veut offrir, par la richesse et la diversité, y compris dans les anachronismes, de ses références à l'existence passée historiquement avérée (guerres médiques, guerres du Péloponnèse, guerre civile à Athènes après la défaite de 404…), premièrement des formes sensibles à une certaine *pensée politique*, en même temps deuxièmement qu'à une *pensée de l'existence* en général, et le tout, troisièmement, dans le cadre principal d'une *pensée du devenir*, également

1. *Cf.* P. Vidal-Naquet, *L'Atlantide*, *op. cit.*, p. 146-147.
2. *Platon et le miroir du mythe*, *op. cit.*, p. 258.

considéré en tant que tel[1]. Jean-François Pradeau insiste sur le premier point :

> Le livre II [de l'*Enquête* d'Hérodote] qui en est la source majeure fournit au *Critias* un modèle littéraire, auquel Platon emprunte sa langue, ses objets et sa méthode. Mais ces emprunts lui permettent d'élaborer un récit dont la vocation n'est pas seulement historique ; non seulement parce qu'il s'agit d'une fiction, mais surtout parce que le matériau issu de l'*Enquête* permet à cette fiction d'élaborer un modèle explicatif du devenir politique, susceptible d'expliquer aussi bien l'état de l'Athènes contemporaine, que celui de l'Égypte, ou encore de la Perse[2].

En ce qui concerne le troisième, le récit de Critias, récit mythique qui se nourrit du passé réel pour que puisse être pensée une existence qui doit et qui peut venir d'un point de vue ontologique, valorise du coup le passé en tant que tel, et ce en accord encore avec l'ontologie, puisque tout devenir en éloigne et que le devenir est à l'opposé de la permanence de l'être. Ainsi, l'ancienneté de l'Athènes historique est aussi par elle-même, directement, signe de l'être, que l'Athènes mythique, précisément, a pour fonction d'exhiber, dans la même mesure où l'Athènes du milieu du IVe siècle témoigne pleinement, elle, tout au contraire, des ravages que produit le devenir. Alors, selon Pierre Vidal-Naquet,

> l'historien qui veut comprendre le mythe de l'Atlantide se trouve soumis à une triple obligation : il ne séparera pas les deux cités que Platon a si étroitement unies, il se référera constamment à la physique du *Timée*, et par là-même il mettra en relation le mythe historique dont il cherche à déterminer la structure avec « l'idéalisme » platonicien. Ce n'est que dans la mesure où ce travail préalable aura été fait qu'une interprétation proprement historique pourra être dégagée[3].

En un mot, par ce mythe, la *pensée de l'existence* peut avoir un sens philosophique, sans pour autant pouvoir, davantage que dans la *République*, accéder au plan véritable d'une pensée philosophique par elle-même.

1. Dans ce cadre, *cf.* G. Nadoff, « The Atlantis Myth. An introduction to Plato's later philosophy of history », *Phoenix* XLVIII, n° 3, automne 1994, p. 189-209.
2. *Le Monde de la politique*, *op. cit.*, p. 181. Voir aussi p. 188-189 et 203-233.
3. « Athènes et l'Atlantide », *op. cit.*, p. 337.

Une allégorie ?

Faut-il alors, plus précisément, voir le mythe du *Timée* et du *Critias* comme une allégorie[1] ? Cela ne peut naturellement pas l'être au sens où le mythe serait détenteur, sous une forme figurée, d'une vérité que la philosophie aurait à interpréter. Penser cela serait en effet aller à rebours de toute l'entreprise platonicienne qui, tout au contraire, entend situer le seul lieu de la vérité directement dans la philosophie elle-même. Ainsi, au début du *Phèdre*, 229d-230b, Socrate refuse de procéder à une interprétation du mythe de l'enlèvement d'Orythie par Arès, préférant garder tout son temps pour la seule réflexion qui vaille, c'est-à-dire la réflexion philosophique[2]. Cela étant posé n'interdit cependant pas au mythe cette fonction, encore allégorique, de donner à penser des lieux identifiés et caractérisés par la philosophie, mais pourtant inconnaissables par elle, pour eux-mêmes et en eux-mêmes, car non intelligibles. Tel peut donc être le statut du mythe du *Timée* et du *Critias* : faire apparaître, de façon non philosophique, ce que la philosophie situe comme nécessaire à la pensée, c'est-à-dire en l'occurrence la possibilité de *l'existence*.

Des lectures comme celle de Giuseppe Bartoli au XVIIIe siècle, dans son *Essai sur l'explication historique que Platon a donnée de sa République et de son Atlantide et qu'on n'a pas considérée jusqu'à maintenant*[3], peuvent

1 Dans son introduction au *Critias*, L. Brisson titre le point c. du paragraphe qu'il consacre au statut de ce récit : « Le récit concernant l'Atlantide est une allégorie politique » (p. 319). Nous renvoyons ici principalement à J.-F. Pradeau, *Le Monde de la politique*, *op. cit.*, I.C.2, « La première leçon : le *Critias* comme allégorie », p. 66-110. Voir plus généralement, sur le rapport de l'allégorie au mythe chez Platon, J. Pépin, *Mythe et allégorie. Les origines grecques et les contestations judéo-chrétiennes* [1958], Paris, Études augustiniennes, 1976.

2. Comme le souligne L. Brisson, pour Platon, « il faut plutôt chercher la vérité là où elle se trouve, c'est-à-dire dans le discours philosophique, et surtout ne pas utiliser ce savoir ou cette science qui fait son apparition en Grèce ancienne au VIe siècle avant J. C. et qui, chez Platon, prend le nom de "philosophie", pour transformer la fausseté du mythe en vérité. Une telle pratique renverserait l'ordre des statuts, en faisant de la philosophie un instrument d'interprétation des mythes, véritables détenteurs de la vérité » (*Platon, les mots et les mythes*, *op. cit.*, p. 158-159).

3. Stockholm, 1779. P. Vidal-Naquet présente en quelques pages cette lecture et sa réception dans « Hérodote et l'Atlantide entre les Grecs et les Juifs ». *Cf.* aussi *L'Atlantide*, *op. cit.*, p. 96-98. J.-F. Pradeau, dans *Le Monde de la politique*, *op. cit.*, p. 71-82, souligne le caractère de « poème historique » (*cf.* § 84 de l'*Essai*) qu'a le récit atlante pour Bartoli. Il y revient pour, dit-il insister « davantage sur l'originalité et les présupposés de l'interprétation que G. Bartoli donne du récit atlante de Platon », dans « Le poème politique de Platon. Giuseppe Bartoli : un lecteur moderne du récit atlante (*Timée* 17A-27B et *Critias*) », dans A. Neschke-Hentschke (éd.), *Le* Timée *de Platon. Contribution à l'histoire de sa réception*, *op. cit.*, p. 255-270. Dans

alors être reprises et prolongées. Cet auteur s'emploie à montrer que, « cette île Atlantique, considérée indépendamment de la République d'Athènes, n'exista jamais. C'est une allégorie » (§ 149). L'Atlantide est ainsi un « symbole, une image, une représentation de l'État d'Athènes » (§ 146)[1], mais comme l'est aussi en fait l'Athènes d'il y a 9 000 ans, le conflit mis en scène dans le *Critias* ayant pour protagonistes deux figures, contradictoires, d'Athènes : « Des Athéniens, des Athéniens toujours, des Athéniens de tous côtés » (§ 155).

> Les actions militaires des Athéniens, tant qu'ils aiment la modération et la médiocrité de l'État, sont-elles vraiment sublimes ? Le zélé citoyen [Platon] les attribue sans ambiguïté, sans masque, à ses compatriotes. Mais lorsque Athènes est devenue une grande puissance maritime et qu'elle étend sa domination, ou sa cupidité, et son orgueil sur la Libye, l'Europe et l'Asie, alors l'adroit politique – qui veut critiquer sans danger[2] ses institutions, son gouvernement, ses délibérations, et ses actes obscurcis par des taches, troublés par des intrigues, gâtés par des vices, ruinés par des entreprises injustes et imprudentes – métamorphose ses citoyens en « Atlantiques » (§ 107).

La vérité ne serait donc pas à chercher pour lui dans *l'existence* d'Atlantide[3], pas plus d'ailleurs que dans celle de l'Athènes d'il y a neuf mille ans, mais dans le sens *historique* et *politique* du récit. *Historiquement*, il est ici particulièrement question des guerres du Péloponnèse. Et puisque pour Giuseppe Bartoli c'est toujours d'Athènes, dans ses moments philosophiquement opposés, dont il s'agit, cela ouvre à un autre sens, cette fois politique, du mythe : la nécessaire correction qui veut que la cité combattue par la cité juste ne puisse être totalement noire, comme le serait la Perse[4]. *Politiquement* en effet, il est avant tout question de la justice et, avec les voies que la philosophie recherche pour comprendre la possibilité de l'injustice, de la possibilité d'en sortir. Autrement dit, le *Timée* et le *Critias* ne peuvent être lus indépendamment de la *République*. « Ses trois *Dialogues* accordent ce que l'histoire a de vrai, de certain, avec la science

nos citations, nous adoptons la modernisation de l'orthographe française que propose J.-F. Pradeau.

1. « Cette île, à certains égards, n'était que la République même d'Athènes, et les peuples Atlantiques dont Solon et Platon ont parlé poétiquement, sont les Athéniens » (§ 17).

2. « C'est pour ménager sa cité dégénérée et dégradée que Platon désigne les Athéniens comme des Atlantiques » (§ 83).

3. Dans sa reprise terminale des « hypothèses sur l'existence de l'île Atlantique » (§ 138-155), G. Bartoli semble toutefois bien admettre l'existence de l'île.

4. *Cf.* J.-F. Pradeau, *Le Monde de la politique*, *op. cit.*, p. 78-79 ; 82.

politique» (§ 46), en une «trilogie» (§ 41) dont l'objet est une histoire d'Athènes considérée d'un point de vue philosophique (§ 53 *sq.*).

Allégorie historique lue comme une allégorie politique : le mythe est en parfait accord avec le statut général de « l'image » chez Platon [1], et ce dans le cadre du « mensonge légitime autorisé aux magistrats » (§ 25-26) dont Giuseppe Bartoli rappelle que la *République* avait particulièrement déduit les conditions de possibilité. Il semble pourtant que cette première lecture ne puisse suffire puisque, comme l'annonce avec force le début du *Timée*, le mythe atlante est d'abord présenté comme le moment ultime d'un mythe plus général, aux dimensions cosmiques. Dans son *Commentaire sur le* Timée *de Platon*, Proclus avait voulu, lui, prendre complètement cela en compte [2]. Proclus reprend toutes les lectures possibles du récit de Critias pour les ranger en deux grandes interprétations : soit ce récit est une pure fable, soit il s'agit d'un témoignage authentique. Il entend d'abord ne pas trancher lui-même, mais recherche ce que l'on peut retenir de chacune [3]. Pour la seconde, dont a vu ce qu'elle devait particulièrement à Crantor :

> Qu'il ait existé une île de cette sorte et d'une telle grandeur, on en a la preuve par certains récits de voyageurs sur ce qu'on voit dans la mer extérieure [l'océan Atlantique]. Il y avait, en leur temps, sous cette mer-là, sept îles consacrées à Perséphone, et trois autres îles immenses, l'une consacrée à Pluton, une autre à Ammon, une autre, médiane, à Poséidon, large de mille stades, et ceux qui l'habitaient avaient gardé de leurs ancêtres le souvenir de l'Atlantide comme d'une île d'une énorme grandeur qui avait réellement existé (177, 10-20).

Selon la première, le principal est que Platon met en scène, par une histoire politique, l'opposition cosmique à l'origine de la mise en ordre universelle entre les deux séries de la Dyade postérieure à l'Un : Athènes ancienne contre Atlantide, c'est la Limite contre l'Illimité ou la forme contre la matière, le Même contre l'Autre, le Mouvement contre le repos, les colonnes d'Héraclès marquant symboliquement la frontière [4]. C'est finalement à cette interprétation qu'il se rallie. Une lecture analogique du mythe peut alors se justifier. Proclus cite ainsi Amélius, le secrétaire de

1. « Je me sers volontiers du nom d'*image*. C'est précisément celui que Platon a souvent employé en pareilles circonstances » (§ 58).

2. Trad. et notes A. J. Festugière, 5 vol., Paris, Vrin, 1966-1968.

3. Bartoli lui reproche alors de préférer « de toutes les interprétations » du récit « presque toujours la plus insoutenable, et de ne débiter que des rêves » (§ 59).

4. *Cf.* J.-F. Pradeau, *Le Monde de la politique*, *op. cit.*, p. 67-71 et P. Vidal-Naquet, *L'Atlantide*, *op. cit.*, p. 56-60.

Plotin, responsable de l'édition chronologique de ses œuvres, qui voit les astres fixes dans l'Athènes primitive et les planètes dans les Atlantes, ou Origène qui fait de la guerre entre Athènes et Atlantide une figure du combat entre deux catégories de démons, ou encore un certain Numénius d'Apamée pour qui les Athéniens représentent les âmes nobles et les Atlantes les âmes attachées à la *génésis*. Mais aussi, cette guerre peut être perçue comme une simple partie (humaine et politique) du conflit général, en un rapport d'imitation qui la fait être, comme « dernière copie de l'Opposition universelle » (134.22), « image des guerres du Cosmos » (197.5). Alors, allégorie d'une vérité *cosmique*, le récit pourrait être en fait directement *historique* : les Atlantes ne sont pas les Perses, mais bien des barbares effectivement venus de l'Occident, il y a 9 00 ans (172.6-15).

Jean-François Pradeau a alors raison de souligner que, ce faisant, « deux fois associée à la cosmogonie, la dimension politique s'en trouve alors voilée; elle en est l'allégorie et la partie, et l'attention que lui porte Platon n'a de raison qu'à l'échelle du Tout. Il n'y a pas, en ce sens, de particularité politique du récit atlante »[1]. Cette particularité existe pourtant bien, nous l'avons dit, et elle se présente dans le *Timée* et le *Critias* de façon tout à fait nette. Et même, elle renvoie à ce qui est le principal chez Platon, c'est-à-dire « les affaires humaines », dans leur dimension proprement terrestre.

Il semble donc qu'il faille ici chercher autre chose et davantage. Rappelons que l'objet du mythe est, généralement, ce qui immédiatement n'est ni sensible ni intelligible. Le mythe de l'attelage ailé du *Phèdre* a ainsi cette fonction à propos de l'âme : « Pour dire quelle sorte de chose c'est, il faudrait un exposé en tout point divin et fort long; mais, dire de quoi elle a l'air, voilà qui n'excède pas les possibilités humaines » (246a). Il s'agit dans ce cas de donner une image d'une réalité qui, dans sa forme, n'est ni sensible ni intelligible, ou qui du moins ne pourrait être intelligible que par un exposé « divin et long ». Il n'est donc pas question de travestir en termes poétiques ou religieux une réalité qui pourrait être directement accessible aux sens ou à l'intelligence, et d'inviter à y reconnaître une vérité qui s'y trouverait et qui serait ainsi à interpréter (comme dans le mythe d'Orithye), mais de tenter une approche qui dise « de quoi a l'air » cette réalité. Dans ce cadre, le mythe est une image possible, et non purement fictive, en ce qu'il représente, de manière imaginaire donc, et pour servir d'approche à autre chose, ce que l'on ne peut appréhender de manière sensible ou intelligible.

1. *Le Monde de la politique*, *op. cit.*, p. 68.

Dans le *Timée* et le *Critias*, c'est de l'*existence* en elle-même dont il s'agit, dans sa nécessaire position mais aussi dans son impossible pensée proprement philosophique. Si l'objet général du *Timée* est bien la χώρα[1], qui « reçoit toutes les choses, et [qui] jamais en aucune manière sous aucun rapport (…) ne prend une forme qui ressemble à rien de ce qui peut entrer en elle » (50bc), c'est en effet avec le projet spécial de la faire apparaître dans l'*existence* de deux sociétés humaines contradictoires, et ce précisément en la façon différenciée dont elle est leur existence : dans le cas de l'Athènes antique, l'existence imagée de la forme intelligible de la cité de la République est au plus près des conditions de réalisation de l'essence que ce dernier dialogue avait pensées ; dans le cas de l'Atlantide, tout au contraire, c'est plutôt avec la χώρα qu'il y a proximité.

Le *Timée* et le *Critias* prolongent en ce sens la leçon philosophique de la *République* en ce qui concerne la guerre : de la série dégradée des constitutions perverties, la *République* ayant conclu au livre VIII que « le tyran se voit placé devant la constante nécessité de provoquer la guerre » (567a). Et les deux derniers *Dialogues* mettent en évidence la nécessaire supériorité guerrière qui naît de l'harmonie, de l'unité et de l'équilibre politique de la vraie cité. L'Athènes ancienne y est dite avoir stoppé l'expansionnisme de l'île d'Atlantide, « empire vaste et merveilleux » (*Timée*, 25a) qui avait lancé, à partir de l'Océan Atlantique, une invasion sur toute l'Europe et l'Asie réunies. Une existence qui porte la guerre en elle, contre une autre qui la maîtrise parfaitement. On peut alors remarquer que ce conflit entre ces deux existences est seulement annoncé dans le *Timée* sous la forme d'un résumé (25b-d), et qu'il n'en sera pas fait de récit détaillé dans le *Critias*, comme si de ce contact brutal, entier, radical, non médiatisé, entre la δίκη et l'ὕβρις, le λόγος, même sous le registre du mythe, ne pouvait pas bien rendre compte.

1. Telle est, nous le disions, la thèse de F. Makowski : « Le dialogue a pour "objet" la *chôra* » (« L'absent du *Timée* », *Revue de philosophie ancienne*, *op. cit.*, p. 145).

UTOPISMES ET UTOPIE

La victoire de la Limite sur l'Illimité

Existence contre existence : la défaite d'Atlantide, en dépit de sa puissante organisation, de la force de ses murailles, de celle du nombre, est celle de l'inconvenance, de l'injustice, de la cupidité et de l'excès, lorsque le caractère humain vint à prédominer chez ses rois sur « l'élément divin », et ce alors que, « toujours de la même manière (...), conformément à la justice, [les dirigeants d'Athènes] administraient leur propre cité et la Grèce » (112e). Mais, Athènes ou Atlantide, il s'agit toujours d'« existence » : pas plus qu'Atlantide, l'armée des Athéniens ne put résister au cataclysme qui engloutit l'île, à la fin de la guerre (*Timée*, 25c-d). Nous le savons depuis la *République*, les désordres de *l'existence* empêchent *l'essence* de jamais s'y réaliser définitivement et complètement[1].

Mesure et juste mesure platonicienne

Existence contre existence : l'existence limitée d'Athènes, « d'abord à la tête des Grecs, puis seule par nécessité » (*Timée*, 25b-c), l'emporte donc sur l'existence illimitée d'Atlantide. Cette victoire est celle de la mesure sur la démesure, mais dont il se trouve qu'une marque particulièrement forte est paradoxalement présentée dans la profusion du mesuré, que nous soulignions dans notre chapitre I : rappelons que les descriptions d'Atlantide dans le *Critias* font ainsi apparaître que 5 paires de jumeaux sont nées des amours de Poséidon (113e); que la plaine centrale a 6 000 stades carrés de surface (118a); que le temple central est long d'1 stade, large de 3 plèthres et d'une hauteur proportionnée (116d); qu'il y a 2 sources dans l'île (113e; 117a); que 5 enceintes circulaires (2 de terre et 3 de mer) protègent la montagne centrale, résidence du roi (115d-116a); que le pays est divisé en 10 provinces, chacune gouvernée par un prince absolu (113e-114a); que 30 canaux rectilignes et parallèles l'irriguent (117e); que 60 000 districts fournissent 10 000 chars de combat, 240 000 chevaux, 1 200 000 soldats, 240 000 marins... (119e). Autre de la cité juste, de la cité de la mesure, Atlantide apparaît elle même saturée de mesures. Mais, précisément, cette exubérance de la mesure est corrélative de son incapacité à la vraie limite. Comme le dit Luc Brisson : les Atlantes « ont mis en place un

1. J.-F. Pradeau remarque que « c'est parce que l'armée athénienne a abandonné les limites de son territoire pour devenir à son tour une armée impériale qu'elle est engloutie par la terre » (*Le Monde de la politique*, *op. cit.*, p. 296).

réseau mathématique compliqué pour assurer la stabilité d'un mélange que l'Athènes primitive a réalisé d'un seul coup et sans le secours des mathématiques »[1]. Entendons que la quantitativité est en Atlantide le recours abstrait et comme mécanique, et non l'expression en son lieu propre de la « juste mesure », ce qui fait qu'elle peut en venir à en être tout le contraire : par cette mathématisation abstraite et la profusion indéfinie des quantités qu'elle engendre, de la démesure vient en Atlantide de l'effort de combattre la démesure[2].

La dualité, partout présente en Atlantide, en particulier entre le pair et l'impair, le cercle et l'oblong, manifeste cela[3]. Jean-François Mattéi va plus loin : il rapporte le mélange déréglé de la parité et de l'imparité à celui de l'hexade et de la pentade, respectivement symboles de l'humain et du divin. Selon lui, « le mythe du *Critias* donne ainsi la clef de l'énigme de la *République*, au livre VIII : le cinq est bien le nombre nuptial attaché à la génération divine et aux périodes cosmiques, symbolisées dans notre texte par la partition circulaire des cinq zones et des cinq murs autour de l'îlot central et par la répétition des cinq générations issues de Poséidon ». En revanche, « tous les nombres qui dépendent de Clitô, doublement attachée à la parité (en tant que femme et en tant que mortelle) substituent la dyade ou l'hexade, principe d'indétermination, au nombre nuptial ». Et ainsi, « le mélange baroque du cinq et du six, du divin et du mortel, évoque dans l'ordre mythique le mélange ontologique mal maîtrisé du *peras* et de l'*apeiron* »[4]. Il souligne que cette lecture est tributaire de la table pythagoricienne des opposés, et avec elle de l'interprétation de Proclus, qui mettait en lumière le rôle décisif du cinq et du dix dans le mythe[5]. Ce présupposé méthodologique est naturellement discutable[6]. Le fait est en

1. « De la philosophie politique à l'épopée. Le *Critias* de Platon », *Revue de Métaphysique et de Morale*, *op. cit.*, p. 429.

2. P. Vidal-Naquet a ainsi raison de dire que l'« on peut discuter de l'interprétation symbolique de tel ou tel chiffre, pas de l'abondance éclatante des nombres » (*L'Atlantide*, *op. cit.*, p. 153, n. 10).

3. J.-F. Pradeau propose une énumération des mesures ou combinaisons de mesures dans lesquelles l'arithmétique atlante oppose le pair et l'impair, dans *Le Monde de la politique*, *op. cit.*, p. 93.

4. *Platon et le miroir du mythe*, *op. cit.*, p. 261-263.

5. *Commentaire sur le* Timée *de Platon*. Elle prolonge les hypothèses de R.S. Brumbaugh, *Plato's Mathematical Imagination*, Bloomington, Indiana University Press, 1964, p. 47 *sq*.

6. Voir J.-F. Pradeau, *Le Monde de la politique*, *op. cit.*, en particulier p. 91-92, n. 183 et p. 94, n. 186.

tout cas que, comme le dit Luc Brisson, l'entreprise de limitation mathématique atlante, et plus précisément de circonscription qui accompagne l'accroissement territorial, est vouée à l'échec : « l'oscillation rythmique entre le pair et l'impair, entre le cercle et l'oblong, laisse deviner la faiblesse de la barrière arithmétique s'opposant au déferlement de l'ἄπειρον »[1].

Mesures utopiques

Tout autre est le statut des mathématiques en utopie. Nous reprendrons plus à fond ce point dans un ouvrage ultérieur, et ce au regard d'un examen plus général de la « juste mesure » et de la fonction des mathématiques dans les *Dialogues*, particulièrement dans la *République* et dans les *Lois*. Pour en rester ici à notre objet présent, on peut immédiatement constater que la différence ontologique change nécessairement complètement la perspective. Pour reprendre notre référence principale, Utopie, la cité parfaite de Thomas More, est la perfection de l'existence politique dans l'identification absolue avec son essence, avec ce qu'est vraiment une république. La nécessaire rationalité de cette existence s'en déduit immédiatement, et elle prend une forme mathématique. La fonction des mathématiques n'est donc plus de contrôler la nécessaire indétermination de l'existence, de s'y opposer, mais tout au contraire d'exposer de façon optimale les possibilités intrinsèques de l'existence. Il s'agit ici d'un schématisme, dont l'insularité est une autre forme, et ce dans la visée d'une expression générale de la systématicité. Cette mathématisation, ainsi philosophiquement justifiée du contenu du récit utopique, offre de plus à l'imagination utopique de quoi directement attester la véracité de son récit. La convention utopique repose en effet spécialement sur le luxe des détails par lesquels la réalité d'Utopie se donne à voir, et ces détails sont particulièrement mathématiques : c'est en ce sens que More fait part de son hésitation concernant la longueur du pont d'Amaurote (mesure-t-il 500 ou 300 pas ?)[2].

C'est donc dans une perspective qui n'est pas celle de l'Atlantide que la vie sociale utopienne est également parfaitement mesurée. Chaque cité compte six mille familles; et chaque famille est composée de dix à seize adultes, en un équilibre maintenu par le transfert des enfants des familles

1. « De la philosophie politique à l'épopée. Le *Critias* de Platon », *op. cit.*, p. 91.
2. *U.*, p. 349 ; GF-Flammarion, p. 76.

les plus nombreuses vers les familles les moins nombreuses[1]. La journée est divisée en trois heures de travail, un déjeuner, deux heures de sieste, trois heures de travail à nouveau, un dîner et huit heures de sommeil avec, dans le temps qui reste, liberté à chacun pour « quelque occupation de son choix »[2]. L'une d'entre elles est un jeu : « une "bataille arithmétique", dans laquelle le nombre l'emporte sur le nombre »[3]. Et ainsi est mathématisée la vie quotidienne : on change de vêtements tous les deux ans et, par unités de trente, les familles prennent leurs repas, « à l'heure prévue », dans de grands hôtels « bâtis à égale distance les uns des autres »[4].

L'espace utopique est également mathématiquement pensé, en particulier dans sa dimension urbanistique et architecturale[5]. L'île d'Utopie a ainsi une forme générale circulaire. Et sa capitale, Amaurote, en tant que signe de toutes les autres villes, y occupe le centre : « Cette ville, située pour ainsi dire au nombril de la terre, est la plus accessible aux délégués de toutes les régions et, pour cette raison, est considérée comme la première et comme la capitale »[6]. Mais, d'autre part, sa forme carrée est rendue également nécessaire par sa distribution en quatre quartiers identiques, eux-mêmes constitués de carrés, à leur tour identiques, de maisons entourant un jardin. « Au milieu de chaque quartier, se trouve une place où sont rassemblés tous les objets (...), les produits du travail de chaque famille. Tout père de famille y demande ce dont il a besoin pour lui et les siens et, sans donner d'argent ni fournir aucune autre contrepartie, il emporte ce qu'il a demandé »[7] : le communisme norme en dernier ressort l'urbanisme, ce qui amène en particulier qu'aucune maison ne soit fermée à clef et qu'« on en change tous les dix ans après tirage au sort »[8].

1. Dans la même perspective, « s'il arrive que l'ensemble des habitants d'une Cité dépasse le chiffre prévu par la loi, le surplus est employé à combler les vides des Cités utopiennes moins peuplées » (*U.*, p. 481 ; GF-Flammarion, p. 155) Le même principe est à l'origine de la colonisation (*U.*, p. 482 ; GF-Flammarion, p. 155). Chaque famille de la campagne ne compte pas moins de quarante membres (plus deux serviteurs). Elles sont regroupées par unités de trente. Tous les ans, dans chaque famille, les vingt personnes qui ont achevé leur séjour de deux ans retournent en ville, remplacées par un nombre égal de citadins (*U.*, p. 453 ; GF-Flammarion, p. 139-140).

2. *U.*, p. 469-470 ; GF-Flammarion, p. 148-149.

3. *U.*, p. 470 ; GF-Flammarion, p. 149.

4. *U.*, p. 470, 485-490 ; GF-Flammarion, p. 153-154 ; 158-161.

5. Voir ici, particulièrement, L. Marin, *Utopiques : jeux d'espaces*, *op. cit.*, p. 158-184.

6. *U.*, p. 453 ; GF-Flammarion, p. 139.

7. *U.*, p. 482-485 ; GF-Flammarion, p. 156-157.

8. *U.*, p. 461 ; GF-Flammarion, p. 144.

Images de l'informe

La mesure atlante n'est donc pas, en revanche, utopique. Elle n'exprime pas par elle-même la perfection réalisée. Et elle ne peut ainsi empêcher la victoire de la vraie Limite, celle d'une mesure que la Justice norme

Avec cette victoire, c'est particulièrement la défaite de l'impérialisme maritime qui se trouve proclamée, et cela est fondamental : la mer est à l'origine des ambitions, par les possibilités d'expansion indéfinie qu'elle offre. Mais, surtout, elle offre l'image de l'informe, de ce qui corrompt par sa nature même[1]. Marie-Laurence Desclos souligne ainsi que, dans la généalogie des dieux qu'il présente en 40e, « en lieu et place de Pontos, c'est aux Ouranides Okéanos et Téthys que le *Timée* ménagera une place, substituant ainsi les "aquatiques" aux "marins", c'est-à-dire la fécondité des eaux douces à l'infécondité de la mer salée, le cours circulaire d'un fleuve (…) à l'espace indéfini de la haute mer, le limitant à l'illimité »[2]. « La mer », tel est donc ce qui pourrait principalement caractériser Atlantide. Et ainsi, alors qu'à son origine Atlantide ne connaissait pas plus la navigation que l'Athènes ancienne (*Critias*, 113e), on peut comprendre que c'est son ouverture sur la mer qui fut la cause de sa ruine.

La référence à l'insularité utopique s'impose ici naturellement, avec cependant cette différence de taille que la forme de l'île est conçue pour faire entrer la mer, en la pacifiant ainsi.

Pierre Vidal-Naquet ne considère toutefois pas qu'Atlantide doive à cette seule référence maritime d'être la figure par excellence de l'indéterminé en matière politique. Il considère que sa structure, en la

1. Voir particulièrement *Critias*, 117e. M. Dixsaut, dans la note 346 de son édition du *Phédon*, insiste sur le fait que, « image de flux et de reflux et lieu de l'informe, la mer est pour Platon source de corruption à tous points de vue : elle ronge toute figure, rend méconnaissable toute forme (voir le mythe de Glaucos le marin, *Rép.*, X, 611b, et le "réquisitoire" contre la mer, source de corruption sociale et politique, en *Lois*, III, 704a-707e) ». Sur la critique platonicienne de la thalassocratie, de l'oraison du *Ménexène* au récit atlante, voir l'étude complète de J.-F. Pradeau dans *Le Monde de la politique*, *op. cit.*, p. 206-229, dans laquelle il montre que « l'argument platonicien, d'un dialogue à l'autre, demeure identique : les navires font toujours naufrage, et avec eux la démocratie » (p. 206).

2. « Créatures divines et divinités pré-olympiennes dans les *Dialogues* de Platon », dans J. Laurent (éd.), *Les Dieux de Platon*, Caen, Presses universitaires de Caen, 2003, p. 130-131.

matière, est plutôt celle d'une alternance « terre-eau »[1], et même que cette dernière n'est en fait « que le trait le plus frappant d'une dualité que Platon s'amuse à tout moment à souligner et qui montre que cette structure de l'Atlantide est celle du déploiement de l'*apeiron*, de l'altérité »[2]. Il « reconnaît ici la fameuse "dyade indéfinie" (dyas aoristos) du grand et du petit par laquelle Aristote définissait le principe matériel chez Platon, et tout aussi bien l'"Autre" du *Timée* »[3], ce qui lui fait par exemple souligner le caractère bigarré de la succession des enceintes, les unes recouvertes de métal, les autres en pierres nues.

Jean-François Pradeau juge pourtant peu satisfaisante cette assimilation de la dualité à l'altérité et à l'*apeiron*[4]. D'une manière générale, le recours à l'illimité, que met ainsi en avant Pierre Vidal-Naquet, lui semble impropre, et ce pour deux raisons principales : « La première est lexicale : l'illimité est un terme absent du *Critias*, comme du prologue atlante du *Timée*. Par contre, le vocabulaire éthique et psychologique de l'excès y est très présent ». Il ne voit pas en conséquence l'utilité de recourir à l'ontologie du *Philèbe* pour qualifier la démesure atlante. Il ajoute cependant, ce à quoi nous adhérons tout à fait : « Reste évidemment que cette ontologie a une valeur éthique, et que, pour Platon, les deux aspects sont liés. » La seconde raison tient précisément à l'ontologie : l'illimité est inséparable dans le *Philèbe* de la limite, mais aussi du mixte, de la cause et du « cinquième genre ». Il constate qu'« évoquer l'illimité sans engager dans son entier la terminologie du *Philèbe* a pour conséquence d'en faire un principe, distinct ou premier, ce qui n'a guère de sens », et qu'il rapproche de ce que doit Pierre Vidal-Naquet aux hypothèses des tenants des doctrines non-écrites qui, comme Konrad Gaiser, voient un « système des principes » de Platon, dont les deux premiers sont la « limite » et « l'illimité ». Il demande en conséquence que l'on prenne aussi en considération le mesuré et la constitution d'un mélange dans le *Critias*, et principalement l'usage *politique* de l'ontologie de la limite, si l'on veut comprendre « pourquoi l'un des termes de l'ontologie du *Philèbe* (l'illimité) s'avère adéquat afin

1. Ainsi, « au centre l'île refuge a cinq stades de large ; lui font suite une enceinte d'eau d'un stade de large, puis deux groupes d'enceintes de terre et d'eau, chacune ayant respectivement deux stades et trois stades de large » (« Athènes et l'Atlantide », *Le Chasseur noir*, *op. cit.*, p. 353).

2. *Ibid.*, p. 353. Voir p. 352-360.

3. *Ibid.*, p. 350 et *L'Atlantide*, *op. cit.*, p. 31-32.

4. *Le Monde de la politique*, *op. cit.*, p. 101-102.

d'expliquer l'abîme politique dans lequel une cité peut, par la faute de son injustice, être engloutie ».

Terre, existence et utopie

Terre humaine, terre utopique

Pour en revenir aux images premières, la bonne existence renvoie quand même immédiatement à la terre et à la figure de l'Athènes antique, et la mauvaise, c'est-à-dire en fait celle qui en exprime le mieux le statut de non-être relatif à toute existence en tant que telle, au moins partiellement à la mer et à l'empire maritime des Atlantes. La terre contre la mer : on peut alors imaginer dans « la Terre véritable » du *Phédon* l'image accomplie de l'excellence.

> Car la terre que voici, les roches et le lieu d'ici-bas tout entier – tout est corrompu, rongé de part en part comme l'est par le sel ce que contient la mer. Dans la mer, rien ne pousse qui mérite qu'on en parle, rien non plus n'a une forme – comment dire ? – accomplie ; tout n'est que roche creusée, sable, masse informe de vase impraticable, et, dans les endroits où la terre se mêle à la mer, bourbier; rien donc qui, de près ou de loin puisse se comparer aux beautés de chez nous, mais la supériorité des choses de là-haut en regard des choses d'ici-bas serait encore plus éclatante (110a).

Mais cela, ce n'est pas ce que Platon recherche dans la *République* et dans tous les *Dialogues* qui concernent la cité humaine, les « affaires humaines ». L'excellence humaine ici concernée est à déterminer avec des hommes ordinaires, semblables aux Athéniens de son époque. Nulle sensibilité « parfaitement persuadée » pour eux en conséquence, en une absorption rêvée du sensible par l'intelligible, comme dans le mythe terminal du *Phédon*.

Et c'est pourquoi ce dialogue peut être dit moins utopique que le *Critias* : certes, cette « Terre véritable » présente en un seul objet le sensible et l'intelligible, ce qui peut évoquer assez directement l'*Utopie*, où ce que Raphaël a vu de ses yeux est nommé par lui « la seule qui puisse revendiquer à bon droit le nom de République » [1], en tant que « philosophique cité » [2], « idée de république » comme le dit Jérôme Busleiden [3], « Forme

1. *U.*, p. 621 ; GF-Flammarion, p. 171.

2. *Cf.* le Quatrain introductif, *U.*, p. 334.

3. *Lettre à Th. More*, 1516, dans l'*Utopie*, p. 637. J. Busleiden (env.1470-1517) fut membre du Grand Conseil à Malines, où il recevait les humanistes.

parfaite de la communauté politique », selon le titre de l'*Utopie*[1]. Mais, précisément, ce que le marin-philosophe a vu, ce sont des hommes et des femmes ordinaires, aux sens et aux désirs, à l'intelligence et aux passions tout à fait comparables à ceux de ses compatriotes de l'Ancien Monde, et non des vivants à la sensibilité tout autre car immédiatement ordonnée à l'intelligible[2]. Quant à la terre elle-même habitée par les Utopiens, elle est tout à fait comparable à celle qu'habitait Raphaël[3], alors que la « Terre véritable » du *Phédon* regorge, elle, de pierre précieuses, d'or, d'argent, en une nature dont la luxuriance est un « spectacle fait pour des spectateurs bienheureux » (110e-111a).

La différence entre le *Phédon* et l'*Utopie* est en fait très radicale, puisque le mythe terminal du *Phédon* n'a de sens que dans la perspective de la libération de la pensée en laquelle Socrate puise toute sa force et sa confiance, libération inscrite dans le prolongement de la doctrine platonicienne de la *séparation* de l'intelligible et du sensible. Cette différence est donc ontologique et existentielle, l'objet de l'*Utopie* étant la vie des hommes sur cette terre, la terre qui est présente et commune aux hommes vivant actuellement.

La présence de l'utopie dans la philosophie de Platon, doit donc plutôt être recherchée dans le *Critias*. La *République*, en elle-même, n'est pas une « utopie », par sa mise à l'écart délibérée de la question de *l'existence effective*, alors que le *Timée* et le *Critias* ont, eux, pour objet fondamental l'existence. Jean-François Pradeau souligne ainsi que la question du « bon lieu » pour une cité « n'aurait eu aucun sens dans la doctrine platonicienne avant le *Timée* (c'est précisément la question qu'écartait Socrate dans la *République*) »[4]. Avec la χώρα, le territoire, c'est en revanche de l'existence dont il s'agit, et précisément de l'existence de la cité qui

1. *Cf.* la justification de la traduction dans le chap. 2, « De l'idée à l'idéal ».

2. Rappelons les termes du *Phédon* : « Pour ce qui est de la vue, de l'ouïe, de la pensée (φρονήσει) et de toutes les facultés de cet ordre, ils sont par rapport à nous à une distance exactement aussi grande que celle qui sépare l'air de l'eau et l'éther de l'air sous le rapport de la pureté » (111b), ce qui permet que « le soleil, la lune, les astres se donnent à voir à eux tels qu'ils sont réellement » (111c). Et le fait est que cette sensibilité n'est guère « humaine », puisqu'elle appartient à « ceux qui ont réussi à se purifier autant qu'il faut grâce à la philosophie [et en conséquence] vivent, pour tout le temps à venir, absolument sans corps » (114c). Les Utopiens ont eux, tout comme les contemporains de Socrate bel et bien, un corps !

3. Utopie est située, dans l'hémisphère austral (voir *U.*, p. 445 ; GF-Flammarion, p. 132), dans une zone symétrique, par rapport à l'Equateur, de la zone tempérée de l'hémisphère nord (*U.*, p. 562 ; GF-Flammarion, p. 199).

4. *Le Monde de la politique*, *op. cit.*, p. 294. Voir aussi p. 297.

convient parfaitement aux hommes. A partir de là, il est possible d'aller plus loin et de rapporter plus étroitement ces *Dialogues* à l'utopie, si avec cette dernière on a affaire, comme le dit encore Jean-François Pradeau, à « l'élaboration théorique, à des fins analytiques et épitactiques, de cités conçues et décrites à partir d'un nombre fini d'hypothèses restrictives »[1]. Et en effet, « donner au naufrage athénien la figure excessive de l'Atlantide permet à Platon de retenir et de privilégier certains aspects seulement de la démesure athénienne (l'impérialisme, l'habitation du territoire et le travail de sape des disproportions et des déséquilibres), afin de les rassembler en un *type* politique »[2].

En fait, ainsi que nous le relevions dès notre introduction, « le *Critias*, plutôt que premier spécimen du genre utopique, en fut à sa façon la condition de possibilité, le prétexte ou l'hypotexte. Or, s'il faut bien reconnaître que le récit platonicien est un objet littéraire hybride, c'est avant tout qu'il l'est d'un point de vue philosophique. Et c'est comme cela (...) qu'il est effectivement une utopie »[3]. Ainsi, « les parentés restent trop allusives, jusques et y compris sous l'aspect du projet philosophique, pour que l'on puisse en conclure immédiatement à une communauté de genre ou à un statut archétypal du récit platonicien. C'est en revanche à partir de ces ouvrages renaissants [l'*Utopie*, *La Cité du soleil*] que l'on a rétrospectivement et récemment qualifié le récit atlante (et la *République*) d'*utopie* »[4].

Nous adhérons tout à fait à ces analyses, et c'est pourquoi, en dépit de ces « parentés », le principal en matière de différence utopique est bien la novation ontologique qu'introduit, particulièrement, l'*Utopie* en faisant être directement dans l'existence sa cité parfaite.

1. « L'Atlantide de Platon, l'utopie vraie », *op. cit.*, p. 98 et *Le Monde de la politique*, p. 281. En ce sens, comme le rappelle J.-F. Pradeau, la construction théorique que M. Weber nomme « l'idéaltype » a selon lui « le caractère d'une *utopie* que l'on obtient en accentuant *par la pensée* des éléments déterminés de la réalité » (« l'objectivité de la connaissance dans les sciences et la politique sociales » [1904] repris dans les *Essais sur la théorie de la science*, trad. J. Freund, Paris, Plon, 1965, p. 180). Voir aussi, dans cette perspective, J. Lévy, « La libération de l'utopie », dans P. Garcia, J. Lévy, M.-M. Mattéi, *Révolution, fin et suite*, Paris, Espaces Temps – Centre Georges Pompidou, 1991, p. 299-314).

2. *Le Monde de la politique*, *op. cit.*, p. 278-279.

3. « L'Atlantide de Platon, l'utopie vraie », *op. cit.*, p. 94.

4. *Le Monde de la politique*, *op. cit.*, p. 278.

Le non-platonisme de l'ontologie utopique

Et c'est pourquoi Thomas More est en droit de caractériser Utopie comme « émule à présent de la platonicienne cité » [1], en prenant « émule » au sens premier de ce qui cherche à l'emporter, ce qui le conduit à faire se présenter ainsi Utopie : « Sur elle peut-être *l'emportant* - car ce qu'avec des lettres elle dessina, *moi seule* je l'ai montré avec des hommes, des ressources et d'excellentes lois. » [2]

Il s'agit d'abord ici, à l'évidence, de la prétention utopique à faire *exister effectivement*, « avec des hommes, des ressources et d'excellentes lois », ce que Platon n'avait que « dessiné avec des lettres ». Et cette convention utopique ne concerne pas seulement le dépassement en réalité de la cité de la *République* : l'Athènes antique est elle aussi tout entière « dessinée » avec des lettres », et qui plus est en un dialogue supposé reproduire un discours (de Critias), reprenant des propos (du prêtre de Saïs) eux-mêmes tributaires d'écrits. S'il ne s'agissait donc que de « montrer », encore avec des lettres, la cité de la *République*, on ne verrait d'ailleurs pas bien, dans ce cas, en quoi Utopie pourrait être dite la « seule », sa figuration sensible dans le *Timée* étant connue et commentée tout au long du Moyen Âge. On pourrait seulement dire dans ce cas, ce qui n'est certes pas rien, que la victoire d'Utopie aurait pour sens un complet renversement de la philosophie platonicienne, ce qui « montre », l'image, l'emportant alors sur ce qui est montré, soit l'Idée de la vraie cité.

En première approche, si le lieu d'Utopie est donc bien celui de l'Athènes antique du *Timée* et du *Critias*, affirmer qu'elle « l'emporte » peut être simplement rapporté à un premier moment de la convention utopique, en une prétention purement rhétorique que la description de Raphaël renvoie bien, elle, à une réalité objective, une existence effective, contrairement aux propos de Critias. Mais comme ce dernier revendiquait aussi, nous l'avons vu, la vérité de son discours, à en rester là, il n'y aurait guère que surenchère rhétorique. Or, ce que l'utopie introduit philosophiquement, principalement, c'est une novation ontologique. Si Utopie l'emporte pleinement, radicalement, c'est en fait par ce nouvel être que, par convention, elle montre : *l'essence* et *l'existence* en une même réalité, que

1. « *Nunc civitatis aemula Platonicae* ». La formule figure dans le *Sizain* qui précède l'*Utopie* (p. 330).

2. *Ibid.* Nous soulignons. P. Gilles, dans sa *Lettre à Busleiden* du 1er novembre 1516, affirmait : « Tous devraient connaître [Utopie], *plus même*, que la *République* de Platon » (p. 337).

Raphaël est supposé avoir vu à la fois par ses yeux et par son esprit. Le lieu d'Utopie est donc en fait aussi, en même temps que celui du *Critias*, celui de la *République*, et cela en un non-platonisme radical.

Platon avait insisté sur le fait, on le sait, que le propre d'une image est de différer nécessairement de son original, tout en lui ressemblant, sous peine qu'il n'y ait plus ni «original» ni «image»[1]. Or, précisément, Utopie prétend l'«emporter», en montrant en un même être, à la fois l'image de l'objet de la *République* et cet objet lui-même, être qui du coup, du moins en termes platoniciens, ne peut qu'être d'«aucun lieu»[2]. La convention utopique est ainsi de montrer la *vraie cité* en elle-même, comme étant absolument là dans son existence sensible, et non comme une simple image-copie. On peut ici rappeler l'annonce du «Quatrain»: «Moi seule de toutes les terres habitées, *sans philosophie*, j'ai présenté aux mortels la *philosophique cité.*»[3] Et on peut encore rappeler le titre complet de l'*Utopie*: «*Un vrai Livre d'Or, un petit ouvrage non moins salutaire qu'agréable, relatif à la forme parfaite (ou à la meilleure forme) de la communauté politique et à la nouvelle Ile d'Utopie* ...[4].» «*La nouvelle île d'Utopie*»: soit le lieu du *Timée* et du *Critias*; «*relatif à la forme parfaite (ou à la meilleure forme) de communauté politique*»: soit celui de la *République*. Ce «livre d'Or» est bien relatif, dans le même mouvement, aux deux. La première partie, ainsi, ne présente pas par exemple une Forme, que la seconde exhiberait de façon sensible et dans une existence supposée. Chacun à sa manière, les deux livres de l'*Utopie* portent sur les deux moments à la fois de l'être d'Utopie.

La convention utopique exige alors que la cité parfaite ne soit pas comprise comme une image sensible que l'esprit se ferait lui-même, et pas plus une construction théoriquement élaborée. Ainsi, lorsque le personnage-More refuse de reconnaître la valeur de la communauté des biens comme principe politique et qu'il ajoute: «C'est (...) ce que je ne puis même imaginer (*ne cominsci quidem queo*)», cela n'étonne pas du tout

1. «On ne doit (...) pas tout rendre de ce qu'est qualitativement l'objet dont on fait une image, et si ce doit être une image» (*Cratyle*, 432b). Sinon, par exemple, ce n'est pas à Cratyle et à son image que l'on aurait affaire, mais bien à deux Cratyle.

2. A. Prévost comprend davantage: selon lui, «la supériorité de l'*Utopie* est d'avoir dépassé le langage didactique et abstrait de Platon par une description existentielle qui mobilise l'imaginaire et le futur, et, par une signification ésotérique, d'avoir initié l'homme à la maîtrise de sa destinée» (*U.*, p. 330, n. 2).

3. *U.*, p. 334. Nous soulignons.

4. *Cf.* chap. 2.

Raphaël : « *Non miror inquit, sic videri tibi, quippe cui ejus imago rei aut nulla succurit, aut falsa* », soit littéralement : « Je ne m'étonne pas que cela vous apparaisse ainsi, vous à qui aucune image de la chose ne peut se présenter à l'esprit ou ne peut que se présenter fausse »[1]. Hors de la vision d'Utopie elle-même, il n'en est pas d'image possible ou, au mieux, il n'en est que de fausses.

La philosophie de l'*Utopie* est certes platonicienne lorsqu'elle affirme qu'il n'est d'image vraie possible que comme image d'une véritable réalité. Mais tout l'écart avec Platon est dans le statut de cette réalité : Utopie, à la fois existence sensible et essence, est par là à elle-même sa propre image. C'est en ce sens que Raphaël est on ne peut plus clair : « Mais si vous aviez été en Utopie avec moi (...), alors vous ne feriez pas difficulté de reconnaître que nulle part vous n'avez vu de peuple bien gouverné, sauf là-bas »[2]. C'est en tant que *réalité vraie existante* qu'Utopie rend possible que l'on se forme une image de son essence, essence qui n'existe par elle-même que dans sa propre image, et c'est ainsi, également, qu'elle peut être l'objet d'une réflexion philosophique.

Cette nouvelle ontologie utopique produira particulièrement le renversement de *La Nouvelle Atlantide* de Francis Bacon (vers 1623), où c'est sous le nom de la figure de la matérialité empirique chez Platon qu'est présentée la cité parfaite. On peut toutefois remarquer que le mode d'existence d'Atlantide annonçait déjà, en quelque sorte formellement, un effet fondamental de la nouvelle ontologie, que son statut dans les *Dialogues* platoniciens a pourtant pour fonction de contredire : Utopie, par ses rapports internes comme par ceux qu'elle entretient avec ses colonies, peut en effet être rapprochée d'Atlantide, dont les groupements civiques, comme le souligne Jean-François Pradeau, « ne se distinguent pas selon un partage fonctionnel, mais (...) sont tous conçus sur un même modèle démographique et géographique : ils ont la même taille et la même armée, ils sont autant de multiplications d'un même lieu ; la royauté atlante ne croît pas à mesure que son territoire s'étend, elle se multiplie »[3].

1. *U.*, p. 442-443 ; GF-Flammarion, p. 131.

2. *U.*, p. 442 ; GF-Flammarion, p. 131.

3. « L'Atlantide de Platon, l'utopie vraie », *op. cit.*, p. 97. La référence est à *Critias*, 118e-120b.

CHAPITRE VI

TRANSCENDANCE ET IMMANENCE

Platon et l'utopie : le fondement des utopismes platoniciens est le désir directement utopique d'une existence parfaite, pour les hommes et sur terre. Mais des effets non-utopiques s'ensuivent tout aussi immédiatement, puisque le principe en est la radicale différence ontologique entre l'essence et l'existence, entre ce qui est en soi, de façon séparée et transcendante, la Forme de la vraie cité, et ce qui s'offre dans l'immanence des relations sensibles comme sa présence nécessairement imparfaite et provisoire.

L'utopie s'inscrit aussi pourtant dans une philosophie de la transcendance, en un autre sens que celui qui vient d'être rappelé. Pour finir, il convient donc d'en interroger le statut propre, et ce dans la perspective d'y chercher, en retour, un moment platonicien. Deux directions s'imposent alors : premièrement, par le dynamisme de la figure d'Utopie, l'appel vers un au-delà divin. Le transcendant utopique est ici le Royaume de Dieu, sens ultime de toute chose, transcendant donc particulièrement l'être vrai de la cité humaine et terrestre. Deuxièmement, ce dynamisme utopique, considéré pour lui-même, ou pour des enjeux ne relevant pas nécessairement du divin : l'utopie comme la présence de l'ailleurs, comme l'indétermination même, pensée dans son mouvement d'ouverture vers ce qui n'est pas, ou ce qui n'est pas encore.

Qu'en est-il, alors, en ces points, de l'utopisme platonicien ?

L'UTOPIE POUR L'AU-DELÀ ?

« *Utopie matricielle* » *ou auto-production matérielle ?*

Selon André Prévost, l'originalité et la force de l'utopie tiennent à la dynamique du désir que son texte suscite, et dont la vraie fin est Dieu. L'*Utopie* est ainsi une parabole qui, par la figure de l'Ailleurs qu'elle offre, conduit à l'Autre absolu[1].

> Grâce à l'*Ailleurs*, la figure de la parabole, *relais opérationnel* de l'imagination, porte le désir de plus en plus haut sur une trajectoire qui le soulève au-dessus de l'événement. Bientôt, enfin, se manifeste l'opération ultime de l'alchimie utopique : le désir enveloppant au suprême degré la force de ses aspirations au plus-être et au mieux-être, rejoint, dans l'*Ailleurs* transcendant, l'éternel pour lequel il est fait[2].

Miroir qui permet à l'homme de se contempler dans sa vérité, Utopie serait en fait une invitation à briser tous les miroirs. Cité parfaite terrestre inscrite dans le Devenir, elle représenterait en ses modalités propres l'Être absolument parfait, éternel, avec pour ressort de déclencher un mouvement dialectique et prophétique y menant, d'abord par un retour sur soi, en une conversion, une « utopie intérieure », qui ne pourrait donc s'achever sur terre[3]. D'Utopie à une « Utopie matricielle », dont elle ne serait qu'un moment, on comprendrait ainsi pourquoi les Utopiens ne craignent pas la mort.

Les toponymies et anthroponymies négatives de l'*Utopie* seraient, dans cette perspective, des instruments privilégiés pour susciter le dépassement et faire désirer la transcendance. Avec l'« *Anydre* », fleuve sans eau ; l'« *Achorie* », pays sans contrée ; l'« *Alaopolécie* », cité sans peuple ; l'« *Adème* », roi sans peuple, etc., More mettrait en œuvre la dialectique de l'affirmation (*cataphase*) et de la négation (*apophase*) du Pseudo-Denys l'Aréopagite (V^e^-VIe siècles), et se ferait l'écho de la « Docte Ignorance » de saint Bonaventure et de Nicolas de Cues[4]. Un statut spécial devrait alors

1. Dans *U.*, p. 146-169 ; 179-190, en particulier.

2. *U.*, p. 184.

3. Voir particulièrement *U.*, p. 152 *sq.* « Bref, le dessein de More, en filigrane dans toutes les pages, c'est l'invitation au lecteur, non pas à adopter la figure de l'*Utopie* pour le reproduire, mais plutôt à reconstruire en lui-même une Utopie transcendante et plus vraie » (p. 156).

4. Voir A. Prévost, dans l'*Utopie*, p. 45-46 ; 139-140. Voir aussi M. de Gandillac, Introduction aux *Œuvres complètes* du Pseudo-Denys l'Aréopagite [1943], Paris, Aubier, 1989 ; *Genèse de la modernité. Les douze siècles où se fit notre Europe. De la « Cité de Dieu » à « La Nouvelle Atlantide »* [1989], Paris, Cerf, 1992, p. 435-441.

être réservé au terme même d'« *Utopie* », la négation « οὐ » qui la constitue ayant à être comprise comme ouvrant « l'hypothèse d'une réalité invisible, située en dehors du monde connu jusqu'ici, mais non pas définitivement inaccessible »[1]. Il faut ici rappeler, plus généralement, la puissance productrice de l'écriture utopique que nous avions abordée au chapitre I : son sens ultime serait donc, par un mécanisme rhétorique de transcendance, de conduire à la transcendance elle-même.

Cela étant, il est pourtant aussi possible de penser l'utopie à partir de cette écriture comme figure nue de ce que peut la matière par elle seule : elle aurait alors pour fonction de mettre sur la voie des potentialités d'autoproduction de cette matière, par négation de ses déterminations finies. En un même geste, ce procédé rhétorique indiquerait à la fois une autre existence et que cet autre peut être produit à partir du même : autrement dit, nous aurions affaire, premièrement à une autre existence, Utopie, qui deuxièmement, en tant qu'« existence » elle-même, au sens pleinement terrestre, mettrait bien en évidence que l'existence peut se nier elle-même, pour ainsi faire venir l'autre à partir du même. Tel serait donc le sens utopique spécial de cette existence qui se trouve à la fois affirmée et niée, en sorte que l'autre existence vers laquelle l'existence utopique fait signe lui est en somme immanente. Et l'*Utopie* serait alors ce texte qui actualiserait cela spécialement, en des formes plus précisément sociales.

Dans cette perspective, il faut d'abord comprendre qu'Utopie n'est du présent qu'en tant qu'elle est de l'avenir, et que ce qu'elle donne à voir par l'indétermination de ses conditions d'existence est l'essence absolue de toute action. Davantage : comme cité parfaite, cité de raison, Utopie est comme la présence en acte d'une volonté humaine efficace, d'une raison pratique par elle-même. Cette indétermination n'a donc pas du tout le sens platonicien de la limite extérieure de l'Idée. Du Fini au Fini, par l'Infini : l'acte négateur utopique par lequel se trouve transcendée l'existence, déterminée, de l'Ancien Monde produit cette autre existence, tout autrement déterminée, d'Utopie. S'agit-il alors ici de ce que Hegel appelle le « faux infini », c'est-à-dire cet Infini qui se résout en un être fini, plus grand certes, mais toujours « fini », le « vrai infini » étant en revanche, pour Hegel, la négation du « fini » qui se nie elle-même, et qui ne s'oppose donc pas abstraitement au « fini », ce qui en ferait un autre « fini »[2] ? Ce serait oublier que la cité utopique doit à son achèvement même de ne pas cesser

1. *U.*, p. 136.
2. *Science de la logique*, *op. cit.*, Livre premier, Première section, chap. II, C, p. 138 *sq.*

de s'élaborer, de s'améliorer, et que sa perfection peut sans doute être rapportée, en dernière analyse, à la perfectibilité indéfinie qu'elle fonde, en une auto-production de soi par un travail socialement maîtrisé, et cela donc en un temps proprement humain.

Utopie pourrait être ainsi lue, davantage que comme une « cité parfaite », et davantage encore que comme telle ou telle existence ne se devant qu'à elle-même, plus radicalement comme « *summum ens* », l'être même qui, sans extériorité, est ce qu'il est en même temps qu'il est mouvement d'autodépassement.

« L'espérance » blochienne que nous introduisions au chapitre III, par laquelle l'essence est fondamentalement « en-avant » comme effet d'un « transcender sans transcendance », peut encore être ici sollicitée, à un niveau plus fondamental. Rappelons qu'il s'agissait, dans ce dernier chapitre, de prolonger en en soulignant les limites la perspective réformiste de l'*Utopie* qui fait d'Utopie un point d'appui et de référence pour une modification de la réalité, mais dans l'indétermination des conditions propres à cette réalité qui permettraient l'efficacité de la référence. Or, on peut maintenant penser Utopie elle-même, telle que la figure et la représente l'*Utopie*, comme manifestation immédiate et générale de la plénitude de ce « matérialisme utopique » blochien, où la matière est considérée comme « le substrat de possibilité garantissant le *novum*, fermentant dans le néant, engendrant le non-encore », en sorte que « la possibilité réelle elle-même, si elle ne doit plus planer dans l'air, est celle de la matière, d'une matière libérée de la masse a-historique, d'une matière utopiquement chargée »[1].

Dans la diversité de ses réceptions, la lecture de l'*Utopie* suscite en tout cas une dynamique qu'André Prévost peut considérer à bon droit comme « *la valeur utopique par excellence* »[2]. Plus précisément, on peut dire que l'écriture utopique « libère de l'existence » en deux sens, négativement et affirmativement : elle détache d'une existence actuelle par le même geste où elle en présente une forme excellente. Elle constitue une existence dans le même temps où elle permet d'en quitter une autre et ce, que ce soit dans la perspective d'une transcendance divine désirée ou de ce « transcender sans transcendance », essence même de l'être matériel que présente Ernst Bloch.

1. *Philosophische Grundfragen einer Ontologie des Noch-Nicht-Seins*, Francfort, 1967, cité par A. Münster, *Ernst Bloch. Messianisme et utopie*, Paris, P.U.F., 1989, p. 243.
2. *U.*, p. 138.

En ce point, l'utopisme blochien du possible est donc à l'opposé de l'utopisme platonicien. Rappelons en effet que, pour la *République*, l'existence de la vraie cité ne peut être rapportée qu'à « *l'effet de la chance* » (ἐκ τύχης) ou à une « *inspiration divine* » :

> Aucune cité, aucune constitution politique, et de la même manière aucun homme, ne deviendra jamais parfait avant qu'une certaine nécessité ne vienne, *par l'effet de la chance* (ἐκ τύχης), confier à ces quelques philosophes, eux qui sont peu nombreux, qui ne sont pas corrompus, eux qu'on traite aujourd'hui d'inutiles, qu'ils le veuillent ou non, la charge d'une cité, et contraindre la cité de leur obéir, ou avant qu'un authentique amour pour la philosophie véritable, émanant d'une *inspiration divine*, ne s'empare des fils de ceux qui sont au pouvoir ou qui règnent dans les royaumes, ou encore de ces gouvernants eux-mêmes (499bc) [1].

Pour autant, cette indétermination platonicienne de la venue à l'existence ne peut naturellement pas être simplement rapportée à une position plus strictement utopique : nous le soulignions dans le chapitre III, elle ne met pas en cause, bien au contraire, l'être de l'essence de cette cité juste qui est, de toute façon, par elle-même, en tant qu'Idée, et ce alors que c'est dans le même mouvement que sont posées, certes par l'imagination, *l'existence* présente et *l'essence* réalisée d'Utopie. Cela étant, à considérer abstraitement ce fait de la venue à l'existence pensée à partir de la seule pensée de son objet, de la seule exigence d'intelligibilité parfaite de ce qui mérite par cela seul d'exister, on ne peut que constater, en ce point considéré donc pour lui-même, un utopisme platonicien fort.

Alors, si la philosophie de Platon, en situant la transcendance en des formes intelligibles séparées de l'existence sensible s'oppose clairement à tout matérialisme utopique, dans quelle mesure peut-on en revanche y articuler une éventuelle transcendance divine ?

L'utopisme d'un « platonisme chrétien » ?

On sait que Marsile Ficin voyait dans la *République* comme une préfiguration de la Jérusalem céleste [2]. Selon lui, « quiconque lira

1. Nous soulignons. Voir aussi 500d et *Lettre VII*, 326a-b.

2. La cité de la *République* est « la représentation sur terre, autant qu'il se peut faire, de la Jérusalem céleste » (cité par J. Céard, « le modèle de *La République* de Platon et la pensée politique au XVIe siècle », dans J.-C. Margolin (éd.), *Platon et Aristote à la Renaissance*, *op. cit.*, p. 176). Les *Lois* constituent pour Ficin la nécessaire adaptation aux exigences de l'homme moyen, lequel, particulièrement, ne peut pas se passer de la propriété privée. *Cf.* A. Neschke-Hentschke, « Marsile Ficin lecteur des *Lois* », *Revue philosophique de la*

sérieusement les œuvres de Platon (...) y trouvera (...) ces deux vérités essentielles : le culte reconnaissant d'un Dieu connu et la divinité des âmes, vérités dans lesquelles réside toute compréhension des choses, toute règle de la vie et toute félicité », ce pourquoi Augustin l'a choisi « pour l'imiter comme étant le plus proche de la vérité chrétienne, affirmant qu'en changeant peu de choses, les Platoniciens seraient chrétiens »[1]. Et effectivement, dans le livre VIII du *De Civitate Dei*, Augustin fait de Platon et des platoniciens des interlocuteurs privilégiés en matière de théologie naturelle : « Ceux-ci confessent un Dieu supérieur à toute âme, créateur non seulement de ce monde visible, souvent appelé le ciel et la terre, mais encore de toutes les âmes raisonnables et intelligentes, telles que l'âme humaine, âmes qu'il rend heureuses par la participation de sa lumière incorporelle et immuable[2]. » « Si donc Platon définit le sage celui qui imite, qui connaît, qui aime ce Dieu dont la possession est la félicité souveraine, est-il besoin de discuter les autres doctrines ? Nulle n'approche plus de la nôtre que la doctrine de Platon[3]. »

Faut-il alors situer ici la racine des utopismes platoniciens ? Jean-Jacques Wunenburger s'inscrit dans cette perspective. Selon lui, la forme de la cité platonicienne serait ainsi à situer « entre le modèle des confréries pythagoriciennes et les projets de sociétés imaginées par les utopies religieuses chrétiennes de la Renaissance »[4], avec pour relais le monachisme médiéval. En un mot, selon cet auteur, « la Cité de Platon inspire les modèles des monastères et des utopies »· et Platon serait du coup « le premier grand utopiste »[5], particulièrement pour le modèle partagé

France et de l'Étranger, n° 1, janv.-mars 2000, p. 83-102. Plus généralement, voir P. Magnard (dir.), *Marsile Ficin. Les Platonismes à la Renaissance*, et en particulier son article : « Platon pour disposer au christianisme », *op. cit.*, p. 195-203.

1. *Théologie platonicienne de l'immortalité des âmes*, t. 1, p. 36. Cité par P. Magnard, *Marcile Ficin, op. cit.*, p. 7-8. H. Védrine souligne ainsi que l'« œuvre immense [de Marsile Ficin] consiste essentiellement à christianiser Platon pour mieux platoniser le Christ. "Platon avec des arguments pythagoriciens et socratiques suit la loi mosaïque et prédit le christianisme" » (*Les grandes conceptions de l'imaginaire*, Paris, Le Livre de poche, 1990, p. 47).

2. *La Cité de Dieu*, trad. L. Moreau [1846] revue par J.-C. Eslin, introduction, présentation et notes par J.-C. Eslin, 3 vol., Paris, Seuil, 1994, vol. 1, I, p. 328.

3. *Ibid.*, V, p. 332.

4. « Platon, ancêtre du totalitarisme ? Quelques interprétations contemporaines », dans A. Neschke-Hentschke (éd. avec la collaboration d'A. Etienne), *Images de Platon et lectures de ses œuvres. Les interprétations de Platon à travers les siècles*, *op. cit.*, p. 448.

5. *Ibid.*, p. 449.

avec les sociétés utopiques, et donc aussi avec les monastères, d'une société close[1].

Nous reviendrons, pour finir ce chapitre, sur cet utopisme supposé du monachisme et sur son éventuelle origine platonicienne. Pour aller ici à l'essentiel, cela renvoie à la question plus générale de la vocation de la cité pensée par Platon et, pour l'utopie, spécialement par More. Nous le disons depuis le début : dans les deux cas, cette cité est pour les hommes, sur terre. Nous articulerons en conséquence à ce point le statut différencié du communisme, également concerné par cela, mais cette fois, sur la base de principes ontologiquement opposés. Il convient pourtant d'examiner avant, en contrepoint, la nature d'un éventuel héritage platonicien de deux points nodaux de l'orientation religieuse, certainement également possible, de l'utopie : l'immortalité de l'âme et la tolérance. Cette double perspective impose de d'abord situer ce que la réception chrétienne générale du platonisme doit effectivement aux *Dialogues*. Mais aussi, pour que l'on puisse parler d'« utopismes » en découlant, encore faut-il deuxièmement que l'interprétation religieuse, plus précisément chrétienne, de l'utopie puisse s'y reconnaître. Et le fait est que le christianisme fervent du fondateur du genre, Thomas More, fidèle jusqu'à la mort à sa foi, peut y inciter assez directement[2].

DES *DIALOGUES* À L'*UTOPIE* PAR LE « PLATONISME CHRÉTIEN » ?

Des dieux, de l'être et des hommes dans les Dialogues

Si le terme même de « platonisme chrétien » est problématique[3], il est en tout cas certain que la réception chrétienne de Platon n'est pas sans point

1. « On ne peut manquer de rapprocher la cité idéale de Platon de modèles de socialités closes et ésotériques, qui contrastent avec l'aspiration dominante, exotérique, des Grecs pour une société démocratique, fondée sur l'égalité » (J.-J. Wunenburger, « Platon, ancêtre du totalitarisme ? », *op. cit.*, p. 448).

2. Il paya ainsi de sa vie son refus d'entériner le coup de force d'Henri VIII contre Rome et sa volonté d'être Chef Suprême de l'Église d'Angleterre. Avant d'écrire l'*Utopie*, il avait passé quatre années (de 1501 à 1505) comme « familier » à la Chartreuse de Londres, y acquérant une connaissance approfondie de la Bible, des Pères de l'Église, des Maîtres en Théologie. Il avait fait, en 1501, un cycle de conférences sur le Pseudo-Denys l'Aréopagite et un autre en 1503 sur la *Cité de Dieu* de saint Augustin. Il fut canonisé en 1935.

3. E. Von Ivánka, examinant quinze siècles de réceptions chrétiennes de Platon et du platonisme, conclut à l'ambiguïté de l'expression de « platonisme chrétien » du fait de la diversité des héritages et reprises. C'est selon lui plutôt de réception « critique » qu'il s'agit,

de repère. Et même, en première approche, s'il fallait mesurer cette réception au degré de présence de la référence divine dans les *Dialogues*, on pourrait faire sans conteste de Platon le premier grand chrétien de l'histoire de la philosophie. À vrai dire, comme le remarque Auguste Diès, « la lecture des *Dialogues* laisse presque inévitablement dans notre esprit un certain malaise. Tout est dieu ou divin chez ce trop divin Platon : les Idées ou Formes intelligibles – l'Idée du Bien – l'Idée du Beau – l'Intellect – l'Âme – le Monde – les astres – notre intellect et notre âme à nous – sans parler de ces dieux de la mythologie, que le *Timée* mentionne sitôt après les astres, avec une ironie non déguisée ». Dans cette perspective, « l'être le plus divin est (…) l'être le plus être (…), c'est l'Être Universel ou le Tout de l'être », qui est « à la fois Être et Pensée, Intelligible et Intellect. Mais l'Être est antérieur à la Pensée, et c'est l'Intelligible qui crée l'Intellect ». Toute chose alors est divine dans la mesure de sa participation à l'Être[1].

Que savoir des dieux ?

Les dieux ne sont pourtant pas pour Platon un objet philosophique à proprement parler. Dans le *Cratyle*, Socrate est très clair : « Hermogène, si seulement nous avions du bon sens, oui, il y aurait bien pour nous une méthode, la meilleure : dire que des dieux nous ne savons rien » (400d). On peut le comprendre : ce que cherche à connaître la philosophie, comme ce qui est à sa mesure, à la mesure du λόγος, ce sont les formes intelligibles de toute chose, ce par quoi elles sont, vraiment, ce qu'elles sont. Or les dieux n'entrent pas dans ce registre. S'ils sont parfaitement existants, ils ne sont pas l'être intelligible de ce qui existe en tant que directement accessible aux sens. Et ils ne peuvent pour autant pas non plus être réduits à d'ordinaires

impliquant à chaque fois une radicale réinterprétation des motifs platoniciens (*Plato Christianus. La réception critique du platonisme chez les Pères de l'Église* [1964], trad. E. Kessler, révisée par R. Brague et J.-Y. Lacoste, Paris, P.U.F., 1990). Voir encore, sur cette question, particulièrement, L. Rizzerio, « Platon apôtre des Grecs dans l'œuvre de Clément d'Alexandrie », dans A. Neschke-Hentschke (éd.), *Images de Platon et lectures de ses œuvres*, *op. cit.*, p. 53-78 et T. Alcoloumbre, « Politique et vérité de Platon à Maïmonide », *Les Études Philosophiques*, juillet-sept. 1995. Pour l'évolution de l'image de Platon au cours du Moyen Âge, voir J. Mc Evoy, « Présence et absence de Platon au Moyen Âge », dans A. Neschke-Hentschke (éd.), *Images de Platon et lectures de ses œuvres*, *op. cit.*, p. 87-94.

1. *Autour de Platon*, *op. cit.*, p. 555-556 ; 561 ; 565. *Cf.* IV, chap. 3, 4. Pour le statut général des dieux et de la religion chez Platon, nous renvoyons prioritairement à J. Laurent (éd.), *Les Dieux de Platon*. *Cf.* aussi l'ouvrage classique de V. Goldschmidt : *La Religion de Platon* [1949], reproduit dans *Platonisme et pensée contemporaine*, *op. cit.*, p. 9-129, ou encore *Questions platoniciennes*, chap. IX, « Theologia ».

existences sensibles. C'est pourquoi, d'une part, aucune Forme ne peut être qualifiée de « dieu » (θεός), y compris la principale, celle du Bien[1], mais aussi, d'autre part, l'excellence de l'intelligible peut à bon droit être signifiée par le qualificatif de « divin » (θεῖον), comme une modalité humaine d'accès à ce qui dépasse le trop strictement humain[2].

Quand il s'agit de dire ce qu'est un dieu, le μῦθος doit donc nécessairement se substituer au λόγος·

> Quant au qualificatif d'« immortel », il n'est aucun discours argumenté qui permette d'en rendre compte rationnellement ; il n'en reste pas moins que, sans en avoir une vision ou une connaissance suffisante, nous nous forgeons une représentation du divin : c'est un vivant immortel, qui a une âme, qui a un corps, tous deux naturellement unis pour toujours (*Phèdre*, 246c-d).

Cela étant, les dieux, en tant que « vivants » supposés, certes immortels, doivent du coup être aussi supposés participer à ce qui est vraiment, à leur manière, c'est-à-dire qu'eux doivent être pensés y participer excellemment. Et même, à partir des diverses Formes qui font donc être les dieux dans leurs divers attributs, on peut sans doute aller jusqu'à poser une Idée spéciale, une, de la divinité en tant que telle, certes difficilement saisissable.

Le principal à retenir ici est alors qu'avec cette référence maintenue aux conditions d'intelligibilité qui conviennent au monde des hommes, de la terre, l'affirmation que l'être des dieux est au plus haut point en vérité ne peut signifier qu'il soit d'une autre vérité. Autrement dit, la critique de fond de l'anthropomorphisme théologique s'appuie chez Platon sur une ontologie ordinaire, qui ne fait pas quitter ce qui intéresse l'humain : d'un côté, une critique du contresens ordinaire des mythologies qui ne voient les dieux qu'à l'aune d'une empiricité humaine ne convenant certainement pas aux dieux[3] ; de l'autre, le dessin d'une condition divine en hyperbolisation de valeurs humaines affirmées pour leur être vrai.

1. *Cf.* particulièrement, F. Fronterotta, « La divinité du Bien et la bonté du dieu "producteur" chez Platon, dans J. Laurent (éd.), *Les Dieux de Platon*, *op. cit.*, p. 53-76.

2. Cf. *Phédon*, 81a, 83e, 84a, 86b ; *République*, VI, 500e, VII, 517d, X, 611e ; *Politique*, 269d ; *Théétète*, 176e ; *Parménide*, 134e ; *Philèbe*, 22c, 62a. Voir J. Van Camp et P. Canart, *Le Sens du mot* theos *chez Platon*, Louvain, Publications universitaires, 1956.

3. Particulièrement, M.-L. Desclos comprend ainsi la curieuse auto-comparaison de Socrate avec Typhon, le dernier rejeton de Gaia, dans le *Phèdre*, 230a : « Se peut-il que je sois une bête plus complexe et plus fumante d'orgueil que Typhon ? Suis je un animal plus paisible et plus simple, qui participe naturellement à une destinée divine et qui n'est pas

Subversion de la tradition

Au-delà d'une explication par un contexte culturel dont on peut comprendre qu'il interdise à Platon de faire totalement abstraction des croyances générales de ses lecteurs, le recours platonicien à la tradition en matière de théologie se comprend en ce sens ambigu. La tradition, en l'occurrence, c'est d'abord Homère auquel Platon emprunte constamment, plus ou moins explicitement[1]. Si on ne peut nier en la matière l'existence d'une réelle admiration pour le « Poète » dont témoignent particulièrement les expressions homériques partout présentes dans les *Dialogues*, voire des citations élogieuses[2], le principal de la référence en ce qui concerne les dieux est pour la dénonciation massive de l'immoralité et de la capacité à se transformer attribuées aux dieux. Nous renvoyons ici simplement à notre chapitre IV[3].

La tradition, plus généralement, c'est dans les *Dialogues* la présence directe des divinités traditionnelles. Aikaterini Lefka constate ainsi que Platon fait référence, en 1182 occurrences, à soixante-seize divinités ou groupes de divinités[4]. Le première remarque qui s'impose est l'absence ou la quasi-absence parmi elles des puissances divines négatives : ainsi, au premier chef, *Chaos* n'apparaît qu'en deux citations[5]. Cela se comprend

enfumé d'orgueil ? ». Platon signifierait ici, par la figure exemplaire de Socrate, que les traits contradictoires que les poètes attribuent aux dieux ne sont que la reproduction du caractère humain, leurs récits consistant en effet à « prêter aux dieux et à l'âme des dieux des comportements et des passions que seule la structure de l'âme de l'homme peut expliquer » (« Créatures divines et divinités pré-olympiennes… », dans J. Laurent (éd.), *Les Dieux de Platon*, *op. cit.*, p. 146).

1. Par exemple, à l'appui de sa thèse selon laquelle les dieux ne se désintéressent pas du sort des hommes, il cite Homère sans le nommer dans les *Lois*, X, 904e : « Telle est la sentence des divinités de l'Olympe » (*Odyssée*, XIX, 23). Ou encore, M. Lacore souligne combien le Zeus Xénios d'Homère, le dieu protecteur des hôtes, « est vigoureusement présent chez Platon : mentionné trois fois dans les *Lois*, une fois dans la *Lettre VII* et une fois au début du *Sophiste* (« La Théologie d'Homère jugée par Platon », dans J. Laurent (éd.), *Les Dieux de Platon*, *op. cit.*, p. 91. *Cf.* p. 90-95).

2. *Cf.* J. Labarbe, *L'Homère de Platon* ; P. Vicaire, *Platon critique littéraire*, Paris, Klincksieck, 1960. Bien que les dieux ne soient pas ici concernés, on peut par exemple citer la *République*, IV, 441b, lorsque Socrate loue l'analyse que fait Homère du conflit qui déchire Ulysse à propos de la réaction à avoir face aux offenses de ses servantes (*Odyssée*, XX, 17), entre l'élan passionné qui le porte à une vengeance immédiate et la raison.

3 : *Cf.* « Le nécessaire contrôle philosophique ». Rappelons que la *République*, II, III et X en est le lieu privilégié.

4. « La présence des divinités traditionnelles dans l'œuvre de Platon », dans J. Laurent (éd.), *Les Dieux de Platon*, *op. cit.*, p. 97-117.

5. *Banquet*, 178b.

aisément puisque le cosmos platonicien ne peut être rapporté, quant à son origine divine, à cette profondeur béante, sans limite et sans direction, que décrivait Hésiode[1], autrement dit à ce qui n'a en fait rien de divin. En revanche, pour rendre compte de ce que son être ne relève pas que du divin, le *Timée* introduit la χώρα. Comme *Chaos*, la χώρα est sans stabilité[2] mais, ayant pour fonction de rendre compte de *l'existence*, elle n'est pas ce gouffre béant, cette cavité ouverte, cet abîme sans fond, ce creux vertigineux du récit hésiodique, mais un matériau « qui fournit un emplacement à tout ce qui naît »[3]. Et aussi, le monde des dieux étant par définition pleine réussite, si la puissance génératrice d'*Erôs* relève d'une exubérance sans règle et sans limite, ce qui contredit la notion même de divinité, il ne peut être « le plus beau parmi les dieux immortels » que voulait Hésiode. Produit de l'union d'un *Poros* endormi, c'est-à-dire privé de sa *mètis*, et d'une *Pénia* dont la nature indigente permet de conclure qu'elle n'est pas une divinité[4], il n'est donc, dans le *Banquet*, qu'intermédiaire entre dieux et mortels[5].

Finalement, des entités primordiales hésiodiques ne reste que *Gaia* pour sa stabilité et sa plénitude, son entière positivité. Alors, qu'avec *Chaos*, se trouve naturellement exclue sa descendance, les puissances négatives *Erèbe* et *Nuit*, avec leurs propres descendances, et que dans celle de *Gaia* seuls *Ouranos* et les Ouranides sont conservés, et non *Pontos*, étendue marine inféconde, perpétuellement agitée et changeante[6].

Cette négation de la négativité divine enveloppe nécessairement l'exclusion des luttes pour la souveraineté parmi les dieux : « il ne faut pas raconter (...), absolument pas, que les dieux font la guerre aux dieux, qu'ils se tendent des pièges, qu'ils se battent[7]. » La succession de Kronos n'y est ainsi jamais présentée dans la violence, qu'il s'agisse de la présentation des modèles successifs de royauté divine dans le *Politique*, 269c-272d et les *Lois*, IV, 713a-714a, ou du partage du monde entre Zeus, Poséidon et Hadès dans le *Gorgias*, 523a.

1. *Théogonie*, v. 116-122.
2. Cf. *Timée*, 52e.
3. *Timée*, 52b.
4. Un dieu ne peut en effet être dépourvu des choses belles et bonnes qui le font bienheureux et bon (202d).
5. Après avoir rappelé l'opinion ordinaire qui fait d'Erôs un dieu, fils d'Aphrodite, le *Phèdre* nuance en le qualifiant de « dieu ou quelque chose de divin » (242d-e).
6. Rappelons que le *Timée*, 40e, y substitue les « aquatiques » Ouranides Okéanos et Téthys (*cf.* chap. 5, « Images de l'informe »).
7. *République*, II, 378b.

C'est donc exclusivement à ces conditions qu'un usage profitable de la mythologie est pensable, spécialement pour l'éducation des Gardiens. Finalement, plus généralement, et par-delà les emprunts plus que sélectifs et critiques à la tradition, quels sont les dieux de Platon ?

Les dieux de Platon

Un dieu, rappelons-le, « c'est un vivant immortel, qui a une âme, qui a un corps, tous deux naturellement unis pour toujours » (*Phèdre*, 246c-d). En ce qui concerne l'âme, l'immortalité va de soi puisque toute âme est immortelle, comme principe du mouvement (245c-d). La spécificité divine tient donc au corps. Or, contrairement à celle de l'âme, l'immortalité ici n'est pas en soi. C'est l'incessante contemplation de l'intelligible par l'âme qui lui est liée qui en est la source en ce que, comme le dit le *Phèdre*, l'intelligible apporte au dieu sa nourriture, et partant sa divinité même (247c-e; 249c-d). On le sait, l'être de l'intelligible tient du Bien, et c'est pourquoi « le divin est beau, sage, bon et possède toutes les qualités de cet ordre » (246d-e). On comprend en conséquence que, s'adressant aux diverses figures de la divinité dont il est le créateur à partir de sa propre contemplation des Formes, le démiurge du *Timée* rapporte à sa propre bonté leur immortalité, c'est-à-dire spécialement celle de leurs corps [1]. Ces déterminations excluent de la divinité les Formes, on le savait déjà, et la χώρα. La χώρα est l'autre même de la divinité, « l'état dans lequel on peut s'attendre à trouver tout quand dieu est absent » (*Timée*, 53a-b). Quant aux Formes, elles n'ont naturellement pas de corps, immortels ou pas, puisque leur être est par définition de pure intelligibilité. Et leur immuabilité leur interdit d'être ou d'avoir une âme, c'est-à-dire ce mouvement qui meut et qui se meut par lui-même.

L'inventaire des dieux platoniciens peut alors être dressé, à partir prioritairement du mythe du *Timée*. Il comprend en premier lieu l'univers, dieu bienheureux au corps indestructible et à l'âme bonne parce que pourvue d'un intellect parfait (*Timée*, 29d *sq.*). Les *Lois*, VII, 821a en font

1. « Même si en fait tout ce qui a été assemblé peut être dissous, seul un être méchant souhaiterait dissoudre ce qui résulte d'une belle harmonie et ce qui est en bon état. C'est pourquoi, et bien que, puisque vous êtes venus à l'existence, vous ne soyez ni immortels ni totalement insolubles, vous ne connaîtrez certainement pas la dissolution, ni n'aurez la mort pour lot, car en mon vouloir il vous a été échu un lien plus puissant et plus impérieux encore que ceux qui assurèrent votre cohésion, lorsque vous vîntes à l'être » (*Timée*, 41a-c). Étant donné la description de la génération des dieux qui précède ce passage, le démiurge s'adresse ici à l'univers, aux dieux célestes et aux dieux traditionnels.

ainsi le dieu le plus grand[1]. Viennent ensuite les corps célestes et la Terre, en une hiérarchie où prédominent les astres fixes qui suivent la course imposée par le cercle du Même de façon parfaitement uniforme[2].

Les dieux traditionnels relèvent quant à eux d'une autre problématique, pour laquelle la dimension éthique et politique prévaut très directement. Ces dieux, nous l'avons vu, exigent une détermination particulièrement rigoureuse. Si le cadre général en est imposé par ce que l'intelligence reconnaît des conditions générales de la perfection, cette dernière implique spécialement, les concernant, qu'à la différence des dieux précédents ils « ne se montrent que quand ils le souhaitent » (41a). L'approche mythologique s'impose en conséquence particulièrement pour eux : si les dieux ne sont pas des réalités intelligibles en tant que telles, et s'ils ne se montrent pas, du moins ordinairement, ils ne peuvent en effet qu'être imaginés, certes selon les τύποι convenables. Mais, précisément, ces τύποι interdisant que les dieux se contredisent en se métamorphosant (*République*, II, 380d-383a), leur représentation, y compris imaginaire, ne peut qu'être extrêmement délicate. On peut pourtant penser que leur corps est de feu, puisque tel est ce que le démiurge attribue, en général, aux corps des dieux (*Timée*, 39e-40a), et que leur âme est toujours bonne, nourrie qu'elle est en permanence par l'intelligible, orientant ainsi leurs passions et sentiments, y compris leur agressivité.

Demeure la figure originale du démiurge. Nous avons vu au chapitre IV que Luc Brisson comprenait cette qualification de *dèmiourgós* comme l'expression complémentaire du *phutourgós* de la *République*, X[3]. Son principe créateur est la bonté :

> Disons maintenant pour quelle raison celui qui a constitué le devenir, c'est-à-dire notre univers, l'a constitué. Il était bon, or, en ce qui est bon, on ne trouve aucune jalousie à l'égard de qui que ce soit. Dépourvu de

1. Sur cette première présence de la divinité, *cf.* J. Laurent, « La beauté du dieu cosmique » dans J. Laurent (éd.), *Les Dieux de Platon*, *op. cit.*, p. 25-40.

2. Sur l'ensemble des mouvements du Tout, des étoiles, des planètes, de la Terre, *cf.* l'annexe 4 de l'édition par L. Brisson du *Timée* et du *Critias*, GF-Flammarion.

3. « L'être de l'image ». Rappelons que, selon L. Brisson, il faut comprendre la production de la Forme du Lit dans la *République*, X à partir de « la nécessité de distinguer, en la personne du dieu qui fabrique l'univers, le *dèmiourgós* du *phutourgós*. Le *dèmiourgós* produit au sens où il fabrique les réalités sensibles, alors que le *phutourgós* produit au sens où il implante une Forme dans la matière, favorisant ainsi la reproduction de l'Intelligible dans le sensible. Il s'agit de la même activité, mais considérée sous deux points de vue différents, un peu comme dans le cas du revers et de l'avers d'une même pièce de monnaie » (« Le divin planteur (*phutourgós*) », *op. cit.*, p. 47).

> jalousie, il souhaita que toutes choses devinssent le plus possible semblables à lui. Voilà donc quel est précisément le principe tout à fait premier du devenir, c'est-à-dire du monde (*Timée*, 29d-e).

Comme celle des dieux traditionnels, cette bonté oriente l'ensemble des mouvements de son intellect, de ses calculs, de sa prévoyance, ainsi que de sa volonté, de sa parole ou de sa joie [1]. Bien que Platon ne le dise pas explicitement, cela suppose donc que le démiurge ait une âme. Et comme tout dieu, il doit avoir aussi un corps, dont rendent clairement compte ses pratiques typiquement artisanales de fabrication du monde.

Des dieux aux hommes. La différence utopique

Le non-utopisme de l'imitation des dieux

La théologie de Platon est ainsi parfaitement structurée. Mais elle ne vaut naturellement pas pour elle-même : moment de sa recherche générale, elle exprime à sa manière les principes de sa philosophie, dont la vie humaine dans ses dimensions éthiques et politiques est l'enjeu fondamental, et ce pour mieux les conforter. Et cela vaut spécialement pour la vie philosophique, cette vie qui optimise pour elle-même la condition de mortel, en même temps qu'elle optimise, selon la leçon du retour dans la caverne, la condition humaine en général. La participation philosophique à l'intelligible consiste alors en une certaine imitation des dieux, puisque la perfection de ces derniers tient tout entière à leur nourriture intelligible : il convient, comme le dit le *Théétète*, de « se rendre, dans la mesure du possible, semblable à la Divinité; et se rendre semblable à elle, c'est être devenu juste et pieux avec l'accompagnement de la pensée » [2]. Pour en rester aux divinités traditionnelles, Apollon se trouve alors particulièrement distingué : dieu de la mantique, de la médecine, du tir à l'arc, il est aussi le dieu de la musique. Or, selon le *Phédon*, la philosophie est « la meilleure musique » (60e-61a). Socrate se proclame ainsi très naturellement ἱερός, consacré à ce dieu (84e-85b), pour ainsi faire vivre cette « sagesse » que l'oracle de Delphes lui a attribuée au nom du dieu, selon l'*Apologie* (24a, *sq.*).

Ici se nouent les deux moments de la différence utopique au regard de la transcendance : d'une part, la perfection tient en Utopie à l'incarnation

1. Cf. *Timée*, 30-34 ; 37 ; 41-42.

2. 176a-b. Trad. L. Robin (Pléiade). *Cf.* notre chap. 3 et la référence que nous faisions alors à J.-F. Pradeau, *Platon, l'imitation de la philosophie*, *op. cit.*, II, chap. 3.

directe et complète dans ses institutions de l'être vrai, de l'équivalent de l'intelligible platonicien, en dehors donc d'un rapport de participation. Et, d'autre part, le rapport utopique général au divin n'est pas pensé, en tout cas dans la lettre de l'*Utopie* de Thomas More, en terme d'imitation ou de recherche d'assimilation, même si, nous l'avons dit, une réception chrétienne de l'œuvre peut être en droit de la considérer autrement que pour elle-même, de l'interpréter comme une voie d'accès privilégiée à Dieu. En effet, les Utopiens ne demandent pas à Dieu de leur dire la République qui Lui plait, et ils ne le font pas davantage pour leur religion. Ils demandent seulement à Dieu par leurs prières de leur faire savoir s'ils sont dans l'erreur en considérant l'une et l'autre comme les meilleures : chaque Utopien loue ainsi Dieu de l'avoir fait naître en Utopie, et avec la religion qui est la sienne. Mais, « si jamais, sur ce sujet, il était dans l'erreur, ou si une religion meilleure avait reçu de Dieu une approbation plus grande encore, il supplie sa bonté de la lui faire connaître (...). Au contraire, si cette forme de République est bien la meilleure (*optima*) et si sa religion est bien la plus conforme à la vérité, que Dieu lui accorde alors la constance »[1]. La Révélation n'est pas utopique, du moins comme principe directement constitutif, la foi utopique consistant dans la simple admission de la possibilité que soit rompu le silence ordinaire d'une instance supérieure. Et cela vaut particulièrement pour l'éthique : « Telles sont les idées de ce peuple touchant la vertu et le plaisir et, à moins qu'une religion venue du ciel n'inspire à l'homme quelque chose de plus saint, ils croient fermement que la raison humaine ne peut découvrir une doctrine plus vraie[2]. » C'est ainsi qu'en l'état actuel des choses Raphaël ne peut que se dire complètement persuadé qu'« aucun peuple au monde ne l'emporte sur celui-là et qu'aucune république n'est plus heureuse »[3]. Révélation à venir ou pas, c'est donc en tant qu'œuvre humaine qu'Utopie est de toute façon complètement l'œuvre de la raison, et c'est dans ce cadre qu'est située la religion des Utopiens[4].

1. *U.*, p. 597 ; GF-Flammarion, p. 22. En revanche, *La Cité du Soleil* verra les Solariens en relation avec Dieu par le Métaphysicien, dirigeant suprême et intermédiaire entre sa volonté et l'intelligence humaine.

2. *U.*, p. 537 ; GF-Flammarion, p. 185.

3. *U.*, p. 538 ; GF-Flammarion, p. 185.

4. Cela n'empêche pas que la foi utopique se fortifie particulièrement de la croyance aux miracles : « Les miracles, qui surviennent en dehors des lois naturelles, sont accueillis avec vénération, car ils attestent la présence et l'action de la divinité. De tels prodiges se produisent fréquemment chez eux, disent-ils, et parfois, dans des circonstances critiques, ils font monter vers Dieu, avec beaucoup de confiance, des prières publiques pour les obtenir, et ils

Cela étant, il ne faut pas se tromper : si le rapport platonicien à la divinité est d'imitation désirée, le philosophe platonicien n'est pas un dieu. Socrate n'est pas Apollon. Et ce n'est que métaphoriquement que le philosophe est Erôs, dont nous avons d'ailleurs dit que le *Banquet* ne faisait pas une divinité de plein droit mais la figure emblématique du philosophe par son statut d'intermédiaire entre les dieux et les mortels. Ni dieu ni démon par lui-même, le philosophe n'est non plus à proprement parler habité par l'un ou l'autre. Louis-André Dorion insiste ainsi sur le fait que l'expression « démon (δαίμων) de Socrate » ne se trouve nulle part dans les textes de Platon ou de Xénophon. Ces derniers mentionnent en revanche le divin, la divinité (δαιμόνιον) qui s'adresse parfois à Socrate, et ce par le truchement d'un signe[1]. Mais cela ne légitime pas plus, selon lui, l'usage de l'expression « *daimonion* de Socrate » : en effet, « ce qui est à Socrate, c'est bien évidemment le signe particulier que lui envoie la divinité, mais non la divinité elle-même »[2]. Les expressions « "démon" ou "daimonion" de Socrate » se retrouvent en revanche dans le moyen platonisme, particulièrement à partir de Plutarque. Louis-André Dorion en voit la condition de possibilité dans les formulations du *Banquet*, 202d-e : Erôs y est considéré à la fois comme un δαίμων et comme un δαιμόνιον[3], ce dernier terme n'étant donc plus l'équivalent de θεός. Τὸ δαιμόνιον ne désigne plus alors ce qui est à l'origine du signe intermédiaire entre les dieux et les hommes, mais cet intermédiaire lui-même, en tant que δαίμων. Et le fait est alors que si, d'une certaine manière, le signe envoyé par la divinité à Socrate peut être considéré comme un intermédiaire entre les dieux et les hommes, on peut comprendre que les formulations du *Banquet* aient pu

sont exaucés » (*U.*, p. 602 ; GF-Flammarion, p. 219). M. Delcourt remarque que More considérait que les faux miracles sont plus nombreux que les vrais, et qu'en conséquence il a ici une « indulgence amusée » pour la croyance utopienne (GF-Flammarion, p. 219). En tout cas, ce n'est effectivement pas par eux, ou simplement par eux, qu'une véritable révélation divine peut se produire.

1. L.-A. Dorion remarque ainsi que, « si l'on considère l'ensemble des *Mémorables*, on constate que l'expression Τὸ δαιμόνιον, que Xénophon emploie à plusieurs reprises dans des contextes où il n'est pas du tout question du signe divin de Socrate, désigne la divinité ou le divin en général. Ainsi, dans les deux importants chapitres (I 4 et IV 3) consacrés à l'existence des dieux et à la providence divine… » (« Socrate, le *daimonion* et la divination », dans J. Laurent (éd.), *Les Dieux de Platon*, *op. cit.*, p. 170). Quant à Platon, « il parle tantôt du "signe divin" (τὸ δαιμόνιον σημεῖον), tantôt du "signe du dieu" (τὸ τοῦ θεοῦ σημεῖον)… » (p. 180).

2. *Ibid.*, p. 191.

3. « Eros est un intermédiaire entre le mortel et l'immortel. – Que veux-tu dire, Diotime ? – Un grand démon (Δαίμων μέγας), Socrate. En effet, tout ce qui est démonique (πᾶν τὸ δαιμόνιον) est intermédiaire entre le divin et le mortel » (nous traduisons).

conduire le moyen platonisme à désigner ce signe, contre donc la lettre même des *Dialogues*, comme indifféremment le « “démon” ou le “daimonion” de Socrate ».

Piété et théocratie

De cela découle l'importance accordée par Platon aux lois qui font vivre la piété. C'est ainsi que la *République*, IV soumet à l'autorité de l'Apollon de Delphes les lois religieuses comme étant « les plus essentielles, les plus belles et les plus fondamentales de toutes » (427b). Platon revient sur cette question à la fin des *Lois*, au livre XII, au moment décisif de la constitution du corps des Gardiens-des-lois : si l'on peut concéder « à la plupart de nos concitoyens de se borner à suivre fidèlement ce que leur en disent les coutumes », il faut en revanche refuser, « pour ceux qu'on destinera au rôle de gardiens, d'admettre celui qui ne prendrait pas toute la peine voulue pour acquérir une pleine conviction sur toutes les questions qui concernent les dieux » (966c). En fait, la piété platonicienne n'est constituée que pour une part seconde par les manifestations publiques et extérieures du respect envers les divinités : le principal est dans l'exercice direct des vertus [1].

La condamnation de l'impiété en est le retour nécessaire, ce que le livre X des *Lois* exprime de façon détaillée et circonstanciée [2]. Il faut noter que ce livre, qui s'emploie en un long développement à réfuter que les dieux n'existent pas, qu'ils ne se soucient pas des hommes, réfute aussi spécialement cette forme particulière de l'impiété qui consiste à croire qu'il soit facile de les fléchir par des prières ou des sacrifices. La *République*, II, dans la même perspective, avait aussi condamné l'usage des cultes en vue de réparer les injustices : à ce compte, en effet, « en étant juste, nous serons seulement exempts de châtiments de la part des dieux, mais nous renoncerions par ailleurs aux profits provenant de l'injustice. Etant injuste au contraire, nous aurons le profit et, tout en poursuivant nos transgressions et nos fautes, nous les persuaderons par nos supplications et ainsi nous échapperons aux châtiments » (366a) [3].

1. Particulièrement, sur « la finalité religieuse de l'éducation dans les *Lois* de Platon », *cf.* A. Castel-Bouchouchi, dans J. Laurent (éd.), *Les Dieux de Platon*, *op. cit.*, p. 193-209.

2. *Cf.* L.-B. Zaidman, « Impies et impiété de l'*Euthyphron* aux *Lois* », dans J. Laurent (éd.), *Les Dieux de Platon*, *op. cit.*, p. 153-168.

3. Sur la différence entre le pieux et le « *theophilès* », celui qui est « cher aux dieux », dans l'*Euthyphron*, voir M.-F. Hazebroucq, « Piété et *Theophilia* », *Revue de Philosophie*

Généralement, et quant au principe, Platon est donc très clair : « Pour nous, c'est Dieu qui doit être la mesure de toute chose, et cela au plus haut point et beaucoup plus, je suppose, que ne peut être l'homme, comme le disent certains »[1].

Cela étant, on ne peut conclure simplement de ce « Dieu mesure de toutes choses » des *Lois* à une vision théocratique de la société, comme le fait par exemple Maurice Vanhoutte pour qui « il faut donc, selon Platon, mettre tout en œuvre en vue d'édifier une cité théocratique »[2]. Que Magnésie accorde une place d'importance à la piété[3] n'en fait pas pour autant une théocratie. Il faut encore rappeler que le sens du gouvernement divin chez Platon est celui d'un gouvernement humain par des hommes divinement persuadés, c'est-à-dire qui pensent, certes partiellement, à la façon dont les dieux pensent, en un rapport philosophique fondamental de l'homme au divin qu'exprime ainsi parfaitement clairement le *Timée* : « A l'intellection seuls participent les dieux, et une toute petite catégorie d'êtres humains » (51e). Tel est le principal, auquel il faut, secondairement, rattacher le statut de la religion. L'ambition humaine d'une intellection de type divin ne peut donc pas être rabattue sur la simple obéissance à des prêtres se présentant comme la voix et la volonté des dieux.

Utopie, quant à elle, n'est pas gouvernée par Dieu, nous l'avons dit, sa présence politique et religieuse consistant en acceptation tacite. Ses prêtres n'y jouissent d'aucun pouvoir politique. Elus par le peuple, ils se consacrent aux cérémonies sacrées, aux affaires religieuses et bien qu'ils « exercent une sorte de censure sur les mœurs », « c'est au Gouverneur et aux autres magistrats qu'il est dévolu de réprimer les crimes et de sévir contre les coupables ». De même, si l'éducation morale est de leur ressort, c'est dans le cadre d'un enseignement des « bons principes et [des] idées nécessaires à la sauvegarde de la République »[4]. Tel est le cadre théologico-politique d'une piété utopienne, certes forte, et dont les rites sont minutieusement décrits par Raphaël[5]. On peut remarquer, dans ce

ancienne, t. XVI, n° 2, 1998, p. 48-78. Plus généralement, voir J.-Y. Château, *Philosophie et religion. Platon*, Euthyphron.

1. *Lois*, IV, 716c.

2. *La Philosophie politique de Platon dans les* Lois, Louvain, Publications universitaires de Louvain, 1954, p. 461.

3. Pour L. Strauss, sans doute à juste titre, « les *Lois* est l'ouvrage le plus pieux de Platon » (*Argument et action des* Lois *de Platon*, trad. O. Berrichon-Seyden, Paris, Vrin, 1990, p. 36).

4. *U.*, p. 606 ; GF-Flammarion, p. 222.

5. *U.*, p. 610-621 ; GF-Flammarion, p. 224-228.

registre, l'importance accordée par les Utopiens à la contemplation de la nature et sa connaissance, en quoi ils voient un « culte agréable à Dieu »[1]. Si l'*Utopie* répond ici aux *Dialogues*, c'est donc en un utopisme qui ne doit rien à la théocratie, première forme possible de réception chrétienne du platonisme.

Finalement et simplement, on peut dire que, sur cette dernière base, la différence utopique tient en ce que la transcendance divine n'est pas aux exactes dimensions de ce qui est vraiment chez les hommes et sur terre, comme chez Platon. D'une part, en une certaine lecture, Utopie, comme autre terrestre, a pour fonction transcendante de donner le désir de l'Autre absolu. D'autre part, en une lecture qui entend exploiter au maximum la dimension directement et explicitement humaniste de l'utopie, Utopie fait apparaître la valeur de ce que la transcendance humaine peut, par elle seule.

Foi et raison

Voies non-platoniciennes du « monde intelligible »

Les Formes ne sont pas des dieux, et en conséquence la recherche de *ce qui est vraiment* ne peut pas non plus être identifiée dans les *Dialogues* à la nostalgie d'un « monde intelligible », à comprendre comme un autre monde et non plus comme la vérité de ce monde[2]. Particulièrement, le « Vivant intelligible » sur le modèle duquel le *Timée*, 30c-31b fait façonner notre monde par le démiurge n'est pas un monde parallèle, constitué de purs esprits, mais ce qu'est en vérité notre monde. L'être de l'intelligible, y compris de ce « Vivant intelligible », est tout entier son intelligibilité. La position d'un « monde intelligible » est en revanche moment central du « platonisme chrétien », et ce dans le prolongement du néoplatonisme, et auparavant du médioplatonisme. Plus précisément, comme le dit Jean-François Pradeau,

> l'une des inflexions majeures que le médioplatonisme fera subir à l'argument platonicien résultera de l'identification des intelligibles aux pensées de l'intellect divin, de telle sorte que la distinction du modèle noétique et du vivant divin ne sera plus de mise. Aussi les intelligibles ne seront-ils plus ces choses divines dont parle Platon, mais la divinité elle-même. C'est une difficulté à laquelle Plotin se mesurera à son tour, en

1. *U.*, p. 602 ; GF-Flammarion, p. 220.

2. *Cf.* dans notre chap. 2 « Le prétendu "monde intelligible" », et particulièrement J. Laurent, « L'unicité du monde selon Platon », dans *Platon et l'objet de la science*, *op. cit.*, p. 39-41.

cherchant à corriger la doctrine médioplatonicienne des principes, pour placer de nouveau, en amont des dieux une « cause pour laquelle les dieux sont des dieux » (traité 10 (V, 1), 2, 43) [1].

Pour le médioplatonisme, dont Atticos et Alcinoos sont reconnus comme les représentants les plus emblématiques, le Dieu est en effet identifié à la fois au Bien de la *République* et au démiurge du *Timée*. Les Formes étant les « pensées » de l'Intellect divin, bien que toujours en même temps posées dans la séparation, sont donc ontologiquement dépendantes du divin Vivant. La reprise plotinienne, consistant à situer l'Un au-delà de tout être, conserve pourtant l'assimilation médioplatonicienne de l'intelligible au vivant, le « *topos noètos* » devenant chez Plotin « *kosmos noètos* », en tant que seconde hypostase principielle où vivent des esprits dont la vie est de se penser :

> Là-bas *la vie est facile*; la vérité est leur mère et leur nourrice, leur substance et leur aliment; ils voient tout, *non pas les choses sujettes à la génération*, mais les choses qui possèdent l'être, et eux-mêmes parmi elles; tout est transparent; rien d'obscur et de résistant; tous sont clairs pour tous, jusque dans leur intimité; c'est la lumière pour la lumière; chacun a tout en lui, et voit tout en chaque autre [2].

Et telle est la référence d'Augustin lorsqu'il rapproche la doctrine chrétienne du platonisme [3].

Pourtant, en séparant ainsi ce qui relève des idées et de l'âme, où le philosophe trouve le véritable bonheur, de ce qui relève de la corruption (la vie politique), cette lecture néoplatonicienne du platonisme conduit directement à une mise à l'écart de l'engagement proprement politique, ce qui n'est certes pas la leçon du Platon des *Dialogues* [4].

1. *Platon, l'imitation de la philosophie*, *op. cit.*, p. 329, n. 30. Sur quelques enjeux de la réception de la théologie platonicienne, *cf.* les articles regroupés dans la partie consacrée à « la postérité », dans J. Laurent (éd.), *Les Dieux de Platon*, *op. cit.*, p. 211-286.

2. *Ennéades*, V, texte établi et traduit par E. Bréhier, Paris, Les Belles Lettres, 1967, 8 (31), 4. Les termes en italiques renvoient au *Phèdre*, 247d.

3. Comme le remarque J. Mc Evoy, « Augustin ne connaît pour ainsi dire pas les *Dialogues* de Platon, tandis qu'il a lu, à partir de son séjour milanais, des livres de Plotin et de Porphyre » (« Présence et absence de Platon au Moyen Âge », dans A. Neschke-Hentschke (éd.), *Images de Platon et lectures de ses œuvres*, *op. cit.*, p. 84, n. 13).

4. *Cf.* M.-P. Edmond, *Le Philosophe-roi*, *op. cit.*, p. 17-25 ; 69-76. Plus généralement, on sait que Leibniz conseillait de ne pas lire Platon « ex Plotino aut Marsilio Ficino » (*Die philosophischen Schriften*, C.I. Gerhardt (éd) [1875-1890], Hildesheim, Olms, 1960-1961, vol. VII, p. 147).

Erasme, l'ami fidèle de More, offre en revanche un bon exemple de ce à quoi peut conduire l'inspiration néoplatonicienne :

> Imagine donc qu'il y a deux mondes, l'un qui n'est qu'intelligible, l'autre visible. Un monde intelligible, qu'il sera permis d'appeler aussi le monde des anges, où Dieu règne avec les esprits bienheureux ; un monde visible, qu'il sera permis d'appeler aussi les sphères célestes et tout ce qui est contenu en elles. Outre cela, il y a l'homme, qui est comme une troisième sorte de monde participant aux deux autres, visible selon le corps, invisible selon l'âme. Maintenant, puisque nous pérégrinons dans le monde visible, il ne nous faut jamais être en repos, mais, tout ce qui s'offre aux sens, le rapporter par un rapprochement approprié soit au monde angélique soit (ce qui est bien plus utile) aux mœurs et à la partie de l'homme qui ont correspondance avec l'angélique. (...) Ce qu'est dans le monde visible la lune, c'est dans le monde invisible l'assemblée des anges et des âmes pieuses, ce qu'on nomme l'Église triomphante et c'est aussi, en toi, l'esprit[1].

Redisons-le : la cité que pense Platon, quant à lui, est pour les hommes et non pour les anges; elle est sur terre et non pas au ciel. Et telle est aussi Utopie dans son immédiate description[2]. Autrement dit, ce n'est qu'à la condition d'un double déplacement qu'il serait ici possible de parler d'utopisme platonicien: par un «platonisme chrétien» d'inspiration néoplatonicienne; par une lecture chrétienne de l'*Utopie*[3].

Raison et foi utopiques

La réalité est donc que cette dernière lecture, qui fait essentiellement de l'être d'Utopie un appel pour autre chose, ne peut se réclamer directement de l'être intelligible que donnent à penser les *Dialogues* eux-mêmes.

1. *Le Manuel du soldat chrétien*, trad. A. J. Festugière [1971], revue par A. Godin, dans *Eloge de la folie...*, *op. cit.*, p. 567.

2. D. Baker-Smith insiste en revanche sur ce que doit More à l'*Enchiridion militis christiani* (*More's* Utopia, *op. cit.*, p. 42-46). Sur la forte référence socratique dans *Le Banquet religieux*, *cf.* p. 45-46.

3. On peut trouver une grande référence à cette lecture dans la *Lettre à Thomas Lupset* du 31 juillet [1517] de Guillaume Budé, qu'A. Prévost estime être «la meilleure préface à l'*Utopie*» (*U.*, p. 314, n. 1). Utopie est pour lui un relais vers la Cité Sainte, la Jérusalem Céleste : il l'appelle « Hagnopolis », c'est-à-dire « Cité innocente », utilisant le grec « ἁγνός » pour évoquer l'« ἅγιος » de la « Cité Sainte » de l'*Apocalypse*, 21.2, à laquelle elle ne s'identifie donc pas. C'est pour ce statut intermédiaire, en route vers le Ciel où elle n'est pourtant pas, qu'il l'appelle aussi « Udétopie », d'« οὐδέποτε », « jamais ». Utopie est ainsi, selon lui, « imprégnée des usages chrétiens », ses habitants sont saints, et c'est pourquoi, « heureuse dans l'innocence, [elle] mène, d'une certaine façon, une vie céleste » (*U.*, p. 322-325).

Edward Surtz, qui entend précisément Utopie en ce sens d'incitation à l'élévation vers Dieu, l'a très bien compris : il qualifie ainsi de « statique » la cité idéale de Platon, qui n'est effectivement pas posée pour être dépassée. On ne peut que constater, selon lui, que « les mondes raisonnables de Platon et de More diffèrent *toto caelo*. Le monde de Platon, en dépit de ses anticipations du Christianisme, demeure un monde païen », alors qu'Utopie n'a de sens, selon lui, que par le dépassement qu'elle induit, et ce

> dans la mesure où l'ordre de la grâce est infiniment au-dessus de l'ordre de la nature, dans la mesure où le Chrétien, fortifié par la révélation et la grâce en plus d'être doué de la raison naturelle, est supérieur à l'homme simplement naturel et doué de raison. (...) Dans l'*Utopie*, écrite avant la Révolution protestante, Thomas More apparaît comme un réformateur catholique, qui dresse un portrait humaniste d'une république idéale, effectivement fondée sur la seule raison, mais visant implicitement à façonner les Chrétiens d'Europe afin qu'ils érigent un État dont chaque institution, chaque activité et chaque pensée seraient imprégnées de la charité et de la justice, de la foi et de la grâce, du Christ[1].

Cette lecture a le mérite de distinguer la « république fondée en raison », qui peut bien en conséquence se réclamer de Platon[2], du projet catholique qui en sous-tendrait l'exposition[3], mais « implicitement », ce qui, du coup, n'interdit pas d'autres orientations et d'autres valorisations, y compris pour une part contraires à l'intention catholique de son auteur, mais cependant en accord alors avec la liberté d'interprétation voulue par l'écriture utopique sur laquelle nous insistions dans notre chapitre I. Le caractère nécessairement rationnel de la religion des Utopiens permet d'articuler ces diversités de lecture, du moins en première approche. Si « jamais, en effet, ils ne disputent du bonheur sans unir à la philosophie qui utilise le raisonnement, des principes tirés de la religion, et sans lesquels, pour toute recherche sur le vrai bonheur, la raison laissée à elle-même leur paraît boiteuse et déficiente », en contrepoint « bien que ces principes

1. *The Praise of Pleasure. Philosophy, Education, Communism in More's* Utopia, Cambridge (Mass.), Harvard University Press, 1957, p. 5-7.

2. « L'État idéal selon More est fondé directement sur *la seule raison* : c'est une cité *philosophique* (*civitas philosophica*). (...) Platon et More se rejoignent dans l'emploi de la raison seule pour parvenir aux fondamentaux. Leurs principes sont les plus fondamentaux qui puissent être compris par la raison : leurs points d'aboutissement sont les plus élevés qui puissent être conçus par la raison » (p. 4-5).

3. « L'auteur de l'*Utopie* écrit en tant que catholique pour des catholiques » (p. 2).

relèvent de la religion, les Utopiens pensent que la raison conduit à les admettre et à y croire »[1].

S'il est de la raison qu'elle sache reconnaître ses limites, son caractère « boiteux et déficient », il l'est sans doute effectivement d'abord de n'accepter alors aucune croyance qui la contredise. Faut-il pour autant confondre ce qui est simplement possible, que l'on peut donc « admettre », et ce qui s'impose à la croyance car fondé en raison ? Telle est ici la limite de l'humanisme utopien, qui exige de reconnaître les principes que « sont, par exemple : l'âme est immortelle et Dieu, par pure bonté, l'a fait naître pour le bonheur; après cette vie, des récompenses sont réservées à nos vertus et à nos bonnes actions, des châtiments sanctionnent nos crimes »[2]. Utopus, en effet, « promulgua une loi sévère et inviolable pour interdire que nul ne dérogeât à la dignité de la nature humaine jusqu'à penser que l'âme meurt avec le corps ou que le caprice préside aux destinées du monde, en l'absence de toute Providence »[3].

L'athéisme exclut en conséquence de la citoyenneté utopienne, ce qui n'est pas rien. Deux points méritent pourtant d'être soulignés. Premièrement la mort n'est pas réservée aux impies, comme elle est l'horizon de ces autres exclus de l'*humanitas* que sont les Zapolètes, ou encore les récidivistes profonds. Et même, les Utopiens ne leur infligent aucune peine corporelle, « persuadés qu'il n'est pas au pouvoir de l'homme de croire ce qui lui plaît ». On peut remarquer que, du coup, « l'humanité » semble ici être restituée aux athées. Et effectivement, deuxièmement, si les Utopiens interdisent à l'athée de soutenir ses opinions en public, « avec les prêtres et les esprits sages et pondérés, non seulement ils ne l'empêchent pas d'en disputer mais ils l'exhortent à le faire, car ils sont persuadés que toute cette aberration finira par céder à la raison »[4]. En Utopie, la raison donc, toujours, à laquelle on suppose que même les athées peuvent avoir finalement accès.

C'est donc naturellement la raison qui dessine le contenu de la croyance utopienne, et qui en rythme l'évolution. Les Utopiens croient ainsi en l'existence d'une divinité à laquelle ils attribuent la formation et le gouvernement de l'univers, et qu'ils appellent *Mythra*. Si coexiste, par ailleurs, une grande diversité de croyances, au Soleil, à la Lune, aux astres errants,

1. *U.*, p. 514 ; GF-Flammarion, p. 172-173.
2. *Ibid.*
3. *U.*, p. 597 ; GF Flammarion, p. 216-217.
4. *Ibid.*

voire à un homme qui a pu briller autrefois par ses vertus ou par sa gloire, la grande majorité des Utopiens, « et c'est de beaucoup la partie la plus sage », ne reconnaît pas ces derniers dieux mais voit en Mythra

> une divinité unique, inconnaissable, éternelle, infinie, diffuse à travers tout cet univers par sa puissance et non par sa masse, dont la nature échappe à toute explication parce qu'elle dépasse les capacités de compréhension de l'esprit humain; ils la nomment l'Être-qui-engendre. A lui seul ils attribuent l'origine, le développement, le progrès, l'évolution et la fin de toute chose et ils n'accordent les honneurs divins qu'à lui seul[1].

La croyance en cet « Être-qui-engendre » est donc la « mieux fondée en raison », et c'est pourquoi, peu à peu, les Utopiens abandonnent pour elle leurs diverses « superstitions ». Cette divinité est « inconnaissable », « elle dépasse les capacités de compréhension de l'esprit humain », mais c'est donc sagesse que d'en admettre l'existence. D'elle, tout dépend, et en particulier l'homme, mais c'est en tant que, par sa raison encore, ce dernier a la responsabilité de faire être Utopie, et ce hors de toute révélation spéciale en la matière[2].

Si l'on peut donc lire en l'*Utopie* la perspective de son dépassement, il demeure principalement que ce que l'*Utopie* présente immédiatement n'est que la vraie république qui convient aux hommes. Et c'est pourquoi, à en rester à ce strict statut humain et terrestre, la lettre du roman ne la donne pas, proprement, à « espérer ». Le très chrétien personnage-More le dit clairement pour conclure :

> Si seulement cela pouvait se produire un jour! D'ici là, autant il m'est impossible d'accorder mon assentiment à toutes les paroles de cet homme [Raphaël Hythlodée], bien qu'elles fussent l'expression incontestable de l'érudition la plus riche et en même temps de la plus vaste expérience des

1. *U.*, p. 590; GF-Flammarion, p. 213.

2. On sait que Mythra (ou Mithra) est ce dieu d'origine perse dont le culte s'était répandu à Rome et dans l'empire, particulièrement véhiculé par les légions. Voyant dans les différents dieux les manifestations variées d'un même dieu suprême, le mithriacisme peut être considéré comme une origine forte du monothéisme, sur un fond induit de tolérance que l'utopie peut retrouver, certes dans la perspective qui lui est propre et sur laquelle nous reviendrons. Le caractère mystique de cette religion doit être cependant souligné. Qu'il soit défendu d'en faire état, oralement ou par écrit, renvoie bien alors à un silence utopique, mais en un sens totalement opposé : en Utopie, c'est Dieu qui est silencieux et non les croyants, qui tout au contraire débattent, et ce sous le contrôle impérieux de la raison. Nous avons souligné au chap. 1 combien les ésotérismes platonicien et utopique vivaient ainsi, plus généralement, du très libre usage de la parole, orale et écrite.

> choses humaines, autant il m'est facile d'avouer que, dans la République des Utopiens, il existe un très grand nombre de dispositions que je souhaiterais voir en nos Cités : dans ma pensée, il serait plus vrai de le souhaiter que de l'espérer[1].

C'est que *l'espérance*, comme vertu théologale nourrie de la foi dans le secours du Christ-Sauveur a pour objet le Royaume des cieux et la vie éternelle, alors que seul le *souhait* convient en revanche pour ce qui relève d'une situation terrestre, par essence contingente[2].

Cela étant, lorsque Thomas More imagine Utopie, cité parfaite possible pour tous les hommes, chrétiens ou non, et ce dans les conditions mêmes du mal et du péché qui n'ont pas disparu sur terre avec la venue du Christ, c'est certainement à titre d'encouragement pour les chrétiens[3]. Mais du coup, par l'universalité humaine revendiquée comme condition de cet encouragement, ce sont bien tous les hommes qui peuvent se trouver concernés, croyants ou pas, et hors de toute référence à une transcendance divine. Raymond Trousson a ainsi raison d'insister sur le caractère fondateur de

1. « …ita facile confiteor permulta esse in Utopiensium republica, quae in nostris civitatibus optarim verius, quam sperarim » (*U.*, p. 630-633 ; GF-Flammarion, p. 234).

2. *Le Catéchisme de l'église catholique* publié en 1992, Paris, Mame-Plon, le dit ainsi : « L'espérance est la vertu théologale par laquelle nous désirons comme notre bonheur le Royaume des cieux et la vie éternelle, en mettant notre confiance dans les promesses du Christ et en prenant appui, non sur nos forces, mais sur le secours de la grâce du Saint-Esprit » (§ 1817, p. 384). « Lorsque Dieu se révèle et appelle l'homme, celui-ci ne peut répondre pleinement à l'amour divin par ses propres forces. Il doit espérer que Dieu lui donnera la capacité de L'aimer en retour et d'agir conformément aux commandements de la charité. L'espérance est l'attente confiante de la bénédiction divine et de la vision bienheureuse de Dieu » (§ 2090, p. 432). Voir aussi, particulièrement, § 1042 *sq.* sur « l'espérance des cieux nouveaux et de la terre nouvelle ». Les deux autres vertus théologales sont la foi et la charité. Les quatre vertus « morales » ou « cardinales » (prudence, justice, force et tempérance) s'appliquent, elles, à l'ensemble de l'action humaine.

3. Il n'y a aucun doute que « l'intérêt personnel de chacun et l'autorité du Christ, notre Sauveur (…) n'auraient déjà, depuis longtemps et avec beaucoup de facilité, amené le monde entier à adopter les lois de cette République, n'était la résistance qu'oppose ce seul et unique monstre, chef et père de tous les fléaux, l'orgueil. (…) C'est pourquoi je me réjouis que cette forme de communauté politique, que je souhaite sincèrement à toutes les nations, ait pu s'instaurer au moins chez les Utopiens » (*U.*, p. 629 ; GF-Flammarion, p. 232-233). Comme le dit E. Surtz, « si les païens, avec l'aide de la raison, peuvent créer une noble nation où il fait meilleur d'être esclave que d'être un citoyen libre ailleurs, les Chrétiens, avec l'aide supplémentaire de la révélation de Dieu et de la grâce du Christ, peuvent éliminer toute l'injustice et la haine, et bâtir une nouvelle Jérusalem dans la terre d'Europe et dans « la terre d'Angleterre verte et plaisante ». Peu importe quels excellentes institutions et caractères moraux les Utopiens possèdent, les Chrétiens devraient les devancer en termes de haute moralité, de culture intellectuelle, et de gouvernement bienfaisant » (*The Praise of Pleasure*, *op. cit.*, p. 7).

l'œuvre de More en ce sens: au moins dans ce qu'elle donne à voir directement et immédiatement, « dans toute utopie, la Cité, son organisation, son devenir terrestre demeurent l'essentiel, elle est une construction humaine, fondée sur la croyance en la salvation de l'homme par l'homme, non par le recours à une grâce transcendante » [1].

Utopie encourage : pour tous, à vivre une bonne vie terrestre; dans une réception chrétienne, à croire en une vie supérieure dont le sens ultime est au ciel. L'immortalité de l'âme est un moment essentiel de cette dernière, dans la perspective d'une résurrection des corps. Qu'en est-il ici de la référence platonicienne, d'un éventuel utopisme platonicien?

QUEL UTOPISME DE L'IMMORTALITÉ DE L'ÂME?

L'axe utopique est ici, rappelons-le, que pour les Utopiens, « l'âme est immortelle et Dieu, par pure bonté, l'a fait naître pour le bonheur; après cette vie, des récompenses sont réservées à nos vertus et à nos bonnes actions, des châtiments sanctionnent nos crimes » [2]. Trois points sont donc à reprendre: l'immortalité de l'âme, sa destination au bonheur et la distribution des peines et récompenses dans une autre vie.

Bonheur et immortalité comme existence continuée espérée

En ce qui concerne les deux premiers, on sait que le *Phédon* inscrit la croyance en l'immortalité de l'âme dans le prolongement de la déliaison de l'âme et du corps que s'efforce de pratiquer le philosophe ici-bas (63e-68b). Ainsi, « ceux qui philosophent droitement s'exercent à mourir », et l'on doit admettre en conséquence qu'ils ne peuvent qu'être « joyeux de s'en aller vers ce lieu où ils ont espoir, une fois arrivés, de rencontrer ce dont toute leur vie ils ont été amoureux – et c'était de la pensée qu'ils

1. *Voyages aux pays de nulle part, op. cit.*, p. 59. « On perçoit d'emblée le modernisme de Thomas More et l'accent nouveau mis sur l'existence terrestre : réaliser le bonheur ici-bas, tel est, non seulement le droit, mais le devoir de l'homme. Ainsi, la fin suprême n'est plus seulement le salut, comme l'a cru le Moyen Âge, mais aussi l'accomplissement de l'être humain pour lui-même et dans un univers et une existence qui possèdent une finalité en soi. La vie n'est plus la longue attente de la mort, une préparation à la rédemption de l'âme pécheresse : elle prend une valeur authentique et cesse d'être une simple étape entre le néant et les cieux » (*Religions d'utopie*, Bruxelles, Ousia, 2001, p. 29).

2. *U.*, p. 514; GF-Flammarion, p. 172-173. Plus généralement, *cf.* L. Miles, « The Platonic source of *Utopia*'s "Minimum religion" », *Renaissance News*, 9 [1956], p. 83-90.

étaient amoureux » (67e-68a). Il y a en fait, comme le dit Monique Dixsaut dans l'introduction à son édition du *Phédon*, « deux noms pour une seule et même opération. Quand le philosophe pense, examine, réfléchit, la déliaison se nomme philosopher; quand il se représente les conditions de possibilité de ce qu'il fait, elle se nomme mourir, ou être mort » (p. 81).

Le commerce de l'âme avec l'intelligible est donc le principe philosophique de son immortalité. Mais il ne faut pas se tromper. Premièrement, l'âme n'est pas une Forme, et son « immortalité » en conséquence n'est pas « l'éternité » qui caractérise ces dernières. L'immortalité de l'âme ne consiste pas dans l'identité de ce qui est toujours mais tient d'abord, en général, à l'impossibilité où elle se trouve d'être qualifiée par le contraire de ce qu'elle apporte, c'est-à-dire la vie :

> Une âme, quelle que soit la chose dont elle s'empare, vient toujours vers elle en lui apportant la vie. (…) Or, il n'est pas possible – on vient d'en tomber d'accord – qu'une âme reçoive jamais le contraire de la propriété qu'elle impose, et qu'elle impose toujours. (…) Et ce qui ne peut recevoir en soi du mort, comment l'appeler ? – Immortel, dit-il. (…) – Alors c'est une chose immortelle qu'une âme ? – Une chose immortelle (105d-e).

Deuxièmement, et en conséquence, cette immortalité elle-même ne peut pas être pensée comme le sont les Formes. Elle n'est pas une Forme à laquelle l'âme participerait[1]. C'est pourquoi ce ne peut être qu'en termes d'« espoir » que l'existence de l'âme après la mort peut être posée. En effet, si la vie exclut la mort, par définition, et que l'âme est ainsi nécessairement immortelle au sens où, apportant la vie elle refuse du même coup la mort, cela ne signifie pas encore que l'âme soit nécessairement pour toujours. Autrement dit, si l'âme *est*, elle est « immortelle » au sens où elle repousse la mort. Mais rien n'empêche pour autant, *a priori*, que l'âme puisse cesser d'être, qu'elle périsse lorsque le corps qu'elle fait vivre ne vit plus[2]. C'est donc de *croyance* dont il s'agit, dans cette position d'un maintien de l'âme après la mort[3]. Socrate le dit ainsi avant de mourir : « J'ai bon espoir que,

1. « Par "immortalité" Platon entend non pas une essence mais l'état que procure une certaine activité, ou une certaine espèce de mouvement » (M. Dixsaut, *ibid.*, p. 19). « Par immortalité il faut donc entendre une résistance de l'individu à sa destruction, de l'espèce à sa disparition » (p. 20).

2. M. Dixsaut le dit bien : « Le feu ne deviendra jamais froid, l'âme ne deviendra jamais morte, mais il est possible que n'existent plus ni ce feu, ni cette âme » (*ibid.*, p. 162). Voir aussi n. 326-328, p. 399-400.

3. « Si, logiquement, l'âme est immortelle, elle n'est indestructible que religieusement ou philosophiquement, et l'hypothèse ne cesse d'en être une que dans l'une ou l'autre de ces

pour les morts, quelque chose existe et (…) quelque chose de bien meilleur pour les bons que pour les mauvais » (63c)[1]. Il est ici question d'un « pari » : « Car voici mon pari (…) : supposons que ce que je dis se trouve être vrai, on ne pourra que se trouver bien de la croire. Supposons au contraire que, une fois qu'on est mort, il n'y ait rien. Eh bien, au moins, pendant tout ce temps qui précède la mort, je n'importunerai pas de mes lamentations ceux qui m'entourent » (91b). Cette croyance est en tout cas en accord avec le principe qui veut que les contraires naissent des contraires, et donc que de la mort vienne la vie : lorsque notre âme « meurt », c'est-à-dire lorsqu'elle cesse d'être principe de vie de notre corps, qu'elle ne « vit » plus en ce sens, elle ne doit pourtant pas cesser d'« exister »[2], si elle doit pouvoir, ultérieurement, à nouveau faire vivre un corps. Cette existence continuée n'est donc pas, à proprement parler, une « autre vie »[3], et ce point n'est pas sans importance au regard d'une filiation chrétienne ou utopienne revendiquée. Mais il y a davantage dans la « croyance » socratique : sa dimension est en fait pleinement philosophique, lorsque l'on considère qu'en dernière analyse l'indestructibilité de l'âme s'acquiert dans sa capacité à penser des essences, dont l'indestructibilité tient à l'éternité. L'âme s'apparente en effet à ces réalités en les pensant (79d), et c'est ainsi qu'elle gagne une immortalité qui n'est plus alors celle du simple refus de la mort, qu'elle enveloppe donc toujours pourtant comme principe de vie.

perspectives. Dans les deux, il s'agit de croire ou de ne pas croire (de *pistis* ou d'*apistia*) » (*ibid.*, p. 400, n. 328).

1. *Cf.* 63b-64b.

2. Elle peut alors encore être dite « immortelle » en ce sens : « L'âme est donc plus que tout (…) chose immortelle et indestructible ; et, réellement, nos âmes à nous existeront dans l'Hadès » (106e-107a).

3. C'est en ce sens très précis que M. Dixsaut peut dire qu'« à aucun moment il n'est fait mention d'une vie différente de celle de l'individu incarné : d'une vie, ou d'une survie, de l'âme seule. Ce qui s'oppose à la destruction de l'âme, ce n'est pas la vie, c'est son existence continuée ailleurs, chez Hadès. Nos âmes existent, sont dans l'Hadès, elles n'y vivent pas, en tout cas Platon ne nous dit jamais qu'elles y vivent, ni dans le *Phédon* ni ailleurs. Quand l'âme parcourt le cycle des contraires, elle meurt, elle est morte, mais elle continue à exister : à être, pas à vivre. (…) Tout se passe comme s'il n'y avait pas d'autre manière pour une âme de participer de l'idée de vie que de l'apporter au corps et de vivre unie à lui, bien que séparée "autant qu'il est possible". (…) On ne peut que constater à quel point dans le *Phédon* la mention d'une autre vie brille par son absence » (*ibid.*, p. 166-167).

La rétribution espérée

Cela permet d'éclairer le sens que peut avoir dans les *Dialogues* le principe utopique de la distribution des peines et récompenses dans une autre vie. Les mythes en sont le lieu[1]. Dans celui qui termine le *Phédon* (107a-115a), la « déliaison » de l'âme, c'est-à-dire, philosophiquement, son passage en un lieu intelligible, y est dit voyage vers une autre Terre. Alors, la « vie » que l'âme emporte est *sa* vie, ce n'est pas *la* vie : « Lorsqu'elle se rend dans l'Hadès, l'âme n'emporte rien d'autre avec elle que sa culture et ses goûts, qui sont, d'après ce qu'on raconte, ce qui sert ou ce qui nuit le plus à un mort dès le tout début du voyage qui le conduit là-bas » (107d). Monique Dixsaut précise ainsi les choses, au regard de ce que le dialogue a permis antérieurement de comprendre concernant la « vie » de l'âme :

> Quant au voyage, l'âme qui se sauve ne le fera pas en emportant *la* vie en général (*zoe*), elle le fera en emportant *sa* vie (*bíos*) : celle qu'elle aura menée et telle qu'elle l'aura menée. Si elle ne périt pas et continue à être, elle continuera d'être ce qu'elle était, une âme bonne ou une âme mauvaise. Une vie d'homme ne se vit pas sur un mode biologique. Si la mort n'anéantit pas la différence entre les âmes, chacun doit, après la mort, avoir le sort qu'il mérite[2].

On doit donc à la fois comprendre que, « morte », d'un certain point de vue l'âme ne « vit » plus mais « existe » seulement, mais que d'un autre elle continue pourtant à vivre, mais sans qu'il s'agisse alors de la vie qu'elle apporte en s'incarnant. Il apparaît alors évident que les rétributions qui suivent la mort ont d'abord pour sens d'encourager à bien vivre ici et maintenant[3]. La fonction des mythes platoniciens de rétribution, ainsi orientés par la vie présente, est en conséquence, davantage que de combattre la crainte que peut susciter la fin de cette vie, de renforcer le désir de l'action en vérité, de la belle action pour une belle vie actuelle.

1. Ceux qui clôturent le *Gorgias*, le *Phédon* et la *République*, et celui du *Phèdre*, 246a-250c.

2. Introd. au *Phédon*, p. 169-170.

3. Le *Phédon* va ainsi distinguer ceux dont l'existence fut « moyenne », et qui peuvent se purifier, tout en étant déjà récompensés, ceux dont les fautes sont inexpiables, ceux qui peuvent espérer un pardon après expiation, et enfin ceux dont la vie de sainteté mérite un séjour immédiat dans la « Terre Supérieure », en particulier les philosophes, appelés eux à vivre absolument sans corps.

> Concluons Simmias : c'est exactement pour ces raisons (…) qu'il faut tout mettre en œuvre pour, en cette vie, participer à l'excellence et à la pensée : le prix à remporter est beau et l'excellence noble. Certes, prétendre à toute force qu'il en va exactement comme je viens de le dire, cela ne convient pas à un homme qui a quelque intelligence. Mais qu'il en aille ainsi, ou à peu près ainsi, de nos âmes et de leurs séjours – si du moins l'âme est vraiment une chose immortelle – voilà au contraire, me semble-t-il, ce qu'il convient de soutenir, voilà le risque que doit courir celui qui croit qu'il en est ainsi. Car c'est un risque qui vaut la peine d'être couru. Et tout cela, il faut en faire pour soi-même comme une incantation (114c-d).

Il s'agit donc toujours pour Platon de penser ce monde et la vie humaine en son sein, non de le fuir pour vivre parmi les dieux. C'est sur terre, et dans la cité des hommes, que les hommes ont à vivre divinement. La croyance en la réincarnation, que le mythe ne présente pas mais que l'on trouve en 77a-78b, signifie cela particulièrement nettement [1].

Pour mesurer la valeur utopique de cela, il convient de revenir à l'*Utopie*, au principe qui constitue la croyance des Utopiens en l'immortalité, c'est-à-dire généralement qu'il convient d'unir « à la philosophie qui utilise le raisonnement, des principes tirés de la religion, et sans lesquels, pour toute recherche sur le vrai bonheur, la raison laissée à elle-même leur paraît boiteuse et déficiente ». C'est ainsi que, sans la perspective de l'immortalité, ils estiment que « nul ne serait assez sot pour ne pas penser que le plaisir doive être recherché par tous les moyens permis ou défendus ; l'on veillerait seulement à écarter un plaisir moindre qui ferait obstacle à un plus grand et l'on éviterait ceux qui provoquent en retour des souffrances » [2]. Cette croyance permet donc d'abord d'aider à régler, à ordonner la vie humaine et c'est ce qui conduit les Utopiens à croire qu'« après cette vie, des récompenses sont réservées à nos vertus et à nos bonnes actions, des châtiments sanctionnent nos crimes » [3]. Cette foi en un au-delà ne contredit pour autant pas un hédonisme général : si pour la plupart d'entre eux le plaisir est la « source unique ou principale » du bonheur [4], lui-même considéré comme « bien suprême », elle offre plutôt en fait un champ

1. Cf. *République*, X, 612e *sq.* ; *Phèdre*, 256a ; *Lois*, X, 904a-905c ; *Lettre VII*, 335a-c.

2. *U.*, p. 514 ; GF-Flammarion, p. 173.

3. « Ils croient donc qu'après cette vie, des châtiments sanctionnent le vice et des récompenses attendent la vertu » (*U.*, p. 597 ; GF-Flammarion, p. 217).

4. *U.*, p. 514. M. Delcourt traduit : « vel totam, vel potissimam felicitatis humanae partem » par « sinon la totalité du bonheur, du moins son élément essentiel » (GF, p. 172). De la « totalité » à cet « élément essentiel », qui en constitue donc une « partie », « *partem* » se trouve ici certainement mieux traduit que par « source ».

d'application élargi à son principe général qui veut que « aucune sorte de plaisir [ne soit] interdite, pourvu qu'elle n'entraîne aucun inconvénient »[1], et qu'« une jouissance de moindre qualité ne [doive] pas faire obstacle à un plaisir supérieur; un plaisir ne doit jamais faire naître une douleur »[2] : de la terre au ciel, c'est toujours d'un calcul des peines et des plaisirs dont il est question. Cela étant, il ne s'agit pas non plus en retour de repousser absolument la jouissance après la mort, ne serait-ce que parce que « la ferme espérance des biens futurs » figure parmi les « vrais plaisirs » de cette vie[3].

On peut reconnaître un utopisme platonicien dans cette pensée de l'au-delà qui, pour fortifier la bonne vie présente, se veut en accord avec les exigences de la raison, mais cependant sur la base de deux différences de principe. D'abord, immédiatement, n'est évidemment pas platonicienne la référence utopique première au plaisir : le plaisir n'est en effet pas « la source unique ou principale » du bonheur humain chez Platon, le bonheur divin étant, quant à lui et en toute rigueur, sans plaisir[4].

Mais il y a davantage. L'horizon de la pensée platonicienne de l'immortalité est toujours la raison. La leçon du *Phédon* est, nous l'avons rappelé, tout à fait claire : ce qui est à espérer après la mort du corps, c'est une vie philosophiquement pure. Or, si dans l'*Utopie* la perspective de l'immortalité a d'abord une fonction socialement instrumentale, et ce dans une logique strictement hédonique maintenue, le « silence de Dieu », qui rend responsables les hommes en matière d'affaires humaines, ne fonde pour autant pas absolument une immanence de la raison. La perspective de l'immortalité a en effet aussi pour sens d'ouvrir à un au-delà possible de la raison et de la stricte philosophie, sans pour cela y contredire. Deux « sectes » sont ainsi distinguées en Utopie. Animées toutes deux par le désir de la vie future, leur dévouement aux autres est différemment fondé :

> L'une se compose de célibataires, qui non seulement renoncent à tout commerce charnel mais s'abstiennent également de la viande et certains même de la chair de tout être vivant ; ils proscrivent absolument et comme nuisibles les plaisirs de la vie présente ; ils n'aspirent, à force de sueurs et de veilles, qu'à la vie future avec l'espoir de l'obtenir sous peu, ce qui les remplit d'ardeur et de force[5].

1. *U.*, p. 493 ; GF-Flammarion, p. 161.
2. *U.*, p. 537 ; GF-Flammarion, p. 184.
3. *U.*, p. 529 ; GF-Flammarion, p. 180.
4. *Cf.* le *Gorgias* et le *Philèbe*, 33b.
5. *U.*, p. 605 ; GF-Flammarion, p. 220-221.

Les partisans de l'autre, tout autant « assoiffés de labeur », préfèrent le mariage et mangent de la viande. Généralement, ils « ne refusent aucun plaisir, pourvu qu'ils ne les arrêtent pas dans leur travail ».

> Les Utopiens trouvent à ces derniers plus de sagesse, aux premiers plus de sainteté. Naturellement, si les rigoristes appuyaient de raison humaine la préférence qu'ils donnent au célibat sur le mariage et à la vie ascétique sur la vie facile, on se moquerait d'eux. Mais, comme ils professent que c'est la religion qui les guide, on a pour eux de l'admiration et de la vénération. Aucun principe, en effet, n'est plus attentivement respecté chez les Utopiens que celui-ci : ne jamais porter de jugement inconsidéré sur aucune question de religion. Tel est donc le genre de vie de ces ascètes qui ont reçu, dans leur langue, le nom spécial de *Buthresques*, que l'on peut traduire en latin par *religiosi*, religieux [1].

Le « silence de Dieu » a ici le sens d'une ouverture à l'inconnu. Il n'est pas *de raison humaine* de se comporter comme les Buthresques. Mais il n'est cependant pas contraire à la raison d'admettre un dépassement possible de cette dernière, à la condition toutefois que ce ne soit pas en contradiction avec ses exigences propres. Ce qui serait ainsi parfaitement déraisonnable, ce serait de pratiquer une mortification ascétique sans aucune finalité humaniste, sans aucun bénéfice à autrui conséquent [2].

Dans le cadre du service rendu à autrui, la raison utopique admet donc des valeurs qui ne sont pas directement « appuyées de raison ». Nous sommes ici à la limite : la vie des Buthresques n'est pas la vie proprement

1. *U.*, p. 605 ; GF-Flammarion, p. 221. « Buthresque » : du grec βοῦς, « bœuf », qui a pris dans de nombreux mots et expressions populaires le sens d'« énorme », et θρῆσκος, « religieux », ce qu'A. Prévost traduit par « religieux par excellence » (*U.*, p. 605, n. 5).

2. « Mépriser la beauté du corps, affaiblir ses forces, laisser engourdir sa souplesse, exténuer son corps à force de jeûnes, nuire à sa santé, faire fi de toutes les autres faveurs de la nature, à moins qu'on ne néglige pour soi-même ces avantages en vue de se consacrer avec plus d'ardeur au service du prochain ou du bien public (...) bref se faire souffrir pour un fantôme de vertu, sans profit pour personne, ou pour s'entraîner à supporter des épreuves qui n'arriveront sans doute jamais tout cela est [aux] yeux [des Utopiens] le comble de la folie, la marque d'un esprit cruel envers lui-même, enfin la pire des ingratitudes envers la nature, comme si, dédaignant de lui devoir quelque obligation, on renonçait à tous ses bienfaits » (*U.*, p. 537 ; GF-Flammarion. 184-185). R. Galibois comprend ainsi que la raison utopique « nous prescrit non seulement de payer de retour un Dieu qui nous aime le premier et nous destine à une vie heureuse, mais aussi de nous aimer nous-mêmes et le prochain, comme Dieu le fait, et donc de rechercher dès ici-bas le plaisir qui nous attend dans l'autre vie. *Humanitas*, comme partage conscient de la même nature que le prochain, devient alors *humanitas* au sens de bonté, de miséricorde : la raison nous commande de procurer à autrui, s'il lui fait défaut, ce plaisir qu'elle nous prescrit déjà de rechercher pour nous-mêmes » (« L'*Utopie* : éloge du plaisir ? », *Moreana*, XXV, 98-99, décembre 1988, p. 180).

utopique, tout en étant aussi d'Utopie. Autrement dit, la perfection utopique peut être aussi considérée par ce qu'elle permet : si la majorité des Utopiens ne sont pas des Buthresques, et s'ils considèrent le plaisir comme la « source unique ou principale du bonheur », ils admettent que l'on peut voir les choses autrement, sous la réserve générale du respect de l'*humanitas*[1]. C'est ainsi que l'on peut comprendre qu'Utopie soit immédiatement donnée à « souhaiter » pour tous les hommes, et ce en tant qu'ils sont, au moins, doués de raison.

UTOPISME PLATONICIEN DE LA TOLÉRANCE ?

Le non-utopisme des Lois

La tolérance religieuse est en conséquence un des principes de l'*humanitas* utopique. Elle est d'abord exigée d'un point de vue social comme la condition de la paix civile, hors de laquelle aucune véritable harmonie concrète n'est possible[2]. C'est aussi la prudence inhérente à la raison qui a d'abord conduit Utopus, dans l'intérêt même de la religion, à ne pas « définir à la légère quoi que ce fût, car il n'était même pas sûr que

1. E. Surtz considère que l'implicite donne ici, en fait, à comprendre plus. Buthresques ou pas, la majorité des Utopiens espère en un bonheur futur proportionné au mérite. Il n'est, certes, nulle part dit si ce bonheur futur est attendu comme une béatitude naturelle ou surnaturelle : il faudrait une révélation pour le savoir, et les Utopiens doivent donc se contenter des enseignements de la raison (*The Praise of pleasure*, *op. cit.*, p. 15). Mais l'usage très libre que fait More du terme « plaisir », le fait qu'il le prenne dans son sens le plus générique, comme plaisir du corps ou de l'esprit, révèlent, selon E. Surtz, que « l'objet final du bonheur utopien est la délectation en présence de Dieu dans la vie future » (*ibid.*, p. 22). En ce sens, A. Prévost remarque que, « si Thomas d'Aquin emploie deux mots et distingue les "*voluptates corporales*" des "*delectationes spirituales*" : les voluptés corporelles des délectations spirituelles, l'Utopien parle des "*voluptates animae*", faisant glisser le concept de plaisir du corps à l'âme. More nous a prévenus que son argumentation n'excluait pas un certain humour et quelques paradoxes sémantiques » (*U.*, p. 514, n. 9). Au-delà, il voit que, dans l'*Utopie*, « le but de l'éloge du plaisir est d'inciter et de provoquer à une réflexion sérieuse les chrétiens insouciants qui se conduisent comme si le plaisir trouvé dans la richesse ou la gloire, et non la contemplation et l'amour de Dieu, était la fin de la vie » (*ibid.*, p. 194).

2. *U.*, p. 597 ; GF-Flammarion, p. 216. Tel est le sens de la condamnation à l'exil du zélateur chrétien, dont l'exposition agressive de la foi ne pouvait être acceptée du fait des troubles à l'ordre public induits. Thomas d'Aquin voyait aussi la tolérance envers les hérétiques comme un moindre mal au regard des troubles que leur répression peut induire. Mais il demeurait pour lui que, par leur péché, « ils ont mérité non seulement d'être séparés de l'Église par l'excommunication, mais aussi d'être retranchés du monde par la mort » (*Somme théologique*, tome III, trad. M. Roguet, Paris, Cerf, 1985, II. 2, q. 11, p. 91).

Dieu, recherchant un culte multiple et varié, n'envoyait pas aux uns et aux autres des inspirations de nature différente »[1]. En conséquence, les Utopiens « mettent au nombre de leurs institutions les plus anciennes celle qui prescrit de ne faire grief à personne de sa religion »[2]. Nous avons souligné plus haut les limites de cette tolérance : « ne faire grief à personne de sa religion » implique, en retour, que ne pas avoir de religion distingue de la normalité, ce qui a pour effet d'exclure les athées de la citoyenneté utopienne, et ce bien que la raison et l'humanité ne leur soient pas déniées pour autant. Dans quelle mesure cet utopisme peut-il se réclamer de Platon ?

En ce qui concerne d'abord le sort réservé à l'athéisme, Thomas I. White voit un emprunt aux *Lois*, X dans le fait que l'*Utopie* interdit seulement à l'athée de soutenir ses opinions en public, insistant en revanche sur l'effet correcteur des débats avec les prêtres et les esprits raisonnables[3]. La différence est pourtant de taille : effectivement, les membres du Conseil Nocturne, et eux seuls, discutent bien avec les athées. Mais, premièrement, ce n'est pas avec tous, mais seulement avec ceux d'entre eux qui ont un caractère naturellement juste et qui haïssent d'instinct les méchants (908b). Deuxièmement, c'est en prison qu'ont lieu ces échanges : contrairement aux autres, le caractère amendable de ces athées ne leur fait encourir, du moins dans un premier temps et sous réserve donc d'amendement effectif, qu'une peine préliminaire de 5 ans. Mais peine il y a bien, quand même. Et pour le cas où leur athéisme résisterait à la raison du Conseil Nocturne, alors c'est la mort. Quant aux athées qui n'ont pas ce bon caractère, dès leur impiété coupable établie par les tribunaux, c'est immédiatement l'emprisonnement à vie qui leur convient (909a). C'est dans ce cadre qu'il faut comprendre l'effort sur soi que demande l'Athénien, quand il s'agit de réagir à l'impiété : ne pas se laisser aller à une pourtant bien légitime colère, mais s'adresser avec un maximum de douceur à « ceux dont la pensée est gâtée de la sorte » (887c-888a). Rappelons qu'en Utopie l'athée n'est pas voué à la prison ou à la mort, et qu'aucune peine corporelle ne lui est infligée.

Quant à la liberté de culte, la différence est encore plus radicale : alors qu'en Utopie la « folie », inséparable de « l'orgueil », serait d'« exiger par

1. *U.*, p. 597 ; GF-Flammarion, p. 216.

2. *U.*, p. 594 ; GF-Flammarion, p. 215.

3. « Pride and the Public Good : Thomas More Use of Plato in *Utopia* », *Journal of the History of Philosophy*, vol. XX, October 1982, n° 4, p. 353.

la force et avec menaces que tout le monde reconnaisse comme vrai ce que l'on tient soi-même pour tel »[1], chez les Magnètes

> voici en effet la loi qui devra s'appliquer à tous sans exception. « Personne ne doit avoir de sanctuaires sur son domaine. Mais chaque fois qu'il vient à l'esprit de quelqu'un d'offrir un sacrifice, il ira le faire dans les temples publics, et remettra les victimes entre les mains des prêtres et des prêtresses qui ont la charge de les consacrer » (909d-e).

L'utopisme de la « paix de la foi »

Un utopisme platonicien de la tolérance apparaît donc pour le moins difficile à déterminer à partir des *Lois*. Pourtant, en la matière, des médiations existent de Platon à l'utopie. Particulièrement remarquable est ainsi l'instrumentalisation du platonisme auquel le cardinal Nicolas de Cues (1401-1464) recourt en vue de fonder les conditions d'une « Paix de la foi », possible selon lui du fait de la nature qu'il juge implicitement chrétienne des diverses religions en présence[2]. Par l'usage le plus libre de la raison, et spécialement de la doctrine platonicienne de la participation, le *De Pace Fidei* s'emploie en conséquence à mettre à jour comme un « christianisme anonyme » universel.

Cette dernière perspective n'est pas sans écho dans l'*Utopie*. En effet, la raison dernière pour laquelle Thomas More juge nécessaire de laisser libres les diverses expressions de la foi est en effet que « la force même du vrai [finira] un jour par émerger et par s'imposer, pourvu que l'on fît preuve de bons sens et de modération », alors qu'à l'inverse, dans le tumulte et la violence des armes, cette éventuelle vraie religion ne pourrait qu'être étouffée au milieu des superstitions, « comme le froment par les épines et les broussailles ». « Voilà pourquoi Utopus (...) donna à chacun la liberté de décider de ce qu'il devait croire »[3]. Et le fait est que, dans le « silence de Dieu », la raison seule est dite avoir fait évoluer les religions utopiennes

1. *U.*, p. 597 ; GF-Flammarion, p. 216.

2. *Cf.* mon *L'*Utopia *de Thomas More et la tradition platonicienne*, *op. cit.*, p. 377-386. Sur les rapports plus généraux de N. de Cues à l'utopie, particulièrement dans la perspective d'une maîtrise humaine de la Nature, voir M. de Gandillac, « Les "semi-utopies" scientifiques, politiques et religieuses du Cardinal Nicolas de Cues », dans J. Lameere (éd.), *Les Utopies à la Renaissance*, Colloque international [1961], Bruxelles-Paris, Presses Universitaires de Bruxelles-Presses Universitaires de France, 1963, p. 39-71 (article repris dans M. de Gandillac, *Genèses de la modernité*, [1989], Paris, Cerf, 1992, p. 441-464).

3. *U.*, p. 597 ; GF-Flammarion, p. 216.

vers la reconnaissance d'une divinité unique, dans l'abandon progressif des formes superstitieuses. Il n'est pas impossible alors de voir dans la tolérance utopique, à la fois une efficace préparation du christianisme introduit par Raphaël et ses compagnons, et les premières formes d'un culte définitif à venir, aux structures ouvertes mais ordonnées par un christianisme essentiel. C'est en tout cas ainsi qu'Érasme, dont on sait ce que lui doit l'inspiration de l'*Utopie*[1], faisait de la tolérance à l'égard des hérétiques une solution provisoire, dans l'attente d'un colloque général qui ramènerait l'unité de la foi sur la base d'un petit nombre d'articles de foi, en dehors desquels chacun devrait alors pouvoir conserver toute liberté de penser et de débattre[2].

Nicolas de Cues publie donc le *De Pace Fidei* en 1453, année de la prise de Constantinople par les Turcs. La question était alors celle de l'organisation d'une expédition militaire. Nicolas, tout en prônant les moyens propres à la résistance face à une éventuelle nouvelle poussée des Turcs, invite par ce texte à un autre type de confrontation, dont la condition de la victoire est que « ce n'est pas une autre foi, mais la même et unique foi que vous trouverez partout présupposée »[3]. Le *De Pace Fidei* n'est pas ainsi, au sens strict, un véritable « traité de tolérance », puisque le droit égal à l'existence de chaque religion n'y résulte pas d'une acceptation de la différence en tant que telle, mais tient tout au contraire à l'explicitation d'une identité implicite : la démarche du *De Pace Fidei* est d'établir que la condition de la paix consiste seulement dans la reconnaissance par les autres religions que, sans le savoir, elles sont chrétiennes.

Chaque religion relevant, d'une manière ou d'une autre, de « l'esprit raisonnable » que Dieu a mis en l'homme, de Cues cherche alors à établir que le projet de la « religion unique » est complètement fondé philosophiquement. Et c'est ainsi qu'il emprunte à la participation platonicienne, mais pour en tirer des conclusions totalement non-platonicienne. En un premier moment, il établit l'existence de la Sagesse en soi à partir de l'existence de sages :

1. *Cf.* A. Prévost, *L'*Utopie *de Thomas More*, *op. cit.*, p. 66 *sq.*

2. Cf. *De l'aimable concorde de l'Église* [1533], trad. A. Godin, dans *Eloge de la folie ...*, *op. cit.*, p. 772-849, en particulier p. 835 *sq.*

3. *La Paix de la Foi* [1453], introd. et analyse J. Doyon, trad. R. Galibois, révisée par M. de Gandillac, Sherbrooke, Centre d'études de la Renaissance, Université de Sherbrooke, 1977, p. 39.

> Il ne peut y avoir qu'une seule Sagesse. S'il était possible en effet qu'il y en eût plusieurs, il serait nécessaire qu'elles vinssent d'une seule; car avant toute pluralité on trouve l'unité. (...) Parce qu'ils y participent, il existe de nombreux sages, mais la Sagesse elle-même demeure en elle-même simple et indivise (...) en sorte que pour l'intelligence, cette inépuisable Sagesse éternelle elle-même est ainsi une nourriture perpétuelle et indéfectible [1].

De là, de Cues conclut à l'existence d'un Dieu unique, éternel, créateur, dans et par sa Sagesse, de tout ce qui est. Et il conclut à son universelle reconnaissance implicite : les philosophes, par leur amour de la Sagesse, ne faisant qu'exprimer le désir commun à chaque homme de nourrir son intelligence, en réalité « tous les hommes professent (...) l'existence de cette Sagesse une et absolue qu'ils présupposent; laquelle est le Dieu unique » [2]. Il va alors de soi que ce Dieu, créateur par son Verbe, ne peut plus être rapporté à la philosophie de Platon.

C'est pourtant encore à la participation platonicienne que recourt de Cues pour réduire à la « religion unique » les divers polythéismes : c'est la « Déité » qui est en fait adorée en chaque dieu, de l'identité de laquelle il participe. « De même, en effet, que si la blancheur n'existe pas, il n'y a pas de choses blanches, si la divinité n'existe pas, il n'est pas non plus de dieux ». Il est donc un Principe divin, implicitement posé dans chaque culte, et qu'il faut reconnaître comme « cause première (...) ou créateur de l'univers » [3]. Nicolas de Cues en tire, dans le même mouvement, une légitimation du culte des saints, « parce qu'ils vécurent d'une façon divine », et le refus de donner aux images, statues ou représentations figurées, un autre statut que celui de permettre de s'élever à « ce qui est permis dans le culte véritable du Dieu unique » : il n'est pas question de voir « dans les pierres elles-mêmes quelque élément de la divinité » [4]. L'unité de la foi est ainsi finalement bien celle du christianisme romain.

Que l'instrumentalisation chrétienne de la participation finisse par en faire disparaître le sens qu'elle a chez Platon, cela apparaît de manière centrale avec l'usage qu'en fait de Cues pour le dogme de la Trinité, Unité divine d'un multiple divin. D'abord, en accord avec Platon, de Cues affirme la nécessité d'aller à l'*Un* à partir de la multiplicité des choses, à l'*Egal* à partir des inégalités, et aussi au *Lien* à partir des distinctions et des

1. *Ibid.*, p. 40-41.
2. *Ibid.*, p. 44.
3. *Ibid.*, p. 45.
4. *Ibid.*, p. 46-47.

séparations. Nous avons alors affaire à trois idées, soit selon Platon à trois réalités éternelles, et non du coup au Dieu unique. Telle est l'impasse à laquelle la participation platonicienne semble conduire. Comment penser par elle la Trinité ? L'unité du Père (*l'Un*), du Fils (*l'Égal*) et du Saint Esprit (le *Lien*) ? Plus précisément, de Cues tire toujours de la doctrine de la participation qu'« il n'est pas possible qu'il y ait plusieurs choses éternelles, puisqu'avant toute pluralité il y a l'unité »[1] : si *des* « choses éternelles » existaient, il faudrait qu'elles tiennent leur être d'un Principe unique, mais alors seul ce Principe serait « éternel », et non les choses qui en viennent.

De Cues s'efforce alors d'intégrer le platonisme à une perspective qui, en l'enveloppant, le relativise. Ce n'est que pour un esprit fini que Dieu est pensé comme à la fois trine et un. Mais en lui-même, « en tant qu'infini, il n'est ni trine ni un, ni rien de ce que l'on peut dire de lui. Car les noms que l'on attribue à Dieu se tirent des créatures, puisqu'il est lui-même en soi ineffable et transcendant à tout ce que l'on peut nommer ou dire »[2]. C'est donc bien alors « dans une seule éternité qu'on trouve l'Unité, l'Égalité de l'Unité, et l'Union ou Liaison de l'Unité et de l'Egalité ». Ce n'est plus la participation platonicienne qui opère ici, mais une philosophie de l'Infini, de la *complicatio* et de l'*explicatio* : ce qui dans l'univers existe comme multiple, inégal et séparé ou distinct, est développement (*explicatio*) de ce qui est en Dieu enveloppé (*complicatio*).

> Ainsi donc, le principe absolument simple de l'univers est unitrine, puisque dans le principe doit être enveloppé ce qui dérive du principe, mais que tout ce qui dérive d'un principe est, par définition, enveloppé dans son principe, et qu'en tout ce qui dérive du principe on trouve une pareille distinction trine dans l'unité de l'essence. C'est pourquoi aussi le principe absolument simple de toute chose sera trine et un[3].

Du polythéisme à la reconnaissance du Dieu unique, et de la reconnaissance de ce dernier dans le Dieu chrétien de la Trinité, c'est donc finalement ce dernier que chacun est censé reconnaître implicitement selon de Cues. Telles sont les conditions objectives pour que vienne la « paix de la foi ». Et le platonisme a pu servir à un certain moment du développement à l'établir, en un utopisme d'une tolérance qui ne l'est donc pas vraiment.

1. *Ibid.*, p. 45.
2. *Ibid.*, p. 49.
3. *Ibid.*

Terre et ciel, plus généralement : pour en revenir à la seule mise en relation des *Dialogues* et du texte utopique de référence, l'*Utopie*, il faut constater que, si utopismes platoniciens il peut y avoir ici, c'est au prix de fortes différences de perspective, et ce malgré une commune position de principe qui veut que la cité et les enjeux concernés aient pour sens dans les deux cas l'optimisation de la vie des hommes sur terre. Ce dernier point impose d'ailleurs de relativiser la possible interprétation religieuse, plus précisément chrétienne, du roman de Thomas More, ce qui en retour permet de ne pas y chercher, au moins prioritairement, des clefs pour d'éventuels utopismes platoniciens. Deux points soulignent cela particulièrement : négativement, ni la cité de Platon, ni Utopie, ne sont des formes cénobitiques ; positivement, communisme il y a bien, en revanche, chez Platon et en Utopie, et cela peut inciter à évoquer le communisme des communautés chrétiennes primitives. Mais le sens de chacun de ces communismes est bien différent.

UNE CITÉ POUR LES HOMMES SUR TERRE

Le monachisme, utopisme platonicien ?

En ce qui concerne le monachisme, rappelons que pour Jean-Jacques Wunenburger, si l'on peut faire de Platon « le premier grand utopiste »[1], c'est parce que sa cité « inspire les modèles des monastères et des utopies », pour le modèle partagé d'une société close. Cette référence à une « société close » ne doit pourtant pas masquer l'essentiel, qui peut ici se décliner en trois moments : d'abord, et cela est vraiment l'essentiel, il faut dire encore une fois que la cité juste platonicienne est une cité pensée en vérité pour les hommes, gouvernée par les hommes, et ce aux fins d'ordonner selon le Bien une vie humaine dont la satisfaction des besoins, les « affaires humaines » en général, est le ressort originaire[2]. C'est en cela que l'utopie cherche son inspiration chez Platon.

1. « Platon, ancêtre du totalitarisme ? », *op. cit.*, p. 449.

2. Rappelons l'exclamation de Socrate au livre II de la *République* : « Eh bien allons, (...) construisons en paroles (λόγῳ) notre cité, en commençant par ses débuts et ce sont nos besoins, semble-t-il, qui en constitueront le fondement » (369c) : l'objet de la *République* est la vie sociale concrète, dont la racine est d'être une association constituée pour satisfaire les besoins et dont le développement nécessaire implique une réflexion sur la justice.

Ensuite, la raison est l'horizon ultime des cités platoniciennes et utopiques, dans l'explication argumentée, la justification démonstrative, la recherche de l'accord des esprits, hors donc de l'attitude confiante du moine en recherche, par la voie principale de la prière, d'une union mystique avec son créateur. Et cela nous conduit au troisième point : le tout l'emporte par principe sur la partie dans la cité platonicienne [1], à l'encontre de la vie monacale d'abord pensée dans la relation exclusive et individuée du moine avec Dieu. La communauté monastique est en effet née, dans le christianisme, avec Pachôme, au IVe siècle, dans le prolongement théologique et pratique du monachisme des anachorètes, religieux vivant solitairement d'après le modèle d'Antoine (251-356). La socialité qu'offre un monastère n'est donc pas une fin en soi : elle est orientée par ce qui la dépasse infiniment, et que l'individu peut espérer atteindre plus parfaitement. Certes, la prière du moine a pour enjeu le salut de chaque être humain, mais elle est, pour ce faire, relation privilégiée et singulière d'une créature avec son créateur [2]. En Utopie le tout ne l'emporte pas non plus sur la partie, la perfection de la cité, de ses institutions, n'ayant de sens que par le bonheur ainsi rendu possible pour chaque Utopien, individuellement. Mais la différence, radicale, est que ce bonheur se nourrit essentiellement d'un rapport social dont la constitution comme les contenus ne relèvent que des Utopiens eux-mêmes.

1. Ainsi, dans la *République*, à Adimante qui lui reproche la vie trop dure qu'il fait mener aux magistrats, Socrate répond que « nous n'établissons pas cette cité en ayant pour seule perspective qu'un groupe unique soit chez nous exceptionnellement heureux, mais bien la cité tout entière autant que possible » (IV, 420b). Aussi, « la loi veut mettre en œuvre les choses de telle manière que [le bonheur] se produise dans la cité tout entière, en mettant les citoyens en harmonie par la persuasion et la nécessité, et en faisant en sorte qu'ils s'offrent les uns aux autres les services dont chacun est capable de faire bénéficier la communauté » (519e-520a).

2. Les communautés d'ermites, comme la Chartreuse aux XIIe et XIIIe siècles illustrent bien cela. En ce sens, la communauté de Grandmont a été récemment étudiée par J. Dalarun dans *Gouverner, c'est servir. Essai de démocratie médiévale*, Alma, 2012. *Cf.* aussi « Moyen Âge : la démocratie au couvent », dans *L'Histoire*, n° 377, juin 2012. Il y montre que dans cette communauté composée de celles, petites unités érémitiques dispersées, fondée par Etienne de Muret aux environs de 1078, le pouvoir effectif appartenait aux frères convers, en charge de la gestion, afin que soient libérés les clercs pour la prière. Dans la mesure où les convers étaient d'humble extraction sociale, il y voit comme « une saveur de révolution de classe ». Selon lui, « la véritable originalité du projet d'Étienne de Muret est pourtant à chercher dans l'affirmation répétée du sens de la communauté, d'une communauté sans haut ni bas, où le risque de négation de l'individu est écarté par une prise en compte des compétences propres, qui permet au corps collectif de faire le plus juste usage de chacun de ses membres » (« Moyen Âge : la démocratie au couvent », *op. cit.*, p. 17-18.

Cela étant, ainsi motivé le monastère apparaît bien de fait comme le lieu d'une forme sociale autre, en rupture avec la société globale, jusqu'à inciter des auteurs comme par exemple Richard Marius à estimer que « ceux qui pensent que la société utopienne est un monastère étendu à toutes les familles sont plus proches de la vérité que ceux qui voient dans le livre une théorie politique sérieuse »[1]. Pourtant, par-delà d'éventuelles ressemblances purement formelles, et sur la base des distinctions précédentes, on ne peut aussi simplement confondre le mode de vie utopien avec celui d'un monastère. La raison fondamentale, qu'affirme le plus clairement saint Augustin, est en effet que la vie monastique est une manifestation prioritaire de la Cité de Dieu dans le présent[2]. Plus précisément, comme le dit Dom Claude Jean Nesmy en présentant la Règle de saint Benoît, « la communauté monastique fournit (...), sur cette terre, une image imparfaite, mais réelle, de la vie bienheureuse, que, à vrai dire, mais à un degré moindre, toute la communauté des croyants devrait fournir au monde, si du moins elle était une communauté... »[3]. Et c'est pourquoi Utopie ne peut être qualifiée de vaste monastère, qu'à la condition de faire l'impasse sur ces deux points qui la fondent dans son originalité : d'une part, elle est découverte et décrite comme une cité tout à fait parfaite par elle-même, où l'altérité qu'elle manifeste vaut pour elle-même et non comme une « image imparfaite de la vie bienheureuse ». L'un n'exclut certes pas l'autre, mais on peut cependant être en droit de ne pas lire nécessairement l'un par l'autre. D'autre part, le dévouement total à Dieu de certains de ses membres, comme les Buthresques, n'est nulle part présenté comme le modèle social auquel tout Utopien devrait tendre, tout au contraire. Suivent de cela des relations interindividuelles différentes. La relation utopique à autrui est

1. *Thomas More. A Biography* [1984], New York, Alfred A. Knopf, 1985, p. 167. Pour G. Lapouge, « le couvent, (...), cet atelier métaphysique, fonctionne sur des lois empruntées à la mécanique utopienne » (*Utopie et civilisation*, Paris, Flammarion, 1978, p. 74). Pour cette assimilation d'Utopie à un monastère, voir aussi, R.W. Chambers, *Thomas More*, The Bedford Historical Series, London, Johnathan Cape, 1935 ou, dans une autre perspective, J. Séguy, « Une sociologie des sociétés imaginées : monachisme et utopie », *Annales. Economie. Sociétés. Civilisations*, mars-avril 1971.

2. *Cf.* L. Verheijen, *La Règle de saint Augustin*, 2 vol., Paris, 1967.

3. *Saint Benoît et la vie monastique*, Paris, Seuil, 1983, p. 65. Plus précisément, si le monachisme offre, à qui aspire à l'union avec Dieu, un mode de vie saint, comme prémice de la vie à venir à la fin des temps, c'est qu'il consiste en une « imitation de Jésus » : il s'agit non seulement de suivre les « préceptes » évangéliques, commandements qui obligent tout chrétien, mais aussi les « conseils », pratiques non indispensables pour s'assurer le salut, mais qui expriment un amour plus parfait, plus total, de Dieu. Voir aussi p. 8-10 ; 110-111.

ainsi immédiatement horizontale, même s'il est possible d'interpréter « verticalement » l'aspiration à l'ailleurs qu'exprime la présence imaginée de la cité parfaite terrestre. Dans le monastère, la perspective est inversée : l'amour que les frères ou les sœurs se portent a pour origine l'Être transcendant. Leurs relations ne sont pas proprement celles de l'*humanitas* utopique. C'est en ce sens que Benoît promeut le silence au rang de vertu cardinale, là où les Utopiens font de la conversation libre l'un des principaux plaisirs[1].

Communisme chrétien, communisme utopique et communisme platonicien

Différences

La conséquence de ces points est que le communisme des biens distribués à chacun selon ses besoins que pratique le monastère n'a ni un sens utopique ni un sens platonicien. Il s'agit que le moine n'ait pas à se soucier d'autre chose que du Ciel, ce qui implique que soient exclus les troubles nés de la misère et les tracas qu'engendre la propriété privée. Cet évitement des troubles est certes aussi ce pour quoi, chez les Gardiens de la cité platonicienne, le communisme existe. Mais il ne concerne que les Gardiens et non l'ensemble de ceux qui ont à vivre en communauté. Et il n'est pas voie transitoire pour le ciel, y compris des Idées, puisqu'il est directement une modalité essentielle de réalisation de ce qu'est vraiment une cité, en tant que mode d'être optimal d'une société humaine, à penser et construire sur terre.

Non-platonicien, ce communisme monachique n'est pas non plus proprement utopique. Il n'a pas le sens d'une appropriation sociale des productions humaines, comme reconnaissance de l'homme social par lui-même dans la médiation de son produit. L'ouverture utopique aux richesses, dans et par l'autoproduction sociale de soi, est donc tout à l'inverse de l'aspiration évangélique à la pauvreté. Comme le remarque François Chirpaz en effet, « dans son acception évangélique, celle du Sermon sur la montagne, la pauvreté ne désigne pas la condition du démuni, mais de l'homme qui sait demeurer disponible. Dans la

1. Parler avec l'autre, l'écouter sont une fin en soi en Utopie. Les Utopiens bavardent dès qu'ils ont un moment de libre, et ces discussions libres sont explicitement mises sur le même plan que le plaisir pur de la musique (*U.*, p. 470 ; GF-Flammarion, p. 149). La discussion entre amis est un vrai plaisir, un plaisir pur.

dénonciation, par les utopistes, de la condition de pauvreté, c'est la misère qui est dénoncée car elle met le miséreux à la seule disposition du possédant »[1]. Le communisme monachique a donc aussi ce sens de mise à disposition de soi par abandon des obstacles matériels. Et on comprend que ce dessaisissement de ses biens particuliers puisse ainsi faire couple pour le moine avec la vertu d'obéissance : la *Règle* 33 de saint Benoît, qui exige « que personne n'ait jamais rien en propre », concerne aussi la volonté[2]. En résulte une différence dans les valeurs accordées au travail. Selon Augustin, dans les conditions du péché, il vaut d'abord dans un esprit de pénitence, d'humilité, particulièrement quand le moine vient d'une classe riche. Le fond théologique est ici que, à l'envers d'un utopisme de l'homme producteur de lui-même dans la domination sociale de la nature, c'est toujours Dieu qui, en toute rigueur, nourrit et habille, fait être. Frein mis à l'expansion du désir, spiritualisation et dénaturalisation, contre libre épanouissement des potentialités humaines et vraie création de soi dans le travail associé en vue d'un bien commun : le communisme monachique n'est donc pas plus utopique qu'il n'est platonicien.

Cela étant, la lecture de l'*Utopie* peut aussi être rapportée à une autre source. Les humanistes de la Renaissance comme John Colet, Thomas Elyot, Ficin, Guillaume Budé ou Erasme, considèrent en effet que, selon l'enseignement du Christ, le communisme des communautés chrétiennes primitives peut être compris comme un retour à l'arrangement originel voulu par Dieu, en deçà de la Chute, et qui conviendrait donc parfaitement

1. *Raison et déraison de l'utopie*, Paris, L'Harmattan, 1999, p. 71.

2. « C'est surtout ce vice-là qu'il faut radicalement extirper du monastère. Nul ne prendra la liberté de donner ou de recevoir quelque chose sans ordre de l'abbé, ni d'avoir rien en propre, absolument rien, ni livre, ni cahiers, ni crayon, absolument rien. D'autant qu'il ne lui est même pas permis de disposer à son plein gré de son corps ni de ses désirs » (*La Règle*, texte latin selon le manuscrit S. Gall, version française par H. Rochais, introd. de Dom A. Louf, Paris, Desclée de Brouwer, 1980, p. 79). Toutefois, J. Dalarun, dans *Gouverner, c'est servir*, met en évidence les éléments démocratiques aussi présents dans les ordres du Moyen Âge. Il détaille particulièrement dans « Moyen Âge : la démocratie au couvent », *L'Histoire*, les modalités d'élection du Prieur de Grandmont. Et il rappelle qu'avant que Jean XXII n'impose le titre d'abbé en 1317, « à partir du XIe siècle, la plupart des nouvelles institutions religieuses refusèrent (…) le titre traditionnel d'"abbé" au nom d'une stricte application de l'Évangile (*Matthieu*, XXIII, 8-10 : "Ne veuillez pas être appelés rabbi, vous n'avez qu'un maître et vous êtes tous frères. Ne veuillez pas appeler quelqu'un père (abba) sur terre, car vous n'avez qu'un Père, le vôtre qui est aux cieux" » (p. 15).

à une nation vraiment chrétienne[1]. Une telle nation n'existant cependant pas, et en conséquence la propriété privée s'imposant, reste « *l'esprit* » de la vie commune pour lequel Utopie peut être considérée comme une référence au sens où, selon Edward Surtz, « l'Utopie chrétienne idéale (...) doit attendre que les hommes deviennent des chrétiens idéaux »[2].

Des communautés chrétiennes primitives à Utopie, il faut pourtant constater que les enjeux sont différents et les sens des contenus, éventuellement formellement comparables, tout autres. Et il en va de même, pour l'essentiel, au regard du communisme platonicien. D'abord, le communisme pratiqué dans ces communautés est tout entier relatif au caractère transitoire du moment vécu, en attente du Retour en Gloire du Christ. N'étant pas en cela le mode d'être normal d'une société achevée, il ne peut pas plus être dit utopique que correspondre à la cité platonicienne. Ensuite, si cette communauté des biens, vécue comme une figure de la fraternité du monde à venir, renvoie bien au principe utopique qui veut que chacun ait « selon ses besoins »[3], ces biens n'ont pas à être le produit du travail, puisque matière, corps, besoins, sont espérés prochainement transfigurés[4], en totale opposition donc avec le ressort même du communisme utopique, comme naturellement avec la perspective platonicienne d'une cité nourrie par le travail organisé de son peuple. L'abolition de la famille, quant à elle, qui permet de se rendre plus disponible en même temps qu'elle anticipe sur les relations humaines de l'avenir[5], est en totale contradiction avec les

1. Elle exprimerait ainsi particulièrement nettement combien la redécouverte de Platon avait remis d'actualité la question du communisme chez les humanistes chrétiens de la Renaissance. *Cf.* E. Surtz, *The Praise of pleasure*, *op. cit.*, chapitre 14.

2. *Ibid.*, p. 198-199. « The common life for all Christians remained the ideal for the humanists, but they realized that, in order to have perfect communism, one must have perfect Christians or, at least, Christians as perfect as those of the early church in Jerusalem who sold their possessions for distribution of the proceeds to the poor by the apostles. (...) The important lesson of *Utopia*, too, is that every person in England and all Europe must acquire the *spirit* of common life (p. 181-182). « In his heart, More realizes that his Utopian commonwealth, like the republic of Plato, will never exist in the Christian West, unless the perfect sons of the perfect God are born to dwell therein. The ideal Christian Utopia must wait until men become ideal Christians, perhaps only in the "holy city, New Jerusalem, coming down out of heaven from God" (*Apoc.* XXI. 2) », p. 190.

3. *Actes des Apôtres*, IV, 34-35. Voir aussi II, 42-47; IV, 32 ; *Luc*, XIV, 33 ; XII, 33 ; XVIII, 22 ; *Marc*, X, 17-26. Édition utilisée : *La Bible. Nouveau Testament*, trad. œcuménique, Paris, Le Livre de poche, 1994.

4. « Observez les corbeaux : ils ne sèment ni ne moissonnent, ils n'ont ni cellier ni grenier ; et Dieu les nourrit. Combien plus valez-vous que les oiseaux ! » (*Luc*, XII, 24).

5. *Marc*, III, 31-35 ; *Luc*, XIV, 26 ; XX, 34-35 ; etc.

descriptions de l'*Utopie* qui y voient à l'inverse un principe social et anthropologique fondamental[1]. Mais elle est certes un thème fort d'autres utopies, en même temps qu'elle renvoie à la situation des Gardiens de la *République*, sinon à celle de l'ensemble de la population de la cité.

Enfin, et pour le principal, le communisme utopique ne *présuppose* pas la disparition du péché, anticipée elle dans ces communautés, mais tout au contraire, comme figure de l'organisation rationnelle de la vie en commun fondée sur l'*humanitas*, il a pour fonction de *lutter contre* ses effets. Le principe directeur utopique est qu'avec le communisme et l'abolition de la monnaie Utopie « a fait *disparaître* complètement toute la passion de l'argent », et avec cela, « quelle moisson de crimes n'a-t-on pas *détruite à la racine* ! »[2]. Pour le chrétien Thomas More, la corruption de la nature humaine, loin de le rendre impossible, l'exige[3]. Le communisme utopique ainsi que, sur un tout autre fondement ontologique, le communisme platonicien, sont donc la réponse qui convient au mal, et non pas une forme sociale seulement envisageable en son absence : tel sera l'un des principaux axes de notre étude à venir sur le plaisir et la loi dans la philosophie de Platon. La perspective utopique n'est ainsi pas celle des communautés chrétiennes primitives. Reste que, dans cette différence, le communisme apparaît toujours comme ce qui convient. Et c'est pourquoi le fait d'apprendre que « le Christ avait conseillé à ses disciples la vie en commun et que ce genre de vie était toujours en vigueur dans les plus authentiques des communautés chrétiennes »[4] a pesé d'un « poids considérable » dans la décision des Utopiens d'accueillir favorablement le christianisme, introduit par Raphaël et ses compagnons.

Juan Luis Vivès (1492-1540) offre un exemple intéressant du rapprochement possible de ces perspectives sous l'autorité de Platon. Dans le *De subventione pauperum* (1526), cet auteur inscrit le communisme

1. Il suffit ici de renvoyer à *La Cité du Soleil* de Campanella, qui fait de la communauté des femmes un critère de philosophie (introd., éd. et notes L. Firpo, trad. A. Tripet, Genève, Droz, 1972, p. 26)

2. *U.*, p. 626 ; GF-Flammarion, p. 232. Nous soulignons.

3. G. Logan a ainsi raison de reprocher à E. Surtz de ne pas tenir compte comme il convient des analyses économiques de l'*Utopie*, et d'aller « jusqu'à dire que les points de vue d'Hythlodée et des Utopiens sur ce sujet sont, et ce que More chercherait à nous faire comprendre, incorrects en ce qu'ils ne tiennent pas compte de "la nature humaine telle qu'elle est". Le communisme ne serait viable que si, et seulement si, les hommes étaient de parfaits chrétiens » (*The Meaning of More's « Utopia »*, Princeton, Princeton University Press, 1983, p. 184).

4. *U.*, p. 593 ; GF-Flammarion, p. 214.

dans l'ordre de la nature voulu par Dieu, ordre que les hommes ont perverti par leur *libido dominandi*. Son ouvrage se compose de deux parties : la première décrit les malheurs des sociétés depuis la chute et la sortie du communisme originel. La pénurie est née de l'accaparement, et avec elle la pauvreté. Il n'est pas alors de plus grande hypocrisie aux yeux de Vivès que de prétendre redresser quelque peu cette situation par la charité : « L'aumône qui est arrachée par le riche au moyen de la sueur et de la vie même des pauvres n'est pas acceptée par Dieu »[1]. La vérité est que c'est l'amour de l'argent qui est la cause du mal et des désordres sociaux. La seconde présente en conséquence des mesures qui peuvent permettre d'améliorer immédiatement et sensiblement la situation, dans le cadre d'un processus de collectivisation. Et Vivès évoque l'autorité de Platon à l'appui de sa thèse :

> Le philosophe Platon disait que les républiques seraient heureuses si on enlevait d'entre les hommes ces deux mots : *mien* et *tien* (…). Comme s'il était un seul homme qui possédât une chose qu'il pût, avec raison, dire sienne. (…) Avant tout, je citerai la nature, et par là, j'entends Dieu lui-même, car elle n'est rien d'autre que la volonté et le commandement du Seigneur. Que de choses utiles cette nature nous a procurées et nous procure encore ! (…) Finalement, toutes les choses auxquelles il a donné l'existence, il les mit en cette grande demeure du monde, sans les enclore de murailles ni de portes, afin qu'elles fussent communes à tous ceux qu'il engendra[2].

1. *De subventione pauperum*, I, 9, dans *Opera* [1955], Reprint, Londres, 1964, IV, 451.

2. *Ibid*, 450-453. Sur les tragédies déclenchées par le *mien* et le *tien*, cf. *De concordia et discordia* (*Opera*, V, 216). A. Guy, dans son article « Vivès, philosophe progressif de la Renaissance », *L'Enseignement philosophique*, mai-juin 1994, auquel nous empruntons nos citations, relève le caractère proprement utopique de propositions comme le recensement des pauvres et des vagabonds ; la création d'écoles professionnelles et de manufactures municipales, dans le cadre d'une généralisation de l'obligation de travail ; l'imposition des couvents, par lesquels Vivès entend inverser la logique de l'argent. Dans le *In orationem dominicam* [1555], Vivès paraphrase ainsi le *Notre Père* : « …toi, ô notre Père, donne-nous le pain qui puisse être vraiment appelé *nôtre*. Et que le pain d'autrui ne nous nourrisse pas. Qu'au contraire, il nous étouffe ! ». Et cela vaut particulièrement pour « celui qui ne veut mettre la main à aucun travail (…), mais qui exige de jouir des sueurs d'autrui, inactif et oisif, comme un bourdon se reposant sur la diligence des abeilles laborieuses, lui qui n'est qu'un poids lourd et inutile à la terre » (*Opera*, p. 151-152).

Référence platonicienne du communisme utopique

Les institutions d'Utopie sont donc finalisées par le communisme, en un utopisme principiel[1]. Et c'est en ce point central que l'*Utopie* se veut surtout platonicienne[2]. A vrai dire, les termes dans lesquels Raphaël revendique cette filiation posent quelques problèmes :

> Quand je considère ces désordres, je rends davantage justice à Platon et je m'étonne moins que ce grand philosophe ait refusé de rédiger des lois à l'intention de citoyens qui n'admettaient pas que tous aient un titre égal à la répartition de tous les biens. En vérité, ce très grand sage avait prévu qu'il n'y avait pour la société qu'une seule et unique voie de salut : imposer l'égalité des biens ; et je me demande si l'on pourra jamais voir une telle égalité là où les biens de chacun restent propriété privée[3].

On peut être assez immédiatement tenté de voir ici l'écho d'une tradition rapportée par Diogène Laërce, lorsqu'il rappelle que « dans le vingt-cinquième livre de ses *Mémorables*, Pamphilè raconte que les Arcadiens et les Thébains firent appel à Platon pour qu'il soit leur législateur, quand ils fondèrent Mégalopolis. Mais, ayant appris qu'ils ne désiraient pas vivre sous un régime d'égalité des lois, Platon ne fit pas le voyage »[4]. Mais si c'est bien cette tradition qui est ici évoquée, elle ne l'est vraiment pas très rigoureusement : Platon n'y pose en rien comme

1. Une expression particulièrement claire de cet utopisme principiel est donnée par Morelly dans son *Code de la nature*, lorsqu'il donne comme première des « *Lois fondamentales et sacrées d'une société qui couperaient racine aux vices et à tous les maux d'une société* », que « rien dans la société n'appartiendra singulièrement ni en propriété à personne que les choses dont il fera un usage actuel, soit pour ses besoins, ses plaisirs, ou son travail journalier » (*Code de la nature ou le véritable esprit de ses lois, de tout temps négligé ou méconnu* [1755], introd. par V.P. Volguine, Paris, Éditions sociales, 1970, p. 127-128). Dans *Naufrage des Isles flottantes, ou Basiliade du célèbre Pilpaï* [1753], Messine, Société des libraires, roman qui correspond plus immédiatement aux lois du genre littéraire utopique, est décrite une île dans laquelle est inconnue « l'impitoyable propriété, mère de tous les crimes qui inondent le reste du monde » (t.1, p. 5-6 ; voir aussi p. 205). Il prévoit pourtant encore des « *Lois pénales* », quoique « aussi peu nombreuses que les prévarications… » (*Code de la nature*, p. 152 *sq.*). Sur quelques héritages de l'*Utopie*, plus ou moins fidèles, en matière de communisme, voir Y. Dilas-Rocherieux, *L'Utopie ou la mémoire du futur. De Thomas More à Lénine. Le rêve éternel d'une autre société*, Paris, Robert Laffont, 2000.

2. *Cf.* V. Goldschmidt, *Platonisme et pensée contemporaine*, *op. cit.*, p. 142 *sq.*, pour quelques « références socialistes à la *République* ».

3. *U.*, p. 438 ; GF-Flammarion, p. 129.

4. Trad. L. Brisson, dans M.-O. Goulet-Cazé (dir.), *Vie et doctrines des philosophes illustres*, *op. cit.*, p. 407-408). M. Delcourt entend ainsi situer la référence de Raphaël (GF-Flammarion, p. 129, note).

condition d'une législation correcte l'égalité des biens, encore moins le communisme, mais exige simplement l'isonomie. De toute façon, c'est pour son propre compte que, clairement, Raphaël conclut d'une « égale répartition des biens », que n'envisage donc pas directement Platon dans cette tradition, au communisme comme à sa condition nécessaire : « *je me demande* si l'on pourra jamais voir une telle égalité là où les biens de chacun restent propriété privée ». Quelques lignes plus loin, son interrogation (« je me demande si... ») devient d'ailleurs conviction indubitable : « ma conviction intime et inébranlable est donc que les richesses ne pourront être distribuées en toute justice et équité et que les choses humaines ne pourront être heureusement gérées, si la propriété privée n'est pas totalement abolie »[1]. La référence platonicienne n'a en fait pas ici la fonction d'un modèle de l'utopie. Elle permet seulement de la valoriser, de la conforter, et ce de façon biaisée. Plus fondamentalement, si communisme platonicien il y a naturellement bien, ce n'est pas celui de l'*Utopie*[2].

Premièrement, comme moment déterminé et condition de réalisation de la cité juste, dans la *République*, il ne concerne pas l'ensemble de la population mais seulement les Gardiens. Il s'agit que « leurs habitations comme l'ensemble de leurs biens ne les empêchent pas d'être des gardiens aussi parfaits que possible, et que rien ne les dispose à la malveillance à l'égard des autres citoyens » (III, 416c-d). En conséquence de quoi :

> D'abord, nul bien ne sera la possession privée d'aucun d'entre eux, sauf ce qui est de première nécessité ; ensuite, aucun ne possèdera d'habitation où de cave telles que quiconque le souhaite ne puisse y entrer. Quant aux commodités qui sont nécessaires à ces hommes, qui sont des athlètes de la guerre à la fois tempérants et courageux, que cela soit l'objet d'une ordonnance des autres citoyens qui leur alloueront en compensation de leur garde ce qu'il faut pour traverser l'année, sans surplus ni manque (416d).

Cette communauté des biens a alors, très exactement et seulement, une fonction stratégique. Son statut est opératoire, il est pensé pour l'effet qui en est attendu, et non pour lui-même :

1. *U.*, p. 441 ; GF-Flammarion, p. 130.

2. Et même, selon E. Surtz, « nothing can illustrate better the independent and original use made of classical models by the best spirits of the Renaissance than a glance at a few evident differences between Platonic communism and Utopian communism in the application of principles » (*The Praise of pleasure*, *op. cit.*, p. 151). Sur les références historiques du communisme platonicien, voir G. Walter, *Les Origines du communisme*, Paris, Payot, 1975.

> C'est ainsi qu'ils assureront leur salut et sauveront la cité. Car dès qu'ils possèderont privément de la terre, une habitation et de l'argent, ils deviendront administrateurs de leurs biens, cultivateurs au lieu d'être gardiens de la cité ; et au lieu d'être les compagnons défenseurs des autres citoyens, ils en deviendront les tyrans et les ennemis, remplis de haine et eux-mêmes haïs, ils passeront leur vie conspirant contre les autres et deviendront objets de conspiration, et ils redouteront bien davantage et plus souvent les ennemis de l'intérieur que ceux de l'extérieur, se précipitant vers la ruine eux-mêmes et l'ensemble de la cité (417a-b)[1].

Deuxièmement en revanche, comme mode d'être généralisé à la communauté tout entière, le communisme, alors absolu, n'est que pour les dieux, en une « communauté des femmes, communauté des enfants, communauté de tous les biens sans exception ». Alors, yeux, oreilles, mains de tous voient, entendent, font la même chose, et il n'y a qu'une seule joie, la même pour tous (*Lois*, V, 739a-e). Mais, nous l'avons vu au chapitre III, ce n'est pas cela, pour Platon, qui convient directement aux hommes.

Avec l'*Utopie*, il s'agit d'autre chose, d'une autre philosophie. L'objectif complet est de faire apparaître que la structure essentielle de la cité du bonheur par le plaisir[2], dans la correspondance de ses moments politiques (l'isonomie) et moraux (l'égalité et la justice, l'altruisme), ne peut être que le communisme généralisé, et ce sur le fond commun de l'universalisme de l'*humanitas*. La fin de l'*Utopie* l'exprime au mieux : si Utopie est, « non seulement (...) la meilleure mais même la seule qui puisse revendiquer à bon droit le nom de République », c'est par son communisme qui permet le « bien public ». « Ailleurs, si l'on parle partout du bien public, on ne prend soin que du bien privé ; ici, où rien n'est privé, on s'occupe sérieusement des affaires publiques : non sans raison, certainement, dans les deux cas » En Utopie, ainsi, « où tout est à tous, nul ne doute (...) que rien de privé ne peut manquer à qui que ce soit »[3]. C'est ce qui fait affirmer à Raphaël, avec force : « je voudrais bien ici que quelqu'un ose comparer à cette équité la justice des autres nations »[4].

1. Voir V, 464b-c. Le *Timée* (18a-b) et le *Critias* (110c-d) rappellent ces dispositions.

2. E. Surtz montre à juste titre le lien très étroit qui unit, dans l'*Utopie*, le communisme, le plaisir et la référence aux Grecs, dans le chap. XIII de *Praise of pleasure*, *op. cit.*, p. 151-159. Le statut des biens, en Utopie, est d'être, « fondamentalement et essentiellement matière de plaisir » (p. 154), et c'est cela qui fonde le communisme : « In a word, the Utopians prefer public ownership to private property in order to secure an equitable and just participation of all the people in the matter of pleasure » (p. 155).

3. *U.*, p. 621 ; GF-Flammarion, p. 229.

4. *U.*, p. 622 ; GF-Flammarion, p. 229.

Il est alors possible de revenir à l'approche générale utopique du réformisme que donne à lire l'*Utopie*. Nous indiquions dans notre chapitre III la possibilité de voir, derrière la défense énergique proclamée d'un révolutionnarisme radical par Raphaël, la présence oblique d'un certain réformisme auquel, selon les niveaux utiles, l'*Utopie*, Utopie ou Raphaël lui-même peuvent servir de modèle, de point d'appel. Ce qui précède s'inscrit dans le cadre de cette condamnation première, explicite, et donc seulement en apparence absolue si notre interprétation est la bonne, de l'illusion réformiste.

Dans la reprise utopique de la référence platonicienne, le principal est en effet le refus de conclure de l'égalité, sous l'espèce d'un « titre égal à la répartition des biens », à un réformisme pour lequel ce « titre égal » signifierait une égalité des droits de chacun à devenir propriétaire, sous la seule réserve de conditions égales que fixerait la loi. En effet, « tant que [la propriété privée] subsistera, continuera de peser sur les épaules de la plus grande et de la meilleure partie de l'humanité, l'angoissant et inéluctable fardeau de la pauvreté et de la misère; et même si l'on pouvait alléger quelque peu ce fardeau, j'affirme qu'on ne pourra pas le faire disparaître purement et simplement »[1]. L'*Utopie* justifie cela par le fait que « tant que chacun pourra se prévaloir de certains titres pour tirer à soi tout ce qu'il peut, les biens fussent-ils aussi abondants qu'on puisse l'imaginer, quelques individus les accapareront et laisseront les autres dans la misère »[2]. Ce réformisme ainsi condamné, qui n'entend qu'alléger quelque peu les souffrances, peut donc renvoyer sans difficulté à la formule attribuée à Platon selon laquelle, pour lui, « il n'y avait pour la société qu'une seule et unique voie de salut : imposer l'égalité des biens ». Dans ce cadre, comme le dit Raphaël lui-même en son moment réformiste, il suffit en effet de fixer des limites légales, par exemple aux quantités de terres cultivables ou de numéraires que chacun peut posséder. Le réformisme peut d'ailleurs aller assez loin dans cette perspective : se faisant directement politique, il veillera à ce que le roi ne soit pas trop puissant, ni d'ailleurs, et en retour, « le peuple trop frondeur », ou encore fera en sorte que les charges publiques soient offertes strictement aux seuls gens compétents, hors de toute référence à la richesse, particulièrement en faisant en sorte qu'elles n'obligent à aucune dépense somptuaire.

Mais la thèse utopique révolutionnaire est que,

1. *U.*, p. 441 ; GF-Flammarion. 130.
2. *U.*, p. 441 ; GF-Flammarion, p. 129.

> si l'on fait tout cela, on peut bien, à l'instar de calmants renouvelés, qui soulagent les souffrances des malades dont l'état est désespéré, adoucir et diminuer les maux de la société, mais il n'y a aucun espoir de guérir définitivement ces maux ni de remettre les choses en bon état tant que les biens de chacun resteront propriété privée. Je dirais même que lorsque vous appliquez vos soins sur un point, vous enflammez les plaies ailleurs ; ainsi, par réciprocité, le remède de l'un fait naître la maladie de l'autre, puisque vous ne pouvez rien ajouter à l'un sans le retirer à l'autre [1].

Nous l'avons dit, cela est à articuler au caractère pourtant très convaincu, fougueux, de la présentation par Raphaël de mesures clairement réformistes. C'est que la différence utopique est dans la perspective d'une réalisation rendue possible par des gouvernants éclairés. Et c'est ce à quoi, précisément, l'*Utopie* a vocation de contribuer. Le point discriminant, autorisant une possible « lecture oblique » de la dénonciation du réformisme, est donc ici la pleine prise en charge politique de l'*humanitas*. Et c'est dans ce cadre que la présence principielle du communisme peut être comprise, comme la figure la plus explicite des exigences pratiques enveloppées.

Deux points peuvent alors, dans ce cadre, être finalement retenus. Premièrement, le communisme utopique est dégagé dans un mouvement de critique du réformisme à partir d'une référence assez problématique à la tradition platonicienne, référence présentée en des termes tels que, tout en en faisant apparaître le mouvement, ils en estompent le point de rupture qui lui donne son sens. Deuxièmement, c'est à partir de ce point central de rupture, qui est donc voilé dans notre citation-référence, qu'Utopie pourra être affirmée comme seule vraie alternative, et pourtant référence par excellence de toute bonne pratique politique. Nouveau Monde s'opposant seul réellement à l'Ancien Monde, le discours qui la présente la fait immédiatement apparaître comme réalité en soi, de façon non-platonicienne, dans l'identification de l'image, du concept, de l'essence et de l'objet décrit. Rappelons qu'à More-le-personnage qui argumente l'impossibilité d'une aisance généralisée sous un régime de communauté des biens, Raphaël répond seulement :

> Je ne m'étonne pas que vous pensiez cela (...). Votre imagination ne se fait aucune idée ou ne peut se faire qu'une idée fausse de cette solution. Mais si vous aviez été en Utopie avec moi, si vous aviez observé en personne les coutumes et les institutions des Utopiens, comme j'ai pu le

1. *U.*, p. 441-442 ; GF-Flammarion, p. 130-131.

> faire moi-même (…), alors vous ne feriez pas difficulté de reconnaître que nulle part vous n'avez vu de peuple bien gouverné, sauf là-bas [1].

« Là-bas » : c'est-à-dire encore sur Terre ; « bien gouverné » : en l'occurrence par des hommes. Nous voulons voir en ces deux principes le fond commun des désirs utopique et platonicien, et ce par-delà les sens opposés de la transcendance qu'implique la différence ontologique, objet du présent ouvrage. Sur cette base, et autour des axes essentiels du plaisir et de la loi, une étude ultérieure pourra dès lors examiner ce qu'il en est de ce « bon gouvernement sur terre ».

1. *U.*, p. 442 ; GF-Flammarion, p. 131. *Cf.* chap. 5.

CONCLUSION

Des utopismes donc, dans la philosophie de Platon, sans que pour autant on puisse à bon droit et simplement y voir l'origine du genre utopique. La contradiction entre les ontologies l'empêche : l'utopie, c'est d'abord le projet absolument non-platonicien d'identifier essence, existence et image, en un mouvement à la fois fictif et de recherche philosophique en acte. Mais, avec leurs principes propres, les *Dialogues* autorisent pourtant à l'évidence d'importants points d'appel pour l'utopie. Tel est d'abord, et fondamentalement, l'objectif d'une cité parfaite aux dimensions exclusivement humaines et terrestres. Plus précisément, nous avons particulièrement relevé, dans la différence des perspectives et des usages, des correspondances entre ce que l'on peut appeler l'ésotérisme rhétorique platonicien et l'écriture oblique utopique, pour la forme de l'écrit et son rapport à l'oral ; correspondances aussi pour ce qui concerne la venue à l'être, toujours en des perspectives philosophiques bien différentes, entre les problématisations de possibilités révolutionnaires ou réformistes. Et il en va encore ainsi en ce qui concerne les éléments constitutifs de l'être même de la cité parfaite, comme le communisme.

Le statut de la transcendance a été pour cette évaluation la référence principale, et cela a engagé finalement à l'examen critique de la lecture chrétienne des *Dialogues*, puisque l'un des effets du « platonisme chrétien », si prégnant à l'époque de la rédaction de l'*Utopie*, est d'ouvrir à une possible qualification utopique de la philosophie de Platon (ou platonicienne de l'utopie) sous réserve d'identifier de façon bien peu rigoureuse désir d'absolu, désir d'au-delà, désir de perfection, dépassement de l'ici et du maintenant, indifféremment à une cité de Dieu, un ciel d'Idées ou une existence terrestre optimale. Or, d'une part, très clairement, les Formes ne sont pas des dieux, le Bien n'est pas Dieu, et le νοητὸς τόπος, lieu de la vérité de ce qui s'offre à l'existence sensible en des réalités intelligibles séparées, n'est pas non plus un « monde intelligible ». Et la cité parfaite utopique, du moins pour l'*Utopie* de Thomas More, n'est pas davantage un « monde intelligible » à comprendre comme composé de vivants qui ne seraient pas des hommes d'ici-bas. Mais, d'autre part, les philosophies conduisant à cette position commune sont à l'opposé, l'utopie situant de façon non-platonicienne la vérité essentielle de ce qui existe dans l'immanence même de cette existence, hors de toute logique empruntant à la participation, et certes à la condition de correctes déterminations notionnelles : toute société humaine n'est pas ainsi une « république », telle que l'est Utopie. L'horizon éventuellement chrétien de l'utopie est alors dans une possible incitation au dépassement de ce qui s'offre à la lecture, et ce par l'entrainement à la recherche de l'Autre que cette lecture peut provoquer, particulièrement par son style.

Dans cette perspective où la vocation de l'écrit est de faire penser et découvrir par soi-même, notre premier chapitre a voulu montrer combien méritait d'être problématisée l'opposition couramment soutenue entre le dogmatisme de l'esprit de système qu'incarnerait l'auteur Platon et l'esprit de liberté de l'atopique Socrate. De l'atopie à l'utopie : cette opposition a pu cependant trouver son double dans celle supposée entre, cette fois, un ordre platonicien et une liberté utopique. Ernst Bloch, ainsi, considère que, « bien longtemps avant que la liberté n'eût trouvé son roman politique, *La République* de Platon a idéalisé l'ordre dans son utopie ; un ordre spartiate jusque dans le détail, où les hommes sont des socles, des murs et des fenêtres, et où tous ne jouissent d'aucune autre liberté que de supporter, de soutenir et d'éclairer l'édifice structuré selon cette hiérarchie »[1]. Et ainsi, « ce qui y retentit ce ne sont plus les accents de la liberté comme chez More, mais le chant de l'ordre impliquant maître et surveillance »[2]. Platon contre More, l'ordre contre la liberté. Une autre forme de cette réduction de la philosophie de Platon à une philosophie de l'ordre est d'y voir en revanche la matrice de toute utopie à venir, comme lorsqu'Hannah Arendt identifie

1. *Le Principe espérance*, t. II, p. 56. *Cf.* « La liberté et l'ordre, tour d'horizon des utopies sociales », p. 36 *sq.*

2. *Ibid.*, p. 96. *La Cité du Soleil* de Campanella qui, de ce point de vue, suit la ligne platonicienne, est ainsi le « pendant » de l'œuvre de More et, au XIXe siècle, le « socialisme fédératif », d'une part (Owen, Fourier, p. 135 *sq.*), le « socialisme centralisateur », d'autre part (Cabet, Saint-Simon, p. 142 *sq.*), reproduisent cette distinction essentielle. En contrepoint de cette lecture, nous mentionnerons ici simplement l'excellent ouvrage de R. Muller, *La Doctrine platonicienne de la liberté*, Paris, Vrin, 1997.

projets platonicien et utopique sous le registre commun de la cohérence forte d'une logique du « faire », en contradiction avec la vie propre aux processus de « l'agir »[1].

« Ordre ou liberté », « faire ou agir » : ce qui précède devrait avoir montré que la philosophie de Platon et aussi l'utopie, du moins par l'*Utopie* de Thomas More, relèvent à la fois de chacun des termes de ces alternatives, mais en des sens différents, voire opposés. Pour en rester ici au principal, d'une part les « ordres » en question renvoient dans un cas au νοητὸς τόπος, en une transcendance déterminante, dans l'autre à l'immanence de la volonté humaine rationnellement déterminée. Et d'autre part, la liberté de « l'agir », soit appelle celle du « faire » lorsqu'elle est chez Platon mesurée par l'effort mobilisé pour faire atteindre par les seuls ressorts d'une pensée libérée ce qui est vraiment dans le but de créer les conditions noétiques d'une existence qui y soit conforme, mais à l'effectivité pourtant inaccessible à la raison pure ; soit lorsque l'une enveloppe l'autre plus directement par l'image de l'existence effective de la cité parfaite utopique, en évocation d'une volonté humaine à penser comme raison humaine pouvant être pratique par elle-même. Alors, par l'abstraction due à l'indétermination de ses conditions d'existence, Utopie dans sa position inconditionnelle d'elle-même a vocation à déclencher tout à fait généralement les actions, occupant ainsi imaginairement le lieu d'un paradigme de l'action pure, c'est-à-dire autonome. Et telle est aussi la fonction des *Dialogues* d'inciter à l'action, mais en une tout autre façon puisque la nécessaire totale détermination de l'essence se trouve en revanche ici en vis-à-vis de l'irréductible indétermination de l'existence. Alors qu'Utopie est ainsi à la fois figure de l'essence vraie existante et de sa propre production, comme double représentation de ce qui est à faire et du faire lui-même, la philosophie platonicienne distingue l'être de la cité, c'est-à-dire son essence, à la fois de son existence et des modalités d'effectuation de cette existence. Nous avons vu ce qui pouvait en résulter en matière d'approche différentielle de la notion d'idéal.

Ordre et liberté : il conviendrait alors d'examiner ce qu'il en est pour les essences. En quoi ces grilles de lecture peuvent-elles être opératoires en

1. « Ce désir de substituer le faire à l'agir afin de conférer au domaine des affaires humaines la solidité inhérente à l'œuvre et à la fabrication apparaît nettement lorsqu'il concerne le centre même de la philosophie de Platon, la doctrine des idées » (*Condition de l'homme moderne*, p. 289). « Dans cette conception, l'apparition d'un système politique utopique que n'importe qui, après avoir appris les techniques des affaires humaines, peut construire d'après un modèle, devient une chose presque naturelle » (p. 291).

matière d'évaluation des utopismes à l'œuvre dans ce qu'est vraiment, pour Platon, une cité humaine ? Le premier principe d'Utopie, ce qui est pour elle le bien suprême, étant le bonheur, le plaisir en est l'élément principal[1]. Et la perfection de son être, condition de possibilité de ce bonheur par le plaisir, tient à la perfection de sa législation. Le plaisir et la loi dans les *Dialogues* méritent donc d'être les axes d'une reprise de l'étude du rapport de la philosophie de Platon à l'utopie.

1. *U.*, p. 514 ; GF-Flammarion, p. 172.

BIBLIOGRAPHIE SÉLECTIVE

ŒUVRES DE PLATON

Éditions de référence

Platonis Opera, John Burnet (ed.), Oxford Classical Texts, Oxford University Press, 5 volumes, 1900-1910.

Œuvres complètes, Paris, Les Belles Lettres, « Collection des universités de France », 13 tomes, 1920-1956.

Œuvres complètes. Traduction nouvelle et notes par Léon Robin, avec la collaboration de Joseph Moreau, Paris, Gallimard, « Bibliothèque de la Pléiade », 2 vol. 1950 [noté « Pléiade »].

Œuvres. Nouvelles traduction, Paris, GF-Flammarion, 1987 *sq*.

Éditions particulièrement utilisées

Apologie de Socrate, intr., trad. et notes par L. Brisson, Paris, GF-Flammarion, 1997.

Banquet, intr., trad.et notes par L. Brisson, Paris, GF-Flammarion, 1998 ; Pléiade.

Cratyle, Pléiade.

Critias, intr., trad. et notes par L. Brisson, avec la collaboration de M. Patillon, Paris, GF Flammarion, 1992 ; intr., trad., et notes par J.-F. Pradeau, Les Belles Lettres, « Classiques en poche », 1997 ; *Plato : the Atlantis Story.* Timaeus *17-27.* Critias, with introduction, notes and vocabulary by C. Gill, Bristol, Bristol Classical Press, 1980.

Gorgias, intr., trad. et notes par M. Canto, Paris, GF-Flammarion, 1987 ; Pléiade ; intr., trad. et notes par A. Croiset, Paris, Les Belles Lettres, 1923.

Lettres, intr., trad. et notes par L. Brisson, Paris, GF-Flammarion, 1987.

Lois, intr., trad. et notes par L. Brisson et J.-F Pradeau, Paris, GF-Flammarion, 2006.

Lysis, texte établi et traduit par A. Croiset, intr., corrections de trad. et notes par J.-F. Pradeau, Paris, Les Belles Lettres, « Classiques en poche », 1999.

Ménon, intr., trad. et notes par M. Canto-Sperber, Paris, GF-Flammarion, 1993 ; intr., trad. et notes par A. Croiset, Paris, Les Belles Lettres, 1923.

Parménide, intr., trad. et notes par L. Brisson, Paris, GF-Flammarion, 1994.

Phédon, intr., trad. et notes par M. Dixsaut, Paris, GF-Flammarion, 1991 ; texte établi et traduit par L. Robin, Paris, Les Belles Lettres, « Collection des Universités de France », 1960.

Phèdre, intr., trad. et notes par L. Brisson, Paris, GF-Flammarion, 1995 ; Pléiade ; intr., trad. et notes par L. Robin, Paris, Les Belles Lettres, 1933.

Philèbe, trad. et intr. par J.-F. Pradeau, Paris, GF-Flammarion, 2002 ; texte établi et trad. par d'A. Diès [1941], Paris, Les Belles Lettres, 1978.

Politique, prés., trad. et notes par L. Brisson et J.-F. Pradeau, Paris, GF-Flammarion, 2003.

Protagoras, trad. inédite, intr. et notes par F. Ildefonse, Paris, GF-Flammarion, 1997.

République, trad., intr.et notes par G. Leroux, Paris, GF-Flammarion, 2002 ; texte établi et traduit par E. Chambry avec introduction d'A. Diès, Paris, Les Belles Lettres, « Collection des Universités de France », 1965 ; Pléiade ; trad par P. Pachet, Paris, Gallimard, « Folio / Essais », 1993 ; trad. par V. Cousin, revue par Y. Brès, Hachette, « Classiques Hachette », 1996.

Sophiste, texte établi et trad. par A. Diès [1925], Paris, Les Belles Lettres, « Collection des Universités de France », 1985 ; trad., intr. et notes par N.-L. Cordero, Paris, GF-Flammarion, 1993.

Théétète, trad., intr. et notes par M. Narcy, Paris, GF-Flammarion, 1994 ; *Œuvres complètes*, « Bibliothèque de la Pleiade », Paris, Gallimard, 1981.

Timée, trad., intr. et notes par L. Brisson, avec la collaboration de M. Patillon, Paris, GF-Flammarion, 1992 ; texte établi et traduit par A. Rivaud [1925], Paris, Les Belles Lettres, « Collection des Universités de France », 1985.

Les Mythes platoniciens, textes choisis et introduits par G. Droz, Paris, Seuil, « Points-sagesse », 1992.

Les Mythes de Platon, textes choisis et présentés par J.-F. Pradeau, Paris, GF-Flammarion, 2004.

AUTRES OUVRAGES

ABENSOUR, M., « More, *L'Utopie* », dans F. Châtelet, O. Duhamel, E. Pisier (dir.), *Dictionnaire des œuvres politiques*, Paris, P.U.F., 1986 (texte repris dans *L'Utopie de Thomas More à Walter Benjamin*, *op. cit.*, p. 29-105, sous le titre : « Thomas More ou la voie oblique »).

– « Marx : quelle critique de l'utopie ? », *Lignes*, n° 17, oct. 1992.

– *L'Utopie de Thomas More à Walter Benjamin*, Paris, Sens & Tonka, 2000.

AETIUS, *Opinions*, dans J.-P. Dumont, *Les Présocratiques*, *op. cit.*

ALCOLOUMBRE, T., « Politique et vérité de Platon à Maïmonide », *Les Études Philosophiques*, juillet-sept. 1995.

ALBERTI, R., *Ora maritima*, 1953.

ALEXANDRE, S., RENAUT, O. (éd.), « Le conflit entre le poète tragique et le philosophe dans la République de Platon », Rationalité tragique, Zetesis – Actes des colloques de l'association [En ligne], n°1, 2010, http: //www.zetesis.fr/actes/spip.php ? article15.

ANNAS, J., « Platon », dans J. Brunschwig et G. Lloyd (dir.), *Le Savoir grec. Dictionnaire critique*, Paris, Flammarion, 1996.

ARENDT, H., *Condition de l'homme moderne* [1958], trad. par G. Fradier, préface de P. Ricœur, Paris, Calmann-Lévy Pocket, « Agora », 2007.

ARISTOTE, *Métaphysique*, trad. et commentaire par J. Tricot, Paris, Vrin, 1966; intr., texte grec et trad. en vis-à vis, commentaire par G. Reale, Milan, Vita e Pensiero, 1993; présentation et trad. par M.-P. Duminil et A. Jaulin, GF-Flammarion, 2008.

– *Physique*, Texte établi et traduit par H. Carteron [1926], Paris, Les Belles Lettres, 1973.

AUGUSTIN, *La Cité de Dieu*, trad. par L. Moreau [1846] revue par J.-C. Eslin, intr., présentation et notes par J.-C. Eslin, 3 vol., Paris, Seuil, 1994.

BAILLY, J.-S., *Lettres sur l'Atlantide de Platon et sur l'ancienne histoire de l'Asie*, Londres et Paris, 1779.

BAKER-SMITH, D., *More's* Utopia [1991], Toronto-Buffalo-London, University of Toronto Press, 2000.

BALAUDÉ, J.-F., (dir.), *D'une cité possible. Sur les* Lois *de Platon*, Nanterre, Université Paris X - Nanterre, « Le temps philosophique, n° 1 », 1995.

– « Le triptyque *République*, *Politique*, *Lois* : perspectives », dans J.-F. Balaudé (dir.), *D'une cité possible. Sur les* Lois *de Platon*, *op. cit.*

– « La philosophie comme mise à l'épreuve. Les mutations de l'*elenchos* de Socrate à Platon », dans P.-M. Morel (éd.), *Platon et l'objet de la science*, *op. cit.*

– « Le temps dans les *Lois* », *Revue philosophique de la France et de l'Étranger*, n° 1, janv.-mars 2000.

– « Comment savoir avec Socrate ? Vérité et plaisir d'après le *Protagoras* », dans G. Romeyer Dherbey (dir.) et J.-B. Gourinat (éd.), *Socrate et les socratiques*, *op. cit.*

– *Le Vocabulaire des Présocratiques*, Paris, Ellipses, 2002.

BALTÈS, « Is the idea of the Good in Plato's *Republic* beyond being ? », *in* M. Joyal (ed.), *Studies in Plato and the Platonic Tradition*, Aldershot, Hampshire, 1997.

BARNES, J., « Les penseurs préplatoniciens », dans M. Canto-Sperber (dir.), *Philosophie grecque*, *op. cit.*, p. 57-60.

BARTOLI, G., *Essai sur l'explication historique que Platon a donnée de sa République et de son Atlantide et qu'on n'a pas considérée jusqu'à maintenant*, Stockholm, 1779.

BENOÎT, *La Règle*, texte latin selon le manuscrit S. Gall, version fr. par H. Rochais, intr. de Dom A. Louf, Paris, Desclée de Brouwer, 1980.

BENVENISTE, E., *Problèmes de linguistique générale* [1966 et 1974], 2 vol., Paris, Gallimard, 1976 et 1980.

BERGSON, H., *L'Énergie spirituelle*, dans *Œuvres*, Paris, P.U.F., 1990.

BERNHARDT, J., *Platon et le matérialisme ancien. La théorie de l'âme-harmonie dans la philosophie de Platon*, Paris, Payot, 1971.

BERTELLI, L., « L'Utopia greca », dans *Storia delle Idee politiche, economiche et sociali*, vol. I, L. Firpo (dir.), Turin, Unione Tipogrfico-Editrice, 1982.

BERTRAND, J.-M., *De l'Écriture à l'oralité. Lectures des* Lois *de Platon*, Paris, Publications de la Sorbonne, 1999.

BESNIER, B., « Aristote et l'enseignement écrit et non-écrit de Platon », dans P.-M. Morel, *Platon et l'objet de la science*, *op. cit.*, p. 123-146.

BESSMERTNY, A., *L'Atlantide. Exposé des hypothèses relatives à l'énigme de l'Atlantide*, trad. fr. par F. Gidon, Paris, Payot, 1935.

Bible. nouveau testament, trad. œcuménique, Paris, Le Livre de poche, 1994.

BIDEZ, J., *Eos, ou Platon et l'orient*, Bruxelles, Académie royale de Belgique, 1945.

BLOCH, E., *Le Principe Espérance*, t. I, II, III [1938-1947, revu en 1953 et 1959], trad. fr. par F. Wuilmart, Paris, Gallimard, 1976, 1982, 1991.

– *Philosophische Grundfragen einer Ontologie des Noch-Nicht-Seins*, Francfort, 1967.

BLOCH, O., « Matérialisme et critique de la religion dans l'Antiquité », dans *Philosophie et religion*, Paris, Editions Sociales, 1974, repris dans *Matière à histoires*, *op. cit.*

– *Le Matérialisme*, Paris, P.U.F., 1985.

– *Matière à histoires*, Paris, Vrin, 1997.

– (dir.), *L'Idée de révolution. Quelle place lui faire au* XXIe *siècle ?*, Paris, Publications de la Sorbonne, 2009.

BOBONICH, C., *Plato's Utopia Recast. His Later Ethics and Politics*, Oxford, Clarendon Press, 2002.

– « Une faillite romanesque : le roman français et l'Atlantide dans la seconde moitié du vingtième siècle », dans C. Foucrier et L. Guillaud (dir.), *Atlantides imaginaires. Réécritures d'un mythe*, *op. cit.*, II, chap. II.

BOTTERO, J., HERRENSCHMIDT, C., VERNANT, J.-P., *L'Orient ancien et nous. L'écriture, la raison, les dieux*, Paris, Albin Michel, 1996.

BOULANGER, N., *Recherches sur l'origine du despotisme oriental*, 1761.

– *L'Antiquité dévoilée par ses usages ou examen critique des principales opinions, cérémonies et institutions religieuses et politiques des différents peuples de la terre* [1765], publié en 1766.

BOURA, O., *Les Atlantides. Généalogie d'un mythe*, Arléa, diffusion Le Seuil, 1993.

BOYER, R., « L'Atlantide, c'est-à-dire la Suède selon Olof Rudbeck (1630-1702) », dans C. Foucrier et L. Guillaud (dir.), *Atlantides imaginaires. Réécritures d'un mythe*, *op. cit.*, I, chap. IV.

BRAUN, E., « Possibilité et non-encore-être : l'ontologie traditionnelle et l'ontologie du non-encore-être », dans G. Raulet (dir.), *Utopie, marxisme selon Ernst Bloch*, *op. cit.*, p. 155-169.

BRES, Y., *La Psychologie de Platon*, Paris, P.U.F., 1968.

BRISSON, L., « De la philosophie politique à l'épopée : le *Critias* de Platon », *Revue de métaphysique et de morale*, n° 75, 1970.

– *Platon, les mots et les mythes*, Paris, Maspéro, 1982.

– « Mythes, écriture, philosophie », dans J.-F. Mattéi (dir.), *La Naissance de la raison en Grèce ancienne*, Actes du Congrès de Nice [1987], Paris, P.U.F., 1990, p. 49-58.

– et F. W. MEYERSTEIN, *Inventer l'univers. Le problème de la connaissance et les modèles cosmologiques*, Paris, Les Belles Lettres, 1991.

– « Participation et prédication chez Platon », *Revue philosophique de la France et de l'Étranger*, n° 4, oct.-déc. 1991.

– *Le Même et l'autre dans la structure ontologique du* Timée *de Platon. Un commentaire systématique du* Timée *de Platon*, seconde édition revue, Sankt Augustin, Academia Verlag, 1994.

– et F. W. MEYERSTEIN, *Puissance et limites de la raison. Le problème des valeurs*, Paris, Les Belles Lettres, 1995.

– *Introduction à la philosophie du mythe*. 1 : *Sauver les mythes*, Paris, Vrin, 1996.

– (dir.), *Les Études philosophiques*, « L'interprétation ésotériste de Platon », janvier-mars 1998.

– *Lectures de Platon*, Paris, Vrin, 2000.

– « Présupposés et conséquences d'une doctrine ésotériste de Platon », dans *Lectures de Platon*, *op. cit.*

– « L'Égypte de Platon » (version remaniée d'un article paru dans *Les Études philosophiques*, 1987), *Lectures de Platon*, *op. cit.*, p. 151-167.

– « Comment rendre compte de la participation du sensible à l'intelligible chez Platon ? », dans J.-F. Pradeau (coord.), *Platon. Les Formes intelligibles*, *op. cit.*, p. 55-85.

– « Le divin planteur (*phutourgós*) », *Kairos*, 2002, n° 19, p. 31-48.

– et F. FRONTEROTTA (dir.), *Lire Platon*, Paris, P.U.F., 2006.

– et A. MACÉ, « Le Monde et les corps », dans L. Brisson et F. Fronterotta (dir.), *Lire Platon*, *op. cit.*, p. 109-122.

– « Socrates, The Midwife, a key indication for a general interpretation of Plato's *Theatetus* » *in* A. Havlicek, F. Karfik, Š. Špinka (ed.), *Plato's* Theatetus, Proceedings of the Sixth Symposium, *op. cit.*, p. 30 *sq.*

BROCHARD, V., *Études de philosophie ancienne et de philosophie moderne*, Paris, Vrin, 1954.

BRUMBAUGH, R.S., *Plato's Mathematical Imagination*, Bloomington, Indiana University Press, 1964.

BRUNSCHWIG, J., « Platon. La *République* », dans F. Châtelet, O. Duhamel, E. Pisier, *Dictionnaire des œuvres politiques*, *op. cit.*

– et G. LLOYD (dir.), *Le Savoir grec. Dictionnaire critique*, Paris, Flammarion, 1996.

BUCHEIM, T., *Die Vorsokratiker. Ein philosophisches Porträt*, Munich, Beck, 1994.

BURNET, J., *Greek Philosophy : from Thales to Plato* [1914], London, MacMillan, 1928.

CAMPANELLA, T., *La Cité du Soleil*, intr., éd. et notes par L. Firpo, trad. par A. Tripet, Genève, Librairie Droz, 1972.

CANTO-SPERBER, M. (dir.), *Philosophie grecque*, Paris, P.U.F., 1997.

CASSIRER, E., « Eidos et eidolon », *Ecrits sur l'art* [1923], trad. fr. par C. Berner, Paris, Cerf, 1995.

CASTEL-BOUCHOUCHI, A., « L'Espace platonicien : *topos* et *chora* », *Cahiers philosophiques de Strasbourg*, n° 1, mars 1994.

– « La finalité religieuse de l'éducation dans les *Lois* de Platon », dans J. Laurent, éd., *Les Dieux de Platon*, *op. cit.*, p. 193-209.

– « Trois lieux mythiques dans les dialogues de Platon : Kallipolis, la cité des Magnètes et l'Atlantide » dans C. Foucrier et L. Guillaud (dir.), *Atlantides imaginaires*, *op. cit.*, I, chap. I.

Catéchisme de l'église catholique, Paris, Mame / Plon, 1992.

CÉARD, J., « Le modèle de *La République* de Platon et la pensée politique au XVIe siècle », dans J.-C. Margolin (éd.), *Platon et Aristote à la Renaissance*, *op. cit.*, p. 175-190.

CHAMBERS, R.W., *Thomas More*, The Bedford Historical Series, London, Johnathan Cape, 1935.

CHANTRAINE, P., *Dictionnaire étymologique de la langue grecque*, Paris, 1968.

CHÂTEAU, J.-Y., *Philosophie et religion. Platon*, Euthyphron, Paris, Vrin, 2005.

CHÂTELET, F., *La Naissance de l'histoire* [1962], Paris, Le Seuil, 1996.

– et O. Duhamel, E. Pisier (dir.), *Dictionnaire des œuvres politiques*, Paris, P.U.F., 1986.

CHERNISS, H., « On Plato's *Republic* X 597b » [1932], *Selected papers*, L. Tarán (ed.), Leiden (Brill), 1977, p. 271-279.

– *Aristotle's Criticism of Plato and the Academy*, Baltimore, [1944], repr. New York, 1962.

– *L'Énigme de l'ancienne Académie* [1945], intr. et trad. par L. Boulakia, avant-propos de L. Brisson, Paris, Vrin, 1993.

– « Some War-Time Publications Concerning Plato, I », *American Journal of Philology*, 68 [1947], *in* L. Taràn (ed), *Selected Papers*, Leiden, E. Brill, 1977.

– « The relation of the *Timaeus* to Plato's later Dialogues » [1957], *Studies in Plato's Metaphysics*, 1965.

CHIRPAZ, F., *Raison et déraison de l'utopie*, Paris, L'Harmattan, 1999.
COLLINA-GIRARD, J., « Atlantide réelle et imaginaire dans le détroit de Gilbraltar », dans C. Foucrier et L. Guillaud (dir.), *Atlantides imaginaires. Réécritures d'un mythe*, *op. cit.*, I, chap. III.
CONDILLAC, E. B. de, *Traité des systèmes*, dans *Œuvres complètes*, t. 2, Paris-Genève, Slatkine, 1970.
CORNFORD, F.M., *Plato's Theory of Knowledge*, Londres, Routledge & Kegan Paul, 1960.
CORRIGAN, K., « The Function of the Ideal in Plato's *Republic* and St. Thomas More's *Utopia* », *Moreana* XXVII, n° 104, décembre 1990.
COSSUTA, F. et M. NARCY (éd.), *La Forme dialogue chez Platon. Evolutions et réceptions*, Grenoble, Editions Jérôme Million, 2001.
COUISSIN, P., *L'Atlantide de Platon et les origines de la civilisation*, Aix-en-Provence, Ed. du Feu, 1928.
COULOUBARITSIS, L. (éd.), *L'Héritage du monde grec*, Bruxelles, Ousia, « Cahiers de philosophie ancienne n° 7 », 1989.
CUES, N. de, *La Paix de la Foi* [1453], intr. de J. Doyon, trad. par R. Galibois, révisée par M. de Gandillac, Sherbrooke, Centre d'études de la Renaissance, Université de Sherbrooke, 1977.
D'HONDT, J., « Le destin de l'antiplatonisme », dans M. Dixsaut (éd.), *Contre Platon*. Tome II : *Le platonisme renversé*, *op. cit.*
DALARUN, J., *Gouverner, c'est servir. Essai de démocratie médiévale*, Alma, 2012.
– « Moyen Âge : la démocratie au couvent », dans *L'Histoire*, n° 377, juin 2012.
DAWSON, D., *Cities of the gods. Communist utopias in greek thought*, New York-Oxford, Oxford University Press, 1992.
DELACAMPAGNE (C.) et R. MAGGIORI (dir.), *Philosopher*, Paris, Fayard, 1980.
DELEUZE, G., *Logique du sens*, Paris, Minuit, 1968.
– *Différence et répétition*, Paris, P.U.F., 1972.
DERRIDA, J., « Chôra », dans *Études offertes à Jean-Pierre Vernant*, Éditions de l'École pratique des Hautes Études en Sciences sociales, 1987.
DESCARTES, R., *Discours de la méthode*, texte et commentaire par É. Gilson, Paris, Vrin, 1987.
DESCLOS, M.-L, « Créatures divines et divinités pré-olympiennes dans les dialogues de Platon », dans J. Laurent (éd.), *Les Dieux de Platon*, *op. cit.*, p. 119-149.
– « Platon l'historien », dans L. Brisson et F. Fronterotta (dir.), *Lire Platon*, *op. cit.*, p. 3-11.
DESPOTOPOULOS, C., *La Philosophie politique de Platon*, Bruxelles, Ousia, « Cahiers de philosophie ancienne, n° 14 », 1997.
DÉTIENNE, M., *De la pensée religieuse à la pensée philosophique. La notion de daimôn dans le pythagorisme ancien*, Paris, Les Belles Lettres, 1963.
– *L'Invention de la mythologie*, Paris, Gallimard, 1981.

Dictionnaire universel françois et latin (*Dictionnaire de Trévoux*) [1704-1771], nouv. éd. P., Compagnie des libraires associés, 1752.

DIÉS, A., *Définition de l'être et nature des Idées dans le* Sophiste *de Platon*, Paris, 1909.

– *Autour de Platon* [1926], Paris, Les Belles Lettres, 1972.

DILAS-ROCHERIEUX, Y., *L'Utopie ou la mémoire du futur. De Thomas More à Lénine. Le rêve éternel d'une autre société*, Paris, Robert Laffont, 2000.

DIXSAUT, M., *République, Livres VI et VII de Platon*, trad. et commentaire, Paris, Editions Pédagogie Moderne, 1980.

– *Le Naturel philosophe. Essai sur les dialogues de Platon* [1985], Paris, Université Paris XII - Les Belles Lettres - Vrin, 1994.

– « *Ousia*, *eidos* et *idea* dans le *Phédon* », *Revue philosophique*, 1991, n° 4 (version remaniée dans *Platon et la question de la pensée. Études platoniciennes* I, *op. cit.*).

– (éd.), *Contre Platon*, t. II : *Le platonisme renversé*, Paris, Vrin, 1995.

– (dir., avec la collaboration de F. Teisserenc), *La Fêlure du plaisir. Études sur le* Philèbe *de Platon* : 1. *Commentaires* ; 2. *Contextes*, Paris, Vrin, 1999.

- *Platon et la question de la pensée. Études platoniciennes*, I, Paris, Vrin, 2000.

– « Thalès ou Socrate, qui commence ? ou : de l'ironie », dans *Platon et la question de la pensée. Études platoniciennes*, I, *op. cit.* p. 41-44 (version remaniée d'un article publié dans *Recherches sur la philosophie et le langage*, n° 12, 1990).

– « La négation, le non-être et l'autre dans le *Sophiste* », *Platon et la question de la pensée. Études platoniciennes* I, 225-270 (version remaniée d'un article publié dans P. Aubenque (dir.), *Études sur le* Sophiste *de Platon*, Naples, « Bibliopolis », 1991).

– « Qu'appelle-t-on penser ? Du dialogue intérieur de l'âme selon Platon », *Platon et la question de la pensée. Études platoniciennes*, I, p. 47-48 (version remaniée d'un article publié dans *Les Cahiers philosophiques de Strasbourg*, 2, déc. 1996).

– *Métamorphoses de la dialectique dans les* Dialogues *de Platon*, Paris, Vrin, 2001.

– *Platon. Le Désir de comprendre*, Paris, Vrin, 2003.

– (dir., avec la coll. de F. Teisserenc), *Études sur la* République *de Platon 2. De la science du bien et des mythes*, Paris, Vrin, 2005.

– « Encore une fois le bien », dans M. Dixsaut (dir., avec la coll. de F. Teisserenc), *Études sur la* République *de Platon 2. De la science, du bien et des mythes*, *op. cit.*, p. 234-237.

– et A. CASTEL-BOUCHOUCHI, G. KÉVORKIAN (dir.), *Lectures de Platon*, Paris, Ellipses, 2012.

– « De l'*Idea* du bien à sa lumière », dans M. Dixsaut, A. Castel-Bouchouchi, G. Kévorkian (dir.), *Lectures de Platon*, *op. cit.*, p. 67-86.

– *Platon et la question de l'âme. Études platoniciennes II*, Paris, Vrin, 2013.

DODDS, E.R., *Les Grecs et l'irrationnel* [1959], trad. fr. par M. Gibson, Paris, Flammarion, 1977.

DOMANSKI, J., *La Philosophie, théorie ou manière de vivre ? Les controverses de l'Antiquité à la Renaissance*, Préface de P. Hadot, Cerf et Editions universitaires de Fribourg, 1996.

DONNELY, I. L., Atlantis : *The Antidiluvian World*, Virginie, MacLean, 1958.

DORION, L.-A., « Socrate, le *daimonion* et la divination », dans J. Laurent (éd.), *Les Dieux de Platon*, *op. cit.*, p. 169-192.

DUCHÊNE, H., « L'éruption de Santorin », *L'Histoire*, n° 178, p. 8-14.

DUMONT, J.-P., (éd.), *Les Présocratiques*, Paris, Gallimard, 1988.

– *Éléments d'histoire de la philosophie antique*, Paris, Nathan, 1993.

DUPONT, V., *L'Utopie et le roman utopique dans la littérature anglaise*, Lyon, Université de Lyon, 1941.

EDMOND, M.-P., *Le Philosophe-roi. Platon et la politique*, Paris, Payot, 1991.

ELIEN, *Histoires variées*.

ELLIS, R., *Imagining Atlantis*, New York, Vintage Books, 1998.

ENGELS, F., *Socialisme utopique et socialisme scientifique* [1880], Paris, Editions sociales, « Classiques du marxisme », 1973.

ÉRASME, D., *Éloge de la folie. Adages. Colloques. Réflexions sur l'art, l'éducation, la religion, la guerre, la philosophie. Correspondance*, C. Blum, A. Godin, J.-C. Margolin et D. Ménager (éd.), Préface de J.-C. Margolin, Paris, Robert Laffont, 1992.

FEARS, J. R., *Atlantis : Fact or Fiction ?*, E.S. Ramage, Indiana University Press, Bloomington and London, Bobbs-Merrill, 1978.

FERBER, R., « Perché Platone nel *Timeo* torna a sostenere la dottrina delle idee », *Elenchos*, 18, 1997, p. 6-27.

FERNANDEZ-BRAVO, N., « Le mythe de l'Atlantide dans le romantisme allemand », dans C. Foucrier et L. Guillaud (dir.), *Atlantides imaginaires. Réécritures d'un mythe*, *op. cit.*, II, chap. II.

FERRARI, F., « Strauss's Plato », *Arion*, 5/2, 1997, p. 36-65.

FESTUGIÈRE, A.J., *Contemplation et vie contemplative selon Platon* [1936], Paris, Vrin, 1975.

– « Platon et l'orient », *Revue de philologie*, 1947, 21, p. 5-45.

FICHTE, J.G., *Théorie de la science* [1804], trad. par D. Julia, Paris, Aubier-Montaigne, 1965.

FOLLON, J., « Le Platon de Diogène Laërce », dans A. Neschke-Hentschke (éd. avec la collaboration d'A. Etienne), *Images de Platon et lectures de ses œuvres. Les interprétations de Platon à travers les siècles*, *op. cit.*

FOUCRIER, C., *Le Mythe littéraire de l'Atlantide (1800-1939). L'origine et la fin*, Grenoble, Ellug, 2004 (version abrégée d'une thèse soutenue à Paris IV).

– et L. GUILLAUD (dir.), *Atlantides imaginaires. Réécritures d'un mythe*, Avant-propos par C. Foucrier et L. Guillaud, Préface par P. Vidal-Naquet, Paris, Editions Michel Houdiard, 2004.

– « Les restes de l'Atlantide investis par l'imaginaire : de l'espace géographique à l'espace textuel », dans C. Foucrier et L. Guillaud (dir.), *Atlantides imaginaires. Réécritures d'un mythe*, *op. cit.*, II, chap. III.

FRIEDLÄNDER, P., *Plato*, 3 vol., Berlin (1928-1930), trad. anglaise, London, 1969.

FRONTEROTTA, F., « Une énigme platonicienne. La question des doctrines non-écrites », *Revue de Philosophie ancienne*, t. XI, n° 2, 1993, p. 115-157.

– « L'être et la participation de l'autre. Une nouvelle ontologie dans le *Sophiste* », *Les Études philosophiques*, n° 3, juillet-septembre 1995.

– « La divinité du Bien et la bonté du dieu "producteur" chez Platon, dans J. Laurent (éd.), *Les Dieux de Platon*, *op. cit.*, p. 53-76.

– « Qu'est-ce qu'une Forme pour Platon ? Raisons et fonction de la théorie des intelligibles », dans L. Brisson et F. Fronterotta (dir.), *Lire Platon*, *op. cit.*, p. 123-133.

FRUTIGER, P., *Les mythes de Platon*, Paris, Alcan, 1933.

GABEL, J., « Utopie et schizophrénie », *Encyclopaedia Universalis*, Paris, 1973, vol. 16.

GADAMER, H.-G., *L'Idée du Bien comme enjeu platonico-aristotélicien* [1974], trad. fr. par P. David et D. Saatdjian, Paris, Vrin, 1994.

– *L'Éthique dialectique de Platon* [1931], trad. fr. par F. Vatan et V. Von Schenck, Actes Sud, 1994.

GALIBOIS, R., « L'*Utopie* : éloge du plaisir ? », *Moreana*, XXV, 98-99, décembre 1988.

GANDILLAC, M. de, « Les "semi-utopies" scientifiques, politiques et religieuses du Cardinal Nicolas de Cues », dans J. Lameere (éd.), *Les Utopies à la Renaissance*, *op. cit.*, p. 39-71 (article repris dans M. de Gandillac, *Genèses de la modernité*, *op. cit.*, p. 441-464).

– *Genèse de la modernité. Les douze siècles où se fit notre Europe. De la « Cité de Dieu » à « La Nouvelle Atlantide »* [1989], Paris, Cerf, 1992.

– « De Platon à Francis Bacon », dans C. Foucrier et L. Guillaud (dir.), *Atlantides imaginaires*, *op. cit.*, I, chap. I.

GILL, C., « The Genre of the Atlantis Story », *Classical Philology*, 72, 1977, p. 287-304.

– « Plato and Politics : The *Critias* and the *Politicus* », *Phronèsis* 24, 1979, p. 148-167.

– « Plato's Atlantis Story and the Birth of Fiction », *Philosophy and Literature*, 3, 1979

– *Plato : the Atlantis Story.* Timaeus *17-27.* Critias, with introduction, notes and vocabulary, Bristol, Bristol Classical Press, 1980.

– « Platonic dialectic and the truth-status of the unwritten doctrines », *Methexis*, 6, p. 55-72.

– « Le Dialogue platonicien », trad. fr. par A. Macé et L. Brisson, dans L. Brisson et F. Fronterotta (dir.), *Lire Platon*, *op. cit.* (version abrégée d'un chapitre, « The

Platonic Dialogue», du *Companion to Ancient Philosophy*, M.L. Gill et P. Pellegrin, dir., Blackwell Publishing Campany).

GILLESPIE, C. M., «The Use of εἶδος and ἰδέα in Hippocrates», *Classical Quarterly*, 6 (1912), p. 179-20.

GILSON, E., *L'Être et l'essence* [1948], Paris, Vrin, 1987.

GODIN, C., *La Totalité. Première et troisième section*, Seyssel, Champ Vallon, 1998; 2000.

GOLDSCHMIDT, V., *Les* Dialogues *de Platon. Structure et méthode dialectique* [1947], Paris, P.U.F., 1971.

– *La Religion de Platon* [1949], dans *Platonisme et pensée contemporaine*, *op. cit.*, p. 9-129.

– «Sur le problème du "système de Platon"», *Questions platoniciennes*, *op. cit.* (reprise d'un article de *Rivista critica di Storia della Filosofia*, juill.-sept., 1950).

– *Le Système stoïcien et l'idée de temps* [1953], 4ᵉ éd. revue et augmentée, Paris, Vrin, 1989.

– *Questions platoniciennes*, Paris, Vrin, 1970.

– *Platonisme et pensée contemporaine* [1970], Paris, Vrin, 1990.

GOSLING, J., «Y a-t-il une forme de l'indéterminé?», *La Fêlure du plaisir*, t. 1, *op. cit.* p. 43-59.

GOURINAT, M., «Socrate était-il un ironiste?», *Revue de métaphysique et de morale*, n° 3, juillet-septembre 1986.

GRAMCSI, A., *Écrits politiques*, t. 1 [1914-1920], Paris, Gallimard, 1975.

GUILLAUD, L., *Atlantides. Les îles englouties*, Paris, Presses de la Cité, 2001.

– et J. P. DELOUX, *Atlantide et autres civilisations perdues*, Paris, E-dite, 2001.

– «Les Atlantides occultistes, un cas d'école: *The Maracot Deep* de Conan Doyle», dans C. Foucrier et L. Guillaud, dans C. Foucrier et L. Guillaud (dir.), *Atlantides imaginaires. Réécritures d'un mythe*, *op. cit.*, II, chap. III.

GUTHRIE, W.K.C., *A History of Greek Philosophy*, vol. V, 1978.

GUY, A., «Vivès, philosophe progressif de la Renaissance», *L'Enseignement philosophique*, mai-juin 1994.

HACKFORTH, R., *Plato's* Philebus, Cambridge, 1972.

HADOT, P., *Qu'est-ce que la philosophie antique ?*, Paris, Gallimard, 1995.

– *Études de philosophie ancienne*, Paris, Les Belles Lettres, 1998.

HAVLICEK, A., F. KARFIK, ŠPINKA (ed.), *Plato's* Theaetetus, Proceedings of the Sixth Symposium, Praha, OIKOYMENH, 2008.

HAZEBROUCQ, M.-F., «Piété et *Theophilia*», *Revue de Philosophie ancienne*, t. XVI, n° 2, 1998.

HEGEL, G.W.F., *La Phénoménologie de l'Esprit* [1807], t. 1, trad. par J. Hyppolite, Paris, Montaigne, 1941.

– *Science de la logique* [1812-1816], trad. par S. Jankélévitch, 4 vol., Paris, Aubier, t. 1, «Logique de l'être», 1969.

– *Principes de la philosophie du droit* [1821], trad. par A. Kaan, préf. par J. Hyppolite, Paris, Gallimard, 1966.

– *Leçons sur l'histoire de la philosophie* [1833-1836]), trad. et notes par P. Garniron, Paris, Vrin, 1972-1985.

– *Leçons sur Platon*, trad. par R. Favier, Paris, Aubier-Montaigne, 1976.

HEXTER, J. H., *More's " Utopia ". The Biography of an Idea* [1952], New York, Harper Torchbooks, 1965.

HIPPOCRATE, *Sur le rire et la folie*, trad. Y. Hersant, Paris, Rivages-poche, 1979.

HOMÈRE, *Iliade*, XXIII, 65-69, texte établi et trad. par P. Mazon, Paris, Les Belles Lettres, 1967.

– *L'Odyssée*, texte établi et trad. par V. Bérard, Paris, Les Belles Lettres, 1967.

HUFFMAN, C., « Limite et illimité chez les premiers philosophes grecs », dans M. Dixsaut (dir.), *La Fêlure du plaisir. Études sur le* Philèbe *de Platon*, *op. cit.*

ISOARD, J.-B., dit Delisle de Sales, *Histoire nouvelle de tous les peuples du monde ou Histoire des hommes*, 1779.

JOLY, H., « Platon égyptologue », *Silex*, 1979, 13, p. 34-42.

– « Platon et la question des étrangers. Classer. Prescrire. Analyser », dans J.-F. Mattéi (dir.), *La Naissance de la raison en Grèce*, *op. cit.*, p. 333-357.

– *Études platoniciennes. La question des étrangers*, Paris, Vrin, 1992.

– *Le Renversement platonicien. Logos, épistémè, polis* [1974], Paris, Université de Paris XII-Vrin, 1994.

JORDAN, R. W., *Plato's Arguments for Forms*, Proceedings of the Cambridge Philological Society, Supplementary volume 9, Cambridge, 1983.

JOUBAUD, C., *Le Corps humain dans la philosophie platonicienne. Étude à partir du* Timée, Paris, Vrin, 1991.

JOUET-PASTRÉ, E., « Les Imitations comiques dans les *Lois* », *Kairos*, 2002, n° 19.

– *Le Jeu et le sérieux dans les* Lois *de Platon*, Academia Verlag, International Plato Studies n° 23, 2006.

JOYAL, M. (ed.), *Studies in Plato and the Platonic Tradition*, Aldershot, Hampshire, 1997.

KAHN, C., « La priorité de la définition : du *Lachès* au *Ménon* », dans M. Dixsaut, A. Castel-Bouchouchi, G. Kévorkian (dir.), *Lectures de Platon*, *op. cit.*

KAHN, R., « La trace du mythe, le mythe de la trace : *W ou le souvenir d'enfance* et l'Atlantide », dans C. Foucrier et L. Guillaud (dir.), *Atlantides imaginaires. Réécritures d'un mythe*, *op. cit.*, II, chap. II.

KANT, E., *Dissertation de 1770*, trad., intr. et notes par P. Mouy, Paris, Vrin, 1967.

– *Critique de la Raison pure*, trad. fr. et notes par A. Tremesaygues et B. Pacaud, Paris, P.U.F., 1968.

– *Fondements de la métaphysique des mœurs*, trad., intr.et notes par V. Delbos, Paris, Delagrave, 1987.

– *Critique de la faculté de juger*, trad. par A. Philonenko, Paris, Vrin, 1968.

– *Le Conflit des facultés en trois sections*, trad., intr. et notes par J. Gibelin, Paris, Vrin, 1955.

KATER, M. H., *Das Ahnenerbe der S.S. 1933-1945. Ein Beitrag zur Kulturpolitik der Dritten Reiches*, Stuttgart, 1974.

KERSCHENSTEINER, J., *Platon und der Orient*, Stuttgart, 1945.

KOLLER, H., *Die Mimesis in der Antike : Nachahmung, Darstellung, Ausdruck*, Bern, Franck, 1954.

KREMER-MARIETTI, A., « Platon et le mythe », *Revue de l'enseignement philosophique*, fév.-mars 1981.

KÜHN, W., « Quelle critique et de quels écrits ? La fin du *Phèdre* de Platon interprétée d'une manière non ésotériste », trad. fr. par M.-D. Richard d'un article publié dans *Zeitschritz für philosophische Forschugent*, 52, 1998, 1, *Revue de Philosophie ancienne*, t. XVII, n° 2, 1999, p. 27-49.

– *La Fin du* Phèdre *de Platon. Critique de la rhétorique et de l'écriture*, Accademia Toscana di Scienze et Lettere « La Colombaria », Studi CLXXXVI, Firenze, Leo S. Oschkied, 2000.

LABARBE, J., *L'Homère de Platon* [1949], Paris, Les Belles Lettres, 1987.

LABORDERIE, J., *Le Dialogue platonicien de la maturité*, Paris, Les Belles Lettres, 1978.

LACORE, M., « La Théologie d'Homère jugée par Platon », dans J. Laurent (éd.), *Les Dieux de Platon*, *op. cit.*

LACROIX, J.-Y., *Utopie et philosophie. Un autre monde possible ?*, Paris, Bordas, 2004.

– *L'*Utopia *de Thomas More et la tradition platonicienne*, Paris, Vrin, 2007.

– « L'*Utopie* de Thomas More et l'idée de révolution », dans O. Bloch (dir.), *L'Idée de révolution. Quelle place lui faire au XXIe siècle ?*, Paris, Publications de la Sorbonne, 2009.

LAËRCE, D., *Vies et doctrines des philosophes illustres*, trad. fr. dans M.-O. Goulet-Cazé (dir.), Paris, Le Livre de poche, 1999.

LAFRANCE, Y., *La Théorie platonicienne de la doxa*, Paris, Les Belles Lettres, 1981.

– « Sur une lecture analytique des arguments concernant le non-être (*Sophiste*, 237b10-239a12) », *Revue de Philosophie ancienne*, n° 2, 1984.

– « La fin du *Phèdre* de Platon (274B-279C) : ésotérisme et anti-ésotérisme », dans *Philosophie antique*, n° 3, 2003, Septentrion, p. 81-119.

LAKS, A., *Loi et persuasion. Recherche sur la structure de la pensée politique platonicienne*, thèse de Doctorat d'État, Université Paris IV, 1988, n° 87PA040443.

– « Raison et plaisir : pour une caractérisation des *Lois* de Platon », dans J.-F. Mattéi (dir.), *La Naissance de la raison en Grèce ancienne*, *op. cit.*

– « Legislation and Demiurgy. On the relationship between Plato's *Republic* and *Laws* », *Classical Antiquity*, 9, 1990, p. 209-229.

– « L'utopie législative de Platon », *Revue philosophique de la France et de l'Étranger*, n° 4, oct.-déc. 1991.

– « Prodige et médiation : esquisse d'une lecture des *Lois* », dans J.-F. Balaudé (dir.), *D'une cité possible. Sur les* Lois *de Platon* (trad. d'une partie d'un chapitre originellement rédigé pour C. Rowe et M. Schofield (ed.), *The Cambridge History of Greek and Roman Political Thought*).

– « Platon », dans A. Renaut (éd.), *Histoire de la philosophie politique*, t. 1 : *La liberté des anciens*, Paris, Calmann-Lévy, 1999.

– *Médiation et coercition. Pour une lecture des* Lois *de Platon*, Villeneuve d'Ascq, Presses universitaires du Septentrion, 2005 (version partielle, traduite et révisée, d'un chapitre originellement rédigé pour C. Rowe et M. Schofield (ed.), *The Cambridge History of Greek and Roman Political Thought*).

LALANDE, A., *Le Vocabulaire technique et critique de la philosophie*, Paris, P.U.F., 1968.

LAMEERE, J. (éd.), *Les Utopies à la Renaissance*, Colloque international [1961], Bruxelles-Paris, Presses Universitaires de Bruxelles-Presses Universitaires de France, 1963.

LAPOUGE, G., *Utopie et civilisation*, Paris, Flammarion, 1978.

LAS CASAS, B. de, *Historia de las Indias*, Madrid, Biblioteca de autores españoles, 1957.

LAURENT, J., « L'unicité du monde selon Platon », dans P.-M. Morel (éd.), *Platon et l'objet de la science*, *op. cit.*, p. 39-52 (article repris dans *La Mesure de l'humain selon Platon*, Paris, Vrin, 2002, chap. V, p. 57-70).

– (éd.), *Les Dieux de Platon*, Actes du colloque organisé à l'université de Caen Basse Normandie, les 24, 25 et 26 janvier 2002, Caen, Presses universitaires de Caen, 2003.

– « La beauté du dieu cosmique » dans J. Laurent (éd.), *Les Dieux de Platon*, Actes du colloque organisé à l'université de Caen Basse Normandie, les 24, 25 et 26 janvier 2002, Caen, Presses universitaires de Caen, 2003, p. 25-40.

LEFKA, A., « La présence des divinités traditionnelles dans l'œuvre de Platon », dans J. Laurent (éd.), *Les Dieux de Platon*, p. 97-117.

LEIBNIZ, G.W., *Die philosophischen Schriften*, C.I. Gerhardt (ed) [1875-1890], Hildesheim, Olms, 1960-1961, vol. VII.

LEMA, R., *Atlantida, poemario en cuatro viaxes*, 2001.

LÉVÊQUE, P. et P. VIDAL-NAQUET, *Clisthène l'Athénien. Sur la représentation de l'espace et du temps en Grèce de la fin du* VIe *siècle à la mort de Platon* [1964], Paris, Macula, 1983.

LÉVY, J., « La libération de l'utopie », dans P. Garcia, J. Lévy, M.-M. Mattéi, *Révolution, fin et suite*, Paris, Espaces Temps – Centre Georges Pompidou, 1991, p. 299-314.

LIBÉRA, A. de, *La Philosophie médiévale*, Paris, P.U.F., 1993.

LISI, F.L., « Héros, dieux et philosophes, *Revue des études anciennes*, 106, 2004.

LOGAN, G., *The Meaning of More's « Utopia »*, Princeton, Princeton University Press, 1983.

LOPEZ DE GOMARA, F., *Historia general de las Indias*.

LORAUX, N, et C. MIRALLES (dir.), *Figures de l'intellectuel en Grèce ancienne*, Belin, 1998.

LUCIEN, *Histoire véritable*, trad. par P. Grimal, dans *Romans grecs et latins*, Paris, Gallimard, 1958.

MAGNARD, P. (dir.), *Marsile Ficin. Les Platonismes à la Renaissance*, Paris, Vrin, 2001.

– « Platon pour disposer au christianisme », dans P. Magnard (dir.), *Marsile Ficin. Les Platonismes à la Renaissance*, *op. cit.*, p. 195-203.

MAKOWSKI, F., « Où est Socrate ? L'aporie de l'atopicité chez Platon », *Revue de philosophie ancienne*, 1994, n° 2.

– « Le corps de l'âme chez Platon », *Les Cahiers philosophiques de Strasbourg*, n° 3, décembre 1995, p. 177-209.

– « L'absent du *Timée* », *Revue de philosophie ancienne*, 1997, n° 2.

MANRY (M.-A.), « *La Nouvelle Atlantide* Francis Bacon : de la nature de la science et de la communication scientifique », dans C. Foucrier et L. Guillaud (dir.), *Atlantides imaginaires, Réécritures d'un mythe*, *op. cit.*, I, chap. I.

MARCEL, R., *Marsile Ficin, 1433-1499*, Paris, Les Belles Lettres, 1958.

MARGEL, S., « De l'ordre du monde à l'ordre du discours. Platon et la question du mensonge », dans *Kairos*, 2002, n° 19, p. 145-161.

MARGOLIN, J.-C. (éd.), *Platon et Aristote à la Renaissance*, XVIe Colloque international de Tours, Paris, Vrin « De Pétrarque à Descartes », 1976.

MARIGNY, J., « Les atlantides de Clark Ashton Smith », dans C. Foucrier et L. Guillaud, dir., *Atlantides imaginaires. Réécritures d'un mythe*, *op. cit.*, II, chap. III.

MARIN, L., *Utopiques : jeux d'espaces*, Paris, Minuit, 1973.

MARINATOS, S., *Some Words about the Legend of Atlantis*, Athènes, 1971.

MARION, J.-L., « Fragments sur l'idole et l'icône », *Revue de métaphysique et de morale*, 4, 1979.

MARIUS, R., *Thomas More. A Biography* [1984], New York, Alfred A. Knopf, 1985.

MARTIN, T.-H., *Études sur le* Timée *de Platon* [1841], réimpression, Paris, Vrin, 1981.

MARX, K. et F. ENGELS, *Le Manifeste du Parti communiste* [1848], intr. de J. Bruhat, trad. par M. Tailleur, Paris, Messidor, 1983.

– *Manuscrits de 1857-1858. « Grundrisse »*, J.-P. Lefebvre (éd.), 2 t., Paris, Editions sociales, 1980.

– *Correspondance*, G. Badia et de J. Mortier (éd.), Paris, Editions sociales, 1977 *sq.*

– MARX / BAKOUNINE, *Socialisme autoritaire ou libertaire*, G. Ribeill (éd.), Paris, U.G.E., 1975, t. 2.

– *Utopisme et communauté de l'avenir*, recueil de textes. Intr., trad. et notes de R. Dangeville, Paris, Maspero, 1976.

– *Les Utopistes*, recueil de textes. Intr., trad. et notes de R. Dangeville, Paris, Maspero, 1976.

MATTÉI, J.-F., « Socrate et la philosophie de l'étranger », dans G. Romeyer Dherbey (dir.) et J.-B. Gourinat (éd.), *Socrate et les socratiques*, Paris, Vrin, 2001, p. 191-195.

– (dir.), *La Naissance de la raison en Grèce ancienne*, Actes du Congrès de Nice [mai 1987], Paris, P.U.F., 1990.

– *L'Ordre du monde. Platon, Nietzsche, Heidegger*, Paris, P.U.F., 1989.

– *Platon et le miroir du mythe. De l'âge d'or à l'Atlantide*, Paris, P.U.F., 1996.

MC CUTCHEON, E., « Denying the Contrary : More's Use of Litotes in the *Utopia* », *Moreana*, n° 31-32, nov. 1971, p. 107-121. Article repris dans *Utopia*, translated and edited by R. M. Adams, New York, A Norton Critical Edition, 1975, p. 224-230.

– *My Dear Peter. The Ars Poetica and Hermeneutics for More's* Utopia, Angers, Moreana, 1983.

MC EVOY, J., « Présence et absence de Platon au Moyen Âge », dans A. Neschke-Hentschke, éd., *Images de Platon et lectures de ses œuvres. Les interprétations de Platon à travers les siècles*, *op. cit.*, p. 87-94.

MEIER, P., *La Pensée utopique de William Morris*, Paris, Editions sociales, 1972.

MESNARD, P., *L'essor de la philosophie politique au XVe siècle*, Paris, Vrin, 1969.

MENEGALDO, G., « Les cités perdues de Lovecraft et le mythe de l'Atlantide : fantastique et utopie », dans C. Foucrier et L. Guillaud (dir.), *Atlantides imaginaires. Réécritures d'un mythe*, *op. cit.*, II, chap. III.

MEULDER, M., « L'Atlantide ou Platon face à l'exotisme », *Revue de Philosophie ancienne*, t. XI, n° 2, 1993.

MILES, L., « The Platonic source of *Utopia*'s "Minimum religion" », *Renaissance News*, 9 [1956], p. 83-90.

MONTAIGNE, *Essais*, Paris, P.U.F., 1965.

MONTET, D., « Platon et les enjeux du διαλέγεσθαι », dans *Kairos*, 2002, n° 19, p. 163-177.

MORE, T., *L'Utopie*, trad. par V. Stouvenel [1842] revue par M. Bottigelli, intr. et notes par M. Bottigelli, Paris, Messidor / Editions Sociales [1966], 1982.

– *L'*Utopie *de Thomas More*, Préface de M. Schumann, présentation, apparat critique, exégèse, trad. et notes par A. Prévost, Paris, Mame, 1978.

– *L'Utopie ou le Traité de la meilleure forme de gouvernement*, présentation et notes par S. Goyard-Fabre, trad. par M. Delcourt [1966], Paris, GF-Flammarion, 1987.

– *L'Utopie*, trad. par J. Le Blond [1550], revue par B. Aneau [1559], révisée et modernisée par G. Navaud, Paris, Gallimard, 2012.

MOREAU, J., *La Construction de l'idéalisme platonicien*, Paris, Boivin, 1939.

– *Réalisme et idéalisme chez Platon*, Paris, P.U.F., 1951.

– *L'Âme du Monde, de Platon aux Stoïciens* [1939], Hildesheim, Georg Olms Verlagsbuchhandlung, 1965.

MOREL, P.-M., « Le regard étranger sur la cité des *Lois* », dans J.-F. Balaudé (dir.), *D'une cité possible. Sur les* Lois *de Platon*, p. 95-113.

– (éd), *Platon et l'objet de la science*, Presses Universitaires de Bordeaux, 1996.

MORELLY, E.G., *Naufrage des Isles flottantes, ou Basiliade du célèbre Pilpaï* [1753], Messine, Société des libraires.

– *Code de la nature, Code de la nature ou le véritable esprit de ses lois, de tout temps négligé ou méconnu* [1755], intr. par V.P. Volguine, Paris, Editions sociales, 1970.

MORGAN, N., *Le Sixième Continent.* L'Utopie *de Thomas More. Nouvel Espace épistémologique*, Paris, Vrin, 1995.

MORROW, G.R., *Plato's Cretan City. A Historical Interpretation of the « Laws »*, Princeton, Princeton U.P., [1960], rééd. 1993.

MORRIS, W., *Nouvelles de Nulle-Part* [1890], Paris, Editions sociales, 1961 / Aubier-Montaigne, 1976.

MOTTE A., C. RUTTEN et P. SOMVILLE (éd)., *Philosophie de la forme.* Eidos, Idea, Morphè *dans la philosophie grecque des origines à Aristote*, Louvain et Paris, Peeters, 2003.

MOUTSOPOULOS, E., « la Transstructuration du mythe dans la tragédie » [1982] dans L. Couloubaritsis (éd.), *L'Héritage du monde grec, op. cit.*, p. 31-44.

MOUZE, L., « La dernière tragédie de Platon », *Revue de Philosophie ancienne*, t. XVI, n° 2, 1998.

– *Le Législateur et le poète. Une interprétation des* Lois *de Platon*, Villeneuve d'Ascq, Presses universitaires du septentrion, 2005.

MUCCHIELLI, R., *Le Mythe de la cité idéale* [1960], Brionne, Gérard Monfort, 1960.

MULLER, R., *La Doctrine platonicienne de la liberté*, Paris, Vrin, 1997.

MÜNSTER, A., *Ernst Bloch. Messianisme et utopie*, Paris, P.U.F., 1989.

NADOFF, G., « The Atlantis Myth. An Introduction to Plato's later philosophy of history », *Phoenix* XLVIII, n° 3, automne 1994, p. 189-209.

NESCHKE-HENTSCHKE, A. (éd. avec la collaboration d'A. Etienne), *Images de Platon et lectures de ses œuvres. Les interprétations de Platon à travers les siècles*, Louvain-Paris, Editions Peeters, 1997.

– (éd.), *Le* Timée *de Platon. Contribution à l'histoire de sa réception*, Louvain-Paris, Peeters, 2000.

– « Marsile Ficin lecteur des *Lois* », *Revue philosophique de la France et de l'Étranger*, n° 1, janv.-mars 2000, p. 3-102.

NESMY, Dom C. J., *Saint Benoît et la vie monastique*, Paris, Seuil, 1983.

NEUMANN, H., « On the Platonism of More's Utopia », *Social Research. An international Quaterly of Political and Social Science*, vol. 33, n° 4, Winter 1966, p. 495-512.

NONVEL PIERI, S., « Le dialogue platonicien comme forme de pensée ironique », dans F. Cossuta et M. Narcy (éd.), *La Forme dialogue chez Platon, op. cit.*

O'BRIEN, D., *Le Non-être. Deux études sur le Sophiste de Platon*, Sankt Augustin, Academia Verlag, 1995.

OTTO, W. F., *Essais sur le mythe*, trad. P. David, T.E.R., 1987.

OWEN, G.E.L., « The place of the *Timaeus* in Plato's dialogues » [1953], *Studies in Plato's Metaphysics*, London, Routledge & Kegan Paul, 1965.

– « Plato on the undepictable », *Exegesis and Argument. Studies in Greek Philosophy presented to G. Vlastos*, Assen, van Gorcun, 1973, p. 349-361. Article repris dans ses *Collected Papers in Greek Philosophy*, ed. by Martha Nussbaum, Ithaca [NY], Cornell Univ. Press, 1986, p. 138-147).

PANOFSKY, E., *Idea*, Paris, Gallimard, 1989.

PARAIN, B., *Essai sur le logos platonicien*, Paris, Gallimard, 1942.

PÉPIN, J., *Mythe et allégorie. Les origines grecques et les contestations judéo-chrétiennes* [1958], Paris, Études augustiniennes, 1976.

PÉRILLIÉ, J.-L. (dir.), *Oralité et écriture chez Platon*, Bruxelles, Ousia, « Les Cahiers de philosophie ancienne n° 22 », 2011.

– « Oralité et maïeutique socratique », dans J.-L. Périllié (dir.), *Oralité et écriture chez Platon*, *op. cit.*, p. 117-166.

PETIT, A., « *Peras* et *Apeiron* dans le *Philèbe* », dans P.-M. Morel (éd.), *Platon et l'objet de la science*, *op. cit.*

– « Léo Strauss et l'ésotérisme platonicien », dans L. Jaffro et autres (éd.), *Léo Strauss : art d'écrire, politique, philosophie. Texte de 1941 et études.* Paris, Vrin, 2001, p. 131-146.

PÉTREMENT, S., *Le Dualisme chez Platon, les gnostiques et les manichéens*, Paris, P.U.F., 1947.

PICARD, T., « Atlantide et Auschwitz face-à-face : l'opéra *Der Kaiser von Atlantis* de Viktor Ulmann (1943) », dans C. Foucrier et L. Guillaud (dir.), *Atlantides imaginaires. Réécritures d'un mythe*, *op. cit.*, II, chap. IV.

PICOT, J.-P., « Edgar-P Jacobs : L'Enigme de l'Atlantide ou de la fosse aux étoiles », dans C. Foucrier et L. Guillaud (dir.), *Atlantides imaginaires. Réécritures d'un mythe*, *op. cit.*, II, chap. IV.

PLINE, *Histoire naturelle*, éd. et trad. du livre II par J. Beaujeu, du livre V par J. Desanges, Paris, Les Belles Lettres, 1950 ; 1980.

PLOTIN, *Ennéades*, III, V, texte établi et trad. par E. Bréhier, Paris, Les Belles Lettres, 1967 ; 1963.

PLUTARQUE, *Le Visage qui apparaît à la surface de la lune* (*Concerning the Face which appeears in the Orb of the Moon*, éd. et trad. par H. Cherniss, volume XII des *Moralia*, Cambridge-Londres, Loeb Classical Library, 1957).

POPPER, K., *La Société ouverte et ses ennemis*, I : *L'ascendant de Platon*, éd. française abrégée de *The Open Society and its* ennemies, I : *The Spell of Plato*, Londres, Routledge & Kegan Paul, 1945, trad. par J. Bernard et P. Monod, Paris, Seuil, 1979.

PRADEAU, J.-F., « Être quelque part, occuper une place. Τόπος et Χώρα dans le *Timée* », *Les Études Philosophiques*, juillet-sept. 1995, p. 375-399.

– « Le monde terrestre. Le modèle cosmologique du mythe final du *Phédon* », *Revue philosophique de la France et de l'étranger*, « D'Homère à Platon », n° 1, janv.-mars 1996, p. 75-105.

– « Platon, l'institution de la science politique », dans P.-M. Morel (éd.), *Platon et l'objet de la science*, *op. cit.*, p. 53-68.

– *Le Monde de la politique. Sur le récit atlante de Platon*, Timée *(17-27) et* Critias, Sankt Augustin, Academia Verlag, « International Plato Studies 8 », 1997.

– *Platon et la cité*, Paris, P.U.F., 1997.

– « L'Atlantide de Platon, l'utopie vraie », dans L. T. Sargent et R. Schaer (dir.), *Utopie. La quête de la société idéale en Occident*, *op. cit.*, p. 94-101 (article repris dans *La Communauté des affections*, *op. cit.*, chap. X).

– « Le poème politique de Platon. Giuseppe Bartoli : un lecteur moderne du récit atlante (*Timée* 17A-27B et *Critias*) », dans A. Neschke-Hentschke (éd.), *Le* Timée *de Platon. Contribution à l'histoire de sa réception*, *op. cit.*

– (coord.), *Platon. Les formes intelligibles*, Paris, P.U.F., 2001.

– *La Communauté des affections. Études sur la pensée éthique et politique de Platon*, Paris, Vrin, 2008.

– *Platon, l'imitation de la philosophie*, Paris, Aubier, 2009.

PROCLUS, *Commentaire sur les Travaux et les Jours d'Hésiode*, v. 758, dans J.-P. Dumont (éd.), *Les Présocratiques*, *op. cit.*, Fr. B XXVI.

– *Commentaire sur le Timée de Platon*, trad. et notes par A. J. Festugière, 5 vol., Paris, Vrin, 1966-1968.

PSEUDO-DENYS L'ARÉOPAGITE, *Œuvres complètes*, trad., commentaire et notes par M. de Gandillac ([1943], Paris, Aubier, 1989

RAULET, G. (dir.), *Utopie, marxisme selon Ernst Bloch*, Paris, Payot, 1976.

RENAUT, A. (éd.), *Histoire de la philosophie politique*, t. 1 : *La liberté des anciens*, Paris, Calmann-Lévy, 1999.

RICHARD, M.-D., *L'Enseignement oral de Platon. Une nouvelle interprétation du platonisme*, Préface de P. Hadot, Paris, Cerf, 1986.

– « La critique d'A. Boeckh de l'*Introduction générale* de F. Schleiermacher aux Dialogues de Platon », *Les Études philosophiques*, janv.-mars 1998, p. 10-30.

– « L'arrière-plan historico-philosophique du débat autour des doctrines non écrites de Platon », dans J.-L. Périllié (dir.), *Oralité et écriture chez Platon*, *op. cit.*, p. 189-221.

RIZZERIO, L., « Platon apôtre des Grecs dans l'œuvre de Clément d'Alexandrie », dans A. Neschke-Hentschke (éd.), *Images de Platon et lectures de ses œuvres. Les interprétations de Platon à travers les siècles*, *op. cit.*, p. 53-78.

ROBIN, L., « Platon et la science sociale », *La Pensée hellénique des origines à Epicure*, Paris, P.U.F., 1942.

– *La Théorie platonicienne des idées et des nombres d'après Aristote* [1908], réimpression Hildesheim, Olms, 1963.

RODIER, G., « Remarques sur le "Philèbe" » [1900]), dans *Études de philosophie grecque*, Vrin, 1926.

ROMEYER DHERBEY, G., *Les Sophistes*, Paris, P.U.F., 1985.

– « Cosmologie et politique chez Antiphon », *Bulletin de la Société française de Philosophie*, oct.-déc. 1995.

– (dir.), et J.-B. GOURINAT (éd.), *Socrate et les socratiques*, Paris, Vrin, 2001.
ROUSSEAU, J.-J., *Œuvres complètes*, Paris, Gallimard, IV, 1969.
ROWE, C., M. SCHOFIELD (ed.), *The Cambridge History of Greek and Roman Political Thought*, Cambridge, Cambridge U.P., 2000.
RUDBECK, O., *Atlantica, sive Mannheim, vero Japheti posterorum sedes ac patria* (1679-1702), 5 vol., Axel Nelson, Uppsala, 1937-1950.
RUSSELL, B., *Problèmes de philosophie*, trad. fr. de S.M. Guillemin, Paris, Payot.
RUYER, R., *L'Utopie et les utopies* [1950], Brionne, Gérard Monfort, 1988.
SAÏD, S., « Deux noms de l'image en grec ancien : idole et icône », *Comptes rendus de l'Académie des inscriptions et Belles Lettres*, 1987.
SANCHEZ, J.-P., « L'Atlantide et le Nouveau Monde », dans C. Foucrier et L. Guillaud (dir.), *Atlantides imaginaires*, *op. cit.*, I, chap. II.
SARGENT, L. T. et R. SCHAER (dir.), *Utopie. La quête de la société idéale en Occident*, Bibliothèque nationale de France / Fayard, Paris, 2000.
SCHAER, R., « L'utopie. L'espace, le temps, l'histoire », dans *Utopie. La quête de la société idéale en Occident*, *op. cit.*.
SCHELLING, F.W.J., *De la nature de la philosophie en tant que science. Essais*, trad. par S. Jankélévitch, Paris, Aubier, 1946, p. 524.
SCHLEIERMACHER, F.D.E., *Discours sur la religion*, trad. par I.-J. Rouge, Paris, Aubier, 1944.
SCHUHL, P.-M., *L'Œuvre de Platon*, Paris, Hachette, 1954.
– *La fabulation platonicienne*, Paris, Vrin, 1968.
SCIPION DU PLEIX, *La Métaphysique ou science surnaturelle* [1609], Paris, Gueffier, 1617.
SEDLEY, D., « L'ironie dans le dialogue platonicien selon les commentateurs anciens » dans F. Cossuta et M. Narcy (éd.), *La Forme dialogue chez Platon*, *op. cit.*
SEGUY, J., « Une sociologie des sociétés imaginées : monachisme et utopie », *Annales. Économie. Sociétés. Civilisations*, mars-avril 1971.
SEKIMURA, M., « Le statut du *Tupos* dans la *République* de Platon », *Revue de Philosophie ancienne*, n° 2, 1999.
– *Platon et la question des images*, Bruxelles, Ousia, 2009.
SERGENT, B., *L'Atlantide et la mythologie grecque*, Préface de L. Brisson, Paris, L'Harmattan, 2006.
SERVIER, J., *Histoire de l'utopie*, Paris, Gallimard, 1967.
SIMPLICIUS, *Commentaire sur la Physique d'Aristote*, dans J.-P. Dumont, *Les Présocratiques*, *op. cit.*
SINI, C., « Platon et l'origine de la métaphysique », dans M. Dixsaut (éd.), *Contre Platon*. II, *op. cit.*, p. 293-304.
SPINOZA, B., *Traité politique*, Paris, Vrin, 1968.
STOBEE, *Choix de textes*, dans J.-P. Dumont (éd.), *Les Présocratiques*, *op. cit.*
STRABON, *Géographie*, intr. par G. Aujac et F. Lasserre, texte établi et trad. par G. Aujac, Paris, Belles Lettres, 1969-1981.

STRAUSS, L., « Un art d'écrire oublié », trad. de N. Ruwet, *Poétique*, 1979, n° 38.
– *La Persécution et l'art d'écrire* [1952], trad. par O. Berrichon-Seyden, Paris, Presses Pocket, 1989.
– *Argument et action des* Lois *de Platon*, trad. par O. Berrichon-Seyden, Paris, Vrin, 1990.
– *La Cité et l'homme*, Paris, Presses Pocket, 1991.
SURTZ, E., *The Praise of Pleasure. Philosophy, Education, Communism in More's* Utopia, Cambridge (Mass.), Harvard University Press, 1957.
SZLEZÁK, T. A., « Dialectique orale et "jeu" écrit : le *Phèdre* », *Revue de philosophie ancienne*, t. XVII, n° 2, 1999 (trad. fr. par M.-D. Richard d'un article publié dans *Platon. Seine Dialoge in der Sicht neuer Forschungen*, Th. Kobusch et B. Mojsisch (éd.), Darmstadt, 1996).
– « La critique platonicienne de l'écrit vaut-elle aussi pour les Dialogues de Platon ? À propos d'une nouvelle interprétation de *Phèdre* 278b8-e4 », *Revue de philosophie ancienne*, t. XVII, n° 2, 1999. (trad. fr. par M.-D. Richard d'un article publié dans *Zeitschrizt für philosophische Forschung*, 53, 1999, 2).
– « La critique de l'écriture chez Platon. Contribution à la méthodologie de l'interprétation du *Phèdre* et de la *Lettre VII* », dans J.-L. Périllié (dir.), *Oralité et écriture chez Platon*, *op. cit.*, p. 63-84.
TEISSERENC, F., « Remarques sur l'imitation et le statut ontologique de l'image chez Platon », *Les Cahiers philosophiques de Strasbourg*, n° 3, décembre 1995, p. 149-164.
– *Langage et image dans l'œuvre de Platon*, Paris, Vrin, 2010.
THOMAS D'AQUIN, *De ente et essentia*, texte, trad. et notes par C. Capelle, Paris, Vrin, 1991.
– *Somme théologique*, tome III, trad. par M. Roguet, Paris, Cerf, 1985.
– et DIÉTRICH DE FREIBERG, *L'Être et l'Essence*, trad. et commentaires d'A. de Libéra et de C. Michon de deux traités *De ente et essentia*, augmenté d'un « vocabulaire médiéval de l'ontologie », Paris, Seuil, 1997.
THORP, J., « Forms, concepts and TO MH ON », *Revue de Philosophie ancienne*, n° 2, 1984.
TREUIL, R., « L'Atlantide et l'archéologie », dans C. Foucrier et L. Guillaud (dir.), *Atlantides imaginaires. Réécritures d'un mythe*, *op. cit.*, I, chap. III.
TROUSSON, R., *Voyages aux pays de nulle part*, Éditions de l'université de Bruxelles, 1979.
– *Religions d'utopie*, Bruxelles, Ousia, 2001.
UNTERSTEINER, M., *Les Sophistes* [1967], seconde édition, remaniée et augmentée, accompagnée d'un Appendice sur « Les origines sociales de la sophistique », trad. et prés. par A. Tordesillas, Paris, Vrin, 1993, 2 vol.
VAN CAMP, J. et P. CANART, *Le Sens du mot* theos *chez Platon*, Louvain, Publications universitaires, 1956.
VANHOUTTE, M., *La Philosophie politique de Platon dans les* Lois, Louvain, Publications universitaires de Louvain, 1954.

VEDRINE, H., *Les grandes conceptions de l'imaginaire*, Paris, Le Livre de poche, 1990.

VEGETTI, M., « Royauté et philosophie chez Platon », trad. par C. Aynès, dans L. Brisson et F. Fronterotta (dir.), *Lire Platon*, *op. cit.*, p. 209-227.

– (dir.), *Platon*, La Repubblica, Napoli, Bibliopolis, vol. I-VI, 1998-2005.

– « *Beltista eiper dynata*. Lo statuto dell'utopia nella *Repubblica* », dans M. Vegetti (dir.), *Platon*, La Repubblica, *op. cit.*, vol. IV, 2000.

– « Il regno filosofico », dans M. Vegetti (dir.), *Platon*, La Repubblica, *op. cit.*, vol. IV, 2000.

– « Il tempo, la storia, l'utopia », dans M. Vegetti (dir.), *Platon*, La Repubblica, *op. cit.*, vol. VI, 2005.

VERDAGUER, J., *La Atlantida*, 1887.

VERHEIJEN, L., *La Règle de saint Augustin*, 2 vol., Paris, 1967.

VERNANT, J.-P., *Les Origines de la pensée grecque* [1962], P.U.F, 1992.

– et P. VIDAL-NAQUET, *Mythe et tragédie en Grèce ancienne* [1972], Paris, La Découverte, 1986.

– *Mythe et société en Grèce ancienne*, Paris, Maspéro, 1974.

– « Image et Apparence dans la théorie platonicienne de la "Mimêsis" », *Journal de psychologie*, n° 2, avril-juin, 1975.

– « Naissance d'images », *Religions, histoires, raisons*, Paris, Maspéro, 1979.

– « Les origines de la philosophie », dans C. Delacampagne et R. Maggiori (dir.), *Philosopher*, Paris, Fayard, 1980.

VICAIRE, P., *Platon critique littéraire*, Paris, Klincksieck, 1960.

VIDAL-NAQUET, P., « Hérodote et l'Atlantide entre les Grecs et les Juifs. Réflexion sur l'historiographie du siècle des Lumières », *Quaderni di Storia*, 8, 1982, n° 16, p. 3-76 (repris dans *Les Grecs, les historiens, la démocratie*, Paris, La Découverte, 2000).

– « L'Atlantide et les Nations », *Représentations de l'origine. Littérature, histoire, civilisation*, Cahiers CRLH-CIRAOI, 4, 1987, Université de la Réunion (repris dans *La Démocratie grecque vue d'ailleurs*, *op. cit.*, p. 139-159).

– *La Démocratie grecque vue d'ailleurs*, Paris, Flammarion, 1990.

– *Le Chasseur noir. Formes de pensées et formes de société dans le monde grec*, Paris, La Découverte, 1991.

– « De l'Atlantide à Masada. Réflexions sur querelle, mythe, histoire et politique », *Sigila* n° 10, automne-hiver 2002, p. 61-83.

– *L'Atlantide. Petite histoire d'un mythe platonicien*, Paris, Les Belles Lettres, 2005.

VIVES, J.-L., *Opera* [1955], Reprint, London, 1964.

VLASTOS, G., « Degrees of Reality in Plato » [1965], in *Platonic Studies*, Princeton, Princeton University Press, 1981.

– *Socrates. Ironist and moral philosopher* [1991], trad. fr. par C. Dalimier, *Socrate. Ironie et philosophie morale*, Paris, Aubier, 1994.

VOGEL, C.J. de, « La théorie de l'ἄπειρον chez Platon et dans la tradition platonicienne », dans *Revue philosophique de la France et de l'Étranger*, n° 1, janvier-mars 1959, t. 149.

VON IVÁNKA, E., *Plato Christianus. La réception critique du platonisme chez les Pères de l'Église* [1964], trad. par E. Kessler, révisée par R. Brague et J.-Y. Lacoste, Paris, P.U.F., 1990.

VUILLEUMIER, P., « Platon et le schème du miroir », *Revue de Philosophie ancienne*, t. XVI, n° 2, 1998, p. 3-47.

WAHL, J., *Vers la fin de l'ontologie*, Paris, 1956.

WALTER, G., *Les Origines du communisme*, Paris, Payot, 1975.

WATERFIELD, R., *Plato : Philebus*, New York, 1982.

WEBER, M., « l'objectivité de la connaissance dans les sciences et la politique sociales » [1904], repris dans les *Essais sur la théorie de la science*, trad. par J. Freund, Paris, Plon, 1965.

WEIL, R., *L'Archéologie de Platon*, Paris, Klincksieck, 1959.

WHITE, T. I., « Pride and the Public Good : Thomas More Use of Plato in *Utopia* », *Journal of the History of Philosophy*, vol. XX, October 1982, n° 4.

WUNENBURGER, J.-J., « Platon, ancêtre du totalitarisme ? Quelques interprétations contemporaines », dans A. Neschke-Hentschke (éd. avec la collaboration d'A. Etienne), *Images de Platon et lectures de ses œuvres. Les interprétations de Platon à travers les siècles*, *op. cit.*

ZAIDMAN, L.-B., « Impies et impiété de l'*Euthyphron* aux *Lois* », dans J. Laurent (éd.), *Les Dieux de Platon*, p. 153-168.

– et P. S. PANTEL, *La Religion grecque dans les cités à l'âge classique*, Paris, Armand Colin, 2007.

INDEX DES ŒUVRES DE PLATON ET DE L'*UTOPIE*

INDEX DES NOTIONS

INDEX DES NOMS PROPRES

TABLE DES MATIÈRES

DANS LA MÊME COLLECTION

A. BRANCACCI : *Antisthène. Le discours propre*, 288 p., 2005.

H. CHERNISS : *L'Énigme de l'ancienne Académie*, suivie en Appendice de E. N. TIGERSTEDT : *Le Système caché*. Introduction et traduction de L. Boulakia, Avant-propos de L. Brisson, 232 p., 1993.

J.-Y. CHATEAU, *Philosophie et religion. Platon,* Euthyphron, traduction et commentaire, 320 p., 2005.

– (dirigé par) : *La Vérité pratique. Aristote,* Éthique à Nicomaque, *livre VI*, 376 p., 1997.

P. CHRISTIAS : *Platon et Paul au bord de l'abîme. Pour une politique katéchontique*, 424 p., 2014.

M. DIXSAUT, *Le Naturel philosophe. Essai sur les Dialogues de Platon*, 424 p., 1985, 2 e éd. 1994, 1998, 3 e éd. corrigée, 2001.

– (dirigé par) : *Contre Platon I. Le Platonisme dévoilé*, 464 p., 1993.

– (dirigé par) : *Contre Platon II. Renverser le platonisme*, 322 p., 1995.

– (dirigé par) : *La Fêlure du plaisir. Études sur le* Philèbe *de Platon* (avec la collaboration de F. Teisserenc) :

  – *1. Commentaires*, 1999.

  – *2. Contextes*, 1999.

– (dirigé par) : *La Connaissance de soi. Études sur le* Traité 49 *de Plotin,* (avec la collaboration de P.-M. Morel et K. Tordo-Rombaut), 320 p., 2002.

– (dirigé par) : *Études sur la* République *de Platon* :

  – *1. De la justice. Éducation, psychologie et politique,* (avec la collaboration de A. Larivée), 360 p., 2005.

  – *2. De la science, du bien et des mythes*, (avec la collaboration de F. Teisserenc), 336 p., 2005.

D. EL MURR : *Savoir et gouverner. Essai sur la science politique platonicienne*, 336 p., 2014.

La Folie humaine et ses remèdes. Platon, Charmide *ou* De la modération, traduction, commentaire et notes de M.-F. HAZEBROUCQ, 360 p., 1997.

A. GIGANDET : *Fama deum. Lucrèce et les raisons du mythe*, 448 p., 1997.

V. GOLDSCHMIDT : *Platonisme et pensée contemporaine*, 272 p., 1990.

É. HELMER : *La part du bronze. Platon et l'économie*, 320 p., 2010.

H. JOLY : *Le Renversement platonicien. Logos, epistèmè, polis*, 408 p., 3 e éd., 1994.

« L'art de bien lire ». Nietzsche et la philologie, textes réunis par Jean-François BALAUDÉ et Patrick WOTLING, 304 p., 2012.

L'idée platonicienne dans la philosophie contemporaine. Jalons, textes réunis par Sylvain DELCOMMINETTE et Antonino MAZZÙ, 336 p., 2012.

J.-Y. LACROIX : *Platon et l'utopie. L'être et l'existence*, 424 p., 2014.

L. LAVAUD : *D'une métaphysique à l'autre. Figures de l'altérité dans la philosophie de Plotin*, 320 p., 2008.

P.-M. MOREL : *De la matière à l'action. Aristote et le problème du vivant*, 208 p., 2007.

La mesure du savoir. Études sur le Théétète *de Platon*, dirigé par D. EL MURR, 432 p., 2013.

NIETZSCHE, RITSCHL, ROHDE, WILAMOWITZ, WAGNER : *Querelle autour de* La Naissance de la tragédie. Introduction et traduction de M. Cohen-Halimi, M. Marcuzzi, H. Poitevin, 304 p., 1995.

Ontologie et dialogue. Hommage à Pierre Aubenque, textes réunis par N. L. CORDERO, 324 p., 2000.

A. PIGLER : *Plotin, une métaphysique de l'amour. L'amour comme structure du monde intelligible*, 304 p., 2002.

Platon 1990-1995 : bibliographie, par L. BRISSON (avec la collaboration de F. Plin), 416 p., 1999.

Platon 1995-2000 : bibliographie, par L. BRISSON (avec la collaboration de B. Castelnérac), 384 p., 2004.

La Rhétorique *d'Aristote. Traditions et commentaires de l'Antiquité au XVIIe siècle,* textes réunis par G. DAHAN, I. ROSIER-CATACH, 360 p., 1997.

P. RODRIGO : *Aristote. Une philosophie pratique. Praxis, politique et bonheur*, 162 p., 2006.

S. ROSEN : *Le* Politique *de Platon. Tisser la cité*, préface de l'auteur à la traduction française, traduction d'É. Helmer, 256 p., 2004.

– *La Question de l'Être. Heidegger renversé*, traduction d'É. HELMER, 384 p., 2008.

S. ROUX : *La Recherche du principe chez Platon, Aristote et Plotin*, 380 p., 2004.

Leo Strauss : art d'écrire, politique, philosophie – texte de 1941 et études, dirigé par L. JAFFRO, B. FRYDMAN, E. CATTIN, A. PETIT, 320 p., 2001.

D.P. TAORMINA : *Jamblique, critique de Plotin et de Porphyre. Quatre études*, 192 p., 1999.

F. TEISSERENC : *Langage et image dans l'œuvre de Platon*, 320 p., 2010.

K. THEIN : *Le Lien intraitable. Enquête sur le temps dans la* République *et le* Timée *de Platon*, 352 p., 2001.

THÉMISTIUS : *Paraphrase de la* Métaphysique *d'Aristote (livre lambda)*, traduit de l'hébreu et de l'arabe. Introduction, notes et *indices* par Rémi BRAGUE, 176 p., 1999.

C. VIANO : *La Matière des choses. Le livre IV des* Météorologiques *d'Aristote et son interprétation par Olympiodore*, 400 p., 2006.

A.G. WERSINGER : *Platon et la dysharmonie. Recherches sur la forme musicale*, 336 p., 2001.

Achevé d'imprimer par Corlet, Imprimeur, S.A. - 14110 Condé-sur-Noireau
N° d'Imprimeur : 168711 - Dépôt légal : novembre 2014 - *Imprimé en France*